제11판

The Study of
Administrative Reform

행정개혁론

오석홍

박영사

우리는 변동이 초고속으로 진행되는 격동의 시대, 개혁고도화의 시대에 살고 있다. 지금 개혁은 인간생활의 모든 영역에서 절박한 과제로 되어 있다. 국민생활에 광범한 영향을 미치는 행정의 영역에서는 더욱 그러하다. 보다 근본적이고 보다 광범한 행정개혁에 대한 갈망과 그에 대응하는 행동이 유례없이 폭증하고 있다. 획기적인 행정개혁에 대한 우리 국민의 기대 그리고 정부의 기대는 한껏 고조되어 있다. 행정개혁의 실천행동은 날로 확장되고 급진화되고 있다. 현 시대는 바야흐로 행정개혁의 연대라고 할 수 있다. 이 책은 행정개혁의 연대라는 시대적 배경을 반영한다.

이 책은 현대의 행정개혁 연구인들이 발전시킨 이론과 개혁현장의 실천행동에 관한 지식을 집약한 것이다. 행정개혁을 연구하는 사람들이나 행정개혁을 실천하는 사람들에게 연구·실천을 이끌어줄 기초적 안내서를 제공하려는 것이 내가 이 책을 쓴 목적이다.

이 책에서는 행정개혁의 개념적 명료화를 도모하고, 행정개혁은 어떤 방법과 과정을 통해 추진되며 무엇을 어떤 방향으로 고치려는 것인가에 관한 이론과 실천사례들을 소개하였다. 그리고 우리나라 행정개혁의 역사를 살펴본 다음 장차 우리가 추구해야 할 행정개혁의 방향을 탐색하였다.

이 책의 편별은 여섯 개의 장으로 구성하였다. 제1장에서는 행정개혁의 개념정의를 하고 개혁의 과정을 설명하였다. 개혁촉발요인, 개혁추진자, 창의성, 개혁에 대한 저항 등 개혁과정에 결부된 문제들도 함께 다루었다. 제1장의 첫머리에서 행정개혁을 정의하는 데 공을 들인 까닭은 그것이 이 책의 체계적 디자인에 불가결한 과제이기 때문이다. 그뿐 아니라 행정개혁을 연구하는 사람들이나 실천하는 사람들에게 정확한 개념 사용과 이론적 준비가 매우 중요하다는 점을 일깨워주려는 의도가 또한 있다. 제2장에서는 행정개혁의 접근방법들을 고찰하였다. 여러 접근방법들의 요지를 설명하고 행태적 접근방법과 문화론적 접근방법에 대해서는 보다 상세한 설명을 하였다.

제3장과 제4장에서는 행정개혁의 목표상태를 논의하였다. 제3장에서는 개혁의 목표상태에 관한 기초이론들을 소개하고, 제4장에서는 개혁현장에 보다 근접한 실천적 제안 또는 계획들을 설명하였다. 제5장에서는 1948년 이후의 대한민국 행정개혁사를 개관하였다.

제6장에서는 우리나라 행정개혁이 나아가야 할 방향을 처방하였다. 개혁처방을 위한 준비작업으로 행정환경의 변동추세를 예상하고, 우리 행정체제의 병폐와 능력결함을 점검하였다. 우리 행정의 과거를 성찰하고 미래를 설계할 때 고려해야 할 관련개념들에 대해서도 설명하였다. 관련개념이란 발전행정, 행정국가, 산업화사회, 정보화사회 등을 말한다. 이런 준비작업에 이어서 우리나라 행정개혁이 추구해야 할 원리와 개혁실천의 전략을 설명하였다.

나는 이 책을 처음 출간한 이후 개정작업을 거듭해 왔다. 개혁을 논의하는 책의 개정판 출간이라는 개혁을 게을리 할 수 없었다. 이번에 열 번째 개정으로 제11판을 내놓게 되었다. 제11판 역시 전면개정판이다. 책의 구석구석에서 수정과 첨삭을 했다.

끝으로 주(註)의 표기방법에 대해 일러두려 한다. 본문의 내용을 해설하거나 보충하는 주[a) b) c)…]는 본문의 하단에 각주로 실었다. 참고문헌의 표시[1) 2) 3)…]는 책의 말미에 후주로 실었다.

언제나처럼 윤선명(尹先明)을 위해 축복한다.

2023년 吳錫泓

제2장
행정개혁의 접근방법

제3장

개혁의 목표상태: 기초이론

제4장

개혁의 목표상태: 실천적 제안

제5장

대한민국의 행정개혁

제6장

우리나라 행정개혁의 진로

행정개혁이란 무엇인가?

이 책의 문을 여는 제1장에서는 연구대상인 행정개혁의 의미를 규정하고 행정개혁의 과정적인 문제들을 설명하려 한다.

현대행정개혁론의 일반적 관점이 무엇인지부터 확인하려 한다. 일반적 관점이란 행정개혁 연구의 기본적 전제를 말한다. 그러한 관점에 일관되게 행정개혁이라는 개념을 정의할 것이다.

이어서 행정개혁과정의 특성과 거기에 포함되는 행동단계들을 설명하려 한다. 개혁과정을 촉발하고 촉진하는 요인과 조건들에 대해서는 따로 설명을 추가할 것이다.

개혁과정을 앞장서 이끌어가는 사람들을 개혁추진자라 한다. 행정개혁에 관여하고 그에 영향을 미치는 많은 행동자들 가운데서 개혁추진자들은 개혁의 촉발과 성공을 위해 핵심적인 역할을 수행한다. 개혁추진자의 개인적 특성과 역할에 관한 이론들을 먼저 살펴보고 개혁추진자의 포획에 대해 설명하려 한다.

행정개혁을 지지하는 세력이 있는가 하면 이를 반대하는 세력도 있다. 개혁의 성공을 가로막으려는 반대행동의 대표적인 예가 저항이다. 저항의 의미를 정의하고 그 부정적·긍정적 작용에 대해 설명하려 한다. 그리고 저항의 원인과 저항을 극복하는 방법에 대해 설명하려 한다. 끝으로 개혁의 원동력인 창의성을 설명하려 한다.

Ⅰ. 행정개혁의 의미

1. 행정개혁 연구의 관점

　행정개혁이 무엇을 뜻하는 것인지 정의해서 문제의 범위를 한정하고 그에 대한 의미 있는 접근을 시도하려면 행정개혁을 보는 관점을 먼저 결정하고 밝혀야 한다. 이 책에서는 현대행정개혁론의 일반적인 관점을 수용하려 한다.

　오늘날 행정개혁 연구의 구체적인 접근방법들이 기초로 삼고 있는 관점이나 전제들이 통일되어 있는 것은 아니다. 그러나 행정개혁에 관한 현대적 연구경향을 집합적으로 파악하는 경우 그 주류의 저변에 깔려 있는 공통의 관점을 찾아보는 것이 가능하다. 그러한 관점은 일련의 전제 또는 기본적 가정으로 구성되어 있다. 현대행정개혁론의 기본적 가정들을 간추리면 다음과 같다.

　(1) 인위적 변동　　조직이나 행정의 인위적(人爲的 : artificial) 변동이 가능하다고 보는 가정이 있다. 개혁추진자들의 계획적인 노력으로 행정의 변동을 유도할 수 있다고 전제한다. 행정개혁론은 행정개혁이 가능하다고 믿는 적극적 사고의 산물이다. 관료화된 조직의 항속성이나 타성을 타파하고 인위적 개혁을 실천하는 것은 거의 불가능하다고 생각하는 소극적 사고도 있을 수 있다. 그러나 행정개혁론은 인위적 변동의 가능성을 아주 부인하는 가정은 받아들이

지 않는다.

(2) **불완전성·불확실성**　　　인간, 조직, 그리고 행정의 불완전성 그리고 미래의 불확실성에 대한 가정이 있다. 인간과 행정이 완벽하게 합리적이거나 결함이 전혀 없는 존재라고 보지 않는다. 따라서 개혁이 필요한 문제는 언제나 있다고 생각한다. 완벽한 개혁이 단번에 성취되기도 어렵다고 생각한다. 미래의 불확실성을 완전히 극복하지 못하는 불완전한 인간이 개혁을 추진하기 때문이다. 행정개혁론은 대개 합리성 추구의 필요성과 가능성뿐만 아니라 합리성 제약요인도 함께 고려한다.

(3) **변동에 대한 반응의 양면성**　　　인간속성의 양면성과 갈등성에 대한 가정이 있다. 여기서 양면성이란 변동추구적인 속성과 현상고수적인 속성을 함께 지니고 있다는 뜻이다. 사람과 조직·행정은 변화를 원할 때가 있고 현상유지를 원할 때가 있다. 변화를 추진하는 사람들이 있는가 하면 그에 저항하는 사람들이 있다. 따라서 행정개혁에는 거의 언제나 저항이 따른다고 보는 것이 오늘날 행정개혁론의 일반적인 입장이다.

(4) **독립변수·종속변수**　　　환경과의 관계에서 행정개혁은 독립변수이면서 동시에 종속변수라고 보는 가정이 있다. 이것은 행정조직의 독자적 개혁가능성과 환경적 영향의 중요성을 함께 받아들이는 가정이다.

행정개혁을 독립변수로 보는 입장에서는 행정조직은 독자적인 노력으로 스스로 개혁을 할 수 있으며 개혁된 능력으로 환경의 개조를 유도할 수 있다고 주장한다. 반면 행정개혁을 종속변수로 보는 입장에서는 행정을 문화적 산물 또는 사회적 산물이라 규정하고 환경의 개조가 선행되지 않거나 환경으로부터의 지지와 지원이 없으면 행정개혁이 성공할 수 없다고 주장한다. 오늘날 행정개혁론의 일반적인 추세는 그와 같이 상반되는 입장을 수용하여 행정개혁의 독자적 행동과 환경적 영향의 상호의존성과 교호작용관계를 인정하고 중요시한다.

(5) **통합적 접근**　　　행정개혁은 포괄적·통합적으로 연구하고 실천해야 한다는 전제가 있다. 이 전제는 현대행정개혁론의 궁극적인 지향노선을 말해 준다. 그러나 이러한 전제가 있다고 해서 분화된 한정적 접근방법들의 유용성을 부인하지는 않는다. 이에 관련해 말해 둘 것은 분화된 접근방법들의 우선순위

와 상대적인 세력은 시대와 장소에 따라 달라져 왔다는 사실이다. 근래에는 행정의 구조나 제도보다는 사람에 우선적인 주의를 기울이는 인간주의적 접근방법이 적어도 처방적인 차원에서는 보다 큰 세력을 떨치고 있다. 현대행정학의 인간주의적 가치지향(편향: 偏向)이 행정개혁론에도 함께 나타나 있다고 보아야 한다.

행정개혁을 점진적·진화적 변동(progressive or evolutionary change)으로 볼 수도 있고 급진적·혁명적 변동(radical or revolutionary change)으로 볼 수도 있다. 이에 관한 현대행정개혁론의 입장은 단순한 것이 아니다. 굳이 전체적인 입장을 말한다면 절충적인 것이라 할 수 있다. 그러나 오늘날 선도적 연구의 다수는 급진적 개혁에 더 많은 관심을 보이고 있다.

전통적인 행정개혁연구에서도 혁명적 개혁방법이라는 이론적 범주를 명시적으로 배척했던 것은 아니다. 그럼에도 불구하고 대부분의 연구인들은 체제의 동일성과 항상성을 한꺼번에 뒤엎지 않는 점진적 개혁에 초점을 맞추어 개혁의 과정과 수단을 논의하였다. 1980년대 이래 재창조적 개혁의 물결이 거세지면서 사정은 크게 달라졌다. 다수의 연구인들이 행정개혁의 목표상태와 추진전략에 관한 변동처방의 급진성을 높이고 있다.

2. 행정개혁의 정의

행정개혁(行政改革 : administrative reform)은 행정체제를 어떤 하나의 상태에서 그보다 나은 다른 하나의 상태로 변동시키는 것을 말한다. 행정개혁은 행정체제의 바람직한 변동을 뜻한다. 행정개혁은 가치(목표)의 인도를 받는 계획적 변동이며 동태적이고 연관적 특성을 지니는 변동이다. 행정개혁은 지속적인 노력을 요구한다. 행정개혁에는 저항이 따른다. 행정개혁은 공공적 상황 내지 정치적 상황에서 추진된다.[1)]

행정개혁이라는 개념에 내포되어 있는 중요 속성을 나누어 설명하면 다음과 같다.

① **목표지향성**   행정개혁은 의식적으로 설정된 목표를 추구한다. 목표지향성 때문에 행정개혁을 의식적·계획적·유도적 변동이라 한다. 행정개혁

이 목표지향적이라고 하는 말은 그 행동과정에서 개혁의 목표와 그에 따라 도달하려는 목표상태(目標狀態 또는 終局狀態 : end state)가 규정된다는 뜻이다. 그러한 목표상태의 설정은 물론 가치기준의 인도를 받는다. 구체적인 개혁의 목표와 목표상태는 행정체제마다 특이한 조건에 따라 상황적응적으로 결정해야 한다.

② **동태성 · 행동지향성**　　　행정개혁이 동태적(dynamic)이라고 하는 것은 미래로 향한 시간선상에 펼쳐지는 현상임을 가리키는 말이다. 행동지향적(action oriented)이라고 하는 것은 무엇인가를 이룩하려는 사람들의 의식적 행동이 전개된다는 뜻이다. 계획이 실천되어야만 행정개혁이라고 볼 수 있다는 점을 강조하기 위해 행동지향적이라는 말을 쓴다. 행정개혁의 동태적 · 행동지향적 특성에 착안할 때 우리는 개혁의 과정 · 전략 · 방법에 관심을 갖게 된다.

행정개혁이 미래의 시간에 결부되어 있기 때문에 개혁의 행동과정에는 대개 불확실성과 위험이 개재된다. 개혁의 행동과정에서는 미래예측의 정확성을 높이고 불확실성을 통제하기 위해 노력해야 한다. 그러나 불확실성의 완전통제는 어려우므로 환류를 받아 계획을 수정해 나갈 수 있어야 한다. 그리고 필요하다면 개혁을 순환적 · 반복적으로 계속해 나가야 할 것이다.

③ **포괄적 연관성**　　　행정개혁은 개방체제적인 현상을 대상으로 한다. 행정개혁은 개혁문제를 둘러싸고 있는 요인들의 연관관계를 중시하고 그에 대처하는 활동이다. 행정개혁의 대상이 되는 행정체제 내적 요인들은 복잡하게 서로 연관되어 있으며, 그러한 내적 요인들과 그들을 둘러싼 환경적 요인들이 또한 상호의존적인 관계에 놓여 있다. 행정개혁의 행동과정에서는 그러한 연관성과 반응작용적 영향관계를 포괄적으로 분석 · 평가해야 한다. 그러므로 개혁문제에 대한 지식의 통합적 동원이 필요하다.

④ **지 속 성**　　　행정체제 전반에 걸친 개혁은 지속적으로 추진되어야 한다. 행정개혁은 한 차례의 단절적인 행사로 끝나버릴 수 있는 것이 아니다. 왜냐하면 행정체제 내에는 개혁의 필요가 거의 언제나 있기 때문이다. 행정 내외의 여건은 끊임없이 변동하면서 행정개혁의 필요를 만들어낸다. 여건의 현저한 변동이 없더라도 어느 한 시점에서 고쳐야 할 것이 전혀 없는 완벽한 행정이 존재할 수 있다고 생각하기는 어렵다.

　　장기적이고 전반적인 행정개혁사업은 대개 누진적으로 추진된다. 장기적이고 지속적인 노력을 필요로 하는 행정개혁은 다단계적 개혁의 누진적인 전개에 의존하게 된다. 그리고 부분적인 문제에 한정된 개혁사업에서도 시행착오를 경험하면서 개혁의 과정을 순환적으로 되풀이하여 밟아야 하는 경우가 많다. 어느 경우이든 개혁의 성과를 제대로 거두려면 다소간에 지속적인 노력을 기울여야 한다.

　　⑤ **저항의 야기**　　행정개혁은 인위적으로 현상유지를 허무는 행동과정이므로 거의 언제나 현상유지적 세력의 저항을 크건 작건 받게 마련이다. 행정개혁을 성공으로 이끌려면 저항의 원인과 양태를 진단하고 거기에 대처해야 한다.

　　⑥ **공공적 상황에서의 개혁**　　행정개혁은 공공적 상황(公共的 狀況 : public setting) 또는 정치적 상황에서 추진된다. 민간부문 조직들의 개혁에서와는 달리 행정체제의 개혁은 공공의 감시와 통제를 더 많이 받으며 보다 큰 법적·정치적 제약하에서 진행된다. 따라서 개혁과정에 개입되는 불확실한 요인은 증가하며, 문제의 해결에 합리적 모형을 적용하는 것이 민간부문의 경우에 비해 더욱 어렵다.

　　행정개혁개념에 포함된 '개혁'에 해당하거나 그와 유사한 뜻으로 또는 개혁의 한 종류를 지칭하는 개념으로 변동(change), 발전(development), 개선(improvement), 성장(growth), 쇄신(innovation), 조직개편(reorganization), 재개발(renewal), 부흥(새활력 불어넣기 : revitalization), 재창조(reinvention), 혁신(변혁: transformation) 등의 용어가 쓰이기도 한다. 이런 용어들을 같거나 비슷한 것으로 이해하는 사람들도 있고 유사한 용어들을 하나하나 구별하여 정의하는 사람들도 있다. 예컨대 Richard A. Chapman은 행정개혁과 변동, 쇄신, 진화(점진적 변동 : evolution), 그리고 행정발전의 의미를 서로 구별하였다.[a]

....

a) Chapman의 정의에 의하면 변동은 의도적 및 비의도적 변화를 모두 포괄하는 것, 쇄신은 행정개혁사업의 일부로서 전에 없던 공식적 제도를 창설하는 것, 진화는 행정구조 또는 절차가 단순한 데서 시작하여 점점 정교하고 복잡하게 변하는 것, 행정발전은 미리 알려지고 명료하게 규정된 목표를 향해 나아가는 것이라고 한다. Richard A. Chapman, "Strategies for Reducing Government Activities," in Gerald E. Caiden and Heinrich

행정개혁에 관한 여러 연구인들의 개념정의에는 같거나 닮은 표현들도 있지만 서로 다른 표현들도 적지 않다. 몇 가지 예를 보기로 한다.

John. D. Montgomery는 행정개혁을 "관료제와 사회의 다른 구성요소들 사이의 관계 그리고 관료제 내의 여러 가지 관계를 조정하기 위한 정치적 과정"이라고 정의하였다. 그리고 개혁의 목표와 개혁의 대상인 병폐는 정치적 상황에 따라 다르다고 하였다.[2]

UN의 한 보고서는 '주요행정개혁'(major administrative reform)을 "체제 전반에 걸친 개혁 또는 적어도 행정구조, 인사, 절차와 같은 핵심적 요소들 가운데 하나 또는 그 이상에 대한 개선조치를 통해 행정체제에 근본적인 변동을 야기하려고 특별히 설계한 노력"이라고 정의하였다.[3]

Gerald. E. Caiden은 행정개혁은 "저항을 무릅쓰고 행정적 변동을 인위적으로 유도하는 것"이라고 정의하였다. 그에 따르면 행정개혁은 자연적·우연적 또는 자동적인 것이 아니라, 인조적(人造的 : man-made)이며 의도적·계획적이기 때문에 인위적이라고 한다.[4]

Heinrich Siedentopf는 행정개혁은 "정부가 끊임없이 변동하는 사회적 요청에 적응하게 하고 행정이 사회를 변모시킬 수 있게 하기 위해 필요한 것"이라고 하였다.[5]

Richard A. Chapman은 행정개혁을 "사회적·정치적 환경의 기대, 가치 또는 소망에 어긋나게 된 행정구조 또는 절차를 바꾸는 정부 내의 과정"이라고 정의하였다. 그는 행정개혁의 특성으로 변동을 야기하는 의도적 과정이라는 것, 바람직한 변동으로 간주된다는 것, 그리고 압력에 대한 반응으로 추진된다는 것을 들었다.[6]

Jan-Erik Lane은 공공부문개혁을 "능률, 평등, 그리고 절약을 추구하는 정치적 활동"이라고 정의하였다. 공공부문개혁에서는 다양한 행동자들의 이기심과 전술적 행태가 상호작용하기 때문에 공공부문개혁은 정치적 활동이라고 하였다.[7]

II. 행정개혁의 과정

1. 개혁과정의 단계에 관한 이론

행정개혁은 개념적으로 구별할 수 있는 일련의 단계들을 내포하는 행동

···

Siedentopf, eds., *Strategies for Administrative Reform*(D. C. Heath and Co., 1982), pp. 59~60.

과정을 통해 이루어진다. 행정개혁의 과정에 내포된 단계들과 그들 사이의 연관적 작용관계를 통합적으로 규정하는 것은 매우 어렵고 조심스러운 일이다. 행정개혁은 다양한 상황의 산물이라고 할 수 있기 때문이다. 개혁이 추진되는 상황과 접근방법에 따라 개혁과정에 포함되는 구체적인 단계와 행동수단들은 서로 달라질 수 있다.

그러나 행정개혁과정을 구성하는 기본적 활동단계에 관한 이론의 구성이 불가능한 것은 아니다. 그 일은 가능하며 또한 반드시 필요한 것이다. 여기서 '기본적' 활동단계라고 하는 말은 여러 의미를 지닌다. 합리성의 수준이 높은 개혁과정에서 뚜렷하게 관찰되는 단계라는 뜻이기도 하고 다양한 개혁과정의 공통요소들을 비교적 많이 추출해 가지고 있다는 뜻도 된다. 그리고 개혁의 실제에서 다양하게 변형될 수 있는 변형의 기초 또는 출발점이라는 뜻도 된다.

조직개혁 또는 행정개혁을 연구하는 사람들은 개혁행동의 과정에 포함되는 기본적 단계라는 것들을 다양하게 제시하고 있다. 구분되는 단계의 수나 그 명칭이 서로 다른 단계이론들이 많다. [표 1-1]은 개혁, 쇄신, 변동 등 여러 가지 표현을 써서 행정이나 조직 또는 사회전반의 의식적 변동을 논의하는 사람들이 제시한 개혁행동의 단계들을 요약하여 소개한 것이다.[8]

개혁행동과정의 흐름 또는 단계 간의 관계에 대해서도 의견이 엇갈릴 수 있다.[9] 어떤 의견이 적합하냐 하는 것은 물론 상황적응적으로 결정할 문제이다. 현대적 개혁이론은 개혁대상과 관련요인들 사이의 포괄적 연관성 그리고 개혁과정들의 포괄적 연관성을 중요시한다. 따라서 개혁과정의 단계들은 복합적 또는 중복적으로 연관되어 있는 것이며 개혁의 과정은 대개 순환적인 것이라고 이해하는 이론이 많은 지지를 받고 있다. 그러나 이러한 이론의 적용가능성 역시 보편적인 것은 아니다. 적용의 적실성은 상황에 따라 달라질 수 있다.

2. 개혁과정의 기본적 단계

개혁행동과정에 관한 단계이론들이 통합되어 있는 것은 아니지만, 대다수의 이론들이 비슷한 요소들을 지니고 있으므로 이들의 내용을 대체로 포괄

표 1-1 개혁행동과정의 단계구분

주창자	개혁과정의 단계
Lewin	해빙(解氷 : unfreezing) – 변동야기(changing) – 재결빙(再結氷 : refreezing)
Parsons와 Smelser	불만 – 교란의 증상 – 긴장의 극복 – 새로운 주장의 용인 – 실천방안결정 – 쇄신의 시행 – 쇄신의 정착화
Mann과 Neff	개혁 전의 조직상태 – 개혁필요의 인정 – 개혁에 관한 계획 – 개혁의 시행 – 개혁의 정착화
Mosher	긴장의 증가 – 개혁필요인식의 촉발 – 개혁방안의 검토 – 의논 – 협상 및 결정 – 가능성검토 – 시행
Caiden	필요의 인지 – 목표 · 전략 · 전술의 설정 – 시행 – 평가
Hage와 Aiken	평가 – 개혁안의 제시 – 시행 – 정착화
Robertson	문제지각 – 인지 – 이해 – 태도결정 – 정당화 – 시험적 실시(試行) – 채택 – 불화 – 개혁과정 재개
Zaltman과 Brooker	지각 – 동기유발 – 태도결정 – 정당화 – 시험적 실시(試行) – 평가 – 채택 또는 거부 – 해결
Bedeian	최고관리층에 대한 개혁압력 – 개혁필요에 대한 각성 – 최고관리층의 개입 – 내부문제에 대한 인식의 변화 – 문제영역의 진단 – 구체적인 문제의 확인 – 새로운 해결방안의 개발 – 새로운 행동방안의 채택결심 – 새로운 해결방안의 실험적 적용 – 결과의 검토 – 긍정적인 결과에 대한 행동강화 – 새로운 방안의 수용
Daft와 Steers	변동필요의 인식 – 문제진단과 해결방안 탐색 – 변동대안의 선택과 채택 – 집행을 위한 계획의 수립 – 변동의 집행 – 계속적 집행 또는 거부
Clark과 Corbett	문제의 지각 – 조사의 허가 – 정보수집 – 가능한 해결방안 정리 – 대안에 대한 조직 내 찬성 · 반대 검토 – 이해관계자와의 상담 · 협상 – 바람직한 대안의 선택 – 시행 – 환류 – 결과의 평가
Colens	목표상태의 명확한 정의 – 현재 상태의 명확한 정의 – 목표추구를 지지하는 요인의 확인 – 목표추구를 제약하는 요인의 확인 – 지지요인과 제약요인의 상대적 비중에 대한 평가 – 지지요인의 영향력 · 비중 · 효율성을 극대화할 수 있는 방안의 산출 – 제약요인의 영향력 · 비중 · 장애를 최소화할 수 있는 방안의 산출 – 행동계획으로의 전환 – 목표성취도 평가기준 개발

하는 단계모형을 만들 수 있다. 개혁행동의 단계를 i) 인지단계, ii) 입안단계, iii) 시행단계, 그리고 iv) 평가단계로 나누면 많은 단계모형들을 별 무리 없이 포용할 수 있으리라 생각한다.

1) 인지단계

인지단계(認知段階 : awareness stage)는 현실수준(실적)이 기대수준(기준)에 미달하는 차질(discrepancies)을 발견하고, 개혁의 필요를 확인하고, 그에 관한 합의를 형성하는 단계이다. 인지단계에서는 기준, 실적 및 양자 사이의 차질이 확인된다. 그리고 개혁의 필요에 대한 지각의 차이가 노출되고 조정된다.

인지단계에서는 차질이라는 문제를 지각하는 것, 관련자들의 지각차이를 조정하여 합의를 이룩하는 것, 지각하고 합의한 차질의 문제를 개혁이 필요한 문제로 확인하는 것 등이 중요한 행동과제로 된다.

① **비교의 기준**　실적과 비교할 기대수준(기준)으로는 이상적인 최적수준(ideal optimum level), 현실적인 최적수준(practical optimum level), 만족수준(satisficing level) 등을 생각할 수 있다. 이상적인 최적수준은 완전무결한 상태의 행정을 만들려고 할 때의 기준이다. 현실적인 최적수준은 주어진 조건하에서 가능한 최선의 행정을 만들려고 할 때의 기준이다. 만족수준은 개혁추진자들이 주어진 조건하에서 만족할 수 있는 행정을 만들려고 할 때의 기준이다. 행정개혁의 실제에서 가장 널리 채택되고 있는 실질적인 실적평가의 기준은 만족수준인 것으로 이해된다.

② **차질 발생의 계기**　기준과 실적의 차질은 현실수준의 저하 때문에 생길 뿐만 아니라 기대수준의 변동에서 비롯되기도 한다. 실적에는 변함이 없으나 기준이 높아짐으로 말미암아 기준과 실적의 차질이 빚어지는 경우는 많다. 비교적 안정된 환경 속에서도 사람들의 욕망수준처럼 행정에 대한 기대수준은 점증적으로 높아지는 경향이 있다. 그리고 조직구성원의 변동, 기술변동, 권력구조의 변동 등 조직 내적 변화나 환경적 변화는 기대수준을 높이는 특별한 계기가 될 수 있다.

③ **차질의 양태**　기준과 실적 사이에 차질이 있기 때문에 행정개혁의 필요가 생기게 되는 상황이나 조건은 i) 행정체제가 당면한 임무를 수행할 능

력을 결여하고 있음이 분명한 경우, ii) 행정체제가 당장의 임무는 수행할 수 있지만 초과임무의 발생에 대응할 능력을 결여하는 경우, iii) 초과임무의 발생을 감당하는 데 필요한 잉여능력을 가지고 있지만 장래의 임무수요를 예측하지 못하는 경우, iv) 행정체제가 잉여능력과 장래에 대한 예측능력을 구비하고 있지만 가장 효율적인 새로운 행동수단 또는 기법을 채택하지 못하는 경우 등으로 분류되기도 한다.

이러한 네 가지 상황의 어느 하나에도 해당하지 않는 완벽한 행정은 찾아보기 어렵기 때문에 기준과 실적의 차질 그리고 개혁의 필요는 언제나 있다고 말할 수 있다.

④ **문제인지의 저해요인**   개혁을 추진하여야 할 사람들이나 그 밖의 관련자들이 기준과 실적의 차질을 깨닫지 못할 때가 많다. 그러한 차질을 지각하더라도 그것을 개혁의 필요성 확인과 그에 대한 합의로 연결시키지 못하는 일이 또한 허다하다. 차질을 지각하더라도 이를 묵인하거나 참고 견디는 경우가 많다. 개혁의 요청이나 개혁의 확산을 권력중추에서 억압 또는 방해하는 일까지도 있다.

행정체제라는 대규모의 관료제에 종사하는 사람들은 대개 사회화과정을 통해서 기성질서로부터 이탈하는 행동이 개인적으로 이롭지 못하다는 것을 배우게 된다. 그러므로 기준과 실적의 차질로 인한 긴장·불편·불만을 매우 강하게 느끼지 않는 한 좀처럼 개혁주장을 하지 않으려는 행동경향을 보인다. 개혁을 창도하고 관리해야 할 관리층 사람들조차 기존이익 보호동기 때문에 또는 현상유지적 행동성향 때문에 개혁진행을 약화·완충시키기도 하고 정면으로 억압하려 하기도 한다. 이 밖에도 문제인지저해요인은 많다.

⑤ **문제인지의 촉진**   현상유지적 성향 때문에 행정이 침체되고 쇠락하는 것을 막으려면 개혁필요의 인지를 촉진해야 한다. 개혁의 동기를 유발하고, 개혁주장을 주저하게 하는 심리적 불안감을 해소하기 위해 노력해야 한다.

그러한 노력의 일환으로 개혁필요인지를 촉진하는 기제를 따로 제도화하기도 한다. 행정체제가 개혁필요인지를 촉진할 별도의 기제를 만들어 운영하는 방법에는 여러 가지가 있다. 관리자들에게 행정개혁의 역할을 공식적으로 부여하는 것, 연구개발의 책임을 지는 참모단위를 설치하는 것, 외부전문가들

을 고용하여 개혁필요인지의 기능을 수행하도록 하는 것, 정기적인 조직진단
을 실시해 개혁의 필요를 발견하도록 하는 것, 제안제도·고충처리제도를 설
치·운영하는 것 등이 개혁필요인지기제의 제도화에 해당한다.

2) 입안단계

개혁의 필요가 확인된 다음에는 개혁의 실천방안이 모색된다. 입안단계
(立案段階 : formulation stage)에서는 기준과 실적 사이의 차질을 해소할 수 있는
대안을 탐색하여 채택한다. 개혁의 목표체계, 개혁실현의 내용과 전략을 결정
하여 개혁실천의 계획을 수립한다.

① **합리적 선택의 제약**   개혁을 입안한다는 것은 사전적 준비를 한다는
뜻이다. 입안단계에서는 미래에 향한 행동계획을 미리 세워야 하기 때문에
미래의 불확실성을 극복하고 개혁에 따르는 위험을 최소화하기 위해 노력해
야 한다. 합리적 분석의 과정을 통해서 개혁을 입안할 수 있으면 가장 이상
적일 것이다. 그러나 행정개혁의 실제에서 합리적인 개혁방안 결정은 쉽지
않다. 상충되는 세력의 작용으로 인하여 목표설정에서부터 타협, 양보 등 합
리성을 제약하는 일이 빚어질 수 있다. 시간적 긴박성, 정보의 부족, 정보분
석능력의 부족 등 여러 가지 이유로 행동대안의 합리적 선택이 제한되는 경
우는 많다.[b]

② **목표상태의 설정**   입안단계에서 해야 하는 핵심적인 일은 목표상태
를 설정하는 것이다. 행정개혁의 가장 일반적인 목표는 행정의 결함을 제거하
고 행정을 보다 바람직한 상태로 이끌어가는 것이다. 개혁의 입안단계에서는
그러한 일반적 목표를 하위목표들로 구체화한 목표체계에 따라 개혁의 내용
을 구성해야 한다. 행정개혁의 구체적인 하위목표와 개혁내용은 개혁의 상황

b) 합리성(rationality)은 목표달성에 필요한 최적대안을 정확하게 계산하여 선택하는 행동특
성을 지칭한다.
　개혁행동의 합리성을 제약하는 요인들은 무수히 많다. 그 중요한 예로 불충분한 정보,
의사전달의 장애, 목표에 대한 합의의 실패, 물적 자원의 부족, 행동자의 시간제약, 권위주
의적 통제와 선례를 존중하는 관행, 조직 내 기능분립으로 인한 할거주의, 환경적 교란 등
상황적 제약, 그리고 지각의 착오, 성격적 장애 등 행동자의 심리적 제약을 들 수 있다.
오석홍, 조직이론, 제11판(박영사, 2022), 421~424쪽.

과 접근방법에 따라 다양하게 분류·선택될 것이다.

③ **추진전략의 수립**　　입안단계에서 결정해야 할 중요한 개혁추진전략은 개혁의 우선순위 또는 순서에 관한 전략과 저항극복전략이다.

행정개혁의 목표상태를 총체적으로 설정해 놓은 기본계획의 범위 내에서 순차적으로 개혁사업을 추진하는 전략을 여러 차원에서 체계화해야 한다. 우선 여러 하위목표(가치기준)와 개혁대상영역별 자원배분의 우선순위를 정해 놓아야 한다. 그리고 한정된 대상에 대하여 한정된 국면을 개혁하는 사업을 선택하는 전략도 결정해야 한다. 총체적인 행정개혁의 목표하에서 대상이나 국면이 한정된 부분적 개혁사업의 우선순위를 결정할 때에 흔히 고려되는 기준으로는 상대적 긴급성, 예상되는 효과, 저항의 양태와 정도, 장기적 중요성, 개혁요인 간의 상관성 등이 있다.

개혁사업이 쉽게 수용될 수 있도록 해야 한다는 요건은 개혁의 목표와 내용을 결정할 때부터 유념해야 한다. 개혁의 입안단계에서는 개혁추구의 동기유발, 장애제거 그리고 개혁의 시행과 정착화에 방해가 될 저항의 극복 등에 관한 전략과 방법을 결정해 두어야 한다.

3) 시행단계

시행단계(施行段階 : implementation stage)에서는 입안된 개혁사업을 실천에 옮기고 개혁을 정착시킨다. 입안된 개혁을 현실화하는 단계에서는 먼저 개혁실현의 행동주체를 선정하거나 새로 조직하고 필요한 지지와 인적·물적 자원을 동원해야 한다. 개혁의 시행은 적응적으로 이루어져야 한다. 그리고 개혁의 영향을 받게 될 사람들의 태도를 개혁에 유리하도록 만들고 개혁에 대한 저항을 극복하는 것도 시행단계의 중요과제이다.

① **적응적 시행**　　개혁과정의 완벽한 합리성을 보장하기는 어렵기 때문에 시행과정의 융통성과 적응성이 필요한 것이다. 개혁을 입안할 때에 시행단계에서 발생할 모든 사태를 예측하기는 어려울 뿐만 아니라 예측했던 상황이 개혁을 실현하는 동안에 변동할 수도 있다. 그러므로 개혁의 시행은 상황변화에 적응할 수 있는 융통성을 지녀야 한다. 입안된 개혁안을 실험적으로 실시(試行 : trial)해 봄으로써 성공가능성을 현실에 비추어 미리 검토하는 것이 바람

직할 때도 있다.

그러나 개혁안의 시행이 적응적이어야 한다고 해서 시행과정이 상황변화에 끌려다니기만 하도록 방치할 수는 없다. 본래의 개혁안을 온전하게 실현하기 위해 변화하는 조건을 통제하는 방법이 바람직하고 또 그것이 가능할 때에는 조건변화를 통제하도록 힘써야 할 것이다.

② **저항의 극복**　　행정개혁의 어느 단계에서나 갈등과 저항은 야기될 수 있다. 그러나 시행단계에서는 개혁이 논의만 되는 것이 아니라 실행되기 때문에 갈등과 저항이 심해질 수 있다. 그러므로 개혁의 시행단계에서는 좋지 못한 갈등을 해소하고 저항을 회피 또는 극복하는 문제가 특별히 큰 비중을 차지한다. 갈등과 저항을 극복하지 못하거나 그로 인한 손실이 너무 큰 때에는 개혁의 포기 또는 수정이 불가피할 수도 있다. 실천으로 옮겨진(도입된) 개혁을 정착시키기 위해서도 저항은 지속적으로 극복하여야 한다.

4) 평가단계

평가단계(評價段階 : evaluation stage)에서는 행정개혁의 진행상황과 성과 등을 분석·평가하여 그 결과를 개혁과정의 적절한 단계에 환류시키거나 새로운 개혁과정을 촉발하는 정보를 제공한다. 평가는 행정개혁활동을 촉진 또는 개선하려는 작용이다.

① **평가·환류의 시기와 기능**　　평가결과의 환류는 개혁활동을 수정하거나 새로운 개혁활동을 유발하려는 것이기 때문에 평가·환류의 작용은 개혁과정을 순환적인 흐름으로 만드는 기능을 한다.

평가단계를 개혁과정의 마지막 단계로 배열하는 것은 설명의 편의를 위한 단순화라고 보아야 한다. 개혁의 시행이 끝난 다음에 사후적으로 개혁사업의 공과를 따져 그 결과를 개혁결정중추에 환류시킴으로써 새로운 개혁과정을 유도하는 것은 평가단계의 중요 역할임에 틀림없다. 그러나 개혁과정의 실제에서 평가활동이 진행되는 시기와 그 기능은 단순한 것이 아니다. 개혁과정이 진행되고 있는 동안에도 각 단계의 활동을 수시로 평가하여 시정조치를 취할 때가 많다.

② **평가의 대상**　　행정개혁의 평가대상은 상당히 포괄적이다. 행정개혁

사업의 모든 국면이 평가대상으로 될 수 있다. 입안단계에서 처방한 개혁의 목표가 제대로 성취되었는가를 알아보기 위해 개혁의 기준과 실적을 비교·분석하는 것이 평가단계의 기초적 임무라고 할 수 있다. 그러나 평가의 임무가 거기에 국한되는 것은 아니다. 목표실현에 영향을 미치는 개혁의 과정, 전략, 기술, 자원, 개혁의 장기적 영향, 개혁추진자들의 구성, 개혁목표 등이 평가의 대상으로 될 수 있다. 구체적인 필요에 따라 평가대상은 달라질 수 있다.

③ **환류의 상대적 중요성**　　환류의 중요성은 개혁과정에 관한 모형과 그것이 적용되는 상황에 따라 달라질 수 있다. 합리적 모형에서는 오류 없는 완벽한 개혁을 전제하기 때문에 환류의 오류시정기능은 별로 중요하지 않다. 반면 불확실성을 전제하는 모형에서는 환류의 중요성이 매우 강조된다.

3. 행정개혁의 촉발

행정체제 안과 밖에서 행정개혁을 촉구 또는 압박하는 요인들은 끊임없이 생성된다. 그러한 촉발요인들은 문제의 인지와 그에 따른 개혁을 유발하고 촉진한다. 행정개혁을 촉발하고 유도하는 요인과 개혁추진이 용이한 조건을 살펴보려 한다.

1) 개혁촉발요인으로서의 불만

기대되는 기준과 현실의 차질이 지각되고 그것이 개혁추진으로 연결되려면 그에 필요한 만큼의 불만(차질에 대한 불만: dissatisfaction)이 조성되어야 한다. 불만에는 기존의 기준에 도달하지 못해서 조성되는 것도 있고 기준을 바꿈으로써 만들어지는 불만도 있다. 불만이 조성되는 계기는 매우 복잡하다. 관련여건의 변화가 없더라도 개혁대상인 행동주체가 스스로 불만을 느껴 개혁을 추진할 수도 있다. 그러나 행정개혁의 실제에서 그러한 불만은 조직 내외의 조건변화에 따라 내재적 또는 외재적으로 야기되는 경우가 대부분이다.

행정체제 내외에서 불만을 조성해 개혁을 촉발하는 불만야기의 출처들은 무수히 많기 때문에 모두 열거할 수는 없다. 다만 그러한 출처의 주요 범주를

다음과 같이 요약해 볼 수는 있다.[10]

(1) **환경으로부터 투입되는 불만**　　행정체제의 환경으로부터 나오는 불만의 출처는 두 가지 차원에서 검토할 수 있다. 그 한 차원은 개혁을 촉구하는 불만을 야기할 수 있는 상황적 조건이다. 그 예로 대외적인 경쟁, 정치적·경제적·사회적 변화, 인구학적 변화, 윤리적 기대의 변화, 세계정세의 변화 등을 들 수 있다. 다른 한 차원은 환경으로부터 불만을 전달하는 통로가 되는 행동자들의 요구투입이다. 개혁요구를 투입하는 행동주체들의 예를 보면 다음과 같다.

① **국민의 요구**　　국민들이 행정문제에 불만을 토로하고 개혁을 요구할 수 있다. 국민들의 요구는 여론의 형식을 빌거나 민원의 절차를 거치는 등 여러 가지 방법으로 개혁중추에 전달될 수 있다.

② **정치적 리더십의 요구**　　행정부의 수반 등 정치적 리더십이 정치적 동기에서 개혁을 요구하고 행정체제에 개혁의 의무를 지울 수 있다.

③ **국회의 요구**　　법안심의·예산심의 등 국회의 활동과정에서 행정에 대한 불만이 생겨 개혁을 요구할 수 있다.

④ **이익집단의 요구**　　각종 이익집단들이 각기의 특수이익 때문에 행정개혁을 요구할 수 있다.

⑤ **전문가 등의 자극**　　전문적인 행정연구인들이나 관련 있는 국제기구 등 외국의 단체와 개인들이 개혁문제인지를 촉진할 수 있다.

(2) **내부로부터 제기되는 불만**　　내부로부터 조성되는 불만의 조건 또는 계기를 예시하면 다음과 같다.

① **목표 변화**　　행정의 목표 변화는 관련분야의 개혁을 촉구하는 불만을 야기할 수 있다.

② **구조·과정·자원·행태 변화**　　행정의 구조와 과정, 자원, 행태적 요인 등의 변화는 연관요인들의 개혁필요를 부각시키는 계기가 될 수 있다.

③ **공무원의 불만**　　조직구성원인 공무원들이 근무조건 등에 대한 불만을 느껴 개혁을 요구할 수 있다.

④ **계획적 조성**　　계획적인 행정진단과 조사연구를 통해 적극적으로 불만을 조성하고 개혁을 유도할 수 있다.

2) 개혁의 촉발·추진이 쉬운 조건

행정개혁의 촉발과 추진은 상황에 따라 쉽기도 하고 어렵기도 한 것이다. 상황적 영향요인은 수없이 많겠지만 여기서는 조직의 특성과 수권적 연계의 지지, 그리고 개혁안의 특성에 대해서만 언급하려 한다.

(1) 조직의 특성과 지지적 조건   개혁의 촉발과 수용이 쉬운 조직의 특성에 관한 가설들이 많이 나와 있다. 그 예를 보면 i) 복잡성이 높은 것, ii) 전문직업화의 수준이 높은 것, iii) 분권화의 수준이 높은 것,c) iv) 분산성보다 통합성이 높은 것, v) 경계가 높지 않은 것(경계의 삼투성이 높은 것), vi) 공식화의 수준이 낮은 것, vii) 계층화의 수준이 낮은 것, viii) 생산활동의 양보다는 질을 중시하는 것, ix) 인간관계가 원활한 것, x) 개혁안의 승인단계가 복잡하지 않은 것 등이 있다.11) 이런 특성들 대부분은 유기적 조직 또는 개방적 조직의 요건들이다. 오늘날 행정개혁연구인들 대다수는 경직된 기계적 조직보다 유연한 유기적 조직이 더 개혁친화적이라는 가설을 지지한다.

개혁의 성공에 필요한 지지적 조건으로는 i) 국민의 지지, ii) 정치적·행정적 리더십의 관심과 지지, iii) 법률의 뒷받침, iv) 인적·물적·기술적 자원의 공급 등을 들 수 있다.

(2) 개혁안의 특성   채택·수용이 용이한 개혁안의 특성에 관한 가설들도 많다. 그러한 가설의 예로 i) 비용이 덜 들고 투자에 비해 얻는 편익이 클 것, ii) 능률적인 대안일 것, iii) 덜 복잡하고 위험과 불확실성이 작을 것, iv) 기존질서와 마찰이 적을 것, v) 개혁의 기대성과를 명료하게 나타낼 수 있을 것, vi) 과학성이 높은 개혁안이라고 인식될 것, vii) 추진자와 추진시기가 적절할 것, viii) 대인관계를 해치지 않고 사람들의 참여와 기여를 얻어낼 수 있을 것

---

c) 분권화가 개혁의 입안까지는 촉진하지만 개혁의 효율적인 집행에는 지장을 준다는 주장이 있다. 강력한 집행을 뒷받침해 줄 집중된 권력이 없기 때문이라고 한다. 이런 딜레마를 해결하기 위해서 개혁안의 창출단계에서는 분권적·유기적 구조와 과정을 작동시키고 시행단계에서는 집권적·기계적 구조와 과정을 작동시킬 수 있는 '양수잡이 조직'(ambidextrous organization)을 만들어야 한다고 처방하는 사람들이 있다. Richard L. Daft, *Organization Theory and Design*, 10th ed.(South-Western, 2010), pp. 376~377.

등을 들 수 있다.[12]

Ⅲ. 개혁추진자

1. 개혁추진자의 특성과 역할

　행정개혁의 행동과정에서 개혁을 주창하고 이끌어가는 사람을 개혁추진
자(改革推進者 : change agent or reformer)라고 한다. 개혁을 선도(先導)하고 관리
하는 사람은 조직 내의 권력중추에 속해 있는 사람일 수도 있고, 그런 사람들
을 견제하려는 사람일 수도 있다. 개혁추진자는 조직 밖에서 나올 수도 있다.
　개혁추진자들의 인적 특성과 역할이 언제나 같은 것은 아니다. 그러나 이
방면의 연구인들은 개혁에 앞장서는 개혁추진자들의 개인적 특성과 역할에
관한 일반이론을 발전시키기 위해 노력해 왔다. 그러한 이론들을 예시하려 한다.

1) 개혁추진자의 개인적 특성

　(1) Johns의 이론　　E. A. Johns는 개혁추진자의 개인적 특성으로 i) 성장
지향적이고 새로운 경험을 원하며 수단보다는 목표에 더 큰 관심을 갖고 새
로운 일을 위해 위험을 무릅쓸 수 있는 성향, ii) 여러 가지 행동대안에 대한
개방적 태도, iii) 성취지향적이고 스스로 책임지는 자유를 누리려는 욕망, iv)
다양한 관심과 취미 등을 열거하였다.[13]

　(2) Barnett의 이론　　H. G. Barnett는 개혁을 주장하거나 쉽게 수용하는
사람들의 유형을 네 가지로 구분하였다. 네 가지의 유형이란 i) 기성질서로부
터 소외되어 있으며 기성질서를 싫어하고 그에 대해 정신적으로 거리감을 가
지고 있는 사람(the dissident), ii) 기성질서에 무관심한 사람(the indifferent), iii)
기성질서를 추종하다가 거기서 실망을 느낀 사람(the disaffected), 그리고 iv)
다른 사람들의 성공을 시기하고 변동의 야기로 인하여 잃게 되는 것이 다른
사람들의 경우보다 적다고 생각하는 사람(the resentful)을 말한다.[14]

　(3) Jennings의 이론　　E. E. Jennings는 개혁추진자를 i) 권력욕이 강하고

무슨 일이 있더라도 권력을 유지하려는 사람(prince), ii) 정력과 의지력이 탁월한 사람(superman), iii) 사명감이 강하고 사명의 완수를 위해 자기가 가진 모든 것을 바칠 각오가 되어 있는 사람(heroes)으로 구분하였다.15)

(4) Zawacki와 Warrick의 이론   Robert A. Zawacki와 D. D. Warrick은 성공적인 개혁추진자가 갖추어야 할 자질로 i) 조직 내의 문제를 정확하게 진단하고 좋은 개혁안을 만들 수 있는 능력, ii) 간결한 제안서(보고서) 작성능력, iii) 개혁의 성공을 믿는 열성적 신념, iv) 내재적 동기유발, v) 실패와 좌절에 건설적으로 대처할 수 있는 능력, vi) 진실성과 온화한 인간미, vii) 환류를 주고 받는 데 효율적일 수 있는 능력, viii) 정보를 판단할 때의 신중성, ix) 남의 말을 경청하고 조언하는 능력, x) 목표지향성, xi) 자기가 아는 것을 남에게 가르치려는 의욕, xii) 희망적인 분위기를 만드는 능력, xiii) 유머감각, xiv) 솔선수범 등 열네 가지를 열거하였다.16)

2) 개혁추진자의 역할

(1) Irwin과 Langham, Jr.의 이론   Patrick H. Irwin과 Frank W. Langham, Jr.는 유의미한 변동을 추구하는 최고관리층이 해야 하는 일로 i) 변동요구세력의 확인, ii) 개인과 조직의 변동추구능력 확인, iii) 변동에 유리한 분위기의 조성, iv) 변동추구노력에 대한 관련자들의 가담유도, v) 변동을 추진하는 데 필요한 조직단위 등의 설치, vi) 행동화의 유도, vii) 변동계획의 수립, viii) 변동의 시행, ix) 위험과 갈등의 최소화 등 아홉 가지를 열거하였다.17)

(2) Fiorelli와 Margolis의 이론   Joseph S. Fiorelli와 Howard Margolis는 대규모 조직의 개혁과정(large systems change)에서 관리자와 개혁추진자들이 지켜야 할 수칙으로 i) 직원들의 참여를 촉진할 것, ii) 직원들의 신념과 지각을 이해하고 이를 개혁에 유리하도록 변환시킬 것, iii) 상호신뢰와 모험에 유리한 분위기를 조성할 것, iv) 개혁의 성과에 따라 관련자들에게 보상을 실시할 것, v) 달성가능한 신장목표(伸張目標 : stretch goal)를 설정할 것, vi) 모든 개혁노력의 기본적 틀을 제시할 것, vii) 개혁의 목표와 과정을 쉽게 설명할 것, viii) 경직된 업무규칙 등 개혁을 가로막는 장벽을 제거할 것, ix) 지속적으로 주의를 집중하고 일관성을 유지할 것, x) 관리자들의 교체가 있더라도

개혁추진에 일관성을 유지할 것 등을 제시하였다.[18]

(3) Newstrom의 이론   John W. Newstrom은 개혁을 추진하는 변혁적 리더십(transformational leadership)[d]의 역할로 i) 조직의 미래에 대한 비전(vision)의 창출과 전파, ii) 리더의 카리스마에 의한 조직구성원들의 설득과 동기유발, 그리고 iii) 지속적 발전을 위한 조직구성원들의 학습촉진을 들었다.[19]

(4) Lippitt과 Westley의 이론   Jeanne W. Lippitt과 Bruce Westley는 조직발전컨설턴트(OD consultants)의 임무로 i) 문제의 진단, ii) 대상체제의 변동추구동기와 능력 평가, iii) 개혁추진자 자신의 동기와 자원 평가, iv) 적절한 변동목표의 선정, v) 적절한 조력역할(helping role)의 선정, vi) 대상체제와의 관계설정 및 유지, vii) 변동단계의 확인 및 유도, viii) 적절한 기술과 행동방식의 구체적인 선택 등 여덟 가지를 들었다.[20]

(5) Argyris의 이론   Chris Argyris는 i) 대상체제 내에서 타당한 정보를 산출하는 것, ii) 조직의 문제에 관한 조직구성원들의 자유스럽고 정통한 선택을 촉진하는 것, iii) 대상체제의 구성원들이 변동과정에 대한 내적 집념을 강화하도록 조력하는 것 등을 조직발전컨설턴트의 임무로 열거하였다.[21]

(6) Cummings와 Worley의 이론   Thomas G. Cummings와 Christopher G. Worley는 조직발전컨설턴트(조직발전시행자: OD practitioners)의 역할(핵심능력)로 i) 상담과정의 관리, ii) 분석과 진단, iii) 적합한 개입방법의 설계와 선택, iv) 개혁목표추구의 촉진과 과정상담, v) 고객(대상조직)의 개혁능력 발전, vi) 변동개입에 대한 평가 등 여섯 가지를 열거하였다.[22]

2. 피동적 개혁과 능동적 개혁

개혁촉발의 행동주체 또는 개혁추진자가 행정조직의 외부에 있는가 또는 내부에 있는가에 따라 행정개혁을 피동적 개혁과 능동적 개혁으로 나누어 볼

---

d) 변혁적 리더십은 급진적 변동을 추구하는 리더십이다. 변혁적 리더십은 조직을 위해 새로운 비전을 창출하고 그것이 새로운 현실이 되도록 조직구성원들을 이끌어가는 리더십이다. 변혁적 리더십은 리더의 카리스마, 인간적인 관계, 지적 자극, 신념, 상징적 행동, 효율적 관리 등이 어우러져 엮어내는 것이다. 오석홍, 앞의 책, 449~502쪽.

수 있다. 여기서 외재적 행동주체는 정치 · 행정적 리더십에 한정하려 한다. 대상행정조직의 외부에 있는 정치 · 행정적 리더들이 요구 또는 부과하여 추진하는 개혁을 피동적 개혁이라 부르고, 개혁대상조직 또는 공무원들이 스스로 주도하는 경우를 능동적 개혁이라 부르기로 한다.[23]

1) 피동적 개혁

행정의 수단성을 강조한 전통적 행정학은 피동적 개혁을 원칙적인 것으로 보았다. 그리하여 개혁에 저항하거나 고작해야 마지못해 개혁에 응하는 공무원들에게 외재적으로 부과되는 개혁을 주로 연구하였다. 그리고 행정개혁의 실제에서도 오랫동안 위에서 아래로 명령하는 피동적 개혁이 주종을 이루어 왔다.

(1) 이　　점　　피동적 개혁은 피동적 성향이 강한 관료행태에 적합한 방법으로서 i) 내부에서 하지 못하는 개혁필요의 인지를 외부에서 대신해 줄 수 있다는 것, ii) 개혁안의 시행에 장애가 되는 관료적 보수성과 기득권 집착을 타파할 수 있다는 것, iii) 수권적인 위치에 있는 사람들의 지지와 자원공급을 확보하기 쉽다는 것, iv) 객관적인 시각을 가진 외부 사람들의 참여를 촉진하고 내부 사람들의 시야를 넓히는 데 도움이 된다는 것, v) 여러 조직에 걸친 문제의 개혁에 유리하다는 것, vi) 이상적이고 급진적인 개혁을 추진할 수 있다는 것 등의 이점을 지닌 방법이라고 평가된다.

(2) 비　　판　　행정조직 외부의 개혁추진자들은 조직 내의 형편이나 개혁문제의 실상에 어두울 수 있다. 행정조직 구성원들은 외재적 · 하향적 개혁추진에 대해 저항적 · 피동적 행태를 보일 가능성이 높다.

인간주의적 연구경향이 확산되면서 외재적 · 피동적 개혁추진은 더 많은 비판의 대상이 되었다. 행정개혁에 대한 인간주의적 연구는 인간의 자발적이고 능동적인 개혁주도능력을 부각시키고 개혁대상자들의 참여와 상향적 개혁추진의 필요성을 강조하였다. 이러한 연구경향변화는 개혁의 실천행동에도 많은 영향을 미쳐왔다.

거대하고 복잡한 정부의 성장 또한 정치 · 행정적 리더십이 주도하는 외재적 · 하향적 개혁추진을 어렵게 만들었다. 정부의 거대화와 더불어 공무원들의 역할이 달라지고 그들의 권력이 강화되었다. 그들은 정책집행의 임무에 머물지 않고, 정책입안과 복잡한 대규모 조직의 관리를 담당하여 국민에 대해 정부를 체현(體現)하는 위치를 차지하게 되었다. 행정기관들은 수단적이라기 보다 주도적이며, 환경통제 · 고객조종 · 협력세력구축 · 정치적 압력형성 등을 통해 광범한 장악력을 발휘하게 되었다. 행정기관들의 사업은 많은 경우 독점 적이며 대체가능성이 낮다. 행정기관들은 지식 · 경험 · 정보 등을 독점하고 있는 경우가 많다. 이러한 조건하에서 외재적 · 하향적 개혁추진이 수월하게 받아들여질 수는 없다.

개혁의 과제 또는 문제가 과거에 비해 훨씬 복잡해졌다는 사실도 피동적 개혁을 어렵게 하는 요인이다. 특히 분권화를 추진하는 개혁에서는 중간관리 층의 능동적 역할이 필요하기 때문에 피동적 개혁은 어려움에 봉착한다.

2) 능동적 개혁

오늘날 행정개혁론의 주류는 능동적 개혁추진의 중요성을 강조한다.

(1) 이 점 능동적 개혁추진의 이점으로 열거되고 있는 것들을 보면, i) 실천가능성이 높다는 것, ii) 피동적 개혁에 대한 저항이 크거나 외부의 통 제력이 약한 조직의 경우 유용성이 더욱 크다는 것, iii) 전문지식이 필요한 행정상황에서 유용하다는 것, iv) 개혁에 대한 참여와 지지를 늘릴 수 있다는 것, v) 축적된 경험을 활용하고 내부불만자들의 기여를 유도하는 데 유리하다 는 것, vi) 조직내부의 다수 참여자가 합의를 형성하고 충분한 개혁추진력을 형성할 수 있는 기회를 제공한다는 것, vii) 개혁추진자들이 관련자들의 욕 구 · 관심 · 불안이 무엇인지를 잘 알기 때문에 저항을 극복하기 용이하다는 것, viii) 분권화를 추진하는 개혁에 유리하다는 것 등이다.

(2) 비 판 현실성과 타협성이 강한 능동적 개혁은 이상주의적 · 완벽 주의적 성향, 모험성, 포괄성에서는 외재적 · 하향적 개혁에 뒤지는 경향이 있다. 능동적 개혁의 약점은 i) 조직 간의 문제해결에는 무능하다는 것, ii) 각 전문 분야의 전통적 · 타성적 관점에서 벗어나기 어렵다는 것, iii) 외부의 참여와 비판을 외면하는 경향이 있다는 것, iv) 근본적인 개혁의 수단을 결여하는 경 우가 많다는 것, v) 시야가 좁고 편파적일 수 있으며 기득권 옹호에 집착하는

경향을 보일 수 있다는 것, vi) 관리층이나 노동조합이 상황조작의 도구로 쓸 수 있고 조직 내에 파벌을 조성할 수 있다는 것 등이다.

3. 개혁추진자의 포획

1) 포획의 정의

개혁추진자들이 개혁대상인 행정조직에 포획되어 개혁추진에 지장을 주는 일이 많다. 여기서 포획(捕獲 : 사로잡힘 : capture)이란 정부관료제를 대상으로 하는 개혁사업을 입안·권고하는 조직이거나 개혁정책에 따라 도입된 규제적·통제적 조직 등 이른바 '개혁추진조직'에 참여하는 사람들이 개혁이나 통제의 대상인 '개혁대상조직'의 영향하에 들어가 그 이익을 옹호하게 되는 현상을 지칭한다.e)

포획이 일어나면 개혁대상조직이 개혁추진조직을 장악한다. 개혁추진조직은 개혁대상조직의 포로처럼 행동하거나 개혁대상조직의 이익을 대변하는 들러리가 된다. 그렇지 않더라도 그럭저럭 명맥이나 유지하는 유명무실한 조직으로 전락한다. 명맥이나마 유지하려면 개혁대상조직의 눈치를 살펴야 한다.

포획의 양태는 다양하다. 개혁추진자들이 포획을 처음부터 자청하는 능동적 포획이 있는가 하면, 시간의 흐름에 따라 이런저런 사정으로 어쩔 수 없

---

e) 여기서 원용하는 포획이론(capture theory)은 공공선택연구인들이 개발하여 사용하기 시작했다고 한다. 공공선택연구에서의 포획이론은 정부기관이 관리대상인 직원이나 고객에게 포획되어 정부의 관리의도를 희생시키는 현상을 설명하는 이론이라고 한다. Jay M. Shafritz and E. W. Russell, *Introducing Public Administration*(Addison-Wesley, 1997), p. 305.

정부규제연구에서도 포획이론을 응용하고 있다. 정부규제론에서는 포획을 "공공목적의 실현을 위해 존재하는 규제기관이 본래의 의도와는 달리 피규제산업이나 집단의 대리자로 전락하여, 은연중에 피규제집단의 선호와 일치되는 방향 또는 이들에 동정적인 입장에 서서 피규제집단에 유리한 규제정책을 펴 나가는 현상"이라고 규정한다. 최병선, 정부규제론(법문사, 1992)), 200~201쪽.

정부조직이 규제대상으로 되는 경우에 나타나는 포획현상은 더욱 심한 모습을 보일 수 있다. 민간부문의 어떤 조직보다 거대한 정부관료제를 대상으로 하는 '개혁추진조직'(개혁정책에 따라 수립된 조사·통제조직, 감시조직 등을 포함)들이 포획되어 제구실을 못하는 사례가 실제로 아주 많다.

이 포획되는 피동적 포획도 있다. 능동적 포획을 투항(投降 : surrender)이라고 표현할 수도 있다. 개혁대상조직의 이익을 앞장서 옹호하고 개혁대상인 폐단을 감싸는 적극적 포획이 있는가 하면, 개혁과 통제의 임무를 제대로 수행하지 못하는 부작위적·소극적 포획도 있다.

2) 포획의 원인

정부관료제를 대상으로 하는 개혁추진자 또는 개혁추진조직을 포획하는 세력은 많고 강력하다.

(1) 거대관료제의 압도적 세력　　포획을 야기하거나 이를 유도하는 가장 근본적인 요인은 행정국가에서 정부관료제가 지닌 막강한 권력과 개혁에 대한 저항력이다. 정부관료제와 같은 거대세력에 맞서 이를 개혁하고 규제하려는 시도는 개별적 개혁추진조직의 능력 밖이라고 처음부터 생각할 사람들이 많을 것이다. 거대관료제와 대결하는 것을 아주 어렵게 생각하는 개혁추진자들은 포획을 자청하거나 쉽사리 수용할 수 있다.

(2) 거대한 행정적 폐단　　개혁하고 규제해야 할 행정적 폐단이 아주 크고 광범해서 문제의 해결이 어려운 경우 개혁조직들은 그에 압도되고 무력감에 빠지기 쉽다. 체제화된 부패와 같은 폐단에 소규모의 개혁추진조직이 대항한다는 것은 너무 어려운 과제인 것이다.

개혁추진조직이 감당할 수 있을 만큼 적당히 어려운 과제라야만 개혁추진조직의 임무수행의욕을 기대할 수 있다. 문제가 지나치게 어려워 해결의 승산이 없다고 생각하면 좌절한다. 임무를 사실상 포기하는 경우도 흔하다.

(3) 개혁추진조직의 의존성과 취약성　　정부관료제를 규제 또는 개혁하는 임무를 수행하도록 설치된 조직체는 대부분 개혁대상조직 또는 의뢰조직에 많은 것을 의지한다. 비록 외적 자극과 정치적 주도로 개혁추진조직들이 설치되고 정부관료제가 이를 피동적으로 수용하는 것처럼 보이더라도 그것은 외형임에 불과할 수 있다. 실질적으로는 정부관료제의 입김이 막강한 것이다. 관료제는 개혁추진조직들의 구성과 존속에 결정적인 영향을 미친다. 개혁추진조직의 설치에 대한 관료적 저항이 사뭇 거센 경우 개혁추진조직의 탄생 자체가 좌절된다. 강한 관료적 저항을 무릅쓰고 설치한 개혁추진조직들은 오래

유지되지 못하거나 머지않아 형식화되는 경우가 많다.

개혁추진조직들을 의존적이고 취약한 조직으로 만드는 조건들을 보면 다음과 같다.

① **인선에 대한 간여**   관료조직은 개혁추진조직구성원의 인선(人選)에 간여하는 것이 보통이다.

위원회형태의 개혁추진조직인 경우 개혁대상조직의 관료들이 부분적으로라도 참여할 때가 많다. 그런 관료위원들은 대개 다른 위원들을 압도한다. 규제대상조직의 구성원이 개혁추진조직(규제조직)의 구성원이 되고 개혁추진조직의 활동을 주도하면 개혁활동이 오도되거나 둔화될 가능성이 크다.

개혁추진조직에 참여하는 외부인사의 인선에도 대개 개혁대상조직의 관료들이 개입한다. 개혁대상조직은 외부로부터 참여하는 개혁추진자의 인선에서 타협적인 인물들을 골라 추천하려 할 것이다. 개혁의 원칙론을 끝까지 고집할 인물들이 선임되면 어려움에 봉착할 것이기 때문이다.

② **예산과 지원체제의 장악**   개혁대상조직은 대개 개혁추진조직의 예산을 장악하고 있다. 예산뿐만 아니라 다른 지원체제도 개혁대상조직의 영향하에 있는 것이 보통이다. 개혁추진조직의 실무보조요원이 개혁대상조직으로부터 파견되는 경우 개혁대상조직의 조종능력은 한층 확고해진다. 이른바 보조인력의 보조라는 것은 말뿐이고 실제로는 주도로 되는 경우가 대부분이다.

③ **정보의 장악**   개혁추진조직들은 그 임무수행에 필요한 주요정보를 개혁대상조직으로부터 얻는다. 개혁대상조직의 정보독점력은 개혁추진조직을 조종하고 그것을 허수아비로 만들 수도 있는 지렛대가 된다. 개혁추진조직의 구성원들이 비전문가인 경우 개혁대상조직의 정보제공에 더 많이 의존하고, 제공되는 정보에 대한 판별력도 약할 수밖에 없다.

④ **제안채택 결정권의 장악**   개혁제안의 채택 여부가 개혁대상조직의 재량에 달려 있는 경우가 있다. 행동수정요구나 규제명령이 개혁대상조직에서 무시되더라도 법적 강제의 방법이 없는 경우도 있다. 이러한 조건들도 개혁추진자들을 무력감에 빠지게 하고 그들의 포획을 유도할 수 있다.

⑤ **취약한 기관적 능력과 수권적 관계**   여러 개혁추진조직들은 기관적 능력 자체의 취약성을 보이고 있다. 구성원이 소수라는 것, 구성원들이 비상

임 또는 비전임(非專任)이며 그들의 지위가 취약하다는 것, 권한이나 예산과 같은 자원이 빈약하다는 것, 구성원들의 전문적·기술적 능력이 부족하다는 것 등이 기관적 취약성의 원인으로 될 수 있다.

취약한 개혁추진조직이더라도 통치지도층, 외적 통제체제, 그리고 국민의 관심과 지지를 확보할 수 있는 동안에는 추진력을 발휘할 수 있고 포획에 저항할 수 있다. 그러나 그러한 관심과 지지가 산만해지고 약해지면 개혁추진조직의 포획에 대한 저항력은 금방 떨어진다. 시간이 흐르면 고립화된 개혁추진조직은 관료제의 품에 안겨 '길들여진' 행동을 하게 마련이다.

(4) 마찰회피동기·동화·목표대치　　개혁추진자들의 마찰회피동기, 동화, 그리고 목표대치 행태가 포획을 조장한다.

① **마찰회피동기**　　개혁추진조직에 참여하는 개혁추진자들은 대상조직과 대립하고 마찰을 일으키는 데 부담감을 느낀다. 그들은 마찰 없이 그럭저럭 잘 지내려는 유혹을 받는다. 정의적(情誼的)인 행동성향이 강한 문화권에서일수록, 그리고 교호작용관계가 오래 지속될수록 규제자와 피규제자 사이의 정의적인 관계는 더욱 강화된다. 정의적인 관계가 발전하고 마찰을 피하려는 의도가 강화되면 개혁과 감시는 형식화된다.

② **동　화**　　개혁추진자들이 관료조직에 동화(同化)될 수도 있다. 개혁추진자들이 개혁대상조직의 울타리 안에 들어가 오래 활동하다 보면 서로 닮아가는 과정이 진행될 수 있다. 개혁추진자들이 개혁대상자들과 같은 사고방식의 틀에 빠지면 개혁문제의 인지에 둔감해진다. 그리고 개혁대상자들의 입장을 옹호하게 된다.

③ **목표대치**　　개혁추진조직의 목표대치(目標代置)도 흔히 있을 수 있다. 여기서 목표대치란 정당하게 추구해야 할 당초의 개혁목표를 다른 목표가 대치하는 현상이다. 이것은 개혁의 목표추구가 심히 왜곡되는 현상이며 목표와 수단이 뒤바뀌는 현상이다.

정부관료제를 개혁하고 감시·통제하는 본래적 목표를 개혁추진조직 자체의 존속과 구성원의 지위유지를 추구하는 목표가 대치하도록 조장하는 유인들은 많다. 목표대치를 저지르는 사람들은 자기의 지위를 유지하기 위해 개혁목표를 뒷전으로 돌린다. 개혁을 표방하기는 하지만 그것은 개혁추진자들

의 지위유지를 위한 수단에 불과하게 된다. 개혁추진조직의 활동목표가 모호
하고 활동성과의 평가기준이 모호한 것은 목표대치를 쉽게 한다. 개혁추진조
직이 무슨 일을 해야 하며 얼마나 일을 잘하고 있는지를 외부에서 정확하게
판단하기 어려울 때 개혁추진조직들은 본래적 목표의 수행에 대해 어물어물
하기가 쉽다. 개혁목표를 빙자하여 다른 목표를 숨겨서 추구하기도 쉽다.

(5) 부패의 영향   부패는 개혁추진조직의 포획에 촉매제가 된다. 부패가
개혁추진자들의 사익추구(私益追求)에 영합할 때 그것은 포획의 직접적인 원인
이 된다. 그리고 체제화된 부패는 포획의 보다 광범한 조건을 설정한다. 부패
가 만연된 곳에서는 개혁추진자의 포획을 유도하는 일반적 분위기가 조성된
다. 민간산업에 대한 정부규제의 경우 포획의 아주 강력한 유인은 부패한 거
래 또는 예상되는 부패적 보상이라고 여겨진다. 정부부문에 대한 규제활동의
포획은 부패까지 끌어들이지 않아도 야기될 수 있는 조건들이 수두룩하다. 그
러나 부패가 개입되는 경우 그것이 강력한 포획유인으로 되는 것은 분명하다.

3) 포획의 결과

개혁추진자 또는 개혁추진조직이 포획되면 임무수행이 좌절된다. 개혁실
패 자체만이 문제가 되는 것은 아니다. 국가자원을 낭비하고 불신풍조를 조성
하는 등의 폐단이 또한 크다.

(1) 개혁의 실패   개혁추진조직이 포획되면 그 임무수행이 부실해지고
개혁은 실패한다. 개혁실패의 양태는 다양하다. 개혁추진조직이 개혁임무
를 사실상 포기하고 그 조직은 유명무실해지는 경우가 있다. 개혁기준이
손상되고 집행과정이 왜곡되기도 한다.

개혁대상조직이 용인하고 유도하는 범위 내에서만 타협적인 임무를 수
행하거나 그릇된 임무를 수행하는 경우도 있다. 개혁추진자들이 임무수행에
대한 관심도 의욕도 없으면서 사임하지도 않는 모호한 태도를 보임으로써 개
혁대상조직의 의도대로 일이 흘러가게 방치하기도 한다. 개혁과 통제의 대상
인 병폐를 적극적으로 은폐하거나 비호하는 경우도 있다.

(2) 낭   비   포획된 개혁추진조직은 예산과 인적자원을 낭비하는 정부
조직의 또 다른 군더더기로 전락한다. 정부에서 도태되는 사람들에게 보수를

주어 무위도식하게 하는 잉여인력 처분장('양로원')이 되기도 한다. 개혁대상조직이 정치적 추종세력에게 감투를 나눠주는 데 쓰이기도 한다. 정부가 이런 일에 맛을 들이면 유명무실한 개혁추진조직들을 장기간 존속시키려 한다. 주기적인 정리작업에도 불구하고 많은 위원회들이 남설되고 유지되는 것을 보면 그러한 형편을 족히 짐작할 수 있다. 유명무실한 개혁조직들을 없애는 데도 적지 않은 경제적·사회적 비용이 든다.

(3) 불신의 조장   개혁추진조직의 포획에서 비롯되는 가장 큰 폐해는 아마도 불신풍조의 조장일 것이다. 임무수행목표의 선언과 그 실천행동 사이의 심한 괴리로 신뢰관계가 깨지면 관련개혁사업 자체가 실패로 끝날 것이다.

포획으로 인한 개혁실패가 타성화 또는 제도화되는 것을 경험한 사람들은 개혁운동 전체를 불신할 수도 있다. 개혁운동 전반에 대해 냉소적이고 회의적인 사람들은 새로이 설치되는 개혁추진조직의 실패를 예단하고 기대한다. 이러한 불신이 만연되면 개혁사업은 추진력을 상실한다.

개혁추진조직의 포획으로 인한 개혁실패와 불신풍조 조장을 시정하는 방안의 하나로 감시장치를 따로 만들기도 한다. 감시자를 규찰할 감시자를 두는 것이다. 감시자를 다시 감시하는 일은 어렵고 가슴 아픈 일이다. 감시자를 감시하지 않으면 안 되는 형편이 불신의 분위기를 악화시킬 수도 있다. 감시자에 대한 재차의 감시가 허구적이고 야합적이면 불신은 물론 더욱 커진다. 감시자의 포획을 유도한 정부관료제의 구성단위가 감시자에 대한 감시자로 나서는 경우가 대부분이기 때문에 재감시의 실패확률은 높다. 그 결과는 불신의 골을 깊게 하는 것이다.

Ⅳ. 행정개혁에 대한 저항

1. 저항의 정의

행정개혁의 시도가 언제나 성공만 하는 것은 아니다. 개혁을 좌절시키거나 개혁의 성공에 지장을 주는 요인 또는 조건들이 많기 때문이다. 저항은 개혁의 성공을 가로막는 중요한 요인들 가운데 하나이다. 저항 이외에도 자원부족과 같은 객관적 장애, 잘못된 개혁정책결정, 개혁추진자의 포획 등이 개혁을 좌절시킬 수 있다.

저항(抵抗 : resistance)은 개혁에 반대하는 적대적 태도와 행동을 말한다. 개혁에는 거의 언제나 저항이 따른다. 저항의 이유는 다양하다. 저항은 개혁으로부터 피해를 보지 않으려는 사람들의 현상유지성향에서 비롯되는 경우가 많다. 그러나 저항의 이유가 거기에 국한되는 것은 아니다. 개혁의 내용을 잘 모르기 때문에 저항할 수도 있으며, 감정적인 이유로 저항할 수도 있고, 개혁 추진방법 때문에 저항할 수도 있다. 개혁내용의 비논리성 · 비합리성 때문에 저항할 수도 있다.

저항의 증상으로 나타나는 태도와 행동의 양태 및 그 심각성도 물론 상황에 따라 달라질 수 있다. 저항이 매우 심각하고 그것 때문에 개혁이 실패로 돌아가는 경우도 있을 것이다. 개혁이 사소한 것이기 때문에 저항 또한 경미하고 따라서 특별한 저항극복의 노력이 필요하지 않을 때도 있을 것이다. 개혁조치의 대상이 되는 사람들이 개혁을 환영하기 때문에 직접적인 저항의 증상이 감지되지 않을 때도 있다.f)

저항의 증상이 개혁 그 자체나 개혁을 주장하는 사람들에 대한 공개적 적대행동으로 노골화되는 경우가 있는가 하면, 간접적이고 완곡한 반발의 형태로 나타나는 경우도 있다. 개혁에 무관심하거나 비협조적인 태도를 보이는 것도 저항의 한 증상이라고 할 수 있다.

2. 저항의 기능 : 역기능 · 순기능

행정개혁에 대한 저항의 기능이 나쁜 것인가 또는 좋은 것일 수도 있는가에 대한 생각은 사람에 따라 달라질 수 있다. 그것은 가치개입적 판단의 문제

---

f) 이러한 때에도 제3의 관련자들이 저항을 보일 수 있다. 예컨대 공무원의 보수를 대폭 인상하는 데에 공무원들은 반대하지 않을 것이나 납세자들은 반발할 수 있다. 저항의 행동주체를 개혁대상자에 국한하는 경우 저항이 없는 상황을 생각할 수 있다. 그러나 저항하는 행동주체의 범위는 넓게 파악해야 한다.

이기 때문이다. 개혁추진자들은 저항을 원칙적으로 나쁜 것이라고 평가하여 그 역기능을 부각시킬 것이다. 그런가 하면 저항자들은 저항의 정당성을 주장하고 그 순기능을 강조할 것이다. 이와 같이 저항의 기능은 상대론적 해석이 가능한 국면을 지니고 있다. 그러나 절대적인 국면을 완전히 결여하는 것은 아니다. 한 시대의 사회문화·행정문화가 그 선악을 절대적으로 평가해 줄 수 있는 저항들도 있다.

1) 저항의 역기능

저항의 역기능은 개혁을 방해하거나 좌절시키는 바람직하지 않은 기능이다. 객관적인 입장을 표방하는 행정개혁연구인들은 전통적으로 저항의 역기능에 초점을 맞춘 일반이론을 전개해 왔다. 지금도 연구인들은 역기능적 저항의 극복방안에 대해 더 많은 관심을 보이고 있다. 연구인들은 바람직하지 않은 저항이 더 많다는 사실을 인정하고 있는 듯하다. 현대행정개혁론은 저항극복의 실천적 필요에 부응하는 여러 이론을 발전시키고 있다. 그러나 저항의 순기능을 간과하지는 않는다.

개혁추진자의 입장에서는 바람직하지 못한 저항의 범위를 당연히 더 넓게 규정할 것이다. 필요한 개혁을 정당하게 입안하고 시행한다고 생각하는 개혁추진자들은 개혁에 대한 저항을 극복 또는 완화하도록 노력하지 않을 수 없다. 저항을 극복하지 못하면 개혁은 처음부터 좌절되거나 왜곡되기 쉬우며 비록 개혁이 시행되더라도 그 효율성이 저하될 것이다. 개혁을 추진하는 입장에서 볼 때 저항은 극복해야 할 대상이다.

2) 저항의 순기능

저항의 순기능은 조직을 위해 바람직한 기능이다.

현대행정개혁론은 순기능적 저항의 존재에 대해서도 주의를 환기시키고 있다. 저항에 관한 일반이론을 전개하는 근래의 연구인들 가운데 다수가 순기능적 저항의 존재를 인정하고 이를 옹호하고 있다.[24]

첫째, 순기능적인 저항은 조직이라는 인간의 집합체에 필요한 기본적 질서를 유지하는 데 도움이 된다. 저항은 안정유지와 변동추구의 상충되는 요청을 조정하는 방어적 역할을 한다. 좋지 않거나 불필요한 변동을 거부하고 바람직한 변동만을 선택함으로써 조직의 혼란과 와해를 방지하는 것은 저항의 순기능적 역할이다.

둘째, 저항이 있을 것을 예상하는 경우 개혁추진자들은 개혁의 입안과 시행에 보다 더 신중을 기하게 된다. 저항의 발생은 입안된 개혁안의 신중한 재검토를 유도한다. 그러므로 저항은 개혁과정의 과오를 시정하는 데 필요한 자극을 제공할 수 있다. 저항은 개혁의 적정한 입안 · 시행을 보장하기 위한 견제 · 균형 시스템의 한 축을 담당하는 것이다.

셋째, 개혁에 대한 저항은 개혁추진자 등 관련자들의 시야(사고의 틀)를 넓혀 확장적 사고를 촉진함으로써 창의적 문제해결을 도울 수 있다.

넷째, 저항은 개혁이 어려움에 봉착할 수 있는 문제영역을 확인하는 데 도움을 준다. 개혁추진자들은 문제가 심각해지기 전에 시정행동을 할 수 있다.

다섯째, 저항은 개혁의 영향을 받게 될 사람들의 감정에 대한 정보를 개혁추진자들에게 제공하여 그들이 대응행동을 할 수 있게 한다. 저항자들은 감정발산의 기회를 갖게 되며 그들은 개혁에 대해 더 많이 생각하고 말하게 된다. 그 과정에서 개혁에 대한 이해가 증진될 수 있다. 저항은 개혁에 대한 의사전달을 촉진하는 자극제가 될 수 있다.

저항의 순기능을 논의할 때에는 논리적 비일관성이라는 관념적 문제에 대해 해명할 필요가 있다. 논리적 비일관성이란 개혁을 '바람직한 것'으로 정의하고 이를 반대 · 좌절시키려는 저항에도 '바람직한 것'이 있다고 주장하는 모순에 관한 문제이다.

순기능적 저항에 관한 주장이 논리적 갈등을 모면할 수 있게 해주는 것은 개혁사업의 형식주의와 개혁사업의 부분적 불완전성이라고 생각한다. 고도의 형식주의 때문에 표방한 것과 실질이 다른 양두구육(羊頭狗肉)의 경우, 즉 바람직한 변동이라고 표방하고 있지만 그 실질적 내용은 바람직하지 못할 경우, 저항의 순기능이 정당화될 수 있다. 그리고 개혁사업의 주된 내용이 바람직하지만 부분적 · 지엽적 국면에서 부정적 요소를 지니고 있을 경우 부정적인 부

분에 대한 저항이 있다면 개혁도 저항도 다함께 바람직한 것으로 이해될 수 있다.[g)]

3. 저항의 원인

저항의 이유를 논의하는 이론은 크게 두 가지로 범주화해 볼 수 있다. 그중 하나는 저항을 야기할 가능성이 있는 상황적 조건들을 설명하는 것이다. 다른 하나는 저항하는 인간의 심리적 원인(상황적 조건에 대한 인식)을 설명하는 것이다.

1) 저항야기의 상황적 조건

저항의 심리적 원인을 형성하는 데 그 유발요인이 될 수 있는 상황적 조건들을 살펴보려 한다.[25)]

(1) 일반적 장애   행정개혁의 촉발 자체를 좌절시키거나 저항을 야기할 수 있는 가장 일반적인 장애(障碍 : obstacle)로는 i) 정치적 불안정, ii) 경제적 빈곤(자원의 부족), iii) 사회적 갈등, iv) 문화적 혼란, v) 행정체제의 능력부족과 제도화된 부패, vi) 관료제의 경직성과 보수적 행정문화, vii) 조직 내의 갈등과 권력투쟁, viii) 현상유지적 집단규범, ix) 법령 등 조직행동을 공식적 · 비공식적으로 제약하는 요인, x) 기존상태에 투입된 많은 매몰비용(sunk cost) 등을 들 수 있다.

저항이 없더라도 장애 자체가 개혁을 좌절시킬 수도 있으며, 그러한 장애는 또한 저항을 야기할 수도 있는 상황적 조건이 된다. 흔히 개혁의 장애라고 불리는 요인들 가운데는 그 자체가 개혁의 대상으로 되어야 할 것들이 많다.

....

g) 논자에 따라서는 바람직하다고 생각되는 저항을 저항의 개념에서 제외하기도 한다. 예컨대 Zander는 반대와 저항의 개념을 구별하고 개혁에 대한 모든 반대가 저항인 것은 아니라고 하였다. 반대 가운데는 정당한 근거가 있고 논리적으로 합당한 것이 있는데, 그것은 저항으로 볼 수 없다고 하였다. Alvin Zander, "Resistance to Change—Its Analysis and Prevention," in Alton C. Bartlett and Thomas A. Kayser, eds., *Changing Organizational Behavior*(Prentice-Hall, 1973), p. 404.

그리고 일부의 장애요인들은 경우에 따라 개혁촉발요인으로 작용할 수도 있고 개혁에 유리하게 활용될 수도 있다.

(2) 개혁추진자의 낮은 신망   개혁추진자의 신망이 낮다든지 그가 불신의 대상으로 되어 있다든지 하는 문제가 있을 때에 저항이 유발될 수 있다.

(3) 개혁목표와 내용의 문제   개혁의 목표와 내용에 문제가 있을 때에 그것이 저항을 유발할 수 있는 조건으로 된다.

개혁안이 개혁의 필요를 충족시킬 수 없을 때, 기존상태 또는 다른 대안보다 못할 때, 과거에 시도하였다가 실패한 것일 때, 그리고 불확실성이 매우 높은 것일 때 저항을 부를 수 있다. 개혁안이 기존의 신념체계와 상충되거나 이익상실 또는 불편야기의 원인으로 될 때 저항이 생길 수 있다. 이익상실 또는 불편야기의 내용은 다양하다. 물질적 이익상실, 지위격하, 실직, 직무만족의 손상, 재적응·재학습의 필요발생, 사회적 유대의 와해, 자율성상실 등은 모두 이익상실 내지 불편야기의 예이다.

(4) 추진방법과 절차의 문제   개혁추진의 방법과 절차에 내포된 문제들 때문에도 저항이 야기될 수 있다.

문제의 진단과 개혁결정의 과정에 관련자들의 참여가 봉쇄되고 합의가 원활히 이루어지지 않았을 때, 개혁안제시의 방법과 수단이 강압적일 때, 특정인의 실책을 문책하는 형식으로 개혁안이 제시되었을 때, 의사전달에 장애가 있어 개혁안의 내용이 관련자들에게 잘 알려지지 않을 때, 개혁추진자들과 개혁의 영향을 받는 사람들 사이에 신뢰와 협조관계가 결여되어 있을 때, 그리고 개혁추진의 시기가 잘못되어 있을 때와 같이 개혁추진의 방법과 절차에 무리가 있으면 저항이 생길 수 있다.

(5) 개인적 특성   개혁대상자나 그 밖에 저항야기의 가능성이 있는 사람들의 성격, 습관, 지각 등이 저항야기의 조건으로 될 수 있다. 개인적 특성이 다르면 같은 외재적 조건하에서도 개혁에 대한 기질적 저항(dispositional resistance)이 달라질 수 있다.

2) 저항의 심리적 원인

사람들은 저항을 야기할 수 있는 상황적 조건을 지각하고 그에 대한 반응으로 저항적 태도와 행동을 표출하게 된다. 이러한 심리적 과정을 거쳐야 하기 때문에 저항을 야기할 수 있는 상황적 조건의 존재가 언제나 저항을 야기하는 것은 아니다. 상황적 조건을 사람이 지각하지 못할 수도 있다. 그것을 지각했지만 저항동기를 유발하지 않을 수도 있다. 저항이 표출되기에까지 이르더라도 그 양태와 수준은 사람에 따라 다를 수 있다.

개혁에 대한 저항을 유발하는 심리적 원인의 중요 범주는 다음과 같다.

(1) **개혁성과에 대한 불신**   개혁의 필요와 성과에 대해 의문을 가진 사람들은 개혁에 저항할 수 있다. 특정한 개혁으로 도달하려는 목표상태가 기존상태보다 나을 것이 없다고 생각하거나 다른 개혁대안이 더 효율적이라고 생각할 때, 그리고 개혁안의 실현이 불가능하다고 생각하거나 개혁의 이익보다 비용이 더 크다고 생각할 때 사람들은 저항할 수 있다. 같은 내용의 개혁을 과거에 시도했다가 실패한 경험이 있는 사람은 확신을 가지고 개혁에 저항할 가능성이 크다.

(2) **개혁내용의 몰이해**   개혁의 내용을 잘 모르면 저항할 가능성이 크다. 개혁과정의 비밀주의나 의사전달의 장애 때문에 개혁의 필요와 목표를 이해하고 수용하는 데 필요한 정보가 개혁의 영향을 받을 사람들에게 적절히 전달되지 않으면 몰이해로 인한 저항이 생길 수 있다. 전달된 정보를 잘못 이해하고 저항할 수도 있고, 개혁의 결정과정에서 소외되었다고 믿을 때 그리고 개혁추진자들의 의도를 불신할 때에도 저항할 가능성이 크다.

(3) **이익침해 인식**   개혁이 개인적 이익을 침해한다고 생각할 때 사람들은 개혁에 저항할 가능성이 크다. 이익침해 인식의 예로 보수의 감소나 감원의 위험이 있다고 생각하는 것, 지위와 신망이 손상된다고 생각하는 것, 직무상 자기실현이 좌절된다고 생각하는 것, 권력을 잃는다고 생각하는 것, 불편과 부담이 는다고 생각하는 것 등을 들 수 있다.

(4) **재적응의 부담**   새로운 상황에 적응해야 하는 심리적 부담, 재교육의 부담 등을 인식하면 저항할 수 있다. 개혁이 기존의 사회적 유대를 단절시키고 새로운 사회관계의 형성을 강요하여 심리적 부담을 안겨주는 것이라고 생각할 때 사람들은 저항하게 된다. 사용하는 기술을 바꾸기 때문에 재학습(再學習 : relearning)의 필요가 발생한다고 생각하면 재학습이 싫어서 저항할 수

있다.

(5) 자존심 손상   인정감이나 자존심이 손상되었다고 생각하기 때문에 저항을 할 수도 있다. 개혁추진자가 일방적으로 개혁을 추진하면서 과거의 실책을 비난하거나 특정한 개인의 잘못을 지목하여 개혁의 대상으로 삼을 때, 그리고 개혁안을 공격적이고 권위주의적인 방법으로 밀어붙일 때 인정감과 자존심의 손상은 커질 수 있다.

(6) 미지의 상황에 대한 불안감   개혁이 가져올 미지(未知: the unknown)의 상황에 대한 불안감이 저항의 원인으로 될 수도 있다. 기존질서 속에서 안정감을 느끼고 있는 사람들은 개혁으로 인해 새롭게 펼쳐질 상황에 대해 잘 모르기 때문에 불안감을 느끼게 된다. 개혁의 내용이 기존질서로부터 이탈되는 정도가 클수록 불안감은 커질 것이다.

저항원인의 종류를 범주화하는 방식은 논자에 따라 다를 수 있다. 저자가 위에서 논의한 저항원인 분류와는 다른 분류의 예를 보기로 한다.

Richard L. Daft는 개인이나 조직이 개혁에 저항하게 되는 이유를 i) 개혁비용의 지나친 강조(excessive focus on costs), ii) 개혁의 이익(긍정적 측면)에 대한 이해부족(failure to perceive benefits), iii) 조정과 협력의 결여(lack of coordination and cooperation), iv) 불확실성을 회피하려는 심리(uncertainty avoidance), 그리고 v) 상실의 두려움(fear of loss)으로 분류하였다.[26]

John W. Newstrom은 저항원인의 유형을 i) 논리적 원인(logical, rational objections), ii) 심리적 원인(psychological, emotional attitudes), 그리고 iii) 사회적 원인(sociological factors, group interests)으로 크게 범주화한 다음 각 범주에 포함되는 저항원인들을 열거하였다. 논리적 원인은 사실, 합리적 사고, 논리, 과학 등에 대한 이견에 기초한 것이다. 심리적 원인은 감정이나 느낌에 기초한 것이다. 사회적 원인은 집단 등 사회적 관계의 이익, 규범, 가치에 기초한 것이다.

논리적 원인의 범주에 포함되는 것은 적응에 필요한 시간, 재학습에 들어가는 추가적 노력, 바람직하지 않은 근무조건의 발생가능성, 변동의 경제적 비용, 변동의 기술적 가능성에 대한 의문 등이다. 심리적 원인의 범주에 포함되는 것은 미지에 대한 두려움, 변동에 대한 관용성 부족, 개혁추진자에 대한 혐오, 타인에 대한 불신, 안전과 현상유지에 대한 욕구 등이다. 사회적 원인의 범주에 포함되는 것은 정치적 제휴, 대립되는 집단적 가치, 국지적인 편협한 안목, 기득권, 기존의 교우관계 유지에 대한 욕구 등이다.[27]

Gareth R. Jones는 개혁에 대한 저항을 i) 조직차원의 저항(organization-level resistance), ii) 집단차원의 저항(group-level resistance), iii) 개인차원의 저항 (individual-level resistance) 등 세 가지 범주로 구분하고 각 범주별로 저항원인들을 열거하였다.

조직차원의 저항원인으로는 권력투쟁과 갈등, 담당기능에 따라 다른 관점, 기계적 구조, 그리고 문화적 관성을 들었다. 집단차원의 저항원인으로는 집단규범과 비공식적 기대, 집단의 응집성, 집단사고(Groupthink)와 집념의 확대(escalation of commitment)를 들었다. 집단사고는 집단 내의 사회적 압력 때문에 판단능력(비판적 평가능력)이 떨어지는 현상을 지칭한다. 집념의 확대는 한 번 내린 결정은 설령 그것이 잘못 되었음을 알더라도 바꾸지 않고 계속 밀고 나가려는 행동성향을 지칭한다. 개인차원의 저항원인에는 불확실한 결과에 대한 불안감, 선택적 지각, 그리고 습관을 포함시켰다. 선택적 지각이란 자기의 견해에 부합하거나 자기에게 유리한 정보만을 골라 받아들이는 지각의 착오를 말한다.[28]

4. 저항의 극복

개혁을 성공으로 이끌려면 개혁을 지지하는 요인들은 강화하고 개혁에 저항하는 요인들은 약화시켜야 한다.[h]

개혁추진자는 저항의 원인과 증상 및 그 강도를 정확하게 진단하고 구체적인 경우에 적합한 저항극복의 전술과 수단을 동원해야 한다. 저항을 야기할 수 있는 상황적 조건을 고치기도 하고 심리적 원인을 해소 또는 억제하기도 해야 할 것이다.

여기에 동원할 수 있는 전술과 기법은 여러 가지이다. 다양한 저항극복방안을 강제적 방법, 규범적·사회적 방법, 공리적·기술적 방법 등 세 가지 범주로 분류해 볼 수 있다.

....

h) Lewin은 이 같은 이치를 '힘의 장에 관한 이론'(force field theory)으로 설명하였다. 그는 변동을 상충되는 힘(세력)의 역동적 균형이라는 관점에서 이해하였다. 그리고 변동촉구 세력이 강화되거나 변동저항세력이 약화될 때 또는 그 두 가지가 함께 일어날 때 조직이 변동한다고 하였다. Kurt Lewin, *Field Theory in Social Science*(Harper & Row, 1951).

1) 강제적 방법

강제적 방법(强制的 方法 : coercive method)은 개혁추진자가 강압적 권력을 사용해 제재를 가하거나 그것을 위협하거나 또는 계서적 명령권(직위에 부여된 정당한 권력)의 일방적 행사로 저항을 극복하는 방법이다.

강제적 방법은 저항을 근본적으로 해결하지 못하고 그것을 단지 단기적으로 또는 피상적으로 억압하는 대증요법(對症療法)일 때가 많다. 강제적 방법을 쓸 때 개혁의 영향을 받는 사람들은 소외감을 느끼게 되므로 장래에 더 큰 저항을 야기할 위험이 있다.

강제적 방법은 긴급을 요하는 상황에서 신속히 저항을 극복할 필요가 있을 때에 개혁추진자가 강력한 권력을 가지고 있으면 유효하게 사용할 수도 있다고 한다. 그러나 여러 가지 부작용 때문에 대체로 바람직하지 못한 방법이라고 보는 것이 오늘날 연구인들의 지배적인 견해이다.

강제적 방법의 예로는 다음과 같은 것을 들 수 있다.

① **명   령**   계서적 권한에 의한 명령으로 저항을 억제한다.

② **제   재**   물리적 제재나 신분상의 불이익처분을 함으로써 저항을 억압한다.

③ **긴장조성**   의식적으로 긴장을 고조시켜 개혁에 추종하지 않을 수 없게 한다.

④ **권력구조 개편**   권력구조를 일방적으로 개편하여 저항집단의 세력을 약화시킨 다음 개혁을 관철시킨다.

2) 규범적 · 사회적 방법

규범적 · 사회적 방법(規範的 · 社會的 方法 : normative-social method)은 상징 활용과 사회적 · 심리적 지지를 통해 자발적 협력과 개혁의 수용을 유도하려는 방법이다. 저항의 동기를 약화 · 해소시켜 오히려 개혁에 적극 가담하게 하려는 방법이다. 이 방법은 저항의 가장 근본적인 해결책으로서 조직의 인간화를 주장하는 오늘날의 연구인들이 가장 선호하는 것이다. 그러나 끈기 있는 노력과 시간을 많이 소모하는 방법이다.

규범적·사회적 방법의 예로는 다음과 같은 것을 들 수 있다.

① **신망 제고와 솔선수범**　　개혁추진자의 신망을 높여 개혁의 수용을 쉽게 한다. 그리고 개혁이 요구하는 행동을 개혁추진자와 상관들이 솔선수범함으로써 부하들이 그것을 모방하게 한다.

② **의사전달과 참여의 촉진**　　의사전달과 참여를 원활하게 한다. 개혁의 의사결정과정에 대한 참여의 폭을 넓히고 시행과정에서 재량의 범위를 넓힘으로써 자발적인 협력을 유도한다. 의사전달을 원활하게 하여 개혁의 내용을 잘 알리고, 미지에 대한 불안을 해소하고, 개혁이 조직 전체를 위해 바람직하다는 사실을 수용하도록 설득한다.

③ **사명감 고취와 역할인식 강화**　　조직 전체의 목표추구에 대한 사명감을 고취하고, 조직에 유익한 개혁의 추진에서 개인이 맡아야 할 역할의 중요성을 규정·인식시킴으로써 인정과 자존의 욕구를 충족시켜 준다.

④ **적응 지원**　　개혁에 적응하는 데 필요한 시간을 충분히 주고 불만과 긴장을 노출·해소할 수 있는 기회를 마련한다.

⑤ **가치갈등 해소**　　개혁이 추구하는 새로운 가치가 기존의 가치와 양립할 수 있음을 강조하거나 양자가 별로 다르지 않다는 점을 설명함으로써 가치갈등으로 인한 저항을 극복한다.

⑥ **교육과 발전**　　교육훈련과 자기계발을 촉진한다. 고착적인 사고방식과 협착한 안목으로 인한 저항을 극복하고, 개혁이 도입하는 새로운 기술을 익힐 수 있도록 하기 위해 교육훈련을 실시한다. 그리고 자기평가와 발전노력을 통해서 모든 조직구성원들이 개혁의 필요를 스스로 깨닫게 하는 분위기를 조성한다.

3) 공리적·기술적 방법

공리적·기술적 방법(功利的·技術的 方法 : utilitarian-technical method)은 관련자들의 이익침해를 방지 또는 보상하고 개혁과정의 기술적 요인을 조정함으로써 저항을 극복하거나 회피하는 방법이다. 개혁으로 인하여 이익의 손실을 입게 될 집단이 있고 그들이 강력하게 저항할 수 있는 경우, 개혁을 위해 노력한 만큼 혜택 받을 것이 없다고 생각하는 사람들이 저항하는 경우, 개혁추진의 기술적 측면에 대한 저항이 있는 경우 등에 대응하는 방법으로서 신속한 효과를 볼 수도 있는 것이다.

그러나 비용이 많이 들고 장기적인 효과를 기대하기 어렵다는 문제와 저항을 근본적으로 극복하는 것이 아니라 저항에 양보하고 굴복하는 결과를 빚는다는 문제에 봉착할 수 있다. 그리고 지나친 기술적 조작에는 후유증이 따를 수도 있다.

공리적·기술적 방법의 예로는 다음과 같은 것을 들 수 있다.

① **임용상의 불이익 방지**　개혁에 인력조정이 포함되는 경우 해당자들이 불이익을 받지 않는다는 보장을 담은 임용계획을 세워 제시한다.

② **경제적 보상**　개혁으로 경제적 손실을 입게 될 사람들에게 보상을 실시한다. 보상을 결정할 때에는 대개 협상을 통해 이익과 손실을 교환할 수 있게 한다.

③ **개혁의 이익에 대한 홍보**　개혁의 일반적인 가치와 그것이 개인에게 줄 이익을 알려줌으로써 저항을 극복한다.

④ **시기 조정**　개혁실시의 시기를 적절히 조정함으로써 저항을 피한다.

⑤ **적응성 제고**　개혁과정의 적응성을 높이고 개혁의 방법과 기술을 융통성 있게 수정함으로써 저항을 회피한다.

저항의 유형과 원인이 다양한 만큼 저항극복의 방법도 다양하다. 저자는 많은 방법들을 범주화해 놓은 유형론들을 참고하여 위와 같은 저항극복방법 유형론을 제시하였다. 저자가 참고한 유형론 몇 가지를 여기에 소개한다.

G. N. Jones는 저항극복의 전략을 i) 강제적 전략(coercive strategy), ii) 규범적 전략(normative strategy), iii) 공리적 전략(utilitarian stategy), 그리고 iv) 중립적 외형을 지닌 전략(neutral-like strategy)으로 분류하였다. 여기서 중립적 외형을 지니는 전략이란 앞의 세 가지 범주에 속하지 않는 그 밖의 '기술적' 전략들이다.[29]

John P. Kotter와 Leonard A. Schlesinger는 저항을 다루는 방법으로 i) 교육과 의사전달(education and communication), ii) 참여와 간여(participation and involvement), iii) 촉진과 지지(facilitation and support), iv) 협상과 타협(negotiation and agreement), v) 조작과 포용(manipulation and cooptation), 그리고 vi) 명시적·묵시적 강제(explicit and implicit coercion)를 열거하였다.[30]

Paul C. Nutt는 계획적 변동의 시행전술이라는 표현을 써서 저항을 극복하고 개혁을 원활히 시행하는 데 동원할 수 있는 방법을 i) 개입전술(介入戰術 : intervention tactics), ii) 참여전술(participation tactics), iii) 설득전술(persuation tactics), 그리고 iv) 포고전술(布告戰術 : edict tactics)로 분류한 바 있다. 여기서 개입전술이란 조직발전컨설턴트(OD consultant)들의 개혁유도 노력과 유사하지만 보다 강력하고 적극적으로 관리자들이 개혁을 선도하는 전술이다. 포고전술이란 관리자들이 각종 권력을 행사하여 개혁을 밀고 나가는 전술을 말한다.[31]

Spencer Zifcak은 저항극복방법(개혁목표달성을 위한 접근방법)을 i) 경험적·합리적 접근방법(empirical-rational approach), ii) 규범적·교육적 접근방법(normative-educative approach), 그리고 iii) 권력적·강제적 접근방법(power-coercive approach)으로 분류하였다.[32]

John M. Ivancevich, Robert Konopaske 그리고 Michael T. Matteson은 저항극복방법(변동관리의 접근방법)을 i) 권력으로 강제하는 방법(managing change through power), ii) 논거를 대서 설득하는 방법(managing change through reason), 그리고 iii) 재교육방법(managing change through reeducation)으로 분류하였다.[33]

V. 행정개혁과 창의성

1. 개혁의 동력인 창의성

개혁은 기존의 상태보다 나은 상태를 만들어내는 활동이다. 나은 상태는 새로운 상태이다. 새로운 것을 만들어내는 데는 창의성이 필요하다. 개혁은 창의적 의사결정이 이끌어가는 창의적 활동이다.

조직과 행정, 나아가서는 인간생활 전체에서 창의성의 필요와 효용은 크다. 창의성은 기회를 보다 잘 활용할 수 있게 한다. 도전과 재난에 보다 생산적으로 대응할 수 있게 하고 예상 밖의 상황도 보다 잘 극복할 수 있게 한다. 창의성을 발휘하려는 충동은 인간의 건강한 속성이다. 창의적인 행동은 사람에게 즐거움을 안겨주며 그것은 정서적 안정과 정신적 건강에 유익하다. 조직과 행정의 차원에서는 창의성이 조직과 행정의 생존·발전에 불가결한 요소이다. 국가의 장래 번영은 국가 전체의 창의적 역량에 달려 있다.

창의성 발휘는 언제나 바람직하고 필요한 것이지만 오늘날 행정개혁의 여건 또는 행정조직을 포함한 조직사회 전체의 조건은 창의성 발휘의 필요를 더욱 절실하게 만들고 있다. 창의성 발휘의 필요를 증폭시키는 조건변화의 예로 조직과 조직 간 네트워크의 규모가 커지고 활동영역이 확장되어가고 있으며 그 구성이 복잡해지고 있다는 것, 해결해야 할 문제(개혁과제)의 비정형성과 복잡성이 높아지고 있다는 것, 조직 내외의 변화가 격동적이며 의사결정환경의 불확실성이 높다는 것, 여러 방면에 걸친 경쟁이 치열해지고 있다는 것 등을 들 수 있다.

오늘날 조직의 개혁을 위한 주요 의사결정은 대개 불확실하고 모험적인 상황에서 이루어지고 있다. 불확실하고 모험적인 상황에서 해결방안 선택의 합리적 계산전략을 적용할 수 있는 폭은 좁다. 계산전략의 적용이 가능한 경우에도 창의적인 의사결정을 하려면 모험적 선택을 피하기 어려울 것이다. 계산전략의 적용이 어려운 경우에는 창의적 탐색과 모험적 선택의 필요는 한결 더 커진다.

다음에 행정개혁의 상황 또는 조직의 상황에 연관시켜 창의성을 설명하려 한다. 창의성은 개인의 차원, 집단의 차원, 그리고 조직의 차원에서 각각 따로 논의되기도 하지만 여기서는 세 가지 차원을 긴밀히 교호작용하는 연관적 현상으로 보려 한다. 설명의 편의를 위해 우선 개인적 차원에 초점을 맞추고 집단과 조직의 문제는 영향요인 또는 제약조건으로 다루려 한다.

2. 창의성의 정의

창의성(創意性: creativity)은 새롭고 유용한 아이디어를 만들어내는 과정 또는 사고의 특성이다. 창의성은 기술, 지식, 사회규범, 신념 등이 설정하고 있는 현재의 상태를 벗어나는 아이디어의 특성이다. 창의성이 있는 문제해결은 문제와 기회에 대한 새롭고 독창적인 대응방법을 개발하는 것이다. 새로운 아이디어가 유용해야 한다는 말은 어떤 목표를 위해 긍정적 · 건설적인 가치를 지닐 때만 창의적인 것으로 된다는 뜻이다. 창의성은 새롭고 유용한 아이디어

를 만들어내는 능력과 결과를 포함하는 현상으로 이해된다,

위의 정의에 포함된 창의성의 주요 특성은 다음과 같다.[34]

① **과정과 결과**　　창의성은 창의적인 결과를 만들어내려는 사람의 인지적 과정이다. 창의성의 핵심요소는 새로운 아이디어를 만들어내는 인지적 과정이지만 새로운 아이디어라는 결과도 중요하다.

② **새로운 아이디어**　　창의성은 새롭고 독창적인 아이디어를 산출하는 과정이다. 문제와 기회에 대한 새롭고 독창적인 대응 방법을 개발해야만 어떤 선택 또는 의사결정이 창의적인 것으로 될 수 있다. 새로움의 내용과 형태는 매우 다양하다. 새로움은 언제나 완벽하고 절대적인 새로움일 필요는 없다. 사물의 창조, 수정, 현상들의 통합·조합·합성 등이 모두 새로운 것에 포함될 수 있다. 새로운 것에는 전면적·급진적인 것도 있고 부분적·점진적인 것도 있다. 새로운 것은 가시적인 산출물에도 있지만 추상적인 개념으로 나타날 수도 있다.

③ **유 용 성**　　새로운 아이디어는 어떤 목표의 성취에 기여할 수 있는 유용성을 지녀야 한다. 새로운 아이디어가 어떤 목표에 건설적으로 기여하는 가치를 지닐 때 비로소 창의적인 것으로 될 수 있다. 목표는 개인·집단·조직 등에 의한 인위적 결정물이기 때문에 어떤 사람이 보느냐에 따라 아이디어의 유용성에 대한 판단은 달라질 수 있다.

④ **복잡한 다차원적 현상**　　창의성은 복잡하고 역동적이며 다차원적이고 많은 요인들의 영향을 받는 현상이다. 창의성은 개인차원의 과정으로 또는 사회적 과정으로 다룰 수 있는 현상이다. 창의성의 결정에는 다양한 내재적 및 외재적 영향요인이 작용한다. 영향요인들끼리 서로 충돌하는 경우도 있다. 창의성은 개인차원에서, 집단차원에서, 또는 조직차원에서 정의하고 분석할 수 있다.

⑤ **건설적 모험**　　창의적 문제해결은 대부분 비정형적 의사결정으로 이루어지며 불확실성을 헤쳐 나가는 모험을 내포한다. 문제도 비정형적이고 해결방법도 비정형적일 때 창의성의 필요가 더 커진다.[i) 창의적 문제해결을 위

....

i) 창의적 사고를 요구하고 또한 그것이 가능하도록 기회를 제공하는 이른바 '창의적 문제' (creative problem)의 특성은 새로운 문제라는 것, 복잡한 문제라는 것, 잘 정의되지 않고

한 건설적 모험은 이를 뒷받침하는 조건이 구비되어야 가능하다. 의사결정자는 책임 있는 모험을 할 능력과 의욕을 가지고 있어야 하며, 조직 내의 여러 조건들은 모험적 문제해결의 성공을 지원해 줄 수 있어야 한다.

3. 창의적 사고의 과정

과정적 측면에 착안하여 창의성을 설명하는 사람들은 창의적인 사고의 과정 또는 창의적 문제해결의 과정에 포함되는 단계들을 설명한다. 다단계적인 창의적 사고과정 또는 문제해결과정에 관한 인식론적 모형은 많고 다양하다. 논자들마다 설명이 구구하지만 사고과정의 핵심적 단계에 대한 의견수렴이 없는 것은 아니다. 여러 의견들을 종합해보면 i) 문제와 창의적 해결의 기회를 의식적으로 찾아내는 단계, ii) 새로운 문제를 형성하고 정의하는 단계, iii) 확장적 사고를 통해 해결대안을 탐색하는 단계, 그리고 iv) 집중적 사고를 통해 대안을 선택하는 단계를 창의적 문제해결과정의 핵심적 단계로 보는 공통적인 인식이 있음을 알 수 있다. 그리고 창의적 문제해결과정은 확장적 사고와 집중적 사고가 반복되는 사이클이라는 점에 대해서도 상당한 의견수렴이 있다.

여기서는 독자들이 스스로 생각해 볼 수 있도록 주요 논자들의 창의적 사고과정에 대한 설명을 몇 가지 소개하려 한다.

G. Wallas의 4단계이론이 가장 기본적인 것으로 널리 인용되고 있다.

....

불분명하다는 것, 무엇이 좋은 해결책인지도 불분명하다는 것, 여러 가지 서로 다른 해결방법들이 안출될 수 있는 문제라는 것, 보다 많은 인지적 노력을 요구한다는 것, 해결방안의 활용가능성이 높다는 것 등이다. Michael D. Mumford *et al.,* "Methods in Creativity Research: Multiple Approaches, Multiple Levels," Michael D. Mumford (ed.), *Handbook of Organizational Creativity* (Elsevier, 2012), pp.41~42.
문제해결과정의 상황적 조건 또는 환경을 세 가지로 범주화해 볼 수 있다. 첫째, 확실한 상황은 어떤 해결대안을 집행하기 전에 그 결과를 미리 예측하는 데 충분한 정보가 있는 상황이다. 둘째, 모험적 상황은 어떤 해결대안의 결과발생에 대한 확률만 알 수 있는 상황이다. 셋째, 불확실한 상황은 어떤 해결대안의 결과가 발생할 것인지에 대한 확률조차 알 수 없는 상황이다.

Wallas는 1926년에 창의적 문제해결과정을 네 가지의 단계로 구분하였다. 그가 말한 네 가지 단계는 i) 문제해결을 준비하는 준비단계(preparation), ii) 문제해결의 대안을 찾기 위해 성찰하는 숙려단계(incubation), iii) 해결대안을 만들어내는 계발단계(illumination), 그리고 iv) 대안의 유용성을 확인하는 검증단계(verification)이다. 그의 모형은 많은 사람들이 번안하고 수정하였다.[35]

John R. Schermerhorn, Jr. 등은 창의적 사고의 단계를 i) 일상적 업무수행과정에서 잘 관찰하고 배우는 준비단계(preparation), ii) 해결해야 할 문제를 규명하고 구성하는 집중단계(concentration), iii) 새롭고 독창적인 해결대안을 고려할 수 있도록 문제를 여러 각도에서 검토하는 숙려단계(incubation), iv) 영감을 떠올리고 새로운 아이디어들을 하나의 결정대안으로 결합하는 계발단계(illumination), v) 논리적 분석을 통해 선택한 대안이 실제로 바람직한 것인가를 확인하는 검증단계(verification) 등 다섯 단계로 구분하였다.[36] S. J. Parnes 등의 창의적 문제해결에 관한 선형적 5단계모형은 i) 사실조사(fact finding), ii) 문제정의(problem defining), iii) 아이디어 발견(idea finding), iv) 해결방안 발견(solution finding), v)수용확인(acceptance finding) 등 다섯 단계를 구분하였다.[37] T. M. Amabile도 i) 문제 제시(presentation), ii) 문제해결준비(preparation), iii) 아이디어 안출(generation), iv) 정당화(validation), v) 평가(assessment) 등 다섯 단계를 구분하였다.[38]

Pervaiz K. Ahmed와 Charles D. Shephard는 창의적 문제해결과정을 많은 잠재적 대안들을 찾아내는 확장적 사고와 바람직한 대안을 선택하는 집중적 사고가 되풀이되는 사이클이라 규정하고 그 단계를 다섯 가지로 구분하였다. 다섯 단계는 i) 다양한 전문적 능력을 가진 사람들이 참여하게 하는 준비단계(preparation), ii) 문제 또는 대안탐색의 기회를 정의하여 창의적 에너지가 모일 수 있는 초점을 만드는 기회확인단계(innovation opportunity), iii) 새로운 아이디어와 해결방안들을 많이 생각해내는 확장적 사고 단계(divergence), iv) 쉽게 떠오르지 않는 아이디어나 해결방안들을 구상할 수 있도록 사색에 필요한 시간과 공간을 제공하는 숙려단계(incubation), 그리고 v) 의견을 수렴하여 많은 아이디어 또는 해결대안들 가운데서 최선의 방안을 선택하는 집중적 사고 단계(convergence)이다.[39]

Michael D. Mumford 등은 창의적 문제해결의 과정에 여덟 가지의 처리단계(활동)가 포함된다고 하였다. 여덟 가지의 핵심적 처리활동 또는 활동단계는 i) 문제를 명료화하여 정의하는 문제확인단계(problem identification), ii) 해결방안을 탐색하는 데 필요한 정보를 수집하는 정보수집단계(information collection), iii) 수집된 정보를 분석하여 문제해결에 도움이 될 개념들을 선택하는 개념선택단계(concept selection), iv) 선택된 개념들을 조합하고 재구성하는 개념조합단계(conceptual combination), v) 아이디어를 안출해내는 안출단계(generation), vi) 아이디어를 평가하는 평가단계(evaluation), vii) 시행계획단계(implementation planning), 그리고 viii) 모니터링단계(solution monitoring)이다.[40]

4. 창의성의 조사연구

매우 복잡하고 다차원적인 창의성에 대한 연구의 접근방법은 다양하게 분화되어 있다. 여러 학문분야에서 창의성이 연구되고 있는데, 분야마다의 접근방법들을 망라해 설명할 수는 없다. 여기서는 이 방면 연구인들이 전형적인 경험적 조사연구방법의 범주라고 열거하는 것들을 예시하고, 창의적 문제해결과정의 핵심적인 요소라고 지목되고 있는 확장적 사고의 측정방법에 대해 언급하려 한다.[41]

1) 조사연구방법: 측정과 평가

창의성을 측정·평가하는 데 자주 쓰이는 조사연구방법은 i) 질적 연구, ii) 역사적 자료 분석, iii) 태도조사, iv) 심리측정학적 방법, v) 실험적 연구 등이다.

질적 연구(qualitative studies)는 특정한 창의적 결과물 또는 산출물과 그것을 만들어낸 활동에 대한 심층적 관찰에 초점을 맞추는 접근방법이다. 이 접근방법은 창의적 산출물과 산출과정을 평가하여 문제해결의 창의성을 결정한 요인들을 추론해낸다. 질적 연구는 대개 사례연구이다. 사례의 선택, 관찰자의 능력, 관찰의 기법 등이 연구 성패에 큰 영향을 미친다.

역사적 자료 분석(史料分析: historiometric studies)은 탁월한 창의적 성취의

결정요인(sources)을 찾아내기 위해 기존의 기록물들을 분석하는 접근방법이다. 분석대상이 되는 기록물의 예로 각종 보고서 등 간행물, 특허기록, 수상기록, 감사기록, 근무성적평정기록 등을 들 수 있다. 이 접근방법은 창의성의 객관적 산출물을 대상으로 하지만 탁월성의 측정기준은 대개 전문가들이 정하기 때문에 주관성의 개입이 배제된다고 할 수 없다.

태도조사(의견조사: survey studies)는 사람들이 자기의 또는 타인의 행태에 대해 말해주는 의견을 가지고 창의성을 판단하는 방법이다. 이것은 조사대상 선택의 제약이 비교적 적은 방법이다. 창의적 활동의 산출물, 산출활동의 특성, 태도, 내재적 및 외재적 동기 등이 두루 조사대상으로 될 수 있다.

심리측정학적 방법(psychometric studies)은 개인차원의 현상에 초점을 맞추고 창의적 사고에 결부된 행동특성을 측정·평가하는 요인분석적 검사방법이다. 그 대표적인 예는 확장적 사고 검사이다. 이에 대해서는 다음에 설명을 추가하려 한다.

실험적 연구(experimental studies)는 실험실적 상황에서 창의성에 영향을 미치는 조건들을 조작해 변동시키는 데 따라 나타나는 창의성의 변화를 측정하는 방법이다. 실험적 연구는 시간제약을 받기 때문에 창의성의 단기적 지표에 초점을 맞춘다. 조직 전체의 조건을 조작하여 실험에 활용하기는 어렵기 때문에 실험적 연구는 대개 개인차원 또는 집단차원의 현상을 대상으로 한다.

2) 확장적 사고의 측정

(1) 확장적 사고의 정의　　확장적 사고(擴張的 思考: divergent thinking: DT)는 기존의 사고를 깨고 새롭고 넓은 시각에서 문제를 구성하고 다양한 해결방안들을 구상해내는 사고의 과정이다. 확장적 사고의 능력은 폭넓고 다양하고 새롭고 독창적으로 생각할 수 있는 능력이다. 넓은 시야를 가지고 다양한 대안들을 탐색할 수 있는 능력이라고 할 수 있다. 확장적 사고는 집중적 사고 (수렴적 사고: convergent thinking)와 대조된다. 집중적 사고는 다양한 아이디어들을 하나로 묶어내는 수렴적 사고의 과정이다. 창의적 문제해결과정에는 집중적 사고의 과정도 포함된다.

(2) 검사기법의 특성　　확장적 사고의 능력을 측정하는 검사기법(DT tests)

은 많고 다양하다. 다양한 검사방법들의 공통적인 특성을 요약하면 다음과 같다.j)

첫째, 개인의 사고과정에 초점을 맞추고 개인차를 확인하려 한다.

둘째, 개방형 검사(open-ended test)이다. 개방형 질문을 제시하여 구애 없이 많은 아이디어를 산출해낼 수 있게 한다. 제시되는 문제는 대개 잘 정의되지 않은, 여러 가지 해석이 가능한 문제이다.

셋째, 조사대상자의 특성, 업무분야 등에 따라 검사항목, 문항구성, 평가방법 등을 달리할 수 있다.

넷째, 검사대상자의 반응은 일정한 평가기준을 적용하여 전문가들이 평가한다. 널리 쓰이는 평가기준은 응답의 수(능숙성: fluency), 응답의 고유성 또는 희소성(독창성: originality), 응답에 포함된 카테고리 또는 테마의 수(융통성: flexibility), 응답의 문제해결에 대한 기여도(적절성: appropriateness) 등이다. 그러나 개방형 검사이기 때문에 언제나 적용할 수 있는 평가기준의 조합을 고정할 수는 없다. 경우에 따라 평가기준의 조합이 달라질 수도 있고 평가기준마다의 가중치가 달리 정해질 수도 있다.

다섯째, 확장적 사고의 검사에서는 대개 단일한 항목에 관한 단일한 검사보다는 여러 검사를 포함하는 검사조합(test battery)을 사용한다.

(3) 검사의 유형　검사조합에 자주 포함되는 검사(검사항목)의 예를 보기로 한다.

① **동의어연상**　제시되는 단어의 동의어들을 열거하기

② **교체사용**　벽돌, 의자와 같은 물건들의 서로 다른 용도를 많이 열거하기

③ **사례열거**　어떤 범주에 속하는 사물을 열거하기(예: 불에 타는 액체

j) 확장적 사고에 관한 경험적 측정모형의 발전에 개척적인 역할을 한 사람은 J. P. Guilford라고 한다. 그는 1950년에 확장적 사고능력을 포함한 지능의 구조를 연구하는 모형을 개발했으며, 그것이 확장적 사고능력을 측정하는 모형들을 양산하는 데 촉진제 역할을 했다고 한다. Guilford와 그의 동료들이 1953년에 개발한 확장적 사고 측정모형(consequences form a-1)은 대표적인 것으로 널리 알려졌다. Guilford, "Creativity," *American Psychologist* (vol. 5, 1950), pp. 444~454; Guilford, P. R. Christensen, and P. R. Merrifield, *Consequences Form A-1* (Sheridan Supply, 1953).

열거하기, 소음을 내는 물건 열거하기)

④ **대상물조합**　　두 가지 물건으로 만들 수 있는 것 열거하기(예: 못과 막대기로 만들 수 있는 물건을 열거하기)

⑤ **유사성발견**　　한 쌍의 사물에 공통적인 것 열거하기(예: 사과와 귤이 함께 지닌 특성을 열거하기)

⑥ **질문형성**　　어떤 대상(예: 그림)에 대한 질문을 여럿 만들기

⑦ **단어연결**　　세 가지 단어를 연결해줄 수 있는 제4의 단어 찾기

⑧ **원인추정**　　어떤 그림에 묘사된 행동의 원인을 열거하기

⑨ **그림구성**　　독창적인 그림 그리기

⑩ **그림완성**　　미완성인 그림을 완성하기

이 밖에도 실생활에서 마주칠 수 있는 문제들을 제시하고 여러 가지 해결 대안들을 만들어내게 하는 검사들이 있다. 그런가 하면 비현실적인 가상적 상황이 가져올 수 있는 결과들을 상상해서 열거하도록 하는 검사도 있다.

5. 창의성의 결정요인

1) 창의성 결정요인의 연구

사람의 창의성을 결정하는 데는 수많은 내재적·외재적 요인들이 작용한다. 창의성에 여향을 미치는 결정요인(영향요인; 요건; 구성요소)에 관한 많은 연구들이 축적되어 있다. 이 분야 연구의 초기에는 연구인들이 대체로 개인차원의 미시적 분석에 집중하였다. 그들의 관심은 개인의 성격, 인지적 능력, 지능 등 창의적인 사람의 개인적 특성에 초점을 맞추었다. 연구인들은 점차 시야를 넓혀 집단응집성, 신분안정, 직무설계, 감독 스타일 등 다른 개념 또는 외재적 현상의 작용에도 눈을 돌리게 되었다. 이런 관심확장은 계속되었다. 오늘날 연구인들은 개인과 환경의 복잡한 교호작용이 창의성에 미치는 영향을 포괄적으로 규명하려 한다.

창의성 결정요인을 연구하는 접근방법들은 다양하게 분류되고 있다. 창의적 행동자들의 개인적 특성에 초점을 맞추는 특성(속성)이론(attribute theories), 개인의 인지적 능력에 초점을 맞추는 인지능력이론(conceptual skill theories),

창의성을 결정하는 뇌(brain)의 작용을 연구하는 생리학적 이론(physiological theories), 보상·평가기준설정·의사전달 등 창의적 행동을 강화하는 기제에 초점을 맞추는 행동이론(behavioral theories), 개인·직무·조직 등의 상호작용에 초점을 맞추는 과정이론(process theories) 등을 예로 들 수 있다.[42]

　근래 창의성 결정요인을 포괄적인 안목으로 규명하려는 이론은 양산되었는데 그중 많이 인용되고 있는 이론의 예로 T. M. Amabile의 구성요소이론(componential theory of creativity)을 들 수 있다. 그는 개인의 내재적 요인과 외재적인 업무적 또는 사회적 환경을 함께 고려하였다. 그가 개인이 갖추어야 할 창의성발휘의 요건(구성요소; components)으로 열거한 것은 세 가지이다. 그 첫째는 담당직무분야에 적합한 능력(domain-relevant skills: expertise)이다. 이것은 담당하고 있는 과제의 수행에 필요한 재능, 지식, 기술 등 전문적 능력이다. 전문적 능력을 갖추어야 일을 감당할 수 있고 창의성도 발휘할 수 있다고 한다. 둘째는 창의성발휘에 적합한 능력(creativity-relevant skills: creative-thinking skills)이다. 이것은 창의적 사고의 기술 또는 능력이다. 이 능력을 갖추려면 오래된 사고의 틀을 깨고 새로운 시각에서 확장적 사고를 할 수 있어야 한다. 셋째는 내재적 직무수행동기(intrinsic task motivation)이다. 이것은 사람이 일의 보람을 느껴서 스스로 유발하는 직무수행의 동기이다.[43]

　R. J. Sternberg는 창의성발휘에 영향을 미치는 요인의 범주를 환경적 요인과 개인적 요인으로 나누고 개인적 요인의 범주에 지능, 사고의 스타일, 성격, 그리고 지식을 포함시켰다.[44] M. Csikszentmiha′lyi는 창의성 결정요인을 개인적 요인, 장(field)의 요인, 그리고 영역(domain)의 요인으로 분류하였다. 개인적 요인에 포함되는 것은 동기, 인지적 능력, 경험에 대한 개방성, 끈기, 호기심, 열정 등이다. 장은 어떤 사람의 아이디어가 창의적인지의 여부를 결정하는 평가자들로 구성된다. 영역은 어떤 지식분야의 규칙과 상징적 절차로 구성된다.[45]

2) 창의성 결정요인의 분류

　많고 복잡한 창의성 결정요인들을 간추려 분류한 유형론은 많다. 저자는 위에서 본 유형론들을 감안하여 결정요인들을 i) 개인적 요인과 ii) 상황적 요인(외재적·환경적 요인)으로 범주화하고 상황적 요인은 다시 집단의 요인과 조직의 요인으로 나누려고 한다. 각 범주의 요인들은 상호작용하면서 창의성 발휘를 촉진하기도 하고 방해하기도 한다.[46]

개인적 요인으로는 인지적 능력과 스타일, 성격, 지식과 기술, 내재적 동기 등을 들 수 있다. 집단의 요인으로는 집단의 규범, 규모, 응집성, 업무, 리더십, 구성원의 다양성, 구성원의 역할, 문제해결의 접근방법 등을 들 수 있다. 조직의 요인으로는 목표와 전략, 리더십, 자원, 평가체제, 보상체제, 의사결정과정, 지식관리, 구조, 기술, 문화 등을 들 수 있다.

6. 창의성 제약요인

창의성을 결정하는 요인이 많고 복잡한 만큼 그에 연관된 창의성 제약요인도 많고 복잡하다. 위에 지적한 결정요인 하나하나에 결부된 제약요인들을 낱낱이 들어 말하기는 어렵고, 여기서는 흔히 지적되고 있는 제약요인들을 골라 예시하려한다.

1) 개인적인 문제

문제해결에 임하는 개인이 전통과 관행을 준수하도록 길들여져서 창의적 모험을 할 수 없는 것이 문제이다. 기존의 문제해결방법에 익숙한 사람들은 새로운 대안을 탐색하는 데 무능하고 변동저항적일 가능성이 크다. 새로운 대안탐색과 평가에 필요한 창의적 사고능력과 전문적 능력의 부족도 문제이다. 실패를 두려워하는 소극적 성격도 문제이다. 모험을 두려워하고 피하는 사람들은 현실에 안주하고 습관화된 문제해결방법에 계속 매달린다. 그런 사람들은 문제해결과정의 실책을 지적하는 환류에 대해 방어적인 자세를 취한다.

2) 상황적인 문제

집단과 조직의 창의성 제약요인들을 상황적인 요인으로 묶어 중요한 것들을 예시하려 한다.

① **권위주의적 통제** 조직구성원의 활동에 대한 권위주의적 통제는 창

의적 모험에 필요한 자율성과 책임 있는 능동성을 억압한다. 새로운 아이디어를 배척하고 모험을 싫어하는 관리자들의 권위주의적 태도는 구성원들의 창의적 노력을 직접 억압한다. 관리층의 권위주의적 리더십뿐만 아니라 집단의 현상유지적인 규범과 사회적 압력도 구성원들의 창의성을 억압한다.

② **구조의 경직성**   조직의 구조가 경직하고 집권화가 지나치면 창의성 발휘가 어렵다. 기능분립적인 구조도 정보공유와 창의적 문제해결에 지장을 준다.

③ **현상유지적 유인기제**   보수 등 유인기제가 현상유지적이면 구성원들의 창의적 모험을 자극하고 강화하지 못한다. 창의적 성과보다는 투입을 기준으로 하는 평가와 보상은 모험적인 노력으로 우수한 성과를 달성하려는 사람들의 동기를 유발하지 못한다.

④ **강한 공식화·번문욕례**   절차와 방법의 공식화수준이 높고 번문욕례가 심하면 창의적 문제해결이 어렵다.

⑤ **불분명한 목표**   문제해결의 목표에 대한 합의가 없거나 목표가 불분명하면 창의적 노력의 방향을 제시하지 못한다. 조직의 정책과 전략의 잦은 변동도 창의적 행동을 방해한다.

⑥ **자원부족**   자원의 뒷받침이 없으면 창의적 모험이 어렵다. 조직에서는 감축관리의 필요가 자주 발생한다. 감축되는 조직에서는 인적·물적 자원의 부족이 더 심각해질 수 있다. 감축관리에서는 문제해결의 창의성이 더 많이 요구되지만 의사결정의 실책은 감축되는 조직에서 더 심각한 문제를 야기한다. 따라서 창의적인 모험이 위축된다. 자원부족은 시간부족·시간압박으로 이어진다. 시간압박과 과도한 업무부담 역시 창의성을 제약한다.

⑦ **매몰비용과 모험실패의 위험**   기존의 상태를 구축하고 유지하는 데 들어간 매몰비용이 크면 창의적 모험이 어렵다. 창의적 모험이 가져올 손실에 대한 우려가 클 때에도 모험은 어렵다.

⑧ **지식관리의 실패**   지식관리체제는 조직학습과 구성원들의 창의적 노력을 원활하게 뒷받침해줄 수 있도록 새로운 지식을 창출하고 관리해야 한다. 지식관리기능이 부실하면 개인과 조직 전체의 창의성 발휘가 어려워진다.

⑨ **조직 내의 해로운 갈등**   조직 내에서 역기능적인 갈등이 격화되어 구

성원 간의 파괴적 태도, 방어적 태도를 조장하면 창의적 노력이 어려워진다.

⑩ **경쟁의 부재**　　조직 간의 경쟁이 없으면 창의적 모험에 대한 동기가 약화된다. 독점적인 거대조직들이 창의적 노력을 게을리 해서 쇠퇴의 길을 가는 예가 많다.

⑪ **보수적 조직문화**　　과거의 기준과 선례 그리고 익숙한 해결방안을 선호하는 조직문화는 창의적 모험을 억압한다. 그런 보수적 문화는 순응과 행동통일을 강조하고 새로운 아이디어를 배척하고 변화와 모험을 기피하기 때문에 창의적 활동을 가로막는다.

⑫ **외적 제약**　　조직활동에 대한 법적·정치적 제약이 심하면 창의적 모험이 어렵다.

7. 창의성 증진방안

개혁추진자들은 행정체제(조직) 구성원들의 창의적 사고를 촉진할 방안들을 실천해야 한다. 사람의 창의성에는 선천적인 국면도 있다. 조직의 도움 없이 개인적인 노력으로 창의성을 향상시킬 수도 있다. 그런가 하면 조직은 계획적인 노력으로 조직구성원의 창의성을 향상시킬 수 있다. 여기서 우리는 조직의 계획적인 창의성증진활동에 관심을 갖는다.

조직구성원 개인의 차원과 조직 내외에 걸친 상황의 차원을 포괄하는 창의성 향상활동의 영역은 아주 광범한 것이지만 여기서는 창의적 직무환경의 조성과 창의성향상훈련이라는 두 가지 범주로 간추리고 각 범주에 포함되는 주요 개선과제와 방법들을 예시하려 한다.

1) 직무환경의 개선

① **임용관리의 개선**　　임용관리체제를 조직구성원들의 창의성을 높일 수 있도록 운영해야 한다. 창의적인 성향이 강한 사람들을 임용하고 지속적인 경력개발을 통해 재직자의 창의성을 증진시켜야 한다. 조직구성원들의 직무부적응과 신분불안을 해소해야 한다.

② **직무설계의 개선**　　직무담당자에게 의미와 보람을 줄 수 있도록 직무

의 심리적 영양소를 늘려야 한다. 의욕을 북돋우는 도전적 직무, 지적 자극을 주고 창의적인 사고를 촉진하는 직무가 되도록 하여야 한다. 직무수행방법의 자율선택폭을 인정해야 하며 직무수행조건의 적정한 모호성도 허용해야 한다. 직무는 보람 있는 것일 뿐만 아니라 흥미 있는 것으로 만들어 직무담당자들이 재미있게 일할 수 있도록 해야 한다.

③ **평가 · 보상체제의 개선**   평가 · 보상체제를 조직구성원들의 창의적 노력을 인정하고 지지 · 촉진할 수 있도록 만들어야 한다. 직무담당자들이 참여의 과정을 통해 창의적인 직무수행목표를 설정하도록 해야 한다. 창의적인 노력을 평가할 수 있는 기준의 적용을 늘리고 성과급적 보상을 평가결과에 연결해야 한다. 평가방법에는 자기평가 등 창의성평가에 적합한 방법들을 추가해야 한다. 보상의 결정에서는 내재적 · 외재적 보상의 조화를 고려해야 한다.

④ **자원공급**   새로운 아이디어의 개발과 활용 그리고 창의적 모험을 지원해줄 인적 · 물적 · 기술적 자원을 공급해야 한다. 아이디어 개발에 필요한 시간을 주는 것도 중요하다.

⑤ **지원적 리더십**   관리 · 감독계층의 창의적 리더십 발휘가 필요하다. 리더들은 창의적 비전을 제시하고 관행탈피의 용기를 가지고 구성원들의 창의적 모험을 지지하고 지원해야 한다. 리더들은 창의성의 가치를 분명하게 인정하고 쇄신기회의 포착, 의제설정, 구성원의 창의적 사고 인도, 아이디어 숙려에 필요한 시간 배정, 창의적 아이디어 선별활동의 지휘, 구성원들의 창의적 업무수행에 대한 인정, 구성원들의 창의적 노력에 대한 사회적 · 정서적 지원과 신뢰분위기 조성 등의 역할을 원활히 수행해야 한다.

⑥ **작업집단의 개선**   창의성 친화적인 작업집단을 발전시켜야 한다. 작업집단을 다양한 경험과 배경을 가진 사람으로 구성하고 그들의 다양한 관점과 지식을 공유하도록 해야 한다. 창의적인 분위기를 조성하고 원활한 의사전달, 협력, 구성원 상호간의 긍정적인 상호관계 형성을 촉진해야 한다. 건설적인 경쟁도 용인하여 창의적인 노력을 자극할 수 있어야 한다.

⑦ **조직구조와 과정의 개선**   창의성 향상에는 일반적으로 자율과 협동을 촉진하는 융통성 있고, 분권화된 유기적 구조가 유리하다. 의사전달이 원활해야 하며, 창의적 아이디어의 제안통로가 잘 만들어져 있어야 한다. 현상

유지적인 통제기준은 창의성 친화적인 기준으로 바꿔야 한다. 경직된 계서적 통제와 번문욕례는 최소화해야 한다.[k]

⑧ **지식관리의 개선** 　조직 전체의 지식관리를 개선하고 조직학습을 촉진하여야 한다. 지식관리는 창의적 문제해결에 필요한 지식활용, 지식의 새로운 조합과 확장, 새로운 지식의 개발 등을 원활하게 지원할 수 있어야 한다. 작업집단 내·집단 간·조직전체에서 새로운 아이디어의 산출과 공유를 촉진해야 한다. 특히 한 곳에서 만들어낸 새로운 아이디어가 다른 곳으로 전파되는 것을 촉진해야 한다.

⑨ **조직문화의 개선** 　조직문화 전체를 창의적 노력에 우호적인 것으로 발전시켜야 한다. 상이성을 용인·존중하고 새로운 아이디어가 받아들여질 수 있는 공간을 만들어주는 개방적 문화를 발전시켜야 한다. 조직문화가 진취적이고 활기찬 역동성을 고무해야 한다.

2) 창의성향상훈련

사람의 창의성을 높이려는 훈련의 목적은 확장적 사고의 능력과 문제를 구성하고 분석하는 능력, 새로운 아이디어에 대한 개방적 태도, 도전에 적극적으로 대응하는 태도를 육성하는 것이다. 이러한 목적을 위해 쓰일 수 있는 훈련기법은 대단히 많다. 창의적 문제해결방법 자체가 훈련기법으로 쓰이는 경우도 많다. 여기서는 대표적인 훈련기법으로 흔히 소개되는 것들을 골라 예시하려 한다.[47]

① **반전기법** 　반전기법(反轉技法: reversal technique)은 기존의 시각과 반대되는 시각에서 문제를 뒤집어 생각해보게 하는 기법이다. 예컨대 쓰레기의

··

k) 조직의 유기적 구조가 창의성 증진에 보편적으로 합당한 것이냐에 대해서 의문을 표시하는 연구인들도 있다. 창의적 문제해결의 구상단계에서는 복잡성이 높고 분권적이며 공식성은 낮은 구조가 유리하지만 창의적 아이디어의 집행단계에서는 공식성이 높고 집권적인 구조가 유리하다는 조사연구결과를 발표한 연구인도 있다. 기술적 문제의 해결에는 유기적 구조가 유리하고 행정적 문제의 해결에는 기계적 구조가 유리하다고 주장한 연구인도 있다. 급진적인 문제해결에는 유기적 구조가 유리하지만 점진적 문제해결에는 기계적 구조가 유리하다고 주장한 연구인도 있다. 이들의 주장은 유기적 특성과 기계적 특성을 함께 지닌 '양수잡이 구조'(ambidextrous structure)에 대한 관심을 높이고 있다.

유익한 점을 찾아보게 하는 것이다.

② **비유기법**   비유기법(analogy technique)은 물체·인간·상황 사이의 유사성을 찾아 검토하는 과정에서 문제해결에 도움 되는 새로운 아이디어를 구상해보도록 하는 기법이다. 조직을 시계에 비유해 분석해보도록 하는 것을 예로 들 수 있다.

③ **연상기법**   연상기법(association technique)은 어떤 단어나 물건 등을 제시하고 그로부터 연상되는 것을 생각나는 대로 말하게 하는 기법이다.

④ **숙려기법**   숙려기법(incubation technique)은 충분한 시간을 주고 문제와 해결책에 대해 깊이 생각해보게 하는 기법이다.

⑤ **도표작성기법**   도표작성기법(mapping technique)은 큰(광범한) 목표 또는 문제를 점차 상세해지도록 차례로 분해하여 이해하기 쉽게 도표화해보도록 하는 기법이다.

⑥ **교호충실화기법**   교호충실화기법(cross-fertilization technique)은 서로 다른 분야의 전문가들이 문제를 분석하고 해결방안을 제시하게 함으로써 서로 배우게 하는 기법이다.

⑦ **형태학적 분석기법**   형태학적 분석기법(形態學的 分析技法: morpho-logical analysis technique)은 문제에 내포된 기본적 요소들의 선택과 배합을 체계적으로 바꿔보게 하는 기법이다. 예컨대 어떤 전자제품의 재질, 모양, 표면처리방법, 설치방법 등의 조합을 바꿔가면서 평가해보게 할 수 있다.

⑧ **악역활용기법**   악역활용기법(devil's advocate technique)은 악역(반대자의 역할)을 맡은 개인 또는 집단이 제안되어 있는 문제해결방안을 체계적으로 비판하게 하는 방법이다. 악역담당자가 다수의견에 맞서서, 제안되어 있는 문제해결방안의 오류, 일관성결여, 실패요인 등을 지적하게 한다. 이 기법은 악역을 맡은 사람(악마의 변호인)이나 문제해결집단의 다른 참여자들에게 반성의 기회를 준다. 안이한 결론을 견제하고 창의적 사고를 촉진한다.

⑨ **브레인스토밍**   브레인스토밍(brainstorming)은 구애 없이 자유로운 토론으로 창의적인 아이디어들을 모으는 기법이다. 문제해결집단 구성원들의 대면적인 토론으로 문제해결방안을 모색하게 하는 전통적 브레인스토밍을 수정하는 방법들이 여럿 제안되고 쓰이고 있다. 주제 또는 문제만을 토론자료로

제시하는 것이 아니라 주제에 관련된 실제의 사례들을 두서없이 섞어 제시하기도 하고, 복잡하고 추상적인 문제를 분할하여 제시하기도 한다. 비집합적인 방법들도 활용된다. 인터넷을 활용해 토론을 하기도 하고, 게시판에 문제를 게시하여 아이디어를 접수하기도 한다. 문제해결집단의 구성원들이 개별적으로 구상한 아이디어를 메모나 이메일로 회람하게도 한다.

⑩ **생각하는 탐험여행**　　생각하는 탐험여행(thinking expedition)은 사람들이 익숙지 않은 또는 도전적인 상황에 노출되는 여행을 통해 기존의 방식과 다르게 생각하고 창의적인 아이디어들을 구상할 수 있게 하는 기법이다. 이 기법은 정신적·육체적으로 익숙한 일상생활에서 벗어나 생산적인 망각을 경험하고 색다른 생각을 할 수 있는 기회를 제공한다.

행정개혁은 다양한 관점에서 설명하고 처방할 수 있다. 따라서 행정개혁의 접근방법은 여러 가지로 분화되어 있다. 제 2 장에서는 행정개혁의 접근방법을 다루려 한다.

먼저 접근방법의 의미를 규명하고 학계에서 지금까지 개발한 많은 접근방법들의 범주화를 시도하려 한다. 저자는 여러 학자들의 유형론을 참조하여 접근방법의 기본적 범주를 여섯 가지로 분류하려고 한다.

여섯 가지 범주란 구조적 접근방법, 과정적 접근방법, 행태적 접근방법, 사업중심적 접근방법, 문화론적 접근방법, 그리고 통합적 접근방법을 말한다. 이러한 접근방법들이 어떤 것인지에 대해 간단한 설명을 붙이려 한다. 그리고 행태적 접근방법과 문화론적 접근방법에 대해서는 항을 나누어 보다 자세히 설명하려 한다.

지난 수십 년간 행태론적 접근방법에 대한 연구인들의 관심이 아주 높았기 때문에 그에 관한 이론과 실증적 연구보고의 집적이 방대하다. 행태론적 접근방법과 긴밀히 연계된 문화론적 접근방법은 아직 개척단계에 있다. 그러나 그에 대한 관심은 급속히 확산되고 있다. 급진적이고 총체적인 개혁의 필요성에 대한 인식이 높아지면서 문화론적 접근방법이 함께 중시되고 있다.

Ⅰ. 접근방법 유형론

1. 접근방법의 분화

　행정개혁의 접근방법(接近方法 : approach)이란 어떤 행정개혁문제를 개혁대상으로 선정하고 그에 관해 어떤 정보를 어떻게 얻고 처리하는가를 결정하는 기준을 뜻한다. 이러한 접근방법은 가치기준의 인도를 받는다.

　행정개혁의 접근방법은 누증적으로 분화되어 왔다. 새로운 접근방법들이 꾸준히 개발되어 왔다. 다양한 접근방법들은 서로에게 영향을 미치는 교호충실화의 과정을 거쳐 변천·발전해 왔다. 여러 접근방법들은 각기 상황적 조건에 따른 유용성을 가지고 있다. 현대행정개혁론이 궁극적으로 지향하는 바는 포괄성이 높은 통합적 접근방법의 발전이라고 하지만 여러 가지로 분화된 접근방법들의 개별적인 유용성을 부인하지는 않는다.

　행정개혁론이 연구하는 행정개혁 접근방법의 변천과정은 행정학 변천과정과 그 궤를 같이한다. 행정과 조직을 연구하는 모든 학파 또는 접근방법들이 행정개혁의 접근방법으로 될 수 있는 것이므로, 그리고 행정개혁의 접근방법들은 날로 분화되어가고 있으므로 행정개혁의 접근방법을 따로 열거해 보려는 것은 부질없는 일이라고 말할 사람들이 있을지 모른다. 그러나 많은 접근방법들을 범주화하고 그 가운데서 무엇이 더 많이 쓰이고 있으며 또 더 중요시되고 있는가를 알아보는 것은 그런대로 의미 있는 일이라고 생각한다.

2. 접근방법의 일반적 범주

여러 연구인들의 의견을 참조하여 가장 많이 쓰이거나 중요시되고 있다고 생각되는 개혁의 접근방법들을 다음과 같이 범주화해 보기로 한다.

1) 구조적 접근방법

구조적 접근방법(構造的 接近方法 : structural approach)은 원칙적으로 행정체제의 구조설계를 개선함으로써 행정개혁의 목표를 달성하려는 접근방법이다. 조직의 구조적 요인을 대상으로 하는 접근방법이라고 할 수도 있다. 이 접근방법이 관심을 갖는 개혁대상의 예로 분권화수준의 개선, 통솔범위의 조정, 권한배분의 개편, 명령계통의 수정, 작업집단의 재설계 등을 들 수 있다.

이 접근방법은 행정학의 고전기에 가장 중요시되었으며, 그 역사가 오래인 만큼 그동안 상당한 내용의 변화를 겪어 왔다. 초창기의 구조적 접근방법은 공식적 구조에 관한 유일·최선의 설계방안을 처방하려 하였다. 그러나 시간의 흐름에 따라 구조의 공식적 측면뿐만 아니라 비공식적 측면도 중요시하게 되었다. 필요에 따라 구조적 요인에 결부된 행태적 요인과 환경적 요인에까지도 관심을 보이게 됨으로써 이 접근방법의 안목은 많이 넓어져 왔다. 결과적으로 다른 접근방법들과의 구별이 흐려져 가고 있다.

2) 과정적 접근방법

과정적 접근방법(過程的 接近方法 : procedural approach)은 행정체제 내의 과정 또는 일의 흐름을 개선하려는 접근방법이다. 행정과정에서 사용하는 기술의 개선까지를 포괄하기 때문에 과정적·기술적 접근방법이라고 부를 수도 있다. 과정적 접근방법이 개선대상으로 삼는 것은 의사결정·의사전달·통제 등의 과정과 기타 일의 흐름 그리고 거기에 결부된 기술이다.

과정적 접근방법의 관심대상과 그것이 사용하는 도구 역시 시간의 흐름에 따라 많이 변천해 왔다. 정보·물자 등의 흐름을 효율화하기 위해 과정을 개선하려는 사람들이 그러한 과정에 결부된 구조적 요인에까지 시야를 점차 확대하는 경향을 보여 왔다. 과정적 접근방법의 도구도 다양하게 개발되어 왔는데 근래에는 계량적 모형들과 컴퓨터를 사용하는 정보관리개선방법들이 특별한 관심을 모으고 있다.[a]

3) 행태적 접근방법

행태적 접근방법(行態的 接近方法 : behavioral approach)은 바로 조직발전(OD)을 지칭하는 것인데 인간중심적 접근방법이라고 할 수도 있다.

조직발전은 행태과학의 지식과 기법을 활용하여 조직의 목표에 개인의 성장의욕을 결부시킴으로써 조직을 개혁하려는 접근방법이다. 조직발전은 계획적인 개입을 통해서 조직 전체의 임무수행을 효율화하려는 계획적이고 장기적인 개혁활동이다. 이러한 개혁활동의 기본적인 구성요소는 진단, 개입, 과정유지이다. 진단은 자료수집의 과정이며, 개입은 조직을 개선하는 과정이다. 과정유지는 조직발전의 과정 그 자체를 유지하고 관리하는 과정이다. 조직발전은 인간주의를 추구하려는 근래의 연구인들이 가장 중요시하는 접근방법이다.

4) 사업중심적 접근방법

사업중심적 접근방법(事業中心的 接近方法 : program-output centered approach)은 행정산출의 목표와 내용 및 소요자원에 초점을 두어 행정활동의 목표를 개선하고 행정서비스의 양과 질을 개선하려는 접근방법이다. 각종의 정책분석과 평가, 생산성측정, 직무감사와 행정책임평가 등은 사업중심적 접근방법의 주

---

a) 조직의 구조·과정에 대한 급진적 개혁을 설명하는 데 리엔지니어링(reengineering or business process reengineering)이라는 개념이 널리 쓰이고 있다.

리엔지니어링을 조직의 과정·구조·제도 등을 급진적으로 재설계함으로써 조직 존립의 기본적 전제에 도전하는 접근방법이라고 정의하는 것이 다수의견이다. 그러나 리엔지니어링을 과정의 개혁으로 좁게 규정하고 구조의 개혁은 리스트럭처링(restructuring)이라고 부르는 사람들도 있다.

업무개선을 위해 여러 정보체제를 활용하는 개혁의 접근방법은 전자엔지니어링(E-engineering)이라고도 부른다.

요도구들이다.

5) 문화론적 접근방법

문화론적 접근방법(文化論的 接近方法 : cultural approach)은 행정체제의 보다 근본적인 개혁을 성취하기 위해 행정문화를 개혁하려는 접근방법이다. 문화개혁은 계획적 개입을 통해 바람직한 문화변동을 달성하려는 것이다. 근래 '재창조적' 행정개혁, '행정의 유전자를 바꾸는' 심층적 개혁의 필요성에 대한 연구인들의 자각이 문화론적 접근방법의 발전을 촉진하고 있다.

6) 통합적 접근방법

통합적 접근방법(統合的 接近方法 : integrated approach)은 개방체제개념에 입각하여 개혁대상의 구성요소들을 포괄적으로 관찰하고 여러 가지 분화된 접근방법들을 통합하여 해결방안을 탐색하려는 것이다. 통합적 내지 총체적 접근방법은 가장 바람직한 접근방법이지만 개혁추진자들의 실천적 작업에 많은 부담을 주는 것이다.

구조적 및 과정적 접근방법은 아주 긴 역사를 가지고 있다. 고전기의 행정개혁이론은 공식적인 국면에 초점을 맞춘 구조적·과정적 접근방법에 의존하는 것이었다. 모양을 바꾸어 가면서 발전해 온 구조적·과정적 접근방법은 개혁의 실천세계에서 아직도 높은 시장점유율을 차지하고 있다. 구조적·과정적 접근방법은 여러 갈래의 다원화 과정을 겪어 왔다.

사업중심적(산출중심적) 접근방법, 행태적 접근방법, 그리고 문화론적 접근방법은 그 역사가 비교적 짧지만 현재 연구인들의 관심은 이쪽에 더 쏠려 있는 것 같다. 사업중심적 접근방법은 정책학의 발달이, 행태적 접근방법은 조직행태에 관한 행태과학의 발달이, 그리고 문화론적 접근방법은 행정문화연구의 발전이 이끌고 뒷받침해주고 있다.

인간주의적·행태주의적 접근방법에 대한 연구문헌의 집적은 방대하다. 이에 대해서는 다음에 보다 자세한 설명을 해둘 필요가 있다. 문화론적 접근방법은 아직 개척단계에 있지만 그에 대해서도 설명을 부연하려 한다.

행정개혁의 접근방법들을 범주화·단순화한 유형론은 대단히 많다. 그 가운데서 저자가 참조한 몇 가지를 여기에 소개하려 한다.

Gerald E. Caiden은 두 가지의 유형론을 보여준 바 있다. 첫째 유형론은 개혁의 접근방법을 i) 정치적 혁명을 통한 개혁(reforms imposed through political revolution), ii) 조직의 경직성을 시정하기 위한 개혁(reforms introduced to remedy organizational rigidity), iii) 법제정을 통한 개혁(reforms through the legal system), 그리고 iv) 태도변화를 통한 개혁(reforms through changes in attitude)으로 분류하였다.[1]

Caiden이 제시한 두 번째 유형론에서는 i) 총체적·체제론적 접근방법(whole systems approach), ii) 기관형성(機關形成)과 구조설계에 관한 접근방법(institution-building and structural modeling), iii) 관리과정적 접근방법(management process), iv) 행태적 접근방법(behavioral analysis), 그리고 v) 행정의 목표와 산출에 중점을 둔 접근방법(output orientation)을 열거하였다.[2]

Heinrich Siedentopf는 행정개혁의 접근방법을 대상별 전략으로 파악하고 i) 재정개혁전략(fiscal strategies), ii) 구조개혁전략(structural strategies), 그리고 iii) 사업개혁전략(program strategies)을 구분한 바 있다.[3]

Stephen P. Robbins는 조직개혁의 접근방법을 i) 구조적 접근방법(changing structure), ii) 기술적 접근방법(changing technology), iii) 물적 시설중심의 접근방법(changing the physical setting), 그리고 iv) 인간중심적 접근방법(changing people)으로 분류하였다.[4]

Edgar F. Huse와 James L. Bowditch도 조직개혁에 관련하여 그 접근방법(관점)을 i) 구조설계적 관점(structural-design perspective), ii) 과정적 관점(work-flow perspective), iii) 인간적 내지 행태적 관점(human perspective), 그리고 iv) 통합체제론적 관점(integrated systems perspective)으로 분류하였다.[5]

Philip J. Cooper 등은 i) 고전적·구조적 모형(classical-structural model), ii) 조직행태론적 관점(organization behavior perspective), 그리고 iii) 조직문화론적 관점(organizational culture perspective)을 구분하였다.[6]

Richard L. Daft는 사기업체를 염두에 두고 전략적 변동(개혁)을 네 가지 유형으로 분류하였다. 네 가지 변동유형이란 i) 지식·기술을 포함한 생산과정을 바꾸는 기술변동(technology change), ii) 조직이 산출하는 제품 또는 서비스를 바꾸는 제품 및 서비스 변동(product and service change), iii) 관리·감독을 포함한 관리부문을 바꾸는 전략 및 구조 변동(strategy and structure change), 그리고 iv) 조직구성원의 가치관, 태도, 기대, 신념, 능력 등을 바꾸는 문화변동(culture change)을 말한다.[7]

Gareth R. Jones는 조직개혁의 접근방법을 i) 진화론적(점진적) 접근방법(evolutionary

change)과 ii) 혁명적 접근방법(revolutionary change)으로 분류하였다. 전자는 점차적·점증적이며 구체적이고 한정적인 문제에 집중하는 접근방법이다. 후자는 급격하고 획기적이며 시야가 조직 전반에 걸치는 접근방법이다.[8]

Spencer Zifcak은 인간의 합리적 행태에 대한 관점의 차이에 착안하여 i) 목표지향적 개입(purposeful intervention), ii) 협상(institutional negotiation), 그리고 iii) 인식변화(appreciative shift)를 구분하였다. 목표지향적 개입은 합리적 접근방법이라 할 수 있다. 협상은 조직을 다양한 세력의 연합체로 보고 구성원들의 협상을 통한 개혁을 강조하는 접근방법이다. 인식변화는 조직학습을 강조하는 접근방법이다.[9]

II. 조직발전 : 행태적 접근방법

1. 조직발전이란 무엇인가?

1) 조직발전의 연혁

조직발전의 지적 연원은 초창기 인간관계론의 인간중심적 연구에까지 거슬러 올라가 찾을 수도 있다. 1930년대에 E. Mayo의 연구팀은 Hawthorne공장에서의 상담프로그램을 통해 개인의 욕구와 조직현실 사이의 간격을 좁혀보려고 노력한 바 있다. 이 프로그램은 행태과학자가 조직 내의 사회적 과정에 직접 개입한 최초의 시도라고 평가되고 있다.

그러나 그때의 개입은 본격적인 것이 아니었으며 개입의 성과를 제대로 거두지 못하였다. 상담자들은 스스로를 개혁추진자라고 인식하지 못했으며, 임상적으로 진단한 자료를 개입과 개혁에 적극적으로 활용하지 못하였다. 따라서 초기 인간관계론자들의 노력이 조직발전방법을 바로 출범시켰다고 말할 수는 없다.

1940년대에 행태과학자들이 실험실적 훈련기법(實驗室的 訓練技法 : laboratory training methods)과 태도조사환류기법(態度調査還流技法 : survey feedback methods)을 개발하여 조직의 실제에 적용함으로써 조직발전을 출범시키는 데 직접 기여하였다. 행태과학자들이 개발한 이 두 가지 기법은 조직발전 성립 초기의 주춧돌이었다는 평가를 받고 있다.[10]

Kurt Lewin은 이 두 가지 기법의 개척에서 산파역을 하였다. Lewin과 그 동료들이 연구한 집단역학과 그에 바탕을 둔 개입기술들이 조직발전의 출범에 획기적인 기여를 하였으며 그 이후의 성장에도 많은 영향을 미쳤다. 그러나 이들의 연구만이 조직발전방법의 성장에 유일하게 기여한 것은 아니다. 다른 많은 행태과학적 연구들이 조직발전이론과 기술의 발전에 직접 · 간접으로 영향을 미쳐 왔다.

그 중요한 예로 i) 역할연기 등의 사회적 개입에 관한 이론을 발전시킨 소시오메트리(sociometry : 집단구성원 간의 관계연구)의 분야, ii) 사회체제의 내적 역학관계를 연구한 응용인류학의 분야, iii) 1950~60년대에 미국의 연방훈련소(National Training Laboratory)에서 개발한 리더십훈련 및 감수성훈련, iv) 1960년대에 발전된 임상심리학 및 상담심리학, v) 1930년대부터 1950년대에 이르기까지 심리학자들의 조력을 받아 기업체들이 변동관리의 새로운 시도를 한 실천적 조사연구, vi) 집단 간 및 조직 간 관계에 관한 이론과 조직구조의 설계에 관한 이론, vii) A. Maslow의 인간주의심리학과 자기실현에 관한 이론, viii) 집단에 관한 인간관계론적 연구, ix) 런던 타비스톡연구소(Tavistock Institute of Human Relations)의 사회적 · 기술적 연구경향(조직을 업무의 기술적 국면과 인간적 국면이 교호작용하는 개방체제로 보는 관점) 등을 들 수 있다.

비록 역사는 짧지만 1960년대와 1970년대를 거치면서 조직발전운동은 주로 구미선진국들에서 급속히 성장 · 전파되었다. 조직발전의 지향성은 인간주의적 편향을 강하게 지니고 있는 현대조직학의 연구경향과 부합되는 것이기 때문에 조직개혁에 관한 처방적 이론들은 조직발전 쪽에 많이 치우쳐 있다.

조직발전이라는 접근방법은 시간의 흐름에 따라 변화를 겪어 왔다. 근래의 조직발전 연구인들이나 실천가들은 조직혁신, 조직문화, 학습조직, 총체적 품질관리, 비전제시와 미래탐구, 대규모 회합, 다양성 관리, 자율관리팀, 리엔지니어링 등에 대해 많은 관심을 보이고 있다.

2) 조직발전의 관점

조직발전이라는 접근방법의 관점 또는 전제적 이론은 인간(개인), 집단, 그리고 조직에 관한 일련의 가정을 내포한다.[11]

(1) 개인에 관한 가정　　　조직발전론의 개인에 관한 가정은 인간주의적 시각에 바탕을 둔 것이다. 조직발전론의 개인에 관한 핵심적 가정은 i) 인간은 자기실현과 성장·발전을 원하는 욕구를 지니고 있다는 것, 그리고 ii) 사람들은 책임 있는 일을 맡으려 하고 직무수행을 통해 발전하려고 하는 욕구와 잠재적 능력을 가지고 있다는 것이다.

조직발전론은 인간의 성장·발전에 관한 욕구와 잠재적 능력이 전통적인 조직상황에서 충분히 발로 또는 개발되지 못한다고 본다. 그리고 개방적인 의사전달과 갈등문제에 대한 정면대응을 촉진하고 지지적인 분위기를 조성하여 개인의 성장과 조직의 효율화를 동시에 추구하도록 처방한다.

(2) 집단에 관한 가정　　　조직발전론의 집단에 관한 가정은 개인과 조직에 미치는 집단의 영향을 강조한다. 조직발전론의 집단에 관한 핵심적 가정은 i) 사람들에게는 준거집단(準據集團) 특히 작업집단의 영향이 매우 중요하다는 것, 그리고 ii) 집단은 조직의 성공여부에 결정적인 영향을 미치며, 집단은 그 특성에 따라 조직에 도움을 줄 수도 있고 해를 끼칠 수도 있다는 것이다.

조직발전론은 개방적·상호지원적이고 솔직한 집단 내의 대인관계를 발전시켜 개인의 집단에 대한 기여가 향상되도록 해야 한다고 처방한다.

(3) 조직에 관한 가정　　　조직발전론의 조직에 관한 핵심적 가정은 i) 조직과 조직을 구성하는 개인은 상호적인 영향관계에 있으며 조직의 목표와 조직구성원의 목표는 양립 또는 통합될 수 있다는 것, 그리고 ii) 조직은 중첩적이고 상호의존적인 작업집단들로 구성되며, 조직과 조직 내의 집단들은 서로 영향을 미친다는 것이다.

조직발전론은 과잉적 통제와 규칙 적용, 경직된 구조, 승패가 걸린 경쟁을 조장하는 조직 내의 분위기는 집단적 문제해결, 개인의 성장과 직무만족에 불리한 작용을 한다고 본다. 그리고 사람들 사이의 신뢰·지원·협력을 강화하는 조직 내의 민주적 분위기를 조성하여 집단적 문제해결, 개인의 성장과 직무만족을 촉진해야 한다고 처방한다.

3) 조직발전의 정의

조직발전(組織發展 : organization development : OD)은 행태과학적 지식과 기술을 활용하여 조직의 목표와 개인의 성장욕구를 결부시킴으로써 조직개혁을 성취하려는 과정이다. 조직발전은 조직의 인간적 측면을 중시하여 인간의 잠재력을 최대한으로 개발함으로써 조직 전체의 개혁을 도모하려는 체제론적 접근방법이며 응용행태과학에 의존하는 것이다. 조직발전은 조직 내의 인간적 가치를 향상시키면서 동시에 조직 전체의 효율성을 높이려는 접근방법이다. 조직발전은 또한 조직의 공식적 영역과 비공식적 영역 사이에 일관성을 높이고 개인과 조직의 융통성 · 적응성 · 창의성 · 민주성을 높이려는 노력이라고 할 수 있다.

조직발전은 계획적인 과정이며 지속적으로 추진해야 하는 과정이다. 조직발전은 전문적인 개혁컨설턴트의 조력과 조직구성원들의 적극적인 참여 그리고 관리층의 지원을 필요로 하는 과정이다. 조직발전의 과정에는 진단 · 개입(실천) · 과정유지라는 기본적 구성요소가 포함된다. 조직발전은 실재하는 자료에 입각한 진단적 과정이다.

조직발전의 전제, 원리, 절차와 방법에 나타나는 특성은 다음과 같다.

① **행태과학을 응용하는 접근방법**   조직발전은 조직의 실천적인 문제를 해결하려는 응용행태과학의 한 유형이다.[b] 조직발전은 여러 행태과학의 지식과 기술을 응용한 계획적 개입을 통해 사람들의 가치체계 · 태도 · 행동 등을 변화시켜 조직을 개혁하려는 접근방법이다.

조직발전은 인간주의적 가치를 존중한다. 따라서 공리적 · 타산적 방법이나 강압적 방법과는 다른 규범적 · 재교육적 방법을 원칙적으로 적용한다. 행태과학적 개입방법의 일반적 특징은 행동지향적이며 사람들이 경험을 통해

---

b) 행태과학(行態科學 : behavioral science)은 조직의 인간적 요소 그리고 조직의 심리적 체제에 초점을 맞추고 경험적 조사연구방법을 중요시한다. 행태과학은 강한 인간주의적 성향을 지니고 있다.

스스로 배우게 하는 경험적 학습(experiential learning)을 특별히 강조한다.

조직발전이 응용행태과학적 접근방법이라고 하는 것은 경험적 자료에 바탕을 둔 진단적 접근방법이라는 의미도 내포한다. 자료에 기초한 진단의 과정은 여러 분야에 걸쳐 있으나 조직발전의 인간주의적·행태적 편향 때문에 임상적·요법적 과정(臨床的·療法的 過程)들이 중요시되고 있다.

② **계획적 변동**   조직발전은 목표를 설정하고 그에 따라 체계적·계획적으로 변동을 추진하는 활동이다. 조직발전은 그 자체의 과학적 합리성을 강조하기 때문에 개혁의 목표, 방법, 자원동원 등에 관하여 치밀한 계획을 수립하여 실천한다. 조직발전은 목표 그리고 목표설정과정을 중요시한다. 목표의 강조는 조직발전이 계획적이라고 하는 설명에 이미 포함되어 있는 것이기도 하다.c)

③ **체제론적 · 상황적응적 관점**   조직발전은 조직을 하나의 체제로 보고 조직이라는 총체적 체제의 개선을 궁극적인 목적으로 삼는다. 조직의 구성부분별로 조직발전활동이 전개되는 경우가 많지만 조직발전의 궁극적인 목적은 그러한 개별적 활동들을 조정·통합해 조직 전체의 개혁을 달성하는 데 있다.

전체적인 연관요소의 개선 없이는 개별적인 부분에 대한 개혁은 성공할 수 없다고 보는 것이 조직발전의 관점이다. 그리고 조직발전은 개혁대안의 적합성이 상황적 조건에 따라 달라질 수 있다고 믿는 상황적응적 접근방법(contingency approach)을 수용한다.

④ **집단과 과정의 중시**   조직발전의 대상은 다차원적이다. 조직발전의 개입대상에는 개인, 집단, 조직, 개인과 개인의 관계, 집단과 집단의 관계 등이 널리 포함된다. 그러나 그 가운데서 집단이 가장 중요시된다. 조직발전은 다양한 작업집단을 통해서 조직이 일을 한다는 인식에 기초를 두고 있다. 따

---

c) 조직발전의 실천적인 목표들을 보면 인간적·사회적 과정에 초점을 맞추고 반관료제적(反官僚制的)인 결과를 가져올 수 있는 처방안을 추구하는 등 조직발전의 지향성을 반영하는 것들이 주류를 이루고 있음을 알 수 있다.

조직발전의 실천적 목표들 가운데서 흔히 볼 수 있는 것들은 조직구성원 간의 신뢰증진, 집단적 문제의 해결능력 향상, 전문적 권력에 의한 직위상의 권한 보강, 의사전달의 개방성 향상, 조직구성원의 직무수행동기 향상, 협동적 문제해결능력 향상, 개인과 집단의 자율성 향상, 조직의 융통성 제고, 갈등관리 개선, 조직의 지속적인 개혁장치 개발 등이다.

라서 작업집단 내의 여러 관계와 과정, 업무수행방법, 문화 등을 바꾸는 것이 조직에 항구적이고 지속적인 개선을 가져 오는 주된 방법이라고 주장한다.

조직발전은 또한 과정지향적(oriented to process)이다. 조직발전의 관심은 업무의 내용이나 조직구조 등에도 미치는 것이지만, 관심의 초점이 되는 것은 대인관계, 집단, 그리고 조직의 과정들이다. 여러 과정 가운데서도 특히 인간적·사회적 과정, 문제해결을 지향하는 협동적 과정을 더 중요시한다. 조직발전의 대체적인 경향은 이러한 과정들에 인간주의적 가치체계를 도입하고 민주적 분위기를 조성하려는 것이다. 그리고 조직발전에서는 변동노력 자체를 계속적인 과정으로 보고 그러한 과정의 합리성제고를 위해서도 노력한다.

⑤ **컨설턴트의 활용과 협동적 노력**　　조직발전에서는 행태과학적 지식과 기술에 조예가 있는 컨설턴트(상담자·전문가: OD consultant)를 참여시켜 그로 하여금 개혁추진자의 역할을 맡게 한다.[d]

컨설턴트가 개혁추진자의 역할을 맡는다고 하지만 그가 조직발전의 책임을 독차지하는 것은 아니다. 조직발전은 협동적 노력과 자발적·능동적 개혁을 강조한다. 조직발전은 컨설턴트, 고급관리자, 그리고 관련 조직구성원이라는 3당사자의 적극적인 참여와 책임분담 그리고 협동을 통해서 진행되는 과정이라고 말해야 할 것이다.

⑥ **지속적인 사업**　　조직발전에 종사하는 사람들의 안목은 장기적인 것이다. 그들은 당장의 문제해결뿐만 아니라 적응적 조직의 장기적인 발전에 깊은 관심을 가지며 조직발전을 지속적·장기적 노력이 필요한 사업이라고 규정한다. 조직발전을 통해 조직에 의미 있는 개혁을 가져오려면 지속적·장기적인 협동적 노력이 필요하다.

> 앞서 언급한 바와 같이 조직발전은 끊임없는 지식의 확장과 더불어 성장해 온 접근방법이며, 그 관심영역은 날로 넓어지고 있기 때문에 조직발전을 정의하는 일은 쉽지 않다. 그러나 조직발전이라는 접근방법의 독자성을 인정하는 데 기본적으로 필요한 공통적 특

---

d) 컨설턴트는 대개 외부의 전문가이지만 경우에 따라서는 조직 내부인도 미리 훈련을 받아 컨설턴트의 역할을 맡는다. 컨설턴트는 행태과학자, OD전문가, OD상담자, OD실천가, 개입자, 개혁추진자 등으로 다양하게 불리고 있다.

성을 확인하는 것은 가능할 만큼 관점의 통합이 이루어져 있다. 저자는 연구인들의 의견을 종합하여 조직발전을 정의하였다.

저자가 참조한 개념정의들을 몇 가지 보기로 한다.

Warren G. Bennis는 "조직발전이란 새로운 기술·시장조건·도전, 그리고 변동 자체의 어지러운 속도에 보다 잘 적응할 수 있도록 신념, 태도, 가치, 그리고 조직구조를 변동시키려는 복잡한 교육전략이며 변동에 대한 대응을 말한다"고 하였다.12)

Richard Beckhard는 "조직발전이란 행태과학의 지식을 활용하여 조직의 과정들에 계획적으로 개입함으로써 조직의 효율성과 건강을 향상시키려는 노력이며 조직 전반에 걸쳐 하향적으로 관리되는 계획적 노력이다"고 정의하였다.13)

R. A. Schmuck과 M. B. Miles는 "조직발전이란 체제개선을 위해 반성적(reflexive)·자기분석적 방법을 써서 행태과학을 적용하는 계획적·지속적 노력이라고 정의할 수 있다. … 체제개선에는 개인목표와 조직목표의 통합이라는 요소가 포함된다"고 하였다.14)

Warner Burke와 Warren H. Schmidt는 "조직발전이란 행태과학의 지식과 기술을 활용하여 조직의 목표와 성장·발전하려는 개인의 욕망을 통합함으로써 조직의 효율성을 제고하려는 과정이다"고 하였다.15)

Wendell L. French와 Cecil H. Bell, Jr.는 "조직발전이란 보다 효율적이고 협력적으로 조직문화를 관리하여 조직의 문제해결과정과 재개발과정(renewal process)을 개선하려는 장기적 노력으로서 개혁추진자의 조력을 받고 응용행태과학의 이론과 기술을 적용하는 것이다"고 정의하였다.16)

John W. Newstrom은 "조직발전이란 계획적 변동을 실현하기 위해 여러 가지 차원(집단, 집단 간의 관계, 조직전체)에 행태과학적 지식을 체계적으로 적용하는 것이다"고 정의하였다.17)

4) 조직발전의 효용과 한계

조직발전은 현대행정개혁론이 특별히 중시하는 인간주의적 접근방법이다. 현대행정개혁론은 조직발전의 많은 효용과 이점을 인정한다. 그러나 이 접근방법 적용의 애로와 약점도 적지 않다.

(1) 효   용   조직발전의 효용은 i) 조직의 전반적 변동을 추진한다는 것, ii) 조직구성원의 만족과 직무수행동기를 향상시킬 수 있다는 것, iii) 업무수행의 생산성과 품질을 향상시킬 수 있다는 것, iv) 팀워크를 개선할 수 있다는 것, v) 갈등을 보다 잘 해소할 수 있다는 것, vi) 목표달성에 대한 헌신

을 촉진할 수 있다는 것, vii) 변동수용의지를 향상시킬 수 있다는 것, viii) 결근, 임의퇴직 등을 줄일 수 있다는 것, ix) 개인적·집단적 학습을 촉진한다는 것 등이다.

(2) 한 계   조직발전의 약점은 i) 시간과 비용이 많이 소요되고 효과 발생이 더디다는 것, ii) 실패 가능성이 크다는 것, iii) 사생활침해의 위험이 있고 심리적 손상을 입힐 가능성이 있다는 것, iv) 집단규범에 대한 순응이 강요될 수 있다는 것, v) 업무성취보다 집단적 과정을 더 중요시할 수 있다는 것, vi) 성과의 평가가 어렵다는 것, vii) 기존의 조직문화와 양립하지 못할 수 있다는 것, viii) 대부분의 조직구성원들이 자기실현적 욕구보다 하급욕구와 경제적 유인에 집착하는 경우 성과를 기대할 수 없다는 것 등이다.

5) 조직혁신

조직발전의 변천과정에서 새로운 가치와 방법들을 추가하는 변형들이 만들어졌다. 그러한 변형들 가운데 하나가 1980년대에 등장한 조직혁신(組織革新 : organizational transformation : OT)이다.[18]

조직혁신(조직변혁)은 조직의 광범하고 급진적이며 근본적인 개혁을 지칭한다. 조직혁신의 주요특징은 다음과 같다.[e]

① **전면적·급진적 개혁**   전면적이고 급진적인 개혁을 추진한다. 조직혁신은 조직의 특성 전반에 걸친 포괄적이고 광범한 변동을 추구한다. 그리고 급진적 개혁을 도모한다. 문화개혁·전략개혁·자율적 조직설계개편 등 급진적 개혁에 적합한 개입방법들을 동원한다.

② **패러다임의 근본적 전환**   조직을 보는 사고의 틀과 조직설계의 패러다임을 근본적으로 바꾸려 한다.

....

e) 조직혁신을 조직발전의 한 유형으로 볼 것인지 아니면 독자적인 접근방법이라 규정할 것인지 속단하기 어렵다고 할 수도 있다. 그러나 다수의 조직발전연구인들은 OT를 OD의 일종으로 규정한다. 예컨대 Porras와 Silvers는 계획적 변동개입의 유형을 전통적인 OD와 새로운 OT로 구분하고 OT를 '제2세대 OD'라 불렀다. Jerry I. Porras and Robert C. Silvers, "Organization Development and Transformation," in Wendell L. French, C. H. Bell, Jr., and R. A. Zawacki, eds., *Organization Development and Transformation : Managing Effective Change*, 5th ed.(McGraw-Hill, 2000), pp. 80~99.

③ 비전 제시의 강조   개혁추진에 대한 관리자들의 적극적 역할과 비전 (vision) 제시를 강조한다.

④ 학습과 쇄신의 강조   많은 학습과 쇄신을 요구한다. 조직구성원들은 새로운 전략적 변동에 부응하는 사고방식과 행동을 배워야 한다. 그리고 쇄신적 노력을 강화해야 한다.

⑤ 환경변동과 조직변동의 관계 중시   환경변동과 조직변동의 관계를 중시한다. 급진적 변동의 추진은 조직과 환경의 적합도를 높이거나 미래의 환경을 바람직하게 만들기 위한 노력이라고 설명한다.

2. 조직발전의 과정 : 실천적 조사연구모형

조직발전론자들은 구체적인 상황에 따라 달라질 가능성을 전제하면서 조직발전의 행동과정에 관한 일반적 모형들을 제시하고 있다.

조직발전의 기본적 행동과정에 관한 모형으로 널리 수용되고 있는 것은 실천적 조사연구모형이다. 이 모형의 활용도가 높기 때문에 이를 조직발전과 거의 동일시하는 사람들이 많다. 저자도 이 모형을 실천적인 행동과정모형의 대표적인 것으로 보아 다음에 그 내용을 검토하려 한다.

1) 실천적 조사연구의 정의

실천적 조사연구(實踐的 調査研究 : action research)는 실천적인 문제들의 해결책을 찾기 위해 과학적인 사실발견방법과 실험방법을 적용하는 것이다. 이 방법의 적용은 과학자, 실천적 전문가, 그리고 문외한의 협동적 노력을 통해서 이루어진다.[19]

이 모형의 특징은 i) 응용행태과학에 기초하고 있다는 것, ii) 실천적인 문제에 관한 연구라는 것, iii) 현재와 장래의 실천적인 행동을 인도하려는 목표지향적 · 행동지향적 조사연구라는 것, iv) 과학자와 실천가를 연결시키며 외부전문가와 조직구성원의 참여와 협동적 노력을 강조한다는 것, v) 면밀한 진단으로 산출한 자료에 기초를 둔다는 것, vi) 환류를 강조한다는 것 등이다.

실천적 조사연구를 진단적(diagnostic)인 것, 참여적(participant)인 것, 경험

적(empirical)인 것, 그리고 실험적(experimental)인 것으로 분류하기도 한다.[f]

위에서 내린 우리의 정의는 조직발전론에서 말하는 실천적 조사연구를 대상으로 한 것이라는 점에 유의하기 바란다.

> Peter A. Clark은 조사연구(research)의 일반적인 유형을 다섯 가지로 분류하고 그 가운데 하나의 유형인 실천적 조사연구를 나머지 네 가지 유형과 대비시킨 바 있다. 그 가 분류한 다섯 가지 조사연구의 유형은 i) 순수기초적 조사연구(pure basic research), ii) 기초적·객관적 조사연구(basic objective research), iii) 평가적 조사연구 (evaluation research), iv) 응용적 조사연구(applied research), 그리고 v) 실천적 조사연구이다. 그의 유형론은 실천적 조사연구의 의미를 명료화하는 데 도움이 될 것으로 생각한다.[20]
>
> Clark이 사용한 분류기준은 i) 이론발전에 기여하려는 것인가? 또는 조직의 실천적인 문제를 해결하려는 것인가? ii) 조사연구에서 얻은 지식의 주된 전파통로는 무엇인가? iii) 봉사 내지 기여하려는 대상집단(對象集團: audience)이 어떤 것인가? 등 세 가지 이다.
>
> 조사연구유형들에 대한 Clark의 설명을 요약하면 다음과 같다.
>
> 순수기초적 조사연구는 기초과학(basic discipline)의 발전요청에 대응하기 위해 이론 적 의문의 조명·입증 또는 해결을 추구하는 것이다. 조사연구결과의 주된 전파통로는 학술지이다. 그 기여대상집단은 학계이다.
>
> 기초적·객관적 조사연구는 어떤 지식응용의 영역에서 발생하는 일반적인 문제를 다루는 것이다. 이것은 모든 조직에 적용할 수 있는 이론의 개발을 목적으로 하는 조사연구이다. 연구결과의 전파통로는 전문직업분야의 정기간행물과 학술지이다. 전파대상은 과학자 그리고 전문적 실천가이다.
>
> 평가적 조사연구는 조직활동의 어떤 국면에 대한 평가(실사)를 제공하려는 것이다. 연구결과의 주된 전파통로는 연구를 요구한 의뢰인에 대한 보고서이다. 연구결과는 전 문직업분야의 간행물에 가끔 게재되기도 하고 연구인들 사이에서 토론대상이 되기도 한

---

f) 진단적 방법은 과학자가 문제를 진단하고 자기의 지식과 경험에 비추어 개선안을 권고하는 방법이다. 참여적 방법은 처방안을 실천해야 할 사람들이 조사연구와 실행의 전 과정에 참여하는 방법이다. 경험적 방법은 행동자의 행동과 그 효과를 기록하여 검토하는 과정에서 개선안을 찾게 하는 방법이다. 실험적 방법은 가설을 검증하는 방법이다. Isadore Chein, Stuart Cook, and John Harding, "The Field of Action Research," *American Psychologist*(Vol. 3, 1948), pp. 43~50.

다. 이 연구의 원칙적인 봉사대상은 의뢰인이다.

응용적 조사연구는 적절한 지식을 적용하여 의뢰체제(依賴體制)의 실천적인 문제를 해결하려는 것이다. 봉사대상은 의뢰인이다. 연구를 요구·주관하고 연구를 실제로 수행한 소수인원 이외의 사람들에게 연구결과가 전파되는 일은 드물다.

실천적 조사연구는 조직의 실천적인 문제해결에 기여하면서 동시에 사회과학의 발전에 기여하려는 것이다. 이론과의 연관성이 있는 실천적 문제를 연구함으로써 조직변동에 직접 가담하고 동시에 학문적 지식의 축적에도 기여하려는 방법이다. 이 조사연구방법의 태스크 마스터(task masters)는 의뢰인, 행태과학을 응용하는 실무자, 그리고 학계이다. 연구결과의 전파통로는 의뢰인에 대한 보고서, 학술지, 전문직업분야의 간행물 등이다. 이 조사연구의 봉사대상은 혼합적이다. 즉 의뢰인, 과학자, 그리고 조직 내의 전문적 실천가를 봉사대상 또는 기여대상으로 한다.

2) 실천적 조사연구의 과정

실천적 조사연구는 진단적·행동지향적·순환적 과정을 통해서 대상조직(고객조직 또는 의뢰조직)의 필요와 목표 등 제반 조건에 적합하도록 조직발전을 추진한다.

(1) 기본적 단계   조직발전을 위한 실천적 조사연구과정의 기본적인 요소(단계)가 어떻게 배열되고 조합되느냐 하는 것은 구체적인 상황과 조직발전 전문가의 전략에 따라 달라질 수 있다. 여기서는 전형적이라고 생각되는 모형에 따라 실천적 조사연구의 과정을 i) 예비적 진단, ii) 자료수집과 환류, iii) 기본계획, iv) 실행계획과 실행 등 네 가지 단계로 나누어 설명하려 한다.

① **예비적 진단**   대상조직의 중요한 직위에 있는 고급관리자가 조직의 문제를 인지하고 컨설턴트와 상의하여 문제에 대한 해결책을 모색하기로 합의하면 컨설턴트가 예비적 진단작업을 한다.

② **자료수집과 환류**   컨설턴트는 문제를 규명하고 문제해결의 방안을 결정하는 데 필요한 자료를 수집하여 의뢰인에게 제공(환류)한다.

③ **기본계획**   의뢰인에게 자료의 제공이 있으면 컨설턴트와 대상조직의 관계자들은 협동적인 노력을 통해 조직발전의 작용적 목표와 기법 등에 관한 기본계획을 수립한다.

④ **실행계획과 실행**   기본계획에 따라 선택된 수단(기법)을 적용하고 컨

설턴트는 그에 관한 관찰자료를 대상조직에 환류한다. 대상조직은 환류된 자료와 자체적으로 획득한 자료를 종합하여 검토·분석하고 구체적인 개혁목표가 무엇이며 어떻게 거기에 도달할 수 있을 것인가에 대하여 실행계획을 세워 그것을 실행에 옮긴다.

(2) 되풀이되는 과정　　　기본적 단계들을 거쳐 사람들의 태도와 행동에 변화가 일어나면 한 차례의 실천적 조사연구의 과정이 매듭지어진다고 볼 수 있다. 그러나 조직발전은 대개 지속적이며 연발적인 사업이어야 하기 때문에 첫 번째 변동유발이 있은 다음에도 실천적 조사연구의 과정이 순환적으로 되풀이되는 경우가 많다.

첫 번째의 실천적 조사연구과정이 진행된 다음 이를 되풀이할 때에는 컨설턴트가 또다시 자료를 수집하여 조직의 상태를 재진단하고 그 결과를 대상조직의 관계자들에게 환류한다. 대상조직은 스스로 수집한 자료와 환류된 자료를 검토하고 분석하여 실행계획을 세운다. 실행계획에 따른 실행이 있으면 그에 이어서 다시 진단·환류·검토·실행계획·실행 등의 단계들이 되풀이된다. 차례로 되풀이되는 과정에서는 선행과정의 문제를 다시 다룰 수도 있고, 새로운 문제를 확인하여 그 해결을 도모할 수도 있다. 첫 번째 과정에서 목표로 삼았던 개혁이 실패로 돌아가거나 그 성과가 미진하면 그에 이어지는 과정에서 같은 문제가 다루어질 수밖에 없다.

위의 설명을 간추려 도시하면 [그림 2-1]과 같이 된다.[21]

저자는 실천적 조사연구모형을 조직발전의 과정모형으로 채택하였다. 그러나 조직발전활동의 과정모형에 관하여 연구인들의 의견이 완전히 합치되어 있는 것은 물론 아니다. 조직발전의 과정에 대한 논의는 실로 분분하다. 다양한 의견들 가운데서 자주 거론되는 Kurt Lewin의 계획적 변동에 관한 이론과 그 계열에 속한다고 생각되는 모형 한 가지, 그리고 Chris Argyris의 개입이론을 여기서 예시하려 한다.

Lewin은 1946년에 변동의 3단계에 관한 포괄적 변동이론을 발표하였다.[22] 그의 이론은 조직변동의 3단계를 규정한 것인데, 3단계란 i) 기존의 가치·태도·행동을 약화시키는 해빙(解氷 : unfreezing), ii) 새로운 가치·태도·행동으로 낡은 것을 대체하는 변동(變動 : changing), 그리고 iii) 변동을 정착시키는 재결빙(再結氷 : refreezing)을 말한다.

Lewin의 일반이론을 받아들이고 그에 기초하여 보다 실천적인 단계이론을 발전시킨

그림 2-1 조직발전의 실천적 조사연구모형

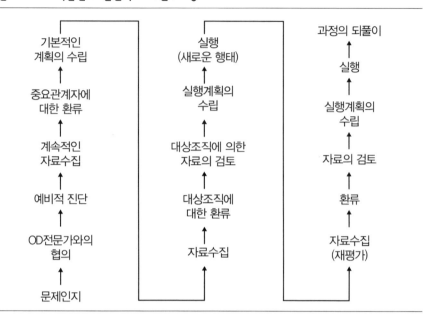

R. Lippitt, J. Watson, 그리고 B. Westley는 계획적 변동의 단계를 일곱 가지로 구분하였다. 변동의 일곱 단계는 i) 변동의 필요에 대한 인지, ii) 대상조직과 외부전문가의 관계설정, iii) 문제의 진단과 명료화, iv) 목표설정과 계획수립, v) 변동계획의 집행, vi) 변동의 정착, 그리고 vii) 개혁추진자(외부전문가)와 대상조직 사이에 설정되었던 관계의 종결이다.23)

Argyris는 그의 개입이론에서 기본적 개입사이클(intervention cycle)을 3단계로 나누었다. 개입사이클의 3단계란 i) 다양한 정보를 수집하는 단계, ii) 정보에 입각한 의사결정의 단계, 그리고 iii) 개혁결정을 내재화(internal commitment)하는 단계를 말한다.24)

3. 조직발전의 개입기법

1) 개입기법의 분류

조직발전은 개입(介入 : intervention)이라는 실천행동을 통해 실행된다. 개입이란 조직의 개선을 목적으로 하는 일련의 조직화된 활동을 의미한다. 조직발전을 실행하는 개입은 무엇인가 '일어나게 하는 것'이며 동시에 무엇인가 '일어나고 있는 것'이라고 말할 수 있다.[25]

개입에서 사용하는 기술 또는 기법은 매우 다양하다. 조직발전이라는 접근방법 자체가 계속 성장하고 있기 때문에 그 기법도 끊임없이 발전하고 있다. 사용되던 기법들을 수정하거나 새로운 기법들을 개발하는 노력이 계속되고 있다.

개입기법들을 분류하는 유형론은 많은 기법들에 대한 이해를 촉진하고 구체적인 상황에서 적합한 기법을 선택할 수 있도록 길잡이를 제공하기 위한 것이다. 여러 연구인들이 개입기법에 관한 유형론들을 개발하고 있다. 여기서는 Wendell L. French와 Cecil H. Bell, Jr.가 제시한 유형론 세 가지를 소개하려 한다.[26]

(1) 대상과 초점에 따른 분류   French와 Bell, Jr.가 제시한 첫 번째 유형론은 대상이 개인인가 아니면 집단인가에 관한 기준과 개입의 초점이 업무(task)에 있는가 아니면 과정(process)에 있는가에 관한 기준에 따라 기법의 범주들을 분류하였다.

첫째, 개인과 업무에 초점을 맞춘 기법으로 역할분석기법(role analysis technique), 직무에 관한 교육, 직무풍요화 등을 예시하였다. 둘째, 개인과 과정에 초점을 맞춘 기법의 범주에는 생애계획(life planning), 상담하고 지도하는 과정상담, 제3자가 하는 개인 간 갈등의 중재 등을 포함시키고 있다. 셋째, 집단과 업무에 초점을 맞춘 기법의 범주에는 태도조사환류기법, 팀발전, 집단 간의 관계개선(intergroup activities) 등을 포함시키고 있다. 넷째, 집단과 과정에 초점을 맞춘 기법의 범주에는 태도조사환류기법, 과정상담, 팀발전, 친근자집단훈련(family T-group) 등을 포함시키고 있다. 네 가지 유형 간에 기법의 배치가 상당히 중복되고 있다.

(2) 대상에 따른 분류   두 번째 유형론은 개입의 대상이 되는 조직단위가 어떤 것이냐에 따라 i) 개인들을 대상으로 하는 기법(생애 및 경력계획, 역할분석, 감수성훈련 등), ii) 2인조와 3인조의 사람들을 대상으로 하는 기법(과정상담, 제3자가 하는 개인 간 갈등의 중재 등), iii) 집단을 대상으로 하는 기법(팀발전, 태도조사환류기법 등), iv) 집단 간의 관계를 대상으로 하는 기법(집단 간 관계개선, 투영기법 등), 그리고 v) 조직 전체를 대상으로 하는 기법(기술적·구조적 요인의 개선, 계획활동 등)의 범주를 분류하였다.

(3) 변동기제에 따른 분류   세 번째 유형론은 기법들이 지니는 효용성의 인과적 기제(因果的 機制 : causal mechanism) 또는 기초요인을 기준으로 하여 i) 변동기제가 환류인 기법(과정상담, 투영기법 등), ii) 변동기제가 사회문화적 규범의 변동에 대한 인지인 기법(팀발전, 인간관계훈련 등), iii) 변동기제가 향상된 교호작용과 의사전달인 기법(태도조사환류기법, 투영기법 등), iv) 변동기제가 문제에 대한 정면대응 및 이견의 해소를 위한 노력인 기법(문제해결집회, 투영기법 등), 그리고 v) 변동기제가 새로운 지식·기술의 교육인 기법(과정상담, 계획수립훈련 등)을 구분하였다.

2) 개입기법의 선택

특정한 상황의 요청에 맞는 개입기법을 선택하고 배합하여 사용할 때에는 i) 관련자(relevant people)의 참여를 보장할 것, ii) 제기된 문제를 해결하는 데 지향될 것, iii) 개선목표의 성취에 효율적으로 기여할 것, iv) 이론연구와 경험을 통한 학습을 포괄할 수 있도록 할 것, v) 학습의 자유스러운 분위기를 조성할 것, vi) 문제해결의 방법을 배우고 배우는 방법도 배우게 할 것, vii) 사람들이 온전한 인격체(as a whole person)로 가담할 수 있게 할 것 등 적합성의 기준을 고려하여야 한다.[27]

3) 주요 개입기법의 설명

많은 개입기법들 가운데서 자주 거론되는 것들을 골라 그 내용을 간단히 설명하려 한다.[28]

(1) 실험실적 훈련   실험실적 훈련(實驗室的 訓練 : laboratory training, sensitivity training, T-group training)은 소수인원으로 구성된 집단을 대상으로 인위적인 상황에서 실시하는 훈련이다. 감수성훈련이라고 부르기도 하는 이 훈련에서는 참여자들이 스스로의 태도와 행동, 타인의 태도와 행동, 그리고 집단적 과정을 보다 잘 이해하고 자신의 행동이 다른 사람들에게 미치는 영향을 반성하도록 지원하고 유도함으로써 태도와 행동을 변화시키려고 한다.

이 훈련에서는 대인관계와 집단 간 관계에 대한 진단기술, 자신의 대인관계 행태에 대한 분석능력, 학습한 것을 실생활에 적용하는 능력 등도 연마하고 향상시키려 한다.

① **특   징**   실험실적 훈련의 일반적 특징은 다음과 같다.

첫째, 경험과 감성 그리고 실행능력을 중요시한다. 전통적인 훈련에서는 지식의 증대가 바로 행태의 변화를 가져올 것이라는 가정하에 지식을 전달하는 데 주력하였다. 실험실적 훈련에서는 그러한 전통적 가정을 그대로 받아들이지 않고 지식을 행동으로 옮길 수 있는 능력을 기르는 데 역점을 둔다.

둘째, 실험실적 훈련에서는 참여자들이 자기의 지각·태도·행동, 대인관계, 집단관계를 반성하고 그 영향을 평가할 수 있는 상황을 설정한다. 그런 상황에서 경험을 통해 지각·태도·행동을 스스로 바꾸게 한다.

셋째, 실험실적 훈련에서는 훈련집단을 자체분석의 대상(a self-analytic body)으로 삼게 한다. 집단구성원들은 집단상황을 연구의 대상으로 삼아 그 안에서 자기 자신의 문제, 자기가 다른 사람에게 미치는 영향, 집단적 과정에 대한 자기의 반응 등을 검토한다.

넷째, 실험실적 훈련은 비정형적 상황(unstructured setting)에서 실시된다. 외적 간섭과 기성질서의 영향이 최소화되도록 꾸며진 모호한 상황에서 참여자들이 새로운 대안을 자연스럽게 그리고 자율적으로 탐색할 수 있도록 한다. 실험실적 훈련에서 진행조력자(교관)는 참여자들이 문제에 정면대응하도록 유도하고 변동노력을 지원하는 등의 역할을 맡지만 그의 개입은 최소의 수준에 머무르게 한다. 진행조력자가 문제해결의 정답을 제시하고 피훈련자가 그에 따라 행동하도록 하는 것과 같은 주입식 개입은 허용되지 않는다.

다섯째, 실험실적 훈련은 '어떻게 배울 것인가를 배우게 하는'(learning how to learn) 기법이다. 참여자들은 서로 돕고 지원하는 가운데서 무엇을 어떻게 배울 것인가에 대해 배우게 된다.

② **종   류**   실험실적 훈련에는 여러 가지 종류가 있다.

첫째, 훈련의 목적에 따라서 개인발전훈련(personal development laboratory), 인간관계훈련(human relations laboratory), 집단역학적 훈련(group dynamics laboratory), 조직상의 문제해결훈련(organizational laboratory), 팀훈련(teams and team laboratory) 등을 구분할 수 있다.

개인발전훈련에서는 훈련에 참여하는 개인의 자아(self)가 관심의 초점이 된다. 이 훈련은 개인에게 자기의 행태를 자각할 수 있는 기회를 제공하려는 것이다. 인간관계훈련(T-group 또는 encounter group이라 부르기도 한다)은 대인관계의 본질을 탐색하고 이해하게 하려는 것이다. 집단역학적 훈련에서는 집단현상 자체에 주의를 집중하게 하여 참여자들로 하여금 집단적 과정을 진단하고 그에 개입하는 방법을 배우게 한다. 조직상의 문제해결훈련은 집단 간의 관계, 조직 내의 갈등, 목표형성과정 등 조직 전반의 문제에 관한 것으로 비교적 많은 인원을 참여시킨다. 팀훈련은 하나의 작업집단이 업무수행상 일상적으로 봉착하는 문제들을 논의하고 해결방안을 모색하게 하는 훈련이다.

둘째, 훈련에 어떤 사람들이 참여하느냐에 따라 친근자집단(親近者集團 : 'family' group)에 대한 훈련, 유사친근자집단(類似親近者集團 : 'cousins' group)에 대한 훈련, 생소한 집단('stranger' group)에 대한 훈련 등이 구분된다.

친근자집단은 직접적인 업무관계를 맺고 있으며 서로 잘 아는 사람들로 구성되는 집단이다. 유사친근자집단은 같은 조직에 근무하기 때문에 서로 알고 있을 가능성은 있으나 직접적인 업무상의 관계는 없는 사람들로 구성되는 집단이다. 생소한 집단은 훈련이 시작되기 전까지는 서로 전혀 몰랐던 사람들로 구성되는 집단이다.

(2) 팀 발 전   팀발전(team-building or team development)은 조직 내에 있는 여러 가지 팀을 개선하고 그 효율성을 높이려는 개입기법이다. 팀의 구성원들이 협조적인 관계를 형성하여 임무수행의 효율화를 도모할 수 있게 하려는 것이 팀발전의 목적이다. 팀발전은 실험실적 훈련의 한 연장형태라고 설명되기도 한다.

① 전   제   팀발전의 전제는 i) 팀이 기술적인 구조이며 동시에 사회적인 체제라는 것, ii) 팀구성원들이 공동목표의 달성을 위해 서로 협조하고 힘을 합칠 때 팀의 효율성은 비로소 높아질 수 있다는 것, 그리고 iii) 팀구성원의 복지가 향상되고 정서적인 욕구가 충족되어야만 팀의 유지와 효율성향상이 가능하다는 것이다.

② 과   정   팀발전의 대상이나 구체적인 목적은 다양하기 때문에 개입의 세부적인 과정은 사정에 따라 조금씩 달라질 수 있다. 그러나 기본적으로 거치는 행동단계는 대체로 비슷하다.

팀 발전의 과정에 포함되는 단계는 i) 개시단계(initiating team develop-
ment), ii) 자료수집단계(collecting the data), iii) 계획단계(planning the meeting),
iv) 실시단계(conducting the meeting), v) 평가단계(follow-up and evaluation)이다.

개시단계는 팀구성원들이 팀활동 상의 문제를 지각하고 팀발전을 개시할
것인가 그리고 팀발전의 목표를 무엇으로 설정할 것인가에 대해 결정을 하는
단계이다. 그러한 결정의 과정에는 관리자와 팀구성원들이 함께 참여한다.

자료수집단계에서는 여러 가지 방법을 써서 팀구성원들로부터 팀발전의
계획을 세우는 데 필요한 지료를 수집하고 분석한다. 자료를 수집하고 분석할
때에는 대개 컨설턴트의 조력을 받는다. 계획단계에서는 관리자, 컨설턴트,
그리고 대상집단의 구성원들이 협조하여 팀발전을 위한 모임(meeting)의 기간,
활동의 내용과 순서 등에 관한 계획을 수립한다. 실시단계에서는 계획한 대로
팀구성원들이 모임을 갖고 문제의 해결방안을 탐색하여 채택한다. 이때에도
컨설턴트의 조력을 받지만 그의 역할은 적극적인 것이 아니다.

실시단계가 끝나고 약간의 시간이 지난 뒤에 팀의 구성원들이 다시 모
여 평가단계의 활동을 하게 된다. 계획단계에서 채택한 행동방안이 어느 정
도나 실현되었는가, 장애요인은 무엇이었는가, 행동방안의 효율적인 실현을
위해 받아야 할 지원은 어떤 것인가 등을 확인한다. 그리고 채택했던 행동
방안의 실현이 팀의 개선에 얼마나 기여했는가를 평가한다. 행동방안의 실
천과정에서 경험학습한 것을 토대로 행동계획을 수정하거나 새로운 행동계
획을 세운다.

(3) 과정상담 　　　과정상담(過程相談 : PC : process consultation)은 개인 또는
집단이 조직 내의 '과정적 문제'를 지각하고 이해하며 해결할 수 있도록 제3
자인 컨설턴트(과정상담자)가 도와주는 활동이다.[g] 과정상담의 초점은 조직 내
의 '인간적 과정'(human processes)이다. 과정상담에서는 조직 내의 인간적 과
정(개인적 과정, 개인 간의 과정, 집단 간의 과정)을 개선하는 것이 조직의 효율화
를 도모하는 첩경이라 생각하고 조직구성원(특히 관리자)의 인간적 과정에 대

....

g) Edgar Schein은 여러 가지 형태로 적용되어 오던 과정상담의 기법을 종합·정리하여 과정
　상담에 관한 일반이론을 정립한 사람으로 지목되고 있다.

한 진단능력과 문제해결능력을 향상시키려고 한다.

과정상담에서 컨설턴트가 하는 일은 조직구성원들이 조직 내의 인간적 과정과 그 개선방법을 이해하고 과정상의 문제들을 스스로 해결할 수 있도록 도와주는 것이다. 과정상담 컨설턴트의 임무는 그가 할 수 있는 일을 대상조직이 독자적으로 할 수 있도록 대상조직의 능력을 길러주는 것이다.

① **전제와 요건**　　과정상담의 중요한 전제와 요건은 다음과 같다.

첫째, 조직구성원(관리자)들은 조직에 잘못된 것이 무엇인가, 그리고 컨설턴트들에게서 어떠한 도움을 받을 수 있는가를 모르는 경우가 많다. 그들은 개선의 의욕을 가지고 있지만 무엇을 어떻게 개선해야 할지를 잘 모르기 때문에 조력을 받아야 한다.

둘째, 완전무결한 조직은 없으며 어떠한 조직에나 약점은 있다. 조직의 효율성을 높이려면 조직의 약점과 강점을 진단하고 약점을 보상 또는 보정(補整)할 수 있는 장치(compensatory mechanisms)를 발견해야 한다.

셋째, 외부의 컨설턴트는 장기간에 걸쳐 깊이 연구하지 않으면 대상조직의 문화를 잘 알 수 없기 때문에 구체적인 상황에 적합한 새로운 행동대안을 제시하기 어렵다. 그러므로 컨설턴트는 조직의 문화를 잘 아는 조직구성원들과 공동으로 새로운 행동대안을 탐색해야 한다.

넷째, 대상조직의 구성원들은 문제를 스스로 확인할 수 있는 능력을 기르고 문제의 진단과 해결책의 탐색에 능동적으로 참여해야 한다. 컨설턴트가 제시한 해결책의 채택 여부는 조직구성원들이 스스로 결정해야 한다.

다섯째, 컨설턴트는 인간적 과정에 대한 진단능력을 가지고 있어야 하며 조직구성원들과 긴밀한 협조관계를 형성할 수 있는 기술을 가지고 있어야 한다.h)

② **단　　계**　　과정상담의 단계는 i) 관계설정단계(establishing contact and defining a relationship), ii) 개입방법결정단계(selecting a setting and a method of

---

h) 과정상담에서 중요한 것으로 다루어지는 이른바 인간적 과정은 의사전달과정, 집단구성원의 기능적 역할에 관한 과정, 집단적 문제해결 및 의사결정의 과정, 집단의 규범 및 성장에 관한 과정, 리더십, 권력과정, 집단 간의 과정 등이다.

work), iii) 자료수집단계(gathering the data), iv) 개입단계(intervention), v) 평가 및 철수단계(evaluation of results and disengagement) 등으로 구분된다. 여기서 관계설정단계란 컨설턴트가 대상조직의 관계자와 접촉하고 탐색적인 면담을 통해 과정상담에 관한 공식적·심리적 계약을 맺는 단계를 말한다.

③ **방   법**   개입의 구체적인 방법에는 i) 의제설정(논의사항선정 : agenda-setting), ii) 관찰결과나 기타 자료의 환류(feedback of observations or other data), iii) 개인지도 또는 상담(coaching or counseling of individuals), iv) 구조변경의 제안(structural suggestions) 등이 있다. 과정상담컨설턴트들은 여기에 열거된 순서 대로 개입방법을 사용하는 것이 보통이다. 의제설정을 제일 먼저 그리고 가장 많이 사용한다. 구조변경을 제안하는 것은 아주 드물게 쓰이는 방법이다.

의제설정은 과정적인 문제에 대한 조직구성원들의 감수성을 높이고 그러 한 문제를 진단하는 데 흥미를 느끼도록 하기 위한 일련의 활동을 지칭한다. 과정상의 중요문제에 주의를 환기시키기 위해 질문을 하는 것, 어떤 과정을 분석할 모임을 마련하는 것, 어떤 과정의 결과를 반성할 시간을 할애하도록 종용하는 것 등이 의제설정에 포함되는 활동의 예이다.

(4) 태도조사환류기법   태도조사환류기법(態度調查還流技法 : survey feedback method)은 조직 전체에 걸쳐 구성원들의 태도를 체계적으로 조사하고 그 결 과를 조직 내 모든 계층의 개인과 집단에 환류시켜 그들이 환류된 자료를 분 석하고 개선방안을 찾도록 하는 개입기법이다. 이 개입기법의 주요 도구는 태 도조사와 워크숍(연구집회: workshop)이다.

① **효   용**   태도조사환류기법은 조직구성원 모두의 태도를 광범하게 조사하여 피조사자들에게 이해하기 쉬운 자료를 환류시키기 때문에 조직구성 원들은 환류된 자료의 타당성을 높이 평가한다. 그리고 참여감을 충족시켜 주 기 때문에 개혁에 대한 저항이 감소된다. 컨설턴트의 개입이 깊지 않기 때문 에 컨설턴트와 조직구성원들 사이에 원만한 관계가 유지될 수 있다. 컨설턴트 와 협력적인 관계를 만들기 위해 장기간 노력해야 한다는 부담이 없고 컨설 턴트의 존재가 위협적인 것으로 느껴지지도 않기 때문에 조직과 컨설턴트의 관계는 특별한 어려움 없이 설정될 수 있다. 태도조사의 결과는 역사적인 자 료로 남기 때문에 지속적인 조직발전노력의 밑거름이 되어 준다.

② **전통적인 태도조사기법과의 구별**　　조직발전의 개입기법인 태도조사환류기법은 여러 가지 면에서 전통적인 태도조사기법과 구별된다.

첫째, 전통적인 방법은 하급직원들의 태도만을 조사하는 것이 보통이다. 조직발전에서는 전 직원의 태도를 조사한다.

둘째, 전통적인 방법에서는 원칙적으로 고급관리자들에게 자료를 환류시키지만 조직발전에서는 모든 작업집단의 구성원들에게 자료를 환류시킨다.

셋째, 전통적인 방법에서는 고급관리자들이 자료를 해석하고 개혁방안을 결정한다. 조직발전에서는 모든 작업집단이 워크숍을 통해 자료를 해석하고 개혁방안을 결정한다.

넷째, 전통적인 방법의 경우 제3자인 전문가는 조사를 설계하여 실시하고 결과에 대한 보고서를 제출하는 것으로 임무를 끝낸다. 조직발전에서는 전문가와 조직의 고급관리층이 협의하여 조사를 설계하고 실시하며 워크숍의 계획과 진행에 전문가가 개입한다.

③ **과　　　정**　　태도조사환류기법의 과정은 다음과 같은 활동단계를 포함한다.29)

첫째, OD 컨설턴트와 조직의 최고관리층이 협의하여 조사설계를 한다.

둘째, 모든 조직구성원으로부터 자료를 수집한다.

셋째, 조직의 최고관리층으로부터 시작하여 계서제상의 모든 작업집단에 하향적으로 자료수집의 결과를 환류시킨다. 최고관리층에서 먼저 자료를 검토한 다음 순차적으로 하급계층의 작업집단에서 자료를 검토하게 한다.

넷째, 각 작업집단의 상관은 부하들과 함께 환류된 자료에 관한 워크숍을 갖는다. 워크숍에서는 부하들이 자료를 해석하는 데 적극적으로 기여하게 한다. 조사설계에 참여했던 컨설턴트는 워크숍에도 참가해 조력한다. 워크숍에서는 개혁안을 입안하고 아래 계층의 작업집단에 자료를 제시할 계획도 수립한다.

(5) 관리유형도를 사용하는 조직발전　　관리유형도(管理類型圖)를 사용하는 조직발전(grid organization development)은 Robert R. Blake와 Jane S. Mouton이 개발한 매우 포괄적인 조직발전의 기법이다. 그들이 만든 관리유형도(managerial grid)를 이용하여 개인, 집단, 집단 간의 관계, 그리고 조직 전체의

효율화를 도모하려는 것이 관리유형도를 사용하는 조직발전이다.[30]

① **관리의 유형** 관리유형도는 '생산(일 또는 결과)에 대한 관심'과 '사람에 대한 관심'을 기준으로 하여 관리의 유형을 다섯 가지로 구분하고 있다. 다섯 가지 유형이란 i) 빈약형(impoverished : 생산과 사람에 대한 관심이 다 같이 낮은 유형), ii) 친목형(country club : 사람에 대한 관심은 높고 생산에 대한 관심은 낮은 유형), iii) 단합형(team : 생산과 사람에 대한 관심이 다 같이 높은 유형), iv) 절충형(middle of the road : 생산과 사람에 대한 관심을 적절히 균형시키는 유형), v) 임무중심형(task : 사람에 대한 관심은 소홀하고 생산에 대한 관심이 높은 유형)을 말한다. 단합형이 가장 효율적인 관리유형이라고 보는 것은 관리유형도를 사용하는 조직발전의 일반적인 가정이다.

② **과   정** 관리유형도를 사용하는 조직발전의 과정은 여섯 가지 활동단계로 구성된다. 여섯 가지 기본적 단계가 진행되기에 앞서 상당한 준비작업을 해야 한다. 준비단계에서 해야 할 가장 중요한 일은 컨설턴트(진행자)를 양성하는 것이다. 관리자들 가운데서 컨설턴트가 될 후보를 선발하여 1주일가량의 훈련을 받게 한다. 그들은 관리유형에 관한 세미나(grid seminar)에서 관리유형도의 개념을 배우고 자기 자신의 관리방식을 평가하며, 작업집단발전기술, 문제해결기술, 의사전달기술, 조직과 작업집단의 문화를 분석하는 기술 등을 익힌다.

관리유형도를 사용하는 조직발전의 첫째 단계에서는 관리자 전원을 대상으로 관리유형에 관한 세미나를 실시한다. 준비단계에서 선발되어 훈련받은 관리자들은 이 첫째 단계의 세미나에서 컨설턴트의 역할을 맡는다. 첫째 단계의 훈련내용은 준비단계의 그것과 유사하다. 각자의 관리방식을 평가하고, 문제해결, 비판 및 의사전달에 관한 기술을 익히게 한다. 첫째 단계의 훈련을 통해서 관리자들이 단합형의 관리방식을 배우게 한다.

둘째 단계에서는 작업집단에 초점을 두어 협동적인 작업관계를 발전시킨다. 첫째 단계에서 배운 것을 작업관계의 실제에 적용하여 작업관계의 개선을 도모하는 것이 둘째 단계의 목적이라고 할 수 있다.

셋째 단계에서는 집단 간의 관계를 개선한다.

넷째 단계에서는 조직 전체의 이상적인 목표상태(ideal strategic corporate

model)에 대한 전략적 계획을 세운다. 넷째 단계의 관심대상은 조직 전체이다. 다섯째 단계에서는 조직 전체에 관한 발전계획을 시행한다.

여섯째 단계는 체계적인 비판(systematic critique)의 단계이다. 준비단계로 부터 다섯째 단계에 이르기까지의 활동을 평가한다.

(6) **직무풍요화와 직무확장**　직무풍요화와 직무확장은 직무를 재설계하는 방법이다. 이 두 가지 방법은 기술적·구조적 변동을 통한 조직발전의 기법이다.

① **직무풍요화**　직무풍요화(職務豊饒化 : job enrichment)는 직무를 맡는 사람의 책임성과 자율성을 높이고 직무수행에 관한 환류가 원활히 이루어지 도록 직무를 재설계(redesign)하는 것이다. 재설계대상인 직무는 수직적으로 연관된 기능들이다. 직무를 재설계할 때에는 수직적으로 연관된 기능들을 책 임이 더 큰 하나의 기능으로 묶어 심리적으로 보다 유의미한 직무를 구성한 다.[i] 직무풍요화는 참여적인 방법을 통해 추진한다. 즉 직무담당자의 의견을 들어 직무를 개편한다.

직무풍요화에서의 직무재설계는 그 자체가 목적이 아니라 직무 담당자의 태도변화와 동기유발을 촉진함으로써 직무수행의 효율화를 도모하려는 수단 이다. 직무풍요화는 사람들이 직무수행 그 자체로부터 만족을 얻고 직무에 관 하여 내재적으로 동기를 유발할 수 있다고 보는 이론에 기초를 둔 것이다.[j]

그러므로 직무풍요화에서는 직무에 심리적 영양소(psychological nutrients) 를 투입하여 직무를 보다 유의미한 것으로 만들고 직무담당자의 성숙과 자기 실현을 촉진하려 한다. 여기서 심리적 영양소란 책임성과 자율성, 성취의 기 회, 성취에 대한 인정, 새로운 것을 배우고 보다 복잡한 일을 맡을 수 있는 기

---

i) 수직적으로 연관된 기능이란 책임수준이 서로 다른 기능들이 연관되어 있음을 뜻한다. 하 급집행기능에 그와 연관된 감독기능을 합쳐 하나의 직무로 꾸미는 것은 직무풍요화의 한 예이다.

j) 직무풍요화에 근거정을 제공하는 이론은 Frederick Herzberg의 욕구충족요인 이원론이라 고 한다. 욕구충족요인 이원론(two factor theory)은 사람에게 만족을 주고 직무수행동기를 유발하는 요인과 사람에게 불만을 느끼게 하거나 그것을 해소하는 데 작용하는 요인은 서 로 다르며 별개의 차원에 있다고 설명한다. 그리고 전자에는 직무관련 요인들을, 후자에는 작업조건, 대인관계 등 환경적 요인들을 포함시킨다. Herzberg, *Work and Nature of Man*(World Publishing, 1966).

회 등을 말한다.

직무풍요화가 직무의 재설계라는 고립적인 조치만으로 성공할 수 있는 것은 물론 아니다. 관리자들의 인간관과 관리방식이 직무풍요화를 뒷받침할 수 있도록 되어야 하며, 직무기술제도(職務記述制度), 근무성적평정제도, 보수 제도 등이 직무풍요화의 효용을 증진시킬 수 있도록 개선되어야 한다.

관리자들은 부하들을 자기실현적 인간으로 보고 그러한 인간모형에 입각 한 관리전략을 채택해야 한다. 조직 내의 직무는 유동적인 것으로 다루어져야 한다. 직무기술서와 직무변동에 연관된 과정들, 그리고 직위 간의 관계는 융 통성 있고 적시성 있게 조정할 수 있어야 한다. 직무수행의 실적이 좋은 사람 에게는 점진적으로 더 많은 책임을 부여하고 늘어난 책임에 부합하는 보수를 지급해야 한다. 보수는 성과급이라야 한다.

② **직무확장**　　직무확장(職務擴張 : job enlargement)은 기존의 직무에 수평 적으로 연관된 직무요소 또는 기능들을 첨가하는 수평적 직무부가(水平的 職 務附加)의 방법이다. 책임수준이 같은 기능들의 부가이며, 새로 합쳐지는 직무 요소들이 반드시 기존의 직무요소들과 동질적이어야 한다거나, 하나의 통합 적 직무로 결합될 수 있어야 하는 것은 아니다. 이질적인 직무요소들을 하나 의 직무에 추가할 수도 있다.

직무확장의 목적은 직무담당자들의 대기시간을 줄여 작업량과 수입을 늘 리는 것, 직무수행의 지루함과 피로를 줄이는 것, 생산활동의 질을 높이고 노 동비용을 감축하는 것 등이다. 직무확장이 조직사회의 실제에서 개인과 조직 에 다 같이 유익한 결과를 가져왔다는 보고들이 많다. 그러나 개인의 동기유 발에 별로 유효한 방법이 아니라는 비판도 있다. 즉 권태로운 일을 하나가 아 니라 여럿 부과함으로써 권태로움을 단순히 농축시킬 뿐이라는 것이다.

(7) 스트레스 관리　　직업생활인들, 특히 조직에 참여하는 직업생활인들은 여러 가지 스트레스를 경험한다. 그것이 지나치면 조직과 개인에게 해를 끼치기 때문에 당사자와 조직은 이를 계획적으로 관리하지 않으면 안 된다.

일반적으로 스트레스란 특별한 요구를 하는 환경에 대한 사람의 육체 적·정신적 반응으로서 사람의 행태를 적응 또는 변동시키는 것이라 할 수 있다. 특별한 요구를 하는 환경에는 사람의 행동, 사건, 상황적 조건 등이 두루 포함된다. 특별한 요구를 하는 환경이란 유별난 또는 여느 때와 다른 (unusual) 요구를 하는 환경이라는 뜻이다. 스트레스 요인(stressor)에 대한 반응은 사람에 따라 다르다.[31]

직업생활에서 겪게 되는 스트레스(job stress)는 업무환경의 유별난 또는 위협적인 요소들에 대한 사람들의 반응이라고 정의할 수 있다. 스트레스에는 영업직원이 경기침체에 직면했을 때 받는 것과 같은 부정적 스트레스도 있고, 새로운 직위에 승진했을 때 받는 것과 같은 긍정적 스트레스(eustress)도 있다. 조직 내 스트레스 관리의 주된 대상은 부정적 스트레스이다.

① 원 인   스트레스의 구체적인 원인은 수없이 많겠지만 이를 세 가지로 크게 범주화해 볼 수 있다.

첫째, 담당업무의 조건에서 비롯되는 것으로는 역할모호성, 역할갈등, 업무과다 또는 업무과소 등을 들 수 있다.

둘째, 대인관계에서 비롯되는 것으로는 이질적인 사람들과의 접촉이 많은 경우, 조직의 전반적인 심리적 분위기가 비우호적·소외적·적대적인 경우 등을 들 수 있다.

셋째, 개인적 요인으로는 현재의 지위가 본인의 기대에 미치지 못할 경우, 직업적 안정성이 결여된 경우, 근무장소의 지리적 변동이 잦은 경우, 개인생활의 변동이 많은 경우 등을 들 수 있다.

② 영 향   스트레스의 존재가 해롭기만 한 것은 물론 아니다. 적정한 스트레스는 사람의 동기를 유발하고 생활에 활력을 주기도 한다. 그러나 지나친 스트레스는 사람들의 육체적 건강과 심리적 안녕을 해치고 질병에 걸리게 할 수도 있고, 수명을 단축시킬 수도 있다. 사람들을 초조감, 불안감, 좌절감에 시달리게 할 수도 있다. 결근, 이직, 태업, 생산성감소 등 업무수행에 지장을 주고 의사결정의 효율성을 저하시킬 수도 있다.

고강도의 스트레스를 장기간 받은 사람은 번아웃(탈진 ; 정신·신경의 쇠약 : burnout)이라는 반응을 보일 수 있다. 번아웃은 육체적·정신적으로 쇠약해져서 스트레스에 대항할 힘을 잃은 상태이다. 사람들이 번아웃 상태에 빠지면 스트레스로 인한 부정적 증상이 심하게 나타난다. 사람이 자신의 안전에 대한 중대위협에 직면하여 받는 스트레스는 트라우마(精神的 外傷 ; 쇼크 : trauma)

를 일으킬 수 있다. 트라우마는 사람의 자기 능력에 대한 신념과 자아인식이 와해되는 상태이다. 트라우마에 빠진 사람은 임무수행에 실패하며 환경의 희생물이라는 느낌을 가지고 정서적 혼란증상을 보이게 된다.

③ **극복대책**　　　스트레스의 피해를 막으려면 개인과 조직은 스트레스를 감소·완화하는 극복노력을 해야 한다. 직업생활의 스트레스를 극복하는 방법은 두 가지 범주로 분류할 수 있다.

첫째, 업무에 관련된 극복방안이 있다. 역할을 명료화하는 것, 시간관리를 효율화하는 것, 업무를 위임하는 것, 필요한 정보를 얻고 업무조력을 받는 것, 업무협력을 강화하는 것 등이 그에 해당한다. 직장에서 이탈하는 길밖에 없을 때에는 사임도 한 극복방안이 된다.

둘째, 정서적인 극복방안이 있다. 완벽주의를 완화하고 달성 불가능한 성취기준을 포기하는 것, 주변으로부터 사회적·정서적 지지를 구하는 것, 모호한 상황에 대한 아량을 키우는 것, 운동이나 충분한 수면 또는 식이요법을 통해 건강을 유지하는 것, 긴장완화의 기술을 습득하는 것 등이 정서적 방안에 해당한다. 여기서 긴장완화기술이란 명상, 근육이완운동, 심호흡, 편안한 자세유지 등을 말한다.

위의 극복활동을 돕기 위해 조직은 건강유지 프로그램, 부하들에게 스트레스를 덜 주는 감독방식을 습득시키는 감독자훈련, 감수성훈련,k) 인사상담, 시간관리와 대인관계의 개선에 관한 워크숍 등을 운영해야 한다. 직장 밖의 개인생활에서 겪는 문제로 인한 스트레스도 직업생활에 영향을 미친다. 그러므로 조직은 인사상담 등을 통해 개인생활의 스트레스를 극복하는 데 조력해야 한다.

(8) **행동수정**　　　행동수정(行動修正 : behavior modification)은 조직 내의 개인적·사회적 문제를 해결하고 인간기능을 개선하기 위한 목적으로 실험심리학의 학습이론, 특히 조작적 조건화이론(operant conditioning theories)을 관리의 실제에 적용하여 직원의 행동을 수정하려는 것이다.32)

① **조작적 조건화이론의 원용**　　　조작적 조건화이론이란 외적 자극을 통한

---

k) 사람들에게 스트레스를 감지·진단하고 적극적으로 극복할 수 있는 기술과 지식을 습득시키려는 훈련을 스트레스 예방접종훈련(stress inoculation training)이라고 부르기도 한다.

학습의 과정을 설명하는 이론이다. 조작적 조건화이론은 행동에 선행하는 환경적 자극, 그에 반응하는 행동, 행동에 결부되는 결과로서의 유인기제 등 세 가지 변수의 연쇄적인 관계를 설명하고 바람직한 행동을 학습시킬 수 있는 유인기제활용의 방법을 처방하는 이론구조를 가지고 있다.

② **과   정**   행동수정의 표준적인 과정은 대략 다섯 가지 활동단계로 구성된다. 다섯 가지 단계란 i) 관리자가 직무수행에 지장을 주는 직원의 행동을 확인하는 단계, ii) 문제행동의 빈도를 실제로 파악하는 단계, iii) 문제행동의 선행자극과 그것이 문제행동을 강화하는 결과를 확인하는 단계, iv) 유인기제의 종류와 방법 등에 관한 개입전략을 선택하는 단계, 그리고 v) 바람직하지 않은 행동은 감소되고 바람직한 행동은 증가되었는지를 관찰하여 개입의 성과를 평가하는 단계를 말한다.

행동수정이 인간의 행동학습을 위해 주로 조작적 조건화이론을 응용한다고 하지만 근래의 행동수정모형들은 인식론적 학습원리를 도입함으로써 조작적 조건화이론의 비인식론적 원리를 보완하고 있다. 그리하여 사람들이 자극·반응·결과의 순차적 진행을 직접 경험하지 않더라도 이를 예상하여 행동을 바꿀 수 있게 하는 방법도 사용한다. 그리고 다른 사람의 경험을 전해 듣거나 관찰함으로써 스스로의 행동을 바꾸는 사회적 학습의 과정도 중요시한다. 사람들의 생각을 중요시하고 사람들에게 배우는 이유와 방법을 설명함으로써 복잡한 행동을 순차적·점진적으로 배워 나가게 하는 태도형성(behavioral shaping)을 촉진하려 한다.

(9) 성취동기향상기법   성취동기향상기법(成就動機向上技法 : achievement motivation intervention)은 David McClelland가 발전시킨 성취욕구(need for ach-ievement)에 관한 이론을 원용한다.[33] 이 기법은 사람들의 성취능력을 향상시키려는 것이다.

① **성취지향적 행동에 관한 훈련**   이 개입기법의 실행은 높은 성취욕구를 지닌 사람들이 어떻게 생각하고 말하고 행동하는가를 가르치는 데서부터 시작된다. 높은 성취수준을 이룩하는 사람들은 미리 계획을 세워 행동한다는 것, 달성불가능한 목표설정은 피하면서도 자신의 능력을 신장하고 능력을 최대한 활용할 수 있도록 목표를 설정한다는 것, 자신의 직무수행에 대해 지속

적으로 구체적인 환류를 받는 작업상황을 선호한다는 것 등을 알려 준다.

그에 대한 이해를 바탕으로 참여자들이 목표를 실천가능한 것으로 설정하되 가능한 한 수준이 높은 목표를 설정하도록 유도한다. 그리고 참여자들의 목표성취진도에 대해 환류를 제공하도록 한다.

② **소규모집단을 활용하는 훈련**　　이 기법은 대개 소규모의 토론집단을 활용한다. 참여자들이 소집단을 구성하여 서로의 성취동기를 평가하고 비판한다. 집단토론에서 각자는 자기가 설정한 목표가 왜 적정한가를 설명하고, 다른 사람들은 그에 대해 평가한다. 이 기법은 참여자들이 낡은 버릇과 태도에서 벗어나도록 유도하려는 것이기도 한데, 소규모집단의 분위기는 낡은 습관을 벗어나려는 노력을 서로 격려하고 지지하게 된다.

⑽ **투영기법**　　투영기법(投影技法 : organizational mirror)은 조직 내의 어떤 단위 또는 부서가 그와 연관된 다른 부서로부터 자기 부서에 관한 정보를 얻게 하는 기법이다.[34] 여기서 다른 부서라고 하는 것은 조직 내의 부서뿐만 아니라 납품업자, 고객 등을 포함하는 넓은 뜻의 행동단위이다.

투영기법을 쓸 때 대상집단(단위, 부서)은 자기에 대한 정보(평가정보)를 상대방으로부터 받기만 하고 상대방에 대한 정보를 다시 투영해 주지는 않는다. 대상집단이 자기에 관한 정보를 어떤 방법으로 얻는가 하는 것은 조직발전 컨설턴트들의 조언을 들어 결정한다. 주로 쓰이는 것은 대상집단과 상대방집단의 구성원 일부가 작은 팀을 구성하여 대상집단의 문제를 확인하고 해결방안을 탐색해 나가는 방법이다.

투영기법은 정보접수자인 대상집단과 정보제공자인 상대방집단이 문제해결을 위해 건설적으로 협력하게 한다는 이점을 지닌 것이라고 한다.

⑾ **직면회합**　　직면회합(直面會合 : confrontation meeting)은 조직의 관리자 전원이 하루 동안 모여 조직 전체의 건강을 논의하는 방법이다.[35] 일련의 활동을 통해 관리자집단은 주요문제를 확인하고 그 원인을 분석하며 해결방안과 실천일정을 결정한다.

직면회합은 여섯 단계의 활동으로 구성된다.

첫째 단계는 분위기조성활동의 단계이다. 이 단계에서 상급관리자들이 모임의 취지를 설명하고 허심탄회한 토론을 부탁하는 등의 활동을 한다.

둘째 단계는 정보수집단계이다. 여기서는 조직의 문제가 무엇인지에 관한 정보를 모은다. 이 작업은 6명 내외의 소집단들을 구성하여 진행한다. 각 소집단의 결론은 보고자가 정리한다.

셋째 단계는 정보공유화의 단계이다. 여기서 각 소집단의 보고자들은 자기집단의 결론을 전체회의에서 보고한다. 전체회의에서는 회의주재자가 문제 또는 항목들을 정리하여 적은 수의 제목 아래 묶는다.

넷째 단계는 우선순위결정 및 행동계획의 단계이다. 이 단계에서 회합참여자들은 소집단들이 제기한 문제들을 심의한다. 그리고 문제해결의 우선순위와 시정조치의 단계를 결정한다.

다섯째 단계는 최상급관리자집단이 후속조치를 결정하는 단계이다. 직면회합참여자들이 해산한 뒤에 최상급관리자집단은 남아 회합에서 얻은 정보에 기초하여 실천계획을 세운다. 이 계획은 다른 회합참여자들에게 전달된다.

여섯째 단계는 한 달 내지 6주일 후에 최상급관리자들이 모여 계획실천의 진행상황을 심사·평가하는 단계이다.

⑿ 긍정적 탐색   긍정적 탐색(肯定的 探索 : appreciative inquiry)은 조직의 특색 또는 특별한 강점을 확인하고 그것을 업무개선에 활용하는 방법이다. 이것은 조직의 문제나 실책이 아니라 장점과 성공사례에 초점을 맞추는 방법이다.

긍정적 탐색은 2~3일간에 걸친 대규모 집단의 토론으로 진행된다. 토론의 과정은 i) 조직의 장점 발견(discovery), ii) 미래상태의 예상(dreaming), iii) 새로운 비전의 설정(design), iv) 새로운 비전의 실천방안 결정(definition of organization's destiny) 등 네 가지 단계를 거친다.

긍정적 탐색은 문제를 확인하고 그 해결책을 찾는 문제중심적 방법들과 구별된다. 긍정적 탐색기법을 옹호하는 사람들은 문제중심적 방법들이 과거의 실패에 눈을 돌리게 하고 약점에 초점을 맞추면서 새로운 비전은 창출하지 못한다고 비판한다. 문제중심적 방법들은 누군가를 비난하게 되고 따라서 방어적 반응을 유발하게 된다고 한다. 반면 긍정적 탐색은 조직이 이미 잘하고 있는 것을 더욱 발전시키기 때문에 비난·방어의 역효과를 피할 수 있다고 한다.

III. 문화론적 접근방법

1. 행정문화란 무엇인가?

1) 행정문화의 정의

행정문화(行政文化 : administrative culture)는 행정체제를 구성하는 사람들이 공유하는 행동양식의 총체이다. 그것은 구성원들이 공유하는 심층의 근원적 전제에 바탕을 둔 것이다. 행정문화는 인위구조, 가치와 신념, 근원적 전제 등 구성요소 또는 차원을 내포한다. 이들 요소 중 일부는 잠재의식적·묵시적이며 일부는 명시적이다. 행정문화는 행정체제 구성원들의 태도와 행동을 규제한다. 행정문화는 행정체제라는 집합체에 특유한 것이며 여러 하위문화를 내포한다.

2) 문화의 구성요소

행정문화를 포함한 문화는 잠재의식적·심층적인 것에서부터 표현적·피상적인 것에 이르기까지 여러 구성요소(형태·차원)를 가지고 있다.

문화의 구성요소는 여러 가지로 분류할 수 있지만 이를 세 가지 범주로 묶어 볼 수 있을 것 같다. 세 가지 범주란 문화의 초석인 근원적 전제, 가치와 신념, 그리고 인위구조를 말한다.[36]

(1) 인위구조　　　인위구조(人爲構造 : artifacts)는 문화의 가장 가시적이고 피상적인 차원의 구성요소이다. 문화적 상징이라고도 하는 인위구조에는 언어, 가시적인 태도와 행동, 물리적 공간의 구성, 기술, 예술품, 영웅(귀감이 되는 사람), 의식(儀式) 등이 포함된다. 인위구조는 문화의 반영이지만 문화가 유일한 결정요소인 것은 아니다. 인위구조 가운데는 시간이 흐름에 따라 문화가 변동하면 문화에 직결되는 의미를 잃고 그 잔해로 남는 것도 있다.

(2) 가치와 신념　　　문화를 공유하는 사람들은 가치를 공유한다. 가치 또는 가치관은 의식적인 차원의 구성요소이다. 가치에 대한 공동의 인식이 지속되고 확산되면 그것은 신념이 된다. 신념은 개인적 준거틀 안에서 무엇이 실제

로 일어날 것인가에 대한 이해를 말해 준다. 가치는 규범적 · 도덕적 기능을 하고 인간의 행태를 예측할 수 있게 한다. 의식적인 차원의 가치는 도전받거나 논란의 대상이 될 수 있다.

(3) 근원적 전제   어떤 가치가 문제를 해결하는 데 계속적으로 성공적이고 사람들이 그에 익숙해지면 신념으로 변한다. 그러한 상태가 계속되면 가치는 당연시되어 가고 궁극적으로 인식론적 전환을 통해 잠재의식화된다. 이렇게 잠재의식화된 가치가 문화의 본질적 요소인 근원적 전제(根源的 前提 : basic underlying assumptions or subconscious values)인 것이다. 비가시적이고 전의식적(前意識的)인 근원적 전제는 문화적 공리(文化的 公理)로서 당연시된다.

3) 행정문화의 특성

행정문화의 주요 특성은 다음과 같다.[37]

① **사고와 행동의 결정**   행정문화는 인간의 사고와 행동을 결정하는 데 작용하는 강력한 요인이다. 그러나 인간이 문화에 대해 절대적으로 피동적인 것은 아니다. 사람은 문화로부터 다소간의 자유를 누릴 수 있다.

② **인위적 형성과 학습**   행정문화는 사람이 만든 것이며 사람들이 이를 학습하여 공유한다. 문화는 본능이 아니라 배워서 익힌 것이다.

③ **역사적 산물**   행정문화는 역사적 산물로서 현재를 과거와 미래에 연결시킨다. 문화는 신참자와 후속세대에 전수된다.

④ **집합체적 특성**   행정문화는 집합체적 · 공유적인 것이다. 문화는 개인이 표현하지만 인간의 집합체인 체제의 승인을 받는 것이기 때문에 초개인적 특성(超個人的 特性)을 지닌다.

⑤ **통합성의 유지**   행정문화는 스스로 통합성을 유지한다. 통합성이 없으면 행정문화의 정체성을 인정할 수 없다. 그러나 문화의 통합성은 상대적인 개념이다. 행정문화는 기본적 통합성을 유지하는 가운데 여러 하위문화를 포용하고 문화갈등을 내포하기 때문에 그 양상이 복잡하다.

⑥ **지 속 성**   행정문화는 비교적 안정적이고 계속적인 특성, 그리고 변동저항적 특성을 지닌다. 그러나 시간이 흐르면 많건 적건 변동하지 않을 수 없다.

⑦ **행정체제의 문화**　　행정문화는 '행정의 문화' 또는 행정체제의 문화이다. 사회문화는 행정문화의 상위문화 내지 환경이다. 양자는 교호작용한다.

⑧ **고유성과 보편성**　　행정문화는 각기 고유한 특성을 지니지만 그 상위문화인 사회문화와 공유하는 것도 많다. 행정체제들 사이의 공통점도 있다. 문화는 체제 간에 전파되어 보편성을 높이기도 한다.

위의 특성을 지닌 행정문화는 행정체제의 형성과 존속을 가능하게 하며 구성원들이 직면하는 불확실성을 줄여주는 기능을 수행한다. 행정문화의 기능은 i) 구성원의 욕구와 욕구충족의 통로를 규정하는 기능, ii) 구성원의 물리적·사회적 적응을 촉진하는 기능, iii) 구성원의 사고방식과 행동양식을 인도하는 기준을 제시하는 기능, iv) 구성원을 사회화하고 일탈적 행동을 통제하는 기능, v) 구성원들의 일체감 형성을 돕는 기능, vi) 행정체제의 통합성과 안정성을 유지하는 사회적·규범적 접착제와 같은 기능 등으로 요약할 수 있다. 체제의 통합성을 유지해 주는 문화의 기능은 문화적 다원화를 억제하고 행정개혁을 어렵게 하기도 한다.38)

2. 행정문화의 개혁

1) 문화의 형성·보존·변동

일반적으로 문화는 어떻게 형성되고 보존되며 또 변동하는가를 이해해야 그에 대한 인위적 개입인 행정문화개혁을 논할 수 있다.

(1) **문화의 형성**　　사람들이 그들의 문제를 성공적으로 해결해 준 방안을 수용하는 데서부터 문화의 형성은 시작된다. 그러한 해결방안에 결부된 가치를 구성원들이 의식적으로 채택하고 시간의 흐름에 따라 그것이 당연시되고 무의식 속에 깊이 자리잡게 되면 문화가 형성된다. 이러한 설명은 문화형성과정의 여과장치 또는 과오회피기제가 있음을 시사한다. 그러나 실패한 대안을 걸러내는 여과장치가 언제나 완전한 것은 아니다.

(2) **문화의 보존 : 사회화**　　형성된 문화는 상당한 안정성을 유지한다. 문화는 후속세대 또는 신참자에게 전수되어 지속적으로 보존된다. 문화전수의 중심적인 과정이 사회화(社會化 : socialization)이다. 사회화는 기존의 문화를 보존

하는 기제이지만 문화를 개조하려는 의식적인 전략의 도구가 되기도 한다.

　행정조직에 참여하는 사람들은 사회화를 통해 필요한 가치, 능력, 기대되는 행동, 대인관계의 지식 등을 습득한다. 그리하여 역할행태를 익히고 업무수행능력을 향상시키고 작업집단의 규범과 가치에 적응할 수 있게 된다. 사회화는 후속세대 또는 신참자의 문화변용(文化變容 또는 文化接變 : acculturation)을 일으켜 조직 또는 행정체제 전체의 문화적 통합성을 유지하려는 과정이지만 그에 대한 사람들의 반응이 모두 같은 것은 아니다. 경우에 따라 사회화의 효과에는 차이가 생길 수 있다.

　(3) 문화의 변동　　문화는 안정적인 특성을 지닌다. 그러나 시간의 흐름에 따른 문화변동의 가능성을 피할 수는 없다. 형성의 과정에서처럼 변동은 일어난다. 문화는 새로운 요소들을 누적시키기도 하고 기존의 요인들을 탈락시키기도 하며 기존의 내용을 변용시키기도 한다. 문화변동은 내생적 요인이 촉발하기도 하고 외생적으로 전파되기도 한다.

　시대에 따라 그리고 상황적 조건에 따라 문화변동의 폭과 완급은 다를 수밖에 없다. 현대사회, 현대행정, 특히 급속하게 성장하고 있는 국가의 행정은 과거보다 더 빠르고 광범한 문화변동을 겪고 있다. 문화의 내면보다 피상적인 것, 인위구조적인 것이 더 빨리 변한다. 문화적 본질이 외적 조건에 부응하지 못하는 문화지체의 문제, 문화적 혼합이 빚어내는 탈문화화와 혼란 등의 문제가 제기되고 있다. 문화변동에 대한 의식적 개입의 필요가 커지고 있다.

2) 행정문화개혁 : 행정문화 변동에 대한 개입

　행정문화개혁이란 행정문화의 바람직한 변동을 뜻한다. 행정문화의 바람직한 변동은 계획적으로 추진된다. 행정문화의 변동과정에 인위적으로 개입하여 바람직한 행정문화에 도달하려는 노력이 행정문화개혁이다.

　행정개혁 또는 조직개혁을 위해 행정문화개혁이라는 접근방법을 동원하는 것은 행정문화의 인위적 변동가능성을 믿기 때문이다. 행정문화의 안정성 그리고 변동노력의 어려움에 집착하는 사람들은 행정문화의 인위적 변동가능성에 회의적이다. 그러나 우리는 많은 제약에도 불구하고 문화의 개혁이 가능하다고 생각한다.

　문화의 개혁은 가능하지만 결코 쉬운 일은 아니다. 문화는 행정체제의 통합성과 안정성을 유지해 주는 만큼 체제의 변화에 저항할 수 있다. 통합수준이 높은 강한 문화는 개혁에 더 큰 장애가 될 수 있다.

　가능성이 희박하거나 아주 어려운 행정문화개혁을 시도하기보다는 문화적 전통을 활용하는 것이 더 바람직하다는 주장도 있다.[39)] 행정개혁에 임하는 사람들이 귀담아 들어야 할 말이다. 자기의 문화적 전통을 부정적으로만 생각하는 것은 옳지 않다. 기존의 행정문화를 활용하거나 그 장점을 강화하는 방법, 문화적 전통에 적합한 관리전략이나 기술을 도입하는 방법, 새로운 방법을 문화적 전통에 적응시키는 방법 등을 탐색해야 한다. 그러나 행정문화가 행정발전을 좌절시키면 이를 개조하지 않을 수 없다. 전통만을 고수해서는 안 된다.

　(1) 개혁과정　　행정문화의 바람직한 변동을 유발하려는 개입의 과정은 계획적인 것이다. 행정문화의 본질적인 요체는 무의식적·비가시적이지만 행정문화개혁과정은 의식적인 것이다. 행정문화개혁은 무의식세계에 대한 의식적 접근이다.

　행정문화개혁의 과정에는 일련의 행동단계들이 포함된다. 그 첫째는 행정문화개혁의 목표와 기본전략을 수립하는 단계이다. 둘째는 개혁대상이 될 행정문화의 요소를 확인하는 단계이다. 셋째는 바람직한 행정문화의 요소를 구성원들에게 주지시키는 단계이다. 넷째는 구성원들의 수용을 확보하는 단계이다. 다섯째는 바람직하게 변한 행정문화를 강화해 나가는 단계이다. 여섯째는 개혁의 성과와 과정을 평가·환류하는 단계이다.

　행정문화개혁의 과정에서는 의식적·표현적 차원의 요소들을 일차적인 대상으로 삼을 수밖에 없다. 그러나 그것은 어디까지나 그 저변에 있는 행정문화의 본질적 요소에 접근하기 위한 방편이라는 점에 유의해야 한다. 여러 가지 가시적 요인들을 분석하여 문화적 본질을 파악하는 일을 게을리하면 안 된다.

　개혁과정이 성공적으로 진행되려면 환경적 지지, 잉여자원, 변혁적 리더십의 헌신, 조직구성원들의 감수성과 창의성 등이 뒷받침해 주어야 한다.

　(2) 개혁의 전술:개입방법　　행정문화개혁에 사용할 수 있는 개입방법을 한정하기는 어렵다. 행정문화는 아주 포괄적인 현상이며 그 연관요인은 수없이 많기 때문이다. 여기서는 조직 또는 행정체제가 대내적으로 동원할 수 있

는 개입방법들을 예시하는 데 그치려 한다.[40]

① **리더십의 역할**   리더십의 적극적 역할을 활용하는 방법이 있다. 이것은 조직의 관리자, 감독자 기타 개혁추진자들이 문화변동을 솔선수범하고 문화변동에 유리한 쇄신적 분위기를 조성하는 방법이다. 문화관리 전담부서를 만들어 행정문화개혁의 요새로 활동하게 하는 방법도 있을 것이다. 개혁을 이끌어가는 리더십은 개혁전략의 비전과 이를 실현하는 데 필요한 가치와 신념을 명료화하는 역할을 수행해야 한다. 여기에 적합한 것은 변혁적 리더십이다.

② **임용방법의 활용**   채용·승진 등 임용의 기준을 새로운 문화에 적합하게 설정해 시행하는 방법이 있다. 행정문화개혁에 장애가 되는 일탈자들을 조직에서 배제하는 것도 문화개혁 촉진의 한 방법일 수 있다.

③ **평가와 훈련**   근무성적평정을 활용하고 교육훈련을 실시하는 방법이 있다. 창의성 향상을 위해 집단적 학습능력을 배양하고 조직 전체를 학습조직화하는 방안은 중요한 행정문화개혁의 도구이다. 행정문화개혁을 위한 훈련에서는 감수성훈련, 팀발전을 위한 개입, 집단 간 관계개선을 위한 개입 등 조직발전의 개입기법들이 활용될 수 있다.

④ **유인기제의 활용**   유인기제(보상체제)를 활용하는 방법이 있다. 이것은 문화개혁에 순응하는 행태를 강화하고 저항행태를 처벌하는 방법이다.

⑤ **팀워크체제의 활용**   팀워크체제를 활용하고 팀 구성원들의 신뢰와 지지를 지렛대로 삼는 방법이 있다. 이것은 인간관계의 사회적 압력을 활용하는 방법이다.

⑥ **문화적 상징의 개조**   조직의 의식(儀式), 언어, 설화 등 문화적 상징을 개조하는 방법이 있다. 이것은 바람직한 문화적 상징을 개발함으로써 행정문화의 내면적·심층적 차원에 변화를 유도하려는 방법이다.

⑦ **구조·과정·기술의 개혁**   조직의 구조, 과정, 기술, 작업장의 물적 설계를 변경하는 방법이 있다. 이 방법은 행정문화의 개혁을 유도하거나 지지하는 조직 내의 조건을 형성하기 위한 것이다.

03

개혁의 목표상태: 기초이론

제3장에서는 행정개혁의 목표상태에 관한 기초적 이론들을 설명하려 한다.

개혁처방들의 이론성과 실천성을 구별하는 것은 어려운 일이다. 이론의 의미를 넓게 규정하는 경우 개혁처방들은 모두 이론이라 할 수도 있다. 그럼에도 불구하고 편별의 편의를 위해 이론발전에 지향되거나 실천적 처방의 기초가 되는 이론과 실천적 처방의 성격이 강한 제안들을 구분하려 한다. 전자는 이 장에서 다루고 후자는 다음 장에서 다루려 한다. 목표상태에 관한 기초적 이론과 실천적 처방을 저자가 자의적으로 구분한 데 대해 독자들의 양해를 구한다. 그러한 구분은 결코 엄격하거나 배척적인 것이 아님을 이해해 주기 바란다.

제3장에서는 먼저 목표상태이론의 경향변천을 논의하려 한다. 전통적 이론과 탈전통적 이론을 구분하고 양자의 관점차이를 설명할 것이다. 전통적 이론은 관료화를 처방하는 이론이다. 탈전통적 이론은 탈관료화를 처방하는 이론이다. 이러한 특성규정은 행정학설사의 시대별로 형성되었던 주류이론 또는 선도적 이론(先導的 理論)을 준거로 삼은 것이다.

이어서 인간모형(인간관)의 변천을 살펴보고 조직의 구조와 관리에 관한 목표상태이론들을 소개하려 한다. 인간모형들은 그 자체가 개혁처방일 뿐만 아니라 구조·관리에 관한 목표상태이론에 근가정(根假定: root assumption)을 제공하는 전제적 이론이기도 하다.

I. 목표상태이론 변천의 개요

1. 논의의 대상

장차 달성하고자 하는 행정체제의 '바람직한 상태'가 계획적으로 설정되어야만 행정개혁이 추진될 수 있다. 바람직한 상태의 처방은 행정개혁의 불가결한 요건이다. 행정개혁이 추구하려는 행정체제의 바람직한 상태를 개혁의 목표상태라고 한다.

이 항에서는 행정개혁의 목표상태에 관한 기초적 이론의 변천경향을 개관하려 한다. Ⅱ항과 Ⅲ항에서는 인간모형과 구조 및 관리에 대한 처방적 이론의 변화경향을 고찰할 것이다.

여기서 목표상태에 관한 기초적 이론이란 행정학의 학설사에 나타난 설명적·처방적 이론들을 말한다. 이론의 변천경향을 고찰한다고 하는 것은 행정학설사의 발자취를 따라가면서 목표상태모형 또는 그 기반이 되어 온 행정이론들의 집합적인 성향변화를 알아본다는 뜻이다. 집합적인 성향변화를 알아본다고 하지만 모든 이론 또는 학파를 망라하여 논의할 수는 없다. 시대별로 파악되는 주도적 연구경향들을 논의할 수 있을 따름이다.

목표상태에 관한 이론의 경향변화를 개관할 때 변화해 온 처방경향을 i) 전통적 처방의 범주와 ii) 탈전통적 처방의 범주로 대별해 설명하려 한다.

행정의 중요구성요소 또는 국면을 나누어 목표상태이론의 변천경향을 예시할 때에는 범주화의 준거대상을 i) 인간과 ii) 구조·관리로 구분할 것이다. 개혁처방의 근가정이 되는 인간이해는 어떻게 변천해 왔으며, 구조형성의 원리 그리고 관리의 원리에 대한 처방은 어떻게 달라져 왔는가를 나누어 설명하려 한다.

설명의 과정에서 행정학의 고전이론, 신고전이론, 현대이론 등 시대구분에 따른 연구경향 그리고 각각의 시대적 배경을 유념하게 될 것이다. 고전적 행정학은 1900년경에 출범해서 1940년대에 이르기까지 행정학의 주류를 형성했던 연구경향이다. 신고전적 행정학은 1930년대부터 시작하여 1950년대의 변화가 일어날 때까지 큰 영향력을 지녔던 연구경향이다. 고전적 행정학과 신고전적 행정학은 '전통적 행정학'의 범주에 속한다. 1950년대 이후 모습을 드러내기 시작한 연구경향을 현대이론이라 한다. 행정학은 시대적 배경을 반영해 왔는데, 여기서 말하는 시대적 배경이란 미국을 중심으로 한 구미선진사회의 것을 의미한다.

2. 전통적 처방

행정개혁의 목표상태에 관한 전통적 처방은 관료제 구축을 내용으로 하는 고전적 처방과 이를 수정한 신고전적 행정학의 처방을 포함한다.

(1) 고전적 처방 : 관료화의 처방　　　고전적 행정학과 행정개혁이론은 개혁의 목표상태로 고전적 관료제(古典的 또는 正統的 官僚制)를 처방하였다. 이러한 모형의 적용을 행정체제의 관료화(官僚化)라고 부를 수 있다.

행정개혁의 고전적 목표상태는 정치와 행정의 이원화, 중립적 관료제·실적관료제의 구현을 지향하는 것이다. 목표상태의 기본적인 틀은 고층의(계층의 수가 많은) 집권적인 피라미드형 관료제이다. 그 안에서 하향적 명령계통의 질서정연한 작동을 보장하는 집권적 계서제를 강조하였다. 통합보다는 분화와 기능분립에 역점을 두고 분업확대·전문화·업무처리의 표준화·업무간소화를 처방하였다.

관리과정에 대한 처방은 능률을 가장 중요한 가치기준으로 삼고 과학적 관리를 강조하였다. 책임확보와 탈선방지를 위한 통제를 강조하는 것이었다. 그리고 규칙과 절차를 강조하였다.

이러한 고전적 처방들에 근가정을 제공한 것은 합리적·경제적 인간모형이다.

(2) 관료화 처방의 위상　　고전적 목표상태이론은 구미선진제국과 그에 영향을 받은 나라들의 행정 그리고 행정개혁실천을 오랫동안 지배해 왔다. 고전적 목표상태모형은 오늘날까지도 실천의 세계에서 중요한 역할을 하고 있다. 관료화의 모형은 어떤 의미에서 이론적으로만 '고전적'인 것인지도 모른다. 산업화시대의 관료화모형이 정보화시대에서까지 기세를 꺾지 않는 데 대해 여러 사람이 우려하고 있다.

(3) 고전적 행정학의 영향　　고전적 행정학의 주요 특성과 시대적 배경은 다음과 같다.

① 특　　성　　고전적 행정개혁론의 기반인 고전적 행정학은 수단적 능률을 높이는 방안의 탐색에 주력하였다. 정치와 행정은 그 영역이 서로 다르다는 정치·행정이원론을 지지하고 행정의 정치적 중립을 강조하였다. 인간보다는 제도에 더 많은 관심을 가지고 행정의 공식적 구조와 과정에 대한 연구에 폐쇄적·기계적으로 접근하였다. 행정내부의 관리에 관심을 집중하는 연구편향을 보였으며 행정의 원리와 과학적 관리방법을 발전시키려고 하였다. 연구의 근가정은 합리적·경제적 인간관이었다.

② 시대적 배경　　첫째, 산업혁명과 더불어 민간부문의 공업생산구조가 확대되고 대규모의 근대적 산업조직들이 빠른 속도로 번창하고 있었다. 둘째, 행정국가화가 진행되었다. 셋째, 정치적·경제적 자유주의와 개인주의가 팽배해 있었다. 넷째, 자연과학·기술의 급속한 발전과 응용확산은 세상을 기계시(機械視)하는 풍조를 낳았다. 다섯째, 물질숭상적 가치가 풍미하였다. 여섯째, 행정의 환경은 오늘날에 비해 비교적 안정적이었다. 일곱째, 사회 각 분야에서 획기적인 변화가 일어났음에도 불구하고 그 저변에는 전통적 유산의 영향이 작용하고 있었다.

(4) 신고전적 행정학의 영향　　신고전적 행정학의 영향이 확산되면서 관료화의 처방에 대한 수정이 가해지기 시작하였다. 그러나 신고전적 목표상태이

론의 수정적 논조는 점진적인 것이었다. 신고전적 이론가들은 조직의 구조형성원리에 수정을 가하고 인간관리전략을 바꾸려고 했지만 계서적 관료제의 골격에 대해서는 이의를 제기하지 않았다. 관료화의 원리를 뒤집는 근본적인 방향전환을 도모하지는 않은 것이다.

신고전적 행정학의 주요 특성과 시대적 배경은 다음과 같다.

① **특 성**   신고전적 행정학은 조직구성원의 욕구충족과 복지를 나타내는 사회적 능률(社會的 能率 : social efficiency)을 강조하고 인간적 요인과 비공식적인 관계를 중시하였다. 행정과 환경의 관계에 주의를 기울이기 시작하였으며 정치·행정 일원론을 채택하였다. 행정연구의 경험과학화를 촉구하였으며 근가정으로 사회적 인간모형을 채택하였다. 이러한 연구경향은 행정개혁론에 반영되었다.

② **시대적 배경**   첫째, 산업혁명 이후 상승일로를 달리던 기계중심의 편협한 생산주의에 맹점이 노출되고 기계의 그늘에 가려졌던 인간의 위치가 중요한 문제로 부각되었다. 둘째, 조직에 참여하는 근로자들의 지식·기술수준이 점차 높아져 이른바 인적 전문화가 촉진되면서 그들의 발언권이 커졌다. 노동조합운동도 활발해졌다. 사회개혁운동은 근로자의 권익옹호에 적극적이었다. 셋째, 조직들의 규모가 계속 팽창하고 있었다. 넷째, 기술변화·환경변화의 속도가 빨라졌다. 다섯째, 행정국가화가 가속되고 행정의 정책형성역할이 확대되었다.

3. 탈전통적 처방

고전적 관료제모형의 실천적 폐단이 점차 커지고 새로운 개혁요청이 부각되면서 행정개혁론은 관료화의 추세를 거스르는 처방들을 제안해 왔다. 정통관료제의 병폐를 시정하고 새로운 역할기대에 부응하게 하려는 목표상태 처방에는 완만하고 부분적인 수정을 요구하는 것들도 있고, 정통관료제의 기반을 무너뜨리려는 근본적·급진적인 것들도 있다. 탈전통적 모형을 넓은 뜻으로 파악하는 경우 거기에는 완만하고 부분적인 관료제 수정을 처방하는 신고전적 모형도 포함시킬 수 있다. 그러나 여기서는 탈전통적 모형의 의미를 좁게 해석하고 근본적·급진적인 탈관료화이론, 즉 반관료제적 목표상태이론에 관심을 한정하려 한다.

(1) 반관료주의의 대두   기성질서에 대한 신뢰가 떨어질수록 관료제에 대한 개혁처방은 근본적·급진적인 것으로 되어 왔다. 정통관료제에 대한 수정제안이 점점 더 강화되다가 정통관료제의 근간을 근본적으로 개조해야 한다고 주장하는 반관료제적 목표상태이론의 세력이 커지게 되었다. 반관료제이론의 요체는 자기실현적 인간모형을 바탕으로 반관료제적 구조의 설계와 자율적·협동적 관리과정의 발전을 처방하는 것이다.

(2) 현대행정학의 영향   현대행정학의 주요 특성과 시대적 배경은 다음과 같다.

① 특   성   반관료주의적(反官僚主義的) 개혁이론의 기반을 제공한 현대행정학은 연구활동의 통합화를 꾀하면서도 가치기준과 접근방법의 분화를 촉진하고 있다. 행정체제의 복잡성을 확인하고 체제론·상황론에 입각한 통합적 접근방법의 발전을 지향하면서도 분화된 접근방법에서는 분명한 현대적 편향을 나타내고 있다. 그러한 편향의 특성으로는 제도보다 인간에 초점을 맞추고 고급의 인성(자기실현적 속성)에 착안한 인간주의를 제창한다는 것, 격동성에 대응한 유기적 적응을 강조한다는 것, 국민의 입장에서 볼 때 중요한 행정국면에 대한 관심을 확대하고 행정산출을 중시한다는 것, 규범과학 내지 처방과학으로서의 역할을 중시한다는 것 등이다.

② 시대적 배경   첫째, 사회의 격동성이 아주 높다. 격동하는 사회의 기본적인 특성은 급속한 변동과 복잡성의 증폭이다. 둘째, 현대사회는 개방화·세계화사회이다. 그리고 정보화사회이다. 셋째, 경제규모는 거대해지고 경제구조는 고도화되고 있다. 경제적 풍요화에 이어 탈물질화(脫物質化)의 경향이 대두되고 있다. 넷째, 사회의 다원화와 다양화가 가속되고 있다. 다섯째, 조직사회화가 가속되고 인간주의가 대두되고 있다.[a] 여섯째, 기술변동이 선

---

a) 탈물질화란 물질생활의 풍요를 거쳐 물질적 소비에 대한 인간의 하급욕구가 감퇴되고 지적 창조생활을 통한 질적 풍요화를 추구하게 되는 경향을 지칭한다. 조직사회화란 조직이 많아지고 조직과 인간생활의 관계가 긴밀해져 조직으로 구성된 사회라는 특성이 뚜렷해지는 현상을 지칭한다.

도하는 급속한 사회변동은 여러 가지 혼란과 사회적 부적응을 일으키거나 그 위험을 크게 하고 있다. 일곱째, 고령화사회·고학력사회가 형성되고 여성의 사회진출이 확대된다. 여덟째, 정치적·행정적 참여가 촉진되고 행정수요의 고도화·개별화가 촉진된다. 아홉째, 복지국가화에 대한 요청이 확대된다. 열째, 전통적 제도에 대한 사람들의 신뢰가 크게 떨어지고 있다.

　(3) 탈관료화 처방의 위상　　탈관료화의 목표상태를 처방한 급진적 개혁이론들은 그 수용도나 시장점유율이 별로 높지 않았었다. 탈관료화의 처방들이 실제로 채택되는 데는 많은 시간이 걸렸으며 채택의 폭도 기대나 갈망에 충실히 부응하는 것이 아니었다. 현대인들의 갈망은 급진적 처방 쪽에 가 있으나 오랜 전통과 관성의 굴레를 좀처럼 벗어버리지 못하는 현실 때문에 그런 것인지 모른다.

　그러나 고도산업화의 단계를 넘어 고도정보화단계(4차 산업혁명 단계)로 넘어감에 따라 정통관료제의 근본적 수술을 요구하는 실천세계의 조건과 압력도 증폭되고 있다. 근본적이고 획기적인 개혁의 신속한 실천이 전례에 없이 촉구되는 격동적 개혁시대에 우리는 살고 있다. 20세기 말부터 탈관료화를 지향하는 급진적 접근방법이 실천세계에서도 확산되어 왔다.

II. 인간모형의 변천

1. 인간모형의 의미와 분류

1) 인간모형의 정의

　행정조직의 구조와 관리과정에 관한 목표상태이론은 인간에 대한 가정과 그에 기초한 인간관리전략의 처방을 반영한다. 인간관과 인간관리전략을 내포하는 인간모형(人間模型 : models of man)은 목표상태의 일부를 규정할 뿐 아니라 목표상태의 다른 국면들에 대해 처방하는 이론들의 전제적 이론을 제공한다.

조직 내 인간에 대한 행정과학의 관심은 인간의 태도와 행동을 조직이 원하는 대로 유도하는 방책의 탐색에 모아졌다. 따라서 조직에 들어오는 사람들은 무엇을 원하고, 그들에게 어떤 유인(誘因 : incentive)을 제공하면 조직이 원하는 행동의 동기를 얻게 되는가 하는 문제가 주로 연구되었다. 인간에 관한 행정학 이론의 주축은 욕구이론(欲求理論 : need theory)에 기초를 둔 동기이론(動機理論 : motivation theory)이라고 할 수 있다. 여기서 설명하려는 인간모형과 인간관리전략은 욕구이론과 동기이론에서 도출된 것이다.

2) 인간모형의 분류

현대의 욕구이론은 인간의 복잡성을 직시한다. 비록 인간의 많은 속성 가운데서 욕구에 주의를 한정하더라도 인간은 여전히 복잡한 존재라고 한다. 이것이 인간이해에 관한 현대행정과학의 기본적인 입장이다.

인간 각자는 스스로 복잡하고 적어도 그 가능성에 있어서 모든 인간은 서로 다를 수 있고 그들이 처한 상황 또한 무수히 다를 수 있다고 보는 것이 복잡한 인간모형(complex man model)의 관점이다. 목표상태이론 변천을 설명하는 데 준거를 제공하려면 복잡한 인간속성을 범주화하여 보다 단순한 인간모형들을 만들어야 한다.

여기서는 복잡한 인간모형을 기반으로 하여 인간모형의 범주를 i) 합리적·경제적 인간(고전적 모형), ii) 사회적 인간(신고전적 모형), iii) 자기실현적 인간(현대적 모형 ; 탈전통적 모형) 등 세 가지로 구분하려 한다.[1] 고전적 인간모형과 신고전적 인간모형은 전통적 인간모형에 해당한다. 자기실현적 인간모형은 탈전통적 인간모형이라 할 수 있다.

이러한 인간모형의 변천과 구조개혁 및 관리개혁에 관한 이론의 변천은 그 궤를 같이한다. 고전적 관료제는 합리적·경제적 인간모형을 근가정으로 삼고 있으며, 비공식적 요인, 인간의 사회적 측면 등을 강조하는 사회적 인간모형은 관료제에 약간의 수정을 가하려는 이론들에 근가정을 제공한다. 반관료제모형들은 대개 자기실현적 인간모형을 근가정으로 삼고 있다.

이 세 가지 인간모형의 인간에 대한 가정과 거기서 도출되는 인간관리전략(동기유발전략)의 처방을 다음에 살펴보기로 한다.

그림 3-1 인간모형의 분류

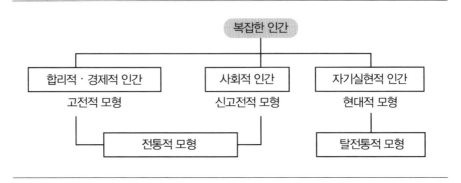

2. 전통적 인간모형

전통적 인간모형(traditional model of man)에는 고전적 모형(classical model)과 신고전적 모형(neoclassical model)이 포함된다.

1) 합리적 · 경제적 인간 : 고전적 모형

고전적 행정과학의 기초가 되었던 합리적 · 경제적 인간모형(合理的 · 經濟的 人間模型 : rational-economic man model)은 인간의 타산성과 합리성, 인간의 경제성(쾌락추구를 위한 경제적 욕구), 경제적 유인, 인간의 피동성과 동기유발의 외재성, 인간욕구의 획일성 등을 강조한다.

(1) 가 정   합리적 · 경제적 인간모형의 핵심적 가정은 인간은 경제적 욕구를 지닌 타산적(합리적) 존재이며 경제적 유인을 제공하면 동기가 유발된다고 보는 것이다. 그리고 조직이 요구하는 일에 대해 인간은 피동적이며 따라서 외재적으로 동기가 유발되지 않으면 조직에 기여하는 행동을 하지 못한다는 것, 인간은 본질적으로 게으르고 조직이 요구하는 일을 고통스럽게 생각하기 때문에 면밀한 통제를 받아야 한다는 것, 조직 내의 인간은 원자적인 개인으로서 행동한다는 것, 인간은 외적 조건설정으로 길들일 수 있다는 것 등을 가정한다.

(2) 동기유발 전략   합리적 · 경제적 인간모형은 조직의 목표와 개인의 목

표가 본래적으로 상충된다고 보기 때문에 교환형 동기유발전략(交換型 動機誘發戰略)을 처방한다. 이것은 고통과 이익을 교환하는 장치를 만들어 사람을 다스려 나가는 전략이다.

교환거래의 약속 이행을 담보하기 위해서는 감시·통제와 길들이기의 방법을 동원해야 한다고 하는 불신관리의 전략도 처방한다.

인간은 일에 관한 한 본래적으로 게으르고 피동적이라고 보기 때문에 강압적 통제전략을 처방한다. 이 전략은 관리자 또는 감독자가 부하들이 수행할 업무를 세밀하게 결정해 주고 업무가 적절히 수행되도록 엄격히 감독·통제할

표 3-1 합리적 · 경제적 인간모형

[가 정]
  개인적 차원
    1. 합리적 · 타산적 측면의 강조
    2. 경제적 욕구(쾌락추구)
    3. 경제적 유인(쾌락추구의 수단)
  조직과의 관계
    1. 개인목표와 조직목표의 본래적 상충성
    2. 피동적 존재
    3. 외재적 동기부여의 필요성
[동기유발전략]
    1. 원자적 개인에 대한 관리
    2. 교환형 관리체제
    3. 외적 통제의 강조(강압과 길들이기)
    4. 관리자에게 집중되는 관리책임
    5. 불신관리
    6. 지위중심주의 · 집권주의
    7. 인간보다는 제도의 중시
    8. 관건은 정돈된 질서와 계약의 존중
[조직구조의 양태]
    1. 고층의 집권적 피라미드형 구조
    2. 계서제의 강조
    3. 행정농도(관리농도)의 심화
    4. 협소한 권력기반

것을 요구한다.

행동수정(조작적 조건화를 통한 학습)의 보완적 역할 또한 중요시한다. 감시와 통제만으로 약속위반자를 모두 다스릴 수는 없기 때문에 유인에 대한 반응을 길들이는 전략이 필요한 것이다.

합리적·경제적 인간관과 그에 따른 동기유발전략은 관리의 책임을 관리자와 감독자에게만 부담시키며 고도로 집권화된 고층의 조직구조를 만들게 한다.

합리적·경제적 인간모형은 자유방임적 사상이 풍미하던 시대의 산물이며 얼핏 보면 자유계약의 원리를 받아들이기 때문에 인간의 자유를 최대화하는 모형같이 생각된다. 그러나 자세히 보면 부자유의 모형이며 불신의 모형임을 알 수 있다. 조직은 어떤 자원에 기초하여 자율적이 아닌 인간을 '다스려야 한다'고 처방하기 때문이다.

2) 사회적 인간 : 신고전적 모형

사회적 인간모형(社會的 人間模型 : social man model)은 인간의 감성적·사회적 측면을 중시하는 신고전기 행정학의 연구에서 비롯된 것으로서 인간관계론적 인간모형이라고 부를 수도 있다.

사회적 인간모형은 인간의 감성적 측면, 인간의 사회성 내지 집단성, 사회적 욕구와 사회적 유인(誘因), 직무수행에 대한 인간의 피동성, 동기유발의 외재성, 인간욕구의 획일성 등을 중요시하고 강조한다.

(1) 가 정   사회적 인간모형에서는 인간의 경제성보다 인간의 사회성 내지 집단성을 강조한다. 인간은 애정, 우정, 집단에서의 귀속감, 다른 사람들로부터의 인정과 존경 등을 원하는 이른바 사회적 욕구(social needs)를 지닌 존재로서 이러한 욕구를 충족시켜주는 유인이 제공될 때 비로소 동기가 유발된다고 한다.

인간의 사회적 욕구를 중요시하기 때문에 인간을 원자적인 개체가 아니라 집단의 구성원으로 파악한다. 인간의 속성 가운데 하나로 집단성을 들고 이를 매우 중요시한다.

인간의 합리성·경제성보다는 인간의 사회성 내지 집단성을 중요시하고

표 3-2 사회적 인간모형

[가 정]
 개인적 차원
  1. 감성적·사회적 측면의 강조
  2. 사회적 욕구
  3. 사회적 유인
 조직과의 관계
  1. 개인목표와 조직목표의 본래적 상충성
  2. 피동적 존재
  3. 외재적 동기부여의 필요성
[동기유발전략]
  1. 집단 내의 개인에 대한 관리
  2. 교환형 관리체제
  3. 부드러운 사회적 통제
  4. 관리자에게 집중되는 관리책임
  5. 다소간의 분권화·일선리더십의 중시
  6. 인간에 대한 관심의 제고
  7. 관건은 비공식적·인간관계론적 교호작용
[조직구조의 양태]
  1. 피라미드형 계서제의 유지
  2. 비공식집단과 리더십의 부각

사회적 욕구에 초점을 두고 있다는 점에서 사회적 인간모형은 고전기의 인간
관과 정면으로 대조되는 일면을 가지고 있다.

그러나 여러 가지 면에서 합리적·경제적 인간모형과 사회적 인간모형은
공통점을 가지고 있다. 두 가지 모형이 다 같이 인간의 피동성, 동기부여의
외재성, 욕구체계의 획일성 등을 원칙적으로 전제하고 있다. 그리고 조직의
요청과는 상반되는 개인의 욕구를 충족시켜 주는 교환조건으로 조직을 위한
개인의 희생을 받아낼 수 있다고 믿는 점이라든지 욕구의 충족이 바로 직무
수행의 동기가 된다고 보는 점 또한 두 가지 모형이 함께 지니는 특성이라 할
수 있다. 인간을 완전한 자유인으로 다루지 않는 점에서도 양자는 같다.

⑵ **동기유발전략**   사회적 인간관에 입각한 동기유발전략도 역시 교환적
인 것이다. 즉 개인의 사회적 욕구를 충족시켜 주는 한도 내에서 개인은 조직

의 직무수행요구에 응한다는 전제하에 사회적 유인과 직무수행을 교환하도록 처방한다.

이러한 교환관계를 보장하려는 전략은 집단구성원 간의 교호작용, 개인의 감성적 요청, 참여, 동료의 사회적 통제 등에 역점을 두어 사람을 어루만지고 달래도록 요구한다. 그런 까닭으로 사회적 인간모형에 입각한 신고전적 동기유발전략을 '부드러운 접근방법'(soft approach)이라고도 부른다. 부드러운 접근방법에 대조되는 것은 합리적·경제적 인간모형에 입각한 고전적 동기유발전략을 지칭하는 '강경한 접근방법'(hard approach)이다.

동기부여를 위한 부드러운 접근방법은 조직 내에 어느 정도의 분권화를 진행시키고 비공식집단과 리더십의 중요성을 부각시킨다.

3. 자기실현적 인간 : 탈전통적 모형

자기실현적 인간모형(自己實現的 人間模型 : self-actualizing man model)은 성장이론(成長理論 : growth theory)의 인간모형이다. 성장이론은 고전적 및 신고전적 인간모형들보다 발전된 인간본질규명을 시도하고 있다. 성장이론은 단일욕구가 아닌 여러 가지 욕구의 체계가 있음을 확인한다. 그러면서도 인간의 성장욕구와 자기실현욕구를 가장 중요시하고 그것을 대상으로 하는 동기유발전략을 처방한다.

자기실현적 인간모형을 특징짓는 개념들은 고급의 인간속성, 복수욕구의 존재, 자기실현적 욕구와 직무유인(職務誘因), 직무수행에 대한 인간의 능동성, 내재적 동기유발 등이다.

(1) 가   정   성장이론은 하급의 동물적 욕구보다는 고급의 인간적 욕구에 주의를 환기시키면서 고급욕구의 충족을 도모하는 유인기제(誘因機制)가 바람직한 것이라는 점을 시사한다.

여기서 고급욕구란 자기실현, 책임 있는 일을 통한 성장, 독자성, 자아만족 등에 관한 욕구를 말한다. 이 중에서도 자기실현의 욕구를 가장 중요한 것으로 다루고 있다. 자기실현의 욕구에 역점이 놓이게 됨에 따라 동기부여의 내재성(intrinsic motivation) 또한 강조된다.

표 3-3 자기실현적 인간모형

[가 정]
　　개인적 차원
　　　1. 고급의 인간속성 강조
　　　2. 자기실현욕구
　　　3. 유인은 일의 보람과 성취 그리고 성숙의 기회
　　조직과의 관계
　　　1. 개인목표와 조직목표의 통합가능성
　　　2. 능동적 존재
　　　3. 내재적 동기유발
[동기유발전략]
　　1. 자유인에 대한 관리
　　2. 통합형 관리체계
　　3. 보람 있는 일과 능동성발휘의 기회 제공
　　4. 권한위임의 확대
　　5. 관리자의 촉매작용적·이차적(간접적) 역할 강조
　　6. 참여관리 – 도덕적 몰입을 통한 참여의 강조
　　7. 신뢰관리·협동관리
　　8. 제도보다는 인간의 중시
　　9. 관건은 인간화의 성패
[조직구조의 양태]
　　1. 고도의 유기적 구조
　　2. 저층구조화
　　3. 집단적 문제해결을 위한 임무중심의 구조설계
　　4. 광범한 권력기반

　　성장이론은 자기실현의 욕구를 포함한 이른바 고급의 욕구를 중요시하고 동기부여의 내재성과 일에 대한 인간의 능동성을 확인한 점에서 고전적 및 신고전적 인간관과 현저히 구별된다.

　　(2) 동기유발전략　　자기실현적 인간모형은 인간을 보다 온전한 자유인으로 보고 인간을 직접적인 조종과 '다스림'에서 벗어나게 하여 자율적인 업무성취와 보람 있는 직업생활을 보장하려고 한다.

　　조직의 목표와 개인의 목표가 융화·통합될 수 있는 가능성이 높다는 인식하에 통합형(統合型)의 인간관리를 처방한다. 조직의 목표와 개인의 목표(욕구)를 융화·통합시키려는 통합형 관리는 사람들의 자율규제를 믿는 신뢰관리이다. 통합형 관리는 사람들이 일을 통해 성취하고 성숙할 수 있는 여건을 조성하는 전략이다. 이러한 전략은 권한보다는 임무중심의 조직설계, 관리단위의 하향조정을 통한 저층구조화, 나아가서는 잠정구조화를 촉진한다.

III. 구조와 관리의 원리 변천

1. 전통적 원리의 개요

행정조직을 포함한 조직의 구조형성과 관리전략설정에 관한 전통적 원리의 개요를 먼저 설명하려 한다.b) 이어서 전통적 원리에 입각한 관료제모형, 과학적 관리론, 그리고 인간관계론을 소개하려 한다.

1) 전통적 원리의 요점

구조·관리에 관한 전통적 원리들을 보면 다음과 같다.

① **계서제의 원리**   각 직위의 권한과 책임을 분명하게 규정하고 최고관리자를 정점으로 하는 권한의 계층을 규정함으로써 피라미드형의 계서제적 구조를 만들어야 한다. 계서제 내에서 명령은 통일되어야 하며, 명령은 공식적인 명령계통을 거쳐 하달되어야 한다. 통솔의 범위는 좁아야 한다.

② **분업의 원리**   조직구성원이 담당할 업무는 가능한 한 세구분해야 한다. 분화된 업무를 묶어 조직단위를 형성할 때는 동질성의 원리를 준수해야 한다. 계선조직(系線組織 : line)과 참모조직(參謀組織 : staff)을 구별하고 참모조직은 계선조직의 명령계통으로부터 분리해야 한다.

③ **집권화의 원리**   권한계층의 구성은 집권화의 원리를 따라야 한다.

....

b) 조직의 구조란 조직 내의 정형화된 교호작용을 말한다. 조직상의 관리는 관리자들이 조직구성원들과 더불어 그리고 조직구성원들을 통해서 조직의 목표를 성취해 가는 과정을 뜻한다.

권한은 계서제의 최상층에 집중되게 하고 그것이 권한계층을 따라 차례로 위임되게 해야 한다.

④ **교환적 관리의 원리** 유인-기여(inducement - contribution)의 교환관계를 기초로 관리체제를 구축해야 한다. 교환적 질서를 유지하기 위해서는 외재적 통제를 강화해야 한다. 외재적 통제의 방법에는 강경한 것도 있고 부드러운 것도 있다.

⑤ **관리책임 집중의 원리** 관리의 책임과 권한은 관리자들에게 집중시켜야 한다. 관리자들은 상명하복의 체제 속에서 부하들을 지휘·통솔해야 하며 부하들은 상관의 명령에 복종해야 한다.

2) 전통적 모형의 특성

구조·관리의 전통적 원리에 입각한 조직모형의 특성 내지 지향성을 요약하면 다음과 같다.

① **교환관계의 중시** 전통적 모형은 교환적 동기유발전략을 지지한다. 조직과 그 구성원이 이익과 손실을 교환하는 계약관계하에서 공존한다고 보는 모형이다. 직무수행은 조직구성원의 고통이며 손실이기 때문에 그에 상응하는 이익을 제공해야 일을 시킬 수 있다고 보는 것이다. 직무수행에 대한 인간의 피동성을 전제하고 사람들을 이끌어가는 가부장적 모형이며 사람들을 '다스리는' 모형이다.

② **통제지향성** 전통적 모형은 객관적 책임에 대한 외재적 통제를 강조한다. 교환적 계약관계의 준수를 보장하기 위해서는 조직구성원들을 면밀히 감시하고 통제해야 한다고 믿는다. 통제의 성격은 기능분립주의에 결합된 집권적 통제이다. 통제의 목적으로 피라미드형 구조를 만들고 많은 규칙과 절차를 만든다. 통제의 기초는 공리적·강압적이거나 인간관계론적인 것이다.

③ **폐쇄적 시야** 폐쇄체제적인 관점에 입각하여 조직내부요인들의 능률적인 조정·통제에 역점을 둔다. 내부요인들이란 고급관리자들이 관심을 가져야 할 내부운용문제이다. 전통적 관리는 윗사람들이 아래를 내려다보고 하는 하향적 관리이다. 환경에 대한 조직의 경계관념은 강하다.

④ **공급자중심적 성향** 전통적 모형은 공급자인 조직의 입장에서 재

화·용역의 산출에 관한 결정을 하는 모형이다. 관리과정에 대한 소비자의 참여는 배제된다. 소비자가 소비할 재화·용역의 생산에 대한 결정은 공급자인 조직의 관리자 또는 전문가가 한다.

⑤ **투입지향성**   관리과정에서 주축을 이루는 평가의 기준은 산출이나 그 효과가 아니라 투입이다. 일을 얼마나 잘 했느냐보다 얼마나 많은 예산을 쓰고 있으며 대상으로 삼는 고객은 몇 명인가, 일하는 사람의 지위와 보수는 어떠한가 등이 관심의 초점으로 된다.

⑥ **보수성과 경직성**   구조는 경직되고 관리의 성향은 현상유지적이거나 점증적인 것이다. 변화보다는 안정을 추구한다.

위와 같은 특성들을 다소간에 공유하는 전통적 조직관리이론의 처방 가운데서 관료제이론, 과학적 관리론이나 관리과정론과 같은 고전이론의 처방은 원자적 개인에 초점을 맞추고 상향적 참여에 대해서는 냉담한 입장을 취한다. 그러나 신고전적 이론인 인간관계론의 처방은 집단에 초점을 맞추고 상향적 참여를 어느 정도 허용한다. 인간관계론은 참여관리로 향한 길을 개척하기 시작했다고 평가되고 있다.

2. 전통적 목표상태이론의 예시

조직의 구조와 관리에 관한 전통적 원리를 수용하는 목표상태이론은 많다. 그 가운데서 대표적인 예라 할 수 있는 관료제이론과 과학적 관리론, 그리고 인간관계론을 설명하려 한다.

1) 고전적 관료제모형 : Weber의 관료제이념형

고전적인 관료제모형(官僚制模型 : bureaucracy model)은 오랫동안 행정개혁에 목표상태를 제시해 주는 역할을 해 왔다. 고전적 관료제모형이 설명하는 조직의 양태는 고층의 집권적인 피라미드형 구조를 지닌 것이다.

관료제(官僚制 : bureaucracy)라는 말은 여러 학문분야에서 널리 쓰이고 있는 개념이며, 비전문가인 보통 사람들의 입에도 자주 오르내리는 낱말이다. 관료제라는 말이 널리 쓰이는 만큼 그 의미도 다양하게 이해되고 있다. 조직구조로서의 관료제, 즉 특정한 형태의 조직을 관료제라 하는 경우, 조직의 병폐로서의 관료제, 즉 특정한 조직형태에 수반되는 병폐를 지적하기 위해 관료제라는 말을 쓰는 경우, 현대정부의 성격으로서의 관료제, 즉 현대국가의 거대한 정부를 지칭하는 경우, 그리고 고발대상으로서의 현대정부, 즉 국민의 자유와 권리를 침해하는 해독으로 관료제를 이해하는 경우 등이 있다.[2] 여기서는 첫 번째 의미로 관료제라는 말을 쓰는 것이다.[c] 일정한 특성을 지닌 조직을 관료제로 규정할 것이다. 그에 대한 옹호와 비판의 논의는 그 다음에 할 일이다.

고전적 관료제모형의 원형으로 받아들여지고 있는 것은 Max Weber의 관료제에 관한 이념형(理念型 : Ideal Typus)이다. 그는 조직이 바탕으로 삼는 권한의 유형을 세 가지로 나누었다. 세 가지 권한이란 전통적 권한(traditional authority), 위광적(카리스마틱) 권한(威光的 權限 : charismatic authority), 그리고 법적·합리적 권한(legal-rational authority)이다. 전통적 권한은 전통에 바탕을 둔 권한이며, 위광적 권한은 개인적 특성에 바탕을 둔 권한이다. 법적·합리적 권한은 법적으로 정당성이 부여된 권한이다. 그는 법적·합리적 권한에 기초를 두는 것이 근대적 관료제라고 규정하면서 법적·합리적 관료제의 특성을 설명하였다.

고전적 관료제모형에 관한 Weber의 설명을 요약하고 그에 대한 비판적 논점들을 설명하려 한다.

(1) 관료제의 특성　　Weber는 법적·합리적 권한에 기초를 둔 관료제의 특성을 다음과 같이 설명하였다.[3]

① 권한과 관할범위의 규정　　모든 직위(office)의 권한과 관할범위는 공식적 규범(법규)으로 규정(고정 : fixed)한다. 권한은 사람이 아니라 직위에 부여되는 것이다. 사람은 직위를 점함으로써 권한을 행사할 수 있게 된다. 관료제구조의 목표추구에 필요한 활동은 미리 정한 방법에 따라 분배된다. 분배된 활동이 공식적 임무이다. 각 직위의 임무와 그것을 지속적으로 수행하는 방법 및 그에 필요한 권한의 행사는 공식적 규범으로 정한다.

··

c) 행정학에서는 일정한 구조적 특성을 지닌 대규모조직을 관료제라 규정하는 방법 이외에도 행태적 특성에 착안하여 관료제를 규정하는 방법, 목표성취의 능률성에 관련하여 관료제를 규정하는 방법 등이 쓰인다. Ferrel Heady, *Public Administration : A Comparative Perspective*, 4th ed.(Marcel Dekker, 1991), pp. 68~73.

② **계서제적 구조**　　　권한의 계층이 뚜렷하게 구획되는 계서제(hierarchy) 속에 모든 직위들이 배치된다. 계서제는 상명하복의 질서정연한 체제이다. 계서제 속에서 상위직은 하위직을 감독한다. 어떤 관료가 다른 관료를 지휘·감독하는 권한을 갖는 것은 계서제상의 지위에 근거를 둔 것이다. 하급자는 상급자의 엄격한 감독과 통제하에 임무를 수행한다.

③ **문서화의 원리**　　　모든 직위의 권한과 임무는 문서화된 규범으로 규정한다. 임무수행(직위 또는 사무실의 관리)은 문서로 한다. 따라서 관료제는 문서 작성과 보관을 담당하는 필경사 등 보조관료를 필요로 한다. 그리고 문서철은 사무실(bureau)의 한 구성요소가 된다.

④ **임무수행의 비개인화**　　　관료들은 지배자의 개인적 종복으로서가 아니라 공식적 규범으로 정한 직위의 담당자로서 직위의 목표와 법규에 충성을 바쳐야 한다. 관료들은 임무수행에 관한 규범의 적용에서 개인적 이익이나 구체적인 경우의 특별한 사정 또는 상대방의 지위 등에 구애받는 일이 없이 공평무사한 비개인성(非個人性 : impersonality)을 유지하도록 요구된다.

⑤ **관료의 전문화와 전임화**　　　임무수행에 필요한 전문적 훈련을 받은 사람들이 관료로 채용된다. 채용의 기준은 전문적 지식이다. 관료들은 원칙적으로 상관이 임용한다. 관료의 직업은 전임직업(專任職業 : full-time job)이다. 관료제의 재산은 개인재산과 구별되며, 사무실은 개인적 주거와 구별된다. 관료들은 계급과 근무연한에 따라 정해지는 보수와 연금을 받는다. 관료들에게는 상위직으로 승진할 수 있는 기회가 제공되는 것이 원칙이다.

⑥ **관료제의 항구화 성향**　　　관료제는 비교적 안정적이며 고정적인 질서를 형성한다. 그리고 관료제가 성숙되면 항구화를 노리는 여러 가지 작용을 한다. 권력관계의 사회화를 통해 권력의 망을 형성하며 사회의 적절한 기능수행에 필요한 서비스를 제공함으로써 관료제는 스스로를 항구화한다. 일반대중은 관료제가 제공하는 서비스에 의존하게 되며 그러한 서비스가 중단되면 혼란을 겪게 된다. 관료제의 전문적 능력이나 비개인적 특성도 관료제의 항구화를 돕는 요인이다. 관료제에 대한 외부세력의 의존도를 높이기 위해 관료제는 독자적으로 얻은 정보를 공개하지 않으려 한다.

관료 개개인은 끊임없이 움직이는 거대한 기계의 부속품처럼 묶여 있으며 공식적인 규율에 대한 복종이 습관화되어 있기 때문에 그들에게는 관료제를 와해시킬 수 있는 능력이 없다.

(2) Weber의 이론적 공헌과 문제   Weber의 관료제 이념형은 하나의 기술적·설명적 이론(descriptive-explanatory theory)으로서 공식적 조직을 연구하는 학문의 발전에 많은 기여를 하였다. 후대의 관료제 연구인들은 그의 이론을 여러 가지로 비판해 왔지만 그들의 비판적 활동은 Weber의 관료제이론을 출발점 내지 원형으로 삼아 그것을 수정 또는 보완해 온 것이다. 관료제의 타도를 주장하는 오늘날의 급진적 이론들도 전통적 관료제모형의 실천적 병폐를 지적하는 데서부터 논의를 시작한다.

그러나 Weber의 관료제 이념형은 이론차원에서 오래 비판을 받아 왔다. 비판의 요점은 i) 조직의 공식적 요인에만 관심을 가졌다는 것, ii) 열거한 관료제의 속성들 사이에 일관성이 결여되어 있다는 것, 그리고 iii) 관료제의 속성에 대한 정의와 주장을 뒤섞고 있다는 것이다. 이 밖에도 여러 비판들이 있다. 조직이론의 발전과정에 등장해 온 많은 접근방법들이 고전적 조직설계원리를 공격한 논점들은 Weber의 이념형을 비판하는 데도 적용될 수 있다.

(3) 관료제의 실천적 효용   고전적 관료제모형에 따른 조직을 실천세계에서 구성하고 운영할 때 기대할 수 있는 효용은 적지 않다. 관료제는 산업화시대의 상황에 비추어 보았을 때 전근대적 조직들에 비하면 우월한 제도라고 하지 않을 수 없다.

Weber는 관료제가 다른 형태의 조직들에 비해 기술적으로 우월하다고 주장하였다. 그 요점은 다음과 같다.

엄격한 관료제에서 정확성, 신속성, 비모호성, 재량성, 통일성, 엄격한 복종, 마찰의 감소, 물적·인적 비용의 절감 등이 최적화될 수 있다. 보수를 받고 일하는 전문적 관료들의 임무수행은 명예직으로 일하는 사람들의 경우보다 신속·정확하다. 관료제 내에서 전문화의 촉진은 업무능률을 향상시키고 직위의 계서제적 배열은 조정을 용이하게 한다. 관료제와 개인소유의 분리, 비개인적이고 객관적인 임무수행 등은 합리성과 기술적 완벽성을 달성할 수 있게 한다.

관료제의 특성이 환경적 조건과 필요에 부응하던 시대에는 정통관료제의 수용도가 매우 높았다. 자본주의정신(spirit of capitalism)이 팽배해 있었고 물질생산의 기계적 능률이 무엇보다 강조되었으며 적자생존의 원리에 따른 경쟁주의가 윤리적으로 용납될 수 있었던 산업화단계의 사회에서 관료제는 사회의 발전에 많은 기여를 했다고 생각한다.

　　오늘날의 여러 사회에서 볼 수 있는 대규모 조직들도 Weber가 지적한 관료제의 기본적 특성들을 많이 가지고 있다. 관료제의 생명력은 강인하다. 아직도 그 시장점유율은 높다. 오늘날 목표상태이론의 주류는 반관료제적이지만 "관료제만한 대안이 없다"고 하는 관료제옹호론도 만만치 않다.

　　(4) **관료제의 실천적 병폐**　　실천세계에서 작동하는 정통관료제의 여러 가지 병폐들이 지적되어 왔다. 조직사회에 대한 시대적 요청의 변화에 따라 관료제의 병폐는 더욱 심각한 문제로 인식되었다. 개인적 자유와 자발성, 분권화, 인간의 자기실현과 창의성 발휘, 급변하는 환경에 대한 적응과 조직의 융통성 등이 중요한 가치로 등장하면서부터 고전적인 처방에 입각한 관료제는 한층 더 많은 비판의 대상이 되어 왔다.

　　관료제의 실천적 병폐라 하여 많은 사람들이 지적해 온 것들을 종합해 보면 다음과 같다.[4]

　　① **인간적 발전의 저해**　　집권적이고 권위주의적인 통제와 규칙우선주의 그리고 경직된 역할관계는 불신과 불안감을 조성하고 조직구성원의 사회적 욕구충족을 저해하며 그들의 성장과 성숙을 방해한다. 인간의 미성숙성과 피동성을 고착화한다. 결과적으로 관료제 내의 인적자원이 효율적으로 활용되지 못한다.

　　② **목표대치**　　기술적으로 필요한 정도를 넘어서 규칙의 엄격한 적용과 준수가 강요되기 때문에 규칙준수에 대한 과잉동조(過剩同調 : overconformity)라는 현상과 수단이 목표를 대치하는 현상이 빚어진다. 수단에 의한 목표의 대치는 관료들이 목표보다는 그 수단인 규칙이나 절차를 더 중요시하게 되는 현상이다. 엄격한 규칙적용과 통제의 강조는 목표대치를 조장하고 양적 복종(量的 服從 : quantitative compliance)만을 중요시하는 행태를 조장한다. 외형적으로 관찰이 가능하고 또 측정이 가능한 활동결과가 주로 평가의 대상으로 되기 때문에 관료들은 조직의 궁극적인 성공을 생각하지 않고 양적인 실적을

올리는 데만 몰두하게 된다는 것이다.

③ **훈련된 무능**   한 가지의 지식 또는 기술에 관하여 훈련받고 또 기존
규칙을 준수하도록 길들여진 사람은 다른 대안을 생각하지 못한다. 훈련받은
대로 하는 행동이 과거에는 성공적이었더라도 변동된 조건하에서는 그것이 맞
지 않을 수 있는데 관료들은 그 행동을 바꾸지 못한다. 한 사람의 능력이 어떤
경우에 무능 또는 맹점으로 되는 현상을 '훈련된 무능'(trained incapacity)이라
고 부른다.[d]

④ **번문욕례와 변동에 대한 저항**   구조의 경직성, 규칙과 절차적용의 강
조 그리고 문서주의는 불필요하거나 번거로운 문서 처리가 늘어나는 번문욕
례(繁文縟禮 : red tape)를 악화시킨다. 규제와 통제의 강조는 번문욕례를 누증
시켜 조직의 효율성을 떨어뜨리면서 통제도 제대로 하지 못하는 결과를 초래
한다. 그리고 쇄신과 발전에 대한 저항이 지나치고 고객과 환경의 요청에 적
절히 대응하지 못하는 관료적 행태를 조장하게 된다. 이것은 구조적 경직성과
상승작용한다.

⑤ **권력구조의 이원화와 갈등**   계서적 권한과 지시할 능력 사이에는 괴
리가 있다. 그리고 계서적 권한은 전문적 권력과 조화를 이루지 못할 수 있
다. 상관의 계서적 권한과 부하의 전문적 권력은 이원화되어 갈등을 빚는다.
전문적으로 훈련된 부하들이 자기들의 전문적 견해와 다른 상관의 계서적 명
령에 불만을 품고 저항하게 된다. 상관은 전문지식의 결여 때문에 방어적인
태도를 보이지만 계서적 권한을 포기하려 하지 않는다. 권력구조의 이원화는
조직구성원들의 불만을 크게 하며 조직의 효율성을 떨어뜨린다.

⑥ **권위주의적 행태의 조장**   권한과 능력의 괴리, 상위직으로 갈수록 모
호해지는 업적평가기준, 조직의 공식적 규범을 엄격하게 준수해야 한다는 압

---

d) 훈련된 무능이라는 개념은 Thornstein Veblen이 사용하기 시작한 것으로 알려져 있다.
 Burke는 이에 관하여 닭을 부르는 종소리의 예를 든 바 있다. 종소리를 모이 주는 신호로
 알아듣도록 닭들을 훈련시키는 것은 쉬운 일이다. 그런데 닭을 잡아먹으려고 부를 때도
 종소리를 쓸 수 있다. 종소리에 따라 모이도록 훈련된 닭들은 잡아 죽이려는 목적으로 치
 는 종소리에도 먹이를 주려 할 때와 똑같이 반응한다. Kenneth Burke, *Permanence and
 Change*(New Republic, 1935), p. 50 ff.

박감 등은 관료들을 불안하게 하며, 그러한 불안감은 한층 더 권위주의적인 행태를 유발한다. 규칙과 절차를 더욱 엄격하게 적용하고 통제를 강화함으로써 자기의 안전에 대한 위협을 배제하고 자기의 지위를 향상시키려 한다.

관료들은 공식적 권한을 자기들의 개인적 권력과 이익을 신장하고 옹호하는 데 쓰려 한다. 따라서 권력투쟁이 일어난다. 능력이 모자라고 지위가 불안한 관료들은 부하들과의 관계에서 비개인성 또는 불편부당성을 과장하여 냉담하게 행동하며 비공식적인 접촉을 피하려 한다.

⑦ **무리한 세력팽창**(제국건설)　　관료제는 자기보존과 세력확장을 도모하려 하기 때문에 그 업무량과는 상관없이 기구와 인력을 증대시켜 가는 경향을 보인다. 그리고 관료제는 권한행사의 영역을 계속적으로 확장하여 '제국'(帝國 : empire)을 건설하려 한다.e) 팽창된 권력을 가지고 시키는 일을 거부하거나 시키지 않는 일을 하는 일탈적 행동을 보이기도 한다.

⑧ **관료를 무능하게 만드는 승진제도**　　관료제의 규모가 커지면 승진의 기회가 확대되고 무능한 사람들이 높은 자리를 차지하게 된다. 따라서 조직의 능률이 저하된다. 사람들이 일을 감당할 수 없는 직위에까지 승진이 되풀이되기 때문에 결국은 모든 직위가 무능자로 채워지는 경향이 있다.f)

2) 과학적 관리론

과학적 관리론(科學的 管理論 : scientific management school)을 출범시킨 중요 계기를 만든 것은 1900년을 전후한 시기에 Frederick W. Taylor가 주도한 관리개혁운동과 그의 저술들이었다. 과학적 관리운동을 이끈 Taylor의 공로가 대단히 컸기 때문에 과학적 관리의 접근방법을 '테일러주의'(Taylorism)라고도

---

e) 관료제의 이러한 속성을 설명한 이론을 흔히 Parkinson's Law라 부른다. 일찍이 Parkinson이 관료제의 팽창성향을 지적하였기 때문이다. Parkinson 자신은 그의 이른바 법칙을 The Law of Rising Pyramid라 불렀다. C. Northcote Parkinson, *Parkinsons Law and Other Studies in Administration*(Houghton Mifflin Company, 1957).

f) 이와 같은 이치를 Peter Principle 이라고 부르기도 한다. Lawrence J. Peter가 이를 설명하는 이론을 정립하였기 때문이다. Lawrence J. Peter and Raymond Hull, *The Peter Principle* (Bantam Books, 1969), p. 8.

부른다.g)

테일러주의는 기독교적 윤리(Protestant ethics), 경제적 합리주의, 그리고 공학적 사고(工學的 思考)의 영향을 많이 받은 것이었다. 과학적 관리학파는 힘든 일을 열심히 하는 행동의 미덕, 경제적 합리성, 개인주의적 가치 등을 존중하는 바탕 위에서 연구를 진행하였다.5)

(1) 전 제   과학적 관리론의 주요가정은 다음과 같다.

① 유일최선의 방법 발견 가능성   과학적 분석을 통해 유일최선(唯一最善)의 작업방법(one best way)을 발견할 수 있다.

② 생산성 향상과 공동이익 증진   과학적인 방법으로 조직의 생산성을 향상시키면 노동자와 사용자를 다 같이 이롭게 하고 나아가서 공익을 증진시킬 수 있다.

③ 경제적 · 타산적 인간   조직 내의 인간은 경제적 유인에 따라 동기가 유발되는 타산적 존재이다.

④ 명확한 목표 · 반복적 업무   조직의 목표는 명확하게 알려져 있고 업무는 반복적이다.

(2) 원 리   과학적 관리론은 관리층의 역할이 과학화되어야 한다고 처방한다. 관리작용은 과학적 조사와 법칙화의 대상으로 되어야 한다고 주장한다. 관리자들은 생산활동을 계획 · 조직 · 통제하는 역할을 수행하면서 경험적 연구를 통해 발전된 법칙과 규칙을 준수해야 한다는 것이다.

Taylor는 과학적 관리에서 관리자들이 새로이 맡아야 할 임무에 관련하여 관리의 원리를 다음과 같이 규정한 바 있다.

① 업무기준의 과학적 설정   업무기준을 과학적으로 설정하여야 한다. 개별적인 업무는 과학적 분석을 통해 설계해야 하며 업무수행에 관한 유일최

g) 1856에 출생한 Taylor는 18세에 강철회사의 공원으로 취직한 후 빠른 승진을 거듭하여 관리자의 지위에까지 오르면서 과학적 관리라는 접근방법의 터전을 닦아 놓았다. 그의 아이디어들은 Midvale, Bethlehem 등 강철회사에서의 실제경험과 여러 산업조직에 대한 상담업무를 통해서 터득한 것들이다. Taylor는 처음에 자기의 접근방법을 '업무관리'(task management)라고 불렀다. '과학적 관리'라는 말은 1910년에 Louis Brandeis가 만들었다고 한다. Taylor의 노력을 이어받아 과학적 관리학파의 기반을 공고히 하는 데 기여한 사람들은 Frank Gilbreth, Lillian Gilbreth, Henry Gantt, Charles Bedeux 등이다.

선의 방법을 규정해야 한다.

② **근로자의 과학적 선발·훈련** 근로자들은 과학적인 방법으로 선발하고 훈련시켜야 한다.

③ **사람과 직무의 적합성 확보** 과학적으로 설계한 업무와 과학적으로 선발·훈련한 사람을 적정하게 결합해야 한다. 근로자들을 정신적·육체적으로 가장 적합한 업무에 배치해야 한다.

④ **관리자와 근로자의 책임분담·협력** 관리자와 근로자는 책임을 적정히 분담하고 업무의 과학적 수행을 보장하기 위해 지속적이고 긴밀하게 서로 협력해야 한다.

(3) 과학적 방법의 개발과 사용 과학적 관리에서 업무과학화의 과제는 업무를 수행하는 유일최선의 방법을 계속적으로 탐구하는 것이다. 업무내용설계와 업무수행방법결정의 과학화를 위해 실험과 조사연구를 통해 유일최선의 방안을 탐구하였다. 그에 따라 업무기준을 결정하고 작업계획을 세워야 하며 그러한 기준의 준수를 보장하기 위해 감시와 통제의 체제를 수립해야 한다고 처방하였다. 업무수행에 관한 유일최선의 방법을 탐구할 때 쓰인 기법들 가운데 대표적인 것은 동작연구(動作研究 : motion study)와 시간연구(時間研究 : time study)였다.h)

과학적 관리론은 사람들의 업무수행동기를 금전적 유인이 유발한다는 전제하에 생산성과 임금을 연계시키는 성과급의 체계를 개발하였다. 그리고 계서제하에서 근로자들에 대한 통제를 효율화하는 방안으로 '기능별 십장제'(functional foremenship)라는 전문화된 감독체제를 개발하였다. 이 밖에도 권한과 책임의 명확한 규정, 계획과 집행의 분리, 기능적 조직의 구성, 기준설정에 따른 통제, '예외에 의한 관리'의 원리 등 관리의 과학화와 능률화에 기여

··

h) 동작연구는 동작의 낭비를 배제함으로써 인체를 가장 적정하고 능률적으로 사용할 수 있도록 하려는 연구이며 인체를 분석의 핵심으로 삼는다. 시간연구는 작업현장에서 실제로 작업을 하는 데 소요되는 시간의 양을 측정하려는 연구이다. 동작연구에서 가장 능률적인 동작의 배합이 결정되면 시간연구에서 그러한 동작에 소요되는 시간을 산정하고 그에 따라 직무별 시간기준과 하루하루의 작업할당량을 결정한다.

할 개념 또는 제도들을 개발하였다.[i]

(4) 정신혁명   Taylor는 과학적 관리의 성공요건으로 두 가지의 정신혁명(mental revolution)을 들었다.

① **협력의 정신**   기업주(관리층)와 근로자는 이미 얻은 기업잉여를 분배하는 데만 관심을 갖고 서로 더 많은 몫을 차지하려고 다툴 것이 아니라 기업잉여를 늘리는 데 관심을 모으고 노·사가 서로 협력할 필요를 깨닫는 '위대한' 정신혁명을 일으켜야 한다고 주장하였다.

② **과학적 정신**   모든 일의 처리에서 과학적 방법을 활용하려는 정신혁명이 또한 필요하다고 하였다.

(5) 평   가   과학적 관리의 기여와 한계는 다음과 같다.

① 기   여   과학적 관리론은 고전적 관리이론의 기틀을 다지는 데 기여하였다. 그리고 기술적 논리를 중시하는 연구활동 전반에 지대한 영향을 미쳤다. 과학적 관리론에 뿌리를 둔 후대의 학파 가운데 대표적인 것은 관리과학(管理科學 : management science)이다.

과학적 관리론의 처방들은 조직사회의 실제에도 많은 영향을 미쳤다. 이 학파가 개척한 원리와 과학화의 기법들은 20세기 초 미국사회의 산업조직을 경영했던 사람들의 필요에 영합하는 것이었기 때문에 그러한 원리와 기법들의 파급효과가 클 수 있었다.

② 한   계   과학적 관리론의 이론들은 학문적으로 균형을 잃은 것이며 적용가능성에도 큰 한계가 있다는 점을 지적하지 않을 수 없다. 연구대상인 조직은 대체로 산업생산조직에 국한되어 있었다. 조직과 인간에 관한 합리적·공리적 가정은 편파적인 것이었다. 기술적 처방들은 조직의 인간화를 저해하는 내용을 담고 있었다. 조직사회의 실제에서 추진된 과학적 관리운동은 조직의 기계화·비인간화를 조장하였다.

과학적 관리운동의 확산과정에서 많은 물의가 빚어졌었던 것도 사실이다.

....

i) 기능별 십장제는 일선감독자의 감독기능을 기능별로 분화시키는 제도이다. 예외에 의한 관리의 원리는 예외적인 또는 새로운 사안에 관해서만 관리층에서 결정을 하고 나머지 일상적인 업무는 부하에게 위임해야 한다는 원리이다.

관리자들은 기존의 관리방식을 포기하지 않으려고 저항하였다. 근로자들은 사람을 기계의 부품처럼 취급한다는 것, 계속적으로 최고의 능률을 올리도록 강요한다는 것, 과학적 관리운동의 혜택이 주로 기업주에 귀속된다는 것, 실직의 위험이 커진다는 것 등의 이유를 들어 저항적 행동을 보이는 경우가 많았다. 노동조합을 무시하거나 적대시한 Taylor 등의 태도는 근로자의 저항을 크게 한 요인 중의 하나였다. 그들은 노동조합을 근로자들이 힘든 일을 반대하기 위해 조직하는 것이라고 생각하였다.

3) 인간관계론

인간관계론(人間關係論 : human relations school)은 고전이론에 대한 반론의 형태로 출발하여 발전을 거듭하면서 현대조직이론의 형성과정에 지대한 영향을 미쳐 왔다.

인간관계론적 연구를 출범시킨 것은 하버드대학교 경영대학원 교수였던 Elton Mayo의 주도하에 실시된 일련의 경험적 연구라고 본다. 인간관계론적 연구경향의 대두에 직접·간접으로 자극을 주었거나 그 뒤의 이론형성과정에 기여한 K. Lewin, M. P. Follett, C. Barnard 등의 공적도 큰 것이었지만 Mayo의 공적은 훨씬 직접적이었기 때문에 그를 인간관계론의 창시자처럼 간주하게 된다.j)

(1) 호손공장의 연구·호손효과　　Mayo와 F. J. Roethlisberger, W. J. Dickson 등 그의 동료 및 후학들이 실시한 여러 가지 조사연구사업 가운데 첫 번째 것이 이른바 호손공장의 연구(Hawthorne Studies)이다. 이것이 가장 널리 알려진 연구이다. 이 연구사업은 미국 시카고 교외의 서부전기회사 호손공장(Western Electric Company's Hawthorne Works)에서 5년간(1927~1932) 실시되었다.k)

....

j) Lewin은 집단역학, 태도변화, 리더십 등에 대한 행태적 연구를 선도한 사람이다. Follett은 조직연구에서 인간적 요소의 중요성을 강조하고 조직 내의 비공식적 사회관계를 부각시켰다. Barnard를 의사결정이론가로 분류하는 사람들도 있으나 그의 공헌은 몇 개의 학파에 걸치는 것이다. 그는 인간적 요소의 중요성을 강조하고 권력의 상향적 흐름 등 비공식적 관계에 주의를 환기시킴으로써 '호손'실험 이후의 인간관계론 발전에 기여하였다.

k) 이 연구사업은 1927년 이전부터 실시되고 있었으나 고전이론의 가설에 부합되지 않는 사실들이 밝혀지기 시작하자 1927년부터 Mayo 팀이 인수하였다고 한다. P. S. Pugh and D.

호손공장의 연구는 당초에 고전이론, 특히 과학적 관리이론에 입각해 작업장의 조명, 휴식시간 등 물리적 및 육체적 작업조건과 물질적 보상방법의 변화가 근로자의 동기유발과 노동생산성에 미치는 영향을 분석하려고 설계한 것이었다고 한다. 그러나 연구의 진행과정에서 물리적 또는 육체적 작업조건 보다는 다른 요인(감독자의 인정이나 비공식적 집단의 압력 등 사회적 요인)이 작업 능률에 더 많은 영향을 미친다는 사실을 발견하였다.

이른바 '호손효과'(Hawthorne effect)의 포착에서부터 사회적 유인에 대한 탐구는 촉진되었다.[1] 연구팀은 호손효과를 확인하면서부터 감독방법, 리더십의 유형, 비공식적 집단 내의 여러 사회관계 등에 대한 연구를 본격화하였다. 비공식적 집단의 역학관계가 근로자들의 생산성을 설명하는 데 매우 중요한 요소로 부각되면서부터 분석단위를 개인에서 집단으로 전환하였다.

호손공장의 연구에서 발견된 사실들은 대개 인간의 사회적 특성과 집단 역학에 연관된 것들이었다. 그로부터 도출한 관점은 조직의 비공식적 구조와 인간적 과정에 관한 여러 갈래의 후속적 연구들을 인도하였다. 그러한 연구활동의 주요관심사는 작업집단 내의 대인관계, 집단적 규범과 압력, 개인간의 갈등, 리더십, 인적 특성이 조직행태에 미치는 영향, 감독기술, 인사상담, 참여적 의사결정 등이었다.

(2) 인간관계론의 원리   조직을 구성하는 인간을 사회적 인간이라고 규정하고 그러한 전제하에서 조직현상을 연구하고 개혁처방들을 제시한 인간관계론의 기본적 가정 내지 원리들을 간추리면 다음과 같다.[6]

① **사회적 욕구·사회적 유인의 중요성**   인간은 사회적 욕구를 지녔으며 사회적 유인이 동기를 유발한다.

② **생산성을 향상시키는 사회적 욕구 충족**   사회적 욕구의 충족으로 조직 구성원이 만족하면 생산성이 향상된다.

③ **사회적 규범의 중요성**   조직구성원의 생산성은 육체적 능력보다 사

J. Hickson, *Writers on Organizations*, 4th ed.(Sage Pub., 1989), pp. 172~173.
1) '호손효과'란 실험집단으로 선정된 근로자들이 특별히 선발되어 인정과 관심의 대상으로 되었다고 느끼기 때문에 동기를 유발하게 되는 현상을 설명하는 개념이다.

회적 규범이 좌우한다.

　④ **집단적 영향의 중요성**　　집단은 개인의 태도와 직무수행에 큰 영향을 미친다. 관리층의 요구나 보상 또는 규범에 대하여 조직구성원들은 개인적으로가 아니라 집단의 구성원으로서 반응을 보인다.

　⑤ **욕구충족과 임무수행의 교환관계**　　조직구성원들은 관리층에서 사회적 욕구를 충족시켜 주는 만큼만 관리층의 요구에 응한다. 따라서 조직을 관리하는 사람들은 기술적 능력뿐만 아니라 '사회적 기술'을 갖추어야 한다.

　⑥ **사회적 체제로서의 조직**　　조직은 기술적 · 경제적 체제일 뿐만 아니라 사회적 체제(비공식적 체제)이다. 조직 내에 형성되는 사회적 체제는 공식적 조직의 그것과는 다른 규범 및 개인적 역할을 설정할 수 있다.

　(3) 평　　가　　인간관계론의 기여와 한계는 다음과 같다.

　① 기　　여　　인간관계론의 공헌은 조직연구에서 인간적 · 사회적 요인을 부각시킨 것이라고 할 수 있다. 인간관계론이 보여 준 인간에 대한 단순한 관점은 차츰 폭넓고 균형잡힌 것으로 변해가면서 보다 발전된 인간주의적 접근방법들의 성장을 유도하였다.

　오늘날 많은 연구인들의 관심을 끌고 있는 행태과학도 그 뿌리를 인간관계론에 두고 있다. 조직연구인들이 처방하는 조직상의 인도주의 또는 인간주의(organizational humanism)는 인간관계론적 연구로부터 연원하는 것이라고 말할 수 있다.

　② 한　　계　　조직이론발전에 기여한 인간관계론의 공헌은 크지만 비판도 많이 받아 왔다.

　방법론상의 문제로는 폐쇄체제적인 시각, 한정적인 연구대상과 변수, 빈약한 경험적 입증 등이 지적되고 있다.[m]

　인간관계론의 관리전략 처방도 여러 가지 비판을 받아 왔다.

　첫째, 인간관계론의 처방은 조직의 목표를 저버린 채 개인의 감정과 비공

---

m) 폐쇄체제적인 시각 때문에 노동조합의 영향, 경제적 환경과 노동시장의 조건 등 개입변수들을 적절히 고려하지 못했다고 한다. 호손공장의 연구가 진행되던 시기는 미국의 경제가 불경기의 침체에 빠져 있을 때이다. 근로자들은 작업집단의 사회적 압력 때문이 아니라 실직의 위험을 피하기 위해 생산성을 스스로 조절했을 것이라고 주장하는 학자들도 있다.

식집단의 요청만을 중요시하며 기강을 문란하게 하고 관리의 방향을 잃게 한
다는 비판이 있다.

둘째, 근로자들이 인정받고 또 칭찬받고 있다는 느낌만 갖게 하면 모든
문제가 해결되는 것처럼 주장함으로써 지나친 단순화의 오류를 범했다는 비
판이 있다.

셋째, 인간관계론적인 처방은 조직구성원들을 비윤리적인 조종의 대상으
로 삼는다는 비판이 있다. 인간관계론적 처방은 근로자들의 정당한 경제적 이
익을 억압하는 보다 교묘한 착취방법이며 속임수를 쓰는 조종술이라고 한다.

넷째, 근로자 개개인에 대한 배려를 강화하도록 처방하고 민주적 리더십
을 처방하였으나 선량주의적(選良主義的 : elitist)인 관리의 원리는 포기하지 않
았다. 따라서 개인적 필요에 대한 배려를 강조한 인간관계론의 수단적 처방은
근로자의 개인생활에 대한 기업주의 가부장적 지배(家父長的 支配 : paternalistic
domination)를 초래한다는 비판이 있다.

3. 탈전통적 원리의 개요

구조와 관리에 관한 탈전통적 원리(脫傳統的 原理)는 전통적 목표상태이론
과 구별되는 '현대이론'이 처방하는 원리이다. 앞서 말한 바와 같이 탈전통적
원리의 범위는 여러 가지로 규정될 수 있다. 그러나 여기서는 반관료제적 원
리에 입각한 급진적인 목표상태이론에 초점을 맞추려 한다. 전통적 모형을 갈
음할 급진적이고 근본적인 대안을 탐색·처방하는 이론들을 반관료제모형(反
官僚制模型)의 범주에 포함시켜 생각할 수 있다.

반관료제이론은 사회과학 전반의 인간주의적 성향과 급변하는 환경적 요
청을 반영한다. 오늘날의 조직들은 고도로 분화되고 급속히 변동하는 환경에
둘러싸여 있으며, 지식·기술의 고도화, 고도의 인적 전문화, 개인적 자율성
과 조직 내 민주주의에 대한 요청의 증대, 조직 내외의 불확실성 증대 등이
제기하는 여러 가지 어려운 문제에 직면해 있다. 이러한 조직사회의 현실을
인식하고 인간주의적 사고방식을 갖게 된 급진적 이론가들은 조직사회의 활
로를 반관료제적인 조직설계에서 찾고 있다. 여기서 말하는 인간주의적 사고

방식이란 자기실현적 인간모형에 입각해 있는 것을 말한다.

행정과학에서 반관료제모형을 활발히 개척하기 시작한 것은 1960년대 후반으로부터 1970년대 초반에 걸친 시기의 일이다. 그 시기는 미국을 비롯한 선진사회에서 기성질서에 대한 불신이 아주 커진 전환기였다. 시대상을 반영한 행정과학의 반발적·비판적 성향도 대단히 고양되어 있었다.

그때 등장한 신행정학(新行政學 : 'new' public administration)이라는 접근방법은 반발시대의 분위기를 대변하는 것이었다. 신행정학과 같은 비판적 연구성향은 반관료제적 목표상태설정의 배경이었다. 신행정학은 전통적인 행정과 행정연구에 대한 반발, 행정연구와 이론발전의 현실적합성 추구, 실증주의에 대한 비판과 현상학적 접근의 시도,[n] 가치문제의 중시, 사회적 형평의 추구, 고객중심적 행정의 강조, 능동적 행정의 강조 등을 논조로 삼았다. 신행정학은 그러한 논조와 일관되게 조직설계의 급진적 변동을 처방하였다.

1980년대 이후에는 영연방제국에서 시작된 신공공관리운동과 미국에서 시작된 정부재창조운동이 반관료제적 원리의 확산 또는 적어도 부분적 확산에 중요한 역할을 하게 되었다. 이 두 가지 운동에 대해서는 제 4 장에서 설명할 것이다.

1) 탈전통적 원리의 요점

구조와 관리에 관한 전통적 원리를 급진적으로 대체하려는 탈전통적(반관료제적) 원리들을 보면 다음과 같다.

① **비계서제적 구조의 원리**   고정적인 계서제를 타파하고 비계서제적 구조를 구축해야 한다. 저층구조, 집단과정, 네트워크를 중시해야 한다.

② **업무통합의 원리**   조직구성원이 담당할 업무의 분할에서는 업무의

---

n) 실증주의 또는 논리적 실증주의(論理的 實證主義 : logical positivism)는 철학에 과학적 세계관을 도입한 비엔나학파(Vienna Circle)의 철학적 아이디어에서 비롯된 것이다. 실증주의는 명제의 검증가능성을 가정하고 인식의 실증적 해석을 강조한다. 행정과학은 오랫동안 실증주의를 추구해 왔다. 현상학(現象學 : phenomenology)이라는 철학적 사조에는 여러 가지 의미가 부여되어 있으나, 대체로 보아 현상학은 인간의식의 주관성을 강조하는 철학이라고 특정지을 수 있다.

완결도(온전성) · 통합성을 중시해야 한다. 업무집단화에서는 기능의 동질성보다 업무의 흐름과 연관성을 중시해야 한다.

③ **잠정성의 원리** 　구조의 항구성 · 경직성을 타파해야 한다. 조직 내의 구조적 배열뿐만 아니라 조직 자체도 필요에 따라 생성 · 변동 · 소멸되게 해야 한다.

④ **경계관념타파의 원리** 　조직과 환경 사이에 높고 경직된 경계를 설정했던 생각을 버려야 한다. 조직 내에서도 구성단위 간의 경계관념을 타파하거나 완화해야 한다.

⑤ **임무와 능력중시의 원리** 　지위중심주의나 권한중심주의를 배척하고 임무중심주의와 능력중심주의에 입각한 구조와 관리를 설계해야 한다.

⑥ **분권화와 집단적 문제해결의 원리** 　상하 간의 명령적 관계는 자율적 · 참여적 · 협동적 관계로 바꾸어야 한다. 문제해결과 의사결정은 집단적 과정을 통해서 해야 한다. 조직의 관리에 모든 구성원이 책임을 져야 한다.

⑦ **통합적 관리의 원리** 　조직구성원의 목표와 조직의 목표를 융화 · 통합시킬 수 있는 관리체제를 구축해야 한다.

2) 탈전통적 모형의 특성

구조 · 관리의 탈전통적(반관료제적) 원리에 입각한 조직모형의 특성 내지 지향성을 요약하면 다음과 같다.

① **통합관계의 중시** 　탈전통적 모형은 조직과 구성원의 통합, 직무내용의 통합, 조직단위의 통합, 조직단위 간의 통합, 조직과 환경의 통합을 강조한다.

② **협동지향성** 　계서적 · 외재적 통제에 의한 행동조정보다는 내재적 통제 · 규범적 통제를 강조한다. 분권화를 추구하고 상호신뢰, 참여와 협동을 통한 행동조정 · 책임확보를 강조한다.

③ **개방체제적 시야** 　조직과 상황적 조건이 교호작용하는 관계를 중시한다. 환경에 대한 조직의 전략적 대응을 강조한다.

④ **고객중심주의적 관리** 　고객(소비자)의 입장에서 조직의 산출을 결정한다. 산출에 관한 의사결정과정에 고객이 관여할 수 있도록 한다.

⑤ **성과주의적 관리** 　관리작용은 사용하는 투입보다 산출과 그 효과를

강조한다. 성과관리를 위해서는 준시장적 유인기제(準市場的 誘因機制)도 활용
한다.

　⑥ **융통성과 변동지향성**　　　조직의 구조와 관리는 융통성 있고 변동지향
적이다. 급변하는 상황에 적응하고 나아가 적극적으로 변동을 선도하려 한다.

4. 탈전통적 목표상태이론의 예시

　조직의 구조와 과정에 관한 전통적 원리를 거부하는 급진적 이론들 가
운데서 경직성 타파, 계서제 타파, 경계관념 타파에 관한 Bennis, Kirkhart,
Thayer, White, Jr.의 이론과 학습조직에 관한 Senge의 이론, 그리고 총체적 품
질관리에 관한 이론을 소개하려 한다. 총체적 품질관리모형은 실천세계의 관
리쇄신에서 귀납한 실천적 처방에 가깝다. 일반적·기초적 이론이라 분류하는
데 무리가 있으나 전통탈피의 성향이 비교적 뚜렷하기 때문에 탈전통적 관리
에 관한 기초이론으로 예시하려 한다.

1) Bennis의 적응적·유기적 구조

　Warren Bennis는 반관료제적 성향의 급진적 모형들을 개척하는 데 중요
한 선도적 역할을 하였다. Bennis는 1966년의 논문에서 그로부터 25년 내지
50년 내에 다가올 조직사회의 여건변화를 추정하고, 그러한 여건에 적합한
조직의 적응적·유기적 구조(adaptive-organic structure)를 처방하였다. 그가 구
상한 구조의 특징은 비계서제적 구조, 구조적 배열의 잠정성, 권한이 아니라
능력이 지배하는 구조, 민주적 감독, 창의성의 존중 등이다.[7]

　Bennis는 그의 모형을 적응적·유기적 구조라고 이름지었지만 잠정성을
특히 중요시하여 잠정적 체제(暫定的 體制 : temporary system)라는 말을 쓰기도
하고, 자유의 구조(structure of freedom)라는 말을 쓰기도 하였다. 오늘날 임시
체제(臨時體制 : adhocracy)라는 개념이 그의 모형을 지칭하는 데 더 널리 쓰이
는 것 같다.[o]

....

o) Alvin Toffler는 1970년에 임시체제(adhocray)라는 모형을 제시하였다. 그가 말한 임시체제

(1) Bennis가 예상한 여건변화　Bennis가 적응적·유기적 구조를 제안하면서 예상한 장래의 여건변화는 다음과 같다.

첫째, 조직의 환경은 급속하게 변동할 것이며 환경의 분화는 가속될 것이고 분화된 환경적 단위 간의 상호의존도는 한층 높아질 것이다.

둘째, 전체 인구의 교육수준과 직업적 유동성은 높아질 것이다.

셋째, 교육수준이 높아지고 사람들이 직장을 자주 바꾸게 됨에 따라 직업관도 달라질 것이다. 사람들은 조직생활에서 보다 합리적으로 행동할 것이며 잠정적인 작업관계에 쉽게 적응하고 보다 많은 자율성을 원하게 될 것이다.

넷째, 조직이 수행하는 일은 훨씬 복잡해지고 비정형화될 것이며 고도의 기술을 동원할 필요가 커질 것이다. 조직의 업무수행은 사람들의 육체적 능력보다는 지적·정신적 능력에 더 많이 의존하게 될 것이다. 조직이 수행하는 일은 매우 복잡해져서 한 사람이 그 전모를 파악하거나 통제할 수는 도저히 없게 되고, 따라서 많은 전문가들의 협동적 관리를 필요로 하게 될 것이다. 조직의 목표는 더욱 분화되고 복잡해질 것이다.

(2) 적응적·유기적 구조의 설계원리　Bennis가 제시한 모형의 중요 명제 또는 원리는 다음과 같다.

① **잠 정 성**　구조적 배열을 잠정화한다. 변동에 대한 적응성을 높이려면 구조의 고착성을 깨고 유동화해야 한다.

② **문제중심의 구조**　구조는 해결해야 할 문제를 중심으로 형성한다.

③ **집단적 문제해결**　문제의 해결은 다양한 전문분야의 사람들이 모여 구성하는 집단이 맡는다.

④ **접 합 점**　다양한 사업 간의 조정을 위해 접합점(接合點 : articulating points) 또는 연결침(連結針 : linking pin)의 구실을 할 사람을 지정해 둔다. 접합점역할을 맡은 사람은 여러 가지 프로젝트팀 간의 의사전달과 조정을 촉진한다.

....

는 변전하는 조직단위와 고도로 유동적인 사람들로 구성된, 빨리 움직이고 정보화된 역동적 조직이다. Henry Mintzberg도 1979년의 조직유형론에서 복잡하고 융통성이 큰 임시체제를 조직의 한 유형으로 꼽았다.

⑤ **유기적 관리**　　프로젝트팀들은 기계적인 방식이 아니라 유기적인 방식에 따라 운영한다. 집단의 형성과 변동은 그것이 해결해야 할 문제의 발생과 변화에 의존한다. 집단의 리더십과 영향력행사는 문제해결능력이 가장 뛰어난 사람이 맡는다. 조직구성원은 계급이나 역할이 아니라 그들이 받은 훈련과 가지고 있는 지식에 따라 분류(분화)한다.

(3) **적응적·유기적 구조의 효용과 한계**　　Bennis가 제시한 모형의 효용과 한계는 다음과 같다.

① **효　　용**　　적응적·유기적 구조에서는 조직구성원들에게 유의미하고 만족스러운 업무를 맡기기 때문에 내재적인 동기유발이 가능하며 개인적 목표와 조직목표의 부합도를 높일 수 있다. 적응적·유기적 구조는 제약과 억압을 최소화하는 자유의 구조로서 조직구성원들의 상상력과 창의력이 최대한으로 발휘될 수 있게 한다. 적응적·유기적 구조의 가장 기본적인 장점은 급변하는 조건에 신속하게 적응할 수 있다는 것이다.

② **한　　계**　　적응적·유기적 구조 속에서 프로젝트팀들은 잠정적이고 변전하기 때문에 사람들의 집단에 대한 일체감은 희박해지고, 따라서 집단의 응집성은 약화된다. 급변하는 상황에 끊임없이 적응해야 하고, 잠정적인 체제 속에서 이합집산을 거듭해야 하는 조직구성원들은 긴장과 갈등에 시달리게 된다. 사람들은 필요에 따라 새로운 작업관계를 신속하고 긴밀하게 형성할 수 있는 능력을 기르고, 역할의 모호성을 극복하면서 자율적으로 행동할 수 있도록 끊임없이 학습해야 하는 부담을 안게 된다.

2) Kirkhart의 연합적 이념형

Larry Kirkhart는 연합적 이념형(聯合的 理念型 : consociated ideal type)이라고 하는 반관료제적 모형을 제시하였다. Bennis의 적응적·유기적 구조에 기초를 두고 그것을 보완한 연합적 이념형은 조직간의 자유로운 인사이동, 변화에 대한 적응, 권한체제의 상황적응성, 구조의 잠정성, 조직 내의 상호의존적·협조적 관계, 고객의 참여, 컴퓨터의 활용, 사회적 층화의 억제 등을 강조한다. Kirkhart의 연합적 이념형은 1960년대 후반에 미국에서 대두한 '신행정학'운동의 탈관료제적 조직관을 반영하는 것이기도 하다.[8]

(1) Kirkhart가 본 조직사회의 여건　　　Kirkhart의 제안은 미국과 캐나다에서 볼 수 있었던 산업화이후사회(post-industrial society)의 사회적 여건을 배경으로 삼은 것이다. 산업화이후사회는 복잡하고 급변하는 사회이다. 그러한 사회에 서는 사람들의 지리적 유동뿐만 아니라 직업적 유동, 조직 간의 유동이 빈번 하다. 그리고 소속조직을 바꾸는 것이 무책임한 일이라고 하는 비난을 받지 않는다.

(2) 연합적 이념형의 설계원리　　　연합적 이념형의 원리 또는 구조적 특성은 다음과 같다.

① **프로젝트 팀**　　　기초적 업무단위는 프로젝트 팀(project team)이다. 프 로젝트 팀은 상황에 적합한 기술을 융통성 있게 사용하며 재정적으로 자율성 을 누린다. 프로젝트 팀들은 상호의존적인 관계를 유지한다.

② **다원적 권한구조**　　　조직 내의 권한구조는 다원적이며 여러 프로젝트 팀에서 볼 수 있는 권한관계는 다양하다. 항구적인 계서제는 없으며 리더는 상황에 따라 달라진다.

③ **한시적 구성**　　　조직 전체와 그 하위단위들은 시간적 요청과 시간적 제약에 따라야 한다. 조직과 그 구성단위들은 특정한 문제를 일정한 시간의 범위 내에서 한시적(限時的)으로 해결하기 위해 구성한 것이다.

④ **수단의 다양성**　　　같은 목표를 추구하는 프로젝트 팀들은 각기 다른 사업적 방법을 통해 목표를 달성할 수 있다. 어떤 목표에 도달하기 위한 수단 은 여러 가지일 수 있음을 전제한다.

⑤ **독자성과 협조성**　　　조직 내의 사회관계는 고도의 독자성과 상호의존 성을 보인다. 조직 내의 개인과 집단은 높은 자율성을 누리지만 다른 한편으 로는 직접적이고 솔직한 의사전달과 집단발전, 감수성훈련 등을 통해 개인 간 및 집단 간의 상호의존적이고 협조적인 관계를 유지한다.

⑥ **고객의 참여**　　　서비스의 사용자인 고객집단의 대표들이 조직에 참여 한다. 그들은 전문직원들의 권한과 같은 권한을 행사한다.

⑦ **취업의 잠정성**　　　조직에 들어가 일하는 취업은 잠정적이다. 그것은 생애에 걸친 직업이 아니다. 생애에 걸친 직업은 조직외부에 있는 전문직업 상의 준거집단에 결부되는 것이지 취업하고 있는 조직에 결부되는 것이 아

니다.

⑧ **컴퓨터의 활용**   기록관리는 컴퓨터로 한다.

⑨ **전문직원의 두 가지 기술**   전문직원들의 역할이 요구하는 기술은 두 가지이다. 그 하나는 생산활동에 필요한 업무처리기술이다. 다른 하나는 필요한 최소한의 사회계층 이상으로 조직 내의 층화가 일어나지 않도록 하며 개인과 집단이 서로 협력하고 신뢰할 수 있게 하는 기술이다.

(3) 연합적 이념형의 효과   연합적 이념형의 실현은 다음과 같은 '사회적 효과'를 가져온다고 한다.

사회적 효과는 i) 조직 내 여러 사회관계의 다양성을 지지하고 개인의 자율적 활동을 촉진하는 것, ii) 사람들이 조직에서 경험하는 소외감을 최소화하는 것, iii) 갈등이나 모호한 상황에 대한 포용력을 키운다는 것, iv) 사람들이 조직에 참여하는 이유를 조직이 추구하는 공공가치(public values)에서 찾게 된다는 것, 그리고 v) 구조적 경직성을 줄인다는 것이다.

3) Thayer의 비계서적 구조

Frederick Thayer는 계서제를 타파한 비계서적 구조(nonhierarchical structure)를 제안하였다. 그는 계서제의 원리와 거기에 결부된 경쟁의 원리를 버리지 않는 한 인간적 소외로부터 우리를 구제할 수 있는 진정한 조직혁명은 일어날 수 없다고 주장하였다.

조직이나 사회질서는 계서제에 의존할 수밖에 없으며 그에 대한 대안은 무정부상태일 뿐이라고 생각하는 것이 지금까지의 고정관념이지만, 새시대의 요청에 부응하는 조직의 설계에서는 계서제를 배제하고도 구조를 형성할 수 있다고 하였다. 계서제를 갈음할 Thayer의 대안은 소규모 집단들이 엮어가는 협동적 과정이다.[9]

Thayer는 조직을 중요한 준거로 삼았으며 조직의 구조설계에 관하여 획기적인 제안을 하였다. 그러나 그의 관심이 우리가 말하는 조직에만 국한되는 것은 아니다. 그의 시야는 매우 넓고 포괄적이다. 그의 관심은 국가와 그 안에 있는 다양한 조직 · 집단들을 포괄한다. 그의 안목은 국제적이기까지 하다. 그는 자기가 주장하는 개혁이 모든 곳에서 일어나지 않으면 어디에도 일어날 수 없다고 믿었기 때문에 그와 같은 포괄적 접근을 강조한 것 같다.

Thayer의 이론을 요약하면 다음과 같다.

(1) 계서제의 폐해   계서제는 리더가 명령하고 다른 사람들이 복종하는 일인지배체제이며 사람이 사람을 억압하는 체제이다. 계서제는 명령－복종, 지배－피지배, 억압－피억압의 관계이다. 많은 사람들에게 영향을 미치는 사회적 결정을 한 사람 또는 소수의 리더들에게만 맡기는 계서제는 무책임하고 위험한 것이다. 그리고 무엇보다 큰 문제는 계서제가 억압과 소외의 근원이라는 것이다.

계서제하에서 상관(superior)으로 정해진 사람들은 다른 사람들을 지배하게 되어 있다. 지배－복종의 체제는 승리자와 패배자라는 개념으로 설명될 수밖에 없다. 계서제하에서 한 사람의 승리는 다른 사람의 패배를 의미한다. 승패의 상황은 소외를 조장한다.p) 승리자들조차 다른 사람들에게 입히는 피해를 의식하기 때문에 심리적 손상을 입는다.

승패관계와 소외는 경쟁을 격화시킨다. 경쟁에는 실패의 불안과 공포가 따른다. 경쟁은 낭비와 파괴를 조장하고 사람들의 인도적인 행동을 불가능하게 하며 조직의 군사모형화를 부채질한다. 경쟁은 계서제를 강화하고 소외를 악화시킨다. 계서제 · 소외 · 경쟁은 상승작용하는 연쇄를 형성한다.

(2) 계서제의 정치 · 경제 · 문화적 기초   종래의 정치적 · 경제적 · 문화적 논리와 이념 그리고 제도들은 계서제를 지지하고 또 그것을 바탕으로 삼아왔다.

① 정   치   이른바 '민주적' 정치이론이라고 하는 것들은 사회 전체의 계서적 질서를 보존 · 강화하는 내용을 담고 있다.q) 그러한 이론들은 계서제적 조직이론에서 나온 것이며, 정부라는 조직은 모든 조직들 가운데서 가장 계서적인 것이라고 본다. 따라서 '민주주의'는 극단적인 소외로 이해될

---

p) Thayer는 세계, 사회 또는 조직이 개별구성원의 필요에 반응을 보이지 않을 때, 그리고 개인이 스스로 파악하거나 영향을 미칠 수 없는 힘의 지배하에 놓이게 될 때 소외라는 현상이 빚어진다고 하였다.

q) 여기서 민주주의를 모두 따옴표 안에 넣어 쓰는 까닭은 종래의 민주주의 관념이 자유와 평등을 보장하는 진정한 의미의 민주주의가 아니라고 보기 때문인 것 같다.

수밖에 없다.

실제로 '민주주의'는 지배자의 권력을 제한할 수 있는 데 불과하다. 그것은 지배 – 피지배의 근본적인 관계를 변동시키지는 않는다. '민주주의'는 계서제가 불가피하고 바람직하다는 전제를 내포하고 있다. 어느 경우에나 물리적 강제력의 뒷받침이 있는 절대권력만이 안전한 사회질서를 유지할 수 있다고 보는 것이다.

② **경　　제**　　경제체제는 경쟁이라는 이념에 바탕을 두고 있다. 불완전경쟁이든 완전경쟁이든 사회주의적 경쟁이든 경제생활에서의 경쟁은 낭비·실패·혼란의 원인일 뿐이다. 경쟁으로부터 얻는 이익은 전혀 없다.

③ **문　　화**　　오래된 경쟁문화는 인권보다 재산권을, 인간적 필요보다 기술을, 성애(性愛 : sexuality)보다 폭력을, 분배보다 집중을, 소비자보다 생산자를 더 강조해 왔다. 그리하여 서로 의지하면서 협동하는 생활을 방해하였다.

(3) 계서제타파의 방안　　계서제는 소멸되어야 한다. 사회적 결정을 소수인에게 배타적으로 맡기는 것은 위험하고 무책임하기 때문에, 사람이 사람을 지배·억압하게 해서는 안 되기 때문에, 소외·파괴·낭비를 막아야 하기 때문에, 그리고 협동적인 사회관계와 인간다운 삶에 대한 장애를 제거해야 하기 때문에 계서제는 타파해야 한다.

계서제로 인하여 빚어진 문제들은 계서제의 완전한 해체로만 해결할 수 있다. 계서제의 기본적인 틀은 유지하면서 그로 인해 빚어진 문제들을 분권화와 같은 미봉책으로 해결하려 하면 사태를 오히려 악화시킬 뿐이다.

계서제는 인간의 본성 또는 유전자적 특성에서 비롯된 것이라 보기 어렵다.[r] 계서제는 인간에게 부자연스러운 것이며 인간이 마지못해 배우는 문화적 행동양식이다. 이것을 잊는 것은 인간의 본성에 접근하는 일이기 때문에

....

r) Thayer에 따르면 인류가 두뇌를 발전시켜 온 수백만년에 비할 때 계서제는 비교적 근래의 창안이라고 한다. 인간조직의 원리로 계서제가 만들어진 것은 6천여 년 전 일이며, 잘 발달된 형태의 계서제가 나온 것은 2천여 년밖에 안 될 것이라고 하였다. 이 정도의 시간 내에 계서적 행동양식이 인간에게 유전자화되지는 않았을 것이라고 한다. 계서제가 나오기 전 인류가 무리를 지어 채취·수렵생활을 할 때에는 지배와 경쟁이 아니라 협동과 나눔이 있었을 뿐이라고 한다.

비교적 쉬울 것이다.

무정부상태 아니면 경직된 관료적 통제라는 양자택일적 접근방법 대신 제 3 의 대안을 도입해야 한다. 제 3 의 대안이란 소규모 집단에 의한 협동적 과정을 통해 공동의 의지를 형성하는 장치이다. 이와 같은 장치를 도입하지 않고 계서적 억압을 제거하면 무정부상태가 빚어져 또 다른 소외를 초래한다.

누구도 다른 사람을 억압하는 일이 없는 비계서적·소집단적 과정을 통해 협동적으로 공동의지를 형성하는 장치를 발전시키려면 다음과 같은 방안들을 채택해야 한다.

① **소규모 집단화**   조직사회를 많은 소규모의 대면적 집단들로 구성해야 한다. 이러한 집단들은 개방성, 상호신뢰, 그리고 긴밀한 대인관계로 특징지어진다. 집단 간의 연계는 구성원의 중첩적 소속, 경계를 가로지르는 과정(transorganizational processes) 등 비계서적인 방법으로 형성한다.

② **경계의 유동화**   집단이나 조직의 경계는 모호하고 유동적이며 계속적으로 변동하는 잠정적인 것으로 만들어야 한다. 계서적 장벽을 허물고 관리자와 하급직원, 생산자와 소비자, 행정전문가와 시민의 지위차이를 소멸시켜야 한다. 시민은 행정가와 합의를 형성해 가는 동료(professional citizen)가 되어야 한다.

③ **참여적·협동적 문제해결**   문제해결·의사결정은 집단 내의 또는 집단 간의 협동적 과정을 통해서 해야 하며, 그러한 과정의 공개와 참여를 강조해야 한다. 사회적 결정의 영향을 받는 사람들은 그 결정과정의 구성원이 되어야 한다. 누구도 자기의 가치관을 다른 사람들이 받아들이도록 강요해서는 안 된다. 가치는 협동적인 과정을 통해서 공동적으로 형성해야 한다. 갈등은 노출시켜 정면대응하고 합의를 도출하여 해결해야 한다.

④ **승진개념의 타파**   조직 내에서 전통적인 의미의 승진(昇進)이라는 개념은 없애야 한다. 누가 어느 자리로 옮기느냐 하는 것은 종래의 승진절차가 아니라 집단적 합의를 통해 결정해야 한다.

⑤ **보수차등의 소멸**   조직 내에서 그리고 조직들 사이에서 보수는 균등화 내지 동일화해야 한다. 보수차등의 폐지는 계서적 관념의 타파, 자기실현적 인간모형의 도입, 그리고 일과 보수의 구별 또는 분리를 통해 설명할 수 있다. 자기실현적 인간모형에서는 일을 '해야 하기'때문에 별 수 없

이 하는 것이 아니라 하기를 '원하기' 때문에 하는 것으로 이해한다. 따라서 일과 보수를 분리해서 생각하고 사람들의 보수를 균등화하자는 논리를 정당화할 수 있다.

　　(4) 비계서적 원리의 포괄적 적용　　위와 같은 비계서화·협동화의 원리는 국가를 포함한 모든 사회적 구조에 공과 사의 구별이나 국내·국제의 구별 없이 적용하여야 한다. 비계서적·협동적 과정(진정한 민주적 과정)이 모든 곳에 있지 않으면 어느 곳에도 있을 수 없기 때문이다.

　　새로운 처방의 포괄적 적용을 지지할 수 있도록 정치·경제·문화이론도 개편하여야 한다. 정치이론에서는 계서제의 불가피성에 관한 전제를 버리고 소위 리더들에게 공식적 권한이 적게 주어질수록 결정과정은 효율화된다는 논리를 받아들여야 한다.

　　경제이론에서는 생산보다 생활의 질을 향상시킬 수 있는 분배에 역점을 두어야 한다. 그렇게 해서 협동적·집단적·비계서적 사회과정을 통해 전 세계적으로 분배의 경제를 구축하는 데 이바지해야 한다.

　　문화이론에서는 인간의 존재 자체를 중시하고 외재적인 성공·실패의 관념을 배제해야 한다. 그리고 재산권보다는 인권을, 기술보다는 인간의 필요를, 경쟁보다는 협력을, 폭력보다는 성애를, 비밀보다는 공개를, 생산자보다는 소비자를, 그리고 사회적 형식보다는 개인적 표현을 더 강조해야 한다.

4) White, Jr.의 변증법적 조직

　　Orion White, Jr.는 기술발달에 따라 강화되어 온 경계관념의 타파를 주장하는 반관료제적 모형을 제시하였다.[10] White, Jr.는 경계관념을 타파한 조직모형을 변증법적 조직(辨證法的 組織 : dialectical organization)이라 이름지었다. 그는 지각적(知覺的) 내지 상상적인 경계현상을 조직과 그 환경이 직면한 문제의 근원이라고 보았다. 그리하여 경계가 중요시되지 않는 조직을 발전시키자고 하였다. 그는 또한 기술이 인간의 필요에 따라 통제되는 미래사회를 건설하자고 하였다.

　　White, Jr.의 관점 역시 넓은 것이어서 논의의 대상을 조직 내부문제에 국한하지 않는다. 그러나 처방의 주된 대상은 조직, 특히 정부조직이다. 그의 이론을 요약하면 다음과 같다.

(1) 기술발달과 경계관념   경계강화의 역사적 원인은 기술이다. 기술발달에는 분화와 긴장이 따른다. 그리고 사람과 사람의 관계에 놓여졌던 관심의 초점은 사람과 기계 또는 객관적 과정의 관계로 옮겨진다. 이러한 변화는 '너'와 '나'를 갈라놓게 되고 사회구조와 개인생활에 경계현상을 강화한다.

비기술사회에는 '우리의 세계'가 있었을 뿐이다. 거기서 개인의 자기정당화(자기확인: self-validation)는 갈등적이 아니라 합의적인 과정을 통해서 이루어졌다. 개인의 자아는 집단의 가치에 순응하고 사회적 승인을 획득함으로써 발달하였다. 그러나 기술이 발달하면 사람들은 경계로 구획지어지는 자아(bounded self)를 설정한다. 사람들은 세계를 두 가지 질서, 즉 나의 세계와 남의 세계로 분할하고 거기에 분명한 경계를 설정한다.

기술이 발달할수록 기술세계와 인간공동생활세계의 2원화, 기술적 요청과 사회적 요청의 2원화가 더욱 뚜렷해지며 양자간의 대립도 심화된다. 기술진보가 더욱 급속해지면 조직과 환경의 격동성이 높아지고 초다원화(超多元化: hyper-pluralism)가 진행된다. 이런 변화 또한 경계문제를 악화시킬 수 있다.

미국의 정치문화에서 경계현상이 심화되어 정치·행정이 2원화되기 시작한 것은 능률과 절약을 표방한 개혁운동과 과학적 관리운동이 파급되면서부터이다. 정치의 행정화가 진행되고 행정의 폐쇄성이 짙어지면서 단면적인 과학주의와 기술이 정책분석의 모형으로 되었다. 행정인들은 가치의 문제를 연구하는 데 소홀하게 되었다.

(2) 높아진 경계의 폐단   기술발전에 따라 강화된 경계현상은 대립·갈등·낭비·긴장을 조장하고 악화시킨다. 기술적 격동과 사회적 다원화가 심해질수록 고착적 경계관념이 빚는 폐단은 더욱 악화된다. 높아진 경계관념은 기술적 요청과 사회적 요청의 조화를 방해하고 다양한 사회세력의 수용과 조정을 방해한다.

높아진 경계현상과 그로 인해 빚어지는 갈등이 문제화 되고 있는 사회체제의 핵심에 정부조직이 놓여 있다. 왜냐하면 많은 권력과 재량권이 행정적 기술구조(administrative technostructure)에 주어져 있기 때문이다.

정부조직에서 높아진 경계현상은 여러 가지 폐단을 빚는다.

① **가치와 정책문제의 등한시**   행정인들이 정치·행정 사이의 경계를 내세우고 기본적인 가치와 정책의 문제를 외면하거나 소홀히 다룬다.

② **국민의 불신**   행정이 국민의 신뢰를 상실한다. 행정이 경계 내의 자기를 보호하기 위해 진실의 전모를 밝히지 않기 때문이다.

③ **자기조직중심주의**   기관주의 또는 자기조직중심주의(institutionalism)가 폐단을 빚는다. 정부조직들은 기존의 경계에 집착하고 공익을 자기 조직의 사업확장에 유리하게 규정하는 할거주의에 빠진다.

④ **권력균형화의 방해**   정부조직과 시민 또는 고객 사이의 권력균형화 내지 권력평준화를 방해한다.

(3) **경계관념타파의 전략**   조직개편의 모든 노력은 경계를 제거하거나 이를 융통성 있고 투과가능한 것으로 만드는 데, 그리고 지난날의 경직된 경계가 빚은 효과를 제거하는 데 지향되어야 한다. 이러한 변동노력에서 가장 중요한 것은 조직의 분위기(tone)와 원리(theory)를 바꾸는 일이며 기술적 장치의 변동은 2차적인 문제이다.

경계 또는 경계의 경직성을 타파하려면 세 가지 방향의 노력이 필요하다.

① **대결적 태도의 극복**   행정기관들이 봉착하는 대결문제의 많은 부분은 환경과의 교호작용에서 경계를 너무 강조하는 데서 빚어진다. 행정인들은 경계관념과 환경에 대한 태도를 바꾸어야 한다. 그렇게 하려면 사업의 입안과 시행에서 가치문제를 중시하고 국민 또는 고객과의 관계에서 신뢰를 구축해야 한다. 자기 기관의 사업에 대해서도 스스로 비판적인 평가를 할 수 있어야 한다.[s] 그리고 기관적 권력의 나누어가짐(sharing)을 용납할 수 있어야 한다.

② **기술적 문제의 극복**   복잡성, 상호의존성, 급속한 변동, 예측불가능성 등을 특징으로 하는 기술적 격동성(technological turbulence)이 조성한 문제들을 극복해야 한다. 이를 위해서는 조직의 사회문화적 상황 전체를 바꾸어야 한다. 기술적 문제에 대한 감수성을 높이고 그에 대응할 수 있는 기술적 능력

---

[s] 이러한 변동을 촉진하려면 '실패'(failure)라는 행정상의 개념을 버리는 것이 좋다고 한다. 실패의 개념을 없애고 행정을 평가와 수정이 되풀이되는 연속적 과정으로 규정하면 개인들은 실패에 대한 문책이라는 개인적·직업적 위험부담 없이 자기의 행동방향을 뒤집거나 취소하기가 쉽다고 한다.

을 개발해야 한다. 여기서도 경계관념이 문제를 어렵게 한다는 점을 명심해야 한다.

③ **사회적 문제의 극복**　　사회적 문제란 인간의 공동생활을 어렵게 하는 문제이다. 이를 해결하기 위해서는 개방적 접근을 해야 하며 인간적 감수성을 기르도록 노력해야 한다. 경계로 구획된 인간의 자아를 공동생활중심의 자아, 집단지향적 자아로 바꿔야 한다.

사회적 문제 가운데서 아주 중요한 것은 초다원화에 기인하는 문제이다. 이를 극복하기 위해서는 다양한 집단과 세력의 요청을 수용할 수 있도록 중재적 조직구조와 전략을 개발해야 한다. 중재적 조직(mediational organization)은 관련세력의 공동적 기반이 되어야 한다. 중재적 조직에는 당사자들이 신뢰하는 리더십이 있어야 하며 협상기술이 있어야 한다.

조직의 분위기와 원리가 다양성을 존중해야 한다. 모호한 상황에 개방적으로 대응할 수 있어야 한다. 권한은 임무중심적으로 배분하고 권한관계는 균등화되도록 해야 한다. 권한의 배분은 필요에 따라 끊임없이 재편해야 한다. 사람들의 내재적 동기유발을 강조해야 한다.

5) Senge의 학습조직

(1) 학습조직의 정의　　Peter M. Senge는 학습조직(學習組織 : learning organization)의 특성과 요건을 규정하였다. 그가 정의한 학습조직은 자기실현적 인간모형과 개방체제모형을 바탕으로 삼은 것이다. 그는 외재적 조건보다 사람들의 사고방식과 교호작용양태를 더 중요시하는 입장에서 학습조직을 처방하였다.[t]

Senge가 말한 학습조직이란 i) 조직구성원들이 진정으로 원하는 결과를 창출할 능력을 지속적으로 신장할 것, ii) 새롭고 개방적인 사고방식이 육성될 것, iii) 공동의 갈망이 자유롭게 분출될 수 있게 할 것, iv) 조직구성원들이 함

....

t) 학습조직에 대한 현대조직학의 연구는 활발하다. 많은 연구인들이 학습조직에 관한 이론 발전에 가담하고 있다. 학습조직에 관한 Senge의 이론은 그 전형적인 예로 널리 인용되고 있다.

께 배우는 방법을 계속적으로 배울 것 등의 특성을 지닌 조직이다.[11]

(2) 다섯 가지 수련   Senge는 학습조직을 탄생시키는 데 필요한 다섯 가지 수련(修練 : disciplines)을 제시하였다 이들 수련은 학습조직에 도달하는 데 필요한 노력의 방향이다. 서로 수렴해 가는 다섯 가지의 새로운 수련이 함께 학습조직을 탄생시킨다고 하였다.

사람들이 새롭게 사고하고 교호작용하는 방법을 깨닫고 이를 행동화할 수 있는 역량을 키워 학습조직을 발전시키려는 다섯 가지 수련은 다음과 같다.

① **자기완성**   자기완성(personal mastery)에 관한 수련은 진정으로 추구하는 본질적 가치의 구현을 위해 생애와 일에 관한 개인의 역량을 성숙시키는 것이다. 이것은 개인적 성장과 학습에 관한 수련이다. 자기완성의 수준이 높은 사람들은 그들이 진정으로 추구하는 결과를 창출하는 능력을 끊임없이 향상시켜 나간다.

자기완성은 능력과 기술에 기초한 것이기는 하지만 그것만으로 자기완성이 이루어지지는 않는다. 자기완성의 요체는 창의적으로 세상을 바라볼 수 있는 안목의 확대이다. 자기완성의 수련은 전 생애에 걸친 과정이다.

조직을 구성하는 개인들의 지속적인 학습과 자기완성에서 학습조직의 정신이 나온다. 조직은 배우는 개인을 통해서 배울 뿐이다. 개인적 학습이 조직학습을 언제나 보장하는 것은 아니다. 그러나 개인적 학습 없이 조직의 학습은 일어나지 않는다.

자기완성을 위한 수련에서는 첫째, 무엇을 우리가 원하며 무엇이 우리에게 중요한가를 계속적으로 명료화해야 한다. 즉 우리가 원하는 수준(비전)을 명료화해야 한다. 둘째, 현재의 사실(현실수준)을 정확하게 보는 방법을 배워야 한다.

비전과 현실수준을 대비시키면 창의적 대응을 요구하는 긴장(창의적 긴장 : creative tension)이 조성되며 그것은 해결책을 찾도록 촉구한다. 자기완성의 수련은 어떻게 하면 창의적 긴장을 조성하고 유지할 수 있는가를 배우게 하는 일이라고 설명할 수도 있다.

② **사고의 틀**   사고의 틀(mental models)에 관한 수련은 뇌리에 깊이 박힌 전제 또는 정신적 이미지를 성찰하고 새롭게 하는 것이다. 세상에 관한 사

람들의 생각과 관점, 그리고 그것이 자신의 선택과 행동에 어떤 영향을 미치는지에 대해 끊임없이 성찰하고 개선해 나가게 하는 것이다.

사람들이 가진 사고의 틀은 사람들이 세상을 어떻게 이해하느냐를 결정할 뿐만 아니라 사람들이 어떻게 행동하느냐를 결정한다. 따라서 낡은 것에 묶여 있는 사고의 틀은 학습을 방해하고 최선의 체제적 창안도 좌절시킬 수 있다.

직면한 문제의 해결에 가장 적합한 사고의 틀을 발전시키기 위해 사람들이 힘을 합칠 수 있도록 해야 한다. 그러려면 관료제의 병폐를 시정하고 개방적 의사전달과 실적기준의 적용을 촉진해야 한다. 여기서 실적기준이란 조직에 최대의 이익을 주는 대안이 무엇인가에 관한 기준이다.

③ **공동의 비전**　　공동의 비전(shared vision)에 관한 수련은 조직구성원들이 공동으로 추구해야 하는 비전에 관한 공감대를 형성하는 것이다.

공동의 비전은 조직구성원들이 무엇을 창출하기 원하는가를 묻는 질문에 대한 답이다. 이것은 조직 전체의 구성원들이 지닌 영상이다. 이것은 다양한 조직활동에 일관성을 부여하는 공동체의식을 양성한다. 이것은 사람들의 마음속에 있는 힘이다. 사람들이 미래에 대해 유사한 영상을 가지고 서로에게 헌신할 때 비전이 공유된다. 사람들이 비전을 참으로 공유할 때 그들은 공동의 욕망에 의해 결집된다.

공동의 비전은 학습에 필요한 관심의 초점과 에너지를 제공하기 때문에 학습조직에 불가결한 것이다. 공동의 비전은 조직구성원 모두가 그에 헌신하려는 태도를 가질 때 형성되는 것이다. 따라서 어떤 한 사람의 비전을 수용하도록 강요해서는 안 된다. 공동의 비전은 자발적 참여를 통해 발전시켜 나가야 한다.

공동의 비전에 관한 수련에서는 먼저 개인적 비전의 구상을 촉진해야 한다. 공동의 비전은 개인적 비전들로부터 나오기 때문이다. 강한 개인적 방향감각을 가진 사람들은 공동으로 원하는 것을 향한 상승작용 또는 공력작용(共力作用 : synergy)을 함께 창출해 낼 수 있다.

다음에는 개인적 비전으로부터 공동의 비전을 수렴해 내야 한다. 공동의 비전을 가지게 한다는 것은 구성원 각자가 자기 일뿐만 아니라 조직 전체에 대한 책임을 공유하게 한다는 뜻이다. 공동의 비전을 형성하는 과정에서는 각자가 믿는 비전을 간명하고 정직하게 제시하고 다른 사람들이 스스로 판단해서 선택하게 하는 방법을 써야 한다.

　④ **집단적 학습**　　집단적 학습(팀 학습 : team learning)에 관한 수련은 집단 구성원들이 진정한 대화와 토론 그리고 협력적인 사고의 과정을 통해 개인적 능력의 합계를 능가하는 집단의 지혜와 능력을 구축할 수 있게 하는 것이다. 집단적 학습은 구성원들이 원하는 결과를 창출할 수 있도록 집단의 능력을 결집하고 발전시키는 과정이다.

　집단적 학습은 복잡한 문제에 대한 통찰력을 키우고 쇄신적 행동의 조화된 수행능력을 키운다. 집단적 학습을 통해 역량이 향상된 집단은 다른 집단들에 집단적 학습의 기술을 전파할 수 있다. 집단적 학습에 능한 집단은 조직 전체의 학습능력향상을 위한 요새 또는 소우주(小宇宙 : microcosm)의 기능을 수행할 수 있다.

　집단적 학습은 집합적·협력적 학습이다. 이를 위한 핵심적 기술은 대화(dialogue)와 토론(discussion)이다. 대화에서는 복잡하고 미묘한 문제에 대해 자유롭고 창의적으로 탐색해 들어간다. 대화에서는 자기 관점의 관철을 위한 설득보다 다른 의견들을 서로 경청하는 데 역점을 두어야 한다. 토론에서는 서로 다른 의견을 제시한 사람들이 제각기 자기 의견을 옹호하고 찬반의 논의를 거쳐 최선의 방안을 선택한다.

　집단적 학습을 위한 수련에서는 먼저 효율적인 대화·토론의 방법을 익혀야 한다. 그리고 대화·토론을 방해하는 세력에 창의적으로 대처하는 방법도 배워야 한다.

　⑤ **시스템중심의 사고**　　시스템중심의 사고(systems thinking)에 관한 수련은 체제를 구성하는 여러 연관요인들을 통합적인 이론체계 또는 실천체계로 융합시키는 능력을 키우는 통합적 훈련이다.

　조직이라는 시스템을 통합적으로 바라보고 시스템 전체에 기여하는 능력을 기르려면 시스템 다이내믹스를 결정하는 요인들과 그들 사이의 관계를 이해시키는 훈련, 그리고 이를 바탕으로 시스템을 더 효과적으로 만들 수 있는 행동을 이끌어내는 훈련을 해야 한다.

(3) 학습조직의 효용　　학습조직의 효용 또는 목표는 조직을 구성하는 개인들의 지속적 발전과 조직의 탁월한 성과달성이다. 좀 더 구체적으로는 업무수행의 품질향상, 고객만족, 경쟁우위확보, 신속한 변동대응성, 진실한 조직활동, 주인의식 있는 인적자원의 양성, 첨단기술의 발전과 세계화에 대한 대응 등이 열거되기도 한다. 그러나 가장 궁극적인 필요성 또는 효용은 사람들이 학습조직에서 생활하기를 원하는 것이라고 한다.

6) 총체적 품질관리

총체적 품질관리의 기본형은 1920년대에 미국에서 창안되었다고 한다. 2차대전 중에는 미국과 영국이 방위산업체의 관리에 이를 적용하였으며, 전후에는 일본의 복구사업에 점령국인 미국이 총체적 품질관리를 도입하였다. 그 뒤 총체적 품질관리운동은 일본의 민간기업에도 소개되었다. 총체적 품질관리방식은 일본에서 가일층의 발전을 보게 되었다.

일본의 성공경험에 자극을 받은 미국은 일본에서 성숙한 총체적 품질관리를 역수입하였다. 1980년대 이후 총체적 품질관리운동은 미국에서 크게 확산되었으며, 다른 나라들에도 그 영향이 점차 파급되어 왔다. 오늘날 총체적 품질관리는 민간기업뿐만 아니라 정부부문에도 많은 영향을 미치고 있다. 서비스개선에 대한 압력과 세금감축·정부감축에 대한 압력을 동시에 받고 있는 정부부문은 총체적 품질관리에 대한 기대를 키워왔다.

(1) 총체적 품질관리의 정의　　총체적 품질관리(總體的 品質管理 또는 全社的 品質管理 : total quality management : TQM)는 고객에 대한 서비스의 품질을 향상시키려는 관리이다. 이것은 서비스의 우수성을 요구하는 고객의 기대에 부응하기 위해 업무수행방법을 통제하고 이를 지속적으로 개선하는 데 조직 내의 모든 사람을 가담시키는 관리이다. TQM은 품질향상을 위해 조직구성원의 능력신장·동기유발을 기도하며, 합리적 관리체제를 채택하고, 과학적 품질관리기법을 활용한다. TQM은 전통적 조직문화의 개혁을 필요로 하는 관리이다.[12]

TQM에서 품질(品質 : quality)은 고객의 요구에 부응하는 수준을 나타내기 위한 개념이다. 품질은 고객에게 가치 있는 모든 것을 포괄한다. 산출되는 재화·용역의 물질적·경제적 우수성, 생산성, 능률성, 효율성, 윤리성, 안전성,

자원의 현명한 사용 등이 모두 포함된다.

(2) 주요특성   TQM의 주요특성은 다음과 같다.[13]

① **고객과 공급자로 구성된 조직**   조직을 고객과 공급자로 구성된 복잡한 체제라고 본다. 최고관리자로부터 말단직원에 이르기까지 모든 조직구성원들은 한편으로는 공급자이면서 다른 한편으로는 고객인 이중적 역할을 수행한다고 이해하는 것이다.

② **고객의 요구 존중**   고객의 요구에 부응하는 품질의 달성은 최우선의 목표이다. 조직의 산출에 관한 결정을 고객이 주도하게 한다.

③ **지속적 개선**   행동원리는 지속적 개선이다. 실책과 결점을 용납하지 않으며 결점이 없어질 때까지 개선활동을 되풀이한다. TQM을 채택한 조직은 학습조직이며 유능하고 창의적인 조직구성원에 의존하는 조직이다.

④ **집단적 과정의 중시**   계획과 문제해결의 주된 방법은 집단적 과정이다. 업무수행활동의 초점이 개인적 노력에서 집단적 노력으로 옮아간다.

⑤ **개방적 신뢰관계**   조직의 모든 계층에 걸쳐 구성원들 사이에 개방적이고 신뢰하는 관계를 설정하며 구성원들에게 힘을 실어 준다.

⑥ **과학적 기법 사용**   사실자료에 기초를 둔 과학적 품질관리기법을 활용한다.

⑦ **총체적 적용**   조직 내 모든 업무에 적용하고 조직 내 여러 기능의 조정적·연대적 관리를 강조한다.

⑧ **장기적 시간관 · 예방적 통제**   시간관(時間觀)은 장기적이며 통제유형은 예방적·사전적 통제이다.

⑨ **분 권 화**   재화·용역의 부가가치를 극대화하는 데 유리한 분권적 조직구조를 선호한다.

위와 같은 특성을 지니는 TQM의 지향성은 i) 고객중심주의(고객의 요구와 만족), ii) 통합주의(능동적 참여, 기능연대, 집단적 노력), iii) 인간주의(구성원들의 자발성·창의성), iv) 총체주의(조직활동 전체에 대한 적용), v) 합리주의(과학적 분석기법), vi) 개혁주의·무결점주의(무결점을 향한 지속적 개혁) 등으로 요약할 수 있다.

(3) 전통적 관리와의 구별   TQM의 특성을 보면 그것이 전통적 관리와는 많이 다르다는 것을 알 수 있다.

① **TQM과 대조되는 전통적 관리**　　TQM 연구인들은 TQM과 대조되는 전통적 관리의 특성으로 i) 관리자·전문가에 의한 고객의 수요 결정, ii) 기준범위 내의 결함 용인, iii) 직감에 따른 의사결정, iv) 사후적 통제, v) 단기적 계획, vi) 재화·용역공급계획의 조직단위별 순차적 입안, vii) 개인적 업무수행을 대상으로 한 관리, viii) 현상유지적 특성, ix) 계서적 조직구조, x) 지배자 또는 감시자로서의 감독자 등을 들고 있다.

② **TQM 추진전략의 온건성**　　TQM은 전통적 관리에 비해 반전통적이라 할 만큼 혁신적인 요소를 많이 담고 있다. 그러나 반전통의 추구에서 상당부분 부드러운 접근방법을 택하고 있다. 관료제의 근본을 뒤엎자는 주장을 펴지는 않는다. 예컨대 하급직원들에게 힘을 실어 주는 일과 분권화를 추구하지만 계서제의 완전한 타도를 주장하지는 않는다. 부하들의 개혁제안을 촉구하지만 관리자들의 결정권을 배척하려 하지 않는다. 지속적인 개혁을 기본원리로 삼으면서도 단번에 큰 승리를 거두려 하기보다 작은 개혁들의 누진적 축적을 추구한다.

③ **TQM과 MBO**　　TQM은 목표관리(MBO)와도 다른 시각을 가지고 있다. 상관과 부하의 합의로 목표를 설정하고 목표성취도에 따라 보상을 주는 것이 MBO이다. TQM도 목표를 설정하고 결과를 측정하는 것이 사실이지만 관심의 초점은 외향적이다. 즉 고객의 필요에 따라 목표를 설정하는 것을 강조한다. MBO의 관심은 내향적이어서 개인별 또는 조직단위별 통제와 성취에 역점을 두어 목표를 설정한다. MBO는 수량적 목표의 성취에 치우쳐 질의 저하를 초래할 수도 있으며 목표량이 달성되는 한 관리상의 문제들이 은폐될 수도 있다고 한다. 이런 일들을 막아보려는 것이 TQM이라고 한다.

(4) **개혁요청의 추세변화·이론발전의 반영**　　TQM은 관리의 세계에서 근래 부각되고 있는 여러 가지 개혁의 추세를 반영한다. 계서제의 완화, 모든 조직구성원의 능동적 쇄신노력 강조, 집단적 문제해결의 강조, 의사결정과정에 대한 참여의 확대, 엄격한 통계학적 기법의 사용, 고객중심주의의 강조 등은 그러한 개혁추세의 몇 가지 예이다.

그리고 TQM은 여러 가지 관리이론과 실천적 접근방법으로부터 아이디어와 방법들을 받아들여 활용한다. 이 점에 착안하여 TQM을 복합적 또는 통합적 접근방법이라고도 부른다.

TQM의 형성에 중요한 기여를 한 이론들을 보면 동기이론, 조직발전론, 조직문화론, 체제론, 새로운 리더십이론, 기획론, 연결침조직에 관한 이론, 집단역학, 과학적 관리이론 등이다.

(5) 운영과정　　TQM을 채택하고 있는 조직에서 지속적인 업무개선을 추진하는 기본적 행동과정의 주요단계는 다음과 같다.[14]

① **업무기술**　　업무기술(業務記述) 단계에서는 업무담당자들이 자기 업무를 측정하고 기술하며 개선해야 할 작업과정을 확인한다. 그리고 누가 무엇을 언제 하는가를 나타내는 업무수행의 단계들을 기술한다. 업무기술을 할 때에는 언제나 고객이 누구이며 그들의 요청이 무엇인가를 확인하는 데서부터 출발해야 한다.

② **결함과 그 원인의 확인**　　업무수행과정에서 결함, 지연, 재작업이 가장 자주 발생하는 곳이 어디인지를 확인하고 그 원인을 규명한다. 결함의 원인에는 대단히 많은 것들이 있다. 빈약한 장비, 부적절하거나 불분명한 지시, 부적합한 표준적 절차, 의사전달의 장애, 직원들의 훈련부족, 잘못 설계된 시스템 등을 그 예로 들 수 있다.

③ **개선안의 시험적 실시**　　업무과정을 개선하기 위해 입안한 작은 규모의 파일럿 프로젝트를 시험적으로 실시한다.

④ **개선안의 채택과 실시**　　개선안의 시험적 실시가 성공적이면 이를 조직 전체에 도입한다. 그리고 새로이 채택한 업무수행과정이 계속적으로 업무수행을 개선할 수 있도록 이를 모니터한다.

⑤ **반　　복**　　위의 개선작업단계들을 되풀이하여 업무수행을 지속적으로 개선해 나간다.

이러한 기본단계들이 조직 전반에 걸쳐 네트워크로 연계되고 조직의 여러 과정과 구조 그리고 조직문화가 그것과 조화를 이루면 TQM이라는 하나의 총체적 관리체제가 성립한다.

(6) 효용과 한계　　TQM의 효용과 한계 또는 장애요인들은 다음과 같다.

① **효　　용**　　TQM은 오늘날 조직개혁이론이나 행정개혁이론이 추구하는 가치를 반영하는 관리모형으로서 그 필요성과 효용은 높이 평가받고 있다.

TQM의 가치 내지 덕목은 그 특성을 설명할 때 이미 시사한 바 있다.

　TQM이 추구하는 고객중심주의, 통합주의, 인간주의, 총체주의, 합리주의, 무결점주의는 오늘날 조직사회의 요청에 부응하는 것이다. TQM의 이러한 지향성은 환경적 격동성, 경쟁의 격화, 조직의 인간화·탈관료화에 대한 요청, 소비자존중의 요청 등 오늘날 우리가 경험하는 일련의 상황적 조건 내지 추세에 부응 또는 대응하는 것이다.

　② 한　계　　그러나 TQM을 실천에 옮기는 것은 쉬운 일이 아니다. TQM의 전제가 되는 조직문화개혁은 어려운 일이다. 운영전략이 요구하는 조건을 준수하기도 힘든 것이다.

　정부부문에 TQM을 도입하는 데는 더 많은 애로가 따를 것이다. 정부업무의 품질을 측정하기 어렵고 공공서비스의 소비자를 확인하거나 한정하기 어려운 경우가 많다. 정부조직의 오래된 집권주의와 투입중심주의도 TQM의 장애가 된다. 정부부문의 비시장성·비경쟁성은 TQM의 필요성에 대한 인식을 약화시킬 수 있다. TQM의 처방 가운데서 계속성 있는 목표를 설정해야 하며 계량적 목표설정을 피하고 비용보다는 품질을 우선적으로 고려해야 한다는 처방을 정부부문에서 실현하기는 어렵다.

　TQM이 성공하려면 TQM의 지향성을 지지하는 방향으로 조직문화를 개혁해야 한다. 그리고 TQM의 운영전략처방을 제대로 준수해야 한다.

　　여기서는 TQM을 탈전통적 관리모형의 전형적인 예로 소개하였지만 그 밖에도 전통적인 관리모형을 수정하는 모형들은 많다. 그 중요한 예로 i) 목표관리, ii) 전략적 관리, iii) 고객만족관리, iv) 성과관리, v) 규범적 통제모형, vi) 영기준예산제도, vii) 조직발전의 관리, viii) 신관리주의적 관리(신공공관리) 등을 들 수 있다.

　　목표관리(目標管理 : management by objectives : MBO)는 참여의 과정을 통해 조직단위와 구성원들이 수행할 생산활동의 단기적 목표를 명확하고 체계 있게 설정하고, 그에 따라 생산활동을 수행하도록 하며, 활동의 결과를 평가·환류시키는 관리체제라고 할 수 있다.[15]

　　전략적 관리(戰略的 管理 : strategic management : SM)는 환경과의 관계를 중시하는 변혁적 관리이다. 이것은 조직에 영향을 미치는 변동의 효율적 관리를 지향한다. SM은 역동적인 환경에 처하여 변화를 겪고 있는 조직의 새로운 지향노선을 제시하고 그에 입각한 전략·전술을 개발하여 집행한다. SM은 조직이 그 활동과 운명을 스스로 통제할 수 있게 하려는 것이다.16)

고객만족관리(顧客滿足管理 : customer satisfaction management)란 조직의 이미지와 조직이 산출하는 재화·용역에 대한 고객의 만족도를 높이기 위해 지속적으로 고객만족도를 조사하고 그 결과에 따라 시정조치를 하는 관리이다.17)

성과관리(成果管理 : performance management)는 조직의 목표를 성취하기 위해 조직의 모든 노력을 체계적으로 통합하려는 관리이다. 성과관리의 구성요소는 측정가능한 목표의 명시, 업무수행지표와 기준들의 체계적인 적용을 통한 조직산출의 평가, 개인에 대한 근무성적평정과 조직목표의 연계, 성과에 입각한 유인부여, 연도별 관리과정과 자원배분의 연계, 계획과 실적의 평가와 환류 등이다.18)

규범적 통제모형(規範的 統制模型 : normative-control model)은 신념과 가치를 통제의 기초로 삼는 관리이다. 사람들의 가치관과 태도를 중시하고 제도보다는 정신을 강조하는 관리라고도 한다. 가치관과 태도에 역점을 둔 선발, 조직에 헌신하는 태도를 기르는 사회화, 수용된 원리와 비전에 의한 지휘, 책임의 공동부담, 고객을 포함한 식견 높은 사람들이 하는 실적평가 등을 구성요소로 한다.19)

영기준예산제도(零基準豫算制度 : zero base budgeting)는 전례를 기준으로 삼지 않고 매년 영의 수준 또는 백지수준에서 새로이 예산을 결정하는 예산제도이다. 이에 기초한 관리체제는 선례답습주의 또는 점증주의를 배척하려 한다.

조직발전(組織發展)의 관리는 인간중심적·행태주의적 조직개혁을 추구하는 관리이다.

신공공관리에 대해서는 제 4 장에서 설명할 것이다.

Chapter

04
개혁의 목표상태: 실천적 제안

제4장에서는 선진제국에서 근래 제안되거나 시행된 '새 시대'의 목표상태모형들을 예시하려 한다. 여기서 고찰할 목표상태모형들은 오늘날 세계 각국의 행정개혁사업에 직접적으로 영향을 미치고 있는 '실천적으로 지향된' 모형들이거나 정부가 주도한 개혁의 청사진들이다. 이런 모형들은 전통적 행정체제 또는 정부조직의 관료화에서 빚어진 폐단을 시정하려는 어느 정도의 공통점을 지니고 있지만 급진성의 수준이나 구체적 전략에는 다소간의 차이가 있다. 처방된 개혁전략들 가운데는 제3장에서 고찰한 이론변천추세에 일관되지 않는 것들도 있다.

제4장에서 소개할 첫 번째 목표상태모형은 영연방제국에서 정부가 추진한 신공공관리운동의 개혁모형이다. 이어서 신공공관리 모형을 비판하고 그 대안으로 제시한 신공공서비스 모형을 소개하려 한다. 그와 함께 공공가치 거버넌스도 설명하려 한다. 그 다음에 미국의 정부재창조운동을 이끈 기업가적 정부에 관한 처방, 탁월한 정부에 관한 처방, 일은 잘하고 비용은 덜 드는 정부에 관한 처방 등을 설명하고, 이음매 없는 정부, 전자정부, 작은 정부에 관한 처방들을 차례로 검토할 것이다. '정부 3.0' '디지털플랫폼정부' 등 새로운 형태의 전자정부모형에 대해서는 제5장에서 설명할 것이다.

민간화모형에 대해서도 설명할 것이다. 민간화는 목표상태라는 의미뿐만 아니라 정부감축의 한 수단이라는 의미를 함께 지니는 것이다. 독자들은 민간화를 다른 목표상태모형의 전략 또는 방법으로 이해하는 사람들이 적지 않다는 점에 유의하기 바란다.

끝으로 근래 활발하게 논의되고 있는 좋은 정부의 개념정의에 대해 언급하려 한다.

Ⅰ. 신공공관리

1. 범위의 한정

영연방제국에서 1980년대에 시작되고 20여 년간 성숙된 신공공관리운동은 20세기 말의 세계적인 행정개혁에 커다란 영향을 미쳤다. 이 운동은 여러 변동을 겪으면서 오늘날까지도 광범한 파급력을 지니고 있다.

신공공관리운동의 범위를 한정하는 것은 힘든 일이다. 오늘날 개혁 아이디어의 전파에는 국경이 없다. 여러 나라에서 신공공관리의 접근방법이 수용·변용되었다. 공간적으로 뿐만 아니라 시간적으로도 신공공관리의 내용은 변해왔다. 영연방제국에서 출범했다고 하지만 영연방의 나라마다 그 배경이나 내용이 모두 같았다고 말할 수는 없다.

이런 사정이 있는데다가 신공공관리가 아주 많은 사람들의 입에 오르내리면서 이 접근방법에 대한 이해와 설명에 상당한 혼선이 빚어지게 되었다.

가장 넓은 뜻으로 신공공관리를 이해하는 사람들은 이것을 1980년대부터 시작된 세계적 행정개혁운동이라고 규정한다. 이러한 입장은 신공공관리를 오늘날의 행정개혁과 동일시함으로써 이를 거의 보통명사화한다. 세계적인 공간적 확산과 시간적 변동을 모두 포괄시키는 경우 신공공관리의 정체성을 확인할 수 없거나 확인한다 해도 그 유용성이 떨어질 수밖에 없다.

다수의견은 신공공관리를 뉴질랜드, 영국 등 영연방제국이 1980년대부터

20여 년간 촉발·성숙시킨 관리주의적 행정개혁운동 또는 접근방법이라고 규정한다.

저자는 이러한 다수의견을 따르려 한다. 21세기에 접어들어 일어난 행정개혁운동의 경향변화까지 신공공관리에 섞지는 않을 것이다. 그리고 1990년대에 출범한 미국의 정부재창조운동은 별개로 다루려 한다. 신공공관리운동과 정부재창조운동이 여러 면에서 닮았기 때문에 후자를 전자의 범위에 포함시키는 사람들도 있다. 저자는 양자를 닮았지만 또한 구별되는 두 줄기의 개혁운동으로 다룰 것이다.

다음에 신공공관리의 전개배경을 알아본 다음 신공공관리의 의미를 정의하고 그에 대한 비판적 논점을 요약하려 한다. 그리고 책임운영기관, 시민헌장제, 시장성시험 등 신공공관리운동이 도입한 몇 가지 제도들을 살펴보려 한다.

2. 신공공관리의 전개과정

1) 뉴질랜드와 영국의 주도

신공공관리운동은 1980년대부터 영연방제국에서 시작되었으며 이 운동의 핵심적인 아이디어들은 점차 세계 각국에서 널리 수용되었다. 영연방국가들 가운데서도 이 운동을 주도한 나라는 뉴질랜드와 영국이었다.[1]

(1) 뉴질랜드의 개혁운동   1970년대 말의 경제위기로 인해 뉴질랜드의 국민당정부가 실각하고 9년 만에 노동당이 집권하게 되었다. 노동당정부는 1980년대에 접어들면서부터 광범하고 급진적인 행정개혁사업을 추진하였다. 신공공관리운동이라고 불리게 된 이 개혁운동의 기조는 정부의 감축과 공공서비스개선을 위한 시장기제의 도입이었다. 이러한 기조 위에서 정부규모 축소, 정책결정기능과 정책집행기능의 분리, 서비스 공급의 경쟁성 도입, 계약제활용의 확대, 관리자의 재량권 확대, 목표와 산출의 투명성 제고, 산출지향적 예산제도 도입 등 여러 가지 쇄신을 단행하였다.[a]

....

a) 뉴질랜드의 신공공관리운동은 경제학이론의 인도를 받은 것이었으며 개혁의 청사진을 만

뉴질랜드의 신공공관리운동은 20여 년간의 변천과정을 거쳐 성숙했다. 변천의 첫 단계는 민간부문의 관리방식과 기법들을 정부에 도입하는 관리주의적 개혁단계였다. 둘째 단계는 정부부문에 경제적 접근방법을 광범하게 도입하는 시장화 단계였다. 셋째 단계는 시장화로 인한 정부활동의 분산화가 빚는 폐단을 시정하려고 노력한 단계였다. 넷째 단계는 여러 개혁전략을 감당할 수 있는 관리능력의 육성에 주력한 단계였다.2)

(2) **영국의 개혁운동**   영국의 신공공관리운동은 1979년에 집권한 보수당정부가 시작하였다.b) 보수당정부는 정부축소를 지향하는 신보수주의적 정책의 추진과 더불어 광범한 공공관리개혁운동을 전개하였다.

1982년에는 재정관리개혁조치(Financial Management Initiative)를 시행하였다. 이 조치를 통해 예산제도 개혁, 기구와 공무원의 감축, 책임명료화를 위한 정부기능 분할, 행정산출에 필요한 비용결정의 투명성 제고, 업무성과에 대한 관리자들의 책임성 강화 등의 개혁을 단행하였다.

5년여의 세월이 흐른 후 재정개혁조치의 추진력이 약화되자 정부는 능률기획단(Efficiency Unit)을 구성하여 정부활동의 능률성을 진단하고 정부의 개혁사업을 평가하게 하였다. 능률기획단이 제출한 보고서 '정부 내의 관리개선: 다음 단계'(Improving Management in Government : Next Steps)의 권고에 따라 여러 개혁조치들을 재점화하였다. '다음 단계'의 권고에 따라 채택·확대한 대표적 제도가 책임운영기관제도이다. 연이어 공공부문의 경쟁성을 강화하기 위한 시장성 시험, 고객을 위한 정부서비스의 품질을 향상시키려는 시민헌장 등의 제도들을 채택하였다.

영국에서의 신공공관리운동 역시 정부기능의 재조정과 민간화의 촉진, 시장성 제고, 성과관리의 촉진, 분권화, 고객을 위한 서비스의 품질향상 등을 지향하는 것이었다.

1997년에는 보수당정부가 물러나고 노동당이 집권하였다. 신보수주의 또

....

드는 데에는 재무부장관이었던 Roger Douglas가 주도적 역할을 하였다고 한다.
b) 오랫동안 보수당정부를 이끈 Margaret Thatcher수상의 강한 의지와 추진력이 신공공관리운동의 발전에 결정적 역할을 하였다. 이러한 이유로 영국의 신공공관리 또는 신관리주의를 Thatcherism이라고 부르기도 한다.

는 신자유주의 정권이 개혁적 사회민주주의 정권으로 교체되면서 개혁의 시
각이 달라지기는 하였으나 유권자들의 기대에 따라 신공공관리의 우파적 개
혁정책을 많이 승계하였다. 영국의 신공공관리운동은 재생산을 거듭해 행정
개혁운동에서 헤게모니를 오래 유지해 왔다.

뉴질랜드, 영국의 경우와 엇비슷한 시기에 호주와 캐나다에서도 강력한
공공관리개혁운동이 전개되었다. 뉴질랜드에서는 경제이론에 바탕을 두고 관
리자들이 열심히 관리책임을 다하도록 유인을 개발하는 데 주력하였다면 호
주에서는 효율적 관리의 장애를 제거하는 데 역점을 두었다. 그리고 정부서비
스의 성과를 측정하는 데 더 많은 관심을 기울였다. 캐나다는 정부규모의 축
소에 우선적인 주의를 기울였다. 그리고 정부사업 간의 조정을 강조하였다.

2) 개혁운동 촉발의 배경

신공공관리운동을 선도한 영연방제국의 여건이 다 같은 것은 아니다. 나
라마다의 형편은 조금씩 다르고 개혁촉발의 정치적 계기도 다르다. 그러나 신
공공관리운동 촉발의 동인이 된 조건들 가운데는 공통적인 것들이 많다.

신공공관리운동을 촉구하는 압력을 형성하고 개혁운동전개를 용이하게
한 공통적 조건들을 보면 다음과 같다.[3]

① **경제적 위기**   신공공관리운동을 촉발시킨 일차적인 원인은 경제적
위기와 국제경쟁의 심화라고 할 수 있다. 신공공관리운동 출발의 배경에는 공
통적으로 경제위기가 있었다. 경제의 고도성장과 풍요를 구가하던 선진국들
이 여러 가지 이유로 경제적 어려움에 직면하게 되었다. 경제팽창기에 정부간
여와 복지서비스를 계속 확대했는데 어느덧 이를 감당하기 어려운 한계에 봉
착했다. 성장둔화, 납세인구의 감소, 조세저항, 인플레이션, 스태그플레이션,
무역역조 등 경제적 난국의 원인은 다양하다. 치열해진 국제경쟁도 경제적 어
려움을 가중시켰다. 경제가 어려워지면서 정부는 재정적자에 허덕이게 되고
정부규모 축소, 정부지출의 축소에 대한 압박을 받게 되었다.

경제적 위기에 몰린 정부와 국민은 광범한 경제적·사회적 병폐를 시정
하려면 무엇보다도 정부의 관리를 개혁해야 한다고 생각하게 되었다.

② **국민의 높아진 욕망수준과 불만**   고도산업화시대·정보화시대를 살아

가는 국민의 공공서비스에 대한 욕망수준은 계속 높아졌다. 점점 더 많은 고품질의 정부서비스가 보다 싸고 효율적으로 공급되기를 바라게 되었다. 민간의 편리한 고급 서비스를 경험한 풍요롭고 교육수준 높은, 이른바 '돈은 많고 시간은 부족한'(money rich, time poor) 소비자들의 정부에 대한 기대는 전에 없이 높아졌다. 국민들 사이에 소비자중심적 사고방식이 크게 확산되었다. 이러한 기대에 못 미치는 정부의 무능과 비효율성은 더욱 많은 비난의 표적이 되었다.

③ **전통관료제에 대한 실망**   경직성, 독점의 폐단, 높은 거래비용, 낭비, 공급자중심적 관리 등 전통관료제적 정부조직의 폐단에 대한 비난의 소리가 높아졌다. 전통관료제적 정부조직이 경제적·사회적 난제들을 해결해 줄 것이라는 믿음이 현저히 약화되었다. 정부에 대한 기대와 실망이 큰 국민과 정치인들은 전통적 정부관료제를 개혁의 표적으로 삼게 되었다.

④ **정치이념의 변화**   사회경제적 여건 변화는 주도적 정치이념의 변화를 동반하였다. 신자유주의(新自由主義 : neoliberalism) 또는 신우파(新右派 : new right)의 이념이 득세하게 되었다.[c] 복지국가주의는 다원주의국가론에 밀리게 되었다. 이러한 정치사조의 변화는 정부 역할의 축소, 행정에 대한 정치적 통제의 강화, 소비자의 발언권 강화를 지지하였다.

⑤ **경제이론의 뒷받침**   신공공관리의 패러다임과 전략은 경제이론, 특히 공공선택론, 대리인이론, 거래비용이론 등 신제도주의 경제이론의 원리와 처방에 의존하는 바가 크다. 이러한 경제이론은 신공공관리의 노선정립에 지적 기초를 제공하였다.

⑥ **관리기술의 발전**   직업분화과정에서 관리직의 역할과 책임이 중요해지고 관리기술이 획기적으로 발전한 것은 관리주의적 개혁운동의 촉발과 추진에 강력한 동인이 되었다. 특히 정보기술·정보체제의 발달은 신공공관리가 추진한 새로운 형태의 성과관리를 가능하게 하는 데 크게 기여하였다.

....

c) 신자유주의는 시장우선주의이며 최소정부론을 지지한다. 신자유주의는 자유시장이 자원배분을 효율화하고 생산성을 향상시키고 개혁을 촉진하는 최적의 메커니즘이라고 보는 시장우선의 이념이다. 신자유주의는 정부실패에 주목하고 시장의 자유화·정부개입의 축소를 처방한다.

3. 신공공관리의 정의

신공공관리(新公共管理 : new public management : NPM)는 행정개혁의 관리주의적 접근방법이다. 정부의 관리작용에 초점을 맞추고, 관리개혁을 공공부문개혁의 지렛대 또는 요새로 삼으려는 접근방법이다.

신공공관리는 정부의 관리자들이 능률적·효율적으로 관리기능을 수행하도록 하고 관리기능 수행의 장애를 제거하려 한다.[d] 관리주의에 입각한 신공공관리의 핵심적 지향노선은 고객지향성, 시장지향성, 그리고 성과지향성이다. 신공공관리의 이러한 지향노선 채택은 전통적 정부관료제의 병폐와 정부실패를 시정하기 위한 것이다. 신공공관리는 현대적인 관리이론과 경제이론의 영향을 많이 받은 접근방법이다.[e]

신공공관리는 일련의 개혁원리를 처방한다. 개혁의 목표상태에 관한 신공공관리의 원리들을 간추리면 다음과 같다.[4]

① **시민을 위한 공공서비스의 개선**   고객이며 사용자인 시민을 위해 정부서비스의 품질을 향상시켜야 한다. 정부는 고객을 위해 값 싸고 친절하며 편리한 서비스를 대응성 있게 공급해야 한다. 정부서비스 공급결정에 대한 시민의 참여와 선택을 강화해야 한다. 정부는 시민의 개별화된 요구에 최대한 부응해야 한다.

② **능률적·효율적 관리**   공공서비스의 능률성과 효율성을 높여야 한다. 자원배분의 투명성을 높이고 거래비용을 최소화해야 한다. 관리의 능률성·효율성을 높이기 위해 정보기술을 활용하고 새로운 관리기술을 도입해야 하며 정부조직의 구조도 개혁해야 한다.

③ **정부감축과 민간화**   정부의 기능과 지출을 감축해야 한다. 정부는 민간부문에서 능률적·효율적으로 수행할 수 없는 일만 하고 나머지 정부기

---

d) 신공공관리는 "관리자들이 관리하게 만들고, 관리자들이 관리할 수 있게 하려는"(to make managers manage, to let the managers manage) 개혁이라고 한다.

e) 저자는 신공공관리를 행정개혁의 한 접근방법이라 부르고 있지만 개혁의 관점, 철학, 경제이론, 패러다임 등의 표현도 쓰이고 있다. 신공공관리의 개혁원리를 핵심적 아이디어, 특성, 또는 구성요소라고 부르기도 한다.

능은 민간화해야 한다. 정책과 목표를 설정하는 정부가 그 집행까지 독점할 필요는 없다. 집행업무는 정부 내외를 불문하고 능률적·효율적으로 수행할 수 있는 조직에 맡겨야 한다.

민간에 대한 정부의 의존도가 높아질수록 정부는 기업 등 민간부문의 조직들과 파트너십을 강화해야 한다.

④ **시장적·준시장적 기제의 도입**　　공공관리와 시민에 대한 공공서비스 공급의 능률화·효율화를 위해 시장기제(市場機制 : market mechanisms)를 도입해야 한다. 시장기제 도입의 핵심적 도구는 경쟁성의 강화와 계약제활용의 확대이다.

공공의 자금으로 하는 서비스공급은 가능한 한 경쟁에 노출시켜야 한다. 관료제적 공급방법은 될 수 있는 대로 시장적 경쟁방법으로 대체해야 한다. 공공서비스의 공급에서 성과기준의 계약제를 가능한 한 널리 활용해야 한다. 계약제는 정부업무를 민간화하는 도구로서 뿐만 아니라 정부 내의 집행업무 관리에서도 책임경영의 도구로 사용해야 한다.[f]

⑤ **산출과 성과의 강조**　　정부서비스공급의 관리는 산출지향적·성과지향적이라야 한다. 산출통제를 강화하고 성과관리를 구축하려면 산출목표·성과기준·성과지표를 명료화하고 기업방식의 성과측정을 해야 한다. 그리고 성과측정을 정부조직의 전략·전술관리에 연계해야 한다. 성과관리를 뒷받침하려면 산출지향적 예산제도를 구축하고 서비스의 결과를 기준으로 하는 성과연관적 보수제도를 도입해야 한다.

⑥ **구조의 개혁 : 수평적·수직적 전문화**　　정부조직의 수평적·수직적 전문화(분화)를 촉진해야 한다.

수평적 전문화는 기능과 책임관할의 분화를 뜻한다. 구조를 기능별, 직업

----

f) Olsen은 계약제 등 시장기제의 활용, 구조의 수직적 전문화와 수평적 전문화 등이 결합된 것을 '슈퍼마켓 국가모형'(supermarket state model)이라고 하였다. 이것은 수직적·수평적 통합과 계서적 명령에 의한 통제로 특징지어지는 '전통적 집권화 국가모형'(traditional centralized state model)에 대조되는 모형이라고 한다. L. P. Olsen, "Administrative Reform and Theories of Organization," in C. Campbell and Guy Peters, eds., *Organizing Governance, Governing Organizations*(University of Pittsburgh Press, 1988), pp. 237~242.

적 전문분야별로 형성해야 한다. 구매자구조(정책·목표 결정구조)와 생산자구조 또는 공급자구조(서비스 시행구조)는 구분해야 한다. 단일목표를 추구하는 조직 단위들을 늘려야 한다. 상충적인 임무를 하나의 기관에 맡겨서는 안 된다. 수 직적 전문화는 계층별 역할분화를 뜻한다. 중앙과 지방 간에, 조직 내의 계층 간에 권한과 책임의 위임을 확대하고 계서제적 층화와 통제를 감축해야 한다.

⑦ **의사결정과 통제의 개혁 : 분권화**　의사결정권한의 하부위임을 촉진해 야 한다. 행정능률이나 고객에 대한 대응성을 높이기 위해 의사결정권을 가능 한 한 집행현장과 가까운 곳에 주어야 한다. 각급 관리자들은 법률과 정책의 틀 안에서 집행에 관한 결정을 자유롭게 할 수 있도록 해야 한다.

집행상의 자율권 확대는 서비스의 능률적·효율적 공급을 위해서뿐만 아 니라 성과에 대한 책임확보를 위해서도 필요하다. 정책목표에 부응하는 성과 달성의 책임을 확보하기 위해 투명한 산출통제·성과통제를 강화해야 한다.

4. 신공공관리에 대한 비판

신공공관리라고 하는 독자적인 접근방법의 정체성이 과연 실재하는 것인가, 그리고 신공공관리가 의도한 바를 실제로 달성했는가에 대한 학계의 논쟁은 계 속되고 있다. 연구인들은 각기 자기 나름대로 확인한 신공공관리의 특성을 전제 로 그에 대해 비판해 왔다. 중요한 비판적 논점들을 보면 다음과 같다.

① **시장논리 도입의 문제성**　민간부문과 구별되는 정부부문에 시장논리 와 시장기제를 적용하는 것은 적절하지 않다. 민간부문과 민간의 관리기술이 정부부문의 경우에 비해 우월하다는 신공공관리의 전제도 근거가 박약하다. 시장기제를 관리개혁의 도구로 채택하는 신공공관리는 경제이론의 관점에 치 우친 편협하고 편파적인 접근방법이다. 이것은 정부부문에 필요한 공공성을 약화시킨다.[g]

....

g) M. Shamsul Haque는 시장지향적 행정개혁들이 ① 공·사구별의 침식, ② 능률주의 강조 로 인한 공공서비스 대상집단의 협소화, ③ 공공부문의 역할 약화, ④ 공공서비스의 책임 성 약화, ⑤ 공공서비스에 대한 국민신뢰의 감퇴 등을 초래하고 결과적으로 공공서비스의 공공성을 약화시켰다고 주장하였다. Haque, "The Diminishing Publicness of Public Service

② **계약제 활용의 문제성**　시장기제의 하나인 계약제 활용의 확대는 그 실효성이 의문이며 많은 부작용이 따른다. 정부조직의 전통적 관계와 계약관계를 이원화하여 갈등을 야기하고 자원낭비를 초래할 수 있다. 계약당사자들의 기회주의적 행동은 정부조직 내의 불신을 조장하게 된다. 계약업무 이행자들은 정부의 임무를 기업의 생산목표처럼 인식하여 측정가능한 활동에만 치중함으로써 목표왜곡을 야기한다. 계약제 적용의 확대는 공직의 단체정신을 약화시킨다.

③ **성과관리의 애로**　성과주의 추구에는 기술적 애로가 많다. 민간부문에 비해 공공부문활동의 목표를 확인하고 성과를 측정하는 것은 훨씬 어렵기 때문이다. 신공공관리가 경비절감과 능률증진에 집착하기 때문에 소비자중심적 서비스의 효과 또는 성과에 대한 관심은 오히려 약화될 수 있다. 능률성 강조 자체에도 문제가 있다. 능률을 넓은 시각에서 보지 않기 때문에 능률추구의 부작용이나 장기효과를 간과하게 된다.

④ **조직의 분산화**　정부조직의 수평적 전문화 내지 기능분립화는 조직의 분산화를 조장한다. 조직의 분산화는 갈등을 키우고 조정의 필요와 자원소모를 증대시켜 과부하로 인한 조직역량 결손을 초래한다. 정부서비스의 사용자들은 분산된 서비스 때문에 불편을 겪는다.

⑤ **정치적 통제의 약화**　민간화, 지방정부에 대한 권한 위임, 조직 내의 분권화는 정치적 통제를 약화시킨다. 민주적 통제의 약화는 국민에 대한 공공서비스의 책임성을 약화시킨다.

⑥ **유인기제의 문제성**　신공공관리가 처방하는 유인기제의 획일성이 문제이다. 개인차나 상황의 차이를 무시하고 성과급이라는 외재적 보상을 주된 유인기제로 삼기 때문이다. 신공공관리의 정부감축 드라이브는 공무원들의 사기를 떨어뜨려 생산성제고운동에 지장을 준다.

⑦ **편협한 안목**　관리주의적 접근방법의 안목은 편협하다. 공공개혁 전반의 문제를 폭넓게 바라보지 못하고 공공관리의 개혁에 매달린다. 좁은 안목 때문

에 행정개혁을 국가의 총체적인 거버넌스 시스템에 제대로 연계시키지 못한다.^{h)}

5. 책임운영기관

　책임운영기관(責任運營機關 : agency or executive agency)은 신공공관리운동의 주요 창안 가운데 하나인 기관설계모형이다. 이것은 정책입안기능과 정책집행기능을 구분함으로써 구조의 수직적 전문화를 도모하는 모형이다.⁵⁾

　신공공관리운동의 도구로 이 모형을 파악하는 사람들은 그 발상의 출발을 영국의 능률기획단이 1988년에 제출한 보고서 '정부 내의 관리개선 : 다음 단계'의 권고에서 찾는다.ⁱ⁾

　　'다음 단계'를 구상한 사람들의 인식 또는 전제는 i) 대부분의 공무원들은 정책형성보다는 서비스전달에 종사한다는 것, ii) 고급공무원들이 서비스전달조직들을 관리하는 경험과 기술을 가지고 있지 않다는 것, iii) 업무성취의 결과 그리고 업무개선에 대한 관심이 별로 없다는 것, iv) 공직이 너무 방대하고 복잡하기 때문에 그것을 단일의 조직처럼 관리하기는 어렵다는 것 등이다.

　　'다음 단계'의 권고요점은 세 가지이다. 첫째, 서비스전달과 집행업무를 담당하는 행정기구를 정책형성을 담당하는 소속부처로부터 분리해야 한다. 둘째, 서비스전달과 집행업무를 담당하는 조직에 훨씬 많은 융통성과 자율성을 부여해야 한다. 셋째, 높은 자율성을 누리는 집행조직은 성과계약을 통해 업무성과에 대한 책임을 지도록 해야 한다.

　'다음 단계'의 권고에 따라 구성된 책임운영기관은 소속부처와 성과계약

----

h) 신공공관리의 안목이 편협하다는 비판에 대해서는 의견을 달리하는 사람들이 있다. 그들은 신공공관리운동이 당초에 거버넌스 개혁의 도구로 입안되었다는 점 그리고 이 운동의 후기에는 공공관리와 거버넌스의 연계를 강조하게 되었다는 점을 지적한다.
i) 책임운영기관이라고 하는 영국식 제도는 오늘날 여러 나라에 보급되어 있다. 우리나라에서도 이를 채택하고 있다. 우리 정부에서는 executive agency를 책임운영기관이라 부르고 있지만 책임집행기관 또는 사업단이라는 이름이 붙여지는 경우도 있다.
　영국정부의 관리개선 보고서에 '다음 단계'라는 말이 들어간 까닭은 "다음에(앞으로) 무엇을 해야 하는가"라는 뜻을 표현하기 위한 것이라고 한다. 최종만, 영국의 정부시스템 개혁 (나남, 2007), 60~73쪽.

을 맺고 일정한 거리를 유지하면서 인사상·예산상 필요한 자율성을 누린다. 그 대신 사업성과에 대해서는 소속부처에 책임을 진다.

책임운영기관의 구성원리는 다음과 같다. 첫째, 집행·서비스전달기능을 정책기능으로부터 분리한다. 둘째, 특정한 집행·서비스전달기능을 맡아 수행할 책임운영기관을 설립한다. 셋째, 책임운영기관의 사업목표는 소속장관과 책임운영기관장 간의 계약으로 결정한다. 넷째, 책임운영기관의 장은 정부 내외에서 공모하여 계약직으로 채용한다. 다섯째, 책임운영기관의 장은 자율적으로 관리작용을 수행한다. 여섯째, 책임운영기관의 장은 기관운영결과에 대해 소속장관에게 책임을 진다.

책임운영기관을 만드는 취지는 부처장관들의 업무부담을 덜어 주고 소속기관들에 더 많은 책임을 부과함으로써 정부조직의 생산성을 향상시키려는 것이다. 그러나 장관들의 감독책임을 면제하려는 것은 아니다. 장관들은 책임운영기관의 목표성취도를 평가하고 그에 대해 책임을 묻는다. 책임운영기관의 설치는 관리적인 조치일 뿐이다. 다른 정부기구와 법적 또는 헌법적 지위가 다른 것은 아니다. 장관들은 책임운영기관의 운영에 대해 여전히 법적 책임을 진다.

6. 시민헌장

영국에서 1991년에 채택한 시민헌장(市民憲章 : citizen's charter)은 공공기관의 고객지향적 의무와 국민이 누려야 할 권리를 명시하여 행정서비스의 질을 향상시키고 국민편익을 증진하기 위해 제정한 것이다. 시민헌장제도는 시장원리가 적용될 수 없는 행정영역에서도 고객중심주의적 서비스를 보장하기 위한 것이다.j)

....

j) 시민헌장제 역시 여러 나라에서 채택하고 있다. 우리나라에서도 1998년부터 이 제도를 시행하고 있다. 우리 정부에서는 이 제도를 행정서비스헌장이라 부르고 있다. 우리 정부의 행정서비스헌장은 행정서비스 공통이행기준과 기관(부서)별 서비스 이행기준을 규정한다. 공통이행기준에는 ① 고객을 맞이하는 우리의 자세, ② 잘못된 서비스에 대한 시정 및 보상, ③ 고객의 참여와 평가, ④ 고객만족도 조사와 결과의 공표 및 활용, 그리고 ⑤ 고객에

시민헌장에서는 국민의 권리와 공공기관의 의무를 명시하고 행정서비스의 기준을 설정한다. 공공기관이 서비스의 기준을 어겼을 때에는 고객인 국민이 시정조치를 요구할 수 있도록 규정한다. 시민헌장제도의 요건과 원리는 다음과 같다.[6]

첫째, 행정서비스의 기준을 명료하게 설정하여 심사하고 이를 공표해야 한다. 기준에 대비한 실적 또한 공개하여야 한다.

둘째, 공공서비스의 운영과정 · 비용 · 책임자 · 성취도에 관한 모든 정보는 누구나 쉽게 알아 볼 수 있어야 한다.

셋째, 공공부문에서는 가능한 한 고객에게 선택할 수 있는 기회를 주어야 한다. 정부기관은 정기적 · 체계적으로 사용자들과 상담하고 그들의 의견을 공공서비스 공급에 최대한 반영해야 한다.

넷째, 공무원들은 원칙적으로 명찰을 달아야 하며 정중하고 편리한 서비스를 제공해야 한다.

다섯째, 일이 잘못된 경우 사과하고 상황을 충분히 설명해야 하며 신속하고 효과적인 시정조치를 취해야 한다.

여섯째, '돈어치만큼의 가치'(value for money)가 있는 일을 해야 한다. 기준에 맞는 업무수행뿐만 아니라 사용가능한 자원의 범위 내에서 공공서비스의 능률적 · 경제적 전달을 보장해야 한다.

7. 시장성시험

1991년의 영국정부백서 '품질향상을 위한 경쟁'(Competing for Quality)에서 제안한 시장성 시험(市場性試驗 : market testing)은 공공서비스의 공급에 경쟁성을 도입하기 위한 방법이다. 이것은 민간과의 경쟁 또는 정부기관 간의 경쟁을 시험적으로 도입해 보고, 그 결과에 따라 내부시장화 또는 민간화 등을 결정하려는 절차이다.[7]

시장성시험의 대상이 될 수 있는 업무영역으로는 i) 자원집약적 업무, ii)

게 협조를 요청하는 사항에 대한 규정이 포함된다.

구획이 가능한 업무, iii) 전문가적 업무나 지원적 업무, iv) 업무수행기술이 자주 변동하는 업무, v) 급변하는 시장환경에서 수행되는 업무 등이 지목되고 있다. 시장성시험을 하려면 업무기술(業務記述), 서비스수준결정, 법안작성, 입찰자결정과 발주 등의 절차를 거쳐야 한다.

　시장성시험 후 내릴 수 있는 결정의 유형은 세 가지이다.

　첫째, 시험결과 해당 업무를 정부에서 수행하는 것이 가장 효율적이라고 판단되면, 정부는 이를 더욱 효율적으로 수행할 수 있도록 최선의 노력을 경주한다.

　둘째, 내부시장화(內部市場化)의 결정을 할 수 있다. 내부시장화란 유사기능을 수행하는 기관들이 서로 경쟁하게 하거나 정부기관과 민간조직이 경쟁하게 하는 것을 말한다.

　셋째, 서비스공급자를 민간부문에서 찾기로 결정할 수 있다. 이 경우 입찰을 통한 계약으로 민간에 위탁한다.

II. 신공공서비스

1. 제안의 배경

　앞서 본 바와 같이 신공공관리에 대한 비판은 여러 가지이다. 신공공관리가 지난 수십 년간 광범한 영향을 미친 만큼 비판도 많이 받아 왔다. 신공공관리를 비판하는 데 그치지 않고 신공공관리를 갈음할 새로운 대안을 탐색하는 노력도 이어져 왔다.

　신공공관리를 비판하고 그에 대한 대안으로 신공공서비스 모형을 제시한 Robert B. Denhardt와 Janet V. Denhardt의 이론을 여기에 소개하려 한다.

1) 비판과 대안제시

　R. B. Denhardt와 J. V. Denhardt는 전통적 행정(구행정 : old public administration)과 신공공관리를 모두 비판한다. 신공공관리가 전통적 행정보다는

우월하지만 오늘날의 상황적 요청에 적합한 것은 아니라고 말한다.[8)]

정치적 중립성, 집권적·폐쇄적 관료제, 하향적 통제, 정책집행기능, 능률 등을 강조하는 전통적 행정은 시민에 대한 민주적 봉사와 시민의 적극적 가담을 지원하는 데 적합한 행정모형이 아니라고 한다.

시장기제와 기업경영방식의 도입, 서비스의 직접 제공보다는 정책조정(조타적 작용)의 강조, 정부축소 등의 특징을 가진 신공공관리는 사회라는 배의 소유주가 누구인지를 잊고 있으며, 시민에게 힘을 실어주고 시민에게 봉사해야 한다는 책무를 망각하는 것이라고 비판한다.

전통적 행정모형뿐만 아니라 신공공관리 모형에 대해서도 불만을 토로한 R. B. Denhardt와 J. V. Denhardt는 주인으로서의 시민, 적극적인 시티즌십, 다양한 세력의 협력, 시민에 대한 정부의 봉사 등을 특별히 강조하는 '행정개혁에 관한 제3의 규범적 모형'을 제시하였다.

2) 이론적 배경

R. B. Denhardt와 J. V. Denhardt가 제시한 신공공서비스 모형은 여러 이론과 쇄신적 행정의 실천적 경험을 바탕으로 하는 것이다. 그들의 모형은 관련 있는 이론들의 처방과 실천적 경험의 교훈들을 종합·정리한 것이라고 말할 수도 있다.

신공공서비스 모형의 지적 기반이 된 이론이라고 R. B. Denhardt와 J. V. Denhardt가 들고 있는 것은 i) 민주적 시티즌십에 관한 이론, ii) 사회공동체와 시민사회에 관한 이론, iii) 조직상의 인도주의에 관한 이론, 그리고 iv) 담론이론이다.

R. B. Denhardt와 J. V. Denhardt가 설명하는 바에 따르면 민주적 시티즌십 (democratic citizenship)에 관한 이론은 민주시민의 적극적 역할을 강조하는 이론이다. 민주적 시티즌십이론은 시민이 자기이익추구의 수준을 넘어 공익에 관심을 갖는 존재이며 거버넌스의 과정에 적극적으로 가담하려는 존재라고 본다. 그리고 공무원들은 시민들과 권한을 나누어 갖고 시민들과 협력해야 하며 시민에 대한 통제는 줄여야 한다고 처방한다.

사회공동체(community)에 관한 이론은 사회공동체를 구성원들의 통합을 도모하는 방법이라고 규정한다. 그리고 정부의 역할은 사회공동체의 창출을 돕고 이를 지지하는 것이라고 주장한다.

시민사회(civil society)에 관한 이론은 시민의 교호작용을 촉진하고 거버넌스 과정에 대한 시민참여를 매개하는 집단들의 집합, 즉 시민사회의 중요성을 강조한다. 그리고 정부는 시민사회의 형성과 활동을 돕는 역할을 수행해야 한다고 처방한다.

조직상의 인도주의(organizational humanism)에 관한 이론은 자기실현적 인간관에 입각하여 인간중심주의적 조직관리를 처방한다. 관료제적 조직설계와 운영을 반대한다. 권한과 통제의 문제보다는 시민과 공공조직 종사자들의 욕구와 관심에 더 많은 주의를 기울인다.

담론이론(談論理論 : discourse theory)은 대화와 토론을 강조한다. 그리고 거버넌스는 시민과 행정관리자들을 포함한 모든 당사자들의 진지하고 공개적인 대화에 기초를 두어야 한다고 처방한다.

2. 신공공서비스의 정의

신공공서비스(new public service)는 행정개혁의 목표상태(원리)를 처방하는 규범적 모형(normative model)이다. 신공공서비스는 거버넌스에 관한 시민중심적·사회공동체중심적·서비스중심적 접근방법이다. 신공공서비스는 공익을 추구하려는 시민의 적극적 역할과 의욕을 존중하며, 시민에게 힘을 실어주고 시민에게 봉사하는 정부의 역할을 강조한다. 정부는 시티즌십의 발전, 공공담론의 촉진, 그리고 공익의 증진에 기여하는 책임을 져야 한다고 처방한다. 능률과 생산성은 민주주의, 사회공동체, 그리고 공익을 중시하는 넓은 틀 안에서 추구해야 한다고 주장한다.

신공공서비스는 시민적 담론과 공익에 기반을 두고 거기에 충실하게 통합된 행정이라고 말할 수 있다. 이러한 신공공서비스의 기본적 원리는 다음과 같다.[k)]

....

k) 여기에 소개한 신공공서비스의 원리들은 R. Denhardt와 J. Denhardt가 2000년에 발표한 논문에서 제시한 것이다. 그들이 2015년에 출간한 저서에서는 원리들의 열거순서를 바꾸고 있다. Janet V. Denhadt and R. B. Denhardt, *The New Public Service: Serving, Not Steering,* 4th ed. (Routledge, 2015).

① **봉사하는 정부**　　신공공서비스는 "조종하기보다 봉사한다"(Serve rather than steer).

　　정부와 공무원의 역할은 사회를 조종(조타 : steer)하는 것이기보다 시민에게 봉사(serve)하는 것이다. 정부와 공무원의 역할은 사회를 이끌어가거나 통제하는 것이 아니라 시민들이 공동이익을 명료화하고 추구할 수 있도록 돕는 것이다. 정부는 정책과정에서 의제설정, 관련자들의 참여, 문제해결을 위한 토론·타협 등을 지원하는 역할을 수행해야 한다. 정부가 정책과정을 독점하거나 사회를 일방적으로 이끌어 가려 해서는 안 된다.

② **공익의 중시**　　신공공서비스에서 "공익은 부산물이 아니라 목적이다"(The public interest is the aim, not the by-product).

　　개인적 선택에 쫓겨 급히 해결책을 찾는 것이 목적이 아니다. 공동의 이익과 공동의 책임을 창출하는 것이 목적이다. 행정관리자들은 집합적·공동적 공익관념의 형성에 기여해야 한다. 공익관념과 사회의 진로에 대한 비전은 시민의 광범한 참여와 토론을 통해 형성되어야 한다. 정부는 광범한 참여와 토론을 촉진해야 한다. 정부는 또한 공공문제의 해결책이 공익에 부합되도록 하는 데도 책임을 져야 한다.

③ **전략적 사고와 민주적 행동**　　신공공서비스는 "전략적으로 생각하고 민주적으로 행동한다"(Think strategically, act democratically).

　　공공의 필요를 충족시키려는 정책과 사업은 집단적 노력과 협력적 과정을 통해서만 가장 책임 있고 효율적으로 실현될 수 있다. 공동의 비전을 형성하는 단계에서뿐만 아니라 집행하는 단계에서까지 모든 당사자들이 합심·협력하게 하려면 전략적 사고를 통한 계획과 민주적 실천이 필요하다. 시민의 적극적 가담을 촉진하기 위해 정부 특히 정치적 리더십은 책임 있고 효율적인 시민행동의 기초를 다지는 데 기여해야 한다.

④ **시민에 대한 봉사**　　신공공서비스는 "고객이 아니라 시민에게 봉사한다"(Serve citizens, not customers).

　　공익은 개인적 이익의 누적으로 얻어지는 것이 아니라 공동의 가치에 관한 대화를 통해 도출될 수 있는 것이다. 공무원들은 고객들의 단기적이고 이기적인 요구에 대응하는 행동을 능사로 삼아서는 안 된다. 공무원들은 공동사회에 대한 책무를 다하려는 시민에게 봉사해야 한다.[l] 공무원들은 시민과의 신뢰·협동관계를 구축하는 데 주력하고 시민들 사이의 신뢰·협동관계 발전을 지원해야 한다.

⑤ **책임의 다원성**   신공공서비스의 "책임은 단순하지 않다"(Accountability isn't simple).

공무원들은 시장의 요청에만 대응하면 되는 것이 아니다. 헌법과 법률을 준수하고 사회공동체의 가치·정치적 규범·직업상의 기준·시민의 이익을 존중해야 한다. 행정책임의 문제는 이와 같이 매우 복잡하다. 공무원들은 복잡한 거버넌스 시스템의 모든 경쟁적 규범·가치·선호와 영향을 주고받는다. 따라서 공무원들은 가치갈등에 노출된다. 가치갈등 상황에 직면한 공무원들이 선택의 결정을 독단해서는 안 된다. 선택의 결정은 시민참여와 토론을 거쳐야 한다.

전통적 행정은 정책집행책임을 강조하고 신공공관리는 기업가적 책임을 강조함으로써 행정책임을 좁고 단순하게 규정하는 경향이 있었다. 그러나 신공공서비스는 행정책임의 복잡성을 정면으로 받아들인다.

⑥ **인간존중**   신공공서비스는 "생산성만을 중시하는 것이 아니라 사람을 존중한다"(Value people, not just productivity).

신공공서비스는 인간을 존중하고 인간을 통한 관리를 강조한다. 왜냐하면 공공조직이나 공공조직이 참여하는 네트워크는 인간존중에 바탕을 둔 공유적 리더십(공동의 리더십 : shared leadership)과 협동의 과정을 통해 운영될 때 성공의 가능성이 높아진다고 보기 때문이다.[m] 공무원들이 존경심을 가지고

l) 정부─시민의 관계는 기업─고객의 관계와 다르다. 정부의 고객은 그 범위가 모호하다. 정부는 직접적인 고객 이외의 사람들에게도 봉사한다. 고객이기를 원치 않는 사람들까지 서비스의 대상에 포함시키는 경우도 있다. 공공부문에서는 자원을 많이 가진 '유력한' 고객을 따로 우대하는 것도 용납되지 않는다. 서비스 공급의 공정성과 형평성에 대한 요청이 강하기 때문이다.

m) 공유적 리더십은 조직과 사회가 추구하는 목표에 초점을 맞추고 공무원이나 시민의 공공

시민을 대할 수 있게 하려면 관리자들이 공무원에 대한 존경심을 가져야 한다고 보는 것이 신공공서비스의 관점이다.

⑦ **시티즌십과 공공서비스의 중시**   신공공서비스는 "기업가정신보다 시티즌십과 공공서비스를 중시한다"(Value citizenship and public service above entrepreneurship).

공공의 자금을 자기 것처럼 생각하고 행동하는 기업가적 관리자들보다는 사회공동체에 의미 있는 기여를 하려는 공무원과 시민이 공익을 더 잘 증진시킬 수 있다.

공무원들은 거버넌스 과정의 책임 있는 참여자이지 단순한 기업가가 아니다. 공공의 자원과 사업은 그들의 소유가 아니다. 공무원들은 공적 자원과 조직의 관리자로서, 시티즌십 향상과 민주적 대화의 촉진자로서, 지역사회 사업 추진의 촉매작용자로서, 그리고 '길바닥 수준의 리더'(시민에 근접한 일선의 리더 :street-level leader)로서 시민에게 봉사해야 한다. 따라서 공무원들은 그들이 맡은 사업의 관리에 필요한 수준 이상으로 넓은 시야와 지식을 구비해야 한다.

3. 전통적 행정 · 신공공관리 · 신공공서비스의 특성 비교

R. B. Denhardt와 J. V. Denhardt는 일련의 비교지표를 설정하고 규범적 모형으로 파악한 세 가지 행정모형의 특성을 요약하여 비교하고 있다. 그들이 선택한 비교지표 또는 기준은 i) 이론적 기초(primary theoretical and epistemological foundations), ii) 합리성에 대한 관점과 인간행태모형(prevailing rationality and associated models of human behavior), iii) 공익관(conception of the public interest), iv) 공무원의 봉사대상(to whom are public servants responsive?), v) 정부의 역할(role of government), vi) 정책목표 달성의 기제(mechanisms for achieving policy objectives), vii) 책임확보의 접근방법(approach to accountability), viii) 행정적 재량(administrative discretion), ix) 조직구조(assumed organizational struc-

----

봉사 동기를 인정 · 지지 · 보상하는 리더십이다.

표 4-1 전통적 행정 · 신공공관리 · 신공공서비스의 비교

	전통적 행정	신공공관리	신공공서비스
ⅰ) 이론적 기초	정치이론, 단순한 사회과학	경제이론, 실증주의적 사회과학	민주주의 이론, 지식획득에 관한 다양한 접근방법
ⅱ) 합리성·인간 행태모형	개괄적 합리성; '행정적 인간'	기술적·경제적 합리성; '경제적 인간'(자기이익 추구적 의사결정자)	전략적 합리성; 합리성의 다양한 기준
ⅲ) 공익관	정치적 결정, 법률에 의한 표현	개인적 이익의 집합을 반영	공동의 가치에 관한 토론의 결과
ⅳ) 봉사대상	의뢰인(client)과 유권자	고객(customer)	시민(citizen)
ⅴ) 정부의 역할	정책집행(rowing)	시장의 활력을 위한 조타작용(steering)	공동의 가치 창출에 기여; 시민에 대한 봉사(serving)
ⅵ) 정책목표 달성의 기제	기존 정부기관을 통한 사업관리	민간·비영리조직을 통해 정책목표성취에 필요한 유인과 기제의 창출	합의된 목표의 성취를 위해 공공조직·비영리조직·민간조직의 연합 형성
ⅶ) 책임확보의 접근방법	계서제적 기제; 민주적으로 선출된 정치적 리더에게 책임지는 행정인	시장적 기제; 자기이익추구의 집합이 시민집단이 바라는 결과를 달성	다면적 기제; 법률·사회공동체의 가치·정치적 규범·직업상의 기준·시민의 이익에 대한 책임
ⅷ) 행정적 재량	제약적	기업가적 목표성취에 필요한 넓은 재량권	재량은 필요하지만 절제되고 책임이 수반되어야 함
ⅸ) 조직구조	조직 내의 하향적 권한, 의뢰인의 통제가 특징인 관료제적 조직	기관별로 통제권을 부여하는 분권적 조직	조직 내외에 걸쳐 리더십이 분담되는 협동적 구조
ⅹ) 동기유발의 기초	보수와 편익; 신분보장	기업가정신; 정부의 규모를 감축하려는 이념적 갈망	공공봉사; 사회에 이바지하려는 갈망

ture), 그리고 x) 동기유발의 기초(assumed motivational basis of public servants and administrators)이다.

비교의 내용은 [표 4-1]에서 보는 바와 같다

J. Denhardt와 R. Denhardt는 2015년의 논문에서 15년 전인 2000년에 그들이 신공공서비스에 관한 이론을 내놓은 목적은 새로운 아이디어들을 개발하려는 것이 아니었으며, 그들이 의도했던 바는 정부를 기업처럼 운영함으로써 망가진 정부를 수리할 수 있다는 신공공관리의 수사(rhetoric)에 가려진 오래된 민주주의적 관점이 목소리를 낼 수 있게 하려는 것이었다고 말했다.

그들이 신공공서비스를 제안한 때로부터 15년의 세월이 흐르는 동안 행정의 연구와 실천에서 신공공관리의 세력축소와 신공공서비스의 세력확장이 관찰되었지만 어느 한쪽이 압도적으로 우세하게 되었다고 볼 수는 없다고 하였다. 그리고 신공공서비스가 강조한 민주주의적 가치와 신공공관리가 강조한 시장적 가치가 서로 보완적 균형을 이룰 수밖에 없지만 결국 신공공관리적 실천행동은 신공공서비스가 추구하는 이상의 틀 안에서 그 품에 안겨야 할 것이라고 주장하였다.9)

4. 공공가치의 복원: 공공가치 거버넌스

R. Denhhardt와 J. Denhardt의 신공공서비스이론은 공공가치를 추구하는 정부 또는 거버넌스의 역할을 강조하는 근래의 여러 이론들 가운데 하나이다. 신공공관리의 시장화논리를 반박하고, 신공공관리의 파도에 밀려났던 정부와 행정의 공공성을 재조명하려는 이론들이 많아지면서 이를 수렴하고 통합해보려는 연구도 활발해졌다. 여기서는 그러한 통합화 시도의 한 예로 John M. Bryson 등이 정리한 공공가치 거버넌스에 관한 이론을 소개하려 한다. 그들이 말한 공공가치 거버넌스는 국가공동체가 추구해야 할 공공가치의 중요성을 전면에 부각시키고 공공가치 형성과 추구에서 민주적 합의과정의 활성화를 강조한다. 다원적인 세력중추 간의 협력을 강조한다. 그리고 공공정신을 발휘할 수 있는 시민의 적극적 역할을 중시한다.10)

1) 공공가치 거버넌스

공공가치 거버넌스(public value governance)는 공공가치의 창출과 추구를 중시하고 여러 부문 간의 협력을 강조하는 거버넌스이다. 그 관점을 다음과 같이 요약할 수 있다.

첫째, 정부를 포함한 공적 영역에서는 국가공동체의 공동이익에 기여하는 공공가치를 창출하고 추구해야 한다.

둘째, 민주적 과정을 통한 협력적 거버넌스를 강조한다. 네트워크화된 사회에서 단일의 권력중추가 공공가치의 형성과 추구를 전담 또는 독점할 수는 없으며, 사회를 구성하는 다양한 행동주체들이 협력하고 적극적 역할을 수행해야 한다. 공공가치 추구에서 공공부문과 민간부문의 구획이나 칸막이는 없애야 한다.

셋째, 대립적 사고가 빚어놓은 문제들을 해결하기 위해 통합적 사고를 강조한다. 통합적 사고로 문제를 해결할 때는 보다 많은 변수와 원인들을 고려하고 부분뿐만 아니라 전체를 시야에 둔다.

넷째, 공공관리의 넓은 시야와 정부의 시민에 대한 서비스를 중시한다.

다섯째, 공공가치의 형성과 추구에서 시민의 역할을 중시한다. 시민은 자기이익추구자이기만 한 것이 아니라 공공가치를 인정하고 사회구성원 전체에 유익한 결과를 만들어내는 데 적극적으로 가담하는 문제해결자·공동생산자가 될 수 있다고 본다.

공공가치 거버넌스에서 정부가 추구해야 할 주된 목적은 공공가치의 형성과 실현이다. 정부는 공공가치의 구현을 위해 토론주재자·촉매작용자·협력자의 역할, 정책결정자의 역할과 정책집행자의 역할, 외부 행위자들의 파트너가 되는 역할 등 다양한 역할을 수행해야 한다.

정부의 정책결정자들과 관리자들은 민주적·헌법적 가치를 지지하고 민주적 과정의 발전에 기여해야 한다. 공공가치를 추구하는 시민의 적극적 역할에 부응하여 대화하고 촉매적 작용도 해야 한다. 행정재량의 범위는 다원적인 책임의 요건에 맞게 제한해야 한다. 다원적 책임이란 조직 내의 계서적 책임, 시장지향적 책임, 헌법적 가치에 대한 책임, 법령에 대한 책임, 정치적 규범과 직업상의 규범에 대한 책임, 시민의 이익과 사회적 가치에 대한 책임 등을 두루 포괄하는 말이다.

2) 공공가치의 의미

공공가치 거버넌스를 논의하는 사람들은 공공가치(公共價値: 공적 가치: public value)를 다음과 같이 정의한다.[11]

한 사회의 공공가치는 i) 시민이 누리거나 누리지 말아야할 권리·편익·특권, ii) 국가와 사회에 대한 시민의 의무와 시민 상호간의 의무, 그리고 iii) 정부와 정책이 의거해야할 원리에 관한 규범적 합의를 제공하는 것이다. 공공가치는 여러 영역과 이슈들에 걸치는 광범한 것이다. 민주사회에서는 공공가치가 무엇인지에 대한 이견이 있지만, 공공가치에 대한 어느 정도의 합의는 헌법, 법률, 정책, 여론조사자료 등에서 찾아볼 수 있다.

공공가치는 의무론적 가치와 공리적 가치를 포괄한다. 민주시민이 추구하는 가치는 개인이 원하는 자기 자신의 복지, 다른 사람들의 복지에 대한 관심, 사회구성원 상호간의 의무, 그들이 살기를 원하는 정의롭고 바람직한 사회에 대한 인식을 포함한다. 개인들이 갖는 이런 가치들이 바로 공공가치가 되는 것은 아니다. 공공가치는 개인들이 추구하는 가치의 단순한 합계가 아니다. 공공가치는 사회를 구성하는 개인들과 조직들이 민주적 거버넌스의 과정을 통해 형성해 간다.

공공가치의 형성과 추구는 공적 영역(공공의 영역: public sphere)에서 일어나는 현상이다. 공적 영역은 공공가치가 창출되고 지지되거나 축소되는 심리적·사회적·정치적·조직적·물적 공간(space)이다. 이런 공간은 가치·규칙·지식·조직·장소, 그 밖에 일상적인 약속과 행동을 통해 사람들이 공유하고 정부, 공공기관 등이 지키는 문화적 자원의 망(web)을 포함한다. 공적 영역은 사회구성원들이 소속감·의미·목표를 가질 수 있는 터전을 제공하고 사회의 계속성을 유지해 준다.

신공공관리운동을 선도한 나라들의 행정개혁 현장에서도 시간의 흐름에 따라 신공공관리의 원칙을 수정하거나 보완하는 조치들을 다소간에 채택해왔다. 신공공관리에 대한 비판에 부응하고, 정부개입이 필요한 사회문제의 증가에 대응하기 위해 정부서비스의 공공성을 높이고 사회문제에 대한 정부간여영역의 확장도 시도해 왔다. 그 대표적인 사례로 뉴질랜드의 입법례 하나를 소개하려 한다.

뉴질랜드에서 제정한 「2020 공공서비스법」(Public Service Act 2020)은 공공서비스의 지속적인 발전을 도모하기 위해 공공서비스를 담당하는 조직과 그 종사자들이 공유해야 할 가치를 규정하고, 공공서비스기관의 조직형태와 운영에 관한 기준을 제시하였다. 이 법은 공공서비스의 목적을 합헌적·민주적 정부를 지지하는 것, 현재의 정부와 후속 정부들이 정책을 개발·집행할 수 있게 하고 고품질의 능률적인 공공서비스를 전달할 수 있게 하는 것, 그리고 장기적인 공익을 추구하며 능동적인 시티즌십을 장려하고 법에 따라 행동하는 정부를 지지하는 것이라고 규정한다.

공공서비스의 핵심가치는 사회공동체에 대한 봉사정신(spirit of service to community)이라는 점을 강조한다. 공공봉사정신은 공공서비스의 근본적인 특성이라고 규정한다. 공공서비스의 원칙(public service principles)으로는 정치적 중립, 장관에 대한 자유롭고 솔직한 조언, 실적에 기초한 임용, 열린 정부, 스튜어드십(돌보미역할: stewardship) 등 다섯 가지를 열거하였다. 공공서비스의 가치(public service values)로는 불편부당성, 책임성, 신뢰성, 정중성(respectful: 사람들을 품위 있고 온정적이고 공손하게 대하는 것), 대응성(사람들의 필요와 갈망을 이해하고 그에 부응하는 것) 등 다섯 가지를 열거하였다. 정부는 이런 원칙과 가치에 의거해서 공공서비스를 효율적으로 제공해야 한다고 규정한다.

이 법은 공공관리라는 개념 대신 공공서비스라는 개념을 쓰고, 사회공동체에 대한 봉사정신을 공공서비스의 본질로 파악하고 있다는 데 주목해야 한다.

III. 기업가적 정부

1. 제안의 배경

David Osborne과 Ted Gaebler는 정부재창조(reinventing government)의 방안으로 기업가적 정부모형을 제시하였다. 그들의 제안은 미국의 Bill Clinton 행정부가 1990년대에 전개한 정부재창조운동에 직접적인 이론적 기초를 제공하였다.[12]

기업가적 정부모형의 제안은 미국 연방정부의 실태와 종래 추진된 개혁사업들에 대한 비판을 배경으로 하고 있다. Osborne과 Gaebler의 실태비판을 요약하면 다음과 같다.[n]

---

n) 여기서는 Osborne과 Gaebler의 실태비판, 기업가적 정부의 정의, 그리고 기업가적 정부의 추진전략만을 소개하려 한다. 그들의 제안에 대한 비판은 따로 설명하지 않으려 한다.

미국의 정부는 정보화 시대에 대응한 근본적 개혁을 하지 못하고 남아 있는 거의 유일한 부문이라 할 수 있다. 기업의 지도자들은 1980년대에 분권화, 계서제의 저층화, 직원의 자율성 제고, 질적 요인의 개선, 고객에 대한 접근 등을 위해 노력하였다. 기업 이외의 민간조직들도 많은 쇄신을 단행해 왔다. 그러나 정부는 나태하고 집권적이며 관료적인 행동성향을 대체로 답습하고 있다.

미국사회가 산업화시대로부터 물려받은 정부모형은 과거 그 시대적 사명을 수행한 바 있지만, 이제 더 이상 효율성을 발휘할 수 없게 되어 있다. 독점성, 규칙과 법규에 대한 지나친 집착, 경직된 계서적 명령계층 등에 얽매어 가지고는 급속히 변동하고 고도로 경쟁적이며 정보가 폭증된 경제·사회적 조건에 대응할 수가 없다.

정부의 유인구조(誘因構造)는 산출이나 결과가 아니라 투입을 기준으로 하는 것이다. 정부의 프로그램들은 독점적인데다가 거기에 드는 자금은 관리대상인 고객의 수 등 투입요소를 기준으로 공급해 왔다. 사업의 중요도는 그 업적이 아니라 쓰고 있는 돈의 양에 따라 결정하고 있다. 이러한 유인구조는 나태하고 낭비적인 관료제를 만든다.

그리고 지금까지의 행정개혁은 기구개편으로 이해되는 경향이 있었다. 조직도표상의 상자(box)들을 이리저리 옮기는 기구개편으로는 정부의 낙후성을 제대로 치유할 수 없다.

2. 기업가적 정부의 정의

기업가적 공공조직 또는 기업가적 정부(企業家的 政府 : entrepreneurial government)는 임무지향적·성과주의적·기업적·촉매작용적·미래예견적·경쟁적 특성을 지닌 정부이며 지속적으로 개혁하는 정부이다. 기업가적 정부의 유인체제는 분권화, 경쟁, 결과의 측정, 성공 또는 실패에 대한 유인의 실질적 차별화 등의 기제를 내포한다. 기업가적 정부는 그러한 비전통적 유인체제의 뒷받침을 받아 지속적으로 개선·재설계·창안하고 질은 높이면서 비용은 줄이기 위해

V항의 6에서 논의할 정부재창조운동에 대한 비판을 참조하기 바란다.

노력하는 정부이다.

기업가적 정부의 원리(요건)는 다음과 같다.

① **촉매작용적 정부**   국가사회라는 배의 노를 젓는 것(직접집행 : rowing) 보다 키를 잡고 조종하는 것(정책관리 : steering)에 역점을 둔 촉매작용적 정부 (catalytic government)를 만들어야 한다. 여기서 키를 잡고 조종한다는 것은 정책 관리를 한다는 뜻이며, 노를 젓는다는 것은 서비스를 직접 전달한다는 뜻이다.

연방정부는 원칙적으로 '조타적 조직'(操舵的 組織 : steering organization)이 다. 국가를 구성하는 가족, 지역사회, 학교, 자원조직 등 구성단위들이 건강하 면 국가 전체가 건강한 것이므로 정부는 개개 구성단위들이 조화롭게 건강을 추구할 수 있도록 이끌어 주는 역할을 수행해야 한다. 기업가적 정부는 서비 스의 공급자로서보다는 촉매작용자, 중개자, 그리고 촉진자로서의 역할을 수 행해야 한다.

② **시민소유의 정부**   공공조직은 시민이 만든 자조적 조직(自助的 組織) 이기 때문에 시민이 소유하고 시민이 통제한다는 원리를 분명히 하는 시민소 유의 정부(사회공동체 소유의 정부: community-owned government)를 구현해야 한 다. 시민소유의 정부라는 원리는 공공서비스의 소유권과 통제권을 관료의 손 에서 시민에게 넘겨주어야 한다는 원리이다. 이것은 시민에게 힘을 실어 주어 서비스를 받는 의존자의 지위를 탈피하게 하자는 원리이다.

③ **경쟁적 정부**   서비스공급의 경쟁성을 높임으로써 경쟁적 정부 (competitive government)를 구현해야 한다. 독점은 비능률을 초래하고 개혁을 방해한다. 창의성과 탁월성을 높이기 위해 서비스공급기능에 경쟁성을 주입 해야 한다. 경쟁원리의 도입을 촉진해야 할 대표적인 업무영역은 철도·우 편·조달(調達) 등이지만 개혁대상을 그에 국한할 일은 아니다. 군사조직 안에 서까지도 경쟁원리를 도입할 수 있는 여지는 많다.

④ **임무지향적 정부**   규칙보다는 결과를 중시하는 임무지향적 정부 (mission-driven government)를 만들어야 한다. 이를 위해 행정기관들의 임무와 목표를 규정하고 그들의 목표성취도를 측정해야 하며, 성공한 조직에 보상을 줄 수 있는 예산제도와 보수제도를 발전시켜야 한다.

⑤ **결과지향적 정부**   투입이 아니라 산출과 성과를 기준으로 하는 유인

구조·투자구조를 가진 결과지향적 정부(results-oriented government)를 구축해야 한다. 이를 위해서는 업무성과의 측정을 강화하고, 그에 따라 유인(誘因)의 배분을 결정해야 한다.

⑥ **고객중심의 정부**　　정부관료제의 필요가 아니라 고객의 필요에 맞추어 공공서비스를 공급하는 고객중심의 정부(customer-driven government)를 만들어야 한다. 이를 위해 고객이 공공서비스를 선택하고 서비스 공급자를 선택할 수 있는 길을 넓혀야 한다.

⑦ **기업가적 정신을 가진 정부**　　쓰기보다는 버는 기회를 찾는 기업가적 정신을 가진 정부(enterprising government)를 만들어야 한다. 지금까지는 행정기관들이 비조세수입을 얻는 경우, 그것이 국고로 들어가 버리기 때문에 돈을 벌어들일 유인이 없었다. 행정기관들이 비조세수입을 찾아 나서도록 하는 유인을 개발해야 한다.

⑧ **예견적 정부**　　예방에 초점을 둔 예견적 정부(anticipatory government)를 만들어야 한다. 연방정부는 예방에 시간과 돈을 들이지 않고 문제가 위기를 조성할 때까지 기다려 왔다. 그러기 때문에 위기의 증상을 처리하는 데 엄청난 시간과 비용을 소모한다. 변화의 속도가 빨라질수록 예견력의 결여는 더욱 위험해진다. 기업가적 정부는 미래예측을 위해 최선을 다해야 한다.

⑨ **분권화된 정부**　　분권화된 정부(decentralized government)를 만들어야 한다. 계서제로부터 참여와 팀워크로 강조점이 옮겨져야 한다. 계서제의 저층화, 참여적 의사결정, 권한의 하부위임 등을 통해 분권화를 촉진함으로써 변화하는 여건과 고객의 요청에 신속히 대응할 수 있는 유연성을 높여야 한다.

⑩ **시장지향적 정부**　　시장기제를 이용하여 임무를 수행하고 개혁을 유도하는 시장지향적 정부(market-oriented government)를 발전시켜야 한다. 시장지향적 정부의 원리는 민간시장을 조정하는 정부의 역할, 민간부문에 대한 정부규제, 그리고 정부부문의 서비스공급에 다 같이 적용해야 한다. 시장지향적 정부의 원리는 교육·직업훈련·보건사업 등 정부의 사업영역들을 각각 시장으로 파악하도록 요구한다.

3. 기업가적 정부의 추진전략

David Osborne과 Peter Plastrik은 정부를 재창조해서 기업가적 정부를 만들기 위한 다섯 가지 전략을 제시하였다. 그것은 정부의 유전자를 바꾸는 (rewriting the genetic code : DNA) 유전자 리엔지니어링(genetic reengineering)의 전략이다.[13]

Osborne과 Plastrik은 정부조직에 근본적인 변혁을 일으켜 전통적 관료제를 사라지게 하고 기업가적 정부를 창출해야 한다고 주장하였다. 그렇게 하려면 정부의 유전자라고 할 수 있는 핵심적 요소에 변화를 일으켜야 한다고 하였다. 그들이 제시한 정부재창조전략(The Five C's)은 정부조직유전자의 다섯 가지 부분에 관한 전략이다. 유전자의 다섯 가지 부분이란 i) 목표, ii) 유인, iii) 책임, iv) 권력, 그리고 v) 문화이다.[o]

① **핵심전략**　　핵심전략(core strategy)은 공공조직의 목표를 대상으로 하고 목표·역할·정책방향의 명료화를 추구하는 것이다. 이것은 정부의 핵심적 기능인 조타적 기능을 다루기 때문에 핵심적 전략이라고 한다.

② **성과전략**　　성과전략(consequences strategy)은 유인(誘因)을 대상으로 해서 업무유인의 개선을 위해 경쟁을 도입하고 사업성관리·성과관리를 추진하는 것이다.

③ **고객전략**　　고객전략(customer strategy)은 정부조직의 책임을 대상으로 하고 고객에 대한 정부의 책임확보와 고객에 의한 선택의 확대를 추구하는 것이다.

④ **통제전략**　　통제전략(control strategy)은 권력을 대상으로 하고 분권화를 추구하는 것이다. 여기서 권력이란 의사결정권을 말한다. 분권화를 추구한다는 것은 계서제 내의 하급계층에 차례로 힘을 실어 주는 것이다.

⑤ **문화전략**　　문화전략(culture strategy)은 조직문화를 대상으로 하고 구성원들의 가치, 규범, 태도 그리고 기대를 바꾸려는 것이다.

....

o) 다섯 가지 전략을 The Five C's라고 부르는 까닭은 각 전략의 영어명칭 머리 글자가 C이기 때문이다.

Ⅳ. 탁월한 정부

1. 제안의 배경

　　여기서 소개하는 탁월한 정부모형은 미국 국제도시관리협회(國際都市管理協會: International City Management Association)가 기업조직의 탁월성에 관한 선행연구를 바탕으로 만든 것이다. 이 협회는 지방정부를 일차적인 관심대상으로 삼아 공공조직의 탁월성을 평가하는 여덟 가지 기준을 제시하였다. 이 협회가 제시한 탁월성기준(卓越性基準)은 기술적(記述的) 모형인 동시에 발전방향(목표상태)을 알려주는 규범적 모형(처방모형)이기도 하다. 이 모형에는 탁월성을 높이는 행동방안도 처방되어 있다.14)

　　탁월한 정부모형도 미국 정부의 정부재창조운동에 지적 기반을 제공한 실천적 개혁처방들 가운데 하나라고 할 수 있다. 탁월한 정부의 원리는 정부재창조운동의 기조와 대체로 그 궤를 같이한다.

　　국제도시관리협회는 탁월성의 기준을 개발하기 위해 지방정부관리자들의 의견도 조사하고 그들과 워크숍도 열었다. 그러나 모형개발작업에 결정적인 기여를 한 것은 Thomas Peters와 Robert Waterman, Jr.가 사기업체에 관련하여 개발한 탁월성 모형이다.15)

　　Peters와 Waterman, Jr.는 기업들의 20년간에 걸친 재정적 성취도를 평가하고 또 전문가들의 심사를 거쳐 탁월한 기업들을 선정한 다음 그 중 21개 회사에서 집중적인 면접을 통해 여덟 가지의 기업특성을 추출하였다.

　　여덟 가지 특성 또는 탁월성의 기준은 i) 문제해결과 실천을 강조하는 행동편향(行動偏向: bias for action), ii) 고객과의 근접(close to customers), iii) 자율성과 기업가정신(autonomy and entrepreneurship), iv) 인간중심의 생산성향상(productivity through people), v) 가치의 인도를 받는 실천(hands-on, value driven), vi) 잘 아는 사업만 한다는 뜻의 자기사업 전념(stick to the knitting), vii) 조직의 단순한 체제·적은 직원(simple form, lean staff), 그리고 viii) 집권적 통제와 자율화를 적절히 배합한다는 뜻의 느슨하면서 동시에 조이는 특성(simultaneous loose-tight properties)이다.

미국 국제도시관리협회가 제시한 탁월성모형의 주요내용을 보면 다음과 같다.

2. 탁월성의 정의

탁월성(卓越性 : excellence)은 조직이 환경적 변화에 창의적·지속적으로 대응할 수 있고 조직구성원들이 직무수행을 향상시킬 수 있도록 인도적(humane)·대응적으로 그리고 형평성 있게 관리되는 것을 의미한다.

탁월한 조직은 시민의 요구에 부응하고 환경적 변화에 대응하는 데 우수한 실적을 보이는 조직이다. 탁월한 조직은 비용·효과면에서 효율적인 방법으로 옳은 일을 하는 조직이다. 조직의 탁월성은 관리자들이 가용자원(可用資源), 특히 인적자원을 어떻게 사용하느냐에 의존하는 바가 크다.

3. 탁월성의 기준

조직의 탁월성을 나타내 주는 지표 내지 기준(excellence criteria)은 여덟 가지이다. 이들 여덟 가지 기준에 공통되는 명제는 인간이다. 다 함께 인간적 국면을 내포하고 있기 때문이다. 여덟 가지 기준들은 서로 긴밀히 연관되어 있다. 탁월한 조직들에는 탁월성의 기준에 해당하는 요소들이 모두 있으나 구체적으로 어떤 요소가 더 부각되느냐 하는 것은 개별적인 사례에 따라 다를 수 있다.

여덟 가지 탁월성 기준은 다음과 같다.

① **행동지향성**　　　행동지향성(action orientation)은 행동중시의 성향이다. 탁월한 지방정부는 신속하게 문제를 인지하고 처리한다. 민간부문에서보다 행동을 어렵게 하는 여러 가지 제약을 극복한다.

행동지향성을 강화하는 데 기여하는 방안은 i) 효율성제고를 위해 조직과 개인이 모험을 하는 것, ii) 확인된 문제에 신속히 대응하고 모든 문제에 옳은 결정을 하는 것, iii) 사무실 밖으로 나가 조직의 외곽과 지역사회에 접근하는 것, iv) 아이디어·제안·기회에 행동이 뒤따르게 하는 것, v) 여론에 귀를 기울이는 것, vi) 문제에 따라 그것을 다룰 능력이 가장 뛰어난 직원에게 일을 맡기는 것, vii) 환류와 시정활동을 강화하는 것 등이다. 그러나 무분별한 모힘이나 무작정의 행동은 행동지향성의 내용이 아니다.

　② **시민과의 근접**　　시민과의 근접(closeness to citizens)이라는 기준은 지방정부의 봉사대상인 시민과 여러 가지 긴밀한 연계를 만들고 유지하는 데 관한 것이다. 탁월한 지방정부는 공공의 요구투입에 민감하며 대응적이다.

　시민과의 근접을 촉진하는 방안은 i) 존경심과 애착심을 가지고 시민과 고객을 대하는 것, ii) 시민이 의견을 개진하고 제안을 할 수 있는 여러 가지 통로를 마련하는 것, iii) 시민의 비판을 경청하고 그들의 요구에 신속히 대응하는 것, iv) 시민에게 주요 문제·사업·시책 등을 미리 알리는 것, v) 시민과의 접촉임무에 관해 직원들을 훈련시키는 것 등이다.

　③ **자율성과 기업가정신**　　자율성과 기업가정신(autonomy and entrepreneur-ship)은 문제해결을 위해 아이디어를 구상하고 새로운 일을 하는 데 유리한 분위기를 조성하기 위한 것이다. 탁월한 지방정부들은 창의적인 해결책을 집행한 실적을 가지고 있다.

　자율성과 기업가정신을 높이는 데 기여하는 방안은 i) 새로운 아이디어에 개방적인 태도를 갖게 하는 것, ii) 직원들은 아이디어의 저장고라는 사실을 인정하는 것, iii) 아이디어의 개발을 촉구·지지하고 그에 필요한 자원을 제공하는 것, iv) 재정적 제약에도 불구하고 창의적·모험적으로 일해야 할 필요를 인정하는 것 등이다.

　④ **직원지향성**　　직원지향성(employee orientation)은 직원존중의 성향이다. 탁월한 지방정부들은 직원들을 인간으로 그리고 성숙한 사람으로 깊고 넓게 대우하려 한다.

　직원지향성을 강화하는 방안은 i) 시민에 대한 보다 효율적인 서비스를 통해 직원들이 보인 헌신의 결과를 수확하는 것, ii) 직원들이 의미 있는 일과 참여의 기회를 원한다는 사실을 인정하는 것, iii) 직원들이 하는 일을 보다 만족스럽게 만드는 것, iv) 각급 직원들과 자주 접촉하고 의사전달을 원활화하는 것, v) 직원들을 잘 보살피고 남이 내게 해주기를 바라는 바대로 직원들도 대해 주는 것, vi) 조직에 관한 정보를 직원들에게 제공하는 것, vii) 직원들의 지식·기술·능력을 보다 잘 활용하는 것 등이다.

　⑤ **가치명료화**　　탁월한 지방정부들은 추구하려는 가치(values)를 명료하

게 규정하고 있다. 그러한 가치의 핵심은 대국민봉사(對國民奉仕)에 최선을 다
하는 것이다. 조직이 추구하는 가치들은 직원들에게 분명히 알려져 열성과 긍
지의 바탕이 된다.

가치명료화를 촉진하는 방안은 i) 바람직한 지역사회의 유형을 확인하는
것, ii) 조직·관리가 지향하는 바를 확인하는 것, iii) 말과 행동으로 가치를
직원들에게 전달하는 것, iv) 구체적인 가치기술서(價值記述書) 또는 명세서를
만드는 것, v) 규정된 가치에 부합되게 행동하는 것 등이다.

⑥ **임무에 따른 적정한 서비스**   여기서 임무(mission)라고 하는 것은 조
직 존립의 기초가 되는 전제를 말한다. 탁월한 지방정부는 그 임무를 변동하
는 자원과 시민의 요구에 비추어 평가하고 임무기술서를 지역사회와 조직의
목표설정에서 그 기초로 활용한다. 탁월한 지방정부는 규정된 임무범위 내에
서 일관성과 통일성이 있는 서비스수준을 유지한다.

임무에 부합되는 적정한 행정서비스를 실현하는 데 기여하는 방안은 i)
사회에 대한 조직의 기여가 무엇이어야 하는가를 규명하는 것, ii) 목표와 실
행약속을 자원에 연관시키는 것, iii) 질적으로 우수한 행정서비스를 일관성
있게 제공하기 위해 시민들과 약정을 맺는 것, iv) 행정서비스와 그에 대한
수요 그리고 자원에 관련하여 조직의 임무를 주기적으로 재평가하는 것, v)
정책결정자·시민·집행담당자가 참여하는 심사절차를 개발하는 것, vi) 행정
서비스의 효율적인 전달을 보장하는 것 등이다.

⑦ **관료적 구조의 폐단 축소**   탁월한 지방정부에는 낡은 관료적 구조
(structure)에서 비롯되는 폐단이 최소화되어 있다. 관리계층의 수와 중앙의 지
원업무 담당자 수가 비교적 적다. 직원의 자율성을 최대한 보장하면서도 중앙
의 지휘(central direction)는 확고하다.

관료적 구조의 폐단을 시정하는 방안은 i) 권한관계와 책임관계를 간소화
하는 것, ii) 정책결정자와 행정직원의 업무분담을 명백하게 하는 것, iii) 조직
활동을 촉진할 수 있도록 구조를 단순화하는 것 등이다.

⑧ **바람직한 정치적 관계**   탁월한 지방정부에서는 정책결정자와 관리자
들이 정치적 환경에 조율·조화되어 있다. 정책결정자와 관리자들 사이에는
긍정적·개방적이며 상호존중하는 관계가 설정되어 있다. 그리고 정치적 안

정을 이룩하고 있다.

바람직한 정치적 관계(political relationship)의 발전에 기여하는 방안은 i) 중요정책문제에 관한 건전한 논쟁과 비판을 허용하는 것, ii) 정치적 환경을 구성하는 사람들의 의견을 경청하는 것, iii) 공동작업을 효율화하는 것, iv) 안정성 있는 정치적 환경을 만드는 것, v) 수직적·수평적으로 연관된 다른 정부조직들 그리고 이익집단들과 긴밀히 협조하는 것 등이다.

국제도시관리협회의 탁월성모형은 가치문제의 중시, 인간존중, 고객존중, 실천행동의 중시, 변동대응, 관료적 구조의 수정 등 탈전통(脫傳統)의 지향성을 보이고 있다.

V. 일은 잘하고 비용은 덜 드는 정부

1. 제안의 배경

1990년대 미국의 Bill Clinton 대통령 정부는 미국식의 정부재창조운동을 전개하였다. 이 운동은 '일은 잘하고 비용은 덜 드는 정부'를 구현하려는 개혁사업으로 구체화되었다.

일은 잘하고 비용은 덜 드는 정부라는 행정개혁모형은 Clinton 대통령이 Al Gore부통령을 책임자로 위촉하여 수행하게 한 국가업무평가사업(National Performance Review)의 보고서 '일은 잘하고 비용은 덜 드는 정부의 창출'(Creating a Government that Works Better & Costs Less)에서 제안한 것이다.[16]

Clinton 대통령은 1993년 3월 3일에 Gore 부통령을 시행책임자로 하는 국가업무평가사업을 출범시키고 6개월간 연방정부를 평가하게 하였다. 이 사업의 추진조직은 공무원을 주축으로 구성하였다. 정부의 일을 가장 잘 아는 공무원들을 동원해서 기관별로 그리고 관리기능별로 일련의 작업팀들을 구성하여 평가업무를 담당하게 하였다.

중앙의 추진조직과 연계하여 활동하도록 각 부처에는 재창조팀(reinvention teams)과 재창조실험실(reinvention laboratories)을 설치하였다. 전자는 기관별 변화를 주도하고, 후자는 개혁처방의 실험을 시작하는 임무를 부여 받았다. 이 두 가지 장치의 활동에 수천 명의 공무원이 참여하였다.

활동개시 6개월 만에 나온 보고서는 일은 더 잘하고 비용은 절감하는 정부의 실현을 위한 개혁의 원리와 기본방향 그리고 구체적인 행동처방을 담고 있다.

본 보고서에 들어 있는 주요 행동처방만도 1백여 개이며, 부록에 실린 것까지 포함하면 개혁권고의 수는 384개에 이른다. 이러한 개혁제안들은 5년간 1천 80억 달러의 예산절감과 연방정부 공무원 12% 감축이라는 목표에 연계된 것이었다.

국가업무평가사업의 권고에 따른 개혁조치들이 초기에는 비교적 신속하고 광범하게 추진되었다. 당시 변화를 촉구하는 사회적 요구가 컸을 뿐만 아니라 대통령의 관심과 지지가 강력했기 때문이었을 것이다. 그러나 시간이 지남에 따라 개혁운동의 추진력은 점차 약화되었다. Clinton정부 제 2 기에는 야당인 공화당이 의회의 다수의석을 차지했기 때문에 행정부주도의 개혁운동에는 여러 가지 제동이 걸렸다.

국가업무평가사업을 기점으로 한 정부재창조운동은 그 내용과 강조점이 조금씩 달라지면서 Clinton 대통령 재임 중 계속 추진되었다. 처음에는 개혁의 역점을 정부가 '어떻게' 일하는가의 문제에 두었으나 1994년부터는 정부가 '무엇을' 해야 하는가의 문제에도 관심을 확대하였다. 1998년에는 국가업무평가사업의 명칭을 정부재창조를 위한 국가적 파트너십(National Partnership for Reinventing Government)이라 고치고 정보화시대에 정부가 맡아야 할 새로운 역할을 강조하였다. 그리고 정부개혁의 목표를 확충하고 개혁사업관련 행동자들의 파트너십을 강조하였다. 정부재창조를 위한 국가적 파트너십은 2001년에 폐지되었다.p)

···

p) Clinton 행정부 이후의 정권들에서는 개혁원리들에 변동이 있어왔다고 한다. 미국정부의 관리예산처(OMB) 자료에 따르면 Bush 행정부가 강조한 정부운영의 기조 내지 개혁원리는 시민중심(citizen-centered), 결과중심(result-oriented), 그리고 시장중심(market-based)이었다고 한다. Obama 행정부에서는 효율성(effectiveness), 능률성(efficiency), 경제성장(economic growth), 그리고 사람과 문화(people and culture)를 내세웠으며, Trump 행정부

다음에 '일은 잘하고 비용은 덜 드는 정부의 창출'에 관한 보고서의 내용을 요약하려 한다. 이 보고서는 구체적인 개혁조치의 처방에 앞서 개혁발상의 배경이 된 문제의 인지에 대해 설명하고, 개혁의 원리와 실천의 기본방향을 제시하였다.

2. 문제의 인지

연방정부는 예산적자에 허덕이면서도 심각한 낭비의 폐단을 빚고 있다. 업무수행은 비효율적이고 정책실천수단이 없거나 비조직적인 경우가 많다. 정부는 예산적자뿐만 아니라 '업무적자'(성과적자: performance deficit)라는 문제까지 안고 있는 것이다. 정부는 위기에 처해 있다. 사명감과 공직의 윤리의식을 잃고 있다. 따라서 국민의 신뢰를 잃고 있다.

근본적인 문제는 미국이 시대에 맞지 않는 낡은 정부관료제를 고수하고 있기 때문에 생기는 것이다. 지금 미국이 가지고 있는 정부관료제는 산업화시대의 산물이다. 1930년대로부터 1960년대에 이르기까지 미국은 규모가 팽창된 집권적 관료제를 구축하였으며 그것이 오늘날까지도 유지되고 있다. 분업, 계층화, 규칙, 표준화된 절차, 명령계통, 서비스의 규격화 등을 강조하는 기존의 정부관료제는 안정적일지 모르나 느리고 번거롭다.

기존의 정부관료제가 정보화시대에 적합치 못한 것은 자명하다. 그러한 관료제가 정보기술이 선도하는 급속한 변동, 세계적 경쟁의 격렬화, 고객의 요구투입 증대에 제대로 대응할 수는 없다. 미국의 정부관료제는 이제 더 이상 존재하지 않는 과거의 '환경'을 위한 조직이라고 할 수 있다. 낡은 관료제의 독점체제는 쇄신의 유인을 제공하지 못한다. 절차에 대한 집착은 본래적 임무수행에 필요한 자원을 앗아간다. 공무원들은 서비스 결과의 산출이 아니라 실책의 회피가 목표인 것처럼 행동하게 된다.

....

에서는 미션(mission), 서비스(service), 그리고 스튜어드십(stewardship)을 강조했다고 한다. 노은주, "트럼프 정부의 행정개혁 및 정부 조직개편", 한국행정포럼, 169호, 2020 여름 (한국행정연구원), 50~67쪽.

과거의 전통적인 개혁이라는 것도 문제이다. 그것은 치료약이기보다 질병이었다. 적어도 치료약과 질병을 구별할 수 없었다. 전통적인 개혁방법은 관료를 비판하고 보다 많은 통제를 가하려 하는 것이었다. 그것은 번거로운 규칙과 절차 때문에 이미 목이 졸려 있는 체제에 더 많은 번문욕례를 추가하였다. 낭비와 부패를 통제한다는 명목으로 비능률을 조장하였다. 문제는 나쁜 사람이 아니라 번문욕례와 과도한 규제라는 사실을 간과하였다.

3. 개혁의 원리와 기본방향

1) 개혁원리

다음과 같은 개혁원리를 추구함으로써 국민을 최우선의 위치에 올려놓아야 한다.

첫째, 불필요한 지출을 삭감한다.

둘째, 고객에게 봉사한다.

셋째, 공무원들에게 힘을 실어 준다.

넷째, 지역사회가 스스로 문제를 해결하도록 조력한다.

다섯째, 탁월성을 함양한다.

2) 기본방향

위와 같은 개혁원리 아래서 i) 명확한 사명감을 창출한다, ii) 정책관리(steering)를 더 많이 하고 직접집행(rowing)은 줄인다, iii) 권한과 책임을 위임한다, iv) 유인(誘因)으로 규제를 대체한다, v) 성과기준의 예산제도를 발전시킨다, vi) 연방정부의 운영을 경쟁에 노출시킨다, vii) 행정적인 것이 아니라 시장적인 해결책을 찾는다, viii) 성공 여부를 고객의 만족도로 측정한다는 등 여덟 가지 기본방향에 따라 개혁처방을 한다.

4. 개혁방안의 처방

개혁방안의 처방은 우선 네 가지의 넓은 범주로 나누어 정리하였다. 네 가지 범주란 i) 번문욕례의 배제, ii) 고객만족위주의 행정, iii) 힘 실어주기, 그리고 iv) 적게 쓰고 많이 산출하는 정부의 구현이다. 이러한 개혁방안들의 범주는 성공적인 조직, 즉 효율적이고 기업가적인 정부에 공통되는 특성으로 파악된 것들이다.

넓은 범주 안에서 다시 개혁조치의 중간범주라고 할 수 있는 기본적 조치들을 구분하였으며, 각 기본적 조치(step) 내에서 구체적인 개혁행동(action)들을 처방하였다. 개혁행동처방의 수는 대단히 많다. 여기서는 기본적 조치마다 소수의 개혁행동처방만을 예시하려 한다.

1) 번문욕례의 배제

번문욕례(繁文縟禮)로 귀결되는 규칙·절차 등은 좋은 의도에서 만들어지기 시작했겠지만 그것이 너무 양산되어 공무원들의 효율적인 업무수행을 좌절시키고 엄청난 자원낭비를 초래하게 되었다. 이러한 적폐를 시정하려면 공무원들이 절차에 대해 책임을 지도록 되어 있는 체제를 결과에 대해 책임을 지는 체제로 전환해야 한다.

'번문욕례의 배제'(cutting red tape)를 위한 조치들은 여섯 가지 분야로 나눌 수 있다.

(1) 예산절차의 정비　　관리자들의 시간을 허비하게 하고 예산낭비를 사실상 강요하는 여러 겹의 규제를 철폐하기 위해 예산절차를 정비해야 한다.

> 예산절차정비를 위한 행동처방의 예로 i) 대통령은 일반적인 정책우선순위와 기능별 예산배분에 관한 예산지침을 시달하고 일선기관들은 그 틀 안에서 재량의 여지를 갖게 해야 한다는 것, ii) 사업에 대한 평가와 장기계획수립에 보다 많은 시간을 할애할 수 있도록 2년 주기 예산제도(biennial budgets and appropriations)를 채택해야 한다는 것, iii) 각 기관은 한 회계연도에 쓰지 않고 남긴 예산의 50%를 전용할 수 있고, 그 가운데서 2%를 관련 직원들의 보너스로 쓸 수 있게 해야 한다는 것 등을 들 수 있다.

(2) 인사기능의 분권화　　관리자들에게 효율적인 관리의 수단을 제공하기 위해 인사제도를 전면개편하고 채용·승진·분류·보수 등에 관한 권한을 대폭 위임해야 한다. 관리자들이 보다 쉽게 필요한 사람을 채용하고 일 잘하는

사람에게 보상을 주고 잘 못하는 사람을 해고할 수 있게 해 주어야 한다.

인사기능분권화를 위한 행동처방의 예로 i) 인사처(OPM)는 1만 페이지에 이르는 인사규정집(Federal Personnel Manual)과 기관별 시행지침들을 철폐하여 규제를 완화하여야 한다는 것, ii) 모든 부처에 공무원임용에 필요한 모집·시험의 실시권을 위임해 주어야 한다는 것, iii) 정당한 사유로 직원을 해임하는 데 드는 시간을 절반으로 줄이고 근무성적이 나쁜 직원의 처리에 관한 제도를 개선해야 한다는 것 등을 들 수 있다.

(3) **구매행정의 정비**　　현재의 구매행정(購買行政)은 극심한 관료적 번문욕례에 휩싸여 있다. 지나친 집권화, 경직된 규칙과 절차, 과다한 서류처리, 세세한 규격요건의 규정, 중복적인 감사와 검사 등의 폐단을 과감히 시정해야한다. 그리고 정직성·책임성·전문성·공개성·경쟁성의 원리를 확립해야한다.

구매행정 정비를 위한 행동처방의 예로 i) 연방정부의 규칙을 개정하여 구매절차를 단순화해야 한다는 것, ii) 조달청(調達廳: GSA)은 정보기술관련 재화·용역의 구입에 관한 권한을 각 기관에 대폭 위임해야 한다는 것, iii) 조달청은 행정기관들이 구입을 원하는 곳에서 구입할 수 있게 하고 '전자화된 시장정보'(electronic marketplace)를 활용하게 함으로써 구매절차를 단순화해야 한다는 것 등을 들 수 있다.

(4) **감사관들의 관심전환**　　각 부처에서 비교적 독립성을 유지하고 1년에 2회 의회에 보고하는 감사관(inspectors general)들이 잘못을 색출하는 소극적·부정적 활동에만 너무 치중하고 있는데, 앞으로는 그들의 관심을 예방적이고 적극적인 역할에 돌려야 한다.

이에 관한 행동처방은 한 가지이다. 즉 감사관들이 엄격한 법규준수 여부에 대한 감사에서 관리통제체제의 개선으로 관심을 확대해야 한다는 것이다.

(5) **불필요한 규제의 철폐**　　현실에 맞지 않는 낡은 규제, 중복적 규제 등을 대폭 폐지해야 한다. 이를 위해 기존의 규제들을 재심사하고 규제설정과정을 고쳐 불필요하고 비생산적인 규칙의 팽창을 막아야 한다.

이에 관한 행동처방의 예로 i) 대통령은 연방정부의 모든 기관들이 앞으로 3년간 내부운영규정들을 심사하여 그 절반을 철폐하도록 지시를 내려야 한다는 것, ii) 기관 간의 조정을 통해 중복규제와 일관성 없는 규제를 없애야 한다는 것, iii) 일을 잘하는 기관들은 연방정부의 규제를 면제 받을 수 있게 하는 절차를 발전시켜야 한다는 것 등을 들 수 있다.

(6) 주와 지방정부에 대한 권한 위임   지방에서 하는 정부사업이 보다 효율적으로 운영될 수 있도록 주와 지방정부에 보다 많은 권한을 위임하고 연방정부의 간섭은 그만큼 줄여야 한다.

이를 위한 행동처방의 예로 i) 대통령은 연방정부가 예산지원 없이 행정적으로 지방사업을 규제하는 일을 삼가도록 지시해야 한다는 것, ii) 55개의 개별보조금사업을 여섯 가지의 폭 넓고 융통성 있는 보조금으로 통합해야 한다는 것, iii) 주와 지방정부가 연방의 규제를 선별적으로 면제 받을 수 있도록 승인하는 권한을 모든 부처의 장에게 부여해야 한다는 것 등을 들 수 있다.

2) 고객만족위주의 행정

정부에 시장적 역동성(市場的 力動性)을 주입하여 고객을 최우선의 지위에 올려놓아야 한다. 이를 위해서는 우선 고객의 요구가 무엇인지를 파악하도록 해야 한다. 그리고 민간부문과 경쟁하게 해야 한다. 경쟁의 도입이 안 되는 정부의 독점사업도 가능한 한 기업적 운영을 하도록 해야 한다. 민간위탁을 촉진해야 한다. 이러한 전략들을 추진함으로써 대응적·창의적이며 기업가적인 정부를 창출해야 한다.

'고객만족위주의 행정'(putting customers first)을 위한 기본적 조치들은 네 가지 분야로 나눌 수 있다.

(1) 고객의 요구투입과 선택   좋은 서비스는 그것을 받는 사람들이 원하는 서비스를 제공하는 것을 의미한다. 그러므로 제일 먼저 할 일은 그들의 의견을 묻고 그들의 선택을 존중하는 것이다.

이를 위한 행동처방의 예로 i) 대통령은 국민에게 서비스를 제공하는 모든 연방정부 기관들이 고객의견조사를 담당할 프로그램을 구성하도록 지시해야 한다는 것, ii) 관리 예산처는 고객의 자발적인 응답을 요구하는 의견조사의 허가권을 행정 각 부에 위임하여야 한다는 것, iii) 모든 미국인이 이용할 수 있는 훈련 및 경력발전 종합안내소들을 설치해야 한다는 것 등을 들 수 있다.

(2) 서비스조직의 경쟁   미국 연방정부는 오랫동안 사기업의 독점을 반대해 왔지만 정부부문에서는 독점을 의도적으로 강화해 왔다. 정부부문의 독점성이 과거 그 순기능을 발휘하기도 했지만 오늘날에는 그 폐단이 더 크다. 정부부문의 독점성은 비용이 많이 들게 하고 일을 지연시키고 업무수행의 융통성을 제약한다. 가능하고 바람직한 범위 내에서 정부부문에 경쟁성을 도입해야 한다. 특히 서비스전달부문의 경쟁을 확대할 필요가 있다.

이를 위한 행동처방의 예로 i) 조달청의 부동산 취득 및 관리업무 독점을 폐지해야 한다는 것, ii) 각 기관이 필요로 하는 지원업무(예: 회계·재산관리·법률자문)를 공급하는 조직들 사이의 경쟁을 장려해야 한다는 것, iii) 정부가 운영하는 직업훈련소들에 대한 민간부문의 경쟁을 확대해야 한다는 것 등을 들 수 있다.

(3) 시장적 역동성의 창출   독점성의 유지가 불가피하거나 바람직한 정부활동에도 가능한 최대한의 시장논리와 그 역동성을 도입하여 서비스를 개선해야 한다.

이를 위한 행동처방은 i) 연방항공통제기구를 회사형태로 개편해야 한다는 것, ii) 조달청은 정부소유부동산의 관리를 담당할 사업체를 따로 구성해야 한다는 것, iii) 주택 및 도시개발부는 시장가격이 적용되는 임대재산이나 담보부 대부금(擔保附 貸付金)을 민간부문에 맡겨 관리해야 한다는 것 등 세 가지이다.

(4) 시장메커니즘의 활용   정부가 해결해야 할 문제마다 정부사업을 만들 수는 없다. 가능할 때에는 시장메커니즘을 활용할 수 있어야 한다.

이를 위한 행동처방은 i) 노동부장관은 새로운 규칙을 만들어 작업장의 안전과 건강에 대한 검사를 민간업체나 비관리층 직원이 할 수 있도록 해야 한다는 것, ii) 공해방지에 시장논리를 적용하여 우수업체에 보상을 주어야 한다는 것, iii) 관리자들에 대한 규제를 완화하고 세입자들의 선택권을 보장하는 공공주택시범사업을 시행할 수 있게 해야 한다는 것 등 세 가지이다.

3) 힘 실어주기

기업가정신을 바탕으로 하는 행정문화를 창출함으로써 성공적인 업무수행을 촉진하여야 한다. 공무원들은 업무수행의 높은 질적 수준을 달성하는 데 책임을 져야 한다. 그러한 책임을 다할 수 있게 하려면 일에 관한 권한을 더 많이 위임해 주어야 한다. 그리고 일할 수단과 여건을 마련해 주어야 한다.

'공무원들이 성과를 낼 수 있게 하기 위한 힘 실어주기'(empowering employees to get results)를 촉진하는 기본적 조치들은 여섯 가지 분야로 나눌 수 있다.

(1) 의사결정권의 분권화   너무나 많은 감독과 통제의 계층은 단순한 업무를 복잡하고 어렵게 만들고 있다. 의사결정권의 분권화를 통해 이러한 폐단을 막고 정부조직을 활성화해야 한다.

이를 위한 행동처방은 향후 5년간 행정부가 의사결정의 분권화를 촉진하고 관리자들의 통솔범위를 넓혀 가야 한다는 것이다.

(2) 결과에 대한 책임확보   모든 연방공무원은 업무수행의 결과를 산출하는 데 책임을 지도록 해야 한다.

이를 위한 행동처방은 i) 모든 기관들은 측정 가능한 목표를 설정하고 그에 관한 업무수행결과를 보고하게 하는 방안을 채택해야 한다는 것, ii) 연방정부에서 시행하는 사업들의 목표를 명료화해야 한다는 것, iii) 대통령은 모든 장관 및 기관장들과 전략적 및 정책적 목표이행에 관한 합의서를 작성해야 한다는 것, iv) 업적이 우수한 기관과 조직단위에 대한 기존의 포상들을 통합하여 시상하여야 한다는 것 등 네 가지이다.

(3) 업무수행에 필요한 수단의 제공　　공무원들이 일을 잘할 수 있게 하려면 결과를 산출하는 데 필요한 수단을 제공하고 이를 확실히 활용하게 해야 한다.

이를 위한 행동처방의 예로 i) 행정기관들이 훈련수요에 대응해 예산지출을 할 수 있도록 융통성을 부여해야 한다는 것, ii) 여러 가지 능력을 폭넓게 구비한 인적자원을 양성할 수 있도록 훈련사업에 대한 세밀한 규제를 철폐해야 한다는 것, iii) 행정부는 일관성 있는 재정관리체제를 확립하여 재정책임을 명백히 하고 재정담당공무원들의 자격기준을 높여야 한다는 것 등을 들 수 있다.

(4) 직업생활의 질적 향상　　직업생활의 질(質)에 관해 연방정부는 지금까지 비교적 잘해 왔지만 앞으로도 모범고용주의 지위를 유지하고 인도적이며 건강한 직장을 만들기 위해 노력해야 한다. 그리고 공무원들이 최선을 다할 수 있도록 그들을 신뢰하는 '직장문화'(workplace culture)를 발전시켜야 한다.

이를 위한 행동처방은 i) 연방정부는 가족적 분위기의 직장을 만들기 위한 방안들을 갱신하고 확장해야 한다는 것, ii) 행정부는 정규근무일에 공무원들이 출퇴근서명을 하는 출근부를 폐지해야 한다는 것, iii) 대통령은 연방정부 인적자원구성에서 다양성과 기회균등을 요구하는 지시를 내려야 한다는 것 등 세 가지이다.

(5) 노사협력체제의 구축　　연방정부 공무원집단의 구성과 특성은 많이 변모되었으며 그들의 의사결정참여 의욕은 커졌다. 이러한 변화에 부응하여 노사협력체제를 발전시켜 나가야 한다. 지금까지 노사관계를 지배해 온 적대적 관계를 재창조와 변화를 위한 협력관계로 전환해야 한다.

이를 위한 행동처방은 대통령이 노사협력체제 구축은 행정부의 목표라는 사실을 명시하는 지시를 하는 것이다. 그리고 이 목표를 실천하기 위하여 연방파트너십위원회(National Partnership Council)를 설치하는 것이다.

(6) 리더십의 발휘　　행정개혁을 추진하고 저항을 극복해 나가려면 각급 리더들의 리더십 발휘가 절실히 요구된다.

이를 위한 행동처방의 예로 i) 대통령은 질 높은 정부를 창출하는 데 대한 자신의 비전, 계획, 헌신을 구체적으로 밝히는 지시를 발표해야 한다는 것, ii) 각 부처는 개혁관리를 전담할 고급관리자를 임명해야 한다는 것, iii) 각료를 포함한 행정부 전체 공무원에게 품질향상운동에 관한 기초훈련을 실시해야 한다는 것 등을 들 수 있다.

4) 적게 쓰고 많이 산출하는 정부의 구현

낡은 방식에 안주하고 변화에 저항하며 낡은 사업을 지속시키는 연방정부의 노폐현상을 타파해야 한다. 불필요한 사업을 철폐하고 수입증대·비용절감·생산성향상 등을 위해 노력해야 한다.

'적게 쓰고 많이 산출하는 정부의 구현'(cutting back to basics : producing better government for less)을 위한 조치들은 네 가지 분야로 나눌 수 있다.

(1) 불필요한 사업의 폐지   낡거나 중복적인 사업과 불필요한 기구 등을 폐지하기 위해 체계적으로 접근해야 한다.

이를 위한 행동처방들은 정부사업·조직의 구체적인 감축계획을 담고 있다. 그 예로 i) 예산의 개별항목에 대한 대통령의 삭감권한을 강화하여야 한다는 것, ii) 농업부는 1천 2백 개의 일선기관(사무소)을 통폐합해야 한다는 것, iii) 주택 및 도시개발부는 지역사무소제도를 재정비하고 축소해야 한다는 것 등을 들 수 있다.

(2) 비조세수입의 증대   정부는 그 활동을 위한 경비염출의 보다 효율적인 방안을 찾도록 노력해야 한다. 특히 비조세부문의 수입증대를 위해 노력할 필요가 있다.

이를 위한 행동처방의 예로 i) 서비스에 대한 수수료를 결정하고 거기서 얻은 수입을 사용하는 데 각 행정기관이 더 많은 재량권을 가지게 해야 한다는 것, ii) 정부기관들이 받아들인 빚의 일부를 사용하고 또 징수비용으로 쓸 수 있도록 재량권을 부여해 주어야 한다는 것, iii) 연방정부보조금에 의한 주택소유자가 담보물을 재투자하는 데 사용하도록 유도해야 한다는 것 등을 들 수 있다.

(3) 생산성향상을 위한 투자   정부의 쇄신노력을 좌절시키는 가장 큰 요인

은 장기적 투자를 위한 자본이 없다는 것이다. 정부기관들이 생산성향상을 위한 투자에 쓸 수 있는 자금을 마련할 수 있게 해 주어야 한다.

이를 위한 행동처방은 모든 부처가 창안기금을 설치할 수 있도록 허용하는 것, 그리고 장기투자에 불리한 예산제도상 및 운영상의 편견을 제거하는 것이다.

(4) 비용절감을 위한 사업재설계   새로운 방법과 기술을 채택해서 정부의 업무수행을 재설계함으로써 생산성을 높이고 비용을 절감해야 한다.

이를 위한 행동처방의 예로 i) 정부는 퇴직연금·실업보험금 등 각종 혜택의 지급업무를 전산화하는 전국적 체제의 발전을 촉진해야 한다는 것, ii) 정부 각 기관은 컴퓨터 및 텔레커뮤니케이션 시스템의 활용을 확대해야 한다는 것, iii) 연방정부기관들은 데이터베이스를 개발하여 시판해야 한다는 것, iv) 행정기관들은 협상을 통한 규칙제정방법(negotiated rule making)을 더 많이 활용해야 한다는 것 등을 들 수 있다.

5. 접근방법의 특성

위에서 요약한 국가업무평가사업의 접근방법은 고객중심주의적·시장지향적·성과주의적이며, 기업가적 관리·정부감축·경비절감·번문욕례타파를 강조한다. 행정서비스의 수단(절차와 규칙 등)보다 목표·산출·성과를 우선시켜야 한다는 점을 강조한다. 과다한 규칙으로 인한 번문욕례에 대한 집중적 비판에서 반규칙주의적 편향을 읽을 수 있다.

국가업무평가사업의 보고서는 대체로 제도개선에 초점을 두고 있다. 공무원이라는 인간의 쇄신적·효율적 업무수행을 좌절시키는 낡은 제도의 혁파를 강조한다. 인간을 나쁘게 보지 않는다는 점에서 과거의 제도적 접근방법과는 구별되는 면모를 볼 수 있다.[q]

....

q) 정부의 효율성을 높이기 위해 낡은 관행의 구속을 풀어주고 자율성과 융통성을 증진시키는 관리방식을 '해방관리'(liberation management)라고 부르는 사람들이 있다. 국가업무평가사업의 접근방법은 원칙적으로 해방관리의 지향성을 공유한다고 말할 수 있다. 그런가 하면 국가업무평가사업은 능률향상을 도모하려는 과학적 관리의 요소와 낭비배제, 공개와 국민적 감시의 강화 등에 대한 역점을 함께 지녔다는 평가도 받고 있다. Guy Peters, *The*

국가업무평가사업의 관점은 미시적이다. 정부 내 조직 차원의 문제들에 관심을 집중하기 때문에 미시적 접근방법이라고 하는 것이다.

영연방식 신공공관리운동과 미국식 정부재창조운동은 그 기조가 비슷하다. 그러나 개혁의 깊이와 폭에는 차이가 있다. 영연방식 개혁이 더 급진적이고 개혁대상의 폭도 더 넓었던 것으로 이해된다.

구체적인 개혁역점과 전술에도 차이가 있다. 예컨대 영연방식 개혁에서는 민간화와 시장기제의 활용, 그리고 구조개혁에 더 많이 의존한 반면, 미국식 개혁에서는 민관(民官)파트너십과 업무수행과정 개선을 상대적으로 더 강조하였다. 미국에서는 연방정부와 주 및 지방정부 간의 정책기능·집행기능 분담이 특히 강조되었다. 연방정부의 역할은 원칙적으로 정책기능적이어야 한다고 처방하였다. 영연방식 개혁에는 경제학적 모형이, 미국식 개혁에는 기업과정모형이 더 많은 영향을 미쳤다.

두 줄기의 개혁운동에 나타난 차이는 상당부분 정치경제적 상황과 제도의 차이를 반영한다. 상황의 차이는 개혁추진 행동과정에도 영향을 미쳤다. 내각책임제에서와는 달리 미국의 입법·행정 분립체제는 행정부주도의 개혁을 왜곡시키기도 하고 그 추진력을 약화시키기도 했다.

> 영연방식 신공공관리운동과 미국식 정부재창조운동은 지향노선을 상호 수렴해 가면서 범세계적인 영향을 미쳤다. 그들의 사조에 수정이 가해지고 전략이 달라지면 그런대로 다른 나라들에 영향을 파급시켰다. 우리나라도 강한 영향을 받아왔다. 그러한 영향을 짐작할 수 있도록 1990년대 말에 우리나라에서 발표된 개혁안 두 가지를 예시하려 한다. 거기서 신공공관리운동과 정부재창조운동을 모방한 표현들을 뚜렷하게 볼 수 있다.
>
> 한국행정학회는 '2000년대에 대비한 정부조직의 혁신'이라는 1998년의 보고서에서 정부개혁의 기본방향으로 i) 자체진화형 정부조직(조직에 관한 부처 자율권 강화), ii) 기업가적 정부조직, iii) 고객지향적 정부조직, 그리고 iv) 성과중심적·경쟁적 정부조직을 열거하였다.[17]
>
> 총무처 직무분석기획단은 1998년의 보고서 '정부혁신 2010'에서 정부혁신의 분야별

Future of Governing: Four Emerging Models (University Press of Kansas, 1996); E. M. Berman, J. S. Bowman, J. P. West and M. R. Van Wart, *Human Resource Management in Public Service: Paradoxes, Processes, and Problems,* 5th ed. (Sage, 2016), p. 29.

추진목표를 i) 정부기능 및 구조 분야의 촉진적 정부, 작은 정부, ii) 국가 경영원칙 분야의 기업가적 정부, 시장과 경쟁을 지향하는 정부, iii) 행정서비스 제공방식 분야의 고객지향적 정부, 분권적 정부, 전자정부, 그리고 iv) 평가·환류체계 분야의 성과지향적 정부, 미래지향적 정부로 규정하였다.[18)]

6. 정부재창조운동에 대한 비판

미국에서 국가업무평가사업을 중심으로 전개된 정부재창조운동은 많은 성과를 거둔 한 시대의 강력한 개혁운동이었다. 그러나 이 개혁운동에 대한 비판도 많았다.[19)] 정부재창조운동에 대한 비판을 두 가지 범주로 크게 나누어 볼 수 있다. 그 하나는 기본적 원리와 전제에 대한 비판이며, 다른 하나는 계획과 실천상의 문제에 대한 비판이다. 미국의 정부재창조운동에 대한 비판적 논점은 신공공관리에 대한 비판과 상당부분 겹친다. 양대 개혁운동이 닮은 만큼 그에 대한 비판도 닮았다.

1) 원리와 전제에 대한 비판

비판의 핵심대상은 i) 시장기제 도입의 원리, ii) 고객중심적 서비스의 원리, 그리고 iii) 기업가적 관리의 원리이다.

① **시장기제 도입에 대한 비판**　　정부재창조운동은 개인적 선택뿐만 아니라 사회전체의 진로까지 시장의 흐름에 맡기려고 하는 경향을 보인다. 그러나 사익의 조건 없는 누적이 공익이라고 보는 입장, 즉 시장기능에 맡기면 자기이익 추구적인 개인들이 사회적 선의 최대 달성을 이룩할 수 있다고 보는 전제는 잘못된 것이다. 이기적인 개인들의 사익추구에 의존하는 경우 공익이 훼손될 수 있다.

② **고객중심주의에 대한 비판**　　고객중심적 서비스의 원리는 시민을 고객으로 규정함으로써 시민성과 시민의 책무를 간과하는 것이다. 그리고 시민은 직접 소비하는 서비스뿐만 아니라 정부서비스 전체에 대한 이해관계를 가지고 있는데 그들을 특정 서비스의 고객으로만 보는 것은 잘못이다.

실천적으로는 정부활동이 다양하고 복잡하기 때문에 정부 - 고객의 관계를 확인하기 어려운 경우도 많다. 특히 국민 일반에 대한 서비스의 경우 구체적인 고객을 한정하는 것은 불가능하다. 고객 자체의 실체도 복잡하고 모호하다. 직접적 고객, 대기하고 있는 고객, 고객과 관련된 사람, 적극적 요구 없이 서비스를 피동적으로 수용하는 사람, 미래세대의 고객 등을 모두 확인하는 일은 결코 쉽지 않다.

③ **기업가적 관리에 대한 비판**   정부재창조운동은 행정인들의 기업가적 정신을 강조한다. 기업가적 정신은 창의와 쇄신, 목표성취, 예방적·능동적 행동을 중시하는 정신이다. 정부조직의 주인으로서 정부의 돈을 자기 돈처럼 생각하고 행동하려는 정신이다. 이러한 정신을 고취함으로써 전통관료제의 비효율성을 극복하려 한다.

그러나 기업가적 관리행태는 과도한 모험, 통제하기 어려운 행동성향, 규칙과 절차의 무시, 국민 위에 군림하려는 행동 등의 위험을 안고 있다. 이러한 행동성향은 민주적 책임성, 개방적·참여적 행정 등 행정적 가치에 배치되는 것이다.

2) 계획과 시행의 문제

계획입안과 그 시행에서 나타난 여러 가지 문제들도 비판대상이 되고 있다.

① **상충적 제안**   개혁운동의 설계에는 상충적 요소들이 많다. 정부(예산·인적자원) 감축은 공무원의 사기진작과 자발적 협력확보에 배치된다. 고객의 필요와 공무원의 필요를 동시에 우선시키려는 기도 역시 상충적이다. 서비스개선과 비용절감의 동시추구도 상충된다. 민간·고객과의 파트너십 강조는 관리자들의 재량권을 제약한다. 인적자원·예산의 감축은 분권화의 효과를 상쇄한다.

② **감축목표의 문제성**   인적자원과 예산의 감축목표를 산출한 근거가 모호하며 감축가능성을 과장하였다.

③ **대통령의 관리능력 약화**   정부사업을 분산시키고 분권화와 공무원들에 대한 힘 실어주기를 강조함으로써 대통령의 관리능력을 약화시켰다.

④ **예산의 통합성 훼손**   예산과정의 통합성을 훼손하는 조치들을 채택하였다. 정부감축을 통해 절감한 예산의 계획적 전용에 실패하였다.

⑤ **노사분쟁과 공직의 정치적 오염**　　　노동쟁의가 늘어나게 하고 공직의 정치적 오염을 조장하였다.

⑥ **계급인플레 조장**　　　인원감축에서 하급직을 우선 감원함으로써 사실상 계급인플레를 조장하였다.

⑦ **심사·평가의 부실**　　　각 기관에 위임한 개혁추진을 중앙추진조직이 충분히 심사·평가하지 못했다. 따라서 개혁목표의 경시·왜곡이 많았다.

⑧ **방향전환으로 인한 신뢰성 실추**　　　정부가 어떻게 일하느냐에 초점을 맞추었던 개혁전략을 중간에 정부가 무엇을 하느냐에 초점을 맞춘 전략으로 전환함으로써 개혁사업의 신뢰성을 실추시켰다.

VI. 이음매 없는 정부

1. 제안의 배경

Russell M. Linden은 정부조직 리엔지니어링의 목표상태를 설정하는 이음매 없는 조직모형을 제시하였다. 그는 산업화시대의 공급자중심적 사회에서 만들어진 분산적 관료제구조는 오늘날의 소비자중심적 사회에는 부적합한 것이라는 생각을 가지고 이음매 없는 조직모형을 개발하였다.[20]

Linden은 공급자중심적 사회의 소비자들은 다양하지 못하고 불편하고 선택의 폭이 좁은 서비스를 받을 수밖에 없었다고 한다. 그러나 소비자중심의 사회에서 소비자들은 매우 다양한 서비스를 언제나 편리하게 그리고 자유롭게 선택하여 누릴 수 있기를 바라기 때문에 공급자조직들은 그러한 갈망에 대응해야 한다고 하였다. 소비자중심적 사회의 요청에 대응하려면 전통적인 분산적 조직들을 근본적으로 재설계하여 이음매 없는 조직으로 만들어야 한다고 주장하였다.

Linden의 설명과 제안은 미국사회를 준거로 삼고 있다. 그는 미국사회가 소비자사회로 변모되어감에 따라 이음매 없는 정부의 구현을 요구하는 압력이 커지고 있다고 말한다. 그리고 정부나 민간조직의 업무와 조직설계에 이음매 없는 조직의 요청과 원리에 부합되는 여러 가지 변화들이 실제로 일어나고 있음을 지적한다.

미국사회가 산업화되기 전에는 공예적·통합적 생산구조에 의존했다고 한다. 재화·용역 생산의 공예적 또는 장인적(匠人的) 접근방법은 개별화된 주문생산적 접근방법(individualized craft approach)을 뜻한다. 통합적 또는 총체적 접근방법은 생산자가 수행하는 개별적 직무의 완결도가 높고 생산자·소비자의 관계가 직접적·개인적인 접근방법이다.

19세기 중반에 시작되고 20세기 중반까지 지속된 산업화시대·공급자시대에는 공예적·통합적인 접근방법과 생산구조가 무너지고 그 자리를 대량생산체제와 분산적 관료제구조가 차지하게 되었다고 한다. 1960년대 이후 급속한 여건 변화는 분산적 관료제구조의 결함을 크게 부각시켰으며 생산활동의 통합성 제고에 대한 요청을 키워왔다고 한다. 이러한 변화는 산업화 이전의 공예적·통합적 접근방법이 추구하던 가치와 원리를 재조명하게 만들었다고 한다. 이음매 없는 조직의 제안은 상당부분 산업화사회 이전의 원리들을 재도입하자는 것이다.

Linden은 이음매 없는 정부를 이음매 없는 조직의 특성을 지닌 정부조직이라고 생각하는 것 같으나 때로는 정부와 조직이라는 개념을 거의 같은 뜻으로 섞어 쓰고 있다. 여기서 이음매 없는 정부의 정의는 이음매 없는 조직의 정의로 대신하려 한다.

2. 이음매 없는 조직

1) 이음매 없는 조직의 정의

이음매 없는 조직(seamless organization)은 분할적·분산적인 방법이 아니라 총체적·유기적인 방법으로 구성한 조직이다. 이것은 기능별·조직단위별로 조각조각난 업무를 재결합시켜 고객에게 원활하고 투명한 그리고 힘 안 들이고 누릴 수 있는 서비스를 제공하는 조직이다.

이음매 없는 조직은 고객이 원하는 결과 또는 효과와 일의 흐름을 중심으로 구성된 조직이다. 이음매 없는 조직은 유동적이고 민첩하며 투명성이 높은 조직이다.

이음매 없는 조직은 '연결된 조직'이다. 조직의 모든 구성요소는 총체의 구성부분이며, 이들은 서로 조화를 이루어 조직구성원과 고객에게 일관된 메시지를 보낸다. 이음매 없는 조직이 연결된 조직이라고 하는 것은 전통적인 경계관념이라는 장벽을 해체한 조직이라는 뜻이다. 이음매 없는 조직은 일종의 경계 없는 조직이다. 조직 내의, 그리고 조직 간의 경계(울타리)는 네트워크로 변한다. 이음매 없는 조직의 경계는 유동적이며 투과적이고 때에 따라서는 눈에 잘 보이지 않는다. 어디서 한 조직이 끝나고 다른 조직이 시작되는지가 불분명한 경우도 있다.

이음매 없는 조직의 구성원들은 소비자에게 보다 온전한 서비스를 직접 제공한다. 조직구성원과 소비자의 교호작용은 직접적·개별적이다. 소비자는 그가 원하는 결과에 부합되는 서비스를 받는다.

조직구성원의 직무는 온전한 또는 완결도가 높은 직무(full job)로 설계된다. 그것은 시간의 흐름에 따라 변동·성장하는 제네럴리스트(generalist)의 복수기술적(複數技術的 : multi-skilled) 직무이다. 그러한 직무는 복수기술적 과정을 통해 수행된다. 즉 고립적인 기능 또는 조직단위에 소속된 개인들이 아니라 과정중심적·복합기능적인 팀들이 업무결과에 초점을 맞추어 임무를 수행한다.

2) 분산적 조직과 대조되는 특성

이음매 없는 조직의 처방은 전통적 관료제 조직인 분산적 조직(fragmented organization)의 기초가 되는 근본적 전제에 도전한다. 이음매 없는 조직은 분산적 조직의 핵심적 구성원리를 배척하는 급진적 대안이다. 여기서 분산적 조직이라고 하는 것은 전통적인 관료제 구조를 가진 조직이다. 분업, 전문화, 표준화, 계서제, 개인별 책임, 호환적(互換的)인 부품과 인간 등을 처방하는 전통적 조직설계원리에 따라 만들어지는 조직양태는 고도로 분산적이다. 분산적 조직은 조직을 조각내 분리하는 경향이 있다. 계선조직 단위들을 서로 분리하고, 계선과 참모를 분리하고, 조직과 고객을 분리하고, 조직과 공급자를 분리한다.

산업화시대의 대량생산체제에 맞는 분산적 조직의 특성에 대조되는 이음매 없는 조직의 특성을 보면 다음과 같다.

① **폭넓고 자율적인 직무**   직무의 폭은 넓고 완결도는 높다. 직무담당자들은 폭넓은 직무 그리고 새로운 직무를 감당할 수 있는 제네럴리스트로 양성된다. 직무담당자들은 복수기술적인 팀을 구성하여 협력적으로 직무를 수행한다. 직무담당자들은 자기 직무의 절차와 의사결정에 대해 많은 통제력을 행사한다. 그들은 높은 자율성을 누리며 그만큼 책임도 많이 진다.

> 이와는 대조적으로 분산적 조직의 직무는 협소하고 단편적·구획적이다. 직무담당자의 자율성은 낮다.

② **결과기준의 직무수행평가**   직무수행의 측정과 평가는 결과 또는 효과(outcomes)와 고객의 만족을 기준으로 한다. 조직이 어떤 활동을 했으며 어떤 산출을 냈는가를 기준으로 삼지 않고 목표로 삼은 바람직한 결과를 실현했는가를 기준으로 삼는다. 예컨대 경찰이 검거한 범인의 수가 아니라 거리의 안전성과 시민의 안전감을 측정하여 평가한다.

> 반면 분산적 조직에서는 부하의 수, 사용한 예산액, 직무수행활동의 수 등 투입을 기준으로 직원의 직무수행을 평가한다.

③ **힘 실어주기를 위한 기술**   기술은 통제가 아니라 힘 실어주기를 위해 사용한다. 제네럴리스트들과 복수기술적 작업팀들이 폭넓은 직무를 분권적·자율적으로 수행할 수 있도록 지원하기 위해 기술, 특히 정보기술을 도입하고 활용한다.

> 분산적 조직의 기술은 통제지향적이다. 집권화하고 통제하는 데 기술을 활용한다.

④ **과정중심의 내부조직**   기능 간의 장벽을 무너뜨리고 핵심적 과정을 중심으로 조직을 설계한다. 소비자의 필요에 따라 서비스를 제공할 수 있도록 서로 관련된 기능들을 포괄하는 통합과정적인 팀(integrated process teams)들을

구성한다.r)

분산적 조직에서는 조직의 필요를 위해 기능과 조직단위를 분산적으로 설계한다.

⑤ **시간에 대한 높은 감수성**　　신속성은 고객의 요청에 부응하는 서비스의 핵심적 요소이다. 이음매 없는 조직은 신속성의 요청에 대한 감수성이 높다. 즉 시간감각(time sensitivity)이 예민하다. 최종소비자의 요구와 직무수행의 결과에 초점을 맞추고 신속한 대응성을 강조한다. 따라서 소비자가 원하는 서비스를 보다 신속하게 제공할 수 있다. 이음매 없는 조직을 구성하는 중요한 이유 가운데 하나는 조직이 혼돈스러운 환경에 신속하게 대응할 수 있도록 하려는 것이다.

공급자중심적인 분산적 조직의 시간감각은 둔하다. 고객에 대한 서비스의 속도에 민감하지 못하다. 외부의 요청과 기회에 반응하는 것이 더디다.

⑥ **역할구분의 유동성**　　조직 내의 역할과 관할의 구분이 뚜렷하지 않다. 역할관계는 유동적·가변적이며 역할 간의 구획선은 거의 없다. 역할의 유동성, 역할구분의 모호성은 자연스러운 일의 흐름과 다기능적 팀들의 역할을 강조하는 데서 비롯되는 것이다. 일이 시작될 때부터 끝날 때까지의 전 과정을 관장하는 소규모의 다기능적 팀들이 협동적으로 임무를 수행하며 여기에는 소비자들과 공급자들도 참여한다. 이러한 관계 속에서 관심의 초점은 집단적 과정을 통한 과제의 공동적·협동적 수행과 고객의 만족에 있다. 누가 어떤 임무를 맡느냐에 관심의 초점이 있는 것은 아니다. 공동적 노력의 강조는 역할구분을 흐리게 한다.

....

r) 여기서 과정(process)이란 특정한 결과를 산출하도록 디자인된 일련의 연관적 활동을 말한다. 조직 내에는 핵심과정(core processes)과 지원과정(support processes)이 있다. 전자는 고객을 위한 사업의 입안·시행 등 외부고객의 중요한 필요에 대응하는 과정이다. 후자는 구매, 인사, 예산, 정보관리와 같이 직원과 공급자 등 내부고객의 필요에 대응하는 과정이다.

분산적 조직에서 역할명료성은 높다. 조직 내의 분업관계는 분명하고 조직과 그 고객 그리고 공급자 사이의 구분도 뚜렷하다.

⑦ **산출하는 재화와 용역의 다양성 · 주문생산성**　　이음매 없는 조직이 산출하는 재화 · 용역은 다양하다. 재화 · 용역의 양도 많고 가짓수도 많으며 소비자들의 선택폭은 넓다. 산출활동에서 가장 중요시되는 것은 소비자의 요구이다. 따라서 산출활동은 주문생산적(customized)이라고 할 수 있다.

분산적 조직에서는 조직이 생산하기 쉽도록 재화 · 용역을 표준화한다. 산출의 양은 많고 가짓수는 적으며 소비자의 개별적 필요에 부응하는 수준은 낮다.

3. 이음매 없는 정부 구현의 도구 : 리엔지니어링

Linden은 리엔지니어링(BPR : business process reengineering)을 관료제 조직을 이음매 없는 조직으로 개조하는 도구로 써야 한다고 하였다. 그는 리엔지니어링이란 조직의 과정, 체제, 구조를 조직이 실현하려는 바람직한 결과를 중심으로 재설계하는 것이라고 하였다. 그리고 리엔지니어링은 조직 설립의 기본적 전제에 도전하는 급진적 변동을 추구하는 것이라고 하였다.

Linden은 정부부문 리엔지니어링에서 받아들여야 할 가치와 설계원리(design principles)를 다음과 같이 열거하였다. 이들 원리는 이음매 없는 정부의 전제와 구성원리를 지지하는 것들이다.

(1) **결과기준의 조직**　　분할된 기능이나 임무수행의 수단이 아니라 바람직한 결과를 기준으로 조직을 구성한다. 고객과 그 요구의 확인이 가능한 경우에는 고객의 요구를 중심으로 조직을 설계하고, 고객 또는 고객의 요구를 확인하기는 어렵지만 산출물이 가시적인 경우에는 산출물 중심으로 조직을 설계한다. 양자를 모두 확인하기 어려운 경우에는 과정 자체를 중심으로 조직을 설계한다. 어떤 경우에나 관심은 결과지향적이다.

결과지향적으로 구성된 조직에서 바람직한 결과를 실현하는 책임은 원칙적으로 직무수행자가 진다. 결과달성의 수단에 초점을 둔 미세관리(微細管理 :

micromanagement)는 하지 않는다.s)

(2) 과정의 병진화　　업무수행의 순차적 과정(sequential processes)을 동시적 또는 병진적 과정(竝進的 過程 : parallel processes)으로 대체한다. 특정한 사업수행에 필요한 모든 기능분야의 직원들이 팀을 구성하여 그 사업을 처음부터 끝까지 맡도록 하면 과정의 병진화를 폭 넓게 실현할 수 있다.t)

(3) 필요한 정보의 공급　　의사결정자들에게 필요한 문제현장의 정보를 원활히 공급한다. 순차적으로 산출되는 정보에 의사결정의 단계별로 접근가능하게 하는 방식을 깨고 필요한 정보에 대한 접근을 언제 어디서나 가능하게 한다.u)

(4) 정보획득 방법의 간소화　　필요한 정보는 그 원래의 출처(at its source)에서 단번에(only once) 충분히 받아내게 한다. 같은 정보를 되풀이하여 물으면 절차가 복잡해지고 낭비가 따른다. 정보의 출처에서 정보를 직접 얻지 않고 여러 사람을 거쳐 얻게 되면 정보가 왜곡되기 쉽다. 이를 방지하기 위해 일회적·직접적 정보획득방법을 발전시켜야 한다.

(5) 단일한 접촉점의 제공　　조직과 교호작용하는 고객이나 공급자에게는 가능한 한 단일의 접촉점(a single point of contact)을 제공하여 '1회 방문처리제'를 구현하도록 한다. 이를 위해 제네럴리스트의 양성, 부서 간의 정보공유, 부서 간 경계의 유동화, 일선직원들에 대한 힘 실어주기를 촉진한다.

(6) 핵심과정의 계속적 작동　　소비자가 원하는 서비스를 신속하게 제공할 수 있는, 소비자에게 가치를 부가해 주는 핵심과정을 중심으로 조직화하고 그러한 과정의 계속적 작동(막힘없는 흐름)을 촉진한다.

(7) 과정개혁설계의 우선　　작업과정의 개혁을 먼저 구상·설계하고 그에 필요한 기술은 그 후에 도입하게 한다. 조직설계의 기본적 원칙을 결과지향적

----

s) 직무수행자를 필요 이상으로 감독·통제하는 것을 미세관리라 한다. 미세관리는 창의적이고 능동적인 직무수행을 저해한다.

t) 이 밖에도 과정 병진화방법의 예는 많다. 관리자가 조직의 모든 계층에 정보를 동시적으로 발송하는 것, 사업수행자들이 고객을 직접 만날 수 있게 하는 것 등을 예로 들 수 있다.

u) 이러한 개선을 Linden은 하류로 흐르는 정보(downstream information)를 상류로 거슬러 올라가는 정보(upstream information)로 전환하는 것이라고 표현하고 있다.

으로 전환시킨 연후에 신기술을 도입한다.

　　발전된 기술도입 그 자체가 생산성을 높인다고 생각한 때도 있었다. 그러나 낡은 작업과정과 작업방법을 그대로 두고 최신기술을 도입하는 것은 무의미하다. 기술은 과정과 방법에 관한 아이디어를 지지해 줄 때 그 가치를 발휘할 수 있다. 기술은 과정과 방법의 강점 또는 약점을 확대해 줄 수 있을 뿐이다.

4. 이음매 없는 정부 구현의 성공조건

　　관료제적 정부조직을 이음매 없는 조직으로 전환하는 데 성공하려면 적정한 리엔지니어링 전술의 채택, 저항극복, 지지적 기반 형성 등 일련의 조건을 충족시켜야 한다.

　　(1) 올바른 리엔지니어링 전술　　리엔지니어링의 전술이 적정해야 한다. 적정성의 조건은 다음과 같다.

　　① **백지상태에서의 출발**　　이음매 없는 정부 구현을 위한 리엔지니어링은 백지상태(clean sheet)에서 또는 영기준으로부터 시작해야 한다. 기존 제도의 전제와 제약에 구애 받지 않고 새로운 사고방식으로 새로운 대안을 설계하여 실현할 수 있어야 한다.

　　② **고객의 수요에 대응하는 목표로부터의 출발**　　리엔지니어링은 고객의 수요에 대응해야 한다는 목표에 충실해야 한다. 정부조직의 고객은 많고 다양하며 그들의 요구와 기대는 서로 다르고 상충되는 경우가 많다. 따라서 목표에 충실한 리엔지니어링이 쉽지 않다. 요구 간의 중첩을 찾고, 합의형성을 위해 요구들을 재구성하고, 이해관계자들의 연합을 촉진하는 등의 노력을 해야 한다.

　　③ **개혁 우선순위의 적정성**　　개혁대상 선정의 우선순위 결정이 적정해야 한다. 어떤 과정부터 먼저 개혁할 것인가를 결정할 때는 비용부담자·소비자·유권자집단에 미치는 영향, 조직 전체에 미치는 영향, 그리고 실현의 가능성을 고려해야 한다.

　　④ **참여적 방법**　　관련 직원들이 혼돈 속에서 의사결정을 하고 적극적

으로 개혁에 참여할 수 있도록 여유와 기회를 주어야 한다. 직원들에게 충분한 정보를 제공하고, 문제와 해결대안에 대한 이해를 촉진하고, 그들이 스스로 해결대안을 안출하고 발언권을 행사할 수 있게 해야 한다.

(2) 연관요인들과의 조화   기능지향적인 조직을 과정지향적인 것으로 전환시키는 데 성공하려면 조직 내 연관요인들 사이의 조화 또는 정합(整合: alignment ; fit together) 수준을 높여야 한다. 제네럴리스트와 팀 중심의 업무수행을 지지할 수 있도록 관리자·감독자의 역할, 직무수행 평가방법, 보수제도, 의사결정체제 등을 개조해야 한다. 관리·감독작용은 직무담당자들에게 직무수행의 융통성을 보장할 수 있도록 개편해야 한다. 정치적 선출직 또는 정치적 임용직이 해온 미세관리는 철폐해야 한다.

(3) 새로운 기제의 도입   정부조직 내외의 장벽을 제거하고 이음매 없는 관계를 정착시키는 데 필요한 새로운 장치 또는 기제들을 도입해야 한다. 그러한 기제의 예로 간소화된 대안적 분쟁조정제도, 파트너십, 협상을 통한 규칙제정(reg neg) 등을 들 수 있다.

(4) 기반조성   이음매 없는 정부의 활동과 발전을 지지해 줄 수 있는 기반(seamless infrastructure)을 조성해야 한다. 기술적 기반의 예로 이음매 없는 임무수행과 조직관리를 도와주는 여러 가지 컴퓨터 소프트웨어를 들 수 있다. 그 중 대표적인 것은 집단적 과정을 통한 임무수행을 지원해 주는 그룹웨어(groupware)이다. 행동대안들의 실제적·총체적 비용을 표시해 줄 수 있는 활동기준회계제도(activity-based costing), 직원들이 사무실 이외의 장소에서 자기의 스케줄에 따라 임무를 수행할 수 있게 하는 텔레커뮤팅(telecommuting)도 기술적 기반의 예로 들 수 있다.

(5) 사고방식의 전환   개혁추진자, 정부조직 구성원, 정부조직과 여러 가지로 연계된 사람들의 획기적인 사고방식 전환이 이음매 없는 정부 구현의 궁극적인 성공조건이다. 새로운 사고방식으로 기존의 전제들에 도전할 수 있어야 한다. 변화보다는 안정을 선호하고 모험을 회피하려는 구시대적 사고방식으로는 리엔지니어링에 성공할 수 없다. 이음매 없는 정부 구현을 위한 리엔지니어링은 '모두가 마음으로 하는 게임'(It's all a mind game)인 것이다.

전통관료제의 분산적·분립적 특성을 비판하고 통합·조정을 강조하는 개혁안들이 근래 큰 파급력을 보이고 있다. 이음매 없는 정부 모형과 근본적으로 궤를 같이 하는 이론 또는 개혁제안들은 아주 많다.

널리 인용되고 있는 예로 Jack Welch의 경계 없는 조직모형(boundaryless organization model)과 Orion White, Jr.의 변증법적 조직모형을 들 수 있다.21)

Stephen Goldsmith와 William D. Eggers의 네트워크 거버넌스 모형(governance by network model)도 전통관료제의 경계타파를 주문한다. 네트워크 거버넌스는 다양한 파트너들과의 네트워크를 통해 공공의 임무를 수행하는 거버넌스이다. 이러한 거버넌스는 공공업무수행에 민간조직들을 활용하는 제3자 정부(third party government), 통합적 서비스를 제공하기 위해 여러 정부 조직들이 협동하는 합동적 정부(joined-up government), 디지털 혁명(digital revolution), 고객의 요구 존중 등의 요소를 내포하는 것이라고 한다.22)

Perri 6, Diana Leat, Kimberly Seltzer 그리고 Gerry Stoker가 제안한 총체적 거버넌스 모형(holistic governance model)도 분산적 정부의 폐단을 비판하고 거버넌스를 구성하는 하위체제 간의 통합성 제고를 처방한다. 총체적 거버넌스는 국민의 진정한 필요에 대응하는 바람직한 결과를 가져올 정책과 실천의 통합적 추진에 역점을 두는 거버넌스이다. 총체적 거버넌스는 공공정책의 수립과 실천에 관련된 모든 활동범주와 행동주체들의 조정적·협동적 관계를 요건으로 한다. 그리고 하위체제들의 목표와 수단이 다같이 상승작용적이어야 한다는 것을 또한 요건으로 한다.23)

VII. 전자정부

1. 전자정부화의 당위성 인식

전자정부모형은 정보화시대의 상황적 조건과 정부재창조의 요청을 반영하는 목표상태모형이다. 전자정부모형은 탈산업화시대·탈관료화시대를 배경으로 하고, 민주국가의 정부가 수행해야 할 당위적 임무를 전제하고 행정개혁·정부개혁을 인도할 원리들을 제시한다.

기술문명시대에 정보화기술의 폭발적 발전은 인간생활의 거의 모든 영역에 막대한 영향을 미친다. 그리고 사람들은 능동적으로 정보화기술의 혜택을 향유하려 한다. 사람들은 추구하는 바를 더욱 효율적으로 달성하기 위해 정보화기술을 활용하고 또 활용해야 한다고 믿는다.

행정개혁에서도 사람들의 생각은 마찬가지이다. 정부가 추구하는 목표를 보다 효율적으로 수행하기 위해 정보화의 방법을 채택하려 한다. 이러한 경향은 오늘날 행정개혁이론의 대세이며 그것은 실천세계에서도 강한 파급력을 지닌다. 따라서 정부재창조를 위한 거의 모든 기본적 개혁청사진들에는 정보화의 처방이 포함되어 있다. 그런가 하면 전자정부모형은 정부재창조를 위한 개혁처방들을 점점 더 망라하려는 변화를 보여 왔다. 요즈음의 전자정부모형은 이 시대의 정부가 갖추어야 할 덕목을 모두 포괄하려는 의욕을 보이고 있다.

오늘날 전자정부화를 촉구하는 조건들은 i) 경비절감의 요청과 국민에게 보다 고품질의 공공서비스를 제공해야 한다는 요청이 동시에 커지고 있다는 것, ii) 정부서비스의 수요민감성(需要敏感性)과 신속성에 대한 요청이 커지고 있다는 것, iii) 정부환경의 정보화가 촉진되고 있으며 정부가 처리해야 할 정보가 폭증하고 있다는 것, iv) 정부의 독점성은 약화되고 국내·국외적 경쟁이 치열해져 가고 있다는 것, v) 협동적 문제해결을 위해 여러 분야의 경계를 타파하고 통합화·네트워크화를 촉진해야 할 필요가 커지고 있다는 것, vi) 정부는 외부의 여러 파트너들과 네트워크를 형성해 거버넌스체제를 구축해야 할 필요가 커지고 있다는 것, vii) 정부의 개방화·투명화에 대한 요청이 커지고 있다는 것, viii) 환경적 격동성과 공공문제의 복잡성이 높아지고 있다는 것 등이다.

우리 정부에서도 전자정부화의 필요성을 심각하게 인식하고 국책적인 관심을 기울여 왔다. 「전자정부구현을 위한 행정업무 등의 전자화 촉진에 관한 법률」과 후속 법령의 제정, 대통령직속의 전자정부특별위원회 설치, 전자정부 추진 기본계획 수립 등은 그러한 관심의 징표이다.

정부는 정보기술의 변화와 행정개혁사조의 변화에 따라 전자정부모형을 업그레이드해 왔다. 그 과정에서 '정부 3.0' '지능형 정부' 등의 개념을 활용하기도 했다. '지능형 정부'란 인공지능 시스템을 도입하여 국민에 대한 서비스를 효율화한 정부를 말한다. 모든 데이터가 연결되는 디지털 플랫폼을 기반으로 하는 디지털플랫폼정부를 추진하기도 했다. '정부 3.0'에 대해서는 제 5 장 XII항에서, 디지털플랫폼정부에 대해서는 제5장 xiv항에서 자세히 설명할 것이다.

2. 전자정부의 정의

　　전자정부(電子政府 : electronic government)는 정보기술을 활용하여 정부의 업무수행을 전자화하고 정부체제를 그에 적합하게 재설계함으로써 국민에 대한 서비스의 효율화를 이룩한 정부이다. 전자정부를 만드는 목적은 국민을 위한 서비스의 향상이다. 그 수단은 정보화와 정부조직의 리엔지니어링이다.[v]

　　전자정부의 주요 특성을 보면 다음과 같다.[24]

　　① **정보기술의 활용**　　전자정부는 정보기술(IT)을 활용하여 효율성을 증진하는 정부이다. 전산화된 정보처리시스템을 도입하고 통신 네트워크, 정보고속도로 등 정보인프라를 구축하여 정보의 통합관리·공동이용을 도모한다. 국민에 대한 서비스 전달의 전자화를 촉진한다. 정보기술을 이용하여 정부활동의 시간적·공간적 제약을 축소한다.

　　② **국민중심주의적 정부**　　전자정부는 국민에 대한 서비스의 효율화를 제일의 목표로 삼는 민주적 정부이다. 서비스 전달은 국민생활의 질을 향상시키기 위한 고객중심적·국민중심적 기능이다. 정보화를 통한 정부능력 향상은 국민을 위한 것이다.

　　전자정부는 대내적으로도 민주화·인간화를 이룩한 정부이다. 기술적 정보화는 인간적 필요를 위한 것이다.

　　③ **열린 정부**　　전자정부는 투명성·접근성·대응성이 높은 열린 정부(open government)이다.[w] 행정과정은 공개적이고 투명하며 정부가 관리하는

---

v) 우리나라에서는 전자정부라는 말이 가장 널리 쓰인다. 그러나 드물지만 지식정부, 디지털정부 등의 표현이 쓰이기도 한다. 영어로는 electronic government(E-government)라는 표현이 널리 쓰이지만 같은 뜻으로 digital government, cyber-government, network government, web-government, on-line government, virtual state 등의 용어가 쓰일 때도 있다.

w) 국민은 열린 정부로부터 이해할 수 있는 유용한 정보를 쉽게 얻고, 정부와 원활하게 교호작용하고, 양질의 서비스를 받으며, 정책결정과정에 참여하여 영향을 미칠 수 있다. 투명성(transparency)은 공공감시에 대한 노출도를 말해 주는 개념이다. 접근성(접근가능성 : accessibility)이 높은 정부는 국민이 언제 어디서나 접근할 수 있는 사용자친화적 정부이다.

지식의 보급은 원활하다. 정부의 정보와 의사결정과정에 대한 국민의 접근가 능성은 높다. 국민의 요구에 대한 정부의 대응성은 높다. 전자정부의 이러한 특성은 직접민주주의·참여민주주의(direct·participatory democracy)의 발전을 촉진한다.[25] 전자정부는 공개지향적 정부이지만 국민 개개인의 프라이버시와 안전욕구를 존중하고 보호하는 정부이다.

④ **통합지향적 정부**　전자정부는 수평적·수직적으로 통합된 이음매 없 는 정부이다. 전자정부는 대내적으로 전통적인 경계관념을 타파한 정부이다. 대외적으로도 시민, 민간조직 등과의 네트워크를 통해 폭 넓은 거버넌스 시스 템을 형성한다.

⑤ **창의적 정부**　전자정부는 문제해결중심의 창의적이고 민첩한 정부 이다. 전자정부는 변동지향적이며 집단적 학습을 강조하는 학습조직의 요건 을 갖춘 정부이다.

⑥ **작은 정부**　전자정부는 생산성은 높고 낭비는 최소화된 작은 정부 이다. 전자정부는 생산성을 높이기 위해 정보기술집약화를 이룩한 정부이다.

⑦ **탈관료화 정부**　전자정부는 관료제적 경직성을 탈피한 자율적·협 동적·적응적 정부이다. 구조와 과정의 설계에서 가상조직(virtual organization), 네트워크 조직, 임시체제(adhocracy) 등의 속성이 강하게 나타나는 정부이다.

⑧ **인터넷을 이용한 대민서비스**　통합적 전산정보관리와 인터넷을 이용 한 온라인 서비스의 확대는 신속하고 편리한 대민서비스를 가능하게 한다.

전자정부라는 개념이 쓰이기 시작한 것은 근래의 일이다.[x] 그러나 비교적 짧은 기간 내 에 여러 변용을 겪어 왔다. 전자정부라는 개념이 지시하는 실천세계의 현상이 급속히 변해

대응성(responsiveness)이 높은 정부는 국민의 필요와 요구, 아이디어에 신속하게 반응하는 정부이다. OECD Asian Centre for Public Governance, *OECD Public Governance Policy Brief*, No. 2(2006), pp. 30~50, 정부혁신 패러다임 어떻게 변하고 있는가?(삶과 꿈, 2006), 36~74쪽.

x) 미국에서는 1997년 2월 3일에 제출된 국가업무평가사업과 정부정보기술청의 공동보고서 가 처음으로 electronic government라는 개념을 사용하기 시작했다고 한다. Office of the Vice President, *Access America : Reengineering through Information Technology : Report of the National Performance Review and the Government Information Technology Services Board* (Washington : GPO, 1997).

온 만큼 개념의 정의도 달라져 왔다. 전자정부는 역동성이 높은 개념이다. 이런 까닭으로 개념정의에 적지 않은 혼선이 있다. 저자는 위에서 최근의 다수의견을 종합하여 전자정부를 정의하였다. 저자가 채택한 것은 정부의 바람직한 목표상태와 정보화라는 요소를 결합한 정의이다. 그러나 정보화라는 기술적 측면만을 강조하는 정의들도 적지 않다.

"전자정부는 건물 없고(building-less) 사람 없는(people-less) 정부이다," "전자정부는 인터넷이나 그 밖의 디지털 수단을 활용하여 정보와 서비스를 온라인으로 전달하는 정부이다," "전자정부는 정보기술을 활용하여 업무를 수행하는 정부이다" 등을 기술적 측면에 치중한 정의의 예로 들 수 있다.

3. 전자정부의 기술적 차원

기술적 차원에서 전자정부는 고도의 정보통신기술이 광범하게 활용되는 정보기술집약형 정부라고 할 수 있다. 전자정부의 핵심적 관리기능은 정보관리이며 정보관리의 중심적·선도적 기술은 정보기술이다.

전자정부는 전산화된 통합적 정보관리체제를 구축하여 체계적으로 정보를 관리하며 이를 통해 정보공유·정보공동활용, 온라인 업무처리, 광범하고 즉각적인 쌍방향통신, 대민봉사의 높은 대응성과 신속성 등을 실현한다. 이를 위해서는 여러 가지 기술적 준비가 필요하다.[26]

① **컴퓨터시스템 도입**　　컴퓨터시스템을 도입해야 한다. 자료·정보의 디지털화(digitalization)·데이터베이스화가 이루어져야 한다. 컴퓨터가 처리할 수 있도록 일상적 업무를 표준화해야 한다.

② **정보 인프라 구축**　　여러 가지 정보 인프라를 구축해야 한다. 여기에 핵심이 되는 것은 컴퓨터 네트워크, 특히 멀티미디어 네트워크의 구축과 정보초고속도로의 구축이다. 전자우편, 전자결재, 전자문서의 활용을 뒷받침할 전자서명, 신분인증, 전자우편주소부여, 정보보호 등에 관한 기술을 개발하고 법적으로 규정해야 한다. 조직구성원들이 정보기술을 이해하고 활용할 수 있는 능력(IT literacy)을 갖추어야 한다.

③ **국민편의를 위한 단일창구**　　정부에 접근하려는 국민의 편의를 위해서 전자정부 단일창구를 설치해야 한다.

4. 전자정부의 조직관리

전자정부는 정보기술활용 이상의 것이다. 전통적 정부체제의 총체적 전환을 요건으로 한다. 정보기술의 도입과 활용은 조직의 구조와 과정에 큰 영향을 미친다. 전자정부를 구현하려는 정부는 정보기술의 영향을 피동적으로 받을 뿐만 아니라 정보화에 대한 능동적 대응을 꾀한다.

조직이 사용하는 정보기술의 발전이 가져오는 효과는 i) 업무처리방법을 전산화된 방법으로 바꾸는 대체효과, ii) 학습능력 향상효과, iii) 전략개발능력 향상효과, iv) 구조와 과정의 변화효과 등 여러 가지다. 우리가 여기서 주목하는 것은 구조와 과정의 변화효과이다.

전자정부에서는 반관료제적인 구조설계와 관리과정의 여러 특성들이 강화되는 일반적 경향이 나타난다. 중요한 예를 보면 다음과 같다.[27]

① **완결도 높은 직무**　　사람이 직접 수행해야 하는 직무의 완결도·다기능화의 수준이 높아진다. 표준화된 일상적 업무는 컴퓨터가 처리한다.

② **구조의 저층화**　　조직의 구조가 저층화되며 수평적 관계가 중요해진다. 계서제적 지위와 권력은 약화되고 지식기반의 지위와 권력은 강화된다. 분권화·힘 실어주기가 촉진된다.[y]

③ **낮은 행정농도**　　행정농도가 낮은 구조가 형성된다. 통제지향적 관리기능은 최소화된다. 특히 중간관리층의 규모는 현저히 축소된다.[z]

④ **이음매 없는 조직**　　직무 간, 기능 간의 경계가 흐려지고 일의 흐름과 협동적 문제해결이 중요시되는 이음매 없는 조직이 구현된다. 정부 전체의 경계도 흐려지며 네트워크로 연결된 공·사부문(公·私部門)의 행동자들이 공공업

---

y) 구조의 저층화·분권화는 전자정부라는 총체적 시스템에서 일어나는 정보화의 효과이다. 정보기술의 활용이 언제나 분권화를 초래한다는 보편적 법칙이 있는 것은 아니다. 다른 기술과 마찬가지로 정보기술은 중립적인 것이다. 정보기술은 자유주의자도 쓸 수 있고, 독재자도 쓸 수 있다.

z) 행정농도(行政濃度: 관리농도: administrative intensity)라고 하는 것은 조직의 전체적인 규모에 대비한 관리구조의 크기를 뜻하는 말이다. 조직의 규모에 비해 관리계층의 구조와 인력이 비대한 조직은 행정농도가 높은 조직이다.

무를 분담하거나 공동처리한다.

⑤ **융통성 있는 구조**   구조의 융통성은 높아진다. 구조는 변화대응에 기민하다. 잠정적 문제해결집단의 활용이 늘어난다.

⑥ **가상공간화 촉진**   조직의 가상공간화 수준이 높아진다. 조직의 물리적 차원이 축소되고 인지적·간접적 관계의 점유율이 높아진다. 업무처리과정의 주축은 가상공간에서의 처리과정, 인터넷을 통한 온라인처리과정으로 된다. 대민봉사의 온라인화는 민원의 비방문처리영역을 넓힌다. 대민봉사업무 처리과정은 신속할 뿐만 아니라 단순화·간결화된다.

⑦ **투명성 제고**   정보공개가 촉진되며 관리과정·정책과정 전체의 투명성이 높아진다. 높아진 투명성은 부패를 억제한다.

⑧ **국민참여의 촉진**   정부의 의사결정과정에 대한 국민의 직접참여가 촉진된다. 국민이 참여하는 정부의 의사결정에서 민주적 절차가 중시된다.

5. 전자정부화의 장애와 성공조건

1) 장   애

정보화를 통한 전자정부 건설은 많은 효용을 노리는 것이다. 그러나 전자정부 건설과 같은 급진적 개혁이 쉬운 일은 아니다. 애로와 저항이 많다. 국민과 정치적 리더십의 지지결여, 추진체제의 능력부족, 개혁을 위한 투자부족, 정보화 인프라의 불비, 정부관료제의 변동저항 등이 정보화의 길을 가로막을 수 있다. 기술적 정보화로 인한 업무의 의미상실, 인간적 소외, 대고객관계의 비인간화, 정보과다·경쟁격화 등으로 인한 정보스트레스 증가, 개인정보와 인권의 침해, 실업증가, 기술과 사회제도의 괴리로 인한 낭비와 혼란, 컴퓨터 오작동·고장 그리고 전산망의 안전성 침해가 우려된다. 이러한 문제들에 대한 인식은 전자정부화에 대한 저항을 부추길 수 있다.

2) 성공조건

많은 장애와 저항을 극복하고 전자정부화에 성공하려면 다음과 같은 여

러 가지 조건이 구비되어야 한다.[28)]

① **추진체제와 계획**　　전자정부화의 의지와 능력이 탁월한 개혁추진체제를 구축하고 치밀한 추진계획을 수립해야 한다. 추진계획은 전략적 비전과 목표체계를 명료하게 규정해야 하며 일관성 있고 지속가능한 개혁의 청사진을 보여주어야 한다.

② **자원의 투입**　　정보화추진에 필요한 자원의 공급이 있어야 한다.

③ **국민의 지지**　　전자정부화의 최종수혜자인 국민의 이해와 지지가 있어야 한다. 국민의 지지를 얻으려면 전자정부에 대한 홍보를 강화해야 한다. 그러나 그보다 더 중요한 것은 고객이 원하고 만족할 수 있는 서비스를 제공하고 서비스 제공의 형평성을 높이는 일이다. 전자정부화로 대국민서비스가 현저히 개선되지 않으면, 그리고 혜택의 분배가 형평성을 잃으면 국민의 만족과 지지를 얻어내기 어렵다.

④ **정치적·행정적 리더십의 지지**　　대통령 등 정치적 리더십과 정부조직 관리자들의 지지가 있어야 한다.

⑤ **정보인프라의 구축**　　전자정부 구축을 가능하게 하는 정보인프라를 구비해야 한다. 정보인프라는 광범한 것이다. 컴퓨터 보급, 통신망 확충, 정보기술이해의 향상, 적응적 조직구조, 정보화친화적 행정문화개혁 등을 포괄한다.

⑥ **교육과 유인**　　공무원들에 대한 정보화교육을 강화하고 전자정부화를 위한 사업에 앞장서게 하는 유인체제를 발전시켜야 한다.

⑦ **기술적 위해의 방지**　　정보화의 기술적 위해(技術的 危害)로부터 공무원과 국민을 보호할 수 있는 장치를 발전시켜야 한다. 정보화기술이 인간적 필요에 봉사할 수 있도록 하는 인간적 정보화에 역점을 두어 공무원들의 소외와 스트레스를 예방해야 한다. 그리고 국민에 대한 서비스의 비인간화를 방지하기 위한 대책을 수립해야 한다.

VIII. 작은 정부

1. 작은 정부의 정의

작은 정부(smaller government)는 규모가 비교적 작은 정부이며 필요하지 않거나 바람직하지 않은 일은 하지 않는 정부이다. 작은 정부는 작지만 효율적인 정부이다. 작은 정부의 주요특성은 다음과 같다.

① **비교적인 개념**　　작은 정부는 '비교적' 작은 정부이다. 작은 정부를 정의할 때 정부가 작다고 하는 것은 절대적이기보다 상대적인 개념이다. 작은 정부는 크고 비효율적인 정부에 대조되는 개념이다.

일반적으로 작은 정부를 논의할 때 흔히 비교대상으로 삼는 것은 산업화 시대의 행정국가적 거대정부나 케인즈 학파가 처방한 복지국가적 정부이다. 그러한 거대정부의 폐단을 시정하기 위해 규모를 줄인 정부를 작은 정부라고 보는 일반적 경향이 있다. 그러나 구체적인 경우 비교의 대상은 시간적·공간적으로 달라질 수 있다. 다른 어떤 시대의 정부에 비해 또는 다른 어떤 나라의 정부에 비해 작은 정부라는 설명이 가능한 것이다.

② **효율적인 정부**　　작은 정부는 맡은 임무를 낭비 없이 효율적으로 수행할 수 있는 정부이다. 작은 정부는 불필요하거나 바람직하지 않은 일을 하지 않는 정부이다. 필요하고 바람직한 정부의 임무를 수행하지 않거나 비효율적으로 수행하는 것은 아니다. 작은 정부는 해야 할 일을 제대로 하는 정부이다.

작은 정부는 할 일을 낭비 없이 효율적으로 수행하여 높은 생산성을 발휘하는 유능한 정부이다. 그리고 국민의 요구에 민감하고 국민에게 고품질의 서비스를 제공할 수 있는 정부이다.[a']

③ **정부의 의미**　　작은 정부의 논의에서 정부(政府 : government)의 의미를 넓게 이해하는 경우 그것은 한 국가의 영토 내에서 독점적 권력을 가지고 질서를 유지하는 정치체제의 중심이 되는 기관적 기초라고 할 수 있다. 민주

---

a') 행정개혁의 실제에서는 작은 정부라는 말 이외에도 그와 같은 뜻으로 '작고 효율적인 정부,' '작지만 강력한 정부' 등의 표현이 흔히 쓰인다.

국가의 경우 넓은 의미의 정부는 권력분립체제를 구성하는 입법부, 행정부, 사법부를 모두 포괄한다.

그러나 다수의 관점은 정부를 좁은 의미로 파악한다. 작은 정부 처방의 주된 대상은 행정부(행정체제·정부관료제)이다. 현대민주국가에서 정부감축의 중점영역은 행정부문일 수밖에 없기 때문이다. 행정개혁의 실제에서 작은 정부 구현을 위한 정부감축이라는 말은 행정감축과 거의 같은 뜻으로 쓰이고 있다.

④ **다원적 평가기준**　　작은 정부의 지표 또는 판단기준은 다차원적이며 복합적이다. 정부가 작다 또는 크다는 것을 판정할 때 지표로 삼아야 할 것은 여러 가지이며 이를 종합적으로 고려해야 한다는 뜻이다. 작은 정부의 판단기준이 될 수 있는 지표에는 i) 공무원의 수, ii) 정부기구의 크기, iii) 사용하는 예산의 크기(국민총생산에서 정부의 예산이 차지하는 비율), iv) 정부기능의 크기와 특성, v) 국민생활에 대한 정부간여의 범위, vi) 국민과 정부 사이의 권력관계 등이 있다.[29]

정부의 크기를 논할 때 공무원의 수에 우선적인 주의를 기울이는 사람들이 많다. 그러나 다른 기준들을 함께 고려하지 않고 공무원 수만을 기준으로 정부의 크기를 단정하면 안 된다.

⑤ **감축의 신축성**　　작은 정부의 처방이 정부의 어떠한 부분적 확대도 용납하지 않고 모든 면에서 축소만 있어야 한다고 주장하는 것은 아니라는 점을 유념해야 한다. 작은 정부의 처방이 정부가 반드시 대응해야 할 새로운 행정수요를 외면하라고 요구하는 것은 아니다. 행정의 경계를 절대적으로 동결하거나 축소만 하라고 요구하는 것도 아니다. 정부규모의 총량에 관심을 갖고 무절제한 정부팽창에 반대한다. 그러나 불가피한 분야에서는 확장가능성을 용인한다.

작은 정부의 처방은 낡은 것, 불필요하게 된 것, 낭비적인 것, 계속 유지하면 오히려 해독이 큰 것을 없애자고 주장한다. 필요해서 증설하게 되는 구조와 기능도 적정수준을 넘지 않게 해야 하며 낭비를 배척해야 한다고 주장한다.

2. 작은 정부에 대한 요청과 비판

1) 작은 정부의 필요성

작은 정부가 필요하다는 주장은 정부 내외의 여건 변화와 그에 대한 가치판단을 반영한다. 정부의 크기에 관한 처방적 논의는 정치·경제적 이념의 인도를 받는다. 산업화국가의 논리, 발전행정의 논리, 케인스 학파의 복지국가 이념, 사회주의, 국가주의 등은 정부팽창과 행정국가화를 지지하였다.[b′] 그러한 논리와 이념이 퇴조하고 거대정부를 유지하기 어렵게 하는 조건들이 점증하면서 작은 정부론이 득세하게 되었다. 이를 두고 사람들은 '우파'(右派 : the right)의 승리라느니, '신자유주의'[c′]의 승리라느니 하는 말을 한다.[30]

작은 정부 구현의 필요성 내지 정당화 근거는 정부팽창의 폐단과 점증하는 정부축소요청에서 찾게 된다.

(1) 정부팽창의 폐단　　정부가 거대해진다는 것 자체에 따라올 수 있는 폐단은 다음과 같다.[31]

① **책임확보의 어려움**　　정부팽창은 조직 내에서 책임을 분산시킨다. 행정에 대한 국민의 민주적 통제가 어려워진다.

② **창의성 억압**　　조직 내에서 공무원들이 창의성을 발휘하기 어렵게

··

b′) 우리나라에서 지난날 거침없는 정부팽창을 유도하고 또 그것을 가능하게 했던 요인으로는 절대관료제의 역사적 유산, 발전행정을 앞세운 권위주의적 정권의 개발독재, 관료제적 병폐로서의 확장지향성 또는 제국건설경향, 행정의 경계확장에 대한 국민적 통제역량의 미성숙 등을 들 수 있다.

c′) 신자유주의의 의미에 대해서는 제4장의 각주 c)에서 설명하였다. 신자유주의에 대조되는 정치이념으로 흔히 들어지고 있는 것은 고전적 사회민주주의(classical social democracy ; the old left)이다. 이것은 국민의 복지증진과 사회적 형평성 구현을 위한 정부개입 확대를 주장하는 정치이념이다. 영국의 Anthony Giddens는 신자유주의와 고전적 사회민주주의를 비판하고 '제3의 길'(the third way)을 제창한 바 있다. 좌파와 우파의 변증법적 종합을 시도하는 제3의 길은 경제적 효율성 추구와 사회정의 구현을 상호 보완적인 목표라고 규정하고 양자의 조화를 처방하는 것이라고 한다. Giddens, *The Third Way : The Renewal of Social Democracy*(Polity Press, 1998), *The Third Way and Its Critics*(Thinking Tree, 2000) ; 앤서니 기든스 저·박찬욱 외 역, 제3의 길과 그 비판자들(생각의 나무, 2002).

된다. 계층적 통제가 강화되기 때문이다. 그리고 국민생활에 대한 정부간여확대는 민간부문의 창의적인 활동을 방해한다.

③ **과부하와 낭비**   정부가 너무 많은 일에 간여하다보면 이를 감당하기 어려운 과부하(過負荷)에 걸려 임무수행역량이 저하된다. 크고 무능한 정부가 되는 것이다.

④ **제국건설 경향과 집권화 경향**   커진 조직은 더욱 커지려는 충동을 갖게 되며 이를 실현할 세력을 얻게 된다. 특히 고위직 증설을 조장하고 그들의 지위를 강화하는 경향이 나타난다. 고위직 중심의 거대관료제는 집권화된다.

⑤ **권한과 책임의 괴리**   조직의 거대화는 권한과 책임의 괴리를 크게 한다. 상·하 계층 간의 사회적 거리가 멀고 책임이 분산된 조직구조에서 권한과 책임의 일치를 구현하기는 어렵다. 권한은 크고 책임은 작거나 책임은 크고 권한은 작은 공무원들이 있게 된다.

⑥ **조직의 보수화**   거대정부는 보수화(保守化)된다. 그리되면 환경적 요청에 대한 적응력·대응력이 약해지고 공무원들의 능력이 저하된다.

(2) **정부감축요청의 증대**   많은 문제와 폐단에도 불구하고 거대정부를 필요로 하고 또 이를 지지·용인하는 이념이 대세를 이룰 때는 거대정부에 대한 공격은 약화된다. 사람들은 거대정부의 손실보다 이익에 주목한다. 그러나 거대정부를 지지 또는 용인하던 조건은 사라지고 작은 정부를 요구하는 조건은 커질 때 상황은 반전된다. 정부팽창의 득보다 실이 크게 부각된다. 정부감축을 요구하는 압력이 커진다.

① **정부실패로 인한 환멸**   정책실패 등 거대정부의 여러 가지 실책은 거대정부에 대한 비판을 고조시킨다. 경제·사회문제를 해결할 정부의 능력에 대한 국민의 신뢰가 떨어져 거대정부는 그 지지기반을 잃게 된다.

② **고비용구조 탈피를 요구하는 압력**   산업화과정의 고도성장기를 뒤따르는 경제조정기, 인구성장 둔화, 인구의 고령화, 국민의 과중한 조세부담, 국제경쟁의 격화 등은 거대정부의 고비용구조를 더욱 심각한 문제로 부각시킨다.

③ **생산성 저하에 대한 불만**   정부의 생산성 저하에 대한 국민의 불만이 커지고 있다. 거대한 몸집에도 불구하고 '우리의 문제'를 제대로 해결해 주지 못한다고 불평한다. 불필요한 간섭은 많이 하면서도 해야 할 일은 못한다고

공격한다. 낭비배제와 생산성향상에 대한 국민의식 개발은 작은 정부 구현을 촉진하는 중요한 동인이다.

④ **무결점주의의 요청**   사람들은 점점 더 행정서비스의 질적 고도화 그리고 무결점(zero-defect)의 행정을 요구한다. 행정여건의 변화 때문에 행정이 저지르는 실책의 폐단은 전에 없이 커졌다. 사후적 통제에 의한 실책의 시정보다는 사전적 통제에 의한 실책의 예방이 더욱 절실히 요망된다. 불필요한 일, 해서는 안 될 일을 하는 것도 심각한 실책이므로 그로 인한 정부팽창을 예방하는 데 더 많은 주의를 기울여야 한다.

⑤ **민간의 자율능력 신장**   산업화과정을 통해 민간부문의 자율능력이 크게 신장되었다. 민간의 자생력결여·자율능력취약을 전제로 채택했던 시책들은 이제 민간부문의 발전노력을 속박할 뿐이다. 정부의 불필요한 간섭은 민간의 창의적 노력을 방해한다.

⑥ **적응성의 요청**   오늘날 행정환경은 격동적이다. 행정수요는 다양하며 자주 변한다. 이러한 조건에 대응하려면 행정체제는 고도의 적응성과 잠정성을 지녀야 한다. 거대정부의 경직된 관료제는 그러한 요청에 부응할 수 없다.

⑦ **세계화의 진전**   세계화가 촉진되면 정부간여의 팽창이 국제적 마찰을 빚을 수도 있다. 국제적인 경제활동에 지장을 주고 자율경쟁을 속박하기 때문이다.

2) 작은 정부에 대한 비판

오늘날 위의 여러 조건들은 작은 정부론에 대한 지지를 강화하고 있지만 작은 정부론에 대한 비판도 언제나 있어 왔다. 사회문제해결을 위한 정부의 적극적 역할을 강조하는 사람들은 작은 정부론을 반대한다. 작은 정부 반대론의 주요논점은 i) 시장실패를 시정·보완해야 하는 정부의 책임을 망각한다는 것, ii) 공직자의 사기와 생산성을 저하시킨다는 것, iii) 비용절감을 이유로 공공서비스의 질을 저하시킨다는 것, iv) 불가결한 공공서비스 특히 비혜택집단의 복지를 위한 공공서비스의 공급에 차질이 빚어질 수 있다는 것, v) 공공서비스를 민간에 위탁하는 경우 숨겨진(민간부문으로 위장된) 정부팽창을 초래할 수 있다는 것 등이다.

3. 작은 정부의 구현

작은 정부를 구현하려면 정부의 크기를 줄일 뿐만 아니라 정부활동의 생산성을 높여야 한다. 정부의 확대는 쉽지만 축소는 어렵다. 작은 정부 구현을 어렵게 하는 장애가 많다. 어려움을 극복하고 작은 정부의 구현에 성공하려면 여러 가지 지지적 조건이 갖추어져야 한다.

다음에 작은 정부 추진의 과제인 감축과 생산성 제고의 방안을 먼저 설명하고, 정부 감축의 애로와 정부 감축을 뒷받침해 줄 성공조건을 보기로 한다.

1) 감축과 생산성 향상

작은 정부를 구현해 나가려면 여러 분야에 걸친 감축작업을 해야 한다. 그 중요한 예로 정부의 인적자원과 기구의 감축, 예산의 감축, 사업의 감축, 정부규제의 감축, 권한의 감축 등을 들 수 있다. 보다 근본적인 개혁과제는 정부가 국민에게 군림적이었던 문화적 유산을 청산하는 것이다.

작은 몸집으로 양질의 서비스를 공급할 수 있으려면 행정체제의 생산성이 높아져야 한다. 생산성을 높이기 위한 관리전략 가운데 중요한 것들을 보면 다음과 같다.[32]

① **행정농도의 감축**   관리체제의 규모를 줄이는 전략이 있다. 관리층의 기구와 인원이 비대하여, 관리농도 또는 행정농도가 짙어지면 집권화를 조장하고 생산활동부문의 창의적인 업무수행을 방해한다. 낭비가 따르는 것은 물론이다. 그러므로 관리층의 규모와 간섭을 줄이고 관리단위를 하향조정해야 한다.

② **기술집약화**   노동집약적 행정을 기술집약적 행정으로 개편하여야 한다. 투입을 처리하는 과정에서 에너지손실이 최소화되게 하고 부가가치가 높은 산출을 낼 수 있도록 자동화·정보화를 촉진해야 한다. 특히 통합적인 정부지식관리시스템을 구축하여 축적된 지식의 공동활용을 촉진해야 한다. 정보화의 촉진에서는 정보화기술이 인간의 필요·고객의 필요에 기여할 수 있도록 '인간적 정보화'에 역점을 두어야 한다. 행정의 기술집약화에 발맞추어 공무원들의 인적 전문화를 촉진해야 한다.

③ **일하는 방식의 개선**　　무질서한 업무수행일정, 종이문서에 의존하는 업무수행, 지시·연락사항 전달을 위한 회의의 빈번한 소집, 일상적 보고를 위한 장시간 대기 등 구시대적 업무수행방식을 시정 또는 타파하여 행정의 능률을 높여야 한다.

④ **참여적 행정의 발전**　　참여적 행정을 발전시켜야 한다. 의사결정과정에 정부 내의 관련자들뿐만 아니라 고객 등 외부관련자들의 참여를 촉진해야 한다. 특히 고객의 참여통로를 확대해야 한다. 행정의 소비자중심주의 구현에는 고객의 행정참여가 불가결하다. 참여적·협동적 문제해결이 의사결정비용을 증대시킬 수 있으나 그것은 총체적 비용을 줄이기 위해 필요한 접근방법이다.

⑤ **관리·감독행태의 개선**　　관리체제축소, 분권화 그리고 참여를 촉진하면서 그에 부합하도록 관리·감독행태도 개선해야 한다. 권위주의적인 명령과 통제를 중심으로 하던 행태는 조정적·지원적·협동적 행태로 전환시켜야 한다.

⑥ **정책과정의 개선**　　정책과오·정책실패는 아주 큰 낭비요인이다. 정책과정의 과학성과 상황적응성을 높여 정책의 적실성, 그리고 정책의 대내적·대외적 일관성을 확보해야 한다.

⑦ **교육훈련의 강화**　　생산성향상을 위한 교육훈련을 강화해야 한다. 직무교육을 통한 업무수행능력의 신장은 그 자체가 생산성향상의 요건이다. 태도변화훈련(정신교육)도 중요하다. 태도변화훈련에서는 생산성의식을 고취해야 한다. 생산성의식이란 생산성제고에 대한 감수성이다. 그리고 책임 있는 능동성을 함양하고 팀워크를 중시하는 태도를 길러야 한다.

⑧ **자원의 기동성 있는 활용**　　정부의 인적·물적 자원, 조직단위 등을 유연하고 기동성 있게 활용함으로써 조직팽창을 막아야 한다. 불필요하게 된 인적자원과 낡은 기구의 전용·개폐를 기민하게 해야 한다.

2) 정부감축의 애로와 저항

작은 정부 구현을 어렵게 하는 애로와 저항 그리고 반작용은 다음과 같다.

① **접근방법상의 문제**　　접근방법상의 문제가 있다. 정부조직의 모호한 목표, 생산성측정의 애로, 시장적 통제의 결여 등으로 인해 감축결정의 과학

적 근거를 대기가 어렵다. 온정주의적 행정문화, 우유부단한 개혁추진 리더십, 감축정책의 대내·대외적 일관성 결여, 적절한 후속조치의 실패 등도 접근방법 상의 장애라고 할 수 있다.

    ② **관리체제상의 문제**   관리체제상의 문제가 있다. 관리체제의 투입지향적·점증주의적 성향이 정부감축에 장애가 된다. 조직과 기능의 존속을 결정할 때 산출이나 성과보다는 인적·물적자원 등 투입을 기준으로 고려한다든지 점증주의적으로 예산을 결정한다든지 하는 관행은 관료조직의 단계적 확장전략에 이용당할 가능성이 크다.

    ③ **현상유지적 성향**   정부관료제의 현상유지적 성향이 문제이다. 경직된 관료제 구조와 그에 결부된 변동저항적 관료행태가 정부감축에 큰 걸림돌이 된다. 그리고 감축상황이 몰고 오는 위기, 손실, 부적응과 실책 등은 관료제의 변동저항적 행태를 악화시킬 수 있는 조건을 설정한다.

    ④ **확장지향성**   정부관료제의 확장지향성이 문제이다. 관료조직은 현상유지에 머무르지 않고 강한 확장지향성을 행동화한다. 이러한 경향은 작은 정부 추진노력을 패배시키고 그에 역행하는 '역축소'(逆縮小)의 변동을 야기한다.

    ⑤ **이익집단의 반대**   정부감축을 반대하는 이익집단의 문제가 있다. 특정한 정부조직의 기능과 서비스에서 혜택을 받는 고객집단 또는 이익집단은 해당조직의 유지나 확장을 요구한다. 이러한 고객집단의 압력은 정부감축을 좌절시킬 수도 있다.

    정부서비스의 소비자인 국민은 양면성을 드러낸다. 한편으로는 정부의 절약과 감축을 주장한다. 정부의 간섭은 싫어한다. 다른 한편으로는 자기 이익이 침해될 수 있는 정부감축은 반대한다. 정부의 서비스에 대한 고객의 기대는 과잉적인 경우가 많다.

3) 정부감축의 성공조건

    작은 정부 구현을 위한 정부감축이 성공하려면 여러 가지 조건이 구비되어야 한다.

    ① **국민의 지지**   국민의 지지가 있어야 한다. 정부팽창을 견제할 궁극적인 감시자는 국민이다. 정부의 크기와 행정간여범위의 적정성에 관한 국민

의식이 계발되어야 한다. 그리고 국민은 여러 통로를 활용해서 정부팽창견제에 능동적으로 나설 수 있어야 한다.

② **정치권의 지지**　　정치권은 작은 정부의 필요성을 분명히 인식하고 정부확장에 대한 견제역할을 충실히 해야 한다. 이에 관한 정치적 리더십의 헌신이 필요하다.

③ **관료적 저항의 극복**　　정치적·행정적 리더십을 포함한 개혁추진자들은 정부 내외의 지지·동조세력을 규합하여 관료적 저항에 강력하게 대응해야 한다.

④ **행정문화 개혁**　　정부확장을 유도하거나 고착시키는 요인이 되는 수구적 행정문화를 개혁해야 한다.

⑤ **정부감축의 정당화 근거 제시**　　조직과 사업에 대한 평가를 강화하고 감축을 정당화하는 과학적 근거를 확보하는 데 주력해야 한다. 감축정책의 정당성을 높이고 일관성을 유지하도록 노력해야 한다.

⑥ **감축방법의 상황적응적 시행**　　정부감축과 감축유지(감축의 정착)를 위한 구체적인 방법들을 개발하고 이를 상황에 적합하도록 시행해야 한다.

⑦ **정부감축의 바람직한 효과**　　정부감축이 계획한 대로 바람직한 효과를 거두어야 한다. 이것은 작은 정부 추진의 결과인 동시에 정부감축을 성공적으로 정착시키는 데 필요한 조건이 된다.

4. 감축관리

정부조직의 감축을 체계적으로 관리하는 기능은 어떤 정부에나 필요한 것이다. 살아 움직이는 정부조직은 부분적 신설, 확장과 축소, 폐지를 되풀이하는 동태적인 현상이기 때문이다. 전반적으로 확장지향적인 정부에서도 부분적 축소·폐지가 완전히 봉쇄되는 것은 아니므로 감축관리의 역할을 과소평가할 수는 없다. 작은 정부 구축을 개혁노선으로 삼는 정부에서는 감축관리의 필요성과 중요성이 더욱 커진다.

작은 정부 추진과정에서 감축관리의 일거리가 현저히 늘어난다는 점에 착안하여 여기서 감축관리의 의미, 과제 그리고 방법을 설명하려 한다. 조직

통폐합 후에 필요한 조직융합관리에 대해서도 언급하려 한다. 감축의 필요와 애로에 대해서는 위에서 이미 설명하였다.

1) 감축관리의 정의

감축관리(減縮管理 : cutback management)는 자원소비와 조직활동의 수준을 낮추는 방향으로 조직변동을 관리하는 것이라고 정의할 수 있다. 감축관리는 정부조직이 사용하는 자원, 기구, 사업, 권한 등을 줄이는 일을 관리하는 작용이다.[d']

감축관리의 대상이 되는 '감축'의 범위에 대해서는 의견의 대립이 있다. 그 범위를 아주 넓게 잡는 사람들은 항구적이거나 잠정적인 감축, 외압에 의한 감축이거나 자발적인 감축 등을 모두 감축관리의 대상에 포함시킨다.

그러나 감축관리가 필요한 진정한 감축은 조직운영상 중요한 감축이며, 간단한 응급조치로 해결하거나 회피하기 어려운 것이다. 감축압력이 사소하고 간단한 방법으로 쉽사리 이를 모면할 수 있으면 일상적인 관리방법으로 대응해도 충분할 것이다.

감축관리가 필요한 감축의 요건으로는, i) 조직이 통제할 수 없는 조건으로 인해 감축이 실제로 요구될 것, ii) 관리자들이 보유하는 조직의 잉여자원으로 무마할 수 없을 만큼 자원감소가 심각할 것, 그리고 iii) 감축압력이 일시적·잠정적인 요구가 아닐 것을 들 수 있다.[33]

2) 감축관리의 과제

문제의 직면, 계획, 감축기준설정, 감축의 할당, 감축실시와 같은 일련의 단계를 내포하는 감축관리과정의 관리과제는 다음과 같다.[34]

(1) 감축대상의 결정   감축 또는 포기해야 할 기능이나 조직단위 등이 어떤 것인지를 결정해야 한다. 감축대상결정의 전략은 감축문제에 적합해야 하

---

d') 감축관리를 영어로 cutback management라고 하는 경우가 대부분이다. 그러나 같은 뜻으로 reduction management, downsizing organization, retrenchment management 등의 표현이 쓰이기도 한다.

며 궁극적으로 조직의 효율화에 기여할 수 있어야 한다. 감축대상과 수단을 결정하는 문제에 대해서는 다음에 따로 논의할 것이다.

(2) 사기의 유지·향상   조직의 축소는 직원의 사기에 아주 파괴적인 영향을 미칠 수 있다. '와해의 악순환'이라고 하는 사기저하의 진행을 막고 감축이 오히려 사기앙양에 긍정적으로 작용할 수 있도록 하는 방안을 찾아야 한다. 직원에 의한 직무선택, 순환보직을 통한 능력배양, 감축정보의 정확한 공표로 뜬소문의 봉쇄 등을 사기유지방안의 예로 들 수 있다.

(3) 우수인재의 유지와 퇴직자의 지원   감축이 진행되면 직원들 사이에 동요가 일기 쉽고 우수한 인재가 먼저 조직을 떠나는 사태가 빚어질 수 있다. 감축관리는 우수한 직무수행을 인정·보상하는 조치를 취하고, 가장 우수한 사람들이 조직에 남도록 유도해야 한다. 그리고 감축대상이 되어 조직을 떠나야 할 사람들에게는 직업알선 등 필요한 지원을 제공해야 한다.

(4) 저항극복과 지지기반확보   수권적 연계, 고객 등의 지지가 있어야 저항을 극복하고 감축관리를 순조롭게 진행시킬 수 있다. 서비스의 감축·폐지가 불가피한 영역에서는 고객의 서비스수요를 둔화 또는 전환시켜 감축에 대한 저항을 완화하는 전략도 구사해야 한다. 서비스의 민간위탁은 수요의 전환에 해당한다. 보건·의료분야의 예방활동 강화라든지 서비스에 대한 수수료징수라든지 하는 것은 수요를 둔화시키는 전략이다.

(5) 창의적 노력의 촉진   감축되어 가는 조직의 생산성을 유지하려면 성장하는 조직에서보다 더 많은 창의적 노력이 필요하다. 감축관리는 조직의 융통성을 높이고 창안의 기회를 확대하는 데 각별한 주의를 기울여야 한다.

(6) 실책의 방지   관리자들은 창의적 노력을 촉진하면서도 중대한 실책을 방지하는 데 힘써야 한다. 감축 중의 조직은 취약한 상태에 있는데, 심각한 실책이 저질러지면 그 효과는 아주 파괴적일 수 있다. 모험이 따르는 창의와 쇄신을 촉진하면서 동시에 실책을 예방해야 하는 감축관리의 임무는 대단히 어려운 것이다.

(7) 전략체제의 개편   장기적인 안목으로 감축관리를 추진할 수 있도록 뒷받침하려면 조직 전반의 전략체제를 개편하여야 한다. 여기서 전략체제를 개편해야 한다는 것은 감축을 전제로 조직의 기본적 목표, 사업, 자원에 관한

새로운 계획을 세워 감축관리에 기준을 제시해야 한다는 뜻이다.

(8) 공간축소에 대한 적응   조직의 규모축소에 따른 사용공간의 축소에 신속히 대응하는 것도 감축관리의 중요한 과제이다. 공간·시설 등의 소유·임대에 관련한 매각·재계약·계약취소, 공간의 재정돈, 직원의 공간적 재배치 등을 효율적으로 관리해야 한다.

(9) 조직의 청산   감축조치로 하나의 조직 전체가 해체되는 경우, 그 청산을 관리하는 것도 감축관리의 과제이다. 조직의 역사에 관한 기록의 작성, 각종 서류와 자료의 처리, 시설·장비의 처리, 각종 회계·금융계좌의 해제, 우편접수의 이관 등은 청산관리업무의 예이다.

(10) 통폐합조직의 융합 촉진   복수 조직의 전부 또는 일부를 하나로 합치는 방법을 써서 정부감축을 단행할 수 있다. 이 경우 합쳐진 조직 또는 조직들의 화학적 융합을 촉진하는 것은 감축관리의 한 기능이다. 조직융합에 대해서는 뒤에 따로 논의할 것이다.

3) 감축의 방법

여기서 감축의 방법이라고 하는 것은 감축대상과 수단을 결정하는 방법을 말한다. 감축방법에 관한 보편적 원리는 없다. 감축방법결정에서 고려할 수 있는 기준과 기법에 대한 이론들이 개척되고 있을 뿐이다. 그러한 이론 세 가지를 소개하려 한다.

(1) Caplow의 대상선정 원리   Theodore Caplow는 감축과정이 비교적 합리적으로 진행된다는 것을 전제로 대상선택원리를 처방하였다. 그는 감축대상선정의 원리로 i) 다른 활동의 축소보다 더 높은 비율로 관리부문(administrative overhead)을 감축할 것, ii) 면밀한 분석을 통해 조직활동의 불가결한 부분과 그렇지 않은 부분을 구별하고 불가결하지 않은 부분에서 감축을 단행할 것, iii) 가장 비능률적이고 부패한 부서 또는 개인을 확인하고 그들을 우선적으로 제거 또는 재조직할 것, iv) 감축은 신속히 진행하고 감축으로 절약된 자원을 필수적인 활동에 재투자할 것 등을 제시하였다.[35]

(2) Chapman의 감축방법   Richard A. Chapman은 영국정부가 정부활동을 축소할 때 실제로 채택했던 방법들을 소개하였다.[36]

　　Chapman이 소개한 방법은 i) 낭비배제를 위한 업무재평가를 통해 요긴하지 않은 업무를 폐지하는 방법, ii) 단기적인 비용의 즉각적인 감축을 실현하려는 긴급조치로서 각종 사업집행을 연기하거나 비용지출을 지연시키는 방법,[e'] iii) 보다 싼 재료를 쓰거나 서비스를 줄여 비용을 절감하는 방법, iv) 새로운 기술의 채택으로 일부 노동집약형 활동을 감축하는 방법, v) 정부에서 맡아야 할 공공서비스공급을 중단하는 방법, vi) 정부조직 내외에 걸친 감독과 규제를 재평가하여 그 일부를 폐지함으로써 자율의 영역을 넓히는 방법, vii) 자원봉사단체의 활동과 같은 지역사회의 자발적 활동에 정부의 공익사업을 이관하는 방법, viii) 정부의 사업을 공기업화하거나 매각하는 방법, ix) 정부조직 간의 협력을 증진하여 서비스전달방법과 조직구조에 변화를 일으킴으로써 비용절감·규모축소를 실현하는 방법, 그리고 x) 정부기관 또는 사업을 존속시켜야 하는 필요성을 정기적으로 입증하도록 요구하고 입증에 실패한 기관·사업을 폐지하는 방법이다.

　　(3) Henry의 감축방법　　Nicholas Henry는 감축관리의 기법들을 단기적인 방법과 장기적인 방법으로 범주화하였다.[37]

　　단기적인 감축관리방법의 대표적인 예로 i) 채용동결과 ii) 일률적인 예산삭감을 들었다. 여기서 일률적 예산삭감(unilateral or across-the-board budget cuts)이란 모든 정부조직의 예산을 10%씩 삭감하는 것과 같은 감축방법을 말한다.

　　장기적인 감축관리방법에는 i) 생산성 향상, ii) 정부 간 관계의 재편, iii) 서비스 전달체제의 대안 탐색, iv) 사업우선순위 설정과 낮은 순위사업의 폐지 등을 포함시켰다. 서비스 전달체제의 대안탐색이란 전달방법의 대안들 가운데서 가장 저렴한 방법을 찾아 선택한다는 뜻이다. 널리 채택되고 있는 대안은 민간화라고 한다.

4) 조직융합관리

　　정부조직의 감축에는 조직의 통폐합이 따르는 경우가 많다. 둘 이상의 기

[e'] 앞서 지적한 바와 같이 원상회복을 예상할 수 있는 일시적 감축압력에 대해 잠정 대응하는 것은 엄격한 의미의 감축관리작용이라고 보기 어렵다.

관에 속해 있던 조직 또는 기능을 합쳐 새로운 기관을 만들면 구성단위들의 결합이 물리적인 수준에 머물러 일체감을 형성하지 못하고 협조장애를 일으킬 수 있다. 그리되면 외과수술에서 봉합이 안 되거나 지연되는 것에 비유할 수 있는 문제가 발생한다. 그러므로 조직의 통폐합 뒤에는 계획적인 노력으로 조직의 유기적인 결합을 촉진해야 한다. 이러한 임무를 수행하는 조직융합관리의 의미, 추진원칙과 대상, 실행수단 등을 알아보려 한다.[38]

(1) 정　의　　조직융합관리(post merger integration)는 업무방식과 조직문화 등 제반 환경이 서로 다른 조직들을 합쳐 만든 조직이 시너지효과를 단기간에 만들어 낼 수 있도록 조직의 통합과정을 체계적으로 관리하는 활동이다. 이것은 정부조직 통폐합 후 조직문화, 기능, 인사 등의 분야에서 일어날 수 있는 갈등을 극복하고, 공무원들이 융합된 단일 기관의 공동목표 달성을 위해 협력하도록 만드는 관리활동이다.

조직융합관리는 민간부문의 기업인수·합병에 관련하여 합병 후 과정모형으로 개발된 것이다. 이 모형을 정부부문에서 원용하고 있다.

(2) 추진원칙　　조직융합관리는 i) 통합된 조직 간의 차이가 해로운 갈등으로 현실화되기 전에 신속하게 추진할 것, ii) 기관장이 일관된 융합의지를 천명함으로써 조직구성원들의 심리적 안정을 유지하도록 할 것, iii) 조직문화·기능·인사 등의 영역별로 문제의 심각성과 신속해결의 필요성을 감안하여 결정한 우선순위에 따라 관리활동을 할 것, iv) 새롭게 수립된 융합체제의 가치와 운영제도에 대한 조직구성원들의 심리적 수용을 확보할 것, v) 융합관리체제를 구축하여 지속적인 변동관리를 담당하게 할 것 등의 추진원칙(가이드라인)을 따라야 한다.

(3) 관리대상과 실행수단　　조직융합관리의 대상영역은 매우 복잡하지만 실천과정에서 널리 선택되고 있는 대상영역의 범주는 문화융합, 인사융합, 기능융합 등 세 가지이다. 여기서 문화융합의 대상으로 규정되는 조직문화란 의사전달·상하관계·의사결정·인사관행 등 조직활동에 관한 가치관과 태도를 지칭하는 것이다.

문화융합관리의 실행수단에는 i) 새로운 통합비전 창출, ii) 융합능력이 탁월한 리더십 발전, iii) 통합조직의 문화적 자산 파악과 효율적 활용, iv) 통합조직의 바람직한 문화 발전에 지향된 의사결정, v) 원활한 의사전달과 교육 등이 포함된다.

인사융합관리의 실행수단에는 i) 인사 관련 부서의 역할 재정립, ii) 실적 중심의 인사제도 확립과 차별금지, iii) 인적자원의 효율적 재배치, iv) 인사제도 관련 갈등의 조정, v) 융합교육프로그램 개발·실시, vi) 인사 관련 정보공개 등이 포함된다.

기능융합관리의 실행수단에는 i) 핵심과업의 재정의(再定義)로 기능중복제거, ii) 기능융합을 위한 조직 재설계, iii) 조직 효율성 향상을 위한 기능재배분, iv) 기능수행상 노하우의 상호전수 등이 포함된다.

IX. 민 간 화

1. 민간화의 정의

작은 정부의 구현 또는 행정간여영역의 축소는 현대정부들의 광범위한 행정개혁운동에서 자주 표방되는 단골메뉴이다. 민간화는 민간영역에 대비한 정부영역의 축소를 지향하는 전략모형의 대표적인 예이다.

민간화(民間化 : privatization)는 정부가 그 기능의 일부를 민간에 넘기는 것을 말한다. 정부가 해 오던 일의 어느 부분을 민간부문에 맡기는 조치를 민간화라 한다. 이러한 정의는 민간화를 넓은 뜻으로 이해한 것이다.[39]

① **민간으로의 이전**　　민간화에서의 기능이전은 공공부문에서 민간부문으로 일어나는 것이다. 같은 부문 내에서의 기능이전은 민간화에 해당되지 않는다.

② **다양한 인수·수탁주체**　　민간화로 기능을 인수받는 민간부문의 행위주체는 다양하다. 개인·가족 그 밖의 비공식집단일 때도 있고, 자원봉사단체일 때도 있다. 중소기업일 때도 있고, 대기업일 때도 있다.

③ **다양한 방법**　　정부의 활동을 줄이고 민간활동을 늘리는 방법은 다양하다. 정부기능을 민간에 완전히 이양하는 방법뿐만 아니라 정부가 통제권을

가지면서 민간의 참여를 허용하는 방법들도 민간화에 포함된다.[f']

④ **민간화와 경쟁성**　　경쟁성을 높여 서비스공급을 개선하려는 것은 민간화의 의도 가운데 하나이다. 정부조직의 독점성으로 인한 폐단을 피하려는 것은 민간화의 주요목표이다. 그러나 민간화의 실제에서 모든 종류의 민간화가 경쟁성을 자동적으로 높이는 것은 아니다. 민간화가 자유화(liberalization)를 내포해 경쟁을 촉진할 때가 많지만 그렇지 않을 때도 있다.

⑤ **수단 또는 목표**　　민간화는 사람들의 관점 또는 이념에 따라 목표로 이해될 수도 있고 수단으로 이해될 수도 있다. 공공서비스공급의 효율성을 높이고 공급결정에 시민의 참여를 넓혀야 한다고 생각하는 사람들은 민간화를 그들의 목표추구를 위한 수단으로 취급할 것이다. 그런가 하면 작은 정부의 구현과 민간영역의 확대를 주장하는 사람들에게는 민간화 그 자체가 목표로 될 것이다.[40]

> 저자는 민간화의 의미를 정부부문에서 민간부문으로의 기능이전이라고 규정하였지만 연구인들의 개념정의가 반드시 한결같은 것은 아니다. 그 예를 몇 가지 보기로 한다.
>
> Robert B. Denhardt와 Janet V. Denhardt는 민간화를 "정부가 특정 서비스에 관한 정책적 역할은 보유하면서 서비스를 실제로 전달하는 것은 다른 사람(someone else)에게 맡기는 다양한 방안"이라고 정의하였다. Emanuel S. Savas는 민간화를 "공공서비스의 제공이나 이를 위한 재산의 소유에서 정부의 영역을 줄이고 민간의 영역을 늘리는 것"이라고 정의하였다. Kenneth Wiltshire는 민간화를 "경제의 공공부문으로부터 소유권·통제·기능·서비스 등을 경제의 민간부문으로 이전하는 것"이라고 하였다.[41]
>
> Ted Kolderie는 재화·용역의 생산과 공급은 구별하여야 한다고 말하고, 민간화는 "정부가 맡고 있던 생산과 공급의 이전을 포괄하는 개념"이라고 하였다. 그에 따르면 생산의 민간화는 서비스를 생산하던 정부조직이 비정부조직으로 전환되거나 또는 비정부조직에 의해 대치되는 것을 뜻한다고 하였다. 공급의 민간화는 정부가 구매자, 규제자, 기준설정자 또는 의사결정자의 역할을 포기하거나 축소하는 것이라고 한다.[42]

··

f') 우리나라의 「행정권한의 위임 및 위탁에 관한 규정」에서 민간위탁이라고 하는 것은 민간화의 한 방법인 정부계약과 유사한 것이다. 다만 계약 이외의 관계설정방식도 쓰일 수 있다. 민간위탁의 경우 수탁기관은 수탁사무의 처리에 관해 위탁기관에 책임을 지며, 위탁기관의 장은 그에 대한 감독책임을 진다.

2. 민간화의 방법

민간화의 방법은 민간화의 대상을 선정하는 방법과 정부 – 민간의 관계를 설정하는 방법으로 나누어 볼 수 있다.

1) 민간화의 대상

민간화의 대상을 결정할 때에는 가능성, 효율성, 비용·효과, 사회 전반에 미칠 영향 등을 분석하고 상황적 조건과 요청에 맞는 결정을 해야 한다. 어떤 대상이 민간화에 더 적합할 것이라는 일반이론도 충분히 연구해야 한다.

정부기능의 특성에 따라 담당주체의 적합성을 논의한 이론들은 많은데, David Osborne과 Ted Gaebler의 이론을 그 예로 소개하려 한다. 그들은 담당주체를 정부·민간기업·자원봉사조직과 같은 민간의 제 3 부문으로 나누고, 이들 각 주체에 맡기는 것이 바람직한 기능 또는 활동들을 열거하였다.[43]

정부에 맡기는 것이 더 나은 사안으로는 정책관리, 규제, 형평성 보장, 차별과 착취의 방지, 서비스의 지속성과 안정성 보장, 사회적 응집성 보장 등을 열거하였다.

기업에 맡기는 것이 더 나은 일로는 경제적 사업, 쇄신, 성공적인 실험의 모방, 급속한 변동에 대한 적응, 성공적이지 못하거나 낡은 활동의 폐지, 복잡하거나 기술적인 업무의 수행 등을 열거하였다.

제 3 부문에 맡기는 것이 더 나은 일로는 이윤이 없거나 아주 작은 업무, 개인에 대한 동정과 헌신이 필요한 업무, 고객의 깊은 신뢰가 필요한 업무, 적극적인 개인적 보살핌이 필요한 업무 등을 열거하였다.

2) 정부와 민간의 관계설정

정부와 민간의 관계설정방법을 기준으로 분류한 민간화방법은 다양하다. 이론가들의 민간화방법 분류가 통일되어 있는 것은 아니다. 나라마다의 형편에 따라 실천적인 방법들의 종류 그리고 그들 사이의 우선순위가 또한 다소간의 차이를 보이고 있다.

이론적·실천적 다양성을 염두에 두고, 이 방면의 연구인들이 확인한 민

간화의 방법들을 종합해 보려 한다.[44)]

① **부담덜기**   부담덜기(load shedding)는 정부사업을 폐지 또는 축소하는 데 그치고 이를 대체하는 민간사업에 정부가 간여하지 않는 방법이다. 이 방법에는 여러 가지가 있다. 그 중 중요한 것이 공기업의 민영화이다. 공기업의 민영화(民營化 : 국영화해제 : denationalization)는 공기업을 민간에 매각하는 것이다. 정부기업형(관청형) 공기업을 주식회사형태로 전환하여 주식을 매각하는 방법도 여기에 포함된다. 매각이 이루어지면 그 운영은 원칙적으로 시장경제에 맡겨진다.

② **정부계약**   정부계약(政府契約 : contracting out or outsourcing)은 정부가 필요로 하거나 공급해야 하는 재화·용역을 계약을 통해 민간에서 공급하게 하는 것이다.

③ **보 조 금**   보조금(grants or subsidies)을 주어 민간에서 공공부문의 기능을 수행할 수 있게 하는 방법이 있다. 기존의 보조금을 폐지함으로써 보조금에 의한 사업의 수행을 민간의 자율에 맡기는 것도 민간화의 방법에 해당한다.

④ **독점생산판매권**   독점생산판매권(franchise)을 부여하는 것은 정부가 설정한 업무기준하에서 특권을 부여 받은 민간조직이 일정한 서비스를 생산·공급하게 하는 방법이다.

⑤ **구매권 또는 전표**   민간의 소비자에게 재화·용역을 구입할 수 있는 구매권 또는 전표(voucher or coupon)를 주는 방법이 있다.

⑥ **공동생산**   공동생산(coproduction)은 정부와 민간이 함께 서비스를 생산·공급하는 방법이다. 자원봉사활동으로 정부활동을 보완하는 것이 공동생산방식의 주종을 이루지만 민관합작의 투자사업도 공동생산에 포함된다.

⑦ **규제완화**   민간활동에 대한 정부의 규제를 푸는 것도 민간화의 중요한 방법이다.

정부독점을 경쟁의 기회에 노출시키는 것 자체를 민간화로 보는 견해도 있다. 그러나 경쟁성 도입으로 공공서비스 공급에 민간이 실제로 참여해야 민간화라고 할 수 있다.

3. 민간화에 대한 지지와 비판

　　앞서 말한 바와 같이 정부팽창과 관료화에 대한 지지세가 꺾이면서부터 민간화 필요의 인식과 실천이 확산되어 왔다. 그와 함께 민간화에 대한 비판적 논의도 활발해졌다.[45)]

1) 민간화에 대한 지지

　　민간화의 필요와 이점 그리고 그에 대한 지지의 이유에 대해서는 많은 논점이 개진되어 왔다.

　　① **정부의 부담 경감**　　민간화는 정부의 업무부담을 줄여 과부하 문제를 해소해 준다. 과부하의 해소는 업무수행의 효율화에 기여할 수 있다. 적자를 내는 정부조직의 매각 등을 통해 부채의 압박을 덜고 복지사업 등에 필요한 재원을 마련할 수 있게 해 준다. 정부의 정치적 부담도 줄여 준다. 민간화 부분에서는 정부가 가시성·직접성이 낮은 행동자로 되기 때문이다.

　　② **민간의 자율성 확대**　　민간의 자율과 시장경제의 활력을 신장하는 데 기여한다.

　　③ **서비스 공급의 경쟁 촉진**　　서비스공급의 경쟁촉진은 비용절감, 가격인하, 선택기회 확대 등의 효과를 내고 그 혜택이 고객에게 돌아가게 한다.

　　④ **관료적 경직성 완화**　　경직된 정부조직의 여러 가지 제약을 제거하여 서비스공급의 효율을 높일 수 있다. 민간화된 조직에서는 구조재설계, 기술혁신, 새로운 전략의 탐색과 실험이 용이하다. 민간화된 조직은 투자와 기술공급의 해외네트워크에 접근하기도 쉽다. 정부의 인사원칙과 절차에서 벗어나 전문가나 기타 유능한 인재를 쉽게 채용할 수 있다.

　　⑤ **비정부조직과의 협력**　　자원단체, 자선기관 등 비정부조직들로부터 도움을 얻고 그러한 조직들의 활동을 자극할 수 있다.

　　⑥ **새로운 사업의 실험**　　새로운 사업과 전달체계의 실험적 운영이 용이하다. 계약방식을 적용한 실험적 운영은 잘못되는 경우 종결이 비교적 용이하다. 정부는 새로운 사업의 창업비용을 아낄 수 있다.

　　⑦ **특수서비스의 단기적 공급**　　값비싼 특수서비스를 단기간 제공하는 데

민간부문조직을 활용할 수 있다.

⑧ **이념적 요청**　　자유주의적 이념 때문에 민간화를 지지하기도 한다. 민간부문에서 공급할 수 있는 재화·용역을 정부가 제공해서는 안 된다는 이념에 입각해 민간화를 정당화하는 것이다.

2) 민간화에 대한 비판

가장 근본적인 비판은 민간시장이 정부부문보다 더 우월한 정책결정자이며 자원배분자인가에 대한 의문의 표시이다. 공공부문에서도 민간부문만큼 또는 그 이상의 능률을 달성할 수 있다는 것이다. 그 밖의 비판적 논점은 다음과 같다.

① **공공서비스의 위축**　　공공서비스의 공급을 민간에 맡기면 영리추구에 치중해서 공공성을 해친다. 서비스의 수준도 떨어질 수 있다. 정부의 비용감축이 주된 목적인 경우 국민은 필요한 서비스를 제대로 공급 받지 못한다. 특히 비혜택집단에 대한 서비스가 감축될 가능성이 높다. 정부의 부채를 민간에 전가하는 민간화의 경우 서비스 위축의 문제는 더욱 심각해질 수 있다.

② **취업기회 위축**　　민간화는 취업의 기회를 위축시킬 수 있다. 민간화로 없어지는 정부부문의 일자리보다 민간부문에 새로 생기는 일자리의 수는 적어질 가능성이 크기 때문이다.

③ **독점화의 조장**　　민간공급자의 독점성을 부추겨 가격인상·능률저하 등의 폐단을 오히려 악화시킬 수도 있다.

④ **국익보호의 애로**　　민간화는 대외관계에서 국가이익의 보호를 어렵게 한다.

⑤ **민간화의 비용**　　민간화에 드는 거래비용과 수탁업무수행자를 통제하는 데 드는 감시비용이 과다할 수 있다. 비용이 과다하다는 것은 민간화의 비용이 이익을 초과한다는 뜻이다.[46)]

⑥ **도덕적 해이의 문제**　　민간화의 과정에서 정부재산의 평가가 어렵기 때문에 불공정거래의 위험이 있다. 재벌독점·정경유착·부패 등이 악화될 수 있다. 민간부문의 수탁자들이 계약대로 임무를 수행하는지 감시하기가 어렵다.

⑦ **정부 역할의 훼손·왜곡**   민간화로 인한 정부의 공동화(空洞化)를 우려하는 사람들도 있다. 공공서비스 공급기능을 민간화하고 정부의 내부시장화를 촉진할 뿐만 아니라 용역계약에 의해 자문기능을 수행하는 외부전문가들이 정부정책결정을 주도하게 하는 경우 정부활동의 공공성과 계속성은 큰 손상을 입을 수 있다고 한다. 공공업무의 민간화는 '은폐된 공공부문'을 만들어 정부를 감축하는 것처럼 위장하는 방편으로 쓰일 수도 있다.

4. 민간화의 성공조건

민간화를 가로막는 장애가 없어야 한다는 것은 민간화 성공의 기본적인 전제이다. 법률과의 충돌, 강한 정치적 반대, 국민의 불신 등의 장애를 극복하지 못하면 민간화의 시도는 좌절될 것이다. 그러한 장애의 극복이 있은 연후에 다음과 같은 성공조건을 생각할 수 있다.[47]

① **경쟁적 시장의 발전**   경쟁적 시장이 발전되어 있어야 한다. 서비스를 경쟁적으로 공급할 수 있는 복수의 잠재적 공급자들이 있어야 한다. 정부를 대신할 수 있는 민간의 공급자가 없으면 민간화가 불가능하다. 민간의 공급자가 독점적인 경우에는 정부의 독점성을 타파하려는 민간화는 불가능하다.

② **경비절감**   민간화를 통한 경비절감의 가능성이 있어야 한다. 경비절감은 민간화의 주요목적 가운데 하나이기 때문이다. 여기서 경비절감이란 소비자에게 비용을 전가하는 일이 없이 서비스의 경비를 줄이는 것을 말한다.

③ **서비스의 개선**   민간화로 서비스의 품질을 개선하고 서비스에 대한 소비자의 만족수준을 높일 수 있어야 한다.

④ **통제수단의 확보**   정부기능을 수탁한 민간의 서비스공급자들을 정부가 통제할 수 있는 수단을 확보해야 한다. 민간화된 정부사업의 자율적 운영이 강조되지만 수탁자의 책임이행을 보장하는 마지막 보루는 정부이기 때문이다.

⑤ **실책의 최소화**   민간화의 과정에서 저지를 수 있는 실책과 위험을 최소화해야 한다.

⑥ **이익침해의 최소화**   민간화의 과정에서 관련자들의 이익침해를 최소화해야 한다.

X. '좋은 정부'에 관한 논의

1. '좋은 정부'라는 개념의 재조명

근래 행정·정부·거버넌스의 개혁을 논의하면서 좋은 정부(good government)라는 개념 또는 숙어(熟語: idiom)를 쓰는 연구인들이 부쩍 늘었다. 대상의 규정에 따라 좋은 행정(good administration)이나 좋은 거버넌스(good governance)라는 개념도 역시 많이 쓰이고 있다.

행정이나 정부가 좋다 또는 나쁘다는 표현을 쓰는 것은 새로운 일이 아니다. 그런 표현의 사용은 아득히 오래된 일이다. 정부가 좋다거나 나쁘다는 표현은 보통사람들의 대화에서도, 정치인들의 수사로서도, 학문적 토론에서도 널리 쓰여 왔다. 그러나 개혁의 연대에 접어들면서 개혁의 목표상태 또는 개혁정책의 청사진을 제시하는 연구인들 다수는 좋은 정부의 조건을 갖춘 어떤 정부모형에 다른 이름을 붙여 이를 고유명사화하였다. 작은 정부, 이음매 없는 정부 등 앞에서 논의한 목표상태모형들 모두는 좋은 정부의 요건들을 규정한 고유한 모형들이라 할 수 있다. 이런 경우 좋은 정부라는 개념은 잠재화되거나 목적어 또는 설명어로 남게 된다. 그런데 근래 여러 연구인들이 좋은 정부라는 말을 주어로 부각시켜 정부개혁의 특정적인 목표상태를 직접 지시하도록 하고 있다. 거기서 좋은 정부라는 말은 좋은 정부를 지향하는 많은 모형들을 포괄하는 유개념(類槪念)이 아니라 개별적이고 특정적인 모형을 지칭하는 종개념(種槪念)이 된다.

개혁을 연구하는 학계에서는 지금도 정부가 좋다 또는 나쁘다는 말을 다양한 용도에 쓰고 있다. 좋은 정부라는 말을 쓰면서 이를 정의하지 않고 그 해석을 보통의 상식에 맡기는 경우도 많다. 여러 가지 의견을 아우를 수 있는 보통명사로 좋은 정부라는 말을 쓰기도 한다. 좋은 정부의 조건, 특성, 평가지표 등을 구체적으로 기술하여 목표상태모형을 제시하기도 한다. 여기서 우리의 주된 관심은 이 마지막 용례에 있다.

다음에 여러 가지 방법으로 규정되고 있는 좋은 정부의 정의들을 예시하려 한다.

2. '좋은 정부모형'의 예시

James L. Perry 등은 좋은 정부를 사회의 선(善: good)에 기여하는 정부이며 상반되거나 서로 갈등을 일으키는 공공가치 간의 긴장을 관리할 능력이 있는 정부라고 정의하였다.[48]

Sergio Fabbrini는 좋은 정부를 상징적 방향성(symbolic direction)을 분명하게 밝히는 정책의 선택·형성 그리고 정책의 효율적 집행 보장이라는 두 가지 핵심적 과업을 성취할 수 있는 정부라고 정의하였다. 그는 정책을 형성할 때 국민여론과의 교감을 통해 형성되는 공공목표의식을 정책에 담아야 한다고 하였다.[49] 이와 유사하게 이현우는 좋은 정부를 국민이 원하는 정책을 결정하고 집행할 능력을 가진 정부라고 정의하였다.[50]

배정현은 좋은 정부를 민주주의 절차에 따라 시민의 선호에 부응하며 시민의 요구를 효율적이고 효과적으로 충족시켜주는 정부라고 정의하였다.[51] 좋은 정부의 질은 높다는 말도 하였다.[g']

Nicholas Henry는 좋은 정부를 부패가 없고(uncorrupted), 민주적이며, 유능한 정부라고 정의하였다. 여기서 유능함은 국가관리능력의 우월함을 지칭한다. 국가관리능력은 국민복지를 향상시키는 데 지향된 능력이라고 한다.[52]

Timothy Besley는 좋은 정부의 조건으로 적정한 규모, 비부패, 국민의 재산권 보호, 민주적 참여, 사회적 복지 증진, 최적 정책결정 등을 열거하였다.[53]

이현국은 변화에 잘 대응하는 정부, 민주주의적 가치의 실현에 충실한 정부, 국민의 이해와 동의를 기다리는 조급하지 않은 정부, 정부·시장·시민과 함께 관계 맺기를 지향하는 정부, 국민들의 요구에 잘 반응하는 정부, 그리고 분권화된 정부를 좋은 정부라 하였다.[54]

....

g') 좋은 정부에 관한 논의의 확산과 더불어 '정부의 질'(quality of government)이라는 개념도 많이 쓰이고 있다. 정부의 질을 말하는 사람들의 다수는 질이 좋은 정부가 좋은 정부라고 설명하면서 정부의 질을 평가하는 데 적용할 지표들을 제시한다. 평가지표의 예로 정책집행의 불편부당성, 국민의 자유 보호, 국민의 재산권 보호, 부패통제, 정부효율성, 법의 지배 등을 들 수 있다. 지표의 제시에 통일성은 물론 없다. 정부의 질이라는 개념의 사용에도 혼란이 있다. 정부의 질이라는 말을 쓰면서 이를 정의하지 않는 사람들도 있고, 정부의 질이라는 개념과 좋은 정부라는 개념을 동일시하는 사람들도 적지 않다.

Paul C. Light는 Alexander Hamilton과 Thomas Jefferson의 정치사상에
서 좋은 정부에 관한 그들의 관점을 추출하고 양자를 비교하였다. Light가
선택한 평가지표는 임무, 행정수반의 역할, 지원(support)의 제공, 행정철학,
행정부의 안전보장(safety) 등 다섯 가지이다. Hamilton이 생각한 좋은 정부
의 요건은 i) 공공선(public good)을 추구하기 위한 광범하고 힘든 임무수행,
ii) 강한 행동력(energy)을 발휘하는 행정수반의 역할, iii) 정부에 대한 지원
의 적정성, iv) 한결같이 확고한 행정을 강조하는 행정철학, 그리고 v) 결정
된 정책의 세밀하고 투명한 집행을 통한 정부의 안전보장이라고 한다.
Jefferson이 생각한 좋은 정부의 요건은 i) 제한적이고 단순한 임무수행, ii)
행정수반의 절제된 역할, iii) 검약하는 행정, iv) 행정의 적응성을 강조하는
행정철학, 그리고 v) 결정된 정책의 양심적인 집행을 통한 정부의 안전보장
이라고 한다.[55]

박희봉은 좋은 정부를 국가의 평화와 번영을 이룩하고 구성원의 자유와
권리, 행복을 증진하는 정부라고 정의하였다.[h'] 그리고 좋은 정부는 시대상
황에 따라 달라진다고 전제하면서 열 가지 서양정치철학의 좋은 정부에 대한
관점을 다음과 같이 요약하였다.[56]

Plato은 국민전체의 이익을 정의롭게 추구할 수 있는 가장 현명한 철인
(哲人: philosopher king)이 지배하는 정부가 좋은 정부라고 보았다. Aristotle는
좋은 정부를 엘리트의 책임정치와 대중의 정치참여가 보장되고, 양질의 삶을
보장하기 위해 전체이익과 개인의 이익을 함께 추구하는 도덕적 정부라고
하였다. Niccoló Machiavelli에게 좋은 정부란 국가의 독립성, 시민의 자유와
행복을 지킬 힘이 있는 정부였다. Thomas Hobbes에게 좋은 정부란 사회계
약에 따라 국가구성원들의 자유·권리·행복을 지킬 수 있는 강력한 정부였

---

h') 박희봉은 2015년에 좋은 정부의 조건에 대해 보다 구체적인 언급을 한 바 있다. 그는 좋
   은 정부의 조건으로 i) 법과 제도에 의한 지배, ii) 사회적 성과 증진을 위해 위험을 감수하
   는 개인에 대한 인센티브 제공, iii) 사회자본 형성, iv) 모든 국민에 대한 공정한 기회 제공,
   v) 국가공동체의 장기발전 추구, 그리고 vi) 모든 국민에 대한 사회안전망 제공을 들었다.
   박희봉, "사회자본론(social capital theory)에서 바라본 나쁜 정부와 좋은 정부," 한국행정
   포럼 (151호, 2015 겨울), 6~112쪽.

다. John Locke는 국민의 천부적인 기본권을 억압하지 않는 최소정부를 좋은 정부라고 하였다. Jean Jacques Rousseau는 자연상태에서 인간이 누렸던 경제적 독립과 정치적 평등을 되찾을 수 있도록 하는 정부를 좋은 정부라고 생각하였다. Karl Marx는 변증법적 유물사관에 입각해 국민의 경제적·정치적 평등을 추구하는 사회주의적 정부를 좋은 정부라고 생각하였다. Max Weber는 다양한 가치와 시각을 포괄하는 접근방법을 통해 지속적으로 문제를 해결하는 정부를 좋은 정부라고 생각하였다. Daniel Bell은 국가구성원의 다양한 가치와 사회의 급격한 변화에 능동적으로 대응할 수 있는 창의적·개혁적 정부를 좋은 정부라고 생각하였다. Pierre Bourdieu, James Coleman 등이 개척하기 시작한 사회자본론(social capital theory)은 국가구성원들이 타인의 이익을 침범하지 않는 범위 내에서 자신의 이익을 추구하고, 국가공동체의 사회적 자본(사람들 사이의 관계에서 발생하는 에너지)을 형성하여 자신의 이익과 공동체의 이익을 추구하려고 노력하게 하는 정부를 좋은 정부로 규정하였다.

임의영은 의무론적 차원에서는 '바른' 정부를 논하고, 미적 차원에서는 '멋진' 정부를 논하며, 목적론적 차원에서는 '좋은' 정부의 조건을 탐색한다고 주장하였다. 그리고 목적론적 성향을 지닌 정치이념들의 좋은 정부에 대한 견해를 요약하였다. 그는 i) 자유주의적 관점은 국민의 자유 또는 기본권을 보호하는 작고 중립적인 정부를, ii) 공리주의적 관점은 사회의 행복총량(최대다수의 최대행복)이 극대화될 수 있도록 작동하는 정부를, iii) 공화주의적 관점은 정치공동체가 공유하는 공동선(common good)을 실현할 수 있도록 작동하는 정부를, iv) 사회주의적 관점은 최고의 정치적 가치인 평등을 실현하는 데 적합하게 작동하는 정부를 각각 좋은 정부로 파악한다고 하였다.[57]

Gjalt de Graaf와 Hester Paanakker는 절차적 가치인 합법성과 투명성, 그리고 성과가치인 효과성과 능률성을 구현하는 정부가 좋은 정부라고 정의하였다. 그러나 절차적 가치와 성과가치는 갈등을 빚는 경우가 많기 때문에 함께 달성하기가 어렵다고 말하였다.[58]

세계은행(World Bank), 경제협력개발기구(OECD) 등 국제기구에서 제시한 '좋은 거버넌스'의 요건들을 좋은 정부를 논의하는 사람들이 인용하는 예가

많다.[i']

　좋은 정부에 대한 의견은 실로 구구하다. 때와 장소에 따라 그리고 연구하는 사람의 필요에 따라 좋은 정부에 대한 의미규정은 달라질 수 있다. 그런 현상에 대해 크게 불편해 할 일은 아니다. 좋은 정부의 요건에 관한 어느 정도의 의견수렴이 없는 것도 아니다. 통합적인 관점을 원하는 사람들은 법치주의, 책임성, 민주적 참여, 국민의 기본권 보장, 국민의 요구에 대한 부응, 능률성과 효율성, 복지증진, 투명성과 부패방지, 변화대응능력, 갈등조정능력 등 좋은 정부의 조건 또는 평가지표로 자주 거론되는 것들을 종합하고 취사선택해 보기 바란다.

....

i') 세계은행은 좋은 거버넌스(good governance)의 요건으로 투명성(부패통제), 책임성, 대응성, 법의 지배, 효율적 정부, 정치적 안정성을 들었다. 경제협력개발기구는 좋은 거버넌스의 요건으로 투명성, 책임성, 공정성, 형평성, 능률성, 효율성, 법의 지배에 대한 존중, 높은 수준의 윤리적 행태를 들었다.

Chapter

05

대한민국의 행정개혁

제 5 장에서는 1948년에 대한민국 정부가 수립된 이후 우리나라 행정체제가 걸어온 발자취를 따라 행정개혁사업의 전개과정을 살펴보려 한다.

이 장의 의도는 행정개혁사의 요점을 간추리기 위한 것이므로 행정개혁에 관한 역사적 사건들이나 개혁의 내용을 상세히 소개하는 데 매달리지는 않을 것이다. 개혁노선의 지표로 삼을 만한 특징적 개혁사업만을 요약하고 그 의미를 파악하는 데 주력하려 한다.

행정개혁사의 시대구분은 공화국 구분의 예에 따르고, 제 6 공화국 이후는 대통령의 임기를 기준으로 할 것이다.

5·16 군사쿠데타로 성립했던 군사정부를 하나의 공화국으로 볼 수 있느냐에 대해서는 의문이 있다. 그러나 서술의 편의를 위해 군사통치의 기간을 시대구분의 한 구간(區間)으로 설정하려 한다. 이 장의 서술이 엄격한 분석틀에 따라 진행될 것이라고 말하기는 어렵다. 시대적 특성에 따라 고찰의 대상과 내용에 가감(加減)이 있을 것이다. 행정개혁사 전체에 걸친 서술 단위의 완전한 통일성을 고집하지는 않겠다는 말이다. 그러나 논의의 통일성과 일관성을 전혀 도외시하지는 않을 것이다. 대체로 행정구조와 관리작용의 개혁에 초점을 맞추고 반부패운동에 대해서는 따로 언급하려 한다.

Ⅰ. 제 1 공화국의 행정개혁

1. 정부수립과 행정체제

1945년 8월 15일의 광복 후 우리 국토의 북위 38도선 이북에는 소련군이 진주하고 이남에는 미군이 진주하여 분할 점령하였다. 남한에 진주한 미군이 실시한 군정은 3년간 계속되었다. 1948년 UN의 결의에 따라 당시 남한에서만 가능했던 자유선거를 통해 대한민국정부가 수립되었다.

1948년 5월 10일 남한에서 실시된 총선거를 통해 국회가 구성되었다. 국회는 헌법, 「정부조직법」 등을 제정하고 이승만(李承晩)을 대통령으로 선출하였다. 초대 대통령은 간선제에 따라 국회에서 선출했지만 1952년의 개헌으로 대통령 국민직선제를 채택하였다.

1948년 8월 15일 대통령은 대한민국 건국을 선포하였다. 그리하여 민주주의를 국시로 하는 제 1 공화국 정부가 출범하게 되었다. 당초에는 내각책임제적 요소가 다소 가미되었다고 하지만 원칙적으로 대통령중심제인 정부가 구성되었다.

자유당 정권 또는 이승만 정권이라고 불리기도 하는 제 1 공화국의 한 연대, 특히 그 초기는 국가형성 · 정부형성의 시기로 지칭할 수 있다. 당시의 행정변동과 사건들은 개혁이라기보다 형성이라고 말해야 할 만한 특징을 지니는 경우가 많았다.

민주주의를 국시로 하는 헌법원리하에서 정부가 구성되었으므로 행정체제도 민주행정의 요청에 부합하도록 구성되고 운영될 것이 기대되었다. 그러나 정부 내외의 초창기적 여건은 그러한 기대를 충족시키기 어렵게 하였다. 제도의 정비가 불만스러웠을 뿐만 아니라 행태적 준비는 더욱 불만스러웠다.

정부와 행정의 제도수립에서 창안과 혁신보다는 역사적 유산과 선례의 답습에 더 많이 의존한 형편이었다. 새로운 국가건설에서 낡은 제도와 사람의 구성을 너무 많이 답습했다고 평가할 수 있다.

광복 후 미군정기를 거치는 동안 일제하 총독행정체제(總督行政體制)의 기본골격이 그대로 사용되었으며, 다른 한편으로는 매우 이질적인 미국식 제도의 도입 내지 접목시도가 있었다. 그러나 미국식 제도의 도입은 대부분 미처 정착이 되기 전에 미군정이 종식되었다.

「정부조직법」 등 행정체제의 기반과 골격을 형성하는 법령의 입안에 참여했던 사람들은 주로 일제하에서 법률교육을 받았거나 행정경험을 쌓은 사람들이었다. 그들은 민주적이고 적극적인 행정의 원리와 방법에 관하여 별로 많은 식견을 갖추고 있지 않았다. 그리고 건국 초에 밀어닥친 국가형성·정부형성의 긴박한 과제들이 너무 많았기 때문에 행정체제의 설계를 위한 연구·검토의 시간이 충분히 할애될 수 없었다. 이러한 사정으로 말미암아 새로운 나라를 개국하는 마당의 행정체제설계는 강한 전례답습적 성향을 보였다.

제1공화국 출범 후 정부는 국가기구를 정비하고 필요한 법령을 정비하는 등 국가의 기본적 제도에 대한 정지작업을 하다가 6·25 전쟁에 휘말려 경황 없는 전시체제를 어렵게 유지했다. 전쟁 후에는 1인 장기집권의 정권보전을 위해 정치·행정력이 크게 소모되었으며 민주주의는 심히 왜곡되었다. 정부에 대한 민심이반은 컸다.

혼란스럽고 불리한 여건 속에서 건국의 어려운 과업이 수행되었다. 특기할만한 제도개혁으로는 지방자치 실시, 의무교육 실시, 농지개혁 등을 들 수 있다. 낭비배제와 간소화를 이유로 든 정부기구개혁이나 인력조정도 간헐적으로 실시되었다. 민원행정 효율화나 부패방지에 관한 대책들이 선언되기도 했다.[1] 그러나 오늘날의 기준에 비추었을 때 본격적인 행정개혁활동이 조직화되었다고 말할 수는 없다. 통치지도부에서 행정개혁에 높은 정책적 우선순위를 두기 어려웠다. 소극적이고 현상유지적인 행정체제는 스스로 적극적인 행정개혁을 솔선하기 어려운 형편이었다. 개혁에 필요한 이론적·기술적·재정적 자원도 궁핍한 상태였다. 이런 이유들 때문에 제1공화국의 시대는 행정개혁 정체기였다는 평가를 받는다.

2. 중앙행정기구의 형성과 개편

중앙행정기구의 설계에서 선례답습의 모습을 가장 뚜렷하게 볼 수 있다. 독립국가의 정부이기 때문에 외교·국방에 관한 부서를 새로이 강화하였으며, 독립규제위원회적인 성격의 기구도 채택해 보았고, 몇 가지 기구를 통폐합하는 등의 개편을 한 것도 사실이다. 그러나 행정체제의 골격은 일제하의 행정체제에 약간의 손질을 하여 미군정이 사용하던 것을 거의 그대로 물려받은 모양이었다.[2]

중앙행정구조를 형성한 최초의 「정부조직법」은 1948년 7월 17일에 공포되었다. 이 법에서 정한 중앙행정기구는 대통령, 부통령, 국무총리, 국무원, 그리고 11부 4처 3위원회로 구성되었다. 11부는 내무부, 외무부, 국방부, 재무부, 법무부, 문교부, 농림부, 상공부, 사회부, 교통부, 체신부를 말한다. 4처는 총무처, 공보처, 법제처, 기획처이다. 3위원회는 고시위원회, 감찰위원회, 경제위원회이다. 1948년 12월 14일에는 대통령직속기관인 심계원을 설치하였다.

제1공화국이 지속되는 동안 몇 차례의 「정부조직법」 개정 또는 특별법 제정으로 행정기구를 늘려갔다. 1949년에는 보건부, 관재청, 외자구매처를 신설하였다.

1955년 2월 7일에는 「정부조직법」이 전문개정(全文改正)되었다. 1954년의 제2차 헌법개정에서 국무총리제를 폐지하였으므로 그에 따라 「정부조직법」을 개정하여 여러 기구를 개편 또는 신설하면서 대통령중심제에 보다 충실한 행정체제를 구축한 것이다. 이때의 개편으로 중앙행정기구는 12부, 3청, 2원, 2실을 주축으로 구성되었다. 이 밖에도 국무원사무국, 구황실재산사무총국, 부흥부소속의 부흥위원회 등이 있었다. 종래의 보건부와 사회부는 보건사회부로 통합되었다. 그리고 부흥부가 신설되었다.

3. 관리작용의 개혁

제 1 공화국 기간의 행정관리는 일제치하의 방식을 거의 답습하는 양상이었으며, 당시의 경제적 궁핍, 정치·사회적 혼란 등의 여건으로 말미암아 관리작용개혁에 대한 집중적 투자는 거의 불가능하였다. 그러나 시간선상에서 변화가 멈추어진 제도는 없는 것이다.[3]

적어도 제도적으로는 인사행정의 실적주의를 채택하였으며, 점차 조직운영계획·경제계획에도 눈을 뜨게 되었다. 비록 미미한 수준이지만 행정사무 간소화, 국민편의 증진, 분권화를 위한 개혁노력도 있었다. 예컨대 1949년 10월의 「행정사무처리간행령」(行政事務處理簡行令)과 1951년 2 월의 「전시행정사무간소화령」(戰時行政事務簡素化令)에 의하여 민원사무의 신속·원활한 처리를 추진하였으며, 1951년에는 공청회제도를 도입하고 정부기관의 각종 백서(白書)를 간행함으로써 공개행정추구의 노력을 보였다. 1957년에는 중앙행정사무 26종을 지방자치단체에 이관하였다.

정부는 종합적인 국가계획의 수립에도 관심을 보였다. 정부출범 당시에 설치된 기획처는 그러한 계획수립을 위한 제도적 준비였다고 할 수 있다. 1955년에 발족한 산업개발위원회는 장기경제개발계획 수립을 추진하였다. 1959년에 성안된 경제개발 3개년 계획은 1960년 4월 15일 국무회의를 거쳐 채택되었지만 바로 제 1 공화국이 몰락했기 때문에 시행은 볼 수 없었다.

군사조직에서는 미군의 영향으로 서류처리 등 행정사무처리기법의 개선이 일반행정기관에서보다 앞서고 있었다. 그 효과가 1960년대부터 일반행정기관에도 파급된 것은 우리가 익히 아는 일이다. 제 1 공화국에서 받은 미국의 군사원조와 행정기술원조는 공무원·행정연구인력의 발전과 새로운 행정기법의 도입에 상당한 영향을 미쳤다.

4. 공무원의 구성

1949년에 제정된 「국가공무원법」은 고시와 전형에 의한 공무원의 임명, 신분보장, 계급제에 따른 공무원의 분류 등을 규정하였다. 정부의 인적자원을 관리하는 인사행정제도가 실적주의원리를 채택했다고는 하지만 인사행정의 기술과 방법은 계급제에 입각했던 일제하의 것들을 거의 그대로 썼다. 일제적 잔재는 인사제도의 답습에서뿐만 아니라 공무원집단의 구성에서도 분명히 찾아볼 수 있었다.

제 1 공화국의 행정을 담당했던 공무원집단의 주축은 일제하의 '관청'과 그 주변조직에 참여하였던 사람들로 구성되었다. 고급관리계층에는 항일독립운동에 가담하였던 지사형(志士型)의 인물이나 구미(歐美)에서 교육을 받은 인물들이 일부 기용되기도 했지만, 시간의 흐름에 따라 일제식민통치에 가담하였거나 그 아류로 활동한 사람들이 점점 더 많은 정치적·정책적 직위들을 차지하게 되었다.

정부가 출범하면서부터 직업적인 공무원집단은 대부분 일제하에서 비교적 하급직에 종사하였던 관리(官吏)들로 구성되었다. 그들의 사고방식이나 업무처리방식은 일제행정하의 그것과 다를 바가 없었으며, 이러한 조건은 이후의 행정제도와 그 운용과정, 그리고 행정문화의 성향을 형성하는 데 많은 영향을 미쳤다.

시간의 흐름에 따라 공직의 규모는 커지고 그에 따라 새로운 인원의 보충도 늘어났지만 그러한 변동이 행정체질을 눈에 띄게 바꾸어 놓지는 못했다. 머지않아 6·25 전쟁이 일어났으며 전쟁의 와중에서는 인사쇄신이나 공무원의 자질을 개선하기 위한 행정개혁사업이 추진되기 어려웠다. 그 뒤에도 1인 장기집권의 그늘에서 공무원집단은 정치도구화되었고 정실인사는 횡행했으며 관기는 문란해졌다. 초창기적인 실적주의의 기초도 닦지 못하고 제 1 공화국은 그 막을 내리게 되었다.

5. 지방자치제도의 도입

지방행정부문에서도 처음에는 일제시대의 제도를 그대로 답습하였다. 1949년에는 「지방자치법」을 제정하였으며, 그에 따라 1952년부터 지방의회를 구성하고, 시·읍·면장을 지방의회에서 선출하는 등 자치적 요소를 지방행정체제에 도입하였다. 그러나 지방행정의 관리구조는 과거의 관치행정적(官治行

政的) 특성을 그대로 지니고 있었다. 이때의 지방자치는 자치의 기반이 부실하고 연관제도의 지방자치 지향적 개편이 부진한 가운데 위로부터 주어진 것이었기 때문에 자치의 자생력이 아주 취약한 형편이었다. 그리고 제 1 공화국의 말기에는 지방행정체제의 자치적 요소가 제도적으로도 현저히 위축되었다.[4]

1949년 7월 4일에 공포된 「지방자치법」은 서울특별시와 도 그리고 시·읍·면을 지방자치단체로 규정하였다. 그리고 각급 지방자치단체에는 지방의회를 두고 시·읍·면장은 해당 지방의회에서 선출하도록 규정하였다. 서울특별시장과 도지사는 대통령이 임명하도록 하였다. 이러한 법제는 실시가 유예되다가 1952년에야 지방의회의원 선거가 실시되었다.

제 1 공화국 기간중 4차의 「지방자치법」 개정이 있었다. 2차 개정 때 시·읍·면장 선거를 주민 직선제로 고쳤다. 제 4 차 개정에서는 시·읍·면장의 임명제를 규정하고 지방의회의 활동과 권능을 제한하였다.

6. 반부패활동

제 1 공화국은 부패의 체제화를 출발시킨 정권이며 독재와 부패로 무너진 정권이다. 제 1 공화국은 국가형성의 과업수행과정에서 심한 초창기적 혼란을 겪었으며, 정부의 구성에는 처음부터 도덕적 정기(正氣)가 훼손되어 있었다. 친일세력이 행정체제를 장악했으므로 윤리적 정당성에 커다란 손상이 있었다. 그리고 6·25라는 미증유의 민족상잔전쟁은 신생국을 극도의 혼란과 빈곤, 부패의 구렁텅이로 몰아넣었다. 전후의 복구과정에서도 외국원조자원의 오용, 횡령, 관재유착의 비리가 만연하였다.

제 1 공화국이 계속되는 동안 민주적 정치제도들은 내내 형식화되었으며 1인 장기집권을 위한 무리수는 정치적·행정적 부패를 더욱 부채질하였다. 정권유지를 위한 음성적 정치자금 조달과 살포는 정치적·행정적 부패의 온상이었다. 정권주변에서 맴돈 권력추종자들의 이권개입과 횡포가 심했다. 일제시대 이래 별로 달라지지 않은 관료의 권위주의와 특권의식을 견제할 세력은 미약하였다. 인사행정상의 실적주의는 한정된 국면에서만 명맥을 유지했으며, 정부관료제는 정실인사에 휘말려 있었다. 공무원의 보수를 포함한 공식적 편익은 매우 부적절한 것이었다.

부패가 체제화 · 제도화된 가운데 행정체제는 그에 효과적으로 대항할 능력을 결여하고 있었다. 통치주도세력의 기반이 부패해 있었기 때문에 그들의 반부패행동은 사소한 것이거나 형식적인 것일 수밖에 없었다.

제 1 공화국에서도 공직의 윤리성 확립에 관한 '선언'은 드물지 않았다. 1950년에는 시간지키기, 명령복종, 책임완수, 염결(廉潔), 공정, 단결 등을 규정한 관리좌우명(官吏左右銘)이라는 것을 만들어 공무원들의 교화에 쓰기도 했다. 1950년대 말에는 공무원의 너무 적은 보수를 현저히 인상하여 부패문제에 대응해보려 했다. 심계원 · 감찰위원회 등 독립통제기관도 설립하여 반부패활동을 하게 했으며, 비록 미진하기는 했지만 부정을 저지른 공직자들의 징계와 형사처벌이 있었던 것은 물론이다. 「반민족행위처벌법」이라는 소급입법으로 일제 하의 친일세력을 응징하려 기도했다는 것도 공직의 윤리성 향상에 기여할 수 있는 가능성을 가지고 있었다.[5] 그러나 이 모든 것들이 부패의 체제화를 막는 데는 무력하였다.

II. 제 2 공화국의 행정개혁

1. 제 2 공화국의 출범

1960년의 4 · 19혁명으로 제 1 공화국은 붕괴되었다. 4 · 19혁명은 전국적으로 확산되고 과격화된 반정부 민중시위가 제 1 공화국 정부를 몰락시킨 민중혁명이다. 혁명의 과정에서 지식계층 특히 학생집단이 주도적인 역할을 했기 때문에 4 · 19혁명을 학생의거 또는 학생혁명이라 부르기도 한다.

당시 대통령이었던 이승만이 하야(사임)하고 4월 27일 허정(許政)을 대통령 직무대행으로 하는 과도정부가 수립되었다. 허정의 과도정부는 제 2 공화국 수립을 위한 선거관리와 입법관리의 임무를 맡았었다. 과도정부에서 양원제도와 의원내각제를 권력구조로 규정한 헌법개정을 단행하고 민의원과 참의원의 의원선거를 실시하였다.

8월 12일에 열린 양원합동회의에서 윤보선을 대통령으로 선출하고, 8월 19일에는 대통령이 국무총리로 지명한 장면을 인준하였다. 8월 23일에 장면의 내각이 성립함으로써 제2공화국이 출범하였다.

4·19혁명에 이어 발족한 과도정부는 본격적인 행정개혁사업을 추진할 능력이나 의욕을 갖지 못했으며 새 정부의 구성에 필요한 준비작업에 주력하였다. 과도정부는 제2공화국 수립을 준비하는 일을 맡았고, 이른바 선개헌 후총선(先改憲 後總選)이라는 방침에 따라 준비과업을 추진했기 때문에 제2공화국의 정부형태와 행정체제의 구성에 관한 골격을 규정하게 된 헌법·「정부조직법」 등은 과도정부에서 제정하였다. 다음 정부를 위한 이런 준비작업도 개혁이라 부를 수 있는 여지는 있다.

제2공화국 정부는 사회질서가 해이해진 가운데서 한꺼번에 폭증된 국민적 기대에 부응해 보려고 국정의 여러 분야에 걸친 개혁을 서둘렀다. 행정체제에 대해서도 단기간에 여러 개혁을 시도하거나 준비하였다. 경제발전을 위한 정부의 적극적 역할과 경제제일주의를 뒷받침할 행정개혁을 강조함으로써 발전행정분야의 확장을 가져오게 될 전기를 마련하였다. 제2공화국 정부가 추진하거나 계획했던 제도개혁과 인사쇄신은 대체로 민주주의의 구현을 명분으로 하는 것이었다. 능률이라는 개념도 개혁 아젠다에서 강조되었지만 그보다 월등하게 더 전면에 부각되었던 것은 민주화라는 가치기준이었다.

그러나 제2공화국의 행정개혁노력은 온전한 성과를 거두는 데 역부족이었다. 무엇보다도 큰 제약은 시간제약이었다. 정권의 존속기간이 1년도 채 되지 못했기 때문이다. 제2공화국의 민주당정권이 더 많은 시간을 가지고 자유방임에 가까운 정치의 시대를 통과하여 민주적 정치·행정질서를 성숙시킬 수 있었더라면 우리 역사의 전개과정은 아주 달라졌을 것이다.

2. 중앙행정기구의 개편과 정책역점의 변화

1960년 6월 15일 헌법개정에 따라 제2공화국의 정부형태는 내각책임제로 결정되었으므로 행정체제도 그에 적합하게 개편할 필요가 있었다. 그리고 정부내외에서 민주화의 요청이 고조되고 있었으므로 행정체제도 그에 반응하

는 변신이 필요하게 되었다.[6]

1960년 7월 1일 「정부조직법」을 전문개정하였다. 이 개정법률은 내각책임제정부의 국무총리제와 국무원제(國務院制)를 신설하고, 중앙행정기구를 1원 12부 1처 3청 3위원회로 규정하였다. 이때에 감찰원은 감찰위원회로 개편하고 공안위원회의 신설을 규정하였다. 국무원사무국은 국무원사무처로 확대 개편하였으며, 원자력원을 신설하고 행정 각부의 사무차관제와 정무차관제를 신설하였다.

당시 정부기구개편의 중심과제는 국무회의의 운영에 필요한 규정을 제정하는 것, 국무원의 운영을 뒷받침할 사무처기구를 설치하는 것, 정무차관제도·사무차관제도를 도입하여 내각책임제하에서 기본적 행정사무의 계속성·일관성을 보장하는 것, 그리고 경찰공무원 등의 정치적 중립성을 보장할 수 있게 제도적 장치를 마련하는 것이었다.

개정된 「정부조직법」이 규정했던 특기할 만한 제도개혁 가운데 하나는 헌법이 규정한 경찰중립화의 취지에 따라 공안위원회(公安委員會)를 설치하도록 한 것이었다. 공안위원회는 국무총리에 소속하는 합의제의 경찰행정기구로서 상당한 정치적 중립성을 유지할 수 있도록 조직될 것이 기대되었다. 과거 공무원 특히 경찰공무원들이 정치도구화되어 각종 선거에 간섭하고 야당탄압의 손발이 되었던 폐단이 심각하였으므로 이를 제도적으로 시정하기 위해 공안위원회의 설치를 추진했던 것 같다. 그러나 이 위원회의 설치에 관한 법률의 규정은 끝내 시행되지 않았기 때문에 이 위원회가 실제로 구성되지는 못했다. 그에 관한 법률의 규정도 머지않아 폐지되고 말았다.

비록 실천은 되지 않았지만 공안위원회가 법으로 규정되었으며, 기구개편에서 감찰위원회와 같은 위원회조직이 선호되고 정치·행정과정에의 참여가 확대되었던 제2공화국 출범 전후의 시기는 우리의 행정사에서 행정제도의 민주화를 촉진하려는 의욕이 많이 고조되었던 때라고 말할 수 있다.

행정구조를 보다 근본적으로 개혁할 필요가 있음을 인식한 제2공화국정부는 행정기구개혁방안을 연구하게 되었다. 그리하여 i) 내각책임제인 정부형태에 부응하도록 할 것, ii) 경제부흥과 국토건설을 위하여 경제제일주의의 기구개편을 실현할 것, iii) 행정관리의 능률화를 도모할 것 등의 원칙하에 행정기구개편안들을 만들었다. 그러나 본격적인 기구개편구상은 실천에 옮겨질 시간이 없었다.

제 2 공화국의 정부정책을 전반적으로 이끈 기본적 노선은 반독재주의·자유민주주의의 실질적 구현이었다. 정부는 정치·사회적으로 분출된 자유의 갈망과 이익표출을 지지하거나 용인하는 자세를 취하였다. 제 2 공화국에서 언론 자유는 폭발적으로 신장되었으며 노동운동이 활발해지고 혁신계라 불리던 좌파세력의 활동도 두드러졌다. 정부의 통일정책기조가 북진통일론에서 선거를 통한 평화통일론으로 바뀐 것도 정부 성향변화의 한 단면이라 할 수 있다.

경제적 빈곤이 제 1 공화국 몰락의 큰 원인이었음을 지켜보았던 제 2 공화국의 집권세력은 경제발전에 아주 큰 국책적 역점을 두었다. 정부는 '경제제일주의'를 표방하고 경제개발 5개년계획을 입안하였다. 이 계획은 1961년 5월 각의의 의결로 채택되었으나 5·16군사쿠데타 때문에 시행되지는 못했다. '민주당정부의 운명을 건 일대 사업'으로 광범한 국토건설사업에 착수하였다. 국토건설사업을 주관하도록 하기 위해 국무총리직속의 국토건설본부를 설치하였으며, 거기에는 각계의 대표로 구성된 자문위원회와 관련행정기관의 차관(부흥부)과 국장들로 구성된 실무위원회도 두었다. 시·군에는 지방국토건설위원회를 설치하였다.

3. 인적 쇄신

제 2 공화국 정부는 공직의 물갈이에 상당한 정책적 비중을 두었다. 자유당정권의 비리에 앞장섰거나 그에 물든 고위직의 공무원들을 많이 퇴진시키고 중견 내지 초급관리자들을 대거 승진시켰으며 외부로부터의 임용도 늘렸다. 그리고 참신한 젊은이들을 비록 하위직이기는 하지만 공직에 많이 흡수하려는 계획도 추진하였다.

인사상의 세대교체와 새로운 인적 요소의 흡수에 주력했다고 하지만 공무원들을 교체하는 과정에서 폐단도 많이 빚어졌다. 무엇보다도 정실적·엽관적 인사가 늘어나서 인사행정의 신망을 떨어뜨렸다. 오랜 야당생활 끝에 집권한 위정자들은 공식적으로 실적주의가 적용되던 공직에 대한 일부 엽관임용을 공언하기까지 하였다. 그리고 대학졸업자들을 선발하여 국토건설사업에 참여하게 한 후 하급직 공무원으로 임용하는 계획은 지식층의 욕구수준에 부응하는 것도 아니었으며 과잉학력이라는 문제를 안고 있었다.

4. 지방자치의 강화

제 2 공화국은 지방행정체제의 내부구조를 근본적으로 개편하는 데 필요한 시간적 여유를 갖지 못했다. 그러나 「지방자치법」을 개정하여 제 1 공화국 말기의 제도개편으로 겨우 명맥만 유지하던 지방자치를 제도적으로 부흥시켰다.

제 2 공화국 정부는 1960년 11월 1일에 「지방자치법」을 개정하여 자치적 요소를 크게 강화하였는데, 무엇보다도 중요한 개정내용은 지방자치단체장의 선거제를 부활한 것이었다. 임명제의 대상이었던 서울특별시장, 도지사, 시·읍·면장 등 모든 지방자치단체의 장과 동·이장을 주민직선으로 선출하도록 하고 그들의 임기는 4년으로 규정하였다. 지방선거의 선거권 연령을 21세에서 20세로 낮추고 지방의회의 의원정수를 조정하여 늘렸으며, 부재자투표제를 신설하였다.[7]

개정된 「지방자치법」에 의거하여 1960년 12월 12일에는 도와 서울특별시 의회의원을, 12월 19일에는 시·읍·면 의회의원을, 12월 26일에는 시·읍·면장을, 그리고 12월 29일에는 도지사와 서울특별시장을 각각 주민직선으로 선출하였다.

5. 반부패활동

제 2 공화국 정부는 소급입법으로 과거의 부정선거 관련자를 처벌하고 부정축재를 환수하는 일련의 조치를 취하였다. 앞에서 언급한 정부관료제의 인사쇄신은 부패와 같은 구악(舊惡)을 제거하려는 노력의 일환으로 볼 수 있다. 경찰공무원 등의 정치적 중립을 보장하기 위한 제도적 장치도 입안하였으며, 근본적인 행정기구개혁방안을 연구하기도 하였다. 폐지되었던 감찰위원회를 부활시켰다.[8]

1년도 미처 되지 않은 기간에 제 2 공화국이 연구하거나 입안하거나 실시한 개혁은 상당히 많았으며, 반부패사업의 구상도 무시할 수 없다. 그러나 너무 시간이 짧았기 때문에 여러 가지 노력이 연구·계획에 그치고 말았으며, 채택된 개혁조치들도 혼란 중에 제대로 정착되지 못하였다. 인사쇄신은 엽관으로 혼탁되었다.

제 2 공화국 정권은 4·19의 여파였으며 집권세력이 확고한 지지기반을 장악했던 것은 아니었다. 집권당의 정치인들은 구시대의 정치행태를 버리지 못했다. 정쟁은 심해지고 이른바 과거청산에는 우유부단했다. 자유화를 틈탄 혼란도 심했다. 혼란은 무정부상태에 비유되기까지 했다. 이러한 여건이 반부패활동의 체계적 추진을 어렵게 하였다.

III. 군사정부의 행정개혁

1. 군사정부의 등장

여기서 군사정부라고 하는 것은 1961년 5·16군사쿠데타가 일어난 때로부터 1963년 12월 민정이양이 있을 때까지 2년 7개월간 실시된 군사통치기간의 정부를 지칭한다.

1961년 5월 16일 박정희 육군소장을 중심으로 한 군부세력은 이른바 혁명공약을 내걸고 군사쿠데타를 일으켰다.[a] 제 2 공화국의 장면 총리와 국무위원들은 5월 18일에 국무회의를 열고 총사퇴 성명을 발표함으로써 정권을 군사혁명위원회에 넘기는 형식적 절차를 밟았다. 윤보선 대통령은 계엄선포를 추인하였다.

5월 19일에는 군사혁명위원회를 국가재건최고회의로 개편하고 5월 20일

---

[a] 군부 쿠데타세력이 내건 '혁명공약'은 ① 반공태세의 정비 강화, ② 유엔 헌장 준수와 자유우방과의 유대강화, ③ 부패구악의 일소, ④ 민생고의 시급한 해결, ⑤ 대공(對共)실력배양, ⑥ 조속한 민정이양 등 여섯 가지였다.

에는 최고회의와 혁명내각을 조직함으로써 군사정부를 출범시켰다. 6월 6일
에는 잠정적으로 헌법의 효력을 가지도록 한「국가재건비상조치법」을 최고회
의에서 제정·공포하였다. 이 법은 국가재건최고회의를 입법·사법·행정의
3권을 지휘·통제하는 국가의 최고 통치기관으로 규정하였다. 윤보선대통령
은 1962년 3월 22에 사임하고 국가재건최고회의 의장이었던 박정희가 대통령
권한대행을 맡게 되었다.

이리하여 군부세력에 의한 국정주도의 역사가 열리게 되었다. 5·16쿠데
타 이후 박정희 일파의 군부세력과 그 동조세력은 군사정부 2년 반을 포함한
18년간의 집권기간을 통해 군사통치·합헌형식을 빌린 군부지배·개발독재의
시대를 이끌어가게 되었다.

군사정부는 반공, 경제재건, 행정능률, 정치안정을 강조하였으며,「정치
활동정화법」을 제정하여 이른바 구정치인의 정치활동을 금지하고 국가재건국
민운동을 전개하였다. 그리고 조국근대화를 모토로 내걸고 새로운 경제개발
5개년계획을 발표하였다.

군사통치하에서 우리나라의 행정체제는 여러 가지 개편의 대상이 되었다.
행정기구를 빈번히 개편하였으며, 그 과정을 통해 정부주도적 경제성장(공업
화)의 집권적 관리를 위한 정부조직의 기반을 조성하였다. 인사행정, 기획, 심
사분석 등의 분야에 새로운 절차와 기법을 도입하였고, 전 정부적인 행정개혁
업무를 집중적으로 관리할 기구를 만들기도 했다.[b]

군사정권의 행정개혁은 '비상한' 조건하에서 진행되었으며, 흔히 긴급하
고 강압적인 방법으로 추진되었다. 행정기구 등 각종 제도의 개편에서는 행정
의 적극화와 개입확대를 강조하였다. 특히 개발행정(발전행정)을 위해 개입이
필요하다고 판단되는 때에는 기구와 인원을 늘리는 데 주저하지 않았다. 행정
개혁의 전반적인 추세는 분권화보다는 집권화의 논리에, 그리고 민주화보다
는 능률화·표준화의 논리에 치우쳐 있었다. 군사쿠데타 주도자들이 지향했

....

b) 1961년 7월 당시의 총무처(뒤에 내각사무처로 개편)에 행정관리국을 설치하여 조직관리의
   개혁사업을 맡도록 하였다. 그 후 행정관리연구위원회도 설치하였다. 최동규, 성장시대의
   정부(한국경제신문사, 1991), 15~32쪽.

던 행정개혁의 목표상태를 명료하게 체계화했던 것으로는 보이지 않는다. 그러나 그들이 한 일의 결과를 보면 거대정부화·행정국가화를 지지하고 개발독재형의 발전행정체제를 구축하기 시작한 것을 알 수 있다.

2. 중앙행정기구의 개편

군사쿠데타를 일으킨 사람들은 단기간에 무엇인가 획기적인 변화를 보여줄 필요에 쫓기고 있었다. 따라서 행정기구를 개편하고 기구와 인원을 팽창시켰다. 3년도 채 되지 않은 군정기간에「정부조직법」만도 11차례나 개정하였다. 1961년 말까지 '부정·부패공무원의 숙정'과 감원 등으로 많은 공무원들이 퇴직하였음에도 불구하고 1961년부터 1963년까지 공무원 총수는 매년 약 17,000명 정도가 늘어나고 있었다.

여러 차례의「정부조직법」개정 가운데서 1961년 10월 2일의 개정이 가장 광범한 변화를 규정한 것이었다. 이때의 개편을 '10·2개편'이라 불렀는데, 이를 준비하는 과정에서 기존의 행정구조에 내포된 결함으로 인지하였던 것은 다음과 같다.[9]

첫째, 행정기구 전반에 걸친 종합기획과 그 결과를 검토·조정하는 기능이 결여되어 있다. 둘째, 대체로 보아 행정기구들이 직능(職能)에 따라 합리적으로 편성되어 있지 않다. 셋째, 기관의 설치목적이 거의 달성되었거나 업무량이 감소되어 독립기관으로 존속시킬 필요가 없게 된 것들이 많다. 넷째, 사무의 성질상 동질적인 것이 여러 기관에서 분산 또는 중복관리되고 있다. 다섯째, 중앙과 지방의 권한배분에서 중앙집권화가 과도하게 되어 있다. 여섯째, 일반지방행정기관(서울특별시·도)과 특별행정기관 사이의 기능중복이나 기능분배의 잘못이 많다.

위와 같은 결함을 제거하기 위해 '10·2개편'에서는 다음과 같은 '희망적인' 개편기준을 채택하였다.

첫째, 현대적인 국가기구의 조직원칙과 우리나라 실정을 감안하여 행정의 민주화와 능률향상을 기한다. 둘째, 기획과 집행의 양 기능을 분리하여 정책과 기획의 원활한 순환을 도모한다. 셋째, 존속의 필요성이 낮은 기능을 직능에 따라 폐합한다. 넷째, 행정의 분산관리로 인하여 발생했던 중복과 비능률성을 지양하고 동질적인 사무를 통합한다. 다섯째, 중앙에 집중되었던 권한을 대폭 이양함으로써 지방행정기관의 강화를 도모한다. 여섯째, 국토개발사업을 강력히 추진할 수 있는 체계를 마련한다. 일곱째, 사업관청들로 하여금 기업관리체제를 갖추게 한다.

'10·2개편'에 따른 행정기구는 내각수반(內閣首班)에 소속하는 2원 12부 1처 5청 2위원회로 구성되었다. '10·2개편' 이후에도 몇 차례 「정부조직법」의 개정이 있었다. 군정기간중의 여러 차례에 걸친 정부조직개편에서 역점을 두었던 것은 경제개발관리기구의 신설 또는 강화였다. 경제기획원의 신설은 특기할 만한 것이었다. 이 밖에 경제성장관리에 기여할 기구로 노동청·농촌진흥청·철도청을 신설하였으며, 국토건설청으로 격하되었던 건설부의 지위를 복원시켰다.

1963년 12월 14일에 있은 「정부조직법」의 전문개정은 민정이양의 과정에서 제3공화국의 행정구조를 만드는 작업이었다. 헌법개정으로 대통령중심제의 정부형태가 채택됨에 따라 행정구조를 개편한 것이다.

3. 관리작용의 개혁

군사정부는 「국가공무원법」을 전면개정(1963. 4. 17)하고 「직위분류법」(1963. 11. 1)과 「공무원훈련법」(1963. 5. 3) 등을 제정하여 인사행정제도의 획기적인 개혁을 추진하였다. 인사행정분야에서 추진한 개혁의 요점을 보면 다음과 같다.

첫째, 직위의 분류에 직위분류제를 전면적으로 도입할 것을 결정하였다. 이러한 결정에 따라 직무조사 등 분류작업을 진행하기도 하였으나 그 결실을 보지는 못하였다. 그러나 이때부터 직위분류제적 요소의 도입은 확대되기 시작하였다.

둘째, 공개경쟁채용시험을 확대하고 자격시험이던 공무원 선발시험을 채용시험으로 바꾸었다.c) 조건부임용제도와 시보임용제도를 도입하였으며, 승

c) 자격시험제도는 공무원이 될 수 있는 자격을 인증하는 시험이며 합격의 유효기간은 한정

진시험에서도 경쟁성을 확보하도록 하였다.

셋째, 공무원의 교육훈련을 의무화하고 대대적인 훈련을 실시하였으며, 근무성적평정제도를 도입하였다. 제안제도와 보건관리제도를 창설하고, 상훈제도를 정비하였다.

넷째, 보수의 결정에서 직무급을 우선적인 기준으로 삼도록 하는 원칙을 채택하였다. 그리고 공무원연금제도를 채택하였다.

다섯째, 공무원의 기강확립을 위한 복무규범을 강화하였다. 그리고 인사상의 불이익처분에 대한 소청심사제도를 수립하였다.

여섯째, 인사통계보고제를 채택하고 인사감사를 실시하였다.

군사정부는 경제기획원이 예산기능을 총괄하도록 해서 예산과 기획의 연계가 강화되도록 하였다. 「예산회계법」을 제정하여 예산의 배정과 자금공급체제를 일원화하였으며, 계속비와 예산의 이체(移替)에 관한 규정을 신설하였다. 그리고 「기업예산회계법」과 「정부투자기관예산회계법」도 제정하여 예산제도를 전반적으로 재정비하였다.[10]

그 밖의 관리기능분야에서도 새로운 시도가 많이 이루어졌다. 행정관리연구위원회를 내각사무처에 설치하여 행정관리개선의 연구에 임하게 하였으며, 행정관리국도 제도개선연구와 계획수립에 주력하도록 하였다. 이러한 개혁추진조직체를 중심으로 여러 가지 개혁을 추진하였는데, 그 중요한 예로는 기획조정제도의 수립, 인력감사제도와 정원관리제도의 도입, 서식 간소화, 사무의 표준화, 보고문서의 통제, 문서보관제도의 개선, 민원구비서류의 감축, 행정감사제도의 정비 등을 들 수 있다.

4. 지방자치의 정지

군사정부는 중앙행정기관을 개편하고 업무의 지방이양을 촉구하면서 지

─────────────

되지 않는다. 자격시험에 합격한 사람은 제도적으로 연령정년에 도달할 때까지 공무원이 될 수 있는 자격을 보유한다. 반면 채용시험은 특정시기·특정직급의 결원보충을 위한 선발시험이다. 채용시험합격의 유효기간은 한정된다.

방행정체제를 강화하는 일련의 조치를 취하였다. 그러나 지방자치적 요소는 거의 전면적으로 철폐하였다. 지방자치단체라는 법인격은 인정하면서도 지방자치단체장의 선임을 임명제로 고치고 지방의회의 권한은 상급감독관청에서 대행하게 하였다.[d]

5. 반부패활동

　　군사쿠데타 주동자들이 내건 이른바 '혁명공약'에는 부패구악(腐敗舊惡)의 일소라는 항목이 들어 있었다. 군사통치의 특성상 강압적이고 때로는 초법률적(超法律的)인 조치들이 부패척결이라는 명목으로 취해졌다. 부정축재, 부정선거, 국사·군사독직 등을 처벌할 소급법을 만들고 위반사범들을 혁명검찰부와 혁명재판소에서 단죄하였다. 군사정권 초기에는 특히 많은 공직자를 부패·무능·무사안일이라 하여 도태시키는 숙정조치들을 강력히 시행하였다.

　　국민도의 향상 등을 내세운 국가재건국민운동은 공직의 윤리성 제고에도 연관된 것이었다. 정부의 인사행정제도를 대폭 개편하여 미국식 제도에 접근시키고 실적주의적 인사행정의 기반을 다지기도 했다. 경제·사회분야에서도 적폐를 시정하려는 개혁조치들이 잇따랐다. '혁명주도세력' 이외의 인구에 대해서는 방만이나 혼란을 용납하지 않으려는 경직된 분위기를 조성했다.[11]

　　그러나 '군사혁명'이라고 하는 것의 정당성을 과시하기 위해 취한 개혁과 규제조치들 가운데 장기적이고 지속적인 효과를 거둘 수 있는 것은 그리 많지 않았다. 그리고 군사정부는 개혁의 도의적 정당성을 주장할 수 없는 약점을 원천적으로 지녔으며, 주도세력 스스로가 저지른 부패행위는 반부패활동의 의미를 잃게 하였다. 이른바 '혁명주도세력'은 권력유지자금을 흑막이나 무리한

---

[d] 군사혁명위원회는 1961년 5월 16일 오후 8시를 기해 전국의 모든 지방의회를 해산하였다. 같은 해 6월 6일에는 「국가재건최고회의령」 제42호에 의하여 모든 지방자치단체장의 선임을 임명제로 바꾸었다. 9월 1일에는 「지방자치에 관한 임시조치법」을 제정하여 지방자치단체의 종류를 도와 서울특별시 그리고 시·군으로 규정하고, 단체장의 임명제, 지방의회의 해체 등을 규정함으로써 지방자치단체들을 사실상 국가의 일선행정기관으로 만들었다. 이 법률은 군정기간중 여러 차례 개정되었으나 자치적 요소의 회복을 위한 개정은 없었다.

방법을 통해 조달하고 권력자들은 각종 이권에 개입하였다. 권위주의적이고 억압적인 이른바 반부패 조치들의 후유증도 컸다. 군정기간의 후반으로 갈수록 '혁명주도세력'도 어쩔 수 없이 구태의연한 정치에 휘말려 들게 되었다.

Ⅳ. 제3공화국의 행정개혁

1. 제3공화국의 출범

1961년에 '5·16쿠데타'로 군사정권을 수립했던 사람들은 군정 제3차연도부터는 민정이양(民政移讓)을 위한 준비작업을 하였다. 민정이양은 이른바 혁명공약으로 선언한 시나리오였다.

대통령중심제의 권력구조를 규정한 헌법개정안은 1962년 11월 5일에 공고되고 같은 해 12월 17일 국민투표에 회부되었다. 국민투표로 확정된 헌법개정은 12월 26일에 공포되었다. 헌법개정을 마친 군사정부는 곧 이어 선거제도의 정비에 착수하여 「정당법」, 「국회의원선거법」 등을 제정하고 쿠데타 후에 금지했던 정치활동을 1963년 1월 1일부터 허용하였다.

1963년 10월 15일에 실시된 대통령 선거에서는 민주공화당의 박정희후보가 당선되었다. 1963년 12월 17일 대통령이 취임하고 제6대 국회가 개원함으로써 제3공화국이 출범하였다. 군사쿠데타의 주역이었던 박정희의 대통령 당선은 이후의 정치사에 심대한 영향을 미치게 되었다. 제3공화국은 군사쿠데타 세력과 그 동조세력이 주도하였으며 그들의 영향력은 박정희의 장기집권을 뒷받침하였다.

제3공화국에서 우리 행정체제는 팽창일로를 걷게 되었다. 행정국가화가 가속되었으며 발전행정체제가 구축되었다. 그것은 훗날 개발독제의 도구가 되었다. 이 시대의 행정개혁은 발전행정적·집권적·정보통제적 특성을 지닌 것이었다. '정보통제적'이었다고 하는 것은 중앙정보부를 비롯한 정보통제조직들을 확대하고 그 위상을 높여 정치와 행정뿐만 아니라 국민생활까지도 감시하는 상황을 빚었기 때문이다.

2. 중앙행정기구의 개편

대통령중심제의 정부형태를 채택한 제3공화국이 출범할 당시의 중앙행정구조는 1963년 12월 14일에 개정된 「정부조직법」이 규정하는 것이었다. 이에 따라 중앙행정구조는 대통령과 국무총리, 경제기획원장관을 겸하는 부총리, 국무회의, 그리고 2원 13부 3처 6청 7외국(外局)으로 구성되었다.

유신정변(維新政變)으로 제3공화국이 막을 내릴 때까지 여러 차례 기구개편이 있었다. 1964년 8월에는 군사정부에서 출범시킨 재건국민운동의 민간주도화조치 때문에 국민운동본부가 폐지되었다. 그 뒤의 몇 차례 기구개편으로 국세청, 수산청, 산림청, 과학기술처, 국토통일원, 관세청, 병무청, 무임소장관 등이 신설되고, 원자력원은 원자력청으로, 공보부는 문화공보부로 개편되었다. 신설·보강된 행정기구 가운데 상당수는 경제성장관리부문 확대의 일환으로 이루어졌다.

3. 관리작용의 개혁

인사행정분야에서는 실적체제의 확립과 발전행정을 수행하는 공무원의 육성을 위해 노력하였다. 1964년 4월 17일에 전면개정된 「국가공무원법」에서 현대적인 실적임용제도의 기초를 닦아 놓은 이후 이를 보완하고 뒷받침하는 절차와 방법들을 계속하여 정비하였다. 임용권의 한계와 위임에 관한 규정의 개선, 모집대상제한기준의 개선, 공개경쟁채용시험합격자의 임용추천에서 특별추천제의 도입, 시보기간 조정, 특별채용의 요건강화, 승진순위결정요소의 비율조정, 경력평정제도의 개선, 전보제한제도의 신설, 파견근무제도의 정비 등은 임용부문에서 일어난 주요개혁의 항목들이다.[12]

군사정부에서 공무원에 대한 교육훈련사업을 크게 확장시킨 뒤 제3공화국에 들어와서도 교육훈련사업을 꾸준히 확대·강화하였다. 수당제도를 정비하고 확충하였으며, 1966년부터는 공무원의 봉급을 매년 30% 정도씩 인상하는 계획을 추진하였고 연금지급액을 다소 늘리는 등 공무원들의 보수와 편익을 향상시키는 데도 힘을 기울였다. 징계제도와 직권면직제도의 운영에서 공정성을 높일 수 있도록 절차와 방법을 개선하고 직위해제절차를 신설하기도 하였다. 그 밖의 관리기능부문에서도 여러 가지 개혁 노력이 있었다. 예산편성에서 부분적으로나마 성과주의예산 편성이 시도된 것은 특기할 만한 일이다.

행정사무의 기계화·자동화를 촉진하고 각종 서식의 간소화, 사무의 표준화, 보고통제의 정비, 행정감사제도의 정비, 권한의 하부위임 촉진 등의 분야에서도 진척을 보였다.

대국민관계에서는 민원행정의 개혁을 강조하기 시작하였다. 민원행정의 문제성은 제1공화국 이래 간헐적인 꽘심대상이었으나, 제3공화국에 이르러 비로소 민원행정이 하나의 독자적이고 우선순위가 높은 개혁대상영역으로 확인되었다. 그 후 오늘날에 이르기까지 민원행정은 행정개혁의 중요영역으로 되어 왔다. 제3공화국에서의 민원행정개혁은 주로 행정규제의 완화, 절차와 구비서류의 간소화, 민원처리권한의 위임, 불필요한 민원사무의 폐지 등에 치중된 것이었다.

4. 지방자치의 계속적인 정지

제3공화국에서 본격적인 지방자치는 끝내 부활되지 않았다. 군사정부에서 「지방자치에 관한 임시조치법」으로 각종 선거제도를 정지시킨 이래 「지방자치법」은 부분적으로만 유효한 채 제3공화국에서도 그대로 유지되었다. 지방행정에 대한 개편과 보강이 자주 있었으나 그때그때 별도의 법령으로 그러한 변동을 규정하였다. 「지방자치법」의 근본적인 개폐는 없었다. 지방자치의 정지상태는 제5공화국에까지 이어졌으며, 제6공화국에 지방자치부활의 과제가 넘겨졌다.

5. 행정개혁조사위원회의 활동

1964년 6월 1일 대통령령으로 행정개혁조사위원회를 설치하였다. 대통령 직속기관으로 설치된 이 위원회는 광범한 행정개혁사업의 입안을 주관하도록 되어 있었지만, 실제로는 행정개혁을 주도하지 못한 기구였다는 평가를 받고 있다.

당초 2년 반 정도의 시한부로 설치된 행정개혁조사위원회는 모든 국가행정기관, 지방자치단체 및 정부관리기업체의 기구개편과 업무운영개선에 관하여 조사·연구하고 개선방안을 대통령에게 건의하는 역할을 맡았다. 행정개혁조사위원회는 위원장과 13명의 차관급 위원으로 구성되었다. 그 내부조직은 7개의 전문부회(專門部會)로 구성되었으며, 각 부회마다 전문위원과 조사원을 두었다.

이 위원회의 설치의도는 포괄적이고 강력한 행정개혁사업을 추진하는 데 기여하게 하려는 것이었다. 정부는 지난날 행정의 부분적 개선이 시행착오를 범하는 경우가 많았으며 건국 후 행정체제 전반의 근본적인 개혁이 이루어지지 않았다고 보았다. 근본적인 개혁을 시도하려면 저항이 크기 때문에 매우 강력한 추진력의 뒷받침이 필요하다고 판단해서 개혁의 추진주체인 행정개혁조사위원회를 만든다고 하였다.

행정개혁조사위원회가 발족하면서 채택했던 사업목표는 i) 정부기구를 종합적으로 정비하여 국정을 효율적으로 구현할 수 있도록 행정체제를 쇄신하고 국민부담을 경감하는 것, ii) 정부관리기업체의 관리체계를 확립함으로써 생산성과 공익성을 높이는 것, iii) 예산 및 회계제도를 현대화하여 국가의 제반목표를 효율적으로 달성하는 데 기여하게 하는 것, iv) 각종 민원사무의 필요성 유무를 재검토하여 그 처리를 신속·간소화하고 국민의 편리를 도모하는 것, v) 사무관리에서 비능률적·비경제적인 모든 요소를 제거하고 행정을 원활히 수행하게 하는 것, vi) 국가의 경제적·사회적 발전에 기여할 수 있도록 현행 인사제도를 개선하는 것, 그리고 vii) 부문별 행정제도를 개선함으로써 국가행정의 종합적이고 균형적인 발전을 기하는 것이었다.[13]

위와 같은 의욕이 어느 정도나 성취되었느냐 하는 데 대해서는 회의적인 평가를 할 수밖에 없다. 그러나 위원회의 공식적인 목표설정에서 행정개혁에 관한 제3공화국의 문제인지만은 읽을 수 있다. 행정개혁조사위원회의 법적 지위는 높았으며 행정수반의 관심대상이었으므로 처음에는 활발한 움직임을 보였다. 그러나 시간이 흐름에 따라 그 추진력은 현저히 감소되어 갔다. 1966년에는 시한부의 존속기간이 연장되었으며 그 후 잇단 조치로 이 기구는 없

어지지 않고 명맥을 유지하였다. 이 기구는 국무총리소속으로 옮겨지고 행정
개혁위원회로 변신하여 존속하다가 1981년에 폐지되었다. 총무처의 행정조사
연구실이 행정개혁에 관한 연구개발의 기능을 일부 승계하였다.

6. 반부패활동

제3공화국 정부가 추진한 발전행정과 경제성장은 정치·행정적 부패의
온상이었다. 관료와 정치인들도 개발이익의 음성적 배분에 참여하게 된 것이
다. 국가체제는 부패를 경제개발의 윤활유로 여겨 용인하거나 비호했던 것이
아니었나 의심스러운 형편이었다.

제3공화국에서도 고비마다 공직자의 숙정이라는 것이 습관처럼 되어 있
었다. 관기(官紀) 확립이라는 임무를 맡은 위원회들을 만든 것, 감사원을 확대
설치하고 행정개혁조사위원회를 구성한 것, 공무원교육훈련을 크게 확충한
것, 공무원처우개선에 역점을 둔 것 등은 직접 또는 간접으로 반부패사업에
연관된 조치들이다. 그리고 대통령이 연두교서 등에서 공무원부정 등 사회악
의 제거를 강도 높게 천명한 것도 반부패활동의 하나라고 보아야 한다.

그러나 반부패의지의 천명은 어느 정권에서나 흔히 있었던 일이기 때문
에 그 효과는 잠시뿐이었으며 공무원들은 만성적인 면역성을 기른 듯하였다.
주기적으로 시행된 일제숙정은 부패공직자의 공평한 응징효과도 교육적 효과
도 별로 거두지 못했다. 다른 반부패시책들도 개발연대의 부패가 제도화되어
가는 길을 막지는 못했다.

V. 제4공화국(유신체제)의 행정개혁

1. 유신체제의 등장

10년 가까이 계속된 제3공화국의 통치는 상대적인 정치안정 속에서 급
속한 경제성장을 이룩했다는 긍정적 평가를 받기도 했다. 그러나 정치적 안정

은 한 사람의 장기집권, 그리고 반대세력에 대한 탄압에 의존하는 것이었기 때문에 그 기반은 취약했다.

정권에 대한 민심이반과 반대세력의 도전이 거세지자 집권세력은 그에 대항하기 위해 유신정변을 일으켰다. 유신체제(維新體制)는 장기집권을 더욱 연장하려는 제3공화국에서의 정변으로 만들어진 억압적 정체(政體)이다.e)

박정희 정권은 1972년 10월 17일에 일부 헌법조항의 효력정지, 국회해산, 비상국무회의의 국회기능 대행 등의 조치를 취하고 유신헌법의 제정을 선언하였다. 이것이 바로 '10월유신'의 선포였다. 정부는 비상계엄을 선포한 가운데 1972년 11월 헌법개정안(유신헌법)을 국민투표에 부쳐 확정하였다. 「유신헌법」의 규정에 따라 통일주체국민회의에서 단독출마한 박정희를 대통령으로 선출하였다.

정부의 홍보문서에서는 10월유신을 "민족의 생존과 번영을 기약하기 위한 구국의 조치이며, 민족활로를 스스로 개척하기 위한 자위적·자조적 노력이고, 우리의 실정에 알맞는 제도와 체제를 갖춘 한국적 민주주의를 정립·발전시킬 수 있는 정치제도의 개혁"이라고 규정하였다.14)

10월유신의 기본이념은 우리 민족의 생존과 번영, 그리고 평화통일을 기약하기 위한 민족주체성의 확립과 발전이라고 하였다. 이러한 유신이념을 뒷받침하고 또한 그것을 구현하는 데 필요한 유신정신은 i) 자주정신(스스로 주인이 되고 주체가 되는 정신), ii) 자조정신(스스로의 힘으로 스스로를 돕는 정신), iii) 자립정신(남에게 의존하지 않고 스스로의 힘으로 살아나가겠다는 정신), iv) 자위정신(스스로의 힘으로 스스로를 보호하고 지키는 정신), v) 자결정신(스스로가 스스로의 문제를 결정하는 정신) 등 5자정신(五自精神)이라고 하였다.

10월유신의 기본목표로는 i) 자주적인 민족활로를 개척하여 안정과 번영을 기약할 수 있는 국력배양을 가속화하고 국력의 조직화를 이룩한다, ii) 민

---

e) 유신체제는 거의 쿠데타적 과정을 거쳐 탄생하였고 헌정질서의 중단과 헌법내용의 현저한 변화가 있었으므로 유신연대를 우리는 제4공화국이라 부르고 있다. 그러나 대통령을 포함한 통치주도세력에 변함이 없었고 유신체제가 과거부터 헌법이 수호해 온 자유민주주의의 기본이념을 적어도 공식적으로는 부인하는 것이 아니었으므로 유신정권을 제4공화국이라 부를 수 없다는 의견도 있다.

족주체세력을 형성하여 조국의 자주적 평화통일을 성취한다, iii) 한국적 민주주의를 정립·발전시킨다, iv) 국토와 자원의 종합적 개발과 자조적 지역사회 개발로 조국근대화와 복지균점사회를 이룩한다, v) 우리 사회의 모든 부조리·비능률·비생산성·무질서를 척결하는 사회혁명을 이룩한다는 등 다섯 가지를 열거하였다.

정부는 유신체제를 선포하면서 여러 곳에서 '한국적 민주주의'를 정립·발전시킨다는 말을 했지만 그것이 '우리 실정에 맞는 국적 있는 민주주의'라는 설명밖에 하지 않았다. 실제로 하고 싶었던 말은 권위주의적·집권주의적 통치구조의 형성, 통치자의 의중에 부합하는 능률의 우선. 민주적 참여의 제한, 통치영도자에 대한 순종 등이었겠지만 이를 표방하지는 못했다.

실제로 모습을 드러낸 유신체제의 단적인 특성은 정치권력의 극단적인 집권화였다. 대통령은 사실상 자신의 선출과정까지 조종할 수 있는 힘을 발휘하였다. 국회의원 3분의 1을 임명하다시피 하였고 여당의 의원후보선정을 최종적으로 결정하였으므로 국회의원 3분의 2 가량은 그의 뜻대로 선임하는 셈이었다. 대통령은 대법원장과 모든 법관을 임명하였고 정기적으로 재임명 여부를 결정하는 권한을 가지고 있었다. 입법부와 사법부는 대통령에 예속되는 지위로 떨어졌다. 대통령은 또 국가비상대권을 장악하여 국민의 기본권 제한 등의 긴급조치를 취할 수 있었다. 실제로 긴급조치권은 빈번히 발동되었다. 권력구조의 양상이 이러하니 유신체제하의 각종 선거는 의례적이고 형식적인 모양으로 전락해갔다.

유신체제가 출범하면서 행정체제에는 또 다시 여러 가지 수술이 가해졌다. 「정부조직법」이 전문개정되고 「국가공무원법」 등 일련의 법령이 개정되었다.

유신시대에는 민주적 정당성이 없는 정권의 유지를 위해 민심수습차원의 충격적인 변화들을 야기할 필요가 있었다. 그러한 변화시도의 대표적인 예가 서정쇄신운동이었다. 전체적으로 볼 때 유신시대의 행정개혁은 총화의 정치 그리고 집권적·권위주의적 행정이라는 테두리 안에서 국정능률의 향상을 지향하는 것이었다. 유신시대의 행정개혁관은 원래 상위의 가치인 민주성과 그 하위의, 수단적 가치인 능률을 대등시하고 능률의 요청에 따라 민주적 과정을 희생시킬 수도 있다고 보았다.

2. 중앙행정기구의 개편

  권한이 대폭 강화된 대통령을 정점으로 하고 국무총리와 자문기관으로 바뀐 국무회의가 유신행정체제의 두상관리구조(頭上管理構造)를 형성하였다. 그 아래 중앙행정기구의 골격은 1973년 1월 15일 전문개정된 「정부조직법」에서 규정하였다.[f]

  이 개정법률에서는 시한부조직이었던 행정개혁조사위원회를 국무총리소속으로 옮기고 존속시한을 없앤 행정개혁위원회로 개편할 것을 규정하였다. 이러한 법규정에 따라 대통령령으로 행정개혁위원회의 직제를 정하면서 인원을 감축하고 내부조직을 '관청화'하였다. 인원감축에서 대폭감축의 대상이 되었던 것은 민간인 전문위원과 조사원이었다. 관청화되었다는 것은 연구담당부서인 전문부회들을 조사연구실로 바꾸고 별정직에 대한 일반직의 비율을 높이고 민간참여자에 대한 공무원의 비율을 높이는 등의 조치가 있었다는 뜻이다.

  1980년까지 존속한 유신시대의 행정개혁위원회가 행정절차개선 등에 관한 연구와 제안을 계속했지만, 행정개혁의 추진주체였다거나 전 정부적인 행정개혁사업에 뚜렷한 영향을 미쳤다거나 한 것은 아니었다. 체면치레를 위한 유명무실의 조직이었다고 평가하는 사람들조차 있다.

  1973년의 「정부조직법」 개정에서는 국무총리를 보좌할 행정조정실을 설치하고 상공부에 공업진흥청과 공업단지관리청을 신설하였다. 중앙행정기관인 위원회, 실·국, 차관보의 설치, 그리고 지방행정기관의 설치는 대통령령에 위임함으로써 대통령의 권한을 강화하였다. 유신체제가 막을 내릴 때까지 행정기구의 부분적 개편이 여러 차례 있었다. 1975년에는 항만청을 신설하고, 그 다음 해에는 특허청을, 1978년에는 동력자원부를, 1979년에는 환경청을 신설하였다. 유신시대에는 고도성장에 따른 행정수요의 증가, 논공행상을 위

f) 1973년 1월 15일에 전문개정·공포된 「정부조직법」은 중앙행정기구를 대통령, 국무총리, 국무회의, 그리고 2원 13부 4처 13청 5외국(外局)으로 규정하였다.

한 계급인플레의 필요, 행정부의 강화된 조직권 등이 어우러져 각 부처의 하부조직을 크게 팽창시켜 놓았다.

3. 관리작용의 개혁

1973년에는 「직위분류법」을 폐지하고 「국가공무원법」 등 관계법령을 개정하였다. 그리하여 직위분류제를 점진적으로 도입한다는 원칙을 확인하고 신규채용과정에서 유명무실화되었던 조건부임용제도와 기한부임용제도를 폐지하였다. 추천제도는 현실에 맞게 바꾸었다. 공무원의 교육훈련은 지속적으로 강조하였으며, 직무교육뿐만 아니라 '새마을운동' '유신이념' 등에 대한 정신교육을 강화하였다. 공무원의 보수인상에도 상당한 주의를 기울였으며, 제안제도운영을 활성화하였다. 서정쇄신운동을 전개하면서부터는 반부패사업을 크게 강화하였다.

유신 이후 행정관리개선의 주요 목표로 내세운 것은 유신체제의 공고화를 위한 봉사행정체제의 구축, 새로운 행정수요를 뒷받침할 수 있는 행정체제의 정비, 행정의 과학적 관리를 통한 능률의 제고, 부정부패의 제거 등이었다. 행정장비의 운용을 개선하고 사무자동화 및 전산화계획에도 박차를 가하게 되었다. 문서관리·보고관리의 개선, 사무의 표준화, 새로운 행정수요에 적합한 기구 및 정원의 관리, 권한의 하부위임 등은 유신기간에 줄곧 표방되던 행정관리개선 항목들이었다.

유신체제하에서는 민원행정의 개선을 매우 중요한 정책과제로 다루었다. 정부는 국무총리령 제125호(1975. 3. 28)에 의하여 국무총리소속하에 대민관계 행정법령정비위원회를 3개월간의 시한부로 설치하고 법령정비작업을 하게 하였다. 그 뒤 대민관계 법령의 정비를 지속적으로 추진하였으며 민원행정의 여러 국면에 대한 개선작업을 계속하였다.

4. 서정쇄신운동과 반부패활동

'서정쇄신운동'(庶政刷新運動)은 이른바 유신체제의 정당화를 위한 정치적 노력의 일환으로 1975년부터 추진하였다. 이 운동이 정부관료제의 여건변화와 역할기대변화에 대응하여야 한다는 필요, 그리고 누증된 행정적 폐단의 시정을 요구하는 압력을 반영한 것이라는 점을 전혀 부인할 수는 없다. 그러나 유신체제정당화를 위한 정치적 동기를 가장 크게 보지 않을 수 없다.

서정쇄신운동은 그 대상범위가 매우 넓고 대통령으로부터 발상되어 하향적으로 추진된 운동이었다. 이 운동은 국가적·국책적 사업으로 선언되었으며, 한때는 대통령의 지지와 독려에 힘입어 여러 분야에 상당한 충격을 주었으나 날이 갈수록 그 열기가 식어 가는 가운데 1979년까지 그 명맥을 유지하였다. 서정쇄신은 이른바 '부조리척결'이라고 하는 반부패운동으로 시작되었으며, 그 역점은 시종 반부패사업에 있었다. 그러나 이 운동의 포괄범위가 넓어지면서 모든 개혁을 서정쇄신에 결부시키는 상황이 빚어졌다.

(1) 서정쇄신운동의 의미   정부는 서정쇄신을 "공무원사회의 모든 부조리를 일소하여 능률적이고 명랑한 봉사행정을 폄으로써 국민의 신뢰를 회복하여 국정능률을 극대화하고 동시에 이를 사회전반에 걸친 부조리와 비능률을 제거하는 사회정화운동과 새로운 가치관에 바탕을 둔 건전한 국민정신을 진작시키는 정신개혁운동으로 승화시켜 부강한 나라를 만드는 민족중흥의 과업"이라고 정의하였다. 서정쇄신은 궁극적으로 국력배양을 통해 민족중흥을 도모하려는 운동이었으며, 공무원사회정화, 일반사회정화, 정신혁명이라는 3대 행동과제를 추진하는 것이었다.[15]

서정쇄신이라는 일대 개혁운동이 필요한 이유로 정부가 제시한 것은 여섯 가지이다. 여섯 가지 필요란 i) 공무원의 기강확립, ii) 국정의 능률화, iii) 국가안보, iv) 건전한 국민정신의 진작, v) 부조리 없는 깨끗하고 명랑한 사회의 건설, 그리고 vi) 민족중흥과 부강한 국가의 건설을 말한다.

정부는 서정쇄신운동을 3단계의 과정을 거쳐 추진하기로 하였다. 추진과정의 3단계는 i) 관료사회의 비위·부정척결, ii) 사회정화, 그리고 iii) 정화된 사회분위기가 국민의 의식 속에 체질화되게 하는 것이다.

(2) 추진수단   사회개혁운동으로까지 확산된 서정쇄신의 출발점과 핵심은 공직자사회의 부조리척결(부패제거)이었다. 공무원의 부패를 막기 위해 서정쇄신운동이 펼친 반부패활동은 대인적 조치, 체제개선(업무와 제도의 개선)

및 주변정화로 구분해 볼 수 있는데, 이 가운데서 소극적이고 엄벌주의적인 편향을 지닌 대인적 조치들이 가장 자극적인 것이었다. 서정쇄신에서 두드러졌던 대인적 조치는 공무원에 대한 징계 기타 불이익처분이었다. 징계제도상의 처벌을 받거나 비징계절차에 의한 강제퇴직·직위해제 등 불이익 처분을 받은 사람이 급증하였다.

징계절차를 통한 숙정이 활발해졌으며 징계양정(懲戒量定)이 엄벌주의적인 것으로 현저히 무거워지는 경향을 보였다. 징계의 대상범위를 넓히는 조치로 감독계통에 있는 사람들의 책임을 묻는 계열연대책임제를 실시하였고, 처벌받은 자와 상을 받은 자의 이름을 적어 후세에 남기는 서정쇄신상벌기록부를 만들었으며, 비위로 인하여 숙정된 자의 유관업체취업을 금지하였다. 공직자와 이해관계자가 결탁하여 저지르는 부패를 방지하기 위해 공직자의 비위를 유발한 자에 대한 처벌을 강화하는 조치(쌍벌제적용, 형사처벌과 행정제재의 병행)도 취하였다.

서정쇄신은 신상필벌을 강조했으며, 서정쇄신의 모범공무원을 포상하는 데도 주력하였다. 그리고 공무원의 정신자세를 개조하기 위한 교육을 강화하였으며, 보수와 편익의 개선을 위해 노력하였고, 선량한 공무원의 신분보장을 되풀이하여 선언하였다.

서정쇄신출범 이후 부패제거를 위한 대인적 및 대환경적 조치를 강화하는 한편, 서정쇄신의 기반을 굳히기 위해 행정개선(체제개선)에 박차를 가하였다. 행정의 능률화 및 부조리발생소지의 제거를 위한 제도개선의 중점사업은 i) 법령정비 및 부조리발생요인 제거를 위한 제도확립, ii) 행정절차 및 보고행정개선으로 행정전반의 능률향상 도모, iii) 예산의 효율적인 편성 및 운영, iv) 공직자에 대한 직무교육 강화 등이었다.

공무원들의 부패를 억제하기 위해 그들에게 주변정화를 요구하고, 이를 하나의 개선활동영역으로 부각시켰다. 정부는 서정쇄신추진지침에서 주변정화운동의 적극적인 전개에 관한 세부사항을 지시하였다. 주변정화에 관한 지시사항은 직장주변정화에 관한 것과 생활주변정화에 관한 것으로 나누어졌다.

서정쇄신운동은 그 목적에 비추어 그 성과가 만족할 만한 수준에 도달하지 못했으며 여러 가지 부작용도 빚었다. 고압적인 하향적 운동이었기 때문에 대부분의 공무원들이 피동적이었다는 것, 공무원들의 동기를 유발하는 적극적 활동들이 강조되지 않은 바는 아니지만 소극적·처벌적 조치들이 너무 큰 비중을 차지했기 때문에 부패를 음성화하고 이른바 '역부조리'(逆不條理 : 소극적·피동적 행태)가 나타나게도 하였다는 것, 숙정과 같은 처벌적 조치를 할 때 형평을 잃는 경우가 흔히 있었다는 것, 각종 지시사항(특히 처벌기준)의 적용에서 통일성이 결여되었다는 것, '권력형 부조리'로 알려진 고급계층의 비위를 시정하는 데는 무력했다는 것 등을 서정쇄신의 문제점으로 지적할 수 있다. 그리고 정권의 정치적·도의적 정당성이 도전을 받고 있었으며 통치지도세력의 청렴성을 국민이 믿지 않고 있었다는 사실은 서정쇄신운동의 성공을 어렵게 한 궁극적 원인이라 할 수 있다.

대통령이 부패제거의 결의를 대외적으로 표명하고 서정쇄신의 추진과정을 독려했다는 것, 개혁의 대상과 시정전략의 폭이 과거에 비해 포괄적이고 그 강도가 높았다는 것, 집중적인 시정행동을 비교적 지속적으로 추진했다는 것, 그리고 시정행동의 결과에 대한 평가를 특히 강조했다는 것 등이 서정쇄신을 하나의 개혁운동이라 부를 수 있게 해준 요인이라고 평가할 수 있다.

박정희는 국가의 정체(政體)를 바꿔가면서 도합 18년간 통치자로 군림하였다. 대한민국 정부 수립 이후 가장 긴 집권기간을 기록하였다. 우리 정치사에 드리운 그의 그림자는 짙고 오래 가는 것이다. 군사정부, 제3공화국과 유신체제에 까지 이어진 '박정희시대'의 공과를 따질 때 사람들은 경제발전과 개발독재라는 두 가지 국면을 거론한다. 민주화세력이 힘을 얻어가면서 박정희는 독재자이며 인권탄압자로 규정되고 비난받았다. 산업화의 공로가 언급되기도 했으나 그런 평가는 빛을 보지 못했다. 그러나 세월의 흐름에 따라 정치적 안정 속에서 일구어낸 경제발전의 공로에 대한 평가가 보다 많은 사람들의 관심을 모으는 것 같다. 어찌 되었건 박정희시대를 산업화시대로, 박정희와 합력한 세력을 산업화세력으로 많은 사람들이 이해하고 그리 부르고 있다. 오늘날 국민들이 산업화세력과 민주화세력으로 갈리고 보수진영과 진보진영으로 갈리는 데 박정희시대의 유산이 영향을 미치고 있음을 부인하기 어렵다.

VI. 제5공화국의 행정개혁

1. 제5공화국의 출범

　1979년 10월 26일 박정희대통령의 피살은 제4공화국의 막을 사실상 내리게 하였다. 이른바 '10 · 26사태' 후 최규하를 수반으로 하는 과도정부가 수개월간 지속되었다. 과도정부기간에 국민의 민주화열망은 봇물처럼 터지고 있었다. 그러나 12월 12일 육군참모총장 등 군수뇌부를 체포 · 감금한 이른바 신군부가 권력실세로 부상하고 있었다. 신군부는 민주화요구를 억압하고 '5 · 17 광주사태'(광주민주화운동)라고 하는 유혈참극을 빚기도 했다.

　신군부는 대통령자문기관이라 하여 국가보위비상대책위원회(국보위)를 설치하였으며 그 상임위원장에 신군부의 우두머리였던 전두환 육군소장이 취임하였다. 신군부는 국보위를 통해 사실상의 군정을 실시하고 있었다. 1980년 8월 명목상의 대통령으로 자리를 지키던 최규하 대통령이 사임하고 전두환이 통일주체국민회의에서 대통령으로 선출되었다.

　정부는 대통령의 7년 단임제와 간선제를 규정한 헌법개정안을 1980년 10월 22일 국민투표를 거쳐 확정하고 10월 27일 제5공화국헌법으로 공포하였다. 1981년 2월 25일 대통령선거인단의 투표에서 민정당의 전두환이 당선되고 곧이어 새로운 국회가 구성되었다. 이로써 제5공화국의 헌정체제가 발족하게 되었다. 제5공화국 정부가 표방한 국정지표는 i) 민주주의 토착화, ii) 복지사회 건설, iii) 정의사회 구현, iv) 교육혁신과 문화창달이었다. 그러나 제5공화국의 실제적 정치질서는 권위주의적이며 강압적인 것이었다. 제5공화국은 훗날 '5공청산'(五共淸算)의 대상이 된 문제들을 안고 출범하였다.

　제5공화국정권의 무리한 출범은 처음부터 강한 도전과 저항세력들을 동반하였으며, 정권의 유지는 그러한 반대세력의 철권적 억압에 의존할 수밖에 없었다. 당시의 행정개혁은 과거 어느 정권에서보다 더 많은 '정권적 한계'의 영향을 받았다.

　행정적 폐단 가운데서 결과적 · 기술적 요인들을 개선하고 유신시대에서와 같은 국정능률을 추구한 데서 성과를 거둔 면도 없지 않다. 정부규모 축소,

민원행정 개선을 추진하고 강압적 방법으로 비리척결에 나서기도 했다. 경제성장에 기여한 것을 높이 평가하는 사람들도 있었다. 그러나 민주행정·신뢰행정의 발전에는 역행하는 일이 많았다.

2. 중앙행정기구의 개편

대통령중심제의 정부형태를 채택하고 제5공화국정부가 출범했던 때를 전후로 하여 중앙행정기구는 많은 변화를 겪었다. 사회정화위원회·국정자문회의·평화통일정책자문회의 등을 신설하고 노동청을 노동부로 개편하였다. 무임소장관은 정무장관으로 개칭하고 그 소속을 대통령소속에서 국무총리소속으로 변경하였다. 또한 체육부가 신설되었다. 이른바 '10·15 행정개혁'으로 국무총리소속의 기획조정실과 행정개혁위원회 등 여러 조직단위들이 폐지되었다. 그 뒤로도 부분적인 조직개편은 계속되었다. 상당히 비상한 조치였던 '10·15 행정개혁'에 대해서는 약간 자세한 설명이 필요하다.

1981년 10월 15일에 단행한 정부조직 및 공무원정원의 조정작업을 정부에서는 '10·15 행정개혁'이라 불렀다. 이 개혁은 i) 정부간여범위를 축소하여 자율적이고 민주적인 행정을 구현한다, ii) 행정절차를 간소화함으로써 행정의 능률화를 도모한다, iii) 불요불급한 상위기구를 축소·조정함으로써 예산의 낭비적 요소를 제거하여 국민부담을 경감시킨다, vi) 대국대과제(大局大課制)의 구현으로 조직규모를 적정화함으로써 결제단계를 축소한다, 그리고 v) 공무원의 소수정예화로 행정의 전문화를 기한다는 기본방향을 설정하고 기구통폐합, 공무원정원감축 등의 조치를 단행하였다.[16]

'10·15 행정개혁'에서 기구정비의 대상으로 삼은 것은 중앙행정기관의 보조기관, 불합리한 소속기관, 특별지방행정기관, 유사·중복기능, 지방자치단체기구, 일부 두상조직(頭上組織) 등에 미치는 광범한 것이었다. 정비대상선정의 기준에 따라 정부는 행정개혁위원회와 국무총리실의 기획조정실, 국가안전보장회의 사무, 경제과학심의회의 사무국 등을 폐지하고 경제기획원의 경제협력기능을 재무부로 이관하는 것을 비롯하여 34개 중앙행정기관과 그 소속기관 및 기타 7개 기관의 조직과 인원을 정비(감축)하였다. 지방자치단체에서도 중앙행정기관의 경우에 상응하는 기구 및 공무원의 정비가 있었다.

　　중앙행정기관(2원·15부·4처·14청·1위원회)의 하부조직은 20차관보, 13실(기획관리실 제외), 201국, 193담당관(2급 및 3급), 1,100과(4급 담당관 포함)이던 것을 12차관보, 10실, 160국, 159담당관, 974과(4급 담당관 포함)로 축소조정하였다. 기구 및 직위조정의 결과 장관급 2명, 차관급 5명, 차관보 및 1급 37명, 2급 및 3급 164명, 4급 391명, 도합 599개의 직위가 감축되었다. 4급 이상 직위의 11.8%가 감축된 셈이다. 지방자치단체에서도 5급 이상 직위 114개를 감축하였다.

　　'10·15 행정개혁'은 대증적 요법이라는 테두리를 벗어나지 못하는 것이었다. 즉 관료제의 병폐로 나타난 결과적 현실에 가위질을 한 것이다. 그러한 현상을 빚게 된 여러 가지 원인의 포괄적 연관성에 주의를 기울이지는 못했다. 개혁작업의 효과를 지속시키기 위한 부수적·연관적 조치를 취하는 데도 미흡했기 때문에 개혁의 장기적인 효과는 의심스러웠다. 개혁작업의 추진과정에 나타난 상황적응성의 결여와 그로 인한 획일주의·형식주의도 문제로 지적되어야 할 것이다.

3. 관리작용의 개혁

　　제5공화국이 출범한 후 1981년에 「국가공무원법」을 비롯한 부수법령을 전반적으로 개정하여 인사제도의 개혁에 임하였다. 공무원의 종류를 보다 정확하고 세밀하게 분류했으며, 계급구조와 수평적 분화를 수정하였다. 승진과 보직관리제도를 개선하였으며. 추천요구 없이 채용시험합격자를 임용할 수 있는 길을 열어 놓았다. 직위해제의 남용을 억제하는 조치를 취했으며, 인사상담과 고충처리의 제도를 도입하였다. 복무규율을 강화하였으며, 「공직자윤리법」을 제정하여 공무원재산등록제를 채택하였다. 청렴도라는 특성을 공무원의 근무성적평정요소에 포함시켰다. 공직정화를 위해 공직자들에 대하여 광범한 숙정작업을 벌이기도 하였다.

　　제5공화국정부의 출범 이후 행정관리개선사업의 주요과제로 천명되었던 것은 i) 정부기능의 합리적 재배분과 종합적 관리체제의 구축, ii) 행정권한의 위임 및 위탁 확대, iii) 기관 간의 협조체제 강화, iv) 행정관리의 과학화 추진, v) 민원행정의 쇄신, vi) 공직윤리 및 기강의 쇄신, vii) 직업공무원제의 내실화, viii) 공무원교육의 혁신, ix) 보수와 연금제도의 개선 및 후생복지사업의 확대 등이다.17)

4. 사회정화운동과 반부패활동

제5공화국의 행정개혁사업은 '사회정화운동'(社會淨化運動)의 일환으로 이루어진 것이 많다. 특히 공직사회를 겨냥한 부패의 물리적 척결사업은 사회정화운동의 출발점이었다고 볼 수도 있다.

(1) 사회정화운동의 의미　　제5공화국의 출범과 더불어 국민정신혁명이며 조국근대화를 위한 민족운동이라는 기치하에 사회정화운동을 전개하기 시작하였다. 정부는 이 운동을 "우리 사회 각 분야에 만연되어 있는 불의·부정·부패·불신·무질서 등 각종 비리와 폐습을 제거하고 서로가 신뢰할 수 있고 규범이 준수되고 질서가 유지되며 나아가서 창의성이 존중되어 발전하는 사회를 이룩하려는 범국민적 정신혁명운동"이라고 규정하였다. 이 운동은 국민 모두의 자발적인 참여에 의해서 사회 곳곳에 만연되어 있는 갖가지 부조리와 사회악을 퇴치하고 피폐한 정신문화풍토를 쇄신함으로써 정직하고 신뢰에 바탕을 둔 인간관계를 이루며, 동시에 사회윤리가 존중됨으로써 사회적 유대를 이룩하는 가운데 개성이 존중되고 더 나아가서는 협동·단결할 수 있는 사회 분위기를 조성하는 사회개혁운동이라고 하였다.18)

사회정화운동의 이념으로 내세운 것은 정직, 질서 그리고 창조라는 가치 또는 도덕률(道德律)이었다. 정직은 믿음을 회복하여 신뢰하는 사회를 구현하기 위한 가치기준이다. 이러한 도덕률을 실현하기 위해서는 개인양심의 회복, 공정한 사회제도의 확립, 국가의 정당성 구현 등을 추구해야 한다. 질서는 모든 존재의 기본법칙이며 순리이다. 이것은 조화로운 사회의 구현에 기여하는 가치기준이다. 여기에는 위치질서(있어야 할 곳에 있는 상태)·역할질서(하여야 할 것을 하는 상태)·관계질서(맺어야 할 것을 맺는 상태) 등 세 가지 질서개념이 포함된다. 창조는 진보하는 사회의 요건이다. 여기서 창조란 이미 존재하고 있는 질서의 기반 위에서 출발하여 우리 민족의 시대사적 요구에 의해 자주적으로 성숙된 새로운 질서로 옮아가는 것을 말한다. 창조의 이념을 실현할 수 있는 추진력은 개인들의 창조적 지성과 진취적 기상이다.

이러한 이념하에서 설정한 사회정화의 4대 원칙은 도덕성의 원칙, 공익성의 원칙, 공정성의 원칙, 그리고 합리성의 원칙이다.

사회정화의 추진단계는 범국민운동을 위한 기반조성단계, 사회정화운동이 국민 각계 각층에 확산되는 성장발전단계, 그리고 정착단계로 구분하였다.

(2) 추진수단   정화운동추진의 3대 행동수단(전략)은 물리적 척결, 환경 및 제도의 개선, 그리고 교육혁신이었다. 물리적 척결이란 외면적으로 나타난 사회적 비리와 폐습·위법 등 부정적 요소의 제거를 말하며, 이를 위해서는 외적 강제력을 동원할 수 있다. 환경 및 제도개선은 비리·폐습 또는 사회윤리의 결여를 가져오는 문화풍토와 제도를 개선하는 것이다. 교육혁신운동은 공직자를 포함한 모든 국민의 정신혁명을 유도하기 위한 교화활동이다.

사회정화추진주체들은 3대 행동수단을 조합하여 여러 가지 정화활동을 펼쳤다. 사회정화운동이 포괄하는 범위는 사뭇 넓었기 때문에 이 운동이 발족된 이후의 행정개혁사업과 사회개혁사업은 모두 사회정화라는 차원에서 이해될 수도 있다. 몇 가지 특기할 만한 개혁사업의 예를 소개하려 한다.

첫째, 공직자사회를 중심으로 한 물리적 척결사업을 대대적으로 실시하고 '청탁배격운동'을 전개하였다. 부패에 대한 경종을 울리기 위한 조치로 생각되는 공직자의 숙정작업에서는 많은 고위공직자들을 축출하였다.

둘째, 정부구조의 고급계층을 주로 겨냥하여 대폭적인 기구축소를 단행하고 '성장발전저해요인개선작업', 그리고 '성장발전을 위한 제도개선작업'이라고 불리어진 행정개혁사업을 추진하였다. 이러한 개혁사업에는 부패의 소지를 제거하려는 조치들이 포함되어 있었다.

셋째, 공무원의 윤리헌장을 제정하고 모든 공무원에게 복무선서를 실시하였다.

넷째, 공직부패의 예방책으로 「공직자윤리법」을 제정하였다.

다섯째, 청렴도라는 특성을 공무원의 근무성적평정요소에 포함시켰다.

여섯째, '정화도 측정'이라는 특이한 사업을 출발시켰다. 정화도 측정은 공직의 청렴도를 포함한 사회전반의 정화도를 주기적으로 측정하여 분석하고 근본적인 개선대책을 수립하는 사업이다.

일곱째, 의식개혁을 위한 교화활동을 강화하였다. 이러한 교화활동과 기타의 개혁사업에 준거를 제공하기 위해 '의식개혁을 위한 9대 실천요강'을 만들어 공포하였다.

제5공화국에서 사회정화운동을 크게 강조하여 홍보하던 시절에는 무엇인가 잘 해보자는 일은 모두 사회정화운동에 결부시키는 듯하였다. 사회정화운동의 일환으로 추진된 행정개혁에서 당시 정권의 분위기쇄신을 노린 정치적 동기만은 분명히 전달되었으며, 어느 구석에서인가 단기적인 효과도 거두었을 것이라고 추정할 수 있다.

그러나 무리한 일, 당초부터 효과성이 의심스러웠거나 지속적인 효과를 기대할 수 없었던 일, 그리고 중도에 추진 자체를 흐지부지해 버린 일을 많이 했다. 당시의 공직자숙정은 잘못되었다 하여 제6공화국에 들어서 복직시키거나 보상을 하는 사태를 빚었다. 사회정화운동은 그 무리한 방법과 부작용, 그리고 정화를 빙자한 비리 때문에 제5공화국이 막을 내린 뒤에는 오히려 비난과 개혁의 대상이 되었다. 사회정화위원회의 폐지는 그러한 사정을 단적으로 말해 주는 사건이었다.

VII. 제6공화국 노태우정부의 행정개혁

1. 노태우정부의 출범

제5공화국은 억압과 저항의 난세였다고 할 수 있다. 비민주적 헌법과 권력체제에 대한 국민적 저항은 점점 더 거세져 갔다. 1987년 6월에 이르러 대통령은 민중항쟁에 굴복하고, 여당의 대통령후보로 나설 노태우의 입을 빌려 헌법개정 등 민주화요구를 수용하겠다는 이른바 '6·29 선언'을 내놓게 되었다. 대통령 5년 단임제·국민직선제를 규정한 헌법개정안이 1987년 10월 국민투표를 거쳐 확정되었다. 12월에는 대통령 선거가 있었다. 5공 주도세력이었던 신군부의 2인자로 지목되던 노태우가 대통령으로 당선되고 1988년 2월 25일 제6공화국 노태우정부가 출범하였다.

부분적 배제 또는 재편이 없었던 것은 아니지만 제5공화국을 이끌던 세력과 같은 울타리 안에 있던 사람들이 노태우정부의 집권세력으로 되었기 때문에 정치·행정의 급격한 변화를 가져오지는 못했다. 그러나 노태우정권은 그 출범방법과 기대역할에서 제5공화국과는 구별되는 여러 가지 면모를 지니고 있었다. 기대역할의 변화란 국민의 폭증된 민주화요구에 관련된 것이다. 노정권은 제5공화국이라는 과거의 공동운명체로서 과거를 승계하지 않을 수 없었지만, 이를 청산하고 민주화를 추진하지 않을 수 없는 갈등의 정권·과도적 정권이었다.[19]

노태우정부가 국정지표로 내세운 슬로건은 i) 민주사회 발전, ii) 국민화합, iii) 균형된 복지형평사회 발전, iv) 부강하고 풍요한 사회 발전, v) 민족통일 번영사회 발전이었다.

갈등적이고 과도적인 특성을 가졌던 노태우정부에서는 행정관리개선을 위한 정치·행정의 에너지 투입이 위축될 수밖에 없었다. 정부관료제는 재적응의 방황을 겪고 있었다. 경색되었던 정치·행정의 이완과정에서 기강해이, 우유부단, 약속파기 등이 늘어나고 있었다. 노태우정부가 하는 일은 물에 물 탄 듯하다고 해서 '물태우' '물정부'라는 말이 유행하기도 했다. 대세에 밀려 흘러간 듯한 노태우정부의 행정개혁이 짜임새 있었다고 평가하기는 어렵지만 민주화의 방향으로 나갔다는 점만은 지적할 수 있다. 지방자치의 부활은 민주화지향적 개혁의 대표적인 예이다.

2. 중앙행정기구의 개편

노정권하에서 과거청산, 새로운 행정수요팽창에 대한 대응, 민주화, 노폐기구정비 등을 이유로 한 일련의 구조조정이 있었다. 노정권출범 다음 해인 1989년에는 환경청을 환경처로 승격시켰으며 문화공보부를 문화부와 공보처로 분리개편하였다. 사회정화위원회와 국가원로자문회의는 폐지하였다. 체육부와 문교부의 일부기능을 이관조정하고, 외무부, 보사부, 노동부, 교통부의 일부기능을 강화하였다. 이러한 기능조정은 국제화·산업화·도시화 등에 대응하려는 것이었다.

국무총리 행정조정실 안에 사정(司正)업무를 담당할 제 4 조정관실을 신설하였다. 21세기위원회를 대통령자문기구로 설치하였다. 이 위원회는 장기적 국가발전목표를 세우고 그 실현방안을 탐색하여 권고하는 임무를 수행하기 위한 것이었다. 행정개혁위원회는 1988년에 설치되어 1989년 중반까지 활동하였다. 이에 관해서는 뒤에 다시 설명할 것이다.

정부 부처에 설치된 각종 위원회를 대폭 정비하였다. 398개의 위원회 가운데서 101개는 폐지하였으며, 17개는 축소조정하였다. 그리고 위원회설치에 대한 입법적 통제를 부활시켰다. 유신시대에 행정위원회의 설치를 대통령령에 위임하였으나 이를 고쳐 다시 입법사항으로 규정하였다.

1990년도에는 국토통일원의 명칭을 통일원으로 바꾸고 통일원장관의 지위를 부총리로 격상시켰다. 문교부를 교육부로, 체육부를 체육청소년부로 각각 개편하였다. 통계조사국은 통계청으로, 중앙기상대는 기상청으로 개편하였다. 건설부, 농림수산부, 내무부 등의 일부기능을 타부처에 이관하는 기능조정도 있었다. 1991년에는 내무부 치안본부를 경찰청으로 개편하고 경찰위원회를 설치하였다. 이러한 기구개편추진의 당초 명분은 경찰의 정치적 중립을 강화하기 위한 것이었지만, 개편의 실질적 성과는 본래의 취지를 살리지 못한 것이었다. 경찰위원회는 자율성이 보장된 의결기구라고 볼 수 없다.

행정개혁위원회가 정부기구축소를 권고했고, 정부가 작은 정부를 지향한다고 말은 했지만 노정권 5년간 기구와 공무원은 현저히 팽창되었다. 16만여 명의 공무원증원이 있었으며, 상위직의 증설비율은 하위직의 경우보다 높았다. 1급직위가 60여 개나 증설되었다. 노태우정권이 막을 내릴 당시 중앙행정기구는 2원 16부 6처 15청 2외국으로 구성되어 있었다.

3. 관리작용의 개혁

노태우정부가 출범하면서 행정관리개선 사업의 명칭을 '민주발전을 위한 제도개선'으로 정하고 국민편익증진, 경제활성화, 불합리한 제도의 현실화, 행정능률향상 등을 목표로 하는 개선활동을 전개하였다.

1989년부터는 행정관리개선사업의 명칭을 '공정·균형발전을 위한 제도개선'으로 바꾸고, 중점사업으로 국민편익증진·행정규제완화·사회복지확충·행정능률향상·개방사회대비를 선정하였다. 이전의 정권에서와 마찬가지로 민원행정개선에 대해서는 꾸준한 역점을 두었으며 행정사무의 위임·위탁에 주력하였다. 노정권의 경우 그 후반으로 갈수록 행정사무의 민간위탁, 지방화시대에 대비한 지방위임·지방이양에 박차를 가했다. 정부는 행정사무자동화추진 기본계획을 세워 행정전산화를 위한 투자증대를 추진하였다.

국무총리실은 정부 주요 정책평가제도를 도입하였다. 1990년에 출발시킨 이 제도는 국무총리가 각 부처에서 추진하는 주요정책의 추진상황을 종합적으로 점검·평가하기 위한 것이었다.

공무원에 대한 보수인상 등 처우개선을 위한 노력이 만족스러운 것은 아니지만 꾸준히 진행되었다. 하급공무원의 정년연장 등 인사제도·관행의 개편도 있었다. 1990년부터는 '새질서·새생활운동'의 일환으로 공직기강확립·부패척결을 위한 노력이 강화되었다.

1992년 8월에는 대통령선거를 앞두고 중립적 선거관리를 명분으로 노대통령이 여당이던 민자당(民自黨)의 총재직을 사퇴하고 이어서 민자당을 탈당하였다. 그리고 같은 해 10월에는 관권선거에 대한 시비를 막는다는 취지에서 공무원의 정치적 중립을 재삼 강조하는 복무지침을 하달하였다. 이 복무지침은 공사석(公私席)을 불문하고 특정후보를 지지하거나 혹은 반대의사를 표명하지 못한다, 불필요한 연고지출장을 삼가야 한다, 지역개발사업의 조속시공을 금지한다, 인사상 불이익을 내세워 관권협조를 강요하지 못한다는 등의 금지조항을 담고 있다.

4. 지방자치의 부활

근 30년 만에 지방자치제도를 복구하려는 계획을 본격적으로 추진하게 된 것도 노태우정부 출범과 더불어 전개된 개혁사업의 한 중요 국면이라 할 수 있다.

　노정권이 출범한 뒤 1988년 4월 6일 「지방자치법」이 전문개정되었다. 이 개정법률은 실로 오랜만에 중요한 자치적 요소를 부활시키고 지방자치단체의 역할과 권능을 강화하도록 규정하였다. 지방자치단체의 종류는 서울특별시와 직할시(후에 광역시로 개칭) 및 도, 그리고 시·군·자치구(특별시와 직할시의 구에 해당)로 정했으며, 모든 자치단체의 장과 지방의회의원의 선거제를 규정하였다. 지방자치단체의 사무범위를 광범하게 규정함으로써 자치의 폭을 넓히려 하였다. 지방자치단체의 인사권과 조직권을 강화하는 규정들도 두었다.

　지방자치제도를 부활시키는 법개정을 한 뒤에도 이를 실천에 옮기기 위한 법적·정치적 준비작업이 복잡한 정치상황과 이해관계에 얽혀 여러 우여곡절을 겪게 되었다. 1989년 12월, 4개 정당이 분립된 '여소야대'의 국회에서 「지방자치법」은 또 한 차례의 개정을 겪었다. 이때의 법개정에서는 지방의원선거와 단체장선거의 시한을 각각 1990년 6월 30일 이전과 1991년 6월 30일 이전으로 못박았었다. 그러나 이러한 시한은 지켜지지 않았다.

　지방의회의원선거는 1991년에 실시되었다. 구·시·군의회의원선거는 1991년 3월 26일에 실시되었다. 개원날짜는 4월 15일이었다. 광역자치단체인 시·도의 의회의원선거는 1991년 6월 20일에 실시되었으며, 광역의회는 7월 8일에 일제히 개원하였다. 지방자치단체장의 선거는 1995년으로 연기되었다.

5. 행정개혁위원회의 활동

　노태우정부는 출범 첫해에 1년간의 시한으로 행정개혁위원회를 설치하여 행정개혁방안을 연구하게 하였다.

　행정개혁위원회는 「행정개혁위원회규정」이라는 대통령령에 의하여 1988년 5월 13일에 설치되고 1989년 7월까지 활동하였다. 이 위원회는 민주발전과 지방자치제의 실시, 민간부문의 자율화·개방화·국제화 등 행정여건의 변화에 효율적으로 대처하기 위한 행정조직의 개편과 행정제도 및 행정행태의 개선에 관한 사항을 연구·검토하여 대통령에게 건의하는 것을 그 임무로 하는 조직이었다.[20]

  행정개혁위원회는 21인의 위원, 8인의 전문위원, 21인의 조사연구관, 그리고 27인의 실무보조요원으로 구성되었다. 위원 가운데는 행정부 공무원이 아닌 사람들이 많았다. 이 위원회는 총괄·일반행정·경제과학·사회문화 등 4개 분과위원회를 구성하여 활동했는데, 기본적 기능은 정부와 민간부문의 역할재정립에 관한 사항, 국가기능과 지방기능의 재배분에 관한 사항, 부처조직 및 부처하부조직의 개편에 관한 사항, 그리고 관련행정제도의 개선에 관한 사항으로 규정되었다. 위원회에서 필요하다고 인정하는 행정개선에 관한 사항을 위원회의 기능으로 추가할 수 있는 융통성을 부여하기도 하였다.

  행정개혁위원회가 개혁안입안작업에서 기본방향으로 표방했던 명제들은 민주화추진, 인권보장, 민간의 자율성과 창의성 신장, 국제화·개방화시대 대비, 지방화시대 대응, 지속적 경제성장, 복지형평의 구현, 그리고 행정체제의 효율성 증진이다. 이러한 기본방향 아래서 40여 개 과제에 대한 개선방안을 제시하였다.

  행정개혁위원회의 문제인지와 개혁방안 제시의 영역은 상당히 광범하고, 어떤 의미에서 분산적이었다. 그러나 중요한 개혁처방영역들은 중앙정부의 기구개편과 그에 연관된 공무원제도개선, 중앙정부와 지방정부의 관계개편, 지방정부제도의 개편, 민원행정제도의 개선 등 네 가지 범주로 묶어 분류할 수 있을 것 같다.

  개혁처방들 가운데서 관련자들 사이에 논란도 많았고 또 그만큼 세인의 관심을 끌었던 것은 중앙정부의 기구를 개편하는 처방인 것으로 보인다. 행정개혁위원회는 42개 기관으로 구성된 중앙정부기구를 39개 기관으로 축소조정하고 하부조직들을 대폭 개편하도록 권고하였기 때문이다.

  개편안의 주요 내용을 보면 동력자원부와 상공부를 산업통상부로 통폐합하고, 문화공보부와 체육부를 문화체육부로 통폐합하도록 제안하였다. 산림청과 해운항만청은 폐지하고 통계청과 경찰청을 신설하도록 하였다. 환경청은 환경처로, 기상대는 기상청으로 승격시키도록 하였다. 국가안전기획부와 경제기획원의 기능은 축소조정하도록 하였으며, 통일원의 기능은 확장하고 장관을 부총리급으로 격상시키도록 하였다. 이러한 제안들은 김영삼정부에까지 걸쳐서 대체로 받아들여졌다.

행정개혁위원회는 지방자치에 대비하여 중앙의 행정기능을 지방정부에 대폭 이양하도록 권고하였으며, 3계층으로 되어 있는 지방행정계층구조를 2계층으로 개편하는 방안도 제시하였다. 지방행정계층구조변경에 관한 제안은 채택되지 않았다. 몇 가지 정부투자기관의 민영화도 촉구하였다. 인허가제도에 의한 정부규제를 축소하는 등 민원행정개선 방안도 제시하였다.

정부당국자나 위원회관계자들이 행정개혁위원회를 출범시키면서 이 위원회의 순수민간성을 여기저기서 강조한 것은 다소 특이한 일이다. 법적 지위, 공무원들의 참여방식, 지원체제의 구성 등으로 보아 관청적인 기구인 데도 불구하고 민간기구임을 강조한 까닭은 각계각층이 광범하게 참여하는 민주적 운동체임을 과시해 보려 한 때문인 것 같다.

6. 새 질서 · 새 생활운동과 반부패활동

1990년에 접어들면서 여당은 두 개의 야당을 흡수 · 통합한 '3당통합'이라는 커다란 정치적 국면전환을 일으킨 후 내각을 대폭 개편하고, 여기저기서 세인의 이목을 집중시킬 변화를 도모하려 하였다. 출범 후 2년여 동안 '과거' (정권의 출신배경)에 발목잡히고 온갖 문제와 혼란에 시달렸던 노정권은 3당통합을 계기로 반전의 기회를 잡아야 한다는 압력을 받았을 것이다.

그에 대한 하나의 대응이 '새 질서 · 새 생활운동'이었다. 이 운동은 1990년 대통령이 제창하여 추진한 사회개혁운동이다. 공직자사회의 부패억제를 위한 사업은 이 운동의 핵심내용 중의 하나이다.[21] 새 질서 · 새 생활운동의 출범은 두 차례의 전주(前奏)를 거쳐 이루어졌다. 첫 번째 전주는 '공직자 새 정신운동'이었으며,[g] 두 번째의 전주는 '범죄 · 폭력소탕 전쟁선포'였다. 대통

---

g) 1990년 4월에 추진하기 시작한 '공직자 새 정신운동'은 새로운 정치 · 사회여건에 맞는 공직사회의 변화유도, 국민으로부터 신뢰 받는 공직기풍진작, 공직자의 자발적 노력에 의한 각종 비리 및 불합리한 행정요소의 개선, 직업공무원제 확립, 공직자의 의식개혁을 통한 전환기의 각종 사회병리현상의 치유와 국민의식수준 향상의 선도 등을 목표로 삼은 것이었다. 이 운동의 자발성을 강조하고 부처별 자율추진을 요구하였으나 이를 지원하기 위한 최소한의 추진체제를 갖추기 위해 '국무회의 소위원회,' '새정신운동실천협의회,' 각 부 · 처 · 청의 '자율실천반'을 설치하도록 했다.

령은 범죄와의 전쟁을 선포하는 특별선언에서 범죄의 두려움이 없는 사회, 질서 있는 사회, 일하는 사회의 구현을 강조하였다. 이러한 특별선언의 취지에 따라 정부는 '새 질서·새 생활운동'을 기획하였다.

(1) 새 질서·새 생활운동의 의미   정부는 새 질서·새 생활운동을 "범죄의 두려움이 없는 사회, 질서 있는 사회, 일하는 사회, 그리고 서로 믿는 건강한 사회의 기풍을 진작하는 운동"이라고 규정하였다. 이 운동에서 말하는 새 질서란 불법·무질서·범죄로부터 위협받지 않는 안전하고 질서 있는 사회의 확립을 의미하고, 새 생활이란 우리 사회에 팽배한 사회병리현상으로부터 탈피하여 건전한 도덕이 확립된 사회생활을 의미한다고 하였다. 새 질서운동은 사회공동체의 존재양식과 규율을 바로 세워 불법·무질서를 극복하자는 뜻이고, 새 생활운동은 개인의 도덕적 행위를 강조하고, 개인의 도덕성회복을 통해 불로소득·호화사치·퇴폐향락을 극복하자는 뜻이라고 하였다. 새 질서·새 생활운동은 궁극적으로 올바른 한국인상을 정립하고 민주·번영·통일의 시대적 소명을 완수해 나가는 데 목표를 둔다고 하였다.

새 질서·새 생활운동이 민간주도의 국민운동으로 발전되기를 기대했지만, 당초에 정부주도의 운동으로 출발했고 끝내 그 수준에 머물렀다.

정부는 새 질서·새 생활운동의 추진과정을 세 가지 단계로 구분하였다. 이것은 물론 계획 상의 단계구분으로서 그대로 실천되었느냐 하는 것은 별개의 문제이다. 세 가지의 추진단계란 초기 6개월의 치유단계, 그 뒤의 전환단계, 그리고 국민운동정착단계를 말한다.

(2) 부패억제시책   새 질서·새 생활운동의 일환으로 공직기강의 확립을 누누이 강조하였으며, 이른바 공직부조리제거시책들을 추진하였다. 그러한 시책의 내용을 보면 다음과 같다.

첫째, 취약시기의 공직기강을 특별관리한다. 이를 위해 각급기관에서는 자체 감찰활동을 강화하고 신상필벌을 엄중히 시행한다. 취약시기란 선거기·설날·하계휴가·추석·연말연시 등을 말한다.

둘째, 공직의식고취를 위한 특별교육·직장교육·부서별 대화교육 등 교육을 강화한다.

셋째, 구조적·관행적 부조리를 척결하고 그 발생요인을 제거한다. 이를 위해 각급기관에서는 국무총리실에서 만든 부조리유발요인제거 추진지침에 따라 자체 제도개선전담반 및 관계자회의를 거쳐 중점개선대상을 선정하고 지속적인 시정노력을 경주한다.

넷째, 부조리의 가능성이 높은 업무에 대해서는 일상감사제를 실시하고, 같은 유형의 공직자비리가 빈발하는 기관의 장에 대해서는 연대책임을 추궁한다.

다섯째, 대검찰청 비리특수부(非理特搜部)와 대민특감반(對民特監班)의 활동을 강화한다. 국무총리실에서는 정부합동특감반을 운영하고, 필요한 경우에는 기관별·분야별 자체 기동전담반을 편성·운영한다.

여섯째, 모범적인 공무원을 적극적으로 발굴하여 현장에서의 격려를 확대하고 특별포상을 실시한다.

이 밖에도 공직자들이 새 질서·새 생활운동에 앞장 설 것을 요구하는 많은 행동수칙들이 만들어졌는데, 그러한 수칙들은 대개 부패억제에 직접·간접으로 연관된 것들이었다. 특히 공명정대한 대민업무수행, 공·사의 엄격한 구별, 공중도덕 및 질서지키기, 근무시간 중 사적 업무로 인한 이석금지, 고급유흥업소 출입금지 등에 관한 지침은 반부패운동에 직결된 것이다.

새 질서·새 생활운동의 일환으로 강화된 부패억제시책에는 과거에 보던 바와 같은 대대적인 일제숙정은 포함되어 있지 않다. 다른 경우에 비해 교화적인 활동이 늘어난 것도 한 특징이라 할 수 있다.

VIII. 제6공화국 김영삼정부의 행정개혁

1. 김영삼정부의 출범

1992년 12월 18일의 대통령선거에서 민주자유당(후에 신한국당)의 김영삼 후보가 당선되었다. 김영삼대통령은 1993년 2월 25일 취임사에서 자신이 이끌 정부를 '문민정부'(文民政府)라고 명명하였다. 그때부터 김영삼정부는 문민정부라 통칭되었다. 김영삼대통령을 당선시킨 세력 가운데는 과거의 군사독재에 연계된 수구적 세력도 포함되어 있었다. 그러나 그 자신이 이른바 '군출신'이 아니고 민주화투쟁의 경력을 갖고 있다는 점 그리고 오랫동안 그를 추종했던 일부 민주화세력이 정권의 주요 기반이 될 것이라는 점 등을 근거로 문민정부라고 자임했을 것이다.

김영삼대통령이 자신이 이끌 정부가 문민정부라는 것을 강조한 까닭은 군사독재의 유산을 정리하고 민주화시대를 본격적으로 열어가겠다는 의지 때문이었을 것이다. 과감한 과거청산과 재창조적 개혁에 대한 강박관념과 결의가 문민정부적 특성을 강조하게 만들었을 것이다. 김정권출범 초기에는 그러한 강박관념과 의욕이 개혁프로그램의 강도 높은 실천으로 실체화되는 것을 느낄 수 있었다. 문민정부출범 초기의 높은 국민지지도 그리고 정권수임자의 긍지와 정당성을 배경으로 추진된 개혁운동은 과거와는 구별되는 면모를 보여 주었다. 일부 충격적 조치들은 국민의 갈채를 받기도 했다.

대통령이 취임하면서 '한국병'을 치유하고 '신한국'을 창조하겠다는 선언과 함께 i) 부정부패척결, ii) 경제활성화, 그리고 iii) 국가기강확립을 3대 국정과제로 결정하였다. 신한국창조의 국정지표로 여당에서 내건 것은 i) 깨끗한 정부, ii) 튼튼한 경제, iii) 건강한 사회, 그리고 iv) 통일된 조국이다. 그 후 신한국 창조는 개혁활동의 기치가 되었다. 김정권출범 후 전개된 개혁활동은 신한국창조운동이라는 이름으로 불러도 무방할 것 같다.

그러나 시간이 흐름에 따라 개혁 열기는 식고 과거의 어두운 그림자 때문에 시달리기 시작하였다. 김영삼정부는 과거와 진정으로 단절하기 어려운 일종의 원죄(原罪)를 안고 있었기 때문이다. 경제정책 실패로 인해 임기 말에는 급기야 엄청난 국가적 금융위기를 맞고 말았다.

김영삼정부의 행정개혁은 확실히 권위주의 타파와 민주화에 지향된 것이었다. 여러 분야에서 국가사회의 정당성을 복원하려는 노력도 두드러진 것이었다. 권위주의적 과거의 청산, 강압통치의 수단이 되었던 권력기관들의 축소와 활동 제한, 행정기구 감축, 행정규제 완화와 국민편의 위주의 행정 개선, 부패추방, 정보화 촉진 등의 분야에서 상당히 가시적인 조치들을 채택하였다. 작고 강한 정부의 구현을 개혁목표로 설정했던 김영삼정부의 개혁추진자들은 신자유주의와 신공공관리의 개혁사조를 받아들이기 시작한 것으로 보인다.

정권초기의 정치적·사회적 정당성복원 노력을 먼저 살펴보고 다른 개혁 조치들을 논의하려 한다.

2. 정당성복원노력과 행정개혁

대통령이 취임초기에 제안한 '윗물맑기운동'으로부터 시작된 일련의 개혁 조치는 권위주의적 강압통치의 청산과 민주화, 정당성복원 그리고 부패추방을 지향하는 것들이었다. 윗물맑기운동은 대통령이 솔선수범한다는 취지에서 정치 자금 안 받기, 청와대생활의 근검절약, 행사간소화, 지방청와대(별장) 개방·전용(轉用), 청와대에서 사용하던 안가(安家)의 철거, 대통령의 골프 안 치기, 비권위적인 경호방식채택, 대통령의 자발적인 재산공개 등 일련의 조치를 취했다.

군사문화·권위주의를 청산하고 민주적 분위기를 조성하며 국민편의를 증진시키기 위한 상징적·실질적 조치들도 취하였다. 청와대근처와 인왕산 개방, 안가 폐지, 군시설보호구역 대폭 해제, 공항의 대통령전용귀빈실 개방, 군내부의 사조직 해체와 이른바 정치군인을 도태시킨 숙군, 권력남용의 온상이었던 국군기무사령부와 국가안전기획부의 축소재편과 정치간여 금지, 과거 소위 성역으로 불리었던 계층 또는 기관에 대한 감사와 수사확대, 문민통제기구(감사원)의 위상제고 등을 예로 들 수 있다.

4·19 의거를 혁명이라 명확히 규정하고 12·12사태라고 하는 것을 '쿠데타적 사건'이라 규정한 것도 그에 연관된 상징적 조치들이었다고 할 수 있다.[22]

일제시 상해임시정부를 이끌었던 임정요인(臨政要人)들의 유해를 국립묘지에 봉안한 것, 총독부건물과 옛 총독관저를 철거한 것, 독립유공자로 서훈된 6천여 명의 공적을 재심사한 것 등은 일제잔재를 청산하고 국가의 도덕적 정당성을 높이려는 상징적 조치들이었다고 볼 수 있다. 옛 총독부건물의 철거는 여러 반대와 논란에도 불구하고 관철하였다. 철거된 자리에는 경복궁 복원공사를 시행하였다.

경제분야에서는 경제활성화를 위해 투자·수출활성화 지원, 중소기업구조개선 지원, 규제완화, 금융자율화, 노사 간 자율임금교섭 촉진 등의 시책을 추진하면서 경제정의구현을 위한 조치들도 채택하였다. 금융실명제실시와 금융부조리통제 등이 그 대표적 예이다.

　정부부문에서는 사정한파(司正寒波)로 불린 반부패 프로그램을 가동시켰다.

3. 중앙행정기구의 개편

　정권출범 초기부터 작은 정부의 구현을 정책기조로 채택하고 일부 행정부처의 통폐합, 기구축소, 고위직감축 등을 추진하였다. 1993년 3월 문화부와 체육청소년부를 통합하여 문화체육부로 개편하였으며, 상공부와 동력자원부를 통합하여 상공자원부로 개편하였다. 이 조치로 2개부, 3실 7담당관, 12개 과와 공무원 정원 139명이 줄었다. 과거 '권부'(權府)였던 일부조직의 관리층 직급을 하향조정하기도 했다. 1994년 1월의 중앙행정기구 조정에서는 1실 3 국 11심의관 35개과의 기구와 212명의 인원을 감축하였다. 정부기관뿐만 아니라 집권여당의 조직도 대폭 개편하여 기구와 인력을 감축했으며 내핍적 정당운영을 추진하였다.

　1994년 12월에 단행한 중앙행정기구 개편은 대폭적·획기적인 것이기 때문에 여기서 특기할 만하다. 이른바 '12·3 기구개편안'의 내용을 보면 다음과 같다.

　경제기획원과 재무부를 합쳐 재정경제원으로, 건설부와 교통부를 합쳐 건설교통부로 만들면서 기구를 축소조정한다. 환경처는 기구확대 없이 그 지위를 격상시켜 환경부로 만든다. 체신부도 정보통신부로 개편하면서 기구의 기본적 틀을 유지하되 일부기능을 확대한다.

　상공자원부는 통상산업부로, 보건사회부는 보건복지부로 개편하면서 기구를 축소조정한다. 경제기획원에 소속되었던 심사분석기능을 국무총리실소속으로 옮기고 국무총리 행정조정실장이 차관회의를 주재하게 함으로써 국무총리실의 정책조정기능을 강화한다. 경제기획원에 소속되었던 공정거래위원회는 국무총리소속의 독립기관으로 확대개편한다. 이 밖에 내무부, 교육부, 문화체육부, 총무처, 과학기술처, 공보처, 조달청 등의 내부구조를 축소조정한다. 이러한 일련의 기구조정에 따라 3급부터 장관까지의 고급공무원 32명을 포함한 1천여 명의 공무원이 감축될 것으로 추정한다.

위와 같은 조직개편안을 결정하면서 정부가 기본방향으로 삼은 것은 i) 각계의 자율성·창의성 신장, ii) 통상·정보통신·사회간접자본 부문 등의 정부기능 체계화 및 효율화, iii) 국가정책에 대한 종합조정 및 평가기능 강화, iv) 환경정책과 복지관련기능 보강, 그리고 v) 불합리한 조직정비였다.

'12·3 기구개편'은 감축지향적 개혁이며 민간화영역확대를 향한 개혁이었다. 이러한 기본방향은 긍정적인 평가를 받았다. 그리고 변화된 시대적 요청에 부응하여 환경·복지기능을 강화하고 지방에 대한 중앙통제를 축소하는 등 정부기능을 조정했다는 것, 연관업무의 통합을 추진했다는 것, 기구통합·축소와 더불어 통솔범위를 넓혀가려 했다는 것, 통합조정기능을 강화하려 했다는 것, 사회간접자본 부문과 정보통신부문의 기능과 기구를 체계적으로 정돈했다는 것 등의 개혁방향 역시 '12·3 기구개편'의 자산이라고 할 수 있다.

그러나 이 기구개혁은 우려스러운 요소도 여럿 내포하고 있었다. 낡은 사고의 틀을 벗어나지 못한 접근방법, 개혁의 균형상실, 미진한 계획 등의 문제를 지적하지 않을 수 없다.

1993년 4월에는 행정쇄신위원회를 발족시키고 1994년 4월에는 국민고충처리위원회를 설치하였다. 경제활동에 대한 규제완화조치를 심의·결정하기 위해 정부 내에 위원회를 구성하기도 했다. 즉 1993년 3월 20일 경제기획원장관을 위원장으로 경제부처장관·경제단체장 등 19명으로 구성된 경제행정규제완화위원회를 발족시켰다. 교육개혁위원회, 감사원의 부정방지위원회, 상공자원부의 기업활동규제심의위원회 등도 행정개혁방안의 입안을 위해 설치된 조직들이다. 1996년에는 중소기업청, 해양수산부와 해양경찰청을 신설하였다. 공정거래위원회 위원장의 직급을 장관급으로 격상하였다. 보건복지부 산하에 식품의약품안전본부를 설치하였다.

김영삼정부가 막을 내릴 즈음의 중앙행정기구는 대통령, 국무총리, 국무회의, 2원 14부 5처 14청 1외국 2위원회로 구성되었다.

선거를 통한 지방의회의 구성은 노태우정권하에서 재개되었으며, 지방자치단체장의 선거는 김영삼정부에서 실현을 보았다.

4. 관리작용의 개혁

국민의 알 권리보장과 행정의 투명성보장을 위해「공공기관의 정보공개에 관한 법률」과「행정절차법」을 제정하였다. 이 두 가지 법률은 1998년 1월 1일부터 시행하였다. 행정규제감축을 위한 규제정비작업에 박차를 가했다. 1994년에는「행정규제 및 민원사무기본법」을 제정하여 민원행정을 개선하고 국민고충처리위원회를 설치하였다.[23]

인사행정부문에서도 여러 가지 변화를 가져왔다. 재산등록제에 추가하여 재산공개제를 도입한 것, 하급직원에 대한 근속승진제를 확대한 것, 복수직급제를 도입한 것, 공무원들에게 기업연수(企業研修)를 실시한 것, 공무원공개채용시험의 종류를 다원화하고 과목수를 줄인 것, 지방자치단체에 근무하는 국가공무원 대부분을 단계적으로 지방직화하기로 결정한 것, 전문가특별채용을 늘린 것, 여성채용목표제를 실시한 것, 공개경쟁승진시험을 부활한 것 등은 인사분야 개혁조치의 예로 들 수 있다.

여성채용목표제는 행정·외무고시 및 7급 행정·공안·외무행정직 공채 중 모집인원이 10명 이상인 채용단위를 대상으로 여성합격자의 비율이 20%에 이를 때까지 일정한 가점을 부여하는 제도이다. 이 제도의 실시와 함께 장애인 구분모집 대상직종도 확대하였다. 외부우수인력 유치를 위해 박사학위·자격증 소지자, 국제관계전문가의 채용을 확대하였다. 국제전문직위 특별관리제를 운영하고 국제관계특별고시인 외무고시 제 2 부를 신설하였다. 지방화시대에 대비하기 위해 지방고등고시제도를 도입하였다. 공무원들의 성실근무를 유도하기 위해 근무시간을 시간단위로 계산하는 제도를 도입하고, 토요일 전일근무제를 실시하기도 했다.

행정정보화사업을 촉진했다. 1996년까지의 제 2 차 행정전산망사업을 마무리하고, 2000년까지의 행정정보화촉진시행계획을 수립하였다. 개인정보보호제도를 운영하고 행정업무전산화사업을 지속적으로 추진하였다. 민원 1회 방문처리제의 확대실시 등 민원절차개선에도 주력하였다.

5. 행정쇄신위원회의 활동

김영삼정부는 출범 첫해에 대통령 자문기구인 행정쇄신위원회를 설치하여 1년의 시한으로 활동하게 하였으며, 1년의 시한이 만료되자 활동 기간을 1년간 연장하였다가 다시 3년간 연장해 1998년까지 존속시켰다.[24]

1993년 4월 20일 「행정쇄신위원회규정」(대통령령 13878호)에 따라 대통령에 소속하는 기관으로 설치된 행정쇄신위원회는 i) 행정규제완화 등 불합리한 법령과 제도의 개선, ii) 국민편의증진을 위한 행정행태와 관행의 개선, iii) 인·허가사무 등 민원행정의 쇄신, iv) 중앙과 지방 및 정부와 민간부문간의 기능과 역할의 재정립, v) 정부조직 및 행정수행체제의 합리적 개편, vi) 기타 대통령이 필요하다고 인정하여 위원회에 부의하는 사항을 연구·심의하고 대통령에게 건의하는 임무를 부여받았다.

이 위원회가 내세운 행정쇄신 기본방향은 i) 국민편의위주의 제도·관행 개선, ii) 민주적이며 효율적인 행정의 구현, 그리고 iii) 깨끗하며 작고 강한 정부의 구축이었다.

행정쇄신위원회는 학계·정부산하연구기관·민간기업·노동계·언론계·사회단체 등 각계에서 위촉한 16명의 위원으로 구성되었다. 이 위원회를 지원하도록 국무총리소속하에 행정쇄신실무위원회를 설치하였다. 실무위원회의 위원장은 국무총리행정조정실장이며, 20인의 위원은 관련행정기관의 공무원, 교수, 기업인, 공인회계사, 세무사, 사회단체임원 등으로 구성되었다. 공무원의 숫자가 9인으로 가장 많다. 실무위원회에는 3개의 분과위원회와 행정실 그리고 실무작업반을 두었다.

개혁안입안의 실질적인 작업은 실무위원회에서 사실상 마무리가 되는 형편이었다. 실무위원회의 제안을 행정쇄신위원회가 번복하는 일은 거의 없었다고 한다. 이러한 형편이 행정쇄신위원회가 권고한 개혁안의 채택률을 높인 가장 큰 이유라고 생각한다.

행정쇄신위원회와 연계하여 활동하도록 정부 각 부처와 시·도 등에는 행정쇄신추진대책반을 구성하였다. 대통령비서실의 행정수석비서관실에는 행정쇄신비서관을 지정해 두었다.

행정쇄신위원회가 다룬 행정쇄신과제의 발굴은 주로 외재적 투입에 의존하였다. 각급 행정기관·민간단체·기업·일반국민 등이 제안하는 과제를 처리하였다. 이 위원회가 접수·처리한 과제의 유형은 i) 규제완화, ii) 지방분권화, iii) 권위주의적 행정관행과 행태의 개선, iv) 예산·금융·조세·가격 등 경제적 개선사안, v) 행정조직개편에 관한 것으로 대별할 수 있다. 이러한 과제유형 중 규제완화에 관한 과제가 가장 많은 것으로 집계되었다.

이런 과제들을 어떻게 처리하느냐에 따라 개별과제와 기획연구과제를 구분하기도 하였다. 개별과제는 국민과 기관·단체들이 제안한 것이며, 제도 전체를 포괄하는 종합적인 접근보다는 제안자가 느끼는 개별적 문제점이나 불편사항에 대한 개선요구를 담고 있는 것이다. 기획연구과제는 종합적·체계적 접근을 해야 하는 과제이며, 이것은 개별과제위주의 쇄신을 보완하기 위한 것이다. 기획연구과제는 전문연구기관을 선정하여 연구를 의뢰하였다.

6. 신한국창조운동과 반부패활동

김정권 발족과 더불어 신한국창조운동이 전개되기 시작했다는 것은 앞에서 언급하였다.

(1) 신한국창조운동의 의미   여당인 민주자유당에서는 신한국창조운동의 의미와 추진방법에 대한 개념정리를 한 바 있다. 그에 따르면 "신한국은 살맛나는 자유민주사회, 일한 만큼 잘 살 수 있는 신바람나는 정의사회, 개인의 발전과 나라의 발전이 함께 이루어지는 더불어 사는 공동체, 인간이 인간다움을 유지할 수 있는 문명사회, 그리고 온 민족이 다 이와 같은 행복을 누릴 수 있는 통일된 조국"을 뜻하는 것이라고 하였다.h) 신한국은 인간다운 삶, 건강

h) 이러한 개념규정은 김대통령의 취임사에 바탕을 두고 있다. 그는 취임사에서 "신한국은 보다 자유롭고 성숙한 민주사회입니다. 더불어 풍요롭게 사는 공동체입니다. 문화의 삶, 인간의 품위가 존중되는 사회입니다. 갈라진 민족이 하나되어 평화롭게 사는 통일조국입니다. 새로운 문명의 중심에 서서 세계의 평화와 인류의 진보에 기여하는 나라입니다. 누구나 신바람나게 일할 수 있는 사회, 우리 후손들이 이 땅에 태어난 것을 자랑으로 여길

한 삶, 더불어 사는 삶, 풍요로운 문화의 삶, 그리고 세계화된 삶을 추구하는 것이라고 하였다. 앞서 본 바와 같이 신한국 창조를 위한 국정지표는 깨끗한 정부, 튼튼한 경제, 건강한 사회, 통일된 조국 등 네 가지이다.[25]

(2) **부패억제시책**   정부관료제 쪽에서 보면 신한국창조운동의 출발은 반부패운동이었다. 김정권출범과 더불어 취해진 일련의 반부패조치들은 상당히 거센 것이었다. 대통령이 체제적 부패의 제거는 사회정의 구현을 위해서뿐만 아니라 경제의 재도약을 위해서도 불가결·불가피하다는 인식을 확고하게 표명하고 반부패활동을 진두지휘하였다. 초기의 반부패전략들은 대통령이 직접 구상하고 독려한 것으로 알려졌다. 이러한 추진이 반부패운동에 가속을 붙여 준 것은 확실하다. 주요 반부패시책을 보면 다음과 같다.

첫째, 부패공직자에 대한 숙정활동을 광범하게 전개하였다. 이 숙정활동은 처음에 '윗물맑기운동'으로 시작되었다. 그리하여 전·현직 국회의장, 정당대표, 전·현직 장·차관 등 많은 정·관계인물들이 도태 또는 형사처벌되었다. 사정활동은 점차 하위공직자들에게도 파급되었다.

둘째, 행정적·사법적 통제활동의 전통적인 제약을 철폐하는 데 힘을 기울이고 이른바 '성역 없는' 사정활동을 추진하였다. 과거 외재적 통제의 손길이 미치지 못했던 통치핵심부나 권력기관 특히 군사조직들에도 실질적인 감사와 수사를 실시하였다. 문민정부의 군부통제는 괄목할 만한 것이었다. 군의 인사비리를 파헤쳐 비리를 저지른 지휘관을 처벌하고 대형무기구입사업(율곡사업)에 대해 특별감사를 실시하였다. 검찰고위직에 대한 수사와 소추도 특기할 만한 일이다.

셋째, 부패억제장치를 제도화하기 위한 일련의 조치를 채택하였는데, 그 대표적인 것이 공직자재산공개제와 금융실명제의 도입이라고 할 수 있다. 처음에는 정치적 결단에 따라 대통령이 솔선하는 가운데 입법·사법·행정부의 고위공직자들이 재산을 공개하게 되었다. 이 과정에서 여러 가지 부패·부정축재의 사례가 노출되고 제재를 받았다. 그 뒤 「공직자윤리법」을 개정하여 재산등록의무자 가운데서 고위공직자들은 재산을 일반에 공개하도록 하는 제

수 있는 나라 그것이 바로 신한국입니다"라고 말하였다.

도를 법제화하였다. 금융실명제실시는 경제정의실현에 일반적으로 기여하고, 검은 돈의 흐름을 차단하여 공직의 부패를 예방하는 데도 기여할 것이라고 기대하였다. 「공무원범죄에 관한 몰수특례법」, 「공직선거 및 부정선거방지법」, 「정치자금법」 등은 부패문화개조를 위해 제정한 것이다.

넷째, 공직뿐만 아니라 경제·사회 각 분야의 부패를 다스리는 데도 주력하였다. 대학입시부정 등 교육비리, 구조적 금융비리, 군인사비리 등에 대한 사정은 큰 파장을 일으킨 바 있다. 불법·탈법으로 재산을 모은 호화생활자·불로소득자 등에 대한 '민생사정'도 강화하여 반사회적·반윤리적 악폐를 씻어내려 하였다. 공직외부환경에 대한 사정은 뇌물수수 등 공직과의 부패연결고리를 노출·제거하는 데도 기여하였다.

다섯째, 관권선거·금권선거를 막고 깨끗한 선거를 구현하여 정치와 행정을 정화하려는 제도적 장치를 마련하였다. 그러한 제도적 장치의 기초는 「공직자선거 및 부정선거방지법」의 제정이었다.

여섯째, 공직자의 윤리성 제고를 위한 의식개혁활동을 강화하였으며, 사기를 진작하면서 동시에 부패방지에 기여할 수 있는 적극적 조치들도 강구하였다. 현저한 것은 아니지만 처우개선에 주의를 기울였다. 하급공무원에 대한 근속승진제 확대 실시, 복수직급제도입 등은 사기진작책의 일환이었다.

일곱째, 반부패활동의 중추가 될 통제조직의 지위와 기능을 정상화하고 부정방지특별기구들을 설치하였다. 무엇보다도 감사원의 실질적인 위상을 높여 감사활동의 자율성을 보장하려고 노력한 흔적이 역력하다. 검찰·경찰·국세청 등도 부패척결에 보다 적극적으로 임할 수 있는 힘이 주어졌다. 어떤 의미에서 이들의 반부패활동에 대한 비공식적 제약이 줄어들었다고 말할 수 있다. 부정방지특별기구란 대통령이 주재하는 국가기강확립보고회의, 감사원의 부정방지대책위원회, 검찰청의 부정부패사범특별수사본부 등을 말한다.

자발적인 시민단체들의 반부패활동 강화는 정부관료제 내부의 통제중추에 자극을 주고 또 이를 보완해주는 역할을 하였다. 관변단체가 아닌 실질적 시민단체의 연합체로 발족한 '정의로운 사회를 위한 시민운동협의회'(正社協)는 의식개혁·생활개혁·부패추방을 목표로 하였다.

위와 같은 반부패사업들 가운데 대부분은 정권의 후반으로 가면서 추진력을 상실하였다. 정권담당자들이 연루된 정경유착비리 사건의 폭로, 대통령 차남의 구속 등은 대통령의 반부패선언을 무색케 하였다. 그리고 대통령 자신도 과다한 대통령선거자금 사용에 관한 의혹 때문에 재임중 내내 시달려야 했다.

IX. 제 6 공화국 김대중정부의 행정개혁

1. 김대중정부의 출범

1997년 12월에 실시된 대통령선거에서 새정치국민회의(후에 새천년민주당으로 개명)의 김대중후보가 당선되었다. 김대중정부는 1998년 2월 25일에 출범하였다. 정부수립 이후 50년 만에 처음으로 여야간 평화적 정권교체를 이룩한 김대중대통령은 그가 이끌 정부를 '국민의 정부'라고 이름지었다.

김대중정부의 출범에 관련하여 언급해 두어야 할 몇 가지 사연이 있다.

첫째, 헌정사상 초유의 집권세력교체가 있었다는 사실이다. 그것은 획기적인 역사적 사건이었으며 정치적·사회적으로 큰 파장을 몰고 왔다.

둘째, 이른바 'IMF사태'라고 하는 외환위기, 경제위기의 국난 속에서 정권이 탄생했다는 사실이다.[i] 김대중 대통령당선자는 취임하기 전부터 경제위기탈출 대책을 마련하느라 동분서주해야 했다. 정권초반에는 경제위기극복 문제가 국정의 최대 현안이었다.

셋째, 김대중은 선거과정에서 두 정당의 지지를 받았다. 두 정당이란 그가 이끈 새정치국민회의와 김종필이 이끈 자유민주연합이다. 그런 까닭으로 김대중정부는 공동정부 또는 연합정부라는 요소를 지니고 출범하였다.

넷째, 정권초창기의 여야극한대립도 특기할 만한 현상이었다. 야당의 경

....

i) IMF는 국제통화기금(International Monetary Fund)의 약자이다. 외환위기 때문에 IMF의 구제금융과 감시·통제를 받았기 때문에 김영삼정부 말기에 시작된 경제위기를 'IMF사태'라 불렀다.

험이 없고 준비도 없었던 구 여당의 저항, 그리고 국회의석의 여소야대를 여대야소로 전환시키는 과정의 균열음이 시끄러웠다. 여기서 여대야소란 새정치국민회의와 자유민주연합 소속 국회의원수가 야당인 한나라당 의석수보다 많아졌다는 뜻이다. 집권후반기에는 자유민주연합이 공동정부로부터 이탈하고 야당인 한나라당의 의석이 늘어 다시 여소야대가 되었다. 이런 반전이 반복되는 가운데 여야의 대치상태가 지속되었다.

　김대중정부의 행정개혁노선은 1980년대 이래 세계화되었던 개혁원리들을 대체로 따라가는 것이었다. 당시에 세계화되었던 개혁원리란 영연방제국에서 주도한 신공공관리운동과 미국의 정부재창조운동이 세계 각국에 널리 전파한 개혁원리들을 말한다. 김대중정부가 선언하고 추진한 행정개혁의 처방적 편향은 작은 정부와 경영친화적 정부의 구현이었다. 김대중정부의 행정개혁은 작고 효율적인 정부의 구현을 지향하고 민간화를 촉진하였다. 행정서비스의 고객지향적 개혁을 추진하였다. 공공관리의 경영마인드, 개방성과 경쟁성을 높이려고 노력하였다. 성과주의적 관리체제 구축을 촉진하였다. 전자정부 구현을 촉진하였다. 반부패사업에도 역점을 두었다.

2. 개혁의 기조

　김대중정부는 출범초기에 근본적이고 광범한 국정개혁을 추진하려는 의욕을 가지고 개혁의 방향에 관한 여러 가지 선언을 하였다.[26]

1) 국정지표와 국정목표

　김대중대통령은 취임하면서 5대 국정지표와 분야별 국정목표를 발표하였다.

　5대 국정지표란 i) 국민적 화합정치(공정한 경쟁과 상호신뢰에 입각한 정치; 사회·국가의 발전에 헌신적인 사람이 존경받는 사회), ii) 민주적 경제발전(관치주의 경제탈피; 기업과 금융의 구조조정; 경제주체의 자율과 자유보장), iii) 자율적 시민사회(건강하고 생동적인 시민사회지향; 모든 국민이 고른 기회와 등권(等權)을 누리는 사회), iv) 포괄적 안보체제(남북협력에 의한 통일기반조성; 국수주의지양; 외교주체다양화), 그리고 v) 창의적 문화국가(고유문화의 창조적 재구성; 창작과 표현의 자유 최대증진; 문호개방을 통한 문화산업의 경쟁력 제고)를 말한다.

분야별 국정목표로는 정치, 경제, 사회복지와 교육, 안보·외교·통일, 문화·정보·환경 등 다섯 개 분야에 걸쳐 26개 목표를 선정하였다. 이 가운데서 정치분야의 4대 목표를 보면 i) 참여민주주의의 정착, ii) 투명한 정치운영, iii) 작고 효율적인 정부 구현, 그리고 iv) 고비용정치구조의 개선이다.

2) 국정 100대 과제

김대중정부는 발족하면서 국정 100대 과제를 선정하여 발표하였다.1998년 6월에는 이를 수정한 100대 국정과제를 발표하였다. 후자에 포함된 정부부문의 과제는 21개이다.

정부부문의 과제들은 두 가지로 범주화되어 있다. 첫째, 범주의 주제는 "고객중심의 기업형 행정으로 바꾸어 나간다"이다. 이 주제하에 i) 공직사회에도 경쟁을 도입한다, ii) 국민이 참여하는 열린 정부를 만든다, iii) 공기업과 산하단체에 경영마인드를 심는다, iv) 지방자치는 주민중심으로 한다, v) 지방재정은 지방화시대에 걸맞게 고친다, vi) 민간과 지방중심으로 행정구조를 개편한다, vii) 재정지출은 반드시 성과를 얻도록 한다, viii) 감사를 예방과 창의력신장 중심으로 개선한다 등 8개 과제를 설정하였다.

둘째, 범주의 주제는 "정부는 국민을 지켜 준다"이다. 이 주제하에 i) 사법제도는 인권보장을 최우선으로 한다, ii) 법질서정착은 부패척결로부터 한다, iii) 학교폭력과 민생침해범죄에 철저히 대처한다, iv) 도와주는 경찰, 해결해 주는 경찰상을 정립한다, v) 외교의 중심을 세일즈에 둔다, vi) 주변국과는 친근한 이웃이 되어야 한다, vii) 지방과 민간도 외교역량을 키워야 한다, viii) 재외동포를 지원한다, ix) 군(軍)의 구조를 기술·정보집약형으로 개편한다, x) 공정한 인사로 군의 사기를 높인다, xi) 한·미, 다자 간 안보체제를 강화한다, xii) 군시설물의 위치를 국민에게 편리하도록 한다, xiii) 병역의무의 부과는 누구에게나 공정하게 한다 등 13개 과제를 설정하였다.

3) 제 2 의 건국운동

'국민의 정부'는 '제 2 의 건국운동'이라는 일종의 국가개혁 내지 사회개혁 운동을 조직화하고 이끌었다. 추진기구로 제 2 의 건국 범국민추진위원회(대통령자문기관)를 만들었다.

제 2 의 건국운동을 이끌어갈 기본이념으로 채택된 것은 민주주의와 시장 경제의 균형발전이었다. 이 운동의 3대원리는 자유·정의·효율이었다. 이 운동이 추진할 6대국정개혁과제로는 i) 선진적 민주정치 : 권위주의에서 참여와 분권의 민주주의로, ii) 민주적 시장경제 : 관치경제에서 시장경제로, iii) 보편적 세계주의 : 닫힌 민족주의에서 열린 세계주의로, iv) 창조적 지식국가 : 물질 위주의 성장에서 지식중심발전으로, v) 공생적 시민사회 : 분열과 갈등에서 화합과 협력으로, 그리고 vi) 협력적 남북관계 : 남북대결주의에서 안보와 화해의 병행으로를 선정하였다.[27]

위에 적은 국정지표, 국정목표, 국정과제, 제 2 의 건국운동이 표방한 국정개혁과제 등은 국민의 정부가 추진한 개혁의 노선을 가늠할 수 있게 한다.

국민의 정부는 'IMF사태' 극복을 위한 경제대책들을 고강도로 추진하였다. 그 대표적인 예가 금융·기업의 구조조정과 부실기업퇴출 유도였다. 국가 인권위원회를 설치하고 여성부를 신설하는 등 국민의 인권보호와 여성의 권익신장을 위한 사업들을 강화하였다. 문화산업을 국가기간산업화하겠다는 의지를 천명하고 문화진흥사업도 강화하였다. 정치분야에서는 저비용정치구조의 구축을 추진하였다. 정치권력집중을 완화하려는 조치도 있었다. 정당의 대통령후보를 국민참여의 경선을 통해 선출하는 관례를 만들기도 했다. 남·북관계에서는 '햇볕정책'이라고 하는 대북포용정책을 지속적으로 추진하였다. 정부조직의 구조와 관리작용에 대해서도 여러 가지 개혁조치들을 단행하였다. 부패방지를 위한 새로운 기구와 제도들도 도입하였다.

3. 중앙행정기구의 개편

작은 정부를 지향하는 기구개편, 공기업민영화와 구조개선, 책임운영기관과 같은 새로운 양태의 조직설계 도입 등이 추진되었다.

김대중정부는 출범과 함께 대폭적인 행정기구개편을 단행하였다. 1998년 2월 28일 개정·공포된 「정부조직법」은 2원 14부 5처 14청이던 중앙행정기구를 17부 2처 16청으로 축소조정하였다. 이와 함께 부처별 직제도 개정하여 내부구조의 축소조정을 단행하였다. 이러한 기구개편으로 정무직은 14명(장관급 8명, 차관급 6명)이 감축되었으며, 국무위원은 21명에서 17명으로 감축되었다.

기구개편의 골자는 i) 대통령소속하의 기획예산위원회, 재정경제부장관 소속하의 예산청 신설, ii) 국무총리 행정조정실을 국무조정실로 개편, iii) 공보처를 공보실로 축소, iv) 부총리제를 폐지하고 재정경제원과 통일원을 각각 부로 개편, v) 법제처와 국가보훈처를 장관급에서 차관급으로 개편, vi) 외무부를 외교통상부로 개편, vii) 총무처와 내무부를 행정자치부로 통합, viii) 과학기술처를 과학기술부로 개편, ix) 보건복지부 소속의 식품의약품안전청 신설, x) 문화체육부와 통상산업부의 명칭을 문화관광부와 산업자원부로 변경, xi) 대통령소속하의 여성특별위원회와 중소기업특별위원회 설치 등이다.

'국민의 정부'가 출범한 지 3일 만에 「정부조직법」 개정법률을 공포할 수 있었던 것은 전년 12월 대통령선거가 끝난 뒤 바로 준비작업을 할 수 있었기 때문이다. 대통령당선자는 정부조직개편심의위원회를 조직하여 행정기구개편 작업을 추진하였다.

정부조직개편심의위원회의 구성과 활동은 전례에 비추어 볼 때 특이한 것이다. 이 조직은 대통령당선자의 정권인수를 돕기 위한 회의체이지만 법적 근거가 있다거나 정부소속의 기구라거나 한 것이 아니었다. 그러나 공무원들의 지원도 받았다. 이 조직은 정치적·정당적 기구라고 할 수도 있다. 참여하고 운영한 사람들은 초당적 기구라고 말하면서 여러 정파의 참여를 권유했으나 예비집권당 이외의 정파에서는 참여하지 않았다.

정부조직개편심의위원회는 1998년 1월 7일에 14인의 심의위원과 8명의 실행위원으로 구성되었다. 그리고 1월 26일에 최종적인 정부조직개편안을 발표하였다. 한 달도 채 안 되는 기간에 서둘러 개편안작성작업을 마무리했다. 당사자들은 정부내외에서 이미 만들어 놓은 개편안들을 참고하고 여론수렴과정을 거쳤다고 말하지만 졸속이라는 평가를 면하기 어려울 것이다. 이 위원회가 권고한 개편안 가운데는 입법과정에서 변질되거나 폐기된 것들도 있다.

1998년 2월 28일의 정부조직개편으로 신설된 기획예산위원회는 예산정책 결정뿐만 아니라 행정개혁에 관한 업무도 수행하게 되었다. 이 위원회의 정부개혁실이 행정개혁업무를 주관하였다. 기획예산위원회는 그 소속하에 자문기구인 행정개혁위원회를 설치하여 운영하였다. 1999년 1월 22일에는 국가안전기획부를 국가정보원으로 개편하였다.

정부는 1998년 후반에 광범한 조직진단사업을 추진하였다. 기획예산위원회가 정부조직에 대한 경영진단에 착수하여 1999년 2월 말까지 그 작업을 완료하였다. 대상기관별로 9개의 경영진단팀(외부용역)이 경영진단을 실시하게 하였다. 기획예산위원회 내에 한시적으로 경영진단조정위원회를 설치하여 경영진단을 지도·조정하고, 그 결과에 따라 정부조직개편을 포함한 행정개혁 권고안을 작성하게 하였다.

정부조직에 대한 경영진단의 목적은 i) 행정분야에 전략경영개념을 도입하고, ii) 행정업무를 고객중심으로 재설계하며, iii) 경영진단에 근거한 기능재조정을 통해 정부의 효율성을 향상시키는 것이었다.

경영진단의 공통과제는 i) 현황분석 및 평가, ii) 기능진단·분석과 바람직한 기능설계, iii) 조직설계 및 적정인력규모 산정, iv) 개방형 임용의 대상범위와 대상직위 선정, v) 효율성평가지표 개발 및 고객헌장개발, vi) 해외사례와 시사점, vii) 규제에 대한 평가와 개선방안, viii) 특별지방행정기관의 정비방안 등이다.[28]

정부조직에 대한 경영진단이 있은 후 실시된 1999년의 2차 정부조직개편에서는 기획예산처(장관급)와 국정홍보처(차관급)를 신설하였다. 1차 개편 때 폐지했던 공보처를 국정홍보처라는 이름으로 부활시킨 것이다. 2001년의 제3차 정부조직 개편에서는 재정경제부와 교육인적자원부를 부총리급으로 격상시키고 여성부를 신설하였다. 이에 따라 중앙행정기구는 18부 4처 16청으로 되었으며 국무위원의 수는 19명으로 되었다. 1차 개편에서 폐지했던 부총리제는 3차 개편에서 부활되었다.

2차와 3차의 정부조직 개편에는 1차 개편의 내용을 뒤집는 '관료적 환원'이 포함되어 있었다. 기획예산위원회를 처로 바꾼 조치라든지 부총리제를 신설한 조치는 그 전형적인 예이다.

국민의 정부는 정부위원회를 양산하였다. 행정개혁·부패방지에 직·간접으로 연관된 위원회의 예를 보면 정부혁신추진위원회, 부패방지위원회, 규제개혁위원회, 공정거래위원회, 사법개혁추진위원회, 정책기획위원회, 제2의건국 범국민추진위원회, 기획예산처의 정부개혁실과 행정개혁위원회, 중앙인사위원회 등이 있다.

4. 관리작용의 개혁

김대중정부의 관리작용 개혁은 정부간여축소와 고객지향성의 강화 그리고 정부의 생산성 제고라는 일반적 기조에 바탕을 둔 것이다.[29]

정부간여축소와 고객지향적 행정의 구현을 위한 노력의 대표적인 것은 행정규제의 대폭 축소이다. 이전의 정권들에서도 규제개혁이 있었으나 김대중정부의 규제개혁은 보다 대폭적인 것이었다.

「행정규제기본법」의 규정에 따라 설치한 규제개혁위원회가 규제개혁사업을 추진하는 데 주도적인 역할을 수행하였다. 대통령직속기관으로 설치된 이 위원회의 위원장은 국무총리이며, 위원은 관련장관·민간위원 등 20명이다. 정부의 위원회 중에서 격이 상당히 높은 것이었으며 이에 대한 대통령의 관심은 높았다.

규제개혁위원회가 우리나라 행정규제의 문제점으로 파악한 것은 i) 규제의 건수가 많고 적용범위와 내용이 포괄적이라는 것, ii) 법령에 근거가 없는 규제와 행정간섭이 과다하다는 것, iii) 규제수단이 주로 사전규제·원칙금지 방식이라는 것,[j] iv) 절차와 기준이 불투명하고 집행권자의 재량권이 크기 때

....

j) 사전규제는 피규제자를 무능하거나 잠재적인 범법자로 간주하고 미리 규제하는 것이다. 원칙금지란 금지하는 것을 원칙으로 하고 예외적으로 허용하는 방식을 말한다.

문에 부패의 소지가 많다는 것, v) 비현실적인 규제가 많아 준수가 어렵다는 것, vi) 중복규제가 많다는 것 등이다.[30]

정부의 규제개혁추진 방향은 i) 정부의 시장개입을 축소하고 민간의 경쟁을 촉진하여 경제활동의 자율성과 창의력이 최대한 발휘되도록 한다는 것, ii) 국가경쟁력강화를 위한 구조개혁차원에서 불필요한 규제는 과감히 철폐하고, 규제의 신설·강화는 최대한 억제한다는 것, iii) 환경·안전·보건 등 삶의 질에 대한 사회적 규제와 국민 전체의 공익에 관련된 규제에 대하여는 규제수단과 기준의 합리화를 도모한다는 것, 그리고 iv) 개별과제 위주의 단편적 접근보다는 근원적·핵심적 규제에 대한 체계적 접근을 통해 규제개혁의 실효성을 제고한다는 것이다. 이런 방향의 노력은 국가경쟁력강화, 민간자율과 창의성 신장, 국민생활의 질 향상, 부패추방, 제도의 국제화 등의 효과를 가져올 것으로 정부는 예상하였다.

규제개혁의 일환으로 또는 그와 더불어 중앙행정기능의 지방이양, 정부기능의 외부위탁, 그리고 공기업민영화를 촉진하였다.

행정서비스 헌장제의 도입, 민원서비스에 대한 고객만족도 평가제의 도입 등은 고객중심주의적 행정의 구현을 위한 노력의 일환이었다.

정부의 생산성향상과 대민서비스향상을 위한 전자정부화사업을 촉진하였다. 전자정부화사업의 목표는 국민과 기업에 대한 서비스를 향상시키고, 행정의 효율성·투명성을 높이는 것이었다. 「전자정부구현을 위한 행정업무 등의 전자화촉진에 관한 법률」을 제정하였다. 대통령자문 정부혁신추진위원회의 특별위원회로 전자정부특별위원회를 설치하고 이 위원회가 각 부처의 전자정부화사업을 총괄조정하게 하였다. 전자정부특별위원회는 창구민원사업(프론트 오피스), 행정내부업무 사업(백 오피스), 전자정부 기반조성 등 3개 분야의 11개 전자정부과제를 선정하여 각 부처의 정보화촉진 시행계획에 반영시켰다. 전자정부화사업의 진척에 따라 증명민원은 대폭 감축되었고 민원처리 인터넷 공개가 가능해졌다.

인사행정분야에서도 여러 가지 급진적 개혁조치들을 추진하였다.

정권초기에는 작은 정부 구현을 표방하면서 정부인력감축에 열의를 보였다. 1998년부터 2002년까지 공무원감축은 약 86,000여 명이었으며 증원은

38,000여 명이었다. 순감축효과는 약 48,000명이었다.

공무원임용의 개방화를 촉진하기 위해 3급 이상 직위 가운데서 개방형직위를 지정하고, 계약직공무원이 종사할 수 있는 업무의 범위를 확대하였다. 성과관리를 촉진하기 위해 성과급제를 확대하고, 이를 뒷받침할 목표관리적 평가방식의 도입 등으로 근무성적평정제를 개편하였다. 공직에 대한 고용평등을 실현하기 위해 여성채용목표제를 지속적으로 적용하였으며 관리직의 여성 비율을 높이기 위해 노력하였다. 정권말기에는 여성채용목표제를 양성평등채용목표제로 전환하였다. 공무원단체의 준노조화(準勞組化)에도 진전이 있었다.

정부재정부문에서는 방만했던 기금을 축소조정하였다. 예산성과금제를 도입하여 예산절약행동을 보상하였다. 총액계상예산과 총사업비 대상사업을 늘려 예산운영의 자율성을 높였다. 발생주의에 입각한 복식부기회계제도를 정부부문에 도입하기 위한 준비작업을 진행하였다. 성과주의예산제도 도입을 위한 시범사업도 실시하였다. 기업경쟁력 제고를 위한 대책의 일환으로 준조세정비방안을 수립하여 여러 가지 분담금, 기부금 등을 폐지·통제하였다.

5. 정부혁신추진위원회의 활동

김대중정부에서 행정개혁의 추진체제는 분산적이었으며 추진기구 간의 조정·협조는 부진하였다. 추진기구들의 활동을 총괄조정할 필요를 느낀 정부는 '국민의 정부 제2기'가 시작된 2000년에 대통령직속으로 대통령자문 정부혁신추진위원회를 설치하였다. 그러나 이 위원회의 화려한 공식적 위상에도 불구하고 실제로는 기대에 부응하는 역량을 발휘한 것으로 보이지 않는다.[31]

「정부혁신추진위원회규정」(대통령령)에 따라 2000년 8월에 설립된 정부혁신추진위원회의 설립목적은 "공공부문의 조직구조, 운영체제와 일하는 방식, 의식과 문화를 21세기 지식정보사회에 맞게 혁신하여 공공부문의 경쟁력과 서비스의 질, 투명성과 민주성을 획기적으로 향상시키기 위해 공공부문개혁의 추진에 관한 사항을 심의하는 것"이었다.

이 위원회는 위원장 1인을 포함한 20인 이내의 위원으로 구성하였다. 정부측 위원은 장·차관급 공직자였다. 여기에 10여 명의 민간위원이 참여하였다. 위원회안건의 사전검토와 개혁추진계획의 실무조정을 맡는 실무위원회도 있었다. 이런 회의체들이 모임을 자주 가졌던 것은 아니다. 특정한 안건이나 과제의 연구·검토를 위해 특별위원회를 둘 수 있었다. 실제로 설치되었던 특별위원회는 전자정부특별위원회였다.

정부혁신추진위원회의 기능은 i) 공공부문개혁의 비전과 목표설정, ii) 연도별 공공부문개혁의 기본방향과 기관별 추진계획의 수립, iii) 공공부문개혁 추진계획의 종합·조정, iv) 공공부문개혁추진실적의 점검 등이다.

위원회가 맡은 공공부문 개혁기능의 대상업무는 i) 공공부문의 조직구조 혁신, ii) 공공부문의 운영체제와 일하는 방식 개선, iii) 공공부문의 의식·문화 개혁, iv) 정보기술을 활용한 공공부문의 민주성·투명성·생산성 제고, 그리고 v) 공공부문의 재정 및 예산회계제도 개혁이다. 대상기관은 i) 정부, ii) 지방자치단체, 그리고 iii) 정부 및 지방자치단체의 출연·위탁·보조기관 및 공기업이다.

위원회의 심의결과는 대통령에게 보고하게 되어 있었으나 대개는 간접보고였다. 위원회 책임자들이 대통령을 직접 면담하는 일은 아주 제한되어 있었다고 한다.

6. 반부패활동

앞에서 본 바와 같이 김대중정부는 제 2 의 건국운동이라는 국민운동을 조직하고 주도하였다. 제 2 의 건국운동은 반부패운동을 포괄하는 것이었다. 그러나 이 운동의 집중력이나 파급영향은 이전 정권들이 전개한 국민운동의 경우에 비해 약한 것이었다. 그리고 부패추방이 제 2 의 건국운동의 핵심적 과제였다고 보기도 어렵다.

김대중정부가 추진했던 중요한 반부패 프로그램을 보면 다음과 같다.

첫째, 부패방지활동에 관한 법령을 제정 또는 개정하고 부패방지위원회와 같은 기구를 신설하였다. 검찰청에 공직자부정부패사범 특별수사부를 설치하기도 했다. 고위관료나 정치인이 연루된 의혹사건의 수사에는 특별검사제를 활용하기도 했다.

둘째, 공직부패의 소지를 제거하기 위한 제도·관행의 개선을 위해 노력하였다. 행정규제의 개혁은 특기할 만하다. 민간의 창의적 노력을 억압하거나 부패유발의 가능성이 있는 규제를 대폭 완화 또는 폐지하였다. 행정정보공개, 정책실명제, 민원처리 인터넷 공개 등 행정의 공개성·책임성을 강화하는 조치들을 확대하거나 새로 만들었다.

셋째, 부패행위를 적발·처벌하는 사정활동을 강화하였다. 사정의 영역을 넓혔으며 행정적·사법적 처벌의 벌칙을 강화하고 재취업 금지 등 처벌의 효과를 연장하는 조치들도 늘렸다.

넷째, 부패고발의 통로를 확대하였다. 국민감사청구제, 내부고발자의 보호와 보상, 민원사무시민평가제, 행정기관의 부패지수조사제 등을 실시하였다. 비정부조직(NGO)들의 부패감시활동 확대도 특기할 만하였다.

다섯째, 공직자들의 의식개혁과 자율규제 촉진을 위한 사업들을 시행하였다. 행정서비스에 관한 '시민헌장,' '공직자 10대 준수사항,' '공무원 청렴유지를 위한 행동강령'과 같은 행동강령을 새로 만들기도 하고 부패퇴치를 위한 교육·홍보를 강화하기도 했다.

여섯째, 부패극복을 위한 장기적 마스터 플랜을 수립하는 데도 관심을 보였다. 국무총리 소속의 국무조정실은 부패방지종합대책이라는 장기계획을 입안하였다.

김대중정부 반부패사업의 공식적 포괄범위는 비교적 넓었고 부패억제를 위한 제도 수립과 행동프로그램의 채택도 활발한 편이었다. 그러나 지지기반이 없는 과욕적인 부패억제책을 채택했다든지 유명무실한 부패방지기구와 행동 프로그램들을 남설하여 과시주의에 빠지게 했다든지 하는 문제를 지적하지 않을 수 없다. 부패 특히 정치적 부패에 대한 사정활동에서 저항에 적절히 대처하지 못한 점이나 빈번한 사면복권의 시행으로 부패에 대한 사법적 응징의 효력을 약화시킨 점도 문제였다. 검찰 등 사정기관 고위관료들의 일탈적 행동이 연이어 폭로되고, 정경유착의 대형 비리사건들에 대통령 아들이 연루된 사실이 폭로되고, 각종 의혹사건을 놓고 여·야 정당 간의 상호비방이 가열되면서 부패를 척결하려는 정책의지도 퇴색되었다.

X. 제 6 공화국 노무현정부의 행정개혁

1. 노무현정부의 출범

2003년 2월 '참여정부'를 표방한 노무현(盧武鉉)정부가 출범하였다. 노무현정부의 출현은 여러 가지로 특기할 만한 일이었다. 정권 출범을 전후하여 전례에 없었던 사건 또는 사태들이 일어났으며 정권의 성격 자체가 우리나라 정치적·사회적 대전환의 시도를 예고하는 것이었기 때문이다.

2002년의 대통령 선거에 출마한 새천년민주당의 노무현 후보는 이른바 국민경선을 통해 지명되었다. 권역별로 치러진 당원들의 투표를 통해 선출된 것이다. 후보가 된 뒤에는 국민통합21의 정몽준 후보와 협의하여 후보를 단일화했다. 두 정당의 후보들이 여론조사결과에 따라 노무현 후보로 후보단일화를 이루어낸 것이다.

선거운동·여론조성에 인터넷이 아주 중요한 역할을 하게 된 것도 새로운 현상이었다. 젊은 네티즌들이 대선 결과에 결정적인 영향을 미친 것으로 판단된다. 정당이 아닌 자원단체가 노무현 후보의 당선을 위해 맹활약을 하고 뒤에 선거법 위반문제를 야기한 것도 주목할 만한 일이었다. 대표적인 자원단체는 '노사모'(노무현을 사랑하는 모임)였다.

노무현정부가 출범한 후 1년여의 기간은 실로 다사다난한 것이었다.

대통령선거에 관련된 불법정치자금에 대한 사법적 추궁이 전례에 없이 강력하였다. 여·야를 막론하고 대선자금을 관리했던 정당인들이 다수 형사처벌을 받았다.

대통령과 뜻을 같이 한 새천년민주당의 '개혁파'들이 정계개편을 추진하였다. 새천년민주당을 해체하고 신당을 창당하여 전국정당화의 수준을 높이려는 시도였다. 신당파와 당해체 반대파의 대립이 격렬해지고 마침내 분당사태를 초래하였다. 신당파가 만들고 여당임을 자처한 열린우리당은 원내 제3당이라는 소수당이 되었다. 야당들은 국회의석의 3분의 2를 넘게 차지하게 되었다. 2008년 이명박정권이 들어선 후 18대 국회의원 총선거에 임박해서 민주당과 열린우리당은 재통합하였다.

국회에서의 여당열세로 인해 국정수행에 차질이 많다고 생각한 대통령은 자신의 진퇴를 걸고 재신임 국민투표를 실시하겠다고 선언하였다. 그러나 야당이 반대하고 재신임 국민투표가 위헌이라는 의견이 많아 실현되지는 못했다.

정계개편시도 등 일련의 사태진전은 대통령과 야권세력과의 갈등을 심화시켰으며 급기야 대통령 탄핵소추사태까지 연출하였다. 대통령이 열린 우리당을 편드는 발언을 했다는 것을 주된 빌미로 (정치적 중립의무 위반을 이유로) 야권은 국회에서 대통령 탄핵안을 가결하였다. 헌법재판소의 최종결정이 있을 때까지 대통령의 권한이 정지된 가운데 제17대 국회의원 총선거가 실시되었다.

대통령 탄핵을 반대하던 국민여론은 여당인 열린우리당에 대승을 안겨 주었다. 여당이 과반수의 의석을 차지하게 되었다. 총선에서 진보세력인 민주노동당이 10석을 얻어 약진한 것도 중요한 변화였다. 총선 후 헌법재판소는 대통령 탄핵소추를 기각하여 대통령을 복권시켰다. 대통령이 공무원의 정치적 중립의무를 위반한 것이 사실이지만 그 정도가 경미하다고 판단해 기각결정을 했다고 한다. 2004년의 국회의원 재보궐선거에서 여당은 전패하여 과반수에서 조금 모자라는 의석만을 유지하게 되었다.

노정권 출범 전후에 또 한 가지 국가적인 논쟁과 갈등을 야기했던 것은 행정수도이전계획이었다. 그것은 충청권으로 행정수도를 이전하는 계획으로서 노대통령의 선거공약이었다. '천도'를 반대하는 세력의 저항이 컸다. 행정수도이전에 관한 법률에 대해 헌법재판소는 관습헌법에 위반된다는 이유로 위헌결정을 하였다. 정부는 행정수도이전을 신행정도시(행정중심복합도시) 건설계획으로 바꾸어 추진하게 되었다.

인권변호사・재야운동가 출신 정치가인 노무현 대통령은 대통령직을 내걸고 정치적 난국을 타개하거나 또는 정책추진의 돌파구를 찾으려는 행동성향을 자주 노출하였다. 필요하다면 대통령의 권력을 이양하거나 대통령직을 사임할 수도 있다는 말을 되풀이하였다.

임기 초반 대통령에 대한 재신임 국민투표를 제안하였다. 탄핵소추를 유발하는 언동을 하였다. 책임국무총리(국정통할의 권한이 대폭 강화된 총리)의 천거권을 국회의원 선거에서 승리한 정당에 넘겨 주겠다고 말하기도 하였다. 임기 중반에는 야당과의 연립정부구성을 전제로 야당이 지명하는 국무총리에게 대통령의 권력을 이양하겠다고도 하였다. 선거제도를 개혁하여 지역구도·지역갈등을 해소하는 등 정치개혁을 한다는 전제로 대통령의 권력이양을 제안하기도 하였다.

임기 말에 가까워지던 2006년 11월 28일의 국무회의에서는 "불행한 일이지만 여당을 탈당해야 할 사태가 올지도 모른다." "임기를 마치지 않은 첫 번째 대통령이 되지 않았으면 좋겠다는 희망을 가지고 있다"고 발언하였다. 대통령이 국회에 제출한 헌법재판소장 임명동의안에 대한 표결이 야당의 반대로 거부되자 임명동의안을 철회하고 한 말이었다. 이런 발언을 놓고 사임을 시사한 것이 아니냐는 해석이 분분하였다.

2. 노무현정부의 개혁여건

노무현정부의 정권적 특성과 주변의 조건들은 행정개혁에 영향을 미치는 여건이 되었다. 이를 유리한 조건과 불리한 조건으로 나누어 살펴보려 한다.

1) 유리한 조건

참여정부 탄생에 동인을 제공한 국민의 변화갈망, 정권주도세력의 비주류적 특성과 강한 변동의욕, 개혁문제인지의 확산 등 일련의 조건들은 개혁추진을 도울 수 있는 긍정적 자산이었다.

첫째, 신주류이기를 원한 집권세력의 변혁충동은 강했다. 강한 변동욕구는 강한 개혁드라이브로 연결될 수 있었다.

둘째, 과거의 때가 덜 묻은, 정치·행정적 흠절이 적은 사람들이 개혁추진자집단을 형성했었다는 것도 참여정부의 강점이었다. 그들의 동지적인 유대감과 응집력도 이점이었다.

셋째, 격동하는 환경에 대응하지 못하는 오래된 제도, 기성질서의 한계와 누적된 폐단은 개혁추진세력에게 명분을 제공하고 힘을 실어 주었다.

넷째, 과거 정당성 없는 통치세력들이 오랜 세월에 걸쳐 소외집단·반대집단을 키웠던 것도 당초에 개혁운동의 추진력을 강화할 수 있었을 것이다. 민주화세력에 대한 다수 국민의 애정이 적지 않게 남아 있었다는 사실은 노무현정권에 힘을 주었을 것이다. 경제·사회적인 양극화에 대한 우려가 커지고, 국민이 평등과 분배의 형평성 쪽으로 정책역점이 이동하기를 바랐던 것도 힘이 되었을 것이다.

다섯째, 개혁갈망세대의 조직화와 발언권 강화도 긍정적 요인이었다. 시민사회의 지원도 개혁드라이브에 힘을 보탰다.

여섯째, 행정개혁의 세계적 급진화 추세는 참여정부의 급진적 개혁구상을 옹호하는 데 좋은 논거를 제공하였다. 개혁설계의 벤치마킹에 필요한 정보를 풍부하게 공급받을 수 있었다.

일곱째, 공직의 특권을 제한하고 서비스를 개선하기 위한 행정체제 자체의 개혁에 대해서 국민여론의 점증하는 호응이 있어 온 것은 개혁에 유리한 조건이었다. 그러한 개혁에 대해 정치권과 국민이 무관심하거나 잘 모를 때가 많았지만, 그것도 적극적 저항보다는 나은 반응이었다. 국민생활에 보다 직접적으로 영향을 미칠 정책들은 광범한 저항에 자주 봉착했던 경우와 대조된다.

2) 불리한 조건

참여정부는 지지집단이 사회의 비주류인 '소수정부'였다. 이 약점이 개혁추진력을 약화시킨 가장 기본적인 장애였다. 한때 여당이 국회 과반의석을 차지하기도 했지만 지지자보다 반대자들을 더 많이 몰고 다닌 정권이었기 때문에 소수정부라 하는 것이다. 정치적 기반, 목소리 큰 집단(vocal sector)의 구성비, 대중적 지지에서 모두 열세인 정부였다.

첫째, 지지세력 결집에 실패하고 반대세력을 키웠다. 일반적으로 기득권층을 형성했던, 오래된 주류세력은 신주류화를 기도하는 집권세력에 강하게 반발하고 업신여기는 행동을 서슴치 않았다. 집권세력은 친일세력이나 독재세력 또는 그 혜택을 받았던 인구와 반목이 심했다. 주류언론과는 거의 원한 관계에 있었다. 여론을 등에 업은 야당의 반대행동은 폭넓게 자유로웠다. 참여정부가 중산층과 서민을 위한 정부라고 표방했지만 중산층과 서민도 민생이 어렵다 하여 정권에 등을 돌렸다.

둘째, 참여정부의 참여양태는 그들만의 참여라는 말을 들었다. 반대세력은 참여정부의 편중적 참여를 끈질기게 문제 삼았고 이것은 정부의 개혁추진에 부정적인 영향을 미쳤을 것이다.

셋째, 개혁추진중추와 실행기관 참여자들의 경륜 부족, 전문성 부족을 문제 삼는 사람들이 많았다. 그러한 이미지는 부정적 요인이었다.

넷째, 개혁추진중추는 개혁의 당파적 정치에 서툴렀던 것으로 보인다. 여·야 정치 세력의 격렬한 대립은 정치·행정 이원론을 행정부에 뒤집어 씌웠고, 그것은 대중적 영합을 받았다. 이러한 여건은 세력 동원을 위한 개혁추진중추의 정치적 동작을 더욱 어렵게 했을 것이다.

다섯째, 여러 가지 정책실패는 저항과 실패의 악순환을 만들기도 했다.

여섯째, 참여정부는 거의 불가항력적인 것으로 보이는 시대적 문제 때문에 불신과 비난의 덤터기를 쓰기도 했다. 이것은 개혁추진중추에 과부하를 안겨주고 개혁에 대한 저항심리를 부추겼다.

참여정부가 직면했던 문제들 가운데는 시대변화 때문에 불가피하게 생겨나는 문제, 시대변화에 적응하지 못해 야기되는 문제, 시대사조에 역행하는 것을 요구하기 때문에 야기되는 문제, 가치붕괴나 도덕적 해이에서 비롯되는 문제들이 많았다.

부동산 투기, 집값 상승, 취약한 농촌경제, 경제성장 둔화, 노사분규, 실업증가, 사교육비 증가, 입시지옥, 재래시장의 피폐, 신용불량자의 양산, 저출산·고령화, 공해, 전통적 관료문화 등의 난제들은 해결에 시간이 걸리거나 진퇴유곡의 딜레마를 안겨주는 것들이다. 세월의 흐름과 사회구성원들의 자율조정을 기다려야 하는 문제들도 적지 않다.

일곱째, 민심의 만연된 저항심리는 큰 문제였다. 누적된 반발과 불신은 국민 속에 감정화되었다. 아무개가 또는 아무개의 정부가 하는 일이니까 불문곡직하고 반대한다는 인구, 정부정책을 실패시키려고 벼르는 인구, 정권이 바뀌면 기분 나쁜 정책들이 바뀔 터이므로 그때까지만 버티자고 작심한 인구가 늘어났다는 것은 심상치 않은 장애였다.

여덟째, 분권화·자율화의 진전에 따라 정치와 행정에서 집권주의적·계서주의적 장악력은 현저히 약화되었다. 그런데 이를 갈음해 줄 협동주의적 체제는 성숙되지 않아 혼란을 야기하고 개혁추진력을 약화시켰다.

이와 같은 불리한 조건들은 노무현정부 국정수행 전체에 대한 비판적 논점들과 연계된다. 노무현정부에 대한 비판의 흔한 예로 편가르기를 일삼아 국민통합에 역행했다는 것, 정책의 평등화 편향은 부작용을 양산했다는 것, 노사문제 관리에서 노측편향이 지나쳤다는 것, 정책추진이 독선적이었다는 것, 대북포용정책은 북측에 끌려다닌 퍼주기로 일관했다는 것, 시장경제를 왜곡시키고 서민경제를 도탄에 빠지게 했다는 것, 정부팽창을 조장했다는 것 등을 들수 있다. 이런 비판을 들었다는 사실 그 자체가 개혁의 걸림돌일 수 있었다.

　노무현정부가 추진한 행정개혁의 일반적인 성향은 그 시대에 풍미하던 세계적인 개혁사조의 영향, 신자유주의에 대한 지지의 약화, 그리고 이상주의적 급진성으로 특징지을 수 있다. 김대중정부에 이어 신공공관리적 개혁원리들의 영향도 많이 받았다. 그러나 상당한 좌파적 정책편향으로 이를 수정하였다. 참여정부는 국정전반의 개혁에서 자유와 평등의 배합을 결정할 때 평등쪽에 더 많은 비중을 두는 경향이 있었다. 이른바 제3의 길이라는 접근방법과 닮은 개혁처방들도 있었다. 참여와 파트너십, 민관협력 정책네트워크 등을 강조하는 뉴거버넌스 모형을 본뜬 계획들도 보였다. 당시에 시류를 타던 개혁원리들이 참여정부의 행정개혁구상에 두루 영향을 미쳤던 것으로 보인다.

3. 개혁의 기조

　노무현정부의 국정전반에 대한 개혁구상의 골격은 정부가 발표한 국정비전에 나타나 있다. 노무현정부가 스스로 참여정부라고 표방한 까닭은 국민의 자발적이고 능동적인 참여의 힘으로 탄생한 정부이기 때문이라고 설명하였다. 그리고 참여정부는 참여민주주의를 기본이념으로 삼을 것이라고 하였다. 참여민주주의는 국민이 정치적 의사결정과정에 자발적으로 참여함으로써 대의민주주의의 약점을 보완하는 '강한 민주주의'라고 규정하였다.

　국민의 능동적·적극적 참여를 강조한 참여정부의 국정비전은 '국정목표'와 '국정원리'에 표현되었다. 참여정부는 행정개혁의 비전과 목표도 발표하였다.[32]

1) 국정목표

참여정부는 i) 국민과 함께 하는 민주주의, ii) 더불어 사는 균형발전사회, iii) 평화와 번영의 동북아시대라는 3대 국정목표를 추구한다.

첫째, 참여정부는 '국민과 함께 하는 민주주의'를 통해 주권자인 국민이 대표선출에만 참여하는 것이 아니라 국민의 손으로 구성한 정부에 일상적으로 참여하고, 이를 통해 개혁과 발전을 주도해 가는 참여민주주의를 실천해 나갈 것이다. 이를 위해 참여정부는 정책결정과정의 투명성을 높여 일반 국민에게 더 많은 정보를 공개하고 제공하도록 할 것이다.

둘째, 참여정부는 국민들이 '더불어 사는 균형발전사회'의 건설을 목표로 한다. 균형발전사회는 구성원 모두가 상호간 관용과 배려의 정신을 토대로 사회협력관계를 구축하고, 이러한 협력관계의 비용과 혜택을 구성원들이 공평하게 나누는 사회를 의미한다. 참여정부는 사회적 갈등을 유발하고 공동체의 분열을 초래한 사회적 불균형을 시정하고 지역, 계층, 성, 세대가 더불어 잘사는 균형사회를 실현하여 국민통합을 이루어 낼 것이다.

셋째, 참여정부는 평화와 번영의 동북아시대를 여는 데 한국이 주도적 역할을 한다는 목표를 추구한다.

2) 국정원리

참여정부가 국가를 운영하는 기본원리는 i) 원칙과 신뢰, ii) 공정과 투명, iii) 대화와 타협, 그리고 iv) 분권과 자율이다. 이러한 4대 국정원리는 국가운영의 모든 분야와 모든 과정에서 관철되어야 한다.

첫째, 원칙과 신뢰는 반칙과 변절, 특권의 문화를 청산하고 원칙, 정의, 정도를 실현하고자 하는 노무현정부의 최고 국정원리이다. 원칙이 바로 서고 사회가 원칙대로 움직여야 사회적 신뢰가 형성될 수 있다.

원칙이 준수되는 사회를 만들기 위해서는 올바른 원칙을 세우고 모두가 이를 자발적으로 준수한다는 합의가 이루어져야 한다. 원칙을 준수하는 자에게 보상이 주어지고 반칙을 하는 자에게 상응하는 제재를 가하는 법치주의가 지켜질 때 사회구성원들이 서로 신뢰할 수 있는 기반을 갖게 된다.

둘째, 공정하고 투명한 사회를 건설하여 부패의 온상과 시장경제의 정상적 작동을 가로막아 온 근본적 원인을 제거할 것이다.

시장경제의 원활한 작동은 공정한 경쟁 위에서만 이루어질 수 있다. 사회 내에 공정성의 가치가 정립되려면 우선적으로 구성원들 간의 공정한 경쟁을 위한 규칙의 설정과 이를 위반하는 행위에 대한 규제와 처벌의 확립이 요청된다. 그리고 특권과 정실주의를 척결해야 한다. 진정한 의미의 공정한 경쟁이 이루어지기 위해서는 모든 사람이 경쟁에 들어갈 수 있는 최소한의 조건을 또한 만들어 주어야 한다. 공정성을 실현하기 위해서는 투명성을 확보해야 한다.

셋째, 대화와 타협을 국정원리로 삼을 것이다. 실질적 민주주의로 접어든 지금은 대결과 투쟁의 시대가 아니라 대화와 타협의 시대이다. 올바른 민주주의는 이념, 이익, 정체성이 다르다는 것을 서로 관용하고 존중하는 바탕 위에서 상대방을 대화 파트너로 받아들이고 민주적 의사결정에 동참함으로써 가능하다.

넷째, 참여정부는 분권화와 자율화를 촉진할 것이다. 분권은 민주주의의 기본이다. 그러나 분권은 자율을 전제로 하고 자율은 책임을 수반한다. 따라서 집중과 집권으로 생긴 우리나라의 각종 문제점을 해결하기 위해서는 분권화와 함께 각 단위의 책임성과 자율성을 높이는 노력을 동시에 진행해야 한다. 분권과 자율은 정치구조, 경제구조 등 모든 영역에서 추진해야 한다.

국정의 목표와 원리를 구현하기 위해 참여정부가 선정한 12대 국정과제는 i) 한반도 평화체제 구축, ii) 부패 없는 사회·봉사하는 행정, iii) 참여와 통합의 정치개혁, iv) 지방분권과 국가균형발전, v) 자유롭고 공정한 시장질서 확립, vi) 동북아 경제중심 건설, vii) 과학기술중심사회 구축, viii) 미래를 열어가는 농어촌, ix) 참여복지와 삶의 질 향상, x) 국민통합과 양성평등의 구현, xi) 교육개혁과 지식문화강국 실현, 그리고 xii) 사회통합적 노사관계 구축이다.

3) 행정개혁의 비전과 목표

2003년 7월 22일 국무회의에서 참여정부가 추진할 행정개혁의 비전과 목표를 발표하였다.

행정개혁의 비전은 '국민과 함께하는 일 잘하는 정부'이다. 이런 비전은 i) 전문성과 창의성을 갖춘 능력 있는 정부, ii) 민주성·개방성·접근성이 보장된 참여하는 정부, iii) 투명성·청렴성·책임성이 높은 신뢰받는 정부를 지향하는 참여정부의 의지를 담은 것이라고 한다.

행정개혁의 비전을 추구할 행정개혁의 목표는 다섯 가지이다.

첫째 목표는 효율적인 정부의 구현이다. 이를 위한 아젠다는 성과중심의 행정시스템 구축과 정부기능·조직의 재설계이다.

둘째 목표는 봉사하는 행정의 구현이다. 이를 위한 아젠다는 행정서비스 전달체계의 개선과 고객지향적인 민원제도 개선이다.

셋째 목표는 투명한 행정의 구현이다. 이를 위한 아젠다는 행정의 개방성 강화와 행정행위의 투명성 제고이다.

넷째 목표는 함께하는 행정의 구현이다. 이를 위한 아젠다는 시민사회와의 협치 강화와 공익활동 적극지원이다.

다섯째 목표는 깨끗한 행정의 구현이다. 이를 위한 아젠다는 공직부패에 대한 체계적 대응과 공직윤리의식 함양이다.

4. 중앙행정기구의 개편

참여정부는 임기중 여섯 차례에 걸쳐 「정부조직법」을 개정하였지만 김대중정부로부터 물려받은 중앙정부 18부체제를 바꾸지는 않았다. 임기말에 중앙정부에는 2원 4실 18부 4처 18청 10위원회가 있었다. 김대중정부에 비해 청이 하나 는 것이다. 중앙행정기구의 큰 골격이 유지되었다고 해서, 대폭적인 기구통폐합이 없었다고 해서, 중앙행정구조의 개편이 멎었다고 말하는 것은 물론 아니다. 적지 않은 기구증설, 확대가 있었다.

소방방재청과 방위사업청을 신설하고 철도청을 공사화하였다. 여성부는 여성가족부로 확대·개편하였다. 부패방지위원회는 국가청렴위원회로 개편하였다. 국민고충처리위원회는 국무총리 소속에서 대통령 소속으로 옮기고 위원장의 직급을 차관급에서 장관급으로 격상시켰다. 부처 내의 또는 부처 간의 기능조정은 되풀이되었다.

대통령 직속의 '국정운영조직'은 13개로 대폭 증가하였다. 그 밖에 대통령은 균형발전, 빈부격차 해소, 정부혁신지방분권, 교육개혁, 사법제도 개혁 등에 관한 12개의 국정과제위원회를 직접 관리하였다.[33]

노무현정부는 작은 정부의 구현을 국정의 목표나 과제로 설정하지 않았다. 따라서 정부감축 압박으로부터 비교적 자유로웠다. 대대적인 기구감축·인력감축은 없었으며 공무원 수는 점증하였다. 특히 고위직의 증설이 현저하였다.

참여정부 출범 후 2년간 장·차관급 직위가 12.3%나 증가하였다. 그 뒤에도 정부기관장들의 직급 상향조정이 이어졌다. 임기말까지 장·차관급 정무직은 30명(장관급 7, 차관급 23)의 증가를 보였다. 장관직 하나는 부총리급으로 격상되었다. 정무직의 수가 문민정부에서 101명, 국민의 정부에서 106명, 참여정부에서는 136명으로 늘었다. 정무직 증가의 이유는 소방방재청신설 등 조직신설, 기관장 직급의 현실화를 내세운 직급상향조정, 정책조정기능 강화를 내세운 대통령비서실·국무총리실 비서관 등의 직급상향조정, 그리고 복수차관제 도입이었다. 복수차관제는 한 부처에 차관을 둘씩 두는 제도이다. 차관을 두 사람 두게 된 부처는 재정경제부, 산업자원부, 행정자치부, 외교통상부 등 네 곳이었다.

국무위원 팀제 운영을 한 때 실험한 바 있는데 그것은 새로운 시도였다. 관련업무에 따라 소수 국무위원으로 팀을 구성하여 업무협의를 하도록 하였다. 팀장의 지명에서는 국무위원서열의 구애(拘礙)를 받지 않았다.

정부 내에서 분권화가 전반적으로 강조되었으며 행정기관의 내부조직에 관한 각 부처의 권한이 확대되었다. 일부 중앙행정기관에서 팀제를 도입하기 시작하였다. 팀제의 채택은 국가기관뿐만 아니라 지방자치단체와 국영기업체 등에서도 확산되었다. 팀의 구성이나 팀장의 임명에서는 계급에 따른 임용상의 제약을 완화하였다. 5급에서 2급에 이르는 직원에게 팀장의 직위를 부여할 수 있게 하였다. 팀장과 팀원의 계급이 역전되는 사례가 나오게 되었다. 팀의 자율성을 높이고 그 책임확보를 위해 성과계약제를 적용하였다. 조직의 계층수는 축소하였다. 팀제의 도입이 확산되고 부처 내 구조설계가 다양화되면서 실장·국장·과장 등의 직명 대신 본부장·단장·팀장이라는 직명을 사용하는 사례가 늘어났다.

5. 관리작용의 개혁

　　노무현정부가 표방했던 인사행정 개혁의 비전은 '공정성과 전문성에 기초한 참여형 인사시스템'의 발전이다. 이러한 비전에 지향된 인사행정 개혁의 목표는 i) 자율과 책임에 기초한 인사시스템 구축, ii) 투명하고 공정한 인사운영, iii) 전문성과 역량을 강화하는 인사제도 구축, 그리고 iv) 공무원과 함께하는 인사관리이다.[34] 개혁실천에서 특히 두드러졌던 것은 성과통제, 인사체제의 연성화, 차별철폐에 관한 조치들이었다.

　　성과주의의 심화를 위해 성과계약제, 성과목표달성평가제의 적용을 확대하고 성과급의 비중을 높였다. 장·차관 간에 직무성과협약을 맺는 사례도 있었다.

　　2006년부터 시행한 고위공무원단제도는 공무원제도의 골격에 큰 변화를 초래하는 것이었다. 고위공무원단 구성원의 인사는 전 정부적으로 융통성 있게 통합 관리하였으며 소속 공무원의 계급(1급 내지 3급)은 폐지하고 직무등급을 부여하였다.

　　고위공무원단제도의 도입과 더불어 직위분류제도를 개편하였다. 상당히 급진적인 직급확장을 단행하였다. 3급 이상 직위의 직군·직렬을 폐지하였다. 4급 직위는 서기관과 기술서기관으로 나누고 직렬은 폐지하였다. 5급 이하의 직군은 둘로 나누고 57개였던 직렬을 31개로 줄였다. 직위분류구조를 부처별로 다원화할 수 있는 길도 열어 놓았다. 3급 이상 고위공무원에 대한 중앙통제는 강화하면서 4급 이하 공무원에 대한 임용권은 각 부처에 대폭 위임하였다.

　　총액인건비제를 채택하여 기관별 정원관리와 보수관리의 융통성을 높였다. 개방직을 늘려 인사체제의 개방형화 수준을 높였다. 부처 간 고위직 인사교류를 확대하였다. 민간전문가의 채용을 원활하게 할 수 있도록 특별채용요건을 완화하였다.

　　선택복지제를 채택하였다. 복지프로그램의 일부를 수혜자인 공무원이 선택할 수 있게 한 것이다. 근무시간계획의 일부를 공무원들이 조정할 수 있게 하는 탄력근무제를 채택하였다. 주 5일 근무제를 실시하였다.

인사상의 차별철폐를 위해 양성평등채용목표제를 계속 시행하였으며 여성관리자 임용확대 5개년계획을 실시하였다. 이공계 우대조치도 채택하였다. 지방대학의 추천을 받은 사람들을 6급 인턴직원으로 채용하는 지역인재추천채용제를 도입하였다. 2007년부터 5년간 행정고시와 외무고시에 지방인재채용목표제를 실시하도록 결정하였다.

6급 이하 공무원들이 사실상 구성하고 있던 공무원 노동조합을 합법화하였다. 새로운 입법에 의해 6급 이하 공무원들의 노동조합 구성과 활동을 허용한 것이다. 그러나 공무원노조의 단체행동(파업·태업 등 쟁의행위)은 허용하지 않았다.

공무원들의 창의성을 개발하기 위한 '혁신교육과정'을 강화하였다. 정부청사별로 중앙행정기관들의 인사혁신포럼을 운영하여 혁신 우수사례의 전파를 촉진하도록 하였다.

정책결정과정에 대한 시민참여를 확대하려고 노력하였다. 정책과정의 각 단계별로 주요사항을 수시 점검함으로써 정책의 품질을 높이기 위한 정책품질관리제를 도입하였다. 주요지역현안에 대한 주민투표제를 도입하였다. 국책사업에 관한 시민배심원제를 채택하였다.

노무현정부가 표방했던 재정·세제개혁의 비전은 '성장·분배의 상승효과를 창출하는 분권형 국가재정'의 발전이다. 이러한 비전에 지향된 재정·세제개혁의 목표는 i) 재정분권 추진, ii) 세제·세정 합리화, iii) 지출 효율성 제고, iv) 재정 투명성 확보, 그리고 v) 재정 건전성 견지이다.[35]

재정관리분야에서 특기할 만한 개혁조치는 예산편성의 사전재원배분제도(총액배분 자율편성예산제도 ; 하향식 예산편성절차)·장기적인 국가재정운용계획제도·디지털예산회계시스템을 도입하고 복식부기발생주의회계 시행의 법적 근거를 만든 것이라고 할 수 있다. 사전재원배분제도는 중앙예산기관이 재원배분계획을 수립하여 분야별·부처별 지출한도를 미리 결정하고 각 부처는 정해진 한도 내에서 예산을 요구하게 하는 제도이다. 사전재원배분제도의 채택은 전략적 재원배분을 촉진하고 각 부처의 예산자율성을 확대하기 위한 것이다.

예산집행의 자율영역을 넓히고 예산절약의 유인을 강화하는 조치들도 확충하였다. 정부기관 등 공공기관의 물품구입에 관한 선택폭을 넓히기 위해 다수공급자물품계약제를 도입하였다. 이 제도는 조달청이 물품공급자들과 복수계약을 채결한 뒤 각 수요기관이 공급자들로부터 필요한 물품모형을 직접 선택할 수 있게 하는 것이다.

민원행정분야에서는 고객지향적 민원제도 개선을 목표로 복합민원, 다수인관련 민원, 반복민원 등의 처리절차를 개선하는 데 역점을 두었다. 그리고 전국적 민원연계시스템(민원통합콜센터, 온라인 국민참여 포털시스템) 구축사업을 추진하였다.

6. 지 방 화

노무현정부는 지방분권과 국가균형발전을 국정과제로 표방하였다. 참여정부의 지방화시책은 지방분권화와 국가균형발전의 요청을 결합시킨 것이었다. 참여정부가 만든 양대 개혁추진기구의 명칭에 지방분권 또는 국가균형발전이라는 표현이 들어가 있다. 이것은 참여정부의 지방화 의지를 대변한다고 볼 수 있다.

정부는 중앙행정기능의 지방이양이라는 일반적 시책을 지속시켰으며, 특별지방행정기관 통폐합, 지방자치단체에 대한 사전규제 축소, 지방전략 기획기능 강화, 주민직접참정권 확대, 지방재정 확충과 건전성 확보 등을 위해 노력하였다. 자치권이 대폭 강화된 제주특별자치도를 출범시킨 것은 특기할 만하다.

대통령 주재 시·도지사회의를 정례화하고 자치단체 간 협력체제를 강화하였다. 비록 온전한 결실을 보지는 못했지만 자치경찰제를 도입하는 계획을 추진하기도 하였다. 제주특별자치도에서만 생활안전, 지역교통, 관광지치안서비스 등을 제공하는 자치경찰제를 실시하게 되었다. 기초자치단체 의원을 명예직에서 유급직으로 바꾸고 정원을 감축하였으며 중선거구제·정당공천제·비례대표제(의원정수의 10%)를 채택하였다. 지방선거를 포함한 공직선거의 선거연령(투표권자 연령)을 만 20세에서 만 19세로 낮추었다.

지방에 행정중심복합도시를 건설하는 계획, 그리고 수도권 공공기관을 각 지역에 고루 이전하는 계획을 추진하였다.

7. 반부패활동

　　정권주도세력과 정치적·행정적 여건이 달라진 만큼 반부패활동의 성격도 달라졌다. 정권주도세력이 달라졌다고 하는 것은 군사독재연루, 정치적 부패 등의 '원죄'가 없거나 비교적 가벼운 세력이 정권을 주도하게 되었다는 뜻이다. 반부패활동이 달라졌다고 하는 것은 투명성이 높아지고 형식주의가 줄어들었다는 뜻이다.

　　참여정부 출범초 대통령선거의 불법선거자금에 대한 대대적 수사·소추가 있었다. 오랫동안 관행적으로 사용해 오던 불법선거자금에 실질적으로 메스를 가한 사건은 정치적 부패관행에 적지 않은 충격을 주었을 것이다. 그 여파는 행정부패관행에도 미쳤을 것이다.

　　각종 사정기관에 대한 정략적이거나 편파적인 간섭이 줄어들고 사정기관들이 본래적 위상을 세워감에 따라 부패행위에 대한 징벌의 공평성이 향상되었다. 정부는 공직자들의 재산공개범위를 확대하였다. 공직자와 직계비속의 병역사항 공개제도를 실시하였다. 공무원이 가진 주식에 관한 주식백지신탁제도를 도입하였다. 반부패행동규범을 구체화한 공직자 10대 준수사항과 공무원행동강령을 새로 제정하였다. 정부·정계·재계·시민단체의 대표들이 참여하여 투명사회협약체결의 의식을 거행하기도 하였다.

　　부패방지위원회를 국가청렴위원회로 개편·강화하였으며 부패방지관계기관협의체를 구성하고 부패방지통합정보센터를 구축하였다. 행정기관의 청렴도측정과 부패방지시책평가를 강화하였다. 행정정보공개 확대, 정책실명제 실시, 행정절차의 투명성 제고 등 일련의 조치들도 부패억제시책에 연관된 것이었다.

8. 정부혁신지방분권위원회의 활동

　　노무현정부는 2003년 4월에 행정개혁추진체제의 핵심기구로 활동할 정부혁신지방분권위원회를 설치하였다. 노무현정권 초기의 정부혁신지방분권위원회는 이른바 '실세조직'(實勢組織)이었다. 위원장은 정권창출에 공이 크고 대통령의 신임이 두터운 실력자가 맡았다. 대통령이 위원회의 회의를 직접 주재하는 등 각별한 관심을 표시하였다. 위원회의 위상은 높고 기구와 연계조직들의 규모는 방대하였다. 이 위원회는 청와대 혁신관리수석실, 행정자치부 정부혁신본부와 더불어 행정개혁에 관하여 각 부처를 지휘할 수 있는 실질적인 영향력을 지녔던 것으로 보인다.

그러나 시간의 흐름에 따라 대통령의 관심은 흐려지고 위원장이 연달아 바뀌면서 위원회의 활력과 영향력은 현저히 감퇴하였다. 이런 조직들이 어느 정권에서나 임기 말에 으레 형해화되는 전철을 밟은 것이다.

정부혁신지방분권위원회의 기능은 i) 정부조직의 정비, 행정기관 간 기능 조정, 불합리한 행정제도와 행정운영시스템의 쇄신 등 행정개혁에 관한 사항, ii) 인사행정시스템의 쇄신에 관한 사항, iii) 지방분권의 기본방향 설정 및 추진계획의 수립에 관한 사항과「지방분권특별법」제9조 내지 제16조의 규정에 의한 지방분권추진과제의 추진에 관한 사항, iv) 재정·예산·조세제도 및 운영에 관한 개혁 및 정부출연·투자기관의 경영합리화에 관한 사항, v) 전자정부의 추진에 관한 사항 등의 심의·점검·평가이다.[36)]

정부혁신지방분권위원회는 위원장 1인을 포함한 30인 이내의 위원으로 구성되었다. 그 가운데는 재정경제부장관 등 7인의 장관급 공직자들이 포함되었다. 위원회의 간사는 대통령비서실의 비서관이 담당하였다. 위원회의 사무를 처리하는 사무기구의 장도 대통령비서실의 비서관이 겸직하였다.

위원회의 심의사항을 분야별로 사전에 연구·검토할 전문위원회를 두었다. 처음에는 다섯 개의 전문위원회를 두었으나 뒤에 여섯, 일곱, 다시 여섯 등으로 그 수가 변했다. 위원회의 업무와 관련된 사항에 대하여 자문을 받기 위해 자문위원을 위촉하였다. 특정분야의 과제를 수행하는 특별위원회도 설치하였다. 개혁과제의 발굴, 추진상황의 관리, 그리고 위원회와의 업무협조를 위해 행정자치부와 기획예산처에 추진단을, 그 밖의 중앙행정기관(대통령 및 국무총리 소속기관 포함)에 업무혁신팀을 두었다.

정부혁신지방분권위원회는 개혁추진상황을 정기적으로 대통령에게 보고하였으며, 필요할 때마다 대통령, 위원장, 위원, 중앙행정기관의 장 등이 참석하는 평가보고회를 개최하였다.

표 5-1 정부혁신지방분권 로드맵 개요

로드맵	비 전	목 표	아젠다
행정개혁 로드맵	국민과 함께하는 일 잘하는 정부	· 탄력적 행정시스템 구축 (효율적 행정) · 고품질 행정서비스 제공 (봉사하는 행정) · 공개행정 확산(투명한 행정) · 국민참여 확대(함께하는 행정) · 국민신뢰 회복(깨끗한 행정)	10대 분야 30개 세부과제
인사개혁 로드맵	공정성과 전문성에 기초한 참여형 인사시스템	· 자율과 참여에 기초한 인사시스템 · 투명하고 공정한 인사운영 · 공무원과 함께하는 인사관리 · 전문성과 역량을 강화하는 인사제도	4대 분야 10개 아젠다
지방분권 로드맵	지방활력을 통한 분권형 선진국가	· 주민과 함께하는 가까운 정부 · 아래로부터 지속적인 자기혁신이 가능한 정부 · 지방의 책임성과 다양성이 존중되는 사회 · 자율과 책임, 공동체정신을 바탕으로 한 사회	7대 분야 20개 과제
재정세제 로드맵	성장·분배의 상승효과를 창출하는 분권형 국가재정	· 세제·세정 합리화 · 재정투명성 제고 · 재정분권 추진 · 지출 효율성 제고 · 재정 건전성 견지	15개 과제
전자정부 로드맵	세계 최고수준의 열린 전자정부 구현	· 대민 서비스 수준의 획기적 제고 · 행정 효율성 극대화 · 행정의 민주성 제고	10개 아젠다 31개 과제

2005년에 정부혁신지방분권위원회는 '참여정부의 혁신'은 이전의 정부들이 추진한 개혁과 구별된다고 주장한 바 있다. 이 위원회가 열거한 이전과 다른 특징은 i) 최고책임자인 대통령의 "혁신은 생존의 필수조건이다"라는 확고한 혁신의지에 기초하고 있다는 것, ii) 과거에는 새 정부가 들어서면 처음 1년 정도 정부혁신에 주력하다가 점차 시들해졌지만, 참여정부의 혁신은 날이 갈수록 본격화되고, 5년 내내 지속될 전망이라는 것, iii) 참여정부의 정부혁

신은 '21세기 혁신국가의 건설'이라는 뚜렷한 비전과 7개의 체계적인 콘텐츠가 있다는 것,[k] iv) 참여정부의 혁신은 체계적이고 일관성이 있다는 것, v) 총체적인 기획의 산물인 로드맵이라는 큰 틀 속에서 개별혁신과제가 점진적으로 진행되고 있다는 것, vi) 로드맵은 학계와 민간전문가들의 의견을 충분히 수렴하여 만들어졌고, 혁신추진과정에서도 정부부처와 이해관계자들의 토론과 참여를 거쳐 합의에 도달하고 있다는 것, vii) 조직구조 조정, 인원감축 등 단기적 성과과시형 개혁보다 공직사회의 조직문화와 행태 개선에 역점을 둔다는 것, viii) 공무원을 개혁의 대상이 아닌 개혁의 주체로 삼는 자율개혁을 기조로 한다는 것, ix) 혁신자동장치를 구축할 수 있도록 5년 내내 혁신을 추진한다는 것, 그리고 x) 해외로 수출할 수 있는 혁신을 추구한다는 것이다.[37]
사실 이러한 특징들은 대부분 과거의 정부개혁에서도 흔히 주장되었던 것들이다. 그리고 임기후반으로 갈수록 흐려진 특징들이었다.

정부혁신지방분권위원회는 참여정부의 혁신방향·전략·과제를 정리한 '정부혁신지방분권 로드맵'을 만들었다. [표 5-1]은 이 로드맵을 요약한 것이다.[38]

XI. 제6공화국 이명박정부의 행정개혁

1. 이명박정부의 출범

2007년 12월 19일에 실시된 대통령선거에서 '경제살리기'를 핵심적 모토로 내건 한나라당 이명박후보가 후보난립에도 불구하고 49%의 다득표로 대통령에 당선되었다. 2008년 2월 25일 이명박 당선자가 제17대 대통령으로 취임함으로써 이명박정부가 출범하였다. 앞서의 세 정권이 문민정부, 국민의 정부, 참여정부라는 별칭을 각각 표방하였으나 이명박정부는 그런 별칭을 쓰지

---

k) 7개의 콘텐츠란 ① 자율과 분권, ② 평가와 감사, ③ 투명성, ④ 개방과 참여, ⑤ 혁신문화, ⑥ 전문성과 효율성, 그리고 ⑦ 교육훈련과 학습조직이다. 정부혁신지방분권위원회, 21세기 혁신국가(2005), 8~11쪽.

않고 '이명박정부' 그대로 불러주기를 바랐다.[l]

　이명박정부의 출범은 우리나라의 절차적 민주주의를 실천적으로 확립하는 전기를 만들었다고 평가되었다. 10년 만의 집권세력 교체, 두 번째의 합헌적 집권세력 교체를 국민이 이루어냈기 때문이다.

1) 이명박대통령 당선의 배경

　이명박 전 서울특별시장은 한나라당 내 대선후보 결정을 위한 경선과정에서부터 주가조작 등 여러 비리에 연관되었다는 의혹의 폭로 때문에 시달렸다. 그는 경쟁후보였던 박근혜 전 당대표에게 득표율 1.5%차로 신승하였다. 대통령선거기간에는 다른 정당 후보들로부터 비리의혹에 대한 더욱 거센 공격을 받았다. 이 후보에 불리한 증거물이라는 것들도 언론에 보도되었다. 여론조사에서 많은 국민이 이 후보의 비리의혹을 사실로 믿는다는 것도 밝혀졌다.

　이 후보를 둘러싼 도덕성 흠절의혹의 광범한 유포, 구여권 등 경쟁정당들의 끈질긴 '네거티브 공세',[m] 구 야권(범보수권)의 분열 등 악재에도 불구하고 유권자들은 이 후보에게 압도적인 승리(차점자인 통합민주신당 정동영후보와 26% 표차)를 안겨 주었다. 이를 두고 여러 가지 원인 분석들이 있었다.

　첫째, 무엇보다 중요한 원인은 국민의 이른바 '반노(反盧)정서'에서 찾을 수 있다.[n] 참여정부 재임중의 경제적 애로, 정책실패, 개혁피로 등 여러 이유로 다수국민이 노무현정권의 계승세력 또는 동류(同類)세력이 다시 집권하는 것을 반대하였다. 이 후보의 압승은 노무현정권에 대한 다수 국민의 거부감정·응징감정이 만들어 낸 반사효과라는 일면이 있었다.

---

l) 그러나 사람들은 대통령의 어록이나 정권의 성향에서 힌트를 얻어 여러 별칭들을 만들어내기도 했다. 우파정부, 보수파정부, 실용정부, 시장친화적 정부 등이 그 예이다. 내각과 청와대에 부자들이 많다고 해서 '1%정부'라는 냉소적 표현을 쓰는 비판자들도 있었다. 여기서 1%란 국민의 경제적 계층에서 상위 1%에 해당하는 사람들이라는 뜻이다.

m) 네거티브 공세는 당시 선거철에 유행했던 말이다. 상대후보의 흠집 폭로, 인신공격 등에 치중하는 선거운동행태를 네거티브 또는 네거티브 공세라 하였다.

n) 노무현대통령의 개인적 행적이나 그의 정권이 한 일에 대한 국민의 반감을 언론에서는 흔히 반노정서라 표현하였다.

둘째, 유권자들의 투표성향 변화에서도 이후보가 승리한 원인을 찾을 수 있다. 투표성향 변화란 탈이념화·탈세대화의 경향이 나타난 것을 지칭한다. 민주화의 이념은 선거의 핵심이슈가 아니었다. 다수의 유권자들은 먹고사는 문제에 대한 관심·생활 중심의 관심에 이끌려 실리투표를 했던 것으로 보인다. 실리투표의 대상이 이명박후보였다.

탈산업화시대에는 사람들의 욕구가 고급화되어가고 탈물질화의 경향이 나타난다고 말하는 이론이 넓은 지지를 받고 있다. 우리도 고도산업화·탈산업화의 발전수준에 근접해 가고 있다. 이런 시대에 "먹는 것이 하늘이다"고 하는 궁핍한 농경사회의 명언과 같은 생활경제제일주의가 국민 사이에 퍼진 이유를 생각해 본다.

개발연대에 비해 둔화된 경제성장으로 인한 고통 때문일 수 있다. 거대한 사회변동의 물결이 휩쓸면서 산업구조 변동이 급속히 일어나고 흥하는 산업만큼이나 망하는 산업, 망하는 직업이 늘어나기 때문일 수 있다. 부의 불균형 배분·양극화로 인한 상대적 박탈감 때문일 수도 있다. 정부의 늘어난 지출수요를 위해서 뿐만 아니라 시장활동과 국민생활의 규제를 목적으로 '세금폭탄'을 남발한 정부정책은 국민이 경제타령을 하게 만들었다.

셋째, 생활경제활성화가 국민들이 생각하는 가장 큰 현안으로 부각되고 있을 때 이명박후보는 '경제살리기'라는 캐치프레이스를 선점하였다. 이 후보는 침체된 경제를 반드시 살려내겠다는 약속과 자신감을 강조하는 선거전략을 밀고 나갔으며, 그것이 득표전략으로 주효하였다.

넷째, 이명박후보는 국민들에게 경제를 살려 낼 능력이 있을 거라는 믿음을 주었다. 이 후보는 실물경제에 밝을 뿐만 아니라 기업에서 그리고 서울시장으로서 탁월한 성취의 실적을 보였다는 사실이 국민에게 어필했을 것이다.

다섯째, '표몰아주기'투표행태도 일조를 했다. 대통령선거 전 범야권으로 불리던 보수진영의 분열이 있었고 급조된 자유선진당의 이회창대표가 정통보수를 표방하면서 대선에 출마하였다. 그러나 반노(反盧)성향의 유권자들이 당선가능성이 높은 후보에게 표를 몰아주었기 때문에 이명박후보는 결정적 타격을 받지 않았다.

이명박대통령에 대한 국민의 지지율이 떨어지기 시작하는 가운데 대통령

취임 한 달여 만인 2008년 4월 9일에 치러진 국회의원 총선거에서는 새 여당인 한나라당이 국회과반수 의석을 획득하였다. 다른 보수정당들의 의석과 한나라당에 복당하려는 무소속 의원들을 합쳐 보수정파는 국회에서 압도적인 다수를 형성하게 되었다. 그와 대조적으로 진보진영의석은 크게 위축되었다.

2) 기대와 실망

이명박정부는 아주 큰 국민적 기대 속에서 출범했지만 곧 실망이 따라 왔다. 대통령 임기 초부터 빚어진 인기폭락과 국민불만의 원인을 몇 가지로 생각해 볼 수 있다.

첫째, 국민의 기대 폭증과 기대 충족에 대한 성급함이 한 원인일 수 있다. 노무현정부에 실망하고 염증을 느꼈던 국민은 이명박대통령이 국민적 현안들을 속 시원히 해결해 주리라는 기대에 부풀었을 것이다. 그러나 국민적 현안들은 하루아침에 해결될 수 있는 것들이 아니다. 국민의 성급한 기대는 실망과 좌절로 이어질 수밖에 없었다. 정치와 행정에 대한 국민의 평가기준이 일반적으로 높아지고 엄격해진 것도 한 원인으로 볼 수 있다.

둘째, 국제적 악재와 맞물려 유가급등, 성장둔화, 물가상승, 주가하락, 달러환율상승, 소득감소 등 일련의 경제적 난제들이 쏟아졌다. 이런 문제들이 정부의 실책만으로 빚어진 것은 아니지만 국민들은 정부를 탓하는 감정에 빠지기 쉽다.ㅇ)

셋째, 대통령직 인수위원회의 활동에서부터 눈살을 찌푸리게 하는 일들이 벌어졌다. 내부적 불협화음, 정치권과의 협조부재, 현실성 없거나 논란이 많은 정책제안에 관한 오락가락하는 행동, 일부 위원들의 비윤리적 행동 등이 세인의 비난을 샀다.

넷째, 정부요직 인선을 둘러싼 잡음을 들 수 있다. 내각과 청와대의 인선에서 서울의 강남지역에 사는 부동산 많은 인사들이 주로 뽑혔다느니 편파적인 인사라느니 하는 비난이 많았다. 경제거래에서 도덕적 흠절이 있는 사

···

ㅇ) 통계청과 한국은행은 2008년 5월 국민의 고통지수가 7.2로 지난 2001년 이후 가장 높다고 밝혔다. 고통지수는 실업률에 전년대비 소비자물가 상승률의 산술평균값을 더한 수치이다.

람들이 여럿이었고 따라서 인사청문회에서 파열음이 컸다.p)

다섯째, 여당 내의 심한 갈등과 분열도 국민에게 실망을 주었을 것이다. 특히 4·9 총선을 앞두고 벌어진 공천갈등은 거의 파괴적이었다.

이 대통령과 당내경선과정에서 경쟁했던 박근혜 계파가 공천에서 대거 탈락한 데서 비롯된 공천갈등은 좀처럼 봉합되지 않았다. 박근혜계 의원들은 공천탈락에 승복하지 않고 탈당하여 무소속으로 출마하거나 '친박연대'라는 정당을 만들어 출마했다.q) 그 중 다수가 당선되었으며 선거 후에는 한나라당 복당문제로 진통이 길어졌다. 이 모든 사단이 여당의 정치력을 약화시켰다.

여섯째, 대선압승에 도취한 이명박대통령이 안이한 자세로 국민과의 소통을 게을리하고 국정의 전권을 일임받은 것처럼 행동한다는 비판이 적지 않았다.

일곱째, 우리 사회에서 우파·좌파 인구집단의 분립화경향이 어느덧 뚜렷해졌다. 노무현정부가 우파의 공세 때문에 괴로워했다면 이명박정부는 좌파의 저항 때문에 어려움을 겪었다.

여덟째, 이른바 쇠고기협상파문은 이명박정부에 대한 불만을 크게 표출시킨 빌미가 되었다. 이 대통령의 방미에 맞추어 미국과 쇠고기수입협약을 서둘러 체결한 것이 화근이었다. 광우병 위험이 있는 쇠고기까지 수입을 전면개방한 협약에 대한 국민적 분노는 거셌다.r) 쇠고기 협약의 재협상을 요구하는 다중(多衆)의 도심촛불집회는 몇 달씩 계속되었다. 대미쇠고기수입협약의 재협상을 요구하는 야당 국회의원들은 거리의 촛불집회에 참가하기도 하면서 국회 등원을 거부해 18대 국회는 법정기일 내에 개원하지도 못했다.

아홉째, 2009년 5월 독직혐의로 조사를 받던 노무현 전 대통령이 자살로

....

p) 유명연예인의 이름을 빗대어 내각과 청와대가 '강부자'(강남 땅부자), '고소영'(고려대, 소망교회, 영남 인맥)으로 구성되었다고 하는 비아냥거림이 나돌았다.

q) 친박(親朴)연대의 박자는 박근혜 의원의 성이다. 사람의 성씨를 따서 당명으로 삼은 일은 사상 초유였다.

r) 그 뒤 광우병 소고기에 관한 근거 없는 비난과 선동이 촛불집회를 격화시켰다는 주장과 함께 선동배후세력에 대한 공박도 이어졌다.

생을 마감하였다. 이 사건은 대통령과 집권세력에 큰 충격이었다. 그로 인한 민심악화를 염려하는 기색이 역력하였다.

국회파행, 당·정·청(여당·정부·청와대)의 불협화음, 고위인사 쇄신압박, 내각과 청와대 비서진의 일괄사표 제출, 지방재보선 참패, 쇠고기협상파동, 정부에 대한 국민지지 폭락 등 일련의 사태는 국정공백에 가까운 혼란상태를 조성했다.

이명박정부는 그 출범 초기에 호된 시련을 겪었고 난국수습에 안간힘을 썼다. 대통령의 두 번에 걸친 대국민 사과방송, 청와대 고위비서관 전원 교체, 부분개각, 폭력시위 강경진압, 대미쇠고기수입협정 추가협상, 경제위기강조, 경제정책목표 현실화(하향조정) 등을 안간힘의 행동사례로 들 수 있다. 그러나 경제적 악재는 지속되고 정부에 등을 돌린 민심은 크게 호전될 기미를 보이지 않는 가운데 이명박정부는 정권출범기를 힘겹게 이끌게 되었다.

집권 후 반 년이 지나서야 정부 내외의 뒤틀린 상황이 어느 정도 조정되거나 적어도 표면적으로는 진정되면서 정부는 새로운 정책추진의 기지개를 켤 수 있었다.

애로와 역풍이 연이어지는 가운데 이명박대통령 임기 내내 정권에 대한 실망, 정치에 대한 실망은 커져 갔다. 대통령 임기 말이 가까워지면서는 여당마저 대통령에게 등을 돌리는 증상이 나타났다. 이 대통령은 경제를 살릴 '경제대통령'이라는 이미지를 부각시키면서 당선되었고 임기 중 소위 '747'(연평균 경제성장률 7%, 1인당 국민소득 4만 달러, 세계 7 대강국) 달성을 약속했기 때문에 실망스러운 경제상황은 국민을 더 많이 허탈하게 했을 것이다.

정부는 세계경제불황에 맞물린 경기침체, 물가고, 빈부격차 심화, 취업난, 과중한 세금, '전세대란'으로 불렸던 주택전세금 폭등, 부동산경기 침체 등등 국민이 가장 고통스러워한 문제들을 해결하거나 해결해줄 것이라는 희망을 보여주지 못했다. 그것이 국민의 광범한 인식이었다. 이명박정부는 여러 가지 성취에도 불구하고 정부가 단기간에 해결하기 어려운 시대적 난제 때문에 시달리고 실패에 가까운 정권이라는 평가를 남겼다.

이명박정부는 경제성장과 자유신장에 역점을 둔 시장친화적 정부가 될 것이라는 기대가 있었고 그에 대한 지지세력도 있었으나 정부의 우파적 정책은 뚜렷한 방향을 잃고 주춤주춤 방황하는 것 같았다. 그런 행로에는 과거의 정권들이 깔아놓은 제약, 부자를 위한 정권으로 몰려 각종 선거에서 패배할 것에 대한 두려움, 이른바 복지포퓰리즘의 압박, 야당의 극한투쟁, 여당의 분열 등 여러 요인들이 작용했을 것이다. 이명박정권뿐만 아니라 정치권 전체도 민심이반의 대상이 되었다.

이명박 대통령은 국가발전의 원동력을 정부가 아닌 시장과 시민사회에서 찾겠다는 의도를 정권이 출범할 때 천명하였다. 당초의 국정노선은 진보에서 보수로, 평등에서 자유로, 분배에서 성장으로 역점을 이동시키고 작은 정부 큰 시장을 지향하는 것으로 보였다. 대통령 임기 중 국정기조의 정체성은 다소 흔들렸지만 근본적인 방향전환이 있었던 것은 아니다. 이명박정부의 행정개혁구상 역시 1990년대부터 우리나라의 행정개혁에 많은 영향을 미쳤던 신자유주의, 신공공관리, 정부재창조운동, 뉴거버넌스 등의 영향을 계속 받았다. 그 위에 날로 변하는 선진제국의 행정개혁정책과 방법들이 영향을 추가하고 있었다.

2. 개혁의 기조

이명박정부의 전반적인 개혁구상은 정권출범시에 정부가 발표한 국가비전, 국정지표, 전략목표, 국정과제 등에 나타나 있다.[39]

1) 국정비전과 국정지표

이명박정부의 국가비전은 선진일류국가이다. 그 지향점은 i) 잘 사는 국민, ii) 따뜻한 사회, 그리고 iii) 강한 나라이다. 잘 사는 국민은 경제성장이 촉진되고 국민소득이 증가하고 국민 모두가 함께 번영하는 상태를 지칭한다. 따뜻한 사회란 복지제도와 사회안전망이 잘 구축된 사회를 의미한다. 강한 나라는 문화적으로 매력 있고 국방이 튼튼하고 당당한 외교를 하는 나라이다.

선진일류국가를 추구하는 행동규범은 창조적 실용주의이다.[s]

---

s) 실용주의(實用主義 : pragmatism)라는 철학사상은 행동과 행동결과를 중시한다. 사람의 사

국가비전을 구체화한 5대 국정지표는 i) 섬기는 정부, ii) 활기찬 시장경제, iii) 능동적 복지, iv) 인재대국, v) 성숙한 세계국가이다. 인재대국이란 각종 교육제도·인재양성제도를 선진화하여 유능한 인재들을 많이 확보한 국가를 말한다. 성숙한 세계국가란 행정규제제도를 포함한 각종 제도를 글로벌 스탠더드에 맞게 발전시키고 국제적으로 책임 있는 역할을 수행하는 국가를 의미한다.

정부는 2008년 10월 7일에 수정된 20대 국정전략과 100대 국정과제를 발표하였다. 국가비전과 국정지표는 그대로 유지하면서 전략과 과제를 수정·재편하였다. 대통령직인수위원회에서 선정했던 21개 전략은 20개로, 193개 과제는 100개로 줄였다.

2) 섬기는 정부 구현을 위한 전략목표와 국정과제

위에서 언급한 바와 같이 이명박정부는 출범당시 국정지표의 성취를 위한 전략목표와 국정과제를 설정해 발표하였다. 뒤에 이를 수정하였다. 여기서는 당초의 발표에 따라 섬기는 정부라는 국정지표의 구현을 위한 전략목표와 국정과제를 먼저 설명하고 이어서 2008년 10월 7일에 수정한 내용을 살펴보려 한다.

섬기는 정부를 위한 전략목표는 i) 예산절감과 공공기관 혁신, ii) 국민편의 원스톱 서비스, iii) 창조적 광역발전과 실질적 지방분권, iv) 법과 원칙이 준수되는 신뢰사회 구현 등 네 가지이다.

전략목표들을 실현하기 위한 국정과제는 핵심과제, 중점과제, 일반과제 등 세 가지 범주로 구분된다. 섬기는 정부를 지향하는 전략목표들을 구현할 국정과제들을 보면 다음과 같다.

핵심과제는 i) 예산 10% 절감 추진, ii) 정부기능과 조직 개편, iii) 공공기

고나 관념은 행동결과의 유용성에 의해 입증되어야 진리일 수 있다고 주장하면서 실험적·탐구적 방법을 적용한다. 행동의 유용성이란 인간생활에서의 유용성을 말한다.

이명박정부 출범 후 정책의 논의에서 실용주의, 실용노선 등의 용어가 자주 쓰였다. 그 의미를 명료화한 것을 찾아보기 어렵지만 국익 또는 국민의 이익을 가장 우선시하는 행동노선을 따르겠다는 뜻이 아니겠는가 추정해 본다.

관 경영혁신, iv) 기초자치단체별 희망복지 129센터 설치, v) 광역경제권 구축을 통한 지역경제 활성화, vi) 특별행정기관 정비, vii) 법질서 확립, 그리고 viii) 공직자 부패척결이다.

중점과제는 i) 국가채무관리 및 균형예산, ii) 내실 있는 회계검사에 의한 집행예산 절감, iii) 규제혁파를 지원하기 위한 특화된 감사 강화, iv) 성과주의 인사제도 강화, v) 창업절차간소화 및 대학발(發) 창업촉진, vi) 고용지원서비스 선진화, vii) 지방교부세제도의 발전적 개편, viii) 지방재원 확충 및 세원 불균형 완화, ix) 주택거래세 인하, x) 중앙권한 지방 이양, xi) 중앙-지방 간 국정협력시스템 구축, xii) 언론의 자율성과 공정성 확대, 그리고 xiii) 사회적 갈등의 체계적 관리이다.

일반과제는 i) 직무감찰 효율성 제고로 '일하는 분위기 조성,' ii) 국세행정 선진화 방안, iii) 제대군인 취업 등 생활지원 강화, iv) 자치경찰 도입, v) 지방자치단체 평가제도 개선, vi) 공정거래 법집행 개선방안, vii) 불법복제 방지 및 저작권 보호, viii) 정부업무평가의 내실화, ix) 부처별 맞춤형 채용제(공직예비시험) 도입정착, x) 보훈보상체계 개편, xi) 도시교통난 해소 및 광역교통체제 구축, xii) 기관위임사무 폐지, xiii) 지방자치단체 등의 자율적 감사체계 확립, 그리고 xiv) 중소기업 하도급거래 감시 강화이다.

2008년 10월에 수정·개편한 섬기는 정부의 구현을 위한 전략과 과제는 다음과 같다.

네 가지 국정전략은 첫째, 알뜰하고 유능한 정부로 바꾸는 것, 둘째, 지방분권을 확대하고 지역경제를 살리는 것, 셋째, 법과 원칙을 지키는 신뢰사회를 구현하는 것, 그리고 넷째, 안심하며 살 수 있는 안전한 나라를 만드는 것이다.

20개의 국정과제는 국정전략별로 범주화하였다. 알뜰하고 유능한 정부 구현을 위한 과제는 작지만 일 잘하는 정부 만들기, 나라살림 알뜰히 꾸리기, 공공부문의 성과 높이기, 내실 있는 감사로 투명한 정부 만들기, 글로벌 경쟁력을 갖춘 공무원의 양성 등 다섯 가지이다. 지방분권을 확대하고 지역경제를 살리기 위한 과제는 지방행정체제의 개편, 지방정부의 권한 확대, 광역경제권의 구축, 지방재원의 확대, 자치경찰제의 도입 등 다섯 가지이다. 법과 원칙을 지키는 신뢰사회의 구현을 위한 과제는 법질서의 예외 없는 준수, 공직자의 부정부패 척결, 언론의 공공성 강화를 위한 지원, 사회갈등 해소와 소통, 지적재산권의 보호와 공정거래질서 확립 등 다섯 가지이다. 안심하며 살 수 있는 안전한 나라를 만들기 위한 과제는 재난관리체계의 통합, 깨끗한 물과 공기·안전한 먹을거리의 보장, 마음 놓고 일할 수 있는 안전한 일터의 조성, 여성과 어린이가 걱정 없이 다닐 수 있는 나라 만들기, 교통사고를 선진국 수준으로 낮추기 등 다섯 가지이다.

3. 중앙행정기구의 개편

행정기구개혁에서는 작은 정부를 구현하려는 강한 의지를 보여 주었다. 정권출범과 함께 행정기구와 인력을 대폭 축소하였다. 그 후 정부의 감축·절감은 계속적인 개혁모토로 되었다. 작은 정부 구현정책의 공식화는 노무현정부의 개혁기조와 확실하게 구별된다.

이명박정부는 작은 정부 구현을 위한 여러 방면의 개혁을 추진하였는데 정권출범 초에 단행한 행정기구 축소 프로그램은 특기할 만하다. 대한민국정부수립 후 처음 보는 대폭적 기구개편이라는 평가를 받았기 때문에 특기할 만하다고 말하는 것이다.

대통령직 인수위원회는 2008년 1월 16일 중앙정부의 유사·중복기능, 연관기능들을 통폐합하여 대부(大部)대국(大局)체제를 만들고 행정기구의 규모를 줄이는 정부조직 개편안을 확정·발표하였다. 이 개편안은 2원 4실 18부 4처 18청 10위원회이던 중앙행정조직을 2원 4실 13부 2처 17청 5위원회로 축소 조정하는 내용을 담은 것이었다. 폐지하거나 다른 부처에 흡수하기로 결정한 조직은 통일부, 해양수산부, 정보통신부, 여성가족부, 과학기술부, 국정홍보처, 기획예산처, 농촌진흥청, 그리고 존치기한이 도래한 5개의 위원회이다. 청와대와 국무총리실의 실을 하나씩 줄이면서 국무총리 산하에 특임장관실 둘을 신설하기로 하였다.[t)

---

t) 대통령직 인수위원회의 조직개편안에서 특임장관 2명을 두기로 한 까닭은 국무위원의 수
   가 13명으로 줄어드는 경우 헌법에서 정한 국무위원 정족수에 2명이 부족하기 때문이었

대통령직 인수위원회가 준비한 정부조직개편안은 국회의 심의과정에서 일부 수정되었다. 김대중정부와 노무현정부의 역점사업을 담당했거나 기구 존립의 상징성이 중시되었던 부처들의 폐지에 대한 예비야당들의 반대가 컸다.[u] 여야협상에서 통일부, 여성부, 그리고 농촌진흥청은 되살아났다. 그러나 기구, 인력, 기능은 전에 비해 많이 축소되었다. 특임장관실은 둘에서 하나로 줄었다.

대통령직 인수위원회의 정부조직개편안을 일부 수정한 「정부조직법」개정 법률이 2008년 2월에 국회에서 통과되고 국무회의는 이를 뒷받침하는 각 부처직제와 개별법령 113건을 심의·의결하였다. 이로써 중앙정부조직을 2원 3실 15부 2처 18청 5위원회로 줄이는 정부조직개편이 확정되었다. 3실 중 1실은 특임장관실이다.

기존의 2원 4실 18부 4처 18청 10위원회 등 56개 중앙행정기관의 수는 11개가 줄어든 45개로 개편되었다. 중앙행정기관의 하부조직인 실·국은 573개에서 511개로 62개가 줄었고 과는 1,648개에서 1,544개로 104개가 줄었다. 기구축소에 따라 장관급 10명과 차관급 6명이 감축되는 등 3천여 명의 공무원 정원이 줄어들었다.

이명박정부의 1차 정부조직개편에 따른 중앙행정기관 조정내역을 보면 다음과 같다.

3실은 대통령실, 국무총리실, 그리고 특임장관실이다. 종래의 대통령경호실은 대통령실 소속의 차관급 조직인 경호처로 개편하였다. 국무조정실과 국무총리비서실을 합쳐 국무총리실로 개편하였다. 대통령실과 국무총리실의 기구와 인원은 크게 줄었다. 2원은 감사원과 국가정보원이다. 2처는 법제처와 국가보훈처이다. 기존의 국정홍보처는 폐지하고 일부기능(해외홍보기능 등)을 문화체육관광부로 이관하였다. 기획예산처는 재정경제부와 통합하여 기획재정부로 개편하였다. 기존의 18청은 그대로 유지되었다. 다만 폐지되는 중소기

....

다. 우리 헌법 제88조 제2항은 국무회의를 대통령·국무총리와 15인 이상 30인 이하의 국무위원으로 구성하도록 규정한다.

u) 이명박당선자의 취임직전이었고 신정부가 사실상 정권을 인수하는 단계에 있었으나 아직 이명박 당선자의 법적 취임 전이었기 때문에 노무현정권의 여당을 '예비야당'이라 부른 것이다.

업특별위원회의 일부기능을 중소기업청이 흡수하는 변화가 있었다. 5위원회는 공정거래위원회, 금융위원회, 국민권익위원회, 방송통신위원회, 그리고 국가인권위원회이다.

15부는 기획재정부(재정경제부+기획예산처), 교육과학기술부(과학기술부+교육인적자원부), 외교통상부, 통일부, 법무부, 국방부, 행정안전부(행정자치부+중앙인사위원회+비상기획위원회), 문화체육관광부(문화관광부+국정홍보처의 일부기능), 농림수산식품부(농림부+해양수산부의 일부기능), 지식경제부(산업자원부+정보통신부의 일부기능), 보건복지가족부(보건복지부+국가청소년위원회+여성가족부의 일부기능), 환경부, 노동부, 여성부, 그리고 국토해양부(건설교통부+해양수산부의 일부기능)이다.[v] 통폐합으로 규모가 커진 부에는 복수차관제를 도입하였다. 종래 복수차관제가 적용되던 부는 4개였으나 8개 부로 늘렸다.

위의 조직개편에서 대통령실과 국무총리실의 기구가 현저히 줄어들고 경호실이 차관급 처로 지위가 낮아진 것은 주목할 만한 일이다. 특히 국무총리실의 기구와 인력은 종전의 절반수준으로 줄어들었다. 노무현정부에서 국무총리에게 힘을 실어 주어 '책임총리제 모형'에 접근하려는 시도가 자주 있었다. 한 때 대통령의 신임이 두터운 이른바 실세총리(實勢總理)가 강한 영향력을 발휘하기도 했다. 이런 이유로 크게 확대되었던 국무총리실을 이명박정부가 다시 축소하였다. 대통령중심제하에서 누리는 국무총리의 위상에 걸맞는 조직양태로 바꾼 것 같다.

부총리제가 없어진 것도 중요한 변화이다. 부총리제는 제3공화국 박정희정권에서 도입하였다. 김대중 정부 출범 초에 부총리제를 폐지했다가 2년만에 복원했으며, 노무현정부에서는 그 수를 늘렸는데, 이명박정부가 출범하면서 부총리제를 다시 폐지하였다. 중앙인사위원회의 폐지도 특기할 만하다.

정부는 중앙행정기구를 줄인 데 이어 각종 자문위원회의 획기적인 감축을 단행하고, 지방자치단체, 공기업, 정부출연 연구기관 등 공공부문 전체의 기구·인력 감축을 서둘렀다. 특별지방행정기관들의 지방자치단체 이전도 추진하였다. 정부기능의 민간화도 촉진하였다.

....

v) 2010년에는 노동부를 고용노동부로, 여성부를 여성가족부로 개편하였다.

　　정부는 작은 정부를 구현한다는 기조를 유지하면서도 그때그때 역점 정책의 추진을 뒷받침하는 데 필요한 조직을 강화하는 조직개편을 했다. 예컨대 대통령이 2009년의 신년국정연설에서 비상경제정부체제의 운영을 선언함에 따라 경제살리기부문, 녹색성장부문, 그리고 민생안정부문의 행정조직들을 확대개편하였다.

4. 관리작용의 개혁

　　이명박정부는 행정체제의 관리작용부문에서 섬기는 정부의 구현이라는 개혁기조와 국정전략에 부응하는 개혁을 실현하려 노력하였다. 개혁 프로그램들의 실행에서 부각되었던 명제들은 대표관료제와 복지관료제, 융통성과 자율성, 성과주의, 개방과 교류, 부패방지, 소비자중심주의, 정보화 등이었다. 가시적인 개혁조치들의 예를 보기로 한다.[40]

　　인사행정분야에서는 중앙인사기능을 통합하고 중앙인사기능과 조직관리 기능을 통합관리할 수 있는 기관적 배열을 만들어 그 두 가지 기능의 연계를 강화하였다. 그에 따라 이 분야 개혁의 추진력도 향상되었다. 정부 전체의 인력계획수립에도 진척이 있었다. 5개년 단위의 부처별 중기인력계획을 세우고 이를 종합하여 정부 중기인력운영계획을 수립하게 하였다.

　　행정각부와 지방자치단체의 인사자율권을 확대하면서 성과관리를 강화하였다. 업무성과 평가방법을 개선하고, 성과평가와 보직관리의 연계를 강화하였으며, 성과급의 비중을 높였다. 과장급 이하의 역량평가를 확대하였다.

　　대표관료제 또는 복지관료제의 원리를 추구하는 인사조치들을 보강하거나 새로 도입하였다. 지역인재추천임용제에 의한 선발인원을 늘렸다. 학력 때문에 빚어지는 차별을 줄이기 위해 고등학교 졸업자를 대상으로 하는 공무원 채용을 늘리고, 9급공채시험의 과목을 고등학교 교과목 중심으로 개편하였다. 장애인임용할당제에 의한 임용인원수도 늘렸다. 저소득층구분모집제에 의해 9급 및 기능직 채용인원의 1%를 기초생활수급자의 임용에 할당하였다. 「한부모가족지원법」의 보호대상인 저소득 한부모가족도 저소득층구분모집 대상에 포함시켰다. 북한이탈주민을 행정보조인력으로 채용하는 할당제를 채택하였다. 이런 일련의 조치들 가운데 일부는 대표관료제적 요소 이외에 실업자 구제, 빈민구휼과 같은 복지관료제적 요소도 지니고 있다. 복지관료제란 임용절차를 통해 사회문제를 해결하는 데 기여하거나 실업자들이 최후로 의지할 수 있는 고용주(employer of last resort)가 되어주는 정부관료제를 말한다.

공무원임용구조의 개방화·교류형화를 진척시켰다. 개방형 직위 지정을 과장급까지 확대하였다. 특별채용의 명칭을 경력경쟁채용으로 바꾸고 그 문호를 넓혔다. 민간경력자 5급채용 인원을 늘리고 그들이 재직 중 공정하게 경쟁할 수 있도록 승진결정에서 민간경력 인정범위를 넓히는 등의 조치를 취하였다. 융합행정체제 구축의 일환으로 부처 간 인사교류를 촉진하였다. 공무원의 승진 등 임용 결정에서 교류경력을 우대하도록 하였다.

인사행정의 융통성을 높이기 위해 총정원제의 활용을 촉진하면서 유동정원제를 새로 도입하였다. 유동정원제는 각 부처 실·국의 일정정원(기본적으로 5% 이상)을 별도의 유동정원으로 지정하고, 지정된 유동정원은 주요 국정과제·신규업무 등에 재배치하여 인력운영의 효율화를 도모하려는 제도이다. 원칙적으로 연 1회 이상 지정해 운영하는 유동정원은 4급 및 5급 이하 일반직공무원을 대상으로 구성한다. 부처인력구조의 특성상 필요한 경우에는 기능직도 포함할 수 있게 하였다. 유동정원을 빼내 모자라게 된 인력은 불요불급한 업무의 통폐합, 업무프로세스 개선 등 업무수행체제 개편을 통해 확보하도록 하였다. 2011년부터 전체 중앙행정기관에서 시행하게 된 유동정원제는 실제로 긴급현안이나 주요 국정과제 수행의 지원, 행정서비스 개선을 위한 일선관서 집행인력의 보강, 신규 인력수요에 유동정원의 배치로 대응함으로써 인력증원 억제 등의 용도에 쓰였다.

유연근무제의 도입도 인력운영의 탄력성을 높이는 데 기여하려는 조치였다. 근무양태 유연화·다양화를 위한 단편적 제도들이 기왕에 일부 채택되어 있었으나 이를 포괄하는 복합적 근무방식 유연화시스템을 만든 것이다. 유연근무제는 여러 가지 방법을 동원하는 종합적 변형근무제도이다. 이 제도는 근무시간이나 근무장소뿐만 아니라 근무형태, 근무방법, 근무복장 등을 변형화·유연화하는 방법들을 포함한다.

우리 정부가 2010년부터 실행한 유연근무제에 포함된 실행방법들은 근무형태(고용양태: type), 근무시간(time), 근무장소(place), 근무방법(way), 근무복장(dress) 등 다섯 가지 범주로 분류된다. 근무시간에 관한 방법에 포함되는 것은 시차출근제, 주당 40시간 근무요건의 범위 내에서 근무시간을 조정하는 근무선택제와 집약근무제(압축근무제), 정규근무시간의 요건을 벗어나 협약으로 근무시간을 정할 수 있게 하는 재량근무제 등이다. 근무장소에 관한 방법에 포함되는 것은 재택근무제, 원격근무용 사무실(스마트워크센터)이나 모바일 기기를 이용하여 업무를 처리하게 하는 원격근무제 등이다. 근무방법의 범주에 포함되는 집중근무제는 핵심근무시간을 설정하여 그 시간에는 회의·출장·전화 등을 하지 않고 기본업무에 집중하도록 하는 방법이다. 근무복장에 관한 방법은 연중 자유롭고 편안한 복장을 착용할 수 있도록 하는 유연복장제이다.

정부는 원격근무제의 활용을 촉진하기 위해 스마트워크 활성화 추진계획을 수립하여 2015년까지 스마트워크센터 500개소(정부 50개, 민간 450개)를 설치하기로 하고 스마트워크센터의 수를 늘려갔다. 스마트워크센터는 주거지나 교통요지 인근에 설치된 IT기반을 갖춘 복합업무공간이다. 그리고 스마트행정의 기반을 강화하기 위해 모바일 전자정부 포털을 통한 전정부적 서비스의 통합 제공과 현장중심 스마트 민원서비스를 확대해 나갔다.

정부는 열심히 일하는 공직분위기 조성을 위한 공무원 사기진작책으로 처우개선 등 일련의 조치를 취하였다. 근속승진제의 적용을 확대하였다. 7급 이하 직위에만 허용하던 근속승진을 6급까지 가능하도록 하였다. 포상의 공정성을 확보하고 성과중심의 포상이 되도록 절차를 개선하였다. 육아휴직기간의 승진소요연수 산입을 확대하였다. 제안제도 활용을 촉진하기 위해 테마형 공모의 정례화, 제안강조의 달 지정, 네티즌 의견수렴제 도입, 불채택 제안 재심사과정에 대한 제안자 참여 등의 개선방안을 채택하였다.

상황의 변화에 따라 제기되는 문제들에 대응하기 위해 공무원의 행동규범을 손질한 것도 있다. 기독교 신자인 이명박대통령의 정부가 불교계를 홀대한다는 불만이 커지자 정부는 「국가공무원 복무규정」에 "공무원은 직무를 수행할 때 종교 등에 따른 차별 없이 공정하게 업무를 처리하여야 한다"는 조항을 신설하였다. 유독 '종교 등'을 따로 강조한 표현이 눈에 띈다.

정치적 행위도 서슴지 않는 등 공무원노동조합의 활동이 합법·불법을 넘나들면서 거칠어지자 이를 억제하려는 경고성 행동규범을 여럿 신설하였다. 「국가공무원 복무규정」에서 규정한 "공무원은 집단·연명(連名)으로 또는 단체의 명의를 사용하여 국가의 정책을 반대하거나 국가정책의 수립·집행을 방해해서는 아니 된다"는 조항이나 "공무원은 직무를 수행할 때 근무기강을 해치는 정치적 주장을 표시하거나 상징하는 복장 또는 관련 물품을 착용해서는 아니 된다"는 조항을 그 대표적인 예로 들 수 있다. 이 밖에도 공무원노조의 정치적 중립을 누누이 강조한 조항들이 있다. 2010년에는 행정안전부장관과 4개 공무원노조위원장들이 협약식을 개최하고 '청렴한 공직사회 구현과 상생·협력을 위한 공무원노사 공동선언문'을 채택·발표하였다. 이 선언문에는 법령 준수, 청렴한 공직사회 구현, 정치적 중립과 합리적 노동운동, 불합리한 행정관행과 차별적 제도의 개선, 근무환경 개선과 복지향상에 관한 노조의 의견수렴, 양질의 행정서비스 제공을 위한 노력 등의 약속이 담겨 있다.

조직관리분야에서는 감축관리에 주력하는 한편 기관 간의 높은 벽을 허물어 할거주의를 타파하기 위해 기관 간·조직단위 간의 연계와 협력을 강조하는 조치들을 채택하였다. 그 대표적인 예는 다수부처관련 융합행정체제를 강화한 것이다. 융합행정이란 행정기관 간 상호 관련성 있는 업무에 대해 자율적으로 협업하거나 공동수행함으로써 대국민 행정의 효과성을 높이는 방식이라고 한다. 융합행정의 발전을 위해 각 부처는 융합행정분야(중복·사각지대 발생 우려 분야, 공동·협조 수행 필요 분야 등)에서 기관 간에 역할분담을 명확하게 하고 협력할 수 있도록 협의체 구성, 업무협약체결, 시설·장비와 같은 행정인프라의 공동사용 등의 방법을 적극적으로 활용하게 하였다. 관련부처들은 대상이 될 과제를 선정하고 관계기관 협의회 개최, 융합행정 방안 채택, 협약체결과 실행, 사후관리 등의 절차를 거쳐 융합행정을 해 나가도록 하였다. 행정안전부는 각 부처가 자율적으로 융합행정을 할 수 있도록 매뉴얼을 개발하여 보급하고 채결된 업무협약이 성실하게 이행될 수 있도록 사후관리를 돕게 하였다.

조직관리를 유연화하여 적응성을 높이려는 개혁도 추진하였다. 유동정원제의 채택과 함께 임시조직을 탄력적으로 운용한다는 전략을 채택하였다. 각 부처는 긴급한 행정수요와 국정과제의 수행에 대응하기 위해 기존 기구·정원의 범위 내에서 지원근무, 겸직 등에 의한 임시조직을 적극적으로 활용하게 하였다. 존속기간이 단·중기(최대 5년)인 경우에는 한시조직을 설치해 운영하도록 하였다. 별도정원을 사용하는 기획단(추진단)은 존속기간이 1년 이상 되고 전 부처적 현안 또는 국가적 사업을 수행하기 위해 필요하다는 법령상의 근거가 분명한 경우에만 예외적으로 설치할 수 있게 하였다. 조직의 변동수요를 신속하고 정확하게 파악하여 대응할 수 있도록 각 부처는 정기 또는 수시로 자체 조직진단을 하는 상시적 조직진단체제를 운영하도록 하였다.

행정내부규제를 줄이고 그 절차를 개선하는 조치들을 강구했는데 이는 조직관리의의 융합성·유연성을 높이는 데도 기여할 수 있는 것이었다. 행정안전부는 중앙부처와 지방자치단체를 대상으로 정책추진의 지체원인이 되는 내부규제를 조사하고 관계부처 합동으로 개선안을 만들어 시행하기로 하였다. 행정내부규제 개선방안은 조직관리, 입법절차, 인사운영, 계약·조달, 국유재산관리 등 다섯 개 분야에 걸치는 것이었다. 이 방안은 부처의 자율권 확대, 부처 간 협의의 시한 설정, 부처 간 협의와 입법예고의 동시 실시, 현황정보의 실시간 공유 등의 조치를 담고 있다.

행정서비스의 민간위탁을 늘리고 국민생활에 대한 행정규제를 줄여나가는 정책에 지속적인 관심을 가졌다. 정부는 국민편의를 위한 민원제도 개선, 신속·공정한 민원처리, 민원행정 관리역량 제고, 민원인 권익보호, 온라인 민원서비스 선진화를 목표로 내건 민원행정 개혁을 추진하였다. 민원행정개혁은 i) 민원사무와 구비서류의 감축, ii) 민원시스템 개선(통합민원포털 구축 등), iii) 법제도 정비, iv) 온라인 이용 활성화 등 4개 분야에서 16개의 과제를 선정하여 실행하였다.

특히 생활민원의 중점개선과 온라인 완결 민원서비스의 추진에 역점을 두었다. 사회취약계층에 불편과 부담을 주는 생활민원을 종합적으로 발굴하여 개선하기 위해 노력하였다. 생활민원 개선분야에는 서민경제, 장애인복지, 다문화가족, 그리고 취약계층이 포함된다. 취약계층의 개선과제에는 한부모·조손가족문제, 노인복지문제, 청소년복지문제, 주거취약계층문제 등이 포함된다. 생활민원분야에서 쉽고 간편한 절차를 발전시키면서 민원사무 통합처리,

일괄서비스 완결처리를 확대하였다.

정부는 '안방 민원시대' '똑똑한 민원처리' '종이 없는 그린(green) 민원시대'를 표방하면서 온라인 민원서비스를 지속적으로 확대하였다. 온라인서비스의 확대를 위해 실효성 낮은 민원사무 폐지, 세분된 민원사무 통폐합, 구비서류 감축, 통합민원 포털 구축, 민원서류 표준화·전자화, 인증절차 간소화를 추진하였다. 국가정보화 인프라·스마트행정 기반을 강화하는 사업도 계속 추진하였는데, 그러한 선진 전자정부 기반 확충은 스마트 민원서비스의 발전에 불가결한 밑받침이었다. 정부가 사용한 스마트(S+MART)라는 말은 고객만족행정의 전략과제인 신속·현장행정(speed·site), 이동행정(mobile), 고객평가행정(assessment), 고객존중행정(respect), 그리고 고객참여행정(together)의 영문 단어 머리글자를 모아 만든 합성어이다.

정부는 공기업, 준정부기관 등 공공기관의 개혁에도 정책역점을 두고 '공공기관 선진화계획'을 추진하였다. 개혁방안에는 i) 민영화·지분매각, ii) 통폐합, iii) 경쟁도입, iv) 핵심기능 우선의 기능조정, v) 경영효율화, vi) 노사관계 선진화, vii) 보수체계 개편이 포함되었다.

5. 지 방 화

정부는 지방화 촉진부문에서도 여러 가지 일을 했다. 이전 정권에서 결정한 세종시(행정도시) 건설안을 실행에 옮기고 중앙행정기관들의 이전을 시작하였다. 이런 획기적인 변화는 사실 이명박정부의 의도와는 달리 복잡한 정치적 다이내믹스 때문에 떠밀려 일어난 것이었다고 해야 맞다. 행정부를 지리적으로 양분하는 것은 득보다 실이 많은 정책이니 취소해야 마땅하다고 대통령과 국무총리가 나서서 국민에게 호소하고 국회를 간절히 설득하려 했다. 그러나 야당뿐만 아니라 여당의 비주류도 대통령의 호소를 받아들이지 않고 행정도시 취소안을 국회에서 부결하였다.

정부는 지방정부의 역량을 강화하고 지방행정의 효율화를 도모하기 위해 자치단체 광역화를 촉진하였다. 기초자치단체들이 자율적으로 통합하는 경우 중앙정부는 여러 가지 지원을 제공하기로 하였다. 이와 함께 광역 경제권 선도산업을 육성하는 데도 힘썼다. 지식경제부에 광역경제권 선도산업 지원단을 설치하였다.

행정권한의 지방분권화를 촉진하였다. 중앙행정권한의 지방이양을 늘렸으며 국가사무의 지방이양은 가능한 한 테마별 일괄이양이 되도록 하였다. 지방자치단체에 대한 기관위임사무를 대폭 폐지하였다. 특별지방행정기관을 정비하고 그 사무를 지방자치단체에 이관하였다. 광역자치단체의 인사·재정자율권을 강화하였다.

정부는 지방분권 촉진활동의 법적 기초를 마련하기 위해「지방분권 촉진에 관한 특별법」을 제정하였다. 이 법률은 지방분권 촉진과제를 권한이양 및 사무구분체계의 정비, 특별지방행정기관 정비, 교육자치 개선, 자치경찰제 도입, 지방재정 확충 및 건전성 강화, 지방의회의 활성화와 지방선거제도의 개선, 주민참여 확대, 자치행정역량의 강화, 그리고 국가와 지방자치단체의 협력체제 정립으로 정하였다. 이런 과제들의 종합적·계획적 추진을 심의할 지방분권 촉진위원회를 대통령 소속하에 설립하였다.

정부는 시대적 변화에 적시성 있게 대응할 수 있도록 지방행정체제를 고쳐나가는 문제의 중요성을 강조하면서「지방행정체제 개편에 관한 특별법」을 제정하였다. 이 법률은 지방행정체제 개편의 기본방향으로 지방자치 및 지방행정계층의 적정화, 주민생활 편익증진을 위한 자치구역의 조정, 지방자치단체의 규모와 자치역량에 부합하는 역할과 기능의 부여, 그리고 주거단위의 근린자치 활성화를 열거하였다. 이 법률의 규정에 따라 대통령 소속의 지방행정체제 개편추진위원회를 설치하였다. 이명박정부에서 지방행정체제 개편의 가장 큰 의제로 떠올랐던 것은 지방행정계층의 축소와 도의 폐지였다. 일부 기초자치단체의 의회를 폐지하는 문제도 큰 쟁점이 되었다. 그러나 이런 제안들은 논의에 그쳤다.

6. 반부패활동

공직의 부패 방지는 계속적인 국가적 현안이었다. 투명한 정부 구현과 법질서가 준수되는 사회의 건설을 국정전략으로 표방한 이명박대통령은 기회가 있을 때마다 공직사회의 부패척결을 강조하였다. 2010년에는 대통령의 특별지시로 대통령과 고위공직자들의 친인척 등 측근의 비리를 널리 감찰한 바도 있다. 행정안전부가 주축이 되어 공직기강 확립 및 윤리 실천계획을 수립하고 그 실천과제로 불필요한 워크샵·출장 등 외부행사 자제, 업무관련 사업자·산하기관 등으로부터 부당한 지원·혜택 금지, 자치단체에 대한 청탁 등 부당한 요구 금지, 전 직원 대상 청렴서약 및 청렴성 자기진단 실시, 공직기강확립교육 집중 실시, 직무감찰 및 복무·보안점검 강화, 그리고 엄정한 처벌관행 확립을 채택하였다. 공직자의 재산형성과정 심사도 강화하기로 하였다.

행정안전부는 반부패·청렴도 향상 종합대책을 수립하고 반부패 인프라 구축·운영, 내부청렴도 향상, 청렴교육 강화 등 3개 분야 10대 중점과제를 선정하여 추진하였다. 그 실천방안으로 채택한 청렴인사시스템은 직원의 청렴성을 미리 검증하여 승진·전보·성과급 지급 등 인사결정에 반영하게 한 제도이다. 예컨대 시간외근무수당을 부당하게 수령한 직원은 성과급결정을 위한 평가에서 감점을 받게 하는 제도이다. 부패방지 및 청렴도 제고에 도움이 되는 활동실적을 점수화하여 부서 성과평가에 반영하는 부서별 청렴점수 관리시스템도 채택하였다.

이른바 전관예우라는 폐습을 고치기 위해 퇴직 공직자들의 취업제한 범위와 기간을 넓혔다. 법조계에서 전통처럼 되어왔던 전관예우(前官禮遇)란 판사 또는 검사로 재직하던 사람이 퇴직하여 변호사로 활동하는 경우 변호사 업무수행에 대해 법원·검찰이 특혜를 베푸는 관행을 말한다. 이를 막기 위해 판·검사는 퇴직 후 일정기간 퇴직 전 소속기관의 관할지역 내에서 변호사개업을 금지하는 조치를 취했다. 일반행정공무원의 경우도 전관예우에 유사한 일이 번지고 있기 때문에 이를 억제하기 위해 업무관련성 판단기준인 퇴직 전 3년간 근무했던 부서를 5년간 근무했던 부서로 기간을 연장했다. 그리고 취업금지 대상조직에 영리사기업체뿐만 아니라 로펌·회계법인·세무법인·외국법자문법률사무소를 포함시켰다.

XII. 제6공화국 박근혜정부의 행정개혁

1. 박근혜정부의 출범

제18대 대통령을 선출하는 선거가 2012년 12월 19일에 실시되었다. 여당인 새누리당의 후보는 박근혜였으며 제1야당인 민주통합당의 후보는 문재인이었다.w) 두 후보 다 당내 경선을 통해 후보로 선출되었다. 문재인은 무소속의 안철수후보와 후보단일화협상의 진통을 겪었으며 안후보가 사퇴함으로써 야권단일후보와 같은 모양이 되었다. 여야의 접전 끝에 박근혜가 대통령으로 당선되었다. 박근혜는 우리나라 최초의 여성대통령이라는 수식어를 달게 되었다. 박근혜는 박정희 전 대통령의 딸이었으므로 최초의 부녀(父女) 대통령이라는 수식어를 또한 얻게 되었다.

2013년 2월 25일에 제18대 대통령 취임식이 열렸으며 박근혜는 경제부흥, 국민행복, 문화융성을 다짐하는 취임사를 발표하면서 대통령취임선서를 하였다. 이로써 박근혜정부가 출범하였다.

대통령교체기·정권교체기에는 다소간의 혼란이 있어 왔다. 박근혜정부 출범기도 예외는 아니었다. 문제도 많고 탈도 많았다. 그 정도가 심하고 우려스러웠다. 박근혜정부의 순항을 방해한 사건들 또는 사태들을 살펴보려 한다. 이런 정보는 박근혜정부의 행로를 이해하는 데 필요하다.

첫째, 선거기간 중에 벌어진 이른바 '댓글 사건'이 있다. 국가정보원 여직원이 야당후보를 비방하고 여당후보를 지지하는 댓글을 SNS에 올린 것이 발각되어 야당 국회의원들이 크게 문제 삼았다. 이어서 군 사이버사령부의 직원들이 야당을 비방하는 댓글을 올린 사실이 폭로되었다. 댓글 사건은 정국에 회오리를 몰고 왔다. 그 파장은 컸다. 댓글 사건 발각 자체가 정치권의 에너지를 크게 소모하는 정쟁을 야기했을 뿐만 아니라 다른 곳으로도 불똥이 튀

---

w) 새누리당은 박근혜 대통령 탄핵 후에 자유한국당으로 개명하였다. 민주통합당은 2014년에 안철수가 창당을 주도하던 새정치연합과 당 대 당 합당을 하면서 당명을 새정치민주연합으로 바꾸고 그 뒤 다시 더불어민주당으로 바꿨다.

어 제2, 제3의 정쟁거리를 만들었다.

댓글 사건 수사를 맡았던 서울 수서경찰서 수사과장이 서울경찰청장의 수사방해와 사건 축소·은폐 시도를 폭로하는 내부고발을 해서 정치권이 다시 한 번 시끄러워졌다. 댓글 사건 수사 당시의 검찰총장이 사임하게 된 것도 온 나라가 시끄러운 논쟁을 일으켰다. 댓글 사건을 선거법위반사건으로 기소하도록 허용하는 등 통치주도층의 의중과 대립한 것으로 알려진 검찰총장은 그에게 혼외자(婚外子)가 있다는 의혹이 불거진 데 이어 법무부의 감찰을 받게 되자 사임했다. 야당은 댓글 사건 수사지휘를 제대로 하려는 사람을 '찍어내기'(흠집 잡아 몰아내기) 했다고 크게 문제 삼았다.

둘째, '노무현 대화록공개사건'도 상당기간 극렬한 정쟁의 불씨가 되었다. 대화록공개사건이란 노무현대통령과 북한 김정일국방위원장 간의 정상회담 대화록 일부를 유출한 사건을 말한다. 제18대 대통령선거의 유세에 나선 새누리당의 한 중진이 노무현 전 대통령이 남·북 정상회담에서 서해 북방한계선을 포기하겠다는 발언을 했다고 폭로했다. 대화록을 흘린 사람들은 민주통합당을 친북·좌경화세력으로 몰아 선거를 여당에 유리하게 이끌 수 있는 정보라고 생각했을 것이다. 대화록공개사건은 박대통령 임기 초에 정파 간 대결을 극렬하게 했다. 발언의 진위를 둘러싼 논쟁뿐만 아니라 비밀자료의 불법적 유출을 따지는 논쟁이 국회활동을 뒤덮었다.

셋째, 통합진보당 소속의 국회의원이 내란음모죄로 소추되고 통합진보당의 해산을 헌법재판소에 청구하고 이를 관철한 사건도 정치권의 파란을 일으켰다.

넷째, 정부조직법개정안의 국회처리 지연과 국무위원 인선의 어려움이 겹쳐 빚어진 박근혜정부의 늑장출범, 파행출범은 정권에 큰 상처였다. 새 정부 출범준비단계에서 대통령직인수위원회가 작성한 정부조직법 개정안이 대통령취임 전에 국회를 통과해야 국무위원 임용제청, 국회청문회 등의 절차를 거쳐 새 정부가 진용을 갖추어 출발할 수 있다. 야당의 반대와 여야협상의 난항으로 대통령 취임 후까지 정부조직법개정안 처리가 지연되었기 때문에 정부는 어수선한 과도적 상태에서 출발하였다. 대통령취임초의 귀한 시간을 많이 낭비하였다.

다섯째, 국무총리를 비롯한 정부고위직의 임용에 어려움도 많고 실책도 많았다. 임용의 적시성을 놓쳐 '국정공백'이 잇따랐다는 비판을 받았다. 지역 편중인사다, 인재풀이 협소하다는 등의 비난이 그치지 않았다. 이런 비난은 물론 이전의 정권들도 흔히 들었으므로 제쳐두더라도 인사난맥이 유독 심했다는 평가는 하지 않을 수 없다. 1년 남짓한 기간 내에 국무총리후보로 지명된 사람이 셋씩이나 국회청문회를 거치지 못하고 낙마(落馬)한 것은 정권의 망신이었다. 국무총리후보가 연달아 중도 사퇴할 수밖에 없게 되자 사임하기로 결정해 임시로 앉혀두었던 국무총리를 유임시켜 '재활용총리'라는 별명을 얻게도 만들었다. 국무위원후보들도 흠절이 많다는 지적을 받았다. 너무나 황당한 일부 후보들은 언론의 검증, 국회의 검증을 거치면서 정권의 이미지에까지 상처를 입혔다. 나쁜 여론이 비등한 임용후보자의 처리를 놓고 고심하느라 대통령은 적지 않은 시간을 빼앗겼을 것이다. 정권의 출발단계에서 첫 총리후보로 지명된 사람이 낙마하는 등의 인사실책은 박근혜정부가 '인사난맥'의 정부라는 선입견을 사람들에게 심어주었다.

여섯째, 지방선거 정당공천 폐지문제 때문에 정치권은 또 한 차례 홍역을 치렀다. 제18대 대통령선거에 출마한 여야후보자들은 기초지방자치단체의 장과 의원을 선출하는 선거에서 후보들에 대한 정당공천을 하지 않겠다는 선거공약을 내걸었다. 그런데 대통령취임 후 2014년 6월의 지방선거가 다가오자 대선공약 이행을 놓고 여야의 입장이 엇갈리는 바람에 정쟁이 벌어졌다. 새정치민주연합은 국민과의 약속과 새 정치 구현을 강조하면서 지방선거 정당공천폐지를 고집하고 이에 동참하라고, 대선공약을 지키라고, 대통령과 여당을 압박하였다. 대통령은 묵묵부답이었고 여당은 야당이 민주정치발전에 역행한다고 오히려 역공을 폈다. 지방선거에서 여당은 정당공천을 하고 야당은 공천을 하지 않는 실로 이상한 파행이 빚어질 뻔 했다. 그러나 야당이 국민과 당원을 대상으로 하는 여론조사결과를 근거로 공천폐지방침을 철회함으로써 사태는 결말이 났다.

일곱째, 국난이라고 불러야 할 만한 '세월호 참사'가 일어났다. 세월호는 인천과 제주를 오가는 여객선의 이름이다. 2014년 4월 16일 인천을 출발해 제주도를 향해 가던 세월호가 진도 앞바다에서 침몰했다. 이 배에는 477명의 승객과 선원이 타고 있었다. 그 가운데는 수학여행을 가던 안산 단원고등학교 학생 325명과 교사 14명이 포함되어 있었다. 구조된 사람은 170여 명에 불과했고 승객 300여 명은 수장되었다. 사망자 대부분은 학생들이었다. 배가 기울자 선장 등 선원들은 승객들에게 움직이지 말고 대기하라는 선내방송을 하고 자기들만 먼저 탈출해 구조되었다고 한다. 방송을 믿고 착실하게 기다린 많은 학생들이 희생되었다.

세월호 참사가 국민에게 준 충격은 너무나 컸다. 국민적 사기는 저상되고 국민생활의 많은 국면이 침체되었다. 정부가 입은 타격은 막대하였다. 정상적인 국정운영이 어려울 지경이었다. 시신수습 등 사고의 물리적 수습은 여러 달이 걸렸고, 사고의 법적·정치적·사회적 수습에는 훨씬 더 많은 시간이 필요했다. 사고를 예방하지도 못하고 수습도 제대로 못한 정부의 책임을 묻는 여론이 들끓었다. 대통령에 대한 국민지지도는 급격히 떨어졌다. 세월호 참사의 여파는 박근혜정부 내내 국정에 어두운 그림자를 드리우게 되었다.

세월호 참사 유가족과 정치적·사회적 동조세력은 세월호의 해난사고와 인명구조의 실패를 대통령 탓으로 돌리고, 사고수습의 급박한 상황에서 제대로 대응하지 못한 대통령의 행적에 대해 끊임없이 의문을 제기하였다. 세월호 사고당시 대통령의 "7시간 행적"은 여러 해 동안 의혹제기와 추궁의 대상이 되었다. 세월호 참사의 인명구조 실패에 대한 대통령의 '추정된' 실책은 대통령에 대한 탄핵소추사유 가운데 하나로 열거되기도 하였다.

대통령은 세월호 참사에 대해 사죄하는 대국민 담화를 발표하였다. 수습대책과 정부조직법 개정, 재난안전관리기본법 제정, 공직자윤리법 개정 등을 약속하는 개혁의제도 함께 발표하였다. 그 뒤에 국무총리는 국가대개조범국민위원회를 총리소속으로 설치해서 국가대개조운동을 주도하겠다는 담화를 발표하였다. 대통령이나 국무총리나 "대한민국이 다시 태어나게 하겠다" "국가를 개조하겠다"는 말을 하지 않을 수 없는 형국이었다.

2. 박근혜대통령에 대한 탄핵

1) 탄핵의 전말

박근혜대통령은 취임초기에 다사다난했고 야당의 비난과 공격이 쉴 사이 없었으나 정치권과 대화·타협하고 협조를 구하려는 움직임을 보이지 않았다. 대통령에게 면담을 요청하면서 야당대표가 길거리 농성을 해도 대통령은 무응답으로 일관했다. 심지어는 야당대표가 청와대 민원창구에 가서 민원인 자격으로 대통령 면담을 신청하는 일까지 벌어졌으나 대통령은 끝내 만나주지 않았다. 대통령은 야당뿐만 아니라 여당과도 소통을 잘 하지 않는다는 비난을 들었다. 소통을 외면하는 대통령이다, 불통 대통령이다 하는 말이 사람들의 입에 회자되었다. 세월호 참사가 있은 지 몇 달 후에야 대통령은 여야원내대표·정책위의장을 청와대로 초청해 회합을 갖는 등 정치권과 대화에 나서는 제스처를 보여주기 시작하였다.

박근혜대통령은 재임 중 내내 '불통대통령'이라는 비난을 들었다. 국회·정당과의 불통, 언론과의 불통, 심지어는 내각이나 비서진과도 불통이라는 말을 들으면서 소수의 공식적·비공식적 측근들과만 폐쇄적인 의존관계를 이어갔다. 그것이 뒤에 국정농단이라는 허물을 뒤집어쓰게 된 빌미가 되었다. 박대통령은 급진좌파였던 통합진보당을 해체하였으며 좌파적이라고도 하고 진보적이라고도 하는 세력과 대립하고 노조에 대해서도 강경하게 대응하였다. 여당 내에서도 '비박계'(박근혜계파가 아닌 국회의원 등 정치인)에 대해 배척적인 행동을 해서 그들의 이반심리(離反心理)를 키웠다.

대통령과 대립하는 세력은 늘어나고 지지기반은 약화되고 있는 가운데 2016년의 국회의원 총선거가 실시되었다. 이 선거에서 공천내홍을 심하게 겪은 새누리당은 참패했다. 여당은 과반의석을 차지했던 원내 제1당의 위치에서 밀려났고 여소야대가 되었다. 이것이 박대통령의 몰락을 예고한 전조(前兆)였을 수 있다. 박 대통령의 임기만료를 1년여 앞두고 2016년 10월경 이른바 '최순실사태'가 벌어지면서 정권퇴진압박은 걷잡을 수 없이 확대되었다. '촛불집회'로 불린 대통령 퇴진요구 군중집회가 확대되고 가열되면서 국회는

2016년 12월 9일 박근혜대통령에 대한 탄핵소추안을 가결하였다. 국회의원 정수 300명 중 234명이 탄핵에 찬성하였다. 여당의원 128명 가운데서도 62명이 찬성한 것으로 추정되었다. 대통령에 대한 탄핵소추의 사유로 국회가 열거한 것은 공무상 기밀 누설, 비선 인사농단, 제3자뇌물수수, 언론탄압, 세월호 참사 부실대응 등이었다.

대통령에 대한 탄핵소추가 국회에서 가결된 때로부터 대통령의 직무수행은 정지되고 황교안국무총리가 대통령권한대행의 임무를 수행하게 되었다. 2017년 3월 10일 헌법재판소는 탄핵소추를 인용하여 대통령을 파면하였다. 이로써 박근혜정부는 사실상 종말을 고하게 되었다. 탄핵결정 후 박전대통령은 구속되고 형사소추를 받게 되었다.

헌법재판소는 박근혜대통령 파면사유로 사인(私人)의 이익을 위해 대통령의 지위와 권한을 남용한 것, 대통령의 지시 또는 방치에 따라 직무상 비밀에 해당하는 많은 문건이 사인에게 유출되게 한 것, 국정농단을 은폐하고 수사에 협조하지 않는 등 헌법수호의 의지가 없는 것을 지적하고 다음과 같은 결론을 내렸다.

"결국 피청구인의 위헌·위법 행위는 국민의 신임을 배반한 것으로 헌법수호의 관점에서 용납될 수 없는 중대한 법 위배 행위라고 보아야 합니다. 피청구인의 법 위배 행위가 헌법질서에 미치는 부정적 영향과 파급효과가 중대하므로 피청구인을 파면함으로써 얻는 헌법 수호의 이익이 압도적으로 크다고 할 것입니다. 이에 재판관 전원의 일치된 의견으로 주문을 선고합니다. 주문: 피청구인 대통령 박근혜를 파면한다."

대한민국 역사상 초유의 대통령 탄핵을 초래한 직접적 동력이 된 군중시위인 '촛불집회' 또는 '촛불시위'와 거기서 표출되거나 만들어진 '촛불민심'에 대해서는 다음에 설명을 추가하려 한다.

2) '촛불민심'에 관하여

'촛불현상'은 한 시대의 우리 정치지형을 압도하였다. 2016년 10월경부터 우리나라에 '촛불민심'(약칭 '촛불')의 시절이 열렸다. 촛불민심은 박근혜대통령 탄핵을 이끌어낸 뒤에도 상당한 기간 영향력을 과시하였다. 사람들은 촛불민심이 만들어낸 정치적·사회적 충격파를 '촛불혁명'이라 불렀다.

촛불민심은 이른바 '최순실게이트'로 불리는 정치스캔들이 촉발한 현상이다. 대통령의 사퇴를 요구하는 군중시위로 시작된 민중항거의 소산이 촛불민심이다. 최순실게이트란 박근혜대통령의 오랜 친구인 최순실(본명: 최서원)이 국정과 이권에 개입하여 부당한 이득을 취하고 국정문란을 초래한 행위, 그와 연줄 연줄로 얽힌 불법·부도덕한 행위자들의 탈선, 그에 대한 대통령의 연루 혐의 등을 포괄하는 사태에 세인들이 붙인 속칭이다. 거기에 더해 대통령 보좌진 등의 직권남용과 같은 불법행위도 촛불민심의 규탄대상이었다.

최순실게이트가 폭로되면서 광화문광장에 촛불집회가 열리고 그것이 증폭되기 시작하였다. 촛불을 들고 모인 많은 군중이 대통령의 사임과 단죄를 요구하는 시위를 벌이게 되었다. 주최 측 추산(주장)에 따르면 시위가담인원은 100만 명도 되고 200만 명도 되었다고 한다. 촛불시위는 전국적으로 확산되고 해를 넘겨 이어져 갔다. 서울에서 시위대가 집결하는 중심지는 광화문 광장이었지만 시위장소가 거기에 국한된 것은 아니었다. 국가기관의 의사결정을 압박할 필요가 생기면 시위대는 어디든 몰려갔다. 시위대가 무소부재인 형국이 되었다. 촛불집회는 국가의 입법·행정·사법작용에 많은 영향을 미쳤다. 우리나라 정체(政體: regime type)에 광장민주주의, 시위군중주도형 민주주의, 촛불민심지배형 민주주의 등의 수식어가 붙을 만했다.

촛불집회의 소용돌이와 함께 촛불민심이라는 한 시대의 키워드(key word)가 만들어졌다. 촛불민심은 그 의미가 반드시 명확하다든가 고정되었던 것이라고 볼 수 없었다. 대개 촛불집회에 모여드는 시위대의 구호에서 그 뜻이 추론되는 것 같았다. 2016년의 촛불민심은 당초에 대통령의 헌법·법률위반행위를 규탄하고 대통령의 사퇴, 탄핵, 처벌을 요구하는 것 그리고 대통령의 탈선을 유발하거나 탈선에 조력한 '부역자'들의 처단을 요구하는 것을 중심내용으로 하는 민의였다고 할 수 있다. 이런 촛불민심은 진화(進化)하면서 주장을 더 강화하기도 하고 그 외연을 넓히기도 했다. 나중에는 국정 전반의 적폐, 나아가서는 사회 전반의 적폐를 척결하라는 주장까지 포함하기도 했다.

촛불집회의 세가 강해지고 그것이 국민 다수의 지지를 얻게 되자 촛불민심이라는 추상적 현상은 큰 위력을 발휘하게 되었다. 촛불시위대는 청와대뿐만 아니라 국회로, 정당으로, 검찰로, 특검사무소로, 헌법재판소로 몰려다니며 촛불민심을 받들도록 압박하였다. 촛불민심을 관철하기 위해 필요한 곳이면 어디든 시위대가 나타났다. 촛불민심은 국회를 압박해 대통령에 대한 탄핵소추를 의결하게 하였다. 다수의 여당의원들이 탄핵찬성투표를 하지 않을 수 없게 만든 사실에서 촛불민심의 막강한 위력을 느낄 수 있었다. 여당이 분당사태를 맞은 것도 촛불민심 탓이라 할 수 있다. 국회가 최순실게이트에 대한 국정조사에 아주 각별한 열성을 보이게 한 것도 촛불민심 때문이었다. 검찰이나 특별검사도 최순실게이트에 대해 보기 드물게 혹독한 수사를 하도록 만들었다.

한동안 우리나라에서는 촛불민심으로 날이 새고 촛불민심으로 날이 저물었다. 우리나라의 정치뿐만 아니라 국민생활 모두가 촛불민심의 영향을 받는 형국이었다. 바야흐로 촛불민심의 시대가 열렸다. 한 시기를 압도한 촛불민심은 그 절정에 달했을 때 다툼을 허용하지 않는 정의(正義)로서, 지상명령으로서 군림하였다.

촛불민심은 정치인들의 언동을 평가하는 지배적인 기준이 되었다. 정치적 논쟁에서 촛불민심은 최강의 무기였다. 정치인들은 자기주장을 정당화하는 데 촛불민심을 업었다. 정적을 공격할 때도 촛불민심을 근거로 삼았다. 촛불민심을 아직도 깨닫지 못한 자, 촛불민심에 역행하는 자로 몰아 치명적인 손상을 입히려 하였다. 촛불민심의 규탄대상이 된 사람들의 자기방어나 변명은 죄악으로 몰렸다. 변명할수록 더 큰 죄인으로 몰릴 뿐이었다. 촛불민심의 규탄을 받은 사람들의 인권을 말하는 사람은 찾아보기 어려웠다.

야권 정치인이나 재야인사들은 말할 것도 없고 언론인이나 여러 분야의 논객들은 입에 침이 마르도록 촛불민심을 찬양했다. 촛불민심에 반대하는 사람들은 큰 목소리를 내기 어려운 사회분위기였다. 촛불민심에 반대하는 군중집회도 열렸으나 그들은 폄훼되었다. 돈에 팔려 참여한 사람들로 매도되기도 했다.

많은 정치인들이 촛불민심에 영합하려고 온갖 노력을 하였다. 정치인, 특히 야권의 대권주자라 불리는 사람들은 앞다투어 촛불집회에 참여하고 시위군중에게 연설하는 기회를 얻으려고 애썼다. 대통령선거에 출마의 꿈을 품은 야권 인사들은 촛불집회 참여를 필수 코스로 여겼다.

정치인들은 촛불민심을 받들거나 이를 선동하는 경쟁을 벌였다. 촛불민심을 가장 잘 받들고 촛불민심에 앞장서서 과격한 발언을 하는 선동정치인의 여론지지도는 가파르게 상승하였다. "대통령에게 수갑을 채우고 싶다" "헌법재판소가 탄핵소추를 인용하지 않으면 혁명을 일으킬 수밖에 없다" "정부는 불신임되었고 광화문 시위현장이 바로 국무회의이다" "촛불민심을 헌법의 권리장전으로 만들어야한다" 등등은 유력정치인들이 쏟아낸 말들이다.

국회에서 대통령에 대한 탄핵소추를 의결할 때 국회의원들은 촛불민심에 대한 충성경쟁에 나섰다. 다수의 국회의원 특히 여당에서 탄핵찬성 쪽으로 전향한 의원들은 찬·반투표에서 찬성한 사실을 분명한 증거로 남기기 위해 찬성기표한 투표용지를 촬영하여 이른바 '인증샷'을 해 둔다고 했다. 이런 행태는 촛불민심의 위력을 짐작할 수 있게 하는 극적인 예이다.

민심의 태풍에는 지나침이 따른다. 촛불민심의 열풍이 휩쓸고 지나간 뒤에는 적지 않은 후유증이 남지 않을까 걱정되었다. 촛불민심 자체는 정의를 구현하려는 민중의 함성으로서 높은 평가를 받았겠지만 실천수단에서는 비이성적인 지나침이나 폐단들이 나타났다. 범법자들을 응징하는 방법의 제안에는 초법적인 것들도 드물지 않았다. 법적 응징수단의 제안에도 법체제의 기본원리나 이념에 어긋나는 것들이 있었다.

한 번 위력을 과시하고 실증한 촛불민심세력은 국가경영의 핵심세력으로 군림하려 했다. 탄핵 이후의 정권은 촛불민심의 등에 업혀 탄생했다. 새 정부는 촛불민심을 잘 받들어야 한다는 압박을 받게 되었다.

촛불 또는 촛불세력은 언제나 국민이라는 이름을 내세우고 국민대표성을 강조했으나 우파(보수파) 정권을 몰아내는 데 앞장선 세력이었으므로 처음부터 그에 맞서는 우파의 집회와 시위도 있었다. 그러나 촛불이 그 위세를 떨칠 때 우파세력이 그에 대항하기는 어려웠다. 박근혜 대통령 탄핵 당시에는 우파시위대의 명분도 약했고 우파세력의 조직력·전투력·확산력은 좌파(진보파)의 그것을 대적하기에는 역부족이었다. 시간이 흐를수록 촛불은 진보진영의 색채를 더욱 뚜렷하게 드러내게 되었다. 그리고 정치투쟁집단으로, 정권투쟁집단으로 조직화되어가는 경향을 보였다. 촛불시위가 있는 곳에는 '태극기부대'

로 불리기도 했던 우파의 '맞불시위'도 나타나는 것이 점차 상례화되었다. 진
보·보수대결양상이 극명해졌다. 각 진영의 조직화가 심화될수록 시위세력간
의 대립뿐만 아니라 국민여론도 양분되고 대결적으로 변해갔다.

　　각 진영의 시위세력들은 부분적으로 어떤 개인을 향한 강성 팬덤으로 진
화되어가기도 했다. 팬덤은 '집착형 팬클럽'이다. 그것은 우상숭배에 버금가는
개인숭배자들의 모임이다. 강성지지층이라고 불리기도 하는 집착형 팬클럽
가담자들의 유일한 가치판단기준은 내편인가 아닌가를 가르는 기준이다. 내
편에 대한 평가에서는 이성이 상실된다. 내편의 잘못은 절대적인 불가능이라
고 주장한다. 집착형 팬클럽은 산업화시대에 나타나는 사회병리현상으로 보
아야 할 것이다.

3. 박근혜정부 개혁의 기조

　　박근혜정부는 희망의 새 시대를 국정비전으로, 경제부흥·국민행복·문화
융성·평화통일 기반구축을 4대국정기조로 선언하고 출범하였다. 국정기조를
실현하기 위한 전략가운데 정부개혁·행정개혁에 관한 전략은 '신뢰받는 정부'
라는 주제하에 요약되었다. 박근혜정부 행정개혁 프로그램의 하이라이트는
창조경제 발전을 통한 경제부흥과 국민안전을 핵심가치로 내건 대폭적 정부
기구개편, 경제혁신 3개년계획의 실시, 정부3.0 추진, 「청탁금지법」 제정 등
으로 간추릴 수 있다.

　　박근혜대통령의 재임기간은 4년 남짓이었다. 그러나 탄핵정국이 벌어지
면서부터는 행정개혁의 추진력이 바닥날 수밖에 없었다. 박근혜정부의 개혁
에 주어진 시간은 3년 정도였다. 행정개혁의 좋은 결실이 나오기 어려운 상황
이었다.

　　박근혜정부가 구상한 정부운영과 개혁추진의 청사진은 정부가 천명한 국
정과제에 요약되어 있다. 대통령직인수위원회가 만든 국정과제계획서를 2013
년 5월에 수정하여 확정하였다. 국정과제 도출의 체계는 국정비전 → 국정기
조 → 추진전략 → 국정과제 → 세부과제의 순서로 구성되어 있다.

1) 비전 · 기조 · 전략 · 과제

박근혜정부 개혁의 가장 기본적인 원리라 할 수 있는 국정비전은 '희망의 새 시대'이다. 희망의 새 시대는 국민행복과 국가발전이 선순환하는 새로운 패러다임의 시대라는 뜻이라고 한다. 이런 국정비전은 4대 국정기조, 14대 추진전략, 140개 국정과제로 구체화된다.

4대 국정기조는 경제부흥, 국민행복, 문화융성, 그리고 평화통일 기반구축이다.

경제부흥을 추구하기 위한 전략은 i) 창조경제, ii) 경제민주화, iii) 민생경제 등 세 가지이며 이들 전략을 실현할 국정과제는 42개이다. 국민행복을 추구하기 위한 전략은 i) 맞춤형 고용 · 복지, ii) 창의교육, iii) 국민안전, iv) 사회통합 등 네 가지이며 이를 실현할 국정과제는 64개이다. 문화융성을 추구하기 위한 전략은 i) 문화참여 확대, ii) 문화예술 진흥, iii) 문화와 산업의 융합 등 세 가지이며 이를 실현할 국정과제는 10개이다. 평화통일 기반구축을 추구하기 위한 전략은 i) 튼튼한 안보, ii) 한반도 신뢰프로세스, iii) 신뢰외교 등 세 가지이며 이를 실현할 국정과제는 17개이다. 개별적 국정과제의 열거는 여기서 생략하기로 한다. 4대 국정기조를 추구할 전략들을 열거한 외에 추진기반에 관한 전략을 따로 규정하고 있는데 그에 관한 국정과제들은 이 책에서 관심을 갖는 개혁과제이므로 다음에 소개하려 한다.

추진기반에 관한 전략의 명칭은 신뢰받는 정부이다. 신뢰받는 정부 실현을 위한 국정과제는 i) 국민중심 서비스정부 3.0 구현,[x] ii) 세종시 조기 정착을 통한 정부효율 극대화, iii) 공공기관 책임경영 강화 등 합리화, iv) 부적절한 규제의 사전적 예방 및 규제 합리화, v) 청렴하고 깨끗한 정부 구현, vi) 공권력에 대한 국민적 신뢰 회복, 그리고 vii) 지하경제 양성화 등 조세정의 확립이다.

....

x) 정부 3.0에 대해서는 뒤에 자세히 설명할 것이다.

2) 안전행정부의 비전과 정책목표

정부 각 부처는 소관 업무에 관한 국정과제를 구체화하여 추진하도록 하였다. 행정개혁의 주무부처였던 안전행정부의 국정과제체계를 보면 다음과 같다.[y]

국정비전은 국민 모두가 안전하고 행복한 대한민국이며 정책목표는 안전한 사회, 유능한 정부, 성숙한 자치이다. 이러한 정책목표 아래 국민안전분야, 정부운영분야, 지방자치분야 등 3개 분야의 11개 국정과제를 선정하였다. 각 국정과제는 주요정책이라는 세부과제로 구체화하였다.

국민안전분야의 국정과제는 i) 안전관리 패러다임의 근본적 전환, ii) 국가안전관리체계의 획기적 개혁, iii) 4대악(성폭력, 학교폭력, 가정폭력, 불량식품)의 근원적 척결, iv) 위기상황으로부터 국민보호 등 네 가지이다. 정부운영분야의 국정과제는 i) 원스톱 맞춤형 서비스 제공, ii) 공공정보 개방·공유로 일자리 창출, iii) 국정운영 시스템의 획기적 개편, iv) 엄정한 공직기강확립 등 네 가지이다. 지방자치분야의 국정과제는 i) 지방분권과 주민체감형 지방행정 구현, ii) 지방재정 확충 및 건전성 강화, iii) 지역공동체 활성화와 지역균형발전 등 세 가지이다.

이 가운데서 정부운영분야의 국정과제들을 실천할 주요정책(세부과제)만을 살펴보려 한다.

원스톱 맞춤형 서비스 제공을 위한 주요정책은 i) 개인별·생애주기별 맞춤형 서비스 제공, ii) 언제 어디서나 접근이 가능한 친근한 정부 구현, iii) 현장위주의 창업 및 기업활동 지원 서비스 강화 등 세 가지이다.

공공정보의 개방·공유로 일자리를 창출하기 위한 주요정책은 i) 정보공개의 패러다임 전환(비공개범위 최소화, 원문공개, 원천데이터 개방), ii) 공공정보 개방·공유를 위한 공통기반(개방형·표준형 DB 구축, 단일 정보공유 플랫폼 구축,

---

[y] 여기에 소개하는 것은 안전행정부의 2013년 업무보고 "안전한 사회, 유능한 정부, 성숙한 자치로 행복한 대한민국을 만들겠습니다!"(2013. 4. 5)에 실린 내용이다. 안전행정부는 2014년에 행정자치부로 바뀌고, 2017년에 다시 행정안전부로 바뀌었다.

국가오픈데이터포럼 출범) 조성, iii) 공공정보의 민간 활용 지원을 통한 창조적 일자리 창출, iv) 중소 IT 기업의 역량제고 지원 및 참여확대, v) 한국형 전자정부모델 해외진출 지원 등 다섯 가지이다.

국정운영시스템의 획기적 개편을 위한 주요정책은 i) 부처 간 칸막이 없애기, ii) 부처 간 협업지원체계 구축, iii) 빅데이터 활용으로 지식정보기반의 과학적 행정 구현, iv) 정책결정과정의 민·관 간 소통·협업 활성화, v) 공정한 성과평가를 통한 공무원 책임성 강화, vi) 공직 전문성제고를 위한 보직관리 다양화, vii) 학력·스펙을 초월한 유능한 인재 유치·활용, viii) 공직임용의 기회균등 확대, ix) 일과 가정이 양립하는 근무환경 조성 등 아홉 가지이다.

엄정한 공직기강 확립을 위한 주요정책은 i) 깨끗한 공직사회를 위한 공직기강 확립과 ii) 전관예우관행 근절이다.

4. 중앙행정기구의 개편

대통령직인수위원회가 창조경제 발전을 통한 경제부흥과 국민안전을 핵심가치로 삼아 만든 박근혜정부의 첫 번째 정부조직개편안은 국회에서 처리가 늦어져 대통령 취임 후 한 달여가 지나서야 법률로 확정되었다. 2013년 3월 23일에 공포된 「정부조직법」 개정법률은 15부 2처 18청이던 기존의 중앙행정기구를 17부 3처 17청으로 개편하였다. 두 개의 부와 하나의 처가 늘고 하나의 청이 줄었다.

신설된 기구는 기획재정부장관이 겸임하는 부총리, 미래창조과학부, 그리고 해양수산부이다. 식품의약품안전청은 처로 승격되었다. 미래창조과학부와 부총리급으로 격상된 기획재정부는 대통령이 국정기조로 강조한 창조경제, 경제부흥을 이끌 양 날개라는 의미를 지녔다. 특히 미래창조과학부는 박근혜정부의 야심작인 만큼 그 기능이 광범하고 규모는 방대하였다. 그 기능은 과학기술연구활동 지원, 산학협력, 일자리 창출, 정보통신, 우편, 방송 등의 영역에 미친다.

명칭과 기능이 바뀐 기구도 여럿이다. 지식경제부는 산업통상자원부로 개편되면서 과학기술에 관한 기능을 미래창조과학부로 넘기고 외교통상부의 통상기능을 흡수하였다. 통상업무를 넘겨준 외교통상부는 외교부로 개편되었다. 수산업무를 해양수산부로 넘겨준 농림수산식품부는 농림축산식품부로 개편되었다. 해양업무와 해양경찰청을 해양수산부로 넘겨준 국토해양부는 국토교통부로 개편되었다. 안전관리기능이 강화된 행정안전부의 이름은 안전행정부로 바꿨다. 특임장관과 국가과학기술위원회는 폐지되었다. 큰 개편 없이 유지된 부처는 통일부, 법무부, 국방부, 문화체육관광부, 보건복지부, 환경부, 노동부, 여성가족부, 법제처, 그리고 국가보훈처이다.

정부는 중앙행정기구의 개편과 함께 청와대의 직제도 대폭 개편하였다. 대통령실은 대통령 비서실로 바꾸고 비서실장을 위원장으로 하는 인사위원회를 청와대에 설치하였다. 이 인사위원회는 정무직 공무원의 임용에 관한 업무를 주로 처리하게 되었다. 대통령 소속의 장관급 국가안보실을 신설하였다. 비서실에 국정기획수석실과 미래전략수석실을 신설하였다. 기존의 장관급 정책실, 수석급 국가위기관리실과 사회통합수석실, 그리고 6개 기획관은 폐지하였다.

박근혜대통령은 2014년 5월 19일 세월호 참사에 관련한 대국민 담화를 발표하였다. 박대통령은 이 담화에서 사고에 적절히 대처하지 못한 데 대해 사과하고 국가개조를 위한 정부조직 개편과 공직사회 개혁방안을 발표하였다. 이에 따라 정부는 정부조직법 개정안을 만들었다. 이 개정안은 국무총리 소속의 국가안전처를 신설하도록 하였다. 국가안전처가 분산된 재난관리기능을 통합하여 관장함으로써 강력한 재난안전 컨트롤타워 역할을 수행하게 하였다. 국가안전처는 안전행정부의 안전기능, 해양수산부의 해상교통관제센터 업무, 해양경찰청의 해양구조·구난기능과 해양경비기능을 흡수하도록 하였다. 해양경찰청의 수사·정보기능은 경찰청에 이관하도록 하였다. 이로써 해양경찰청은 해체하도록 하였다. 국가안전처에는 안전 관련 예산 사전협의권과 재해예방 특별교부세 배분에 관한 권한도 부여하도록 하였다.

국무총리 소속으로 인사혁신처를 설치하여 공무원의 인사(임용)·윤리·복무에 관한 기능을 수행하도록 하였다. 전문성과 공정성이 중요한 인사행정 담당기구를 국무총리 소속하에 둠으로써 민관유착 등 공직사회의 적폐를 시정하고 공무원의 역량을 향상시켜 깨끗하고 유능한 정부를 만들기 위한 조치라고 하였다. 인사기능과 안전기능을 인사혁신처와 국가안전처로 이관한 안전행정부는 행정자치부로 개편되어 정부의 조직과 정원, 전자정부, 정부혁신, 지방자치제도 및 재정·세제, 정부 의전·서무기능을 담당하게 하였다. 교육부장관이 겸임할 부총리도 신설하도록 하였다. 신설되는 부총리는 교육·사회·문화 분야의 정부활동을 총괄하였다.

정부는 기구개편안과 함께 이른바 '관피아'를 척결하고 공직사회를 개혁하는 방안으로 i) 안전감독·인허가규제·조달업무 유관단체의 기관장과 감사직에 퇴직공무원의 임명을 금지한다, ii) 퇴직공직자의 취업제한 대상기관 수를 3배 이상 늘리고 취업제한기간을 2년에서 3년으로 연장한다, iii) 업무관련성 판단기준을 소속부서에서 소속기관 업무로 확대한다, iv) 고위공무원의 10년간 취업기간과 직급을 공개하는 취업이력공시제도를 도입한다, v) 5급공채와 민간경력자채용을 5 대 5수준으로 조정한다, vi) 중앙선발시험위원회를 신설해 민간전문가의 공직채용업무를 통합관리하게 한다는 등의 대책을 발표하였다.[z]

국무총리는 2014년 7월 8일에 국가대개조작업을 주도하기 위해 국가대개조범국민위원회를 만들겠다는 담화를 발표하였다. 국무총리소속으로 설치될 이 위원회에는 민간의 광범한 참여가 있을 것이며 공직개혁, 안전혁신, 부패척결, 의식개혁에 관한 활동을 하게 된다고 하였다.

5. 정부 3.0

1) 제안의 배경

정부는 2013년에 '정부 3.0'이라는 정부개혁의 목표상태모형을 채택하고

─────────────

z) '관피아'(관료+마피아)라는 합성어는 세월호 참사가 있은 즈음에 널리 쓰이게 되었다. 정부의 공식문서에까지 오르내리게 된 이 말은 관청과 유관기관단체의 구성원들이 학연 등으로 유대를 형성하고, 퇴직공무원들이 유관기관단체의 임직원으로 취업해서 민관을 아우르는 패거리를 형성하는 현상을 지칭한다. 그런 패거리들이 부패와 그 밖의 도덕적 위해를 저질러왔다는 혐의가 짙기 때문에 정부는 이를 척결의 대상으로 삼게 되었다.

실행에 들어갔다. 정부 3.0에 관한 기본계획을 수립하여 발표하면서 이를 국정과제로 채택하였으며 정부 3.0 비전선포식을 거행하고 기관별·부문별 실행계획도 수립하였다. 정부 3.0 추진위원회, 실무회의, 민간자문단, 기관별 책임관 등으로 구성된 추진기구를 만들었다. 정부업무평가에 정부 3.0 추진실적을 반영하도록 하였다. 정부 3.0 사업 확산을 위한 홍보와 교육도 강화하였다.

　　정부 3.0의 구상과 추진은 지난날의 정부개혁사업들이 전통적인 정부관료제의 병폐를 제거하는 데 무능했으며 기존의 개혁모형들이 급변하는 환경과 행정수요에 제대로 대응하지 못한다는 반성과 비판에서 비롯된 것이다. 특히 전자정부사업의 부진과 실책에 대한 비판이 정부 3.0 구상의 보다 직접적인 계기였다고 생각한다. 과거 우리 정부가 설계하여 채택했던 전자정부 사업과 그에 연계되었던 개혁사업들이 정부관료제의 업무수행 효율화 그리고 공급자중심의 기술적 합리성 추구에 지향되었으며 서비스 이용자에게 만족을 주는 진정한 의미의 이용자중심적·인간중심적 개혁에 실패하였다는 지적이 많았다. 이러한 평가를 받아들인 우리 정부는 새로운 대안으로 정부 3.0이라는 개혁모형을 디자인하게 되었다.

　　정부 3.0은 전자정부모형과 여러 가지 유사한 측면을 지니고 있으나 정부가 생각하는 '낡은 전자정부모형'과 확실한 구별을 짓기 위해 3.0이라는 디지털계의 표현을 쓴 것으로 보인다. 정부 3.0이라는 명칭에 들어 있는 숫자의 표기는 진화해 가는 컴퓨터 소프트웨어의 버전 표시에서 본뜬 것이다. 인터넷을 통해 정보를 일방적으로 전달하는 Web 1.0, 쌍방향적 정보전달이 가능한 Web 2.0, 빅데이터를 활용해 맞춤형·지능형 정보지원을 하는 Web 3.0에 견주어 정부 1.0, 정부 2.0, 정부 3.0을 구분한다. 이러한 표기방식은 학계에서 이미 논의되었으며 우리 정부의 창안이라고 보기는 어렵다.

2) 정부 3.0의 정의

　　우리 정부가 제시한 개념정의에 따르면 정부 3.0은 공공정보를 적극적으로 개방하여 공유하고 부처 간 칸막이(경계·담장)를 없애고, 소통·협력함으로써 국정과제에 대한 추진동력을 확보하고, 국민에게 맞춤형 서비스를 제공하고, 일자리 창출과 창조경제를 지원하는 새로운 정부운영 패러다임이라고 한다. 정부 3.0은 개방·공유·소통·협력이라는 가치를 국정운영 전반에 확산시키고자 하는 정부혁신추진체계라고도 설명된다. 정부 3.0의 궁극적 목표는 수요자 맞춤형 서비스를 제공하고, 일자리와 신성장동력을 창출하여 국민 각자가 자기 역량을 최대한으로 발휘하게 함으로써 국민 모두가 행복한 나라를 만드는 것이라고 한다.[41]

정부 3.0의 구성요건을 간추리면 다음과 같다.

① **빅데이터 활용**   빅데이터를 구축하여 활용한다. 빅데이터를 활용하여 정부서비스의 품질을 고도화하기 위해서 빅데이터[a′]뿐만 아니라 슈퍼컴퓨터, 통신인프라, 협력네트워크, 법제도 등을 포함한 새로운 사회간접자본을 구축한다. 이러한 사회간접자본은 국민들이 필요한 정보에 쉽고 싸게 접근하여 활용할 수 있게 하는 기반이 된다.

② **정보공개 확대**   공공정보의 공개와 공유를 획기적으로 확대하여 국민의 알권리를 충족시키고 행정의 투명성을 제고한다. 나아가 공공정보의 생산적 활용을 촉진한다. 공공정보를 이용자의 관점에서, 이용자중심으로 전면 공개한다. 정보의 공개에서는 적극적·선제적 공개에 역점을 둔다.

③ **맞춤형 서비스**   국민에게 맞춤형 서비스를 제공한다. 맞춤형 서비스란 국민 개개인의 필요에 대응하는 개인화된 서비스를 말한다. 이것은 공급자의 관점이 아니라 이용자의 관점에서 서비스를 결정한다는 뜻이기도 하다. 서비스 개인화의 추진은 정부서비스의 가치는 서비스가 소비될 때 발생하는 것이며 서비스의 품질은 이용자가 어떻게 인식하고 평가하느냐에 달려 있다고 보는 관점에 입각한 것이다.

④ **소통과 협업의 촉진**   국민과 정부의 소통과 협력을 확대하고 협업행정을 고도화한다. 국민 개개인과 정부의 관계를 칸막이 없는 일원적 관계로 파악한다. 정부 내에서도 부서 간·기능 간의 칸막이를 제거하여 협력적 업무처리를 원활하게 함으로써 서비스 이용자의 편의와 만족을 증진시킨다.

....

a′) 빅데이터(big data)는 규모가 매우 방대하고 비정형적 데이터 등 다양한 종류의 데이터를 포함하며 생성·유통·이용이 실시간으로 이루어지는 데이터의 집합이다. 빅데이터는 기존 방식으로는 관리하고 분석하기 어렵다. 빅데이터는 일반적으로 사용되어 오던 데이터베이스 소프트웨어가 저장·관리·분석할 수 있는 범위를 벗어나는 데이터이다.

정부서비스의 공급자와 소비자를 가르는 경계는 흐려진다. 공공서비스의 소비자인 국민은 서비스의 생산에도 가담하는 창조적 소비자로 파악된다. 서비스 이용자는 서비스 제공자와 함께 능동적으로 가치를 창조하는 협업의 동반자가 되기 때문에 창조적 소비자라 한다.

⑤ **창조경제와의 연계**   정부 3.0은 일자리와 신성장동력의 창출에 기여함으로써 창조경제의 발전을 촉진한다. 정부 3.0의 창조경제에 대한 기여는 공공정보의 공급이 일자리 창출에 이어지게 한다는 것, 공공정보를 이용해 민간기업이 새로운 콘텐츠를 개발할 수 있게 한다는 것, 신산업 생성을 돕는다는 것 등이다.

기존의 정부개혁모형들과 정부 3.0의 구별에 대해 논쟁이 있다. 특히 전자정부모형과의 구별에 대해 이견이 있다. 새로운 제안이라기보다 기왕에 나와 있던 개혁제안들을 반영하고 있을 뿐이라고 말하는 사람들이 있다. 정부 3.0은 전자정부의 연장이라고 보는 견해가 많다. 전자정부를 어떻게 정의하느냐에 따라 전자정부와 정부 3.0의 관계는 여러 가지로 다르게 해석될 수 있다. 여기서는 우리 정부가 정의하고 있는 정부 3.0을 소개하는 것이므로 우선 정부의 견해를 알아볼 필요가 있다. 우리 정부의 입장은 전자정부모형을 한 단계 업그레이드한 모형이 정부 3.0이라고 해석하는 것 같다. 정부가 추진해 왔던 전자정부사업에 새로운 역점을 추가하고 역점 간의 비중을 변동시킨 개혁모형에 정부 3.0이라는 이름을 붙이고 있다는 뜻이다. 정부는 '우리 정부가 지난날 추진했던 전자정부'와 정부 3.0을 대비시켜 그런 해석을 한 것으로 보아야 한다. 전자정부의 의미를 보다 폭넓게 정의하는 경우 정부의 견해와는 다른 설명을 할 수도 있다.

정부 3.0은 정부 1.0과 정부 2.0에 대조해 정의된다. 정부의 설명에 따르면 정부 1.0은 국민에 대해 일방향적(일방통행적)인 작용을 하는 정부이며, 정부 2.0은 국민과 쌍방향적인 교호작용을 하는 정부라고 한다. 정부 3.0은 국민 개개인에 대한 맞춤형 정부라고 한다. 이 세 가지 모형의 운영방향, 핵심가치, 참여방식, 서비스 제공, 운영수단에 나타나는 차이점은 [표 5-2]에 요약되어 있다.[42]

표 5-2 정부 1.0·정부 2.0·정부 3.0의 비교

구분	정부 1.0	정부 2.0	정부 3.0
운영방향	정부 중심	국민 중심	국민 개개인 중심
핵심가치	효율성	민주성	확장된 민주성
참여	관 주도·동원 방식	제한된 공개·참여	능동적 공개·참여 개방·공유·소통·협력
행정서비스	일방향 제공	양방향 제공	양방향·맞춤형 제공
수단(채널)	직접 방문	인터넷	무선 인터넷 스마트 모바일

3) 정부 3.0의 추진전략과 중점과제

정부 3.0의 목표를 추구하는 전략은 소통하는 투명한 정부의 구현, 일 잘하는 유능한 정부의 구현, 그리고 국민중심의 서비스정부 구현이다. 이 세 가지 전략의 실행수단인 중점과제는 열 가지이다. 전략별로 분류된 중점과제들을 보면 다음과 같다.[43)]

(1) 소통하는 투명한 정부   소통하는 투명한 정부를 구현하기 위한 중점과제는 세 가지이다.

① **정보공개**   공공정보를 적극적으로 공개하여 국민의 알권리를 충족시킨다. 국민생활에 영향을 미치는 공공정보를 사실 그대로 공개하고 개방대상을 확대한다. 정보공개의 패러다임을 공급자중심에서 이용자인 국민중심으로 전환하고 국민의 입장에서 국민이 원하는 정보를 사전적·선제적으로(개방 요구를 기다리지 않고) 공개한다.

② **공공정보의 민간 활용 활성화**   공공정보의 민간 활용을 활성화한다. 공공정보를 대대적으로 개방하여 정부기관 간 공유를 촉진함은 물론 국민과 기업이 공공정보를 상업적으로 활용할 수 있게 한다. 공공정보의 민간 활용이 일자리를 만드는 등 경제효과를 창출할 수 있게 한다.

③ **민·관 협치의 강화**   민·관의 협치와 협업을 강화하여 국민과 함께 가는 정부를 구현한다. 이를 위해 정책의 수립·집행·평가 등 정책과정 전반에 걸친 국민참여를 확대한다. 국민과 정부의 소통, 국민참여를 확대하는 데

필요한 채널을 다양화한다. 온라인 민·관 협업공간을 구축한다.

(2) 일 잘하는 유능한 정부   일 잘하는 유능한 정부를 구현하기 위한 중점과제는 세 가지이다.

① **정부 내 칸막이 제거**   일하는 방식을 부처중심에서 과제중심으로 바꿔 성과를 낼 수 있도록 정부 내의 칸막이라고 하는 할거주의적 장애를 타파한다. 이를 위해 주요 국정과제에 대한 정보공유와 시스템 연계를 촉진하고 과제중심으로 조직과 인력을 관리한다.

② **소통·협업 지원**   정부기관 간의 소통과 협업을 지원하기 위해 정부운영시스템을 개선한다. 소통·협업 촉진을 위한 주요 개선과제는 정부합동의사전달시스템·지식경영시스템과 같은 기반시스템을 구축하는 것, 디지털 협업시스템을 구축하는 것, 클라우드 컴퓨팅센터를 만드는 것 등이다.

③ **빅데이터의 활용**   각 부처 공동의 빅데이터기반시스템을 구축하여 활용함으로써 과학적 행정을 구현한다. 정보의 과학적 분석을 통해 미래예측의 정확성을 높이고 데이터에 기반을 둔 정책수립을 촉진하고 신산업창출을 지원한다.

(3) 국민중심의 서비스정부   국민중심의 서비스정부를 구현하기 위한 중점과제는 네 가지이다.

① **맞춤형 서비스**   수요자 맞춤형 서비스를 통합적으로 제공한다. 수요자(이용자)의 생애주기별·개인유형별 맞춤형 서비스를 통합적으로(원스톱으로) 제공한다. 이를 위해 부처별 시스템을 연계·통합하고 생활민원정보를 하나의 창구에서 통합적으로 제공한다.

② **기업활동 지원**   기업의 창업과 활동에 대한 원스톱 지원을 강화한다. 기업의 창업과 활동을 맞춤형으로 지원하고 기업민원에 대한 원스톱 서비스를 제공한다. 이를 위해 기업특성별 통합관리시스템을 구축하고 기업활동지원전담반을 설치한다.

③ **서비스 접근성 제고**   정보취약계층의 서비스 접근성을 높인다. 이를 위해 정보취약계층에 근접해 있는 지역주민센터와 같은 민원창구를 확대하고, 장애인 고령자 등의 웹접근성을 높인다.

④ **새로운 정보기술 활용**   새로운 정보기술을 활용한 맞춤형 서비스를

창출한다. 첨단 정보기술을 활용한 지능형 행정서비스를 확대하고, 스마트 정보기술을 활용하여 생활밀착형 모바일 서비스를 제공한다.

6. 규제개혁

지난 여러 정권에서 규제축소, 규제완화에 역점을 둔 규제개혁을 추진해왔다. 박근혜정부도 규제개혁을 우선순위가 높은 행정개혁과제로 채택하였다. 박근혜정부에서 체감된 규제개혁의지는 훨씬 강렬하였다. 창조경제와 경제부흥을 국정기조로 내건 대통령은 정부규제 특히 기업활동에 대한 규제가 경제발전의 발목을 잡는 가장 큰 장애라는 인식을 가지고 정부구성원 전체를 향해 규제개혁을 독려하였다. 대통령은 규제개혁을 촉구하면서 불필요한 규제를 '암 덩어리'라고 표현하는 등 매우 격정적인 용어를 사용하기도 했다. 대통령은 규제개혁 장관회의를 주기적으로 주재하는 외에 청와대에서 기업인 등 민간대표들이 다수 참석하는 민관합동 규제개혁 점검회의를 개최하고 7시간여 계속된 이 회의를 직접 주재하기도 했다. 대통령의 강력한 독려를 받은 정부부처들은 모두 규제개혁의 아이디어를 짜내게 되었다. 여기서는 규제개혁위원회와 민관합동규제개선추진단의 활동에 대해서만 언급하려 한다.

1) 규제개혁위원회의 활동

규제개혁위원회는 공정한 경쟁촉진을 통한 국가경쟁력 강화, 민간자율과 창의성의 극대화, 국민이 누리는 삶의 질 향상, 부정부패 추방, 규제제도의 국제화 등을 목적으로 표방하고 일련의 규제개혁사업을 추진하였다. 주요역점사업을 보면 다음과 같다.[44]

(1) 국정과제 이행을 위한 규제정비종합계획 수립　　국정기조에 맞추어 창조경제 생태계조성과 성장동력 확충, 민생경제 안정과 시장경제질서 확립, 맞춤형 고용·복지와 창의교육, 국민안전, 문화융성 등에 역점을 둔 규제정비종합계획을 수립하여 시행하였다. 이 계획에서는 창조경제의 발전에 기여하는 투자활성화를 저해하는 규제는 폐지하거나 완화하고, 안전·환경·소비자 보호를 위한 규제는 보완·강화하도록 하는 투 트랙(two-track) 규제정비를 추진하도록

하였다. 수요자중심의 과제발굴을 위해 대국민과제공모, 부처 자체 규제개선 추진단 운영, 민원·언론보도 분석등 여러 가지 방법을 활용하도록 하였다.

(2) 네거티브 규제방식 확대   창업과 투자의 걸림돌이 되는 진입문턱을 대폭 낮추기 위해 네거티브 규제방식을 도입하였다. 네거티브 규제방식은 원칙적으로 모든 기업활동을 자유로이 허용하고 예외적으로 금지되는 행위만을 적시하는 방식이다. 네거티브 규제방식은 일정한 자격이나 요건을 갖추면 반드시 허가 등을 내주도록 강제하는 방식이다. 네거티브 방식은 원칙 허용·예외 금지라는 규칙을 따르는 반면 포지티브 방식은 원칙 금지·예외 허용이라는 규칙을 따르는 규제방식이다. 종래의 규제는 대부분 포지티브 방식의 규제였다고 한다. 네거티브 규제방식의 확대와 함께 규제일몰제도 대폭 확대하였다. 규제신설을 심사할 때는 네거티브 방식을 우선 적용하고 그것이 어려우면 효력상실형 일몰제, 재검토형 일몰제의 적용을 차례로 선택하기로 하였다.

(3) '손톱 밑 가시 규제' 개선   손톱 밑 가시로 불리는 규제를 발굴하여 개선하였다. 규제개선대상인 손톱 밑 가시는 중소기업과 소상공인들이 겪는 작지만 실제로 불편과 부담을 주는 고질적인 현장 애로사항을 지칭한다. 수요자의 시각에서 손톱 밑 가시를 현장중심으로 발굴해 개선하기 위해 분야별 옴부즈만과 대한상공회의소, 중소기업중앙회 등 민간 네트워크를 활용하였다. 민관합동규제개선추진단이 손톱 밑 가시 규제의 개선에 앞장서게 하였다. 규제개혁 신문고를 운영하고, 규제개선 현장간담회를 개최하였으며, 규제개혁 업무 담당자들이 산업계를 직접 방문하여 건의사항을 들었다.

(4) 규제총량 감축과 규제비용총량제 실시   기존의 규제를 감축하고 감축된 규제수준을 유지하기 위해 규제총량제와 유사한 규제비용총량제를 실시하기로 하였다. 이것은 규제를 신설하거나 강화할 때에는 거기에 드는 비용에 상응하는 비용이 드는 기존의 규제를 폐지하거나 완화하는 제도이다. 비용측정이 어려운 규제의 경우에는 규제의 등급을 정해 동급 규제 간 교환방식을 적용하도록 하였다.

(5) 규제개혁 성과관리   규제정보화시스템을 통해 부처별 규제개혁과제를 등록·관리하고 과제추진상황을 국민에게 공개하도록 하였다. 부처별 규제개혁 추진과 그 실적을 분기별로 점검하고, 부처별 규제개혁성과는 연말에 최종

평가를 하도록 하였다.

2) 민관합동규제개선추진단의 활동

국무총리실의 국무조정실은 2013년 9월 20일에 대한상공회의소, 중소기업중앙회 등 민간단체와 공동으로 민관합동규제개선추진단(추진단)을 설립하였다. 국무총리소속으로 설치된 이 추진단은 기업의 손톱 밑 가시를 포함한 잘못된 규제를 발굴하여 개선하고 규제로 인한 국민 불편을 해소하는 임무를 맡았다. 규제로 인한 기업현장의 애로를 감지하여 시정하는 역할이 가장 중요시되었다. 규제개혁위원회가 신설 또는 강화하려는 규제를 미리 심사하는 사전적 통제기능에 역점을 두었다고 한다면 추진단은 잘못된 규제를 찾아 해소하는 사후적 통제기능에 역점을 두었다고 말할 수 있다.[45]

이명박정부에서 2008년에 국가경쟁력강화위원회와 대한상공회의소가 공동운영하는 민관합동규제개혁추진단을 만들었다. 그러나 이 조직은 국가경쟁력강화위원회가 폐지된 후 유명무실하게 되었으므로 참여범위와 기능을 확대·강화한 민관합동규제개선추진단을 새로 만들게 된 것이다.

추진단의 공동단장은 대한상공회의소 상근부회장, 중소기업중앙회 상근부회장, 그리고 국무조정실 규제조정실장이다. 국무조정실 고위공무원이 부단장을 맡아 실무를 총괄하였다. 하부조직은 총괄기획팀, 중소기업·소상공인지원팀, 투자환경개선팀, 민생불편개선팀 등 4개 팀으로 구성되었다.

추진단의 주요활동은 다음과 같이 요약할 수 있다.[b']

① **규제개선 과제의 발굴과 이행점검**　기업현장 애로의 발굴과 개선, 규제개선 성과물의 공유와 전파, 그리고 이행상황의 점검을 동시에 진행하는 패키지형 간담회를 개최하고 현장을 방문하거나 관련자들의 방문을 받는 간담

---

b') 「민관합동규제개선추진단의 설치 및 운영에 관한 규정」 제2조 제2항은 추진단의 업무는 ① 기업현장 애로사항 및 불합리한 규제의 발굴에 관한 사항, ② 중소기업·소상공인의 현장애로사항의 발굴에 관한 사항, ③ 기존 규제 관련 국민 건의사항의 접수에 관한 사항, ④ 발굴·접수된 과제에 대한 개선방안의 마련에 관한 사항, ⑤ 개선과제의 이행상황에 대한 현장점검 및 지방자치단체의 규제집행실태의 확인에 관한 사항, ⑥ 그 밖에 규제개선의 추진과 관련하여 국무총리가 지시하는 사항이라고 규정한다.

회를 수시로 개최하였다.

② **기업애로 규제 전수조사와 만족도 조사**　　기업애로 규제 전수조사를 연 2회 실시하고, 정부의 규제개선정책과 추진단의 규제개선활동에 대한 만족도 조사를 연 1회 실시하였다.

③ **연구·조사사업**　　분야별 민간전문가로 구성된 자문위원단과 연구기관·학회 등에 의뢰하여 '손톱 밑 가시넝쿨' 규제와 관련된 조사연구를 수행하고 연구결과를 공유하였다. 소톱 밑 가시넝쿨 규제란 동일한 분야 내의 연계성이 높은 규제들이며, 덩어리 규제보다는 범위가 좁고 단기간에 개선이 가능한 규제를 말한다.

④ **우수 규제개선 과제 선정과 기관 표창**　　규제개선업무를 평가하여 그 결과를 공표하고, 기업현장의 애로를 해소하기 위해 노력한 정부기관과 공무원을 선발하여 표창하였다.

⑤ **손톱 밑 가시 신고전화와 홈페이지 운영**　　현장중심·수요자중심의 규제개선을 추진하기 위해 손톱 밑 가시 신고전화와 추진단 홈페이지(smart regulation)를 개설하여 운영하였다.

7. 경제혁신 3개년 계획

박근혜대통령은 2014년 2월 25일 대국민 담화를 통해 경제혁신 3개년 계획의 추진을 직접 발표하였다. 대통령은 계획의 3대 혁신전략을 설명하면서 "경제혁신 3개년 계획을 통해 2017년에 3%대 초반까지 떨어질 것으로 예상되는 잠재성장률을 4%대로 끌어올리고, 고용률 70%를 달성하고, 1인당 국민소득 3만불을 넘어 4만불 시대로 가는 초석을 다져 놓겠다"는 결의를 밝혔다. 관계부처 합동으로 작성한 경제혁신 3개년 계획의 요지를 보기로 한다.[46]

계획수립은 우리 경제현실에 대한 문제인지에서부터 출발하였다. 우리의 대외환경인 세계경제는 대전환기에 있고 통상환경은 급변하고 있는데 우리 경제는 이에 대응할 태세를 갖추지 못하고 있다는 것이 계획 입안의 전제이다. 기본이 바로서지 못해 경제가 정체되고 경제의 성장엔진이 꺼져가고 있으며 부문 간 불균형으로 구조적 취약성이 확대되고 있다고 보았다. 기존의 경제정책은 계획만 있고 실행성과가 없는 악순환의 덫에 갇혔다고 평가하였다.

경제혁신 3개년 계획의 체계는 목표 → 추진전략 → 중점추진과제 → 실행과제로 구성되어 있다. 계획의 목표는 대한민국 대도약을 통한 국민행복시대 구현이다. 3대 추진전략은 i) 기초가 튼튼한 경제, ii) 역동적인 혁신경제, iii) 내수·수출 균형경제이다. 추진전략별로 정해진 9대 중점추진과제는 다음과 같다.

(1) **기초가 튼튼한 경제**　　이 전략을 이행할 과제는 i) 공공부문 개혁, ii) 원칙이 바로 선 시장경제, iii) 사회안전망 확충 등 세 가지이다. 공공기관의 방만경영 근절, 부채감축, 비리척결과 함께 생산성을 제고하고 강도 높은 재정개혁 등을 통해 공공부문을 개혁한다. 대·중소기업 간 공정거래 등의 확실한 정착과 대화·타협을 통한 노동시장 현안 해결, 금융소비자 보호 강화 등을 통해 원칙이 바로 선 시장경제를 확립한다. 혁신과정에서 뒤처질 수 있는 이들을 위해 사회안전망을 강화한다.

(2) **역동적인 혁신경제**　　이 전략을 이행할 과제는 i) 창조경제구현, ii) 미래대비 투자, iii) 해외진출 촉진 등 세 가지이다. 창업·성장·회수·재도전의 전과정 지원 강화, 규제혁파 등으로 창조경제를 구현한다. R&D투자 확대, 인터넷기반 융합산업 육성, 기후변화와 같은 범세계적 문제에 대한 선제적 대응 등 미래대비 투자를 촉진한다. FTA 확대를 포함한 신시장 개척, 해외건설·플랜트·컨텐츠의 진출확대 등으로 해외진출을 촉진한다.

(3) **내수·수출 균형경제**　　이 전략을 이행할 과제는 i) 투자여건 확충, ii) 내수(소비)기반 확대, iii) 청년·여성 고용률 제고 등 세 가지이다. 가계부채, 전세값 상승 등 내수(소비) 제약요인을 최우선적으로 해결하여 내수(소비)기반을 확대한다. 규제혁파, 5대 유망 서비스업 등 서비스업 발전기반 구축과 지역투자 걸림돌 제거 등을 통해 투자여건을 확충한다. 청년의 취업단계별 애로를 해소하고 여성이 경력단절을 겪지 않는 방향으로 청년·여성 고용률을 제고한다.

위에 열거한 9대과제에 통일시대 준비라는 과제를 하나 더 보태 9+1과제라 부르기도 하였다. 과제추진의 실행원칙은 민·관협업과 구체적 성과의 달성이다.

8. 반부패활동

박근혜정부도 다른 역대 정부처럼 여러 가지 반부패활동을 했다. 그 가운데서 부패방지 4대 백신 프로젝트 시행, 「부정청탁 및 금품 등 수수 금지에 관한 법률」 시행, 그리고 공무원 헌장 제정을 골라 다음에 설명하려 한다.

1) 부패방지 4대 백신 프로젝트

정부는 2016년 1월 12일 대형 국책사업을 운영하는 공공시스템에 적용할 「부패방지 4대 백신 프로젝트」를 가동한다고 발표하였다. 이 프로젝트의 궁극적인 목적은 정부활동의 모든 분야에서 부패를 예방하는 것이지만 처음에는 그 적용대상을 한정한다고 하였다. 이 프로젝트의 우선적용대상은 대규모의 재원을 사용하면서 도덕적 해이의 우려가 크고 부패의 소지가 큰 사업분야이다. 여기에 포함되는 것은 평창동계올림픽, 재난안전통신망사업 등 16개 분야 총 240조원을 운용하는 공공시스템이다. 적용대상은 점차 확대해 나간다고 하였다.[47]

이 프로젝트는 예방에 역점을 둔 것이다. 부패를 사후적으로 적발하고 처벌을 강화하던 기존의 방식이 아니라 사업운영시스템 자체에 부패요인을 감시·경고하여 부패를 예방할 수 있는 장치를 내장시키는 방식을 채택한다고 하였다.

이 프로젝트는 또한 사업과 비리행위소지의 특성에 적합한 예방전략을 쓴다고 하였다. 공공사업별 특성에 맞추어 사업관리의 조직과 절차, 정보시스템 등이 부패를 예방할 수 있도록 미리 정비하고 개선해 나간다는 것이다. 일하는 방식이라는 소프트웨어의 개혁을 통해 부패예방의 지속가능성을 높인다고 하였다.

이 프로젝트의 실행수단인 '4대 백신'은 I) 실시간 부패감시, ii) 선제적 리스크 관리, iii) 정보 상시 공유·연계, 그리고 iv) 내부 클린시스템 운용이다.

실시간 부패감시(real-time monitoring)는 막대한 예산이 투입되었기 때문에 사후에 부정·비리가 적발되어도 치유나 손실회복이 어려운 분야에서 사업 착수 전부터 별도의 검증팀을 구성하여 실시간으로 진행상황을 모니터링하는 백신프로젝트이다. 재난안전통신망사업, 평창올림픽 준비사업, 과학벨트 조성사업, SOC사업, 대규모 방위사업 등을 대상으로 하는 이 백신프로젝트는 국무조정실 대형국책사업관리팀에서 총괄 관리하도록 하였다. 소관부처에 별도의 검증팀을 두어 이중으로 모니터링을 맡게도 하였다.

선제적 리스크 관리(risk management)는 대규모로 자산을 운용하거나 업무성격이 독점적이어서 부정·비리의 우려가 큰 분야에 대해 선제적인 리스크 관리체계를 확립하는 백신프로젝트이다. 이 프로젝트의 적용대상은 약 105조 원 규모의 자산을 운용하는 우정사업본부와 수출입보증업무를 독점 수행하고 있는 무역보험공사이다. 우정사업본부에서는 위험관리부서를 확대개편하고 준법감시인, 감독기관 등 다단계 감시체계를 구축하도록 하였다. 무역보험공사에서는 보증한도 책정절차의 개선, 내외부 감사시스템 보강 등 리스크 관리 장치를 강화하도록 하였다.

정보 상시 공유·연계(information connecting)는 수급이 적정하지 않기 때문에 예산누수와 낭비요인이 큰 분야에서 자격요건 등을 서로 확인할 수 있도록 사업집행시스템 간에 정보를 공유하고 연계하도록 함으로써 문제발생을 사전에 차단하는 백신프로젝트이다. 이 프로젝트의 적용대상은 국고보조금 분야, 국가 R&D사업분야, 실업급여분야 등이다. 이런 분야에서 국고보조금 통합관리시스템 구축, 건강보험－고용보험－국세청 DB연계시스템 구축, 실업급여 부정수급 통합전산관리시스템과 국세청 등 유관기관의 정보공유 확대 등을 추진하였다.

내부 클린시스템 운용(internal control)은 규제·조사·감독 등 민간부문에 대한 행정행위의 재량권이 강한 분야를 중심으로 내부통제장치를 강화하여 투명하고 공정하게 일처리가 이루어지도록 개선해 나가는 백신프로젝트이다. 이 프로젝트의 목적에 따라 불합리한 조사관행 개선과 조사절차의 투명성 제고를 위한 「조사절차규칙」을 제정하였으며, 신생 중소기업의 신속한 특허권 보호를 위해 특허심판에 신속처리절차를 도입하였다. 「중앙행정기관 등의 자체감사 역량강화에 관한 규정」을 제정하였으며 부처 내 감사기구의 독립성과 전문성을 강화해 나가기로 하였다.

2)「부정청탁 및 금품 등 수수의 금지에 관한 법률」

2016년 5월 29일에 공포되고 공포 후 6개월이 경과한 날부터 시행된「부정청탁 및 금품 등 수수의 금지에 관한 법률」(약칭: 청탁금지법)은 적용대상기관·적용대상자 그리고 적용대상행위를 대폭 확대한 생활밀착형 반부패조치였다. 간여의 범위가 전례에 없이 넓어진 만큼 그 파급영향은 크고 일으킨 논란도 컸다. 적용대상을 민간부문에까지 확대하고 풍습과 관행으로 받아들여졌던 행위영역에까지 법적 통제가 들어가게 했기 때문에 파급영향과 논란의 폭이 컸다고 말하는 것이다.

「청탁금지법」을 제정하자는 논의는 박근혜정부 출범 이전부터 시작되었다. 2011년 당시 국민권익위원회 위원장이었던 김영란이 국무회의에서「청탁금지법」과 같은 법률의 제정 필요성을 제기함으로써 입법논의를 촉발하였다. 이로 인해 이 법률은「김영란법」이라는 별칭을 얻게 되었다. 국회에서의 논의가 길어졌고, 국회에서 통과된 다음에는 변호사단체가 이 법률에 대한 위헌확인 헌법소원 심판청구를 해서 시행이 지연되기도 했다. 법률 공포 후에도 6개월의 시행유예기간을 두는 등 우여곡절을 겪었다.

대한변호사협회가 헌법재판소에「청탁금지법」에 대한 위헌심판을 청구하면서 열거한 위헌요소는 언론인과 사립학교 임직원을 법적용대상으로 한다는 것, 법에서 사용하는 부정청탁이나 사회상규와 같은 개념의 의미가 모호하다는 것, 금품 수수 허용의 상한선 결정을 시행령에 포괄적으로 위임하고 있다는 것, 그리고 대상자의 배우자가 받은 식사접대 등을 신고하지 않으면 처벌하도록 하는 조항을 두고 있다는 것이었다. 이런 문제들에 대해 헌법재판소는 모두 합헌결정을 내렸지만 이 법에 대한 비판자들은 이를 계속 비판의 논거로 삼았다. 그 밖에도 비판자들은 공공적 특성이 강한 시민단체관계자, 법률가, 의료인, 금융인을 적용대상에서 제외한 것은 형평에 맞지 않는다고 주장하였다. 이법의 시행으로 미풍양속이 훼손된다느니 농축수산업계, 화훼업계, 요식업계 등 서비스업계가 입는 손실이 너무 크다느니 하는 불평이 계속되었다.

「청탁금지법」의 주요내용을 간추리면 다음과 같다.[48]

이 법의 목적은 "공직자 등에 대한 부정청탁 및 공직자 등의 금품 등의 수수(收受)를 금지함으로써 공직자 등의 공정한 직무수행을 보장하고 공공기관에 대한 국민의 신뢰를 확보하는 것"이다.

이 법의 적용대상인 공공기관에는 국회, 법원, 헌법재판소, 선거관리위원회, 감사원, 국가인권위원회, 중앙행정기관과 그 소속기관 및 지방자치단체, 「공직자윤리법」에서 정하는 공직유관단체, 「공공기관의 운영에 관한 법률」에서 정하는 기관, 국·공·사립의 각 급 학교 및 학교법인, 그리고 언론사이다. 이 법의 적용대상인 공직자 또는 공적 업무 종사자에는 법률에서 정한 공무원이거나 공무원으로 인정된 사람, 공직유관단체와 기관의 장과 그 임직원, 각 급 학교의 장과 교직원 및 학교법인의 임직원, 그리고 언론사의 대표자와 그 임직원이 포함된다.

수수금지대상인 금품 등에는 금전뿐만 아니라 유가증권·부동산·물품·사용권 등 일체의 재산적 이익, 음식물 등의 접대·향응 또는 교통·숙박 등의 편의 제공, 그리고 채무 면제, 취업 제공, 이권 부여 등 그 밖의 유형·무형의 경제적 이익이 포함된다고 규정하였다. 법에서 정한 금품 등에는 금전적 또는 물질적 가치가 있는 모든 것이 포괄된다고 보아야 한다.

공직자 등은 직무관련 여부나 명목에 관계없이 동일인으로부터 1회에 100만원 또는 매 회계연도에 300만원을 초과하는 금품을 받거나 요구 또는 약속을 해서는 안 된다고 규정한다. 직무와 관련이 있으면 그 이하의 금품 등도 받거나 요구 또는 약속해서는 안 된다. 공직자 등의 배우자도 같은 제한을 받는다. 공직자 등은 본인뿐만 아니라 그 배우자의 금지조항 위반 사실 또는 위반을 야기할 수 있는 사실의 발생을 소속기관장에게 신고해야 한다.

원활한 직무수행 또는 사교·의례 또는 부조의 목적으로 제공받을 수 있는 음식물·경조사비·선물의 가액 한도는 대통령령으로 정하였다. 대통령령이 수수를 허용하는 음식물의 한도액은 당초 3만원, 경조사비의 한도액은 10만원, 선물의 한도액은 5만원이었다.[c'] 공직자 등의 외부 강의 등에 대한 사례금의 구체적인 한도액도 대통령령으로 정하였다. 법이 정한 허용한도 내에

---

c') 문재인정부는 2018년에 농수축산물과 그 가공품에 한해 선물한도액을 10만원까지로 높이고 경조사비의 한도액은 5만원으로 낮추었다.

서일지라도 직무관련성이 있으면 수수행위가 금지된다.

법은 청탁금지에 대해서도 비교적 상세한 조항을 두고 있다. 민원업무, 인사업무, 비밀유지, 보조금 등의 수급, 병역관리, 학사관리, 검사·조사·수사업무 등 다양한 업무영역에 간여하여 법을 어기게 하는 행위를 금지한다.

3) 공무원 헌장

박근혜정부는 공무원 헌장(公務員 憲章)을 제정하여 2016년 1월 1일부터 시행하였다. 이것은 대통령훈령(제352호)으로 제정한 공직가치 선언이며 공직윤리의 행동규범이다. 정부의 설명에 따르면 공무원 헌장에는 국가에 헌신하고 국민에게 봉사하는 공무원 본연의 자세 그리고 국민과 미래세대가 원하는 공무원상을 구현하기 위한 바람직한 공직가치를 제시하는 등 미래의 대한민국을 이끌 공무원의 지표를 담았다고 한다.[d'] 정부는 국무총리훈령(제660호)으로 공무원 헌장 실천강령도 제정해 시행하였다.

XIII. 제6공화국 문재인정부의 행정개혁

1. 문재인정부의 출범

제19대 대통령을 선출하는 선거가 2017년 5월 9일에 실시되었다. 이 선거에서 더불어민주당의 문재인후보가 41.1%의 득표율을 기록하며 당선되었다. 낮은 득표율이었으나 2위인 자유한국당 홍준표후보와 3위인 국민의당 안

[d'] 공무원 헌장은 1980년 12월부터 시행해 오던 공무원 윤리헌장을 대체한 것이다. 과거의 공무원 윤리헌장은 국가에 대한 헌신과 충성, 국민에 대한 정직과 봉사, 직무에서의 창의와 책임, 직장에서의 경애와 신의, 청렴과 질서를 지키는 생활 등 공무원의 신조를 규정하기에 앞서 공무원의 좌우명이라 할 수 있는 '지표'를 밝히면서 공무원이 '역사의 주체', '민족의 선봉', '국가의 역군', '국민의 귀감', '겨레의 기수'라는 말을 다섯 항목에서 강조하였다. 이런 표현들은 권위주의적 정부의 영도주의 내지 엘리티즘을 다분히 반영하는 것이라 할 수 있다.
　2016년의 공무원 헌장은 그런 권위주의적 색채를 지웠다고 한다.

철수후보가 각각 20%를 조금 넘는 득표를 했기 때문에 당선자와 차점자의 득표율 차이는 역대 최다였다. 문재인후보의 승리는 제일야당의 승리이며 좌파의 승리이고 촛불민심의 승리라는 평가를 받았다.

　　제19대 대통령선거는 탄핵으로 대통령이 궐위된 상태에서 실시된 보궐선거였기 때문에 당선자는 중앙선거관리위원회의 당선확정의결과 동시에 대통령의 임무를 수행하게 되었다. 전임자가 임기를 다 마칠 때까지 정상적으로 재임한 경우와는 달랐다. 현직 대통령이 잔여임기를 몇 달 남겨 둔 상태에서 선거가 치러지고 당선이 확정된 차기 대통령은 대통령직인수위원회를 꾸려 취임준비를 할 수 있는 준비기간을 갖는 것이 통례였다. 그러나 대통령의 부재로 인한 보궐선거의 경우에는 당선자가 법률의 규정에 따라 당선 즉시 대통령직에 취임하게 되었다. 대통령이 탄핵으로 파면되면 2개월 내에 대통령 선거를 실시해야 하므로 선거와 취임이 모두 급하게 이루어졌다.

　　대통령선거 당선자 문재인은 국회에서 거행된 약식 취임식에서 취임선서를 하고 2017년 5월 10일부터 대통령으로서의 임무를 수행하기 시작하였다. 이로써 문재인정부가 출범하였다. 박근혜대통령에 대한 탄핵소추안이 국회에서 가결되어 대통령의 직무수행이 정지된 때로부터 152일만의 일이다.

　　제19대 대통령선거는 '촛불시위'의 와중에서 국가리더십 공백, 헌정위기, 정치적 혼란이 빚어진 비상시국에서 실시되었다. 탄핵이라는 비상한 방법으로 대통령을 파면하고 촉박하게 치러진 선거였으며 당선자는 즉시 취임해야 했기 때문에 문재인 정부는 구정권의 각료들과 함께 업무를 시작하였다. 새 사람으로 새 정부의 각료진용을 갖추는 데는 상당한 시간이 걸렸다.

　　문재인정권은 촛불시위의 산물이라 할만 했다. 문재인정부의 집권세력은 촛불시위가 초래한 일련의 사태를 '촛불혁명'이라고 규정하였다. 대통령과 여당은 문재인정부가 촛불혁명이 만들어준 정부임을 자임하고 촛불혁명의 정신을 받들겠다는 결의를 누누이 강조하였다. 진보진영의 색채를 점점 더 분명히 드러내게 된 촛불세력과 정권의 결합은 국론의 양분, 편 가르기, 대결의 빌미이기도 했다. 지난 집권세력은 우파(보수파)로, 새 집권세력은 좌파(진보파)로 뚜렷하게 갈라섰고, 양자의 대립은 심히 날카로워져 갔다. 여야를 막론하고 정치하는 사람들은 이른바 협치의 필요성을 역설했지만 실제 행동은 그와 반대였다.

문재인정부는 스스로 규정했듯 '촛불세력'에 기반을 둔 정부, 좌파적(진보적) 성향의 정부, 광장정치지향적 정부, 정부개입에 역점을 둔 정부, 과거청산 정부 등의 특성을 보여주었다. 이러한 특성들이 문재인정부의 정부개혁·행정 개혁을 이끌었다고 생각한다.

대통령 취임 초에 좌파진영에서 요구해왔던 조치들을 몇 가지 신속하게 처리했다. 그 대표적인 예가 국정교과서 지정계획의 취소이다. 정권지배구조 의 인적 구성에서도 노무현정부 때와 흡사한 뒤집기, 좌파적 고려가 두드러졌 다. 권력중추의 측근 그룹에는 좌파 또는 반정부활동을 했던 이른바 '운동권 출신' 인사들이 다수 포진하였다. 그래서 비판자들로부터 운동권정부라는 말 을 듣기도 했다.

좌파적 국가개입 확대의 기조와 어울리게 정부기구 개편과 공무원 임용에 서는 확장책의 채택을 망설이지 않았다. 정부임용구조를 실업자구제의 목적에 활용하는 일도 했다. 경제·사회정책분야에서는 사람중심의 경제, 소득주도 혁 신성장을 추진하였다. 정부의 시장개입은 늘어났다. 친로정책(親勞政策)에도 역 점을 두었다. 이른바 과거로부터 누적된 적폐의 청산에도 주력했다.

2. 개혁의 기조: 국정운영 5개년 계획

문재인정부는 대통령이 취임한 후인 2017년 5월 22일 국정기획자문위원 회(위원장 김진표)를 70일 시한으로 설치하여 대통령직인수위원회와 유사하게 활동하도록 하였다. 대통령령으로 만들어진 이 위원회는 다른 정권의 인수위 에 비해 인원도 적고 활동기간도 짧았다. 그 활동에 국민참여를 강조해 위원 회 안에 국민인수위원회를 두고 국민제안을 받아 국정계획에 반영하는 시도 를 보이기도 했다.

국정기획자문위원회는 2017년 7월 19일 청와대 영빈관에서 '100대 국정 과제 정책콘서트'를 열고 '문재인정부 국정운영 5개년 계획'을 발표하였다. 문재인정부 국가비전, 국정목표, 국정전략, 그리고 국정과제를 담고 있는 이 계획은 문재인정부 국정운영의 나침반이며 국정운영의 설계도이고 국정운영

의 평가기준이라 하였다. 이 계획의 내용을 요약하면 다음과 같다.[49]

1) 국가비전

국가비전은 '국민의 나라 정의로운 대한민국'이다.

'국민의 나라'는 국민이 나라의 주인임을 확인했던 촛불 정신을 구현하고, 국민주권의 헌법 정신을 국정운영의 기반으로 삼는 새로운 정부를 만드는 것을 의미한다. 이를 위해서는 국민의 뜻을 국정에 반영하고 국민 개개인이 국정의 전 과정에 참여해 정책을 같이 만들어갈 수 있게 해야 한다. 그리고 한 사람의 정부, 엘리트 중심의 정치가 아니라 국민 모두의 정부를 추구해야 하며 협치와 통합의 정치를 모색해야 한다.

'정의로운 대한민국'은 특권과 반칙을 일소하고, 원칙과 상식이 존중되며, 누구에게나 공정한 기회가 보장되고, 차별과 격차를 해소하는 새로운 대한민국을 의미한다. 새로운 정부의 핵심가치인 평등한 기회, 공정한 과정, 정의로운 결과는 문재인 대통령의 국정철학에서 가장 우선하는 원칙이다. 사유화된 국가권력과 무능한 정부에 대한 분노·불공정한 기회에 대한 불만·격차확대로 인한 희망의 상실·이로 인한 개인과 사회의 불안과 분노 극복, 적폐청산과 민생 개혁에 대한 요구를 담아내는 핵심적 가치이자 최우선의 시대적 과제가 정의로운 대한민국의 구현이다.

2) 국정목표와 국정전략

국가비전을 구현하기 위해 i) 국민이 주인인 정부, ii) 더불어 잘사는 경제, iii) 내 삶을 책임지는 국가, iv) 고르게 발전하는 지역, v) 평화와 번영의 한반도 등 다섯 가지의 국정목표를 수립하고 각 국정목표마다 이를 추진하기 위한 국정전략을 정한다. 5대 국정목표와 그에 따른 20대 국정전략은 다음과 같다.

(1) 국민이 주인인 정부　　국민이 주인인 정부를 구현하기 위해 제도와 일상에서 국민주권을 실현할 수 있는 새로운 정부 시스템을 추구한다. 새로운 정부 시스템을 만들려면 국민 위에 군림하는 대통령의 특권을 내려놓고 권력기관의 민주적 개혁을 추진해야 하며, 국민과 소통하는 '광화문 대통령'의 모

습을 실천하고, 국민 모두가 정부와 함께 국정의 전 과정에 참여하여 정책을 입안하고 결정하는 정부혁신을 추진해야 한다.

국민이 주인인 정부의 구현을 위한 4대 국정전략은 i) 국민주권의 촛불민주주의 실현, ii) 소통으로 통합하는 광화문 대통령, iii) 투명하고 유능한 정부, 그리고 iv) 권력기관의 민주적 개혁이다.

(2) 더불어 잘사는 경제   더불어 잘사는 경제는 경제의 중심을 국가와 기업에서 국민 개인과 가계로 바꾸고, 성장의 과실이 국민 모두에게 골고루 돌아가게 하는 경제이다. 이를 위해서는 가계소득 증대가 소비를 늘리고 그것이 투자와 생산을 증가시키는 선순환을 복원해야 한다. 일자리를 창출해야 한다. 대기업은 세계시장에서 경쟁하고, 중소기업은 중견기업으로 성장하며, 골목상권에서는 소상공인과 자영업자의 창의력이 발휘될 수 있게 해야 한다. 4차 산업혁명을 선도하기 위해 과학기술의 발전과 미래 성장산업을 적극적으로 지원하고 창의적 벤처기업과 혁신적 창업자를 육성해야 한다.

더불어 잘사는 경제를 구현하기 위한 5대 국정전략은 i) 소득 주도 성장을 위한 일자리경제, ii) 활력이 넘치는 공정경제, iii) 서민과 중산층을 위한 민생경제, iv) 과학기술 발전이 선도하는 4차 산업혁명, 그리고 v) 중소벤처가 주도하는 창업과 혁신성장이다.

(3) 내 삶을 책임지는 국가   국가가 국민의 삶을 책임지기 위해서는 사회·경제적 불평등을 해소하고, 국민의 품위 있는 삶을 유지하며, 사회 구성원의 유대를 강화하기 위해 적극적 행위자로서의 역할을 수행해야 한다. 국가는 복지·보육·교육·안전·환경 등에서 국가의 책임성을 강화해 국민의 삶의 질을 높여야 하며, 차별 없는 공정사회와 질 높은 사회통합을 실현하고, 국민 모두의 행복이 실현되는 문화국가를 발전시켜야 한다.

내 삶을 책임지는 국가를 구현하기 위한 5대 국정전략은 i) 모두가 누리는 포용적 복지국가, ii) 국가가 책임지는 보육과 교육, iii) 국민안전과 생명을 지키는 안심사회, iv) 노동존중·성평등을 포함한 차별 없는 공정사회, 그리고 v) 자유와 창의가 넘치는 문화국가이다.

(4) 고르게 발전하는 지역   전국이 고르게 발전하도록 하려면 자치분권과 균형발전을 우선적으로 추진해야 한다. 자치분권을 이루기 위해서는 중앙정

부 권한의 지방 이양과 지방재정을 확충하고, 주민자치 확대를 통한 풀뿌리 민주주의를 구현해야 한다. 균형발전을 이루기 위해서는 지역의 잠재력을 키워 자립적 성장기반을 마련함으로써 중앙과 지방 간, 지방과 지방 간의 경제·사회적 격차를 해소해야 한다.

고르게 발전하는 지역을 구현하기 위한 3대 국정전략은 i) 풀뿌리 민주주의를 실현하는 자치분권, ii) 골고루 잘사는 균형발전, 그리고 iii) 사람이 돌아오는 농산어촌이다.

(5) 평화와 번영의 한반도　　평화로운 한반도를 만들기 위해서는 국토를 지키고 국민을 안심시킬 수 있는 강력하고 유능한 안보와 책임국방을 최우선적으로 구축해야 한다. 남북 간 교류 협력을 추진하여 함께 번영하고, 다양한 수단을 동원하여 한반도 비핵화를 도모해야 한다. 국익을 증진시키고 평화로운 한반도를 만들 수 있는 당당한 국제협력외교를 추진해야 한다.

평화와 번영의 한반도를 구현하기 위한 3대 국정전략은 i) 강한 안보와 책임국방, ii) 남북 간 화해협력과 한반도 비핵화, 그리고 iii) 국제협력을 주도하는 당당한 외교이다.

3) 국민이 주인인 정부 구현을 위한 국정과제

앞서 언급한 바와 같이 국정운영 5개년 계획의 체계는 국가비전→5대 국정목표→20대 국정전략→100대 국정과제→487개 실천과제의 순서로 구성되어 있다. 여기서는 행정개혁에 보다 직결되는 국정목표인 '국민이 주인인 정부'의 구현을 위한 국정전략들의 핵심정책인 15개 국정과제만을 소개하려 한다.

국민주권의 촛불민주주의 실현이라는 국정전략의 핵심정책인 국정과제는 i) 적폐의 철저하고 완전한 청산 (법무부), ii) 반부패 개혁으로 청렴한국 실현 (권익위·법무부), iii) 국민 눈높이에 맞는 과거사 문제 해결 (행자부), iv) 표현의 자유와 언론의 독립성 신장 (방통위) 등 네 가지이다.

소통으로 통합하는 광화문 대통령이라는 국정전략의 국정과제는 i) 365일 국민과 소통하는 광화문 대통령 (행자부), ii) 국민 인권을 우선하는 민주주의 회복과 강화 (법무부·행자부·인권위), iii) 국민주권적 개헌 및 국민참여 정치개혁 (국조실) 등 세 가지이다.

투명하고 유능한 정부의 구현을 위한 국정과제는 i) 열린 혁신 정부, 서비스하는 행정 (행자부), ii) 적재적소, 공정한 인사로 신뢰받는 공직사회 구현 (인사처), iii) 해외체류 국민 보호 강화 및 재외동포 지원 확대 (외교부), iv) 국가를 위한 헌신을 잊지 않고 보답하는 나라 (보훈처), v) 사회적 가치 실현을 선도하는 공공기관 (기재부) 등 다섯 가지이다.

권력기관의 민주적 개혁을 위한 국정과제는 i) 국민의, 국민을 위한 권력기관 개혁 (법무부 · 경찰청 · 감사원 · 국정원), ii) 민생치안 역량 강화 및 사회적 약자 보호 (경찰청), iii) 과세형평 제고 및 납세자 친화적 세무행정 구축 (기재부) 등 세 가지이다.

3. 정부혁신 종합추진계획

문재인정부가 출범한 뒤에도 각종 혁신계획 등을 통해 '문재인정부 국정운영 5개년계획'에 포함되었던 정부혁신에 관한 정책을 보완했다. 그중 대표적인 것이 '문재인정부 정부혁신 종합추진계획'이다. 정부는 2018년 3월 19일에 대통령 주재로 정부혁신전략회의를 개최하고 '국민이 주인인 정부를 실현하는 정부혁신 종합추진계획'을 확정하고 발표하였다. 이 계획서에서 밝힌 정부혁신 비전 체계를 요약해 설명하려고 한다.[50]

정부혁신 종합추진계획의 '정부혁신 비전체계'는 비전-목표-3대전략-핵심과제-10대중점사업의 순서로 정리되어 있다. 비전은 국민이 주인인 정부이며, 목표는 참여와 신뢰를 통한 공공성회복이다. 3대전략은 i) 정부운영을 사회적 가치 중심으로 전환한다, ii) 참여와 협력을 통해 할일을 하는 정부를 구현한다, 그리고 iii) 낡은 관행을 혁신하여 신뢰받는 정부를 구현한다는 것이다.

사회적 가치 중심의 정부운영 구현은 정책과 재원배분의 우선순위를 공공의 이익과 공동체발전에 기여하는 사회적 가치 중심으로 전환하고 이를 위한 인프라로서 정부의 예산 · 인사 · 조직 · 평가체계를 획기적으로 바꾸는 것이다. 사회적 가치는 사회 · 경제 · 환경 · 문화 등 모든 영역에서 공공의 이익과 공동체의 발전에 기여할 수 있는 가치이다. 이것은 헌법이 지향하는 가치 중 사회의 재생과 건전한 발전을 위한 가치로서 인권, 노동권, 안전, 사회적 약자 배려, 민주적 의사결정과 참여의 실현 등 공동체와 사회 전체에 편익을 제공하는 가치이다. 사회적 가치 중심 정부 구현을 위한 핵심과제는 i) 사회적 가치를 실현할 수 있도록 재정을 혁신하는 것, 그리고 ii) 국민의 삶을 바꾸는 인사·조직·성과평가체계를 구축하는 것이다. 이를 위한 중점사업은 인권, 안전 등 사회적 가치 실현사업에 대한 재정투자 확대, 그리고 공공부문 여성임용 목표제 도입이다.

참여와 협력을 통해 할 일을 하는 정부를 구현한다는 것은 정책의 시작도 끝도 국민이라는 원칙 아래 정책제안·결정·집행·평가의 전 과정에 국민이 직접 참여함으로써 국민의 뜻이 보다 잘 실현되는 참여민주주의를 실현하기 위해 노력한다는 뜻이다. 이 전략의 추진을 위한 핵심과제는 i) 국민이 공감하는 정책을 국민과 함께 만드는 것, ii) 정보를 낱낱이 공개하고, 자원을 공유하는 열린 정부가 되는 것, 그리고 iii) 기관 간 장벽을 허물어 협력하는 정부를 만드는 것이다. 중점사업은 국민토론광장인 '광화문 1번가'의 상설 운영, 예산법령 등 핵심정책과정에 대한 국민참여 강화, 주차장 등 공공자원 개방 확대, 그리고 범정부 협업 촉진을 위한 인사·조직·평가 시스템 개편이다.

낡은 관행을 혁신하여 신뢰받는 정부를 구현한다는 것은 공직자가 개혁의 주체라는 인식을 갖고, 정부신뢰를 저해하는 기존 관행과 일하는 방식을 근본적으로 바꿈으로써 국민이 믿을 수 있는 정부를 만들어 나간다는 뜻이다. 이 전략 추진을 위한 핵심과제는 i) 국민이 원하는 공정하고 깨끗한 공직사회를 만드는 것, 그리고 ii) 국민중심 4대 행정혁신(데이터·창의·규제개혁·낭비제로)을 실현하는 것이다. 중점사업은 채용비리·금품수수·부적청탁에 대한 관용 없는 원스트라이크 아웃, 성희롱·성폭력 걱정 없고 보복에 대한 두려움 없는 근무환경 조성, 데이터 기반 디지털 행정 서비스 혁신, 그리고 낡은 관행과 선례를 깨는 창의행정이다.

4. 포용국가와 적극행정

포용국가에 관한 대통령 선언도 국정비전과 전략을 보완하는 내용을 담고 있다. 2018년 11월의 국회시정연설에서 문재인대통령이 '다 함께 잘 사는 포용국가'를 지향하는 개혁을 추진해 나가겠다고 선언했으며, 정부에서는 이를 뒷받침할 포용국가 3개년계획을 입안하기도 했고, 정부연구기관들에서는 포용국가에 대한 개념적 명료화작업을 하기도 했다. 포용국가 구현의 핵심원리는 포용·혁신·평화라고 한다. 포용국가를 만들자는 제안은 포용성과 혁신성이 결합되어 사회적 격차해소, 공정한 기회를 보장할 수 있는 사회적 시장경제체제를 발전시키자는 것이라고 한다. 포용국가는 모두가 잘 사는 모두의 국가라고 선언했지만 그 실질에서는 약자를 살리고 약자를 포용하는 쪽에 무게를 두었던 것으로 보인다. 포용국가의 정부는 플랫폼정부로 개편되어야 한다고 하였다. 플랫폼정부는 관련부처와 전문가들이 주도해 정책을 결정해서 시민들에게 전달하는 전달형 정부가 아니라, 사회적 도전과제에 대한 공유된 비전을 바탕으로 시민들을 포함한 여러 관련주체들과의 숙의와 협업을 통해 정책을 결정하고 정착시켜나가는 관계형성형 정부라고 한다.51)

2018년 5월 29일의 국무회의에서 대통령은 법률에 금지되어 있지 않으면 할 수 있는 것이라고 적극적인 해석을 해야 한다고 말하면서 적극행정을 강조하였다. 이를 계기로 정부 각 기관에서는 적극행정을 실현하기 위한 대책들을 내놓게 되었다. 적극행정은 헌법과 법률에 따라 주어진 권한과 책임을 다하여 공익을 증진하고 국민에게 적극적으로 봉사하는 행정이라고 정의하였다. 공직자들의 책임 있는 능동성을 강조하는 의미라고 생각한다.52)

2021년 6월 8일에 「국가공무원법」을 개정하면서 신설한 제50조의 2에서 적극행정의 추진계획을 보다 구체화하였다. 이 조항에서 적극행정은 "공무원이 불합리한 규제의 개선 등 공공의 이익을 위해 업무를 적극적으로 처리하는 행위"라고 규정한다. 그리고 각 기관의 장은 소속 공무원의 적극행정을 장려하기 위하여 대통령령 등으로 정하는 바에 따라 인사 상 우대 및 교육의 실시 등에 관한 계획을 수립·시행할 수 있고, 각 기관에서는 적극행정위원회를 설치해 운영할 수 있다고 규정하였다. 적극행정위원회에서는 적극행정을 위한 계획의 수립에 관한 사항, 공무원이 불합리한 규제개선 등 공공의 이익을 위해 업무를 적극적으로 추진하기 위해 해당 업무의 처리기준, 절차, 방법 등에 관한 의견제시를 요청한 사항, 그 밖에 대통령령 등으로 정한 사항을 심의하도록 하였다. 인사혁신처장은 각 기관의 적극행정문화 조성을 위해 필요한 사업을 발굴하고 추진할 수 있게 하였다. 공무원이 적극행정을 추진한 결과에 대하여 해당 공무원의 행위에 고의 또는 중대한 과실이 없다고 인정되는 경우에는 대통령령 등으로 정하는 바에 따라 법령에 정한 징계 또는 징계부과금 부과를 의결하지 못하도록 하였다.

적극행정에 대한 정부 내의 활발한 논의도 행정개혁에 대한 가이드라인을 제공했을 것이다.

5. 중앙행정기구의 개편

문재인정부는 출범 후 두 달여가 지난 2017년 7월 20일 국회에서 통과된 「정부조직법」개정안과 개편되는 부처별 직제를 포함한 대통령령 등 관련 법령안을 국무회의에서 심의·확정해 2017년 7월 26일에 공포·시행하였다. 이 정부조직 개편은 문재인정부의 조기 국정안정을 위해 개편의 폭을 최소화하고, 일자리 창출, 경제활성화, 국민안전 강화 등 주요 국정목표 실현을 뒷받침하는 데 역점을 두었다고 한다. 기구개편의 폭을 넓히지 않은 까닭은 시간의 촉박성 때문이기도 했지만 정권이 바뀔 때마다 정부조직을 너무 많이 뜯어고친다는 비판을 의식한 때문이기도 할 것이다. 그러나 작은 정부 구현이라는 기준은 작동하지 않았던 것으로 보인다. 비록 소폭이기는 하지만 기구가 늘어났다. 여기에 함축된 것은 뒤이은 공무원 증원과도 맞물리는 기구개혁의 기조라고 할 수 있다.

정부조직개편의 주요 내용은 다음과 같다.[53]

중소벤처기업부, 소방청, 해양경찰청을 신설하였다. 미래창조과학부는 과학기술정보통신부로 개편하였다. 행정자치부와 국민안전처를 통합해 행정안전부로 개편하였다. 행정안전부의 잦은 명칭변경과 조직개편은 전형적인 '회전문식 개혁'이라는 비난을 받고 있다. 회전문식 개혁에 대해서는 다음 장에서 설명할 것이다.

업무전문성을 강화하기 위해 부처 내의 차관급 기구 세 개를 신설하였다. 신설된 차관급 기구는 과학기술정보통신부의 과학기술혁신본부, 산업통상자원부의 통상교섭본부, 그리고 행정안전부의 재난안전관리본부이다. 국가보훈처는 장관급으로 격상하고, 대통령경호실은 차관급의 대통령경호처로 개편하였다.

위와 같은 개편으로 17부 5처 16청 2원 5실 6위원회이던 중앙행정기관은 18부 5처 17청 2원 4실 6위원회로 되었다. 51개이던 중앙행정기관의 수가 52개로 되었다.

부처별 주요 하부조직 개편 가운데 특기할 만한 것은 다음과 같다.

중소벤처기업부는 중소기업정책의 종합·조정기능을 강화하기 위해 중소기업정책실을 설치하고, 소상공인 혁신정책과 대·중소기업 간 협력을 강화하는 업무를 담당할 소상공인정책실을 설치하였다. 과학기술정보통신부는 신설된 과학기술혁신본부 소속으로 성과평가정책국을 설치하여 국가의 연구개발사업에 대한 성과평가기능을 강화하였다. 행정안전부에는 신설되는 재난안전관리본부장을 보좌하는 재난안전조정관, 특수재난협력관, 안전조사지원관 등을 두어 재난현장과의 협력·소통과 조사·연구기능을 강화하였다. 개혁과 소통, 분권과 자치를 강조하기 위해 행정안전부의 창조정부조직실은 정부혁신조직실로, 지방행정실은 지방자치분권실로 개편하였다. 장관급으로 격상되는 국가보훈처에는 보훈대상자에 대한 예우와 협력을 강화하기 위해 보훈예우국과 보훈단체협력관을 신설하였다.

청와대(비서실, 국가안보실, 경호실 등)의 조직도 대폭적인 개편의 대상이 되었다. 청와대의 기구개편은 중앙행정기구 개편 이전인 대통령 취임 초(2017년 5월)에 단행되었다.

청와대는 기존의 3실(비서실·국가안보실·경호실) 10수석 46비서관의 체제를 4실(비서실·정책실·국가안보실·경호실) 8수석 2보좌관(경제·과학기술) 49비서관 체제로 개편하였다.

정책실을 신설했는데 이것은 폐지 후 일 년만의 부활이었다. 정책실은 일자리창출, 4차 산업혁명 등에 관한 중요 정책의 관리임무를 맡게 되었다. 외교안보수석실은 폐지하고 그 기능을 국가안보실로 통합하였다. 보좌관직을 신설하였다. 경호실은 뒤에 경호처로 개편하였다. 정무수석, 민정수석, 사회혁신수석, 국민소통수석, 인사수석은 비서실에 소속하고, 일자리수석, 경제수석, 사회수석, 경제보좌관, 과학기술보좌관은 정책실에 소속하게 하였다.

6. 적폐청산과 검찰개혁

　문재인 정부 출범 초기부터 정권이 역점을 두고 추진했으며 많은 관심과 논란의 대상이 되기도 했던 정책들은 물론 여러 가지이다. 예컨대 소득주도성장이라는 경제정책은 근로자 등 생산활동 종사자들의 소득을 먼저 높여 그것을 경제성장의 선순환동력으로 삼으려는 것이었지만 소기의 성과를 거두지 못하고 부작용이 커서 대통령 임기 내내 논쟁거리가 되었다. 비정규직 종사자들을 없애거나 적어도 현저히 줄이려는 정책도 많은 논란을 불렀다. 집값을 잡는다고 수십 차례나 내놓은 정책들이 오히려 집값 상승을 부추겨 비난을 받기도 했다.

　그러나 적폐청산정책과 검찰개혁정책이야말로 세상을 가장 시끄럽게 한 정책이었다고 꼽을만했다. 특히 검찰개혁에는 정권이 혼신의 힘을 기울이는 것처럼 보였다.

1) 적폐청산

　문재인정부 출범 초기에 가장 크게 부각되고 세인의 관심을 끈 역점시책은 '적폐청산'이었다. 적폐란 정치·행정에 누적되어 온 불법행위, 잘못된 제도와 관행 등을 지칭한다. 잘못된 제도와 관행을 바로잡으려는 것이 적폐청산의 목적이라고 표방했지만, 실제로는 청산의 우선적인 역점이 불법행위자의 처벌에 있었다. 주된 표적은 박근혜정부의 이른바 국정농단에 가담하거나 연루된 사람들이었다. 차츰 이명박정부의 문제들에까지 숙정의 폭을 넓혀갔다. 이른바 보수정권들에 대한 '비위 캐내기'는 줄줄이 이어졌다. 관행적이던 탈법행위, 오랫동안 사법심사에서 눈감아주던 부정행위들도 파헤치고 처벌하였다.

　문재인정부가 내세운 이른바 공직배제원칙은 적폐청산대책의 일환으로 설명할 수 있다. 문대통령은 대선공약으로 '공직배제 5대원칙'을 발표하였다. 이것은 병역면탈, 부동산투기, 세금탈루, 위장전입, 논문표절 등의 과오가 있는 사람을 공직임용에서 배제한다는 원칙이다. 2017년 11월에 청와대는 이를 수정·보완하여 '7대 비리관련 고위공직 후보자 인사검증 기준'을 발표하였다. 이 검증기준이 규정한 7대 비리는 병역기피, 세금탈루, 불법재산증식, 위장전입, 연구 부정행위, 음주운전, 성범죄 등 일곱 가지이다. 이런 비리를 저지른 사람은 1급 이상 고위공직 후보에서 원천적으로 배제한다고 하였다. 비리의 종류를 늘려 공직배제 5대원칙을 강화한 것처럼 보이지만 기실은 여러 가지로 기준을 완화하였다. 예컨대 세금탈루의 경우 처벌을 받았거나 고액·상습 체납자 명단에 등재되어야만 배제대상자에 해당하게 하였다. 다른 비리들도 비교적 근래에 저지른 것들만 문제 삼도록 하였다.

2) 검찰개혁

문재인정부의 검찰개혁은 단적으로 말해 검찰의 권한과 기능을 축소하는 것이었다. 검찰의 수사기능을 완전히 폐지하고 수사는 경찰이, 기소는 검찰이 담당하도록 만드는 제도개편은 문재인 정부와 더불어민주당의 신념이며 이념이었다고까지 표현할 수 있었다. 그러한 목표를 향한 집요한 노력을 설명할 때 '검수완박'(검찰수사권 완전 박탈)이라는 신조어가 쓰이기도 했다. 검수완박을 향한 개혁추진의 첫발은 고위공무원범죄수사처(공수처)의 설치에서부터 시작하였다.

공수처 설치에 관한 법률이 2019년 12월 30일 국회를 통과했고, 이 법률은 2020년 7월부터 시행하게 되었다. 문재인대통령을 포함한 집권자서클에게 공수처 설치는 숙원사업이었으며 검찰개혁의 중요사업 중 하나였고 적폐청산의 일환이었다. 이 기구의 설치를 관철하기 위해 정권의 총력을 기울여 끈질기게 노력하는 모양이 여실하였다. 야당의 반대는 격렬했다. 공수처의 설치는 우리나라 사법제도의 근간에 영향을 미칠 수 있는 거사였다. 공수처가 입법부·사법부·행정부 고위공직자들의 범죄를 수사하고 기소하는 기능을 맡게 해서 검찰조직을 이원화했다. 공수처가 판사와 검사의 범죄에 대해서도 수사권과 공소권을 갖게 하였다.

2020년에는 「검찰청법」 「형사소송법」 등을 개정하여 검사가 수사를 개시할 수 있는 범죄의 범위를 6대 범죄에 국한하였다. 6대 범죄란 부패범죄, 경제범죄, 공직자범죄, 선거범죄, 방위산업범죄, 그리고 대형참사 관련 중요범죄를 말한다.

　　2022년에도 「검찰청법」 등을 개정하여 검찰의 기능을 다시 축소하였다. 검사가 수사를 개시할 수 있는 범죄의 범위를 부패범죄와 경제범죄에 국한하였다. 다만 공수처 소속공무원과 경찰공무원의 범죄는 검찰이 수사할 수 있게 하였다. 경찰이 검찰에 송치한 사건에 직접 관련이 없는 사건에 대한 수사 즉 별건수사는 검사가 할 수 없게 하였다. 검사는 자기가 수사개시한 범죄에 대해서는 공소를 제기할 수 없게 하였다. 검찰 내부에서도 수사담당검사와 기소담당검사의 역할을 분리한 것이다.

　　2022년 5월의 검찰청법 개정은 당시 여당이며 다수당이었던 더불어민주당이 국회에서 여러 편법 등 비통상적인 방법들을 동원해 황급히 처리하였다. 문재인 대통령도 거기에 동조해 퇴임을 불과 며칠 앞두고 개정법률을 서둘러 공포하였다. 정권이 바뀌어 곧 취임하게 될 새 대통령의 거부권행사를 피하려고 그리 서두른 것으로 알려졌다.

　　문재인정부의 집권세력은 검찰의 막강한 '절대권력'을 줄이고 견제해 국민의 인권을 보호한다는 명분을 표방하였다. 그런 공식적 목적이 공허한 것이었다고 말할 수는 없다. 그러나 공식적 목적의 이면에는 여러 가지 정치적 이해타산도 숨어있었던 것 같다. 무엇보다도 논란이 많이 되었던 이면의 숨겨진 목적은 정치권에 대한 수사를 피하거나 부드럽게 만들자는 것이었다. 경찰의 수사를 받더라도 검찰의 치밀하고 혹독한 수사는 피해보자는 속셈을 지적하는 사람들이 많았다. 좌파정부들에서 유독 검찰권축소에 많은 노력을 기울인 것은 반정부활동으로 수사기관 특히 검찰의 수사를 받았던 이른바 운동권출신들과 그 동조세력이 좌파진영에 많았기 때문이라는 해석도 해볼 만하다.

XIV. 제6공화국 윤석열정부의 행정개혁

1. 윤석열정부의 출범

　　제20대 대통령선거가 2022년 3월 9일에 실시되고 다음날 윤석열 국민의힘 후보의 당선이 확정되었다. 윤석열 대통령이 2022년 5월 10일에 취임함으로써 제6공화국 윤석열정부가 출범하였다.

　제20대 대통령선거는 박빙의 승부로 끝났다. 1위와 2위 후보의 득표율 차이는 0.75%정도였다. 윤석열정부는 국무총리와 다수의 국무위원이 임명되지 못한 채 출범했기 때문에 개문발차라는 평을 받았다. 물러나는 정부의 국무총리가 기획재정부장관 후보를 임명제청하고 사퇴했고 기획재정부장관이 총리대행으로 나머지 국무위원의 임명제청을 했다. 정부출범당시에는 18명의 국무위원 중 7명만 임명되었다. 그 후 국무위원을 모두 임명하는 데 반년이 걸렸다.

　윤석열 대통령은 더불어민주당이 집권하고 있던 정부의 검사로 고속승진해 검찰총장의 지위에 오른 사람이었다. 그러나 그의 여야를 가리지 않는 범죄수사의지와 공정성추구에 굽힘이 없는 자세는 정권과의 마찰을 일으켰으며 집권세력으로부터 끊임없는 괴롭힘을 받았다. 검찰인사 결정과정에서 소외되기도 하고, 직무배제조치를 받기도 했다. 정직이라는 징계처분을 받기도 했다. 임기제의 보호를 받는 검찰총장이 자진사퇴하도록 압박하기 위해서였을 것이다. 그 과정에서 윤석열검찰총장은 대중의 눈에 대통령후보로 보이기 시작하고, 여론조사에서 그의 지지율이 점점 높아져 마침내 선호도 1위에 이르게 되었다. 사임하지 않고 버티던 윤석열은 마침내 검찰총장직에서 물러나 몇 달 동안의 숙고 끝에 당시 야당이던 국민의힘에 입당하여 경선과정을 거쳐 그 당의 대통령후보가 되었다. 정치권의 인사가 아닌 검사가 대통령후보로 거의 직행한 셈이다.

　윤석열정부는 불리하고 적대적이기도 한 정치환경에서 출범하였으며 다사다난한 집권초기를 보냈다.

　무엇보다도 여소야대의 정치구조가 결정적인 장애였다. 이른바 진영 간의 대결이 극대화된 시대에 거칠게 적대적인 야당이 국회의석의 압도적인 다수를 점하고 있는 여소야대상황이었다. 야당은 다수의 위력을 거침없이 행사했다. 행정부에 대한 국회의 미세관리는 끝이 없는 것 같았다. 국회의 동의가 필요한 새로운 정책의 추진은 엄두를 내기 어려웠다. 정권출범 후 6개월이 지나도록 정부가 제안한 법률은 한 건도 국회를 통과하지 못했다. 야당은 그들이 만드는 것을 반대했던 정부기구나 활동의 예산을 삭감하는 등 예산권행사를 통해 행정부를 압박하고 곤혹스럽게 만드는 일에도 서슴없었다.

윤석열대통령과 대통령선거에서 겨루었던 제1야당의 이재명후보는 당내 경선과정과 대통령선거과정에서 대형비리에 연루되었다는 의혹제기에 시달렸고 선거가 끝나면 그와 그의 주변에 대한 수사가 본격화되리라는 사람들의 예상 때문에도 시달렸다. 그런 이유 때문에서인지 대선 후의 휴식기간을 거치지 않고 국회의원 보궐선거에 바로 출마해 당선되었다. 이어서 더불어민주당 당대표 선거에 출마해 압도적인 다수표를 받아 당선되었다. 이로써 이재명 전 대선후보와 더불어민주당은 운명공동체라는 제도적 관계가 보다 분명해졌다.

이재명대표의 주변인들에 대한 수사가 본격화되면서 야당은 당대표의 형사소추를 막기 위해 총력전을 펼쳤다. 그만큼 윤정권에 대한 역공도 격렬해졌다. 정부는 정치권의 범죄를 적당히 얼버무리고 정치적 타협에 나서려는 기미를 전혀 보이지 않았다. 그러니 여야 간의 파열음은 점점 더 커졌고 야당의 이른바 '국정발목잡기'는 극심해졌다. 상당히 큰 지지군중을 거느리고 국회의 다수의석을 차지하고 있는 야당이 반대하고, 검찰이 제도적으로 크게 위축되어 있는 형편에서 전정권의 적폐를 청산하는 것은 험난한 길일 수밖에 없었다. 그리고 바야흐로 여론정치시대에 대통령의 낮은 지지율은 적폐청산이나 개혁추진의 동력을 크게 약화시키는 요인이었다.

여당의 당내사정도 어수선했다. 윤대통령은 취임 전후에 심한 당내 분란을 겪었다. 30대의 '청년대표'로 불리던 당대표는 대통령선거 때부터 자기 당의 후보와 다툼을 몇 차례 벌였고 선거 후에도 대통령을 비난하는 행동을 되풀이했다. 대통령과 가까운 국회의원들에 대해서는 강한 적대행동을 했다. 결국 당의 윤리위원회는 두 차례에 걸쳐 당원권 정지처분을 하고, 당에서는 비상대책위원회체제를 가동시켰다. 이에 대한 당대표의 효력정지가처분신청이 법원에서 인용되어 일차로 구성했던 비대위는 와해되었다. 당에서는 당헌을 개정하는 등 법적 하자를 없앤 후 다시 비대위를 구성했다. 대통령은 취임한 첫해의 연말까지 비대위로 이끌어가는 여당과 함께 일하게 되었다.

언론과의 관계도 험난한 것이었다. 대통령은 국민과의 소통, 언론과의 소통을 크게 강조하고 언론과 가까이 지내려고 애썼다. 그러나 적대적인 언론사들의 대통령 공격은 거세었다. 일부 공영방송도 심히 반정부적이었다. 대통령은 혼란스러운 언론폭증현상을 마주했다. 난립한 유튜브방송 등 '사설방송' 뿐만 아니라 개인들의 SNS 매체들도 언론자유를 주장하면서 과도한 정부비방을 서슴지 않았다. 대통령과 그 가족의 흠을 찾으려는 언론 또는 사이비 언론은 온갖 가짜뉴스를 퍼뜨리고, 유언비어를 생산해내기도 했다. 정부공격에 앞장서는 정치인들은 그런 매체들을 활용하기도 했다. 그러니 집권자들의 스캔들을 폭로하는 의혹이니 풍문이니 하는 것들이 국회에서 끊임없이 설전을 일으켰다. 대통령실과 여당은 이를 반박하느라 많은 에너지를 소모할 수밖에 없었다.

'촛불세력'은 과거의 위력을 믿고 호시탐탐 대통령을 끌어내릴 기회를 노리고 있었다. 윤대통령 취임 초기부터 탄핵을 주장하는 등 대통령 사퇴를 구호로 삼는 촛불시위를 거듭했다. 심지어는 중고등학생들의 촛불연대라는 것도 등장해 그들의 힘으로 대통령을 사퇴시키겠다는 구호를 외치며 촛불시위를 감행하기도 했다.

2022년 10월 29일에 발생한 이른바 '핼러윈 참사'(이태원 참사)는 취임 초기의 윤석열정부에 아주 큰 정치적 부담을 안겨주었다. 핼러윈축제를 즐기기 위해 많은 인파가 서울 용산구 이태원의 골목길에 몰려들었고 사람들이 밀려 넘어지면서 150명이 넘는 사망자와 수십 명의 부상자들이 나오게 되었다. 당연히 정부책임론이 제기되었다. 대통령과 정부의 책임을 추궁하는 소리가 높았다. 반대정파에서는 참사의 원인을 윤대통령의 무능과 부실대응으로 규정하고 본격적인 정치공세를 폈다. 이태원 참사에 대한 국정조사를 요구하는 국민서명운동을 전개하는 등 장외투쟁도 벌이면서 정부책임론을 대통령 임기 내내 끌고 갈 태세를 보였다. 정부와 여당은 참사를 수습하는 일뿐만 아니라 이 문제를 둘러싼 정치적 공세에도 맞서야 하는 이중고를 겪게 되었다.

북한의 도발도 부쩍 심해졌다. 윤정부가 지난 정부보다 덜 타협적이고 국방에 더 강경하다고 보았는지 말로 하는 비난과 공격의 수위를 부쩍 올렸고 각종 미사일을 자주 발사했고 항공기로 무력시위를 하는 등 남북관계를 악화시키고 시끄럽게 만들었다. 이에 대응하는 일도 국정의 부담이 되었다.

윤대통령이 단행한 대통령집무실 이전은 역사적인 거사였다. 대통령집무실을 청와대에서 다른 곳으로 옮긴다는 것은 대통령선거에서 내건 윤후보의 공약이었다. 전임대통령도 그런 공약을 내걸었으나 당선 후 여건의 불비, 반대여론 등을 이유로 이전계획을 포기했으나 윤대통령은 대통령 취임 전 당선인신분일 때부터 서둘러 첫 집무를 새로 이전한 용산사무실에서 시작했다. 관저는 미리 준비가 되지 않아서 반년정도를 사저에서 출퇴근을 하다가 2022년 11월에야 한남동 옛 외교부장관 관저를 개조해 마련한 새 대통령관저로 입주하게 되었다. 대통령집무실은 옮기고 청와대는 국민이 관람할 수 있도록 개방하는 일이 쉬운 것은 아니었다. 집무실 이전사업에 대한 지난 정권과 야당의 협조는 썩 원활한 것이 아니었다. 야당에서는 문제점들을 꼬집고 이전과정의 흠을 잡아 비판했다. 이전과 정착에 필요한 예산을 삭감해서 애로를 안겨주기도 했다. 많은 정치적 논쟁거리를 만들었다.

다음에 윤석열정부가 선정한 국정과제를 살펴보려 한다. 그리고 정부개혁의 기본적 모형으로 제시한 디지털플랫폼정부에 대해 설명하려 한다. 지금은 임기 초이므로 윤정부의 행정개혁에 관한 치적의 자세한 논의는 다음 기회로 미룰 수밖에 없다.

2. 개혁의 기조

1) 국정비전·국정목표·국정과제

윤석열정부의 출범을 준비한 제20대 대통령직인수위원회는 2022년 5월 3일 윤정부의 국정비전과 6대 국정목표, 그리고 110대 국정과제를 결정해 발표하였다.[54]

국정비전은 "다시 도약하는 대한민국, 함께 잘사는 국민의 나라"이다.

국정비전에 지향된 국정목표는 여섯 가지인데 그 첫째가 상식이 회복된 반듯한 나라이다. 이를 구현할 국정과제는 코로나19 피해 소상공인·자영업자의 완전한 회복과 새로운 도약 등 15개이다. 여기에 정부조직 등 공공부문 조직들의 운영개혁에 관한 국정과제들도 포함되어 있다. 그에 대해서는 뒤에 따로 설명할 것이다.

둘째 국정목표는 민간이 끌고 정부가 미는 역동적 경제이다. 이를 구현할 국정과제는 규제시스템 혁신을 통한 경제활력 제고 등 26개이다. 셋째 국정목표는 따뜻한 동행, 모두가 행복한 사회이다. 이를 구현할 국정과제는 지속 가능한 복지국가개혁 등 32개이다. 넷째 국정목표는 자율과 창의로 만드는 담대한 미래이다. 이를 구현할 국정과제는 국가혁신을 위한 과학기술 시스템 재설계 등 19개이다. 다섯째 국정목표는 자유·평화·번영에 기여하는 글로벌 중추국가이다. 이를 구현할 국정과제는 북한 비핵화 추진 등 18개이다. 여섯째 국정목표는 대한민국 어디서나 살기 좋은 지방시대이다. 이를 구현할 국정과제는 열거되어 있지 않다.

2) 정부부문 개혁의 과제

정부부문 조직운영 자체의 개혁에 보다 직결되는 국정과제는 첫 번째 국정목표 추구를 위한 국정과제들에 포함되어 있다. 국정과제 11번부터 15번까지 다섯 가지 국정과제가 그에 해당한다. 그 내용을 여기에 요약하려 한다.[55]

(1) 모든 데이터가 연결되는 세계 최고의 디지털플랫폼정부 구현   모든 데이터가 연결되는 플랫폼 위에서 국민, 기업, 정부가 함께 사회문제를 해결하고 새로운 가치를 창출하는 디지털플랫폼정부를 구현한다. 알아서 챙겨주는 맞춤형 서비스 등 국민과 기업의 불편을 해소하여 변화를 피부로 느낄 수 있는 국민체감 선도 프로젝트를 추진한다. 국민이 익숙한 민간 플랫폼 등과 연계한 공공서비스 개발·전달 등 민간의 혁신역량을 적극 활용한다. 인공지능·데이터를 기반으로 일 잘하는 정부를 구현한다. 정부가 서비스를 직접 제공하기보다는 국민과 함께 혁신하고 민관이 함께 성장하는 디지털플랫폼정부 혁신 생태계를 조성한다. 데이터를 안전하게 활용하기 위한 기반을 강화하기 위해 개인정보를 철저히 보호하고 데이터를 안전하고 신뢰성 있게 활용할 수 있는 체계를 확립한다.

디지털플랫폼정부 구축은 뒤에 따로 논의할 것이다.

(2) 국정운영방식의 대전환, 자율·책임·소통의 정부   자율성·책임성·민첩성을 높이는 방향으로 국정운영방식을 전환하여 국민이 체감하는 '유능한 정부'를 구현하고자 한다. 이를 위해 책임총리·장관제 이행, 대통령 집무실 이전 및 조직 슬림화, 국민과 소통하는 국정운영 등을 추진할 것이다.

국무총리, 장관의 자율성과 책임성을 확대하기 위해 대통령과 총리가 정례적인 소통과 협의를 통해 국정운영 방향을 조율하고 의사결정을 하도록 한다. 국무총리의 국정의제 점검·조정 및 현안정책 조정·평가의 권한을 확대하고, 각 부처 장관의 정책·조직 운영의 자율성을 확대함과 동시에 성과에 대한 책임성을 제고한다. '국민과 함께하는 대통령' 실현을 위해 대통령실을 용산으로 이전한다. 세종시에는 대통령 제2집무실을 설치한다. 국민과 소통하는 국정운영을 위해 대통령실 민관합동위원회 운영 등 다양한 분야·계층의 참여를 확대하여 국민의 실질적 정책제안·결정 권한을 강화한다.

(3) 유연하고 효율적인 정부체계 구축   정부 운영과 일하는 방식을 개선하여 일 잘하는 효율적인 정부를 구현하고, 국민의 권리구제와 일상 편의를 증진하는 국민중심의 행정서비스를 실현한다.

효율적인 정부체계를 구축할 수 있도록 정부기능 진단을 통해 중앙·지방정부의 조직운영을 효율화하고, 문제해결 중심의 협력적인 일하는 방식을 정착시킨다. 중앙정부와 지방정부의 위원회들을 주기적으로 점검하여 실적이 부진한 위원회는 정비하고 그 내용을 국민에게 공개한다. 각급 기관의 관사들이 검소하게 운영될수록 한다.

나이 계산으로 인한 행정적·사회적 문제를 해결하기 위해 '만 나이'로 법적·사회적 나이 기준을 통일한다. 기부금 등의 투명성 제고를 위해 기부금 수입·지출에 대한 국민참여 확인제를 도입하고 비영리민간단체의 회계투명성·책임성을 강화하는 장치를 마련한다.

(4) 공정과 책임에 기반한 역량있는 공직사회 실현   직무중심의 공정한 인사시스템을 확립하고 공무원이 소신껏 일할 수 있는 여건을 조성하여 '일 잘하는 공직사회'를 구현한다. 이를 위해 통합채용서비스 제공 및 직무중심 공정인사, 자율·책임 기반 공직여건 조성, 현장공무원 보호·지원, 공직기강 확립 등을 추진한다.

공무원 채용시험 통합시스템을 구축하여 수험생·채용담당자 대상의 원스톱 서비스를 구현한다. 우수인재의 승진기회 확대 등 전략적 인사관리를 강화하고, 전문직공무원제 적용 부처와 대상을 확대한다. 민간의 전문성이 필요한 분야에 개방형 직위를 발굴한다.

자율·책임 기반의 공직 여건 조성을 위해 공무원 공익신고자를 보호하고, 범정부적 적극행정을 활성화한다. 책임장관제 구현을 위해 장관의 인사자율성을 확대한다. 출산·육아기 공무원의 근무여건과 원격근무제도 등을 개선하여 직무몰입을 강화하고, 직급과 업무의 특성을 고려해 공직윤리제도를 합리적으로 운영하며, 재산공개창구를 일원화한다.

현장공무원에 대한 보호·지원을 확대하기 위해 공무상 재해에 대한 신속한 심의·보상체계를 구축하고 공상 공무원 전문 재활서비스 지원을 확대한다. 공상 경찰관 대상 위로금 지원을 확대하고, 소방심신수련원 건립 등 현장공무원의 근무여건을 개선한다.

공직기강 확립을 위해 국가 '주요 정책·사업 점검체계'를 마련하고, 감사사각을 최소화하는 한편 비위정보 수집체계 개선으로 고품질 감찰정보를 생산한다.

(5) 공공기관 혁신을 통한 질 높은 대국민 서비스 제공　공공기관을 효율화하고 재무건전성을 확보하며, 공공기관의 자율·책임경영 및 역량을 강화한다.

공공기관 효율화를 위해 공공기관이 스스로 인력활용을 효율화하고 출자회사 정리 등을 추진하면 인센티브를 부여하여 자율혁신을 유도한다, 공공기관의 업무를 상시·주기적으로 점검·재조정하고 기관 신설을 최소화한다.

재무건전성 확보를 위해 재무위험이 높은 기관에 대한 집중관리제를 도입하는 등 기관별 건전화계획을 수립하고 출자·출연·자금관리를 강화한다.

민간의 혁신·성장을 지원하기 위해 공공기관 통합기술마켓을 고도화하고, 공공기관의 해외진출을 지원하는 온·오프라인 해외협력 지원플랫폼 구축 등을 추진한다.

자율·책임·역량 강화를 위해 공공기관의 직무중심 보수·인사·조직관리를 확산하고, 공공기관 자체 ESG 역량 강화 및 민간협력업체 ESG 경영을 지원한다.[e'] 아울러 공공기관 지정 및 유형기준 정비를 통해 공공기관 범위를 합리화하고, 소규모 기관 등의 경영평가 부담을 완화하는 한편 인사·재무관리상 자율성을 확대한다.

....

e') ESG는 environment, social, 그리고 governance의 머릿글자를 따서 만든 조어이다. 친환경적 경영, 사회적 책임경영, 그리고 투명경영을 포괄하는 경영을 지칭하는 말이다.

3. 디지털플랫폼정부

1) 추진의 배경

기술발전과 행정개혁은 서로 영향을 주고받는다. 기술발전은 행정개혁을 촉진하는 자극제가 된다. 정부는 새로운 기술을 능동적으로 도입하여 개혁을 도모하고 다시 기술발전에 기여할 수 있다. 우리가 사는 시대를 정보화시대라고 하는데 그 안에서 여러 단계의 기술발전이 진행되고 있다. 정보통신기술도 여러 발전단계를 빠르게 옮겨가고 있다. 그에 따라 전자정부의 양태도 여러 단계의 진화를 겪고 있다. 오늘날 정보통신기술의 고도화는 디지털플랫폼정부라는 새로운 형태의 전자정부 구축을 촉진하고 압박하고 있다. 정부는 그러한 압박을 능동적으로 받아들여 디지털플랫폼정부 건설을 서두르게 되었다.

윤석열 대통령은 대통령선거 후보일 때부터 디지털플랫폼정부 구축을 공약으로 내걸었다. 그의 대통령취임을 준비한 제20대 대통령직인수위원회는 TF를 따로 구성해 디지털플랫폼정부 추진계획을 만들게 하였다. 그리고 정부는 「디지털플랫폼정부위원회의 설치 및 운영에 관한 규정」을 제정하고 그에 따라 대통령직속 디지털플랫폼정부위원회를 발족시켜 추진주체로 삼았다. 행정각부 중 플랫폼정부사업을 주관할 부처로는 행정안전부를 지정하였다.

정부는 1~2년 내에 국민·기업·정부가 체감할 수 있는 선도 프로젝트를 완성하고, 3년 이내에 민·관의 역량을 결집할 수 있는 범정부적 디지털플랫폼정부의 틀을 완성하고, 5년 이내에 세계시장을 선도하는 디지털플랫폼정부를 만들어 지속적으로 발전시킨다는 타임테이블도 발표하였다.

정부는 디지털플랫폼정부계획을 입안하면서 기존 정부운영시스템의 시정되어야할 결함으로 서비스제공시스템이 파편화(분산화·분립화)되어 있는 것, 정보자원의 원활한 활용을 가로막는 고질적 칸막이가 있다는 것, 정보기술 발전에 따라 정부가 변모해야 할 필요에 제대로 부응하지 못한다는 것, 민간과의 협업 필요성은 날로 증대하는데 정부가 그에 부응하지 못한다는 것 등을 지적하였다. 디지털플랫폼정부를 발전시켜 그러한 문제들을 해결하겠다고 하였다.[56]

그림 5-1 새정부의 디지털플랫폼정부 구상

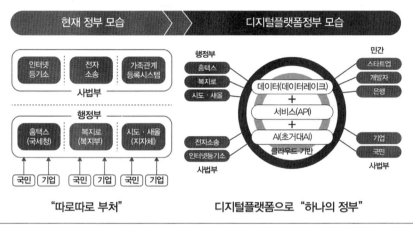

자료: 제20대 대통령직인수위원회, 디지털플랫폼정부로 달라지는 대한민국(2022)

2) 디지털플랫폼정부의 정의

디지털플랫폼정부(플랫폼정부: digital platform government; government as a platform)는 모든 데이터가 연결되는 디지털 플랫폼 위에서 국민·기업·정부가 함께 사회문제를 해결하고 새로운 가치를 창출하는 정부이다. 디지털플랫폼정부는 방대한 정보를 정부 내에서 뿐만 아니라 민간부문과도 함께 공유하고 첨단 정보통신기술을 활용하여 정부와 민간이 함께 사회문제를 창의적으로 해결해나갈 수 있게 열린 장을 마련하는 정부이다. 디지털플랫폼정부는 클라우드 컴퓨팅, 빅데이터 분석기술, 모바일 컴퓨팅, 소셜미디어, 사물인터넷, 인공지능 등 첨단 정보통신기술을 활용한다.

디지털플랫폼정부는 정보공동활용에 필요한 정보통신기술의 채택만으로 성립될 수 있는 것이 아니다. 정부의 조직관리와 대국민관계가 전반적으로 정보공유·협력적 문제해결·새로운 공공가치 창출이라는 목표에 지향되고 그에 조화될 수 있도록 재편되어야 한다. 무엇보다도 조직 내외를 불문하고 정보의 공동활용을 가로막는 칸막이들을 제거해야 한다. 종적·횡적 협력을 강화하고 집단적 문제해결을 촉진해야 한다. 저층의 유기적 구조를 발전시키고 자율관리팀의 활용을 늘려야 한다. 민첩한 관리기능을 발전시켜야 한다. 조직 내외에 걸쳐 정보공유·협력·상호신뢰의 문화가 조성되어야 한다. 공공서비스는 국민의 관점에서 통합적·선제적이고 맞춤형으로 제공해야 한다. 국민이 공유정보를 신뢰하고 안전하게 이용할 수 있는 환경을 조성하고 개인정보를 보호해야 한다.

3) 추진전략

디지털플랫폼정부를 발전시키려면 먼저 필요한 조건들을 갖추어야 한다. 우선 플랫폼 운영에 필요한 물적·기술적 인프라를 조성해야 한다. 그리고 플랫폼을 운영할 여러 분야의 인력을 확보해야 한다. 공공플랫폼의 운영에 지장을 주지 않도록 규제제도를 개선하고 이해충돌 조정에 필요한 규칙과 절차를 만드는 등 제도적 기반을 마련해야 한다. 시민, 기업, 공공부문종사자 등이 공공플랫폼에 자발적으로 참여하도록 유도하는 유인책을 강구해야 한다. 디지털리터러시교육, 디지털 접근성 표준 제정 등을 통해 디지털 접근성을 높여야 한다.

정부(대통령직인수위원회)는 디지털플랫폼정부 추진전략의 아홉 가지 원칙과 다섯 가지 중점 추진과제를 발표하였다.

추진원칙은 i) 국민과 함께 혁신하고 민관이 함께 성장하는 혁신생태계를 조성한다, ii) 공공데이터는 네거티브 원칙하에 디지털방식으로 전면 개방한다, iii) 공공서비스는 국민의 관점에서 통합적·선제적·맞춤형으로 제공한다, iv) 부처 간 칸막이를 철폐하고 디지털플랫폼으로 하나의 정부를 구성한다, v) 행정프로세스를 재설계하고 조직문화와 인사제도까지 혁신한다, vi) 정부는 인공지능·데이터 기반으로 정책결정을 과학화한다, vii) 개인정보를 보호하고 안전하고 신뢰할 수 있는 이용환경을 보장한다, viii) 데이터와 서비스의 민관공유를 위한 개방형 표준을 마련한다, ix) 세계시장을 선도할 수 있는 디지털플랫폼정부를 만든다 등 아홉 가지이다.

위의 기본원칙에 근거하여 디지털플랫폼정부를 구현하기 위한 중점 추진과제는 i) 국민과 기업이 단기간에 개선효과를 체감할 수 있도록 선도 프로젝트를 시행해서 디지털플랫폼정부 구축을 지지하는 사회적 공감대를 형성하고 중장기적 추진동력을 확보한다, ii) 정부에서 제공하는 각종 서비스마다 신청

창구가 달라 겪는 불편과 서비스의 존재를 몰라서 신청하지 못하는 사각지대를 해소하고 누구나 쉽게 한 곳에서 한 번에 정부 서비스를 이용할 수 있도록 먼저 찾아가는 공공서비스를 구현한다, iii) 정부가 일하는 방식을 아날로그방식에서 인공지능과 데이터 중심의 디지털업무방식으로 전환해서 과학적 국정운영을 실현한다, iv) 부처중심의 칸막이구조로 인한 데이터와 서비스의 분절화를 극복하고 민간의 혁신역량을 최대로 활용할 수 있는 혁신생태계를 조성한다, v) 보안과 활용성을 동시에 제고하여 안전하고 신뢰할 수 있는 이용환경을 조성한다 등 다섯 가지이다.

4) 기대효과

정부는 디지털플랫폼정부를 발전시키면 거둘 수 있는 효용을 세 가지 부문으로 나누어 설명하였다.

첫째, 정부가 국민에게 통합적·선제적·맞춤형 행정서비스를 제공할 수 있게 된다. 더 이상 몰라서 정부가 제공하는 혜택을 놓치거나, 여러 관공서를 방문해야 하거나, 같은 서류를 반복적으로 제출하는 일이 사라지고 국민은 편안하게 공공서비스를 받을 수 있게 될 것이다.

둘째, 기업에게는 혁신의 기회를 넓혀줄 것이다. 기업은 정부가 보유한 고품질의 데이터를 활용하여 공공서비스 개발과 전달에 참여할 수 있고 혁신적인 비즈니스를 창출할 수 있게 될 것이다. 정부는 기업이 세계시장을 선도해나갈 수 있도록 밀어주는 든든한 후원자가 될 것이다.

셋째, 정부가 과학적으로 일할 수 있는 기반을 마련해줄 것이다. 정부는 데이터에 기초해 과학적인 의사결정, 투명하고 개방적인 업무처리를 할 수 있게 될 것이다. 그렇게 해서 정부는 국민과 기업의 신뢰를 받는 동반자가 될 것이다.

06

우리나라 행정개혁의 진로

제 6 장에서는 우리나라 행정개혁이 추구해야 할 목표상태와 실천전략을 처방하려 한다.
행정과 행정개혁은 개방체제적인 것이므로 개혁의 방향과 원리를 처방하려면 행정의 환경을 고려
해야 한다. 우리나라 행정개혁의 목표상태를 논의하기에 앞서 행정환경의 변화추세를 먼저 예상해
보려 한다. 환경변화는 행정개혁을 촉구하는 한 조건을 형성할 수 있다. 행정개혁을 촉구하는 또
다른 조건은 행정체제 자체의 문제이다. 행정의 병폐는 행정환경 변화로 제기되는 개혁의 필요성
을 증폭시킨다. 행정환경변화의 논의에 이어서 행정의 병폐가 무엇인지 알아보려 한다. 행정환경
변화 그리고 행정의 병폐를 설명할 때 사용할 주요개념들에 대한 해설도 곁들이려 한다.
행정환경변화의 예상과 행정의 병폐진단에 입각하여 우리나라 행정개혁이 추구해야 할 일반적
원리를 제시하려 한다. 행정개혁의 목표상태를 규정하는 기본적 원리를 제시하겠다는 말이다. 개
혁의 원리를 논의한 다음에는 행정개혁추진의 방법 또는 전략을 평가하고 개선방안을 제시하려
한다.

Ⅰ. 행정환경의 변화와 행정의 병폐

1. 행정환경 변화의 일반적 추세

우리의 전체적인 사회체제(societal system)는 격동적인 것으로 되어갈 것이다. 사회체제의 분화·다양화는 현저히 촉진될 것이며, 분화된 요인들 사이의 상호의존성·연계성은 더욱 높아져 복잡성을 증폭시킬 것이고, 복잡성의 양태는 급속히 변할 것이다.

여러 방면에서 일어나는 이익표출은 더욱 다양하고 강렬해질 것이다. 상반되는 이익 또는 요청들의 보다 첨예한 대립도 예상된다. 예컨대 정부실패론과 시장실패론의 대립, 생산지향과 보존지향의 대립, 성장요청과 분배요청의 대립, 독점요청과 경쟁요청의 대립, 집권화요청과 분권화요청의 대립, 개인의 사생활보호요청과 정보이용확대요청의 대립 등이 아주 첨예화될 수 있다.

급속한 변동으로 특징지어질 우리의 미래사회에는 전통적 요소와 쇄신적 요소, 변동을 선도하는 부문과 변동에서 낙후된 부문 등이 함께 있어 복잡한 양상이 빚어질 것이지만, 변동을 선도하는 새로운 물결이 가장 큰 도전으로 될 것이다. 앞으로의 사회 역시 모든 산업이 공존하는 복합사회일 것임이 분명하지만 선도산업 부문은 정보화의 영역일 것이다.

예상되는 여러 가지 변동 가운데서 가장 기초적인 것은 인간생활에 미치는 영향의 폭이 매우 광범한 기술의 발달일 것이다. 현대문명을 기술문명이라고 부르기도 하는 까닭은 19세기의 산업혁명 이래 인간생활이 기술의 발전에 크게 의존하게 되었기 때문이다. 앞으로 과학기술의 중요성은 더욱 커질 것이다. 인간생활은 인간의 의지와 태도, 제도, 자연적 조건 등 기술 이외의 여러 요인이 작용하는 영향을 받는다. 그러나 앞으로 올 세상에서 과학기술의 발전이 지니게 될 변동촉발력은 전에 없이 강력해질 것이다. 장차 우리 사회에서도 전자공업·컴퓨터기술·첨단통신기술·생명공학 등이 기술발전을 선도하여 고도산업화·정보사회화를 촉진하게 될 것이다.

우리는 정보화사회의 빠른 진화에 적응하는 능력을 길러야 할 것이며, 각자가 자율적으로 고도의 지적 창조사회를 만드는 데 책임을 져야 한다는 강한 요청에 직면하게 될 것이다. 사회의 모든 분야에서 인간적으로 유의미한 일을 창출하는 것, 정보기술에 대한 인간적 예속을 막는 것, 문화지체 등으로 인한 계층 간의 격차를 완화하는 것, 정보독재를 막는 것, 상충되는 이익을 조화시키는 것, 민간조직이나 정부조직의 적응성을 높이는 것 등이 또한 중요한 과제로 부각될 것이다.

2. 부문별 변화추세

다음에는 사회체제를 몇 가지 부문으로 나누고 부문별 변화를 예상해 보려 한다.

1) 경제적 환경

(1) 경제의 발전   1960년대 이래 우리는 경제의 고도성장을 이끌어 왔으며 이제 우리나라는 선진국의 반열에 올라 있다. 미래에도 장기적으로는 지속적인 경제의 발전을 예상할 수 있다.

20세기 말의 경제위기와 21세기 초의 침체를 겪기도 했다. 앞으로도 그러한 우여곡절은 있을 수 있다. 산업화 초기에서와 같은 고도성장은 기대하기 어려울 것이다. 그러나 장기적으로는 경제규모가 커지고 경제구조가 고도화되어 갈 것이다. 산업구조는 정보산업 부문이 압도적인 비중을 차지하는 방향으로 변동해 갈 것이다. 정보산업의 발전은 경제의 연성화를 촉진하고, 다른 산업분야에 많은 영향을 미칠 것이다.

(2) **물질생활의 풍요화·탈물질화**　　경제발전이 지속되면 국민의 물질생활은 풍족해져 갈 것이며, 내구소비재에 대한 욕구는 점차 감소되고 경제의 서비스화가 가속적으로 일어날 것이다. 양적 충족의 추구로부터 질적 향상의 추구로 수요가 변환되어 가고, 물질의 풍요로부터 마음의 풍요와 지적 창조생활을 원하는 탈물질화(脫物質化) 경향도 점차 확산될 것이다.

(3) **경제적 민주화·복지화**　　경제가 발전할수록 경제의 복지화에 대한 요청은 커질 것이다. 급속한 변동과정에서 낙오한 인구집단이나 경제의 불균형 성장으로 인하여 혜택받지 못한 인구집단이 있어 조성되는 계층차는 큰 것일 수 있다. 모든 분야에서 형평성실현의 욕구가 강해질 것이다. 따라서 소득분배의 개선 등 경제의 복지화, 민주화, 인간화에 대한 요청이 강화될 것이다. 다원화되어 가는 복지수요에 대응하는 문제도 더욱 중요해질 것이다.

(4) **의미 있는 일의 창출과 재적응**　　정보화사회의 진전이 본격화되는 과정에서 심각한 고용문제(실업문제)가 야기될 수도 있다. 정보화·자동화는 사람이 하던 일을 많이 빼앗아 가게 된다. 그런가 하면 인구의 고령화, 여성경제활동인구의 증가 등은 일에 대한 수요를 늘릴 것이다. 그러므로 기술변화에 따라 유의미한 일을 계속적으로 창출하는 데 실패하면 실업문제가 더욱 악화될 수 있다. 대량실업은 아니더라도 기술변화에 따른 일의 의미상실, 재적응의 고통 등이 심각해질 수 있다. 사람들의 끊임없는 재적응을 돕는 인프라의 구축이 매우 중요한 국책적 과제로 부각될 것이다.

(5) **개혁의 촉진**　　사회에 쌓이는 잉여자원(system reserve)이 많아지고 정보화가 촉진되면 개혁의 중요성이 커지고 또 그 가능성이 커진다. 따라서 변동은 가속화된다. 장차 행정을 포함한 여러 영역의 개혁요구는 폭증할 것이며, 개혁사업에 따르는 부담과 위험을 감당할 수 있는 능력도 커질 것이다. 경제적 생산활동에서 도입 또는 개발한 기술정보와 관리지식들은 사회 전반에 커다란 파급효과를 일으켜 연쇄적 변동을 초래할 것이다.

(6) **세 계 화**　　경제의 세계화가 가속될 것이며, 그 영향은 다른 생활영역에도 크게 파급될 것이다. 정보화는 정보의 경제화를 촉진하고 지구 전체를 하나의 시장으로 하는 세계화의 물결을 형성한다. 우리의 경제발전은 개방화

에 의존해 왔으며 앞으로도 그러할 것이다. 현재와 미래의 불가피한 물결인 세계화에서 얻는 이익도 많을 것이다. 그러나 네트워크로 묶일 세계 각국이 봉착할 난제들도 많아질 것이다.

(7) 후유증과 새로운 부담　　지난 수십 년간의 고도성장에 수반된 부작용·후유증·폐단을 극복하는 일, 그리고 내외경제사정의 변화에 따라 새로이 안게 될 부담을 덜어가는 일이 상당히 힘들 것이다. 불균형성장과 부의 불공평 배분에서 비롯된 빈부의 격차, 공해문제, 교통난, 노사분규 등은 고도성장을 따라온 후유증의 중요한 예이다. 그리고 앞으로 국제적 정보격차·기술격차·자본격차로 인한 종속의 문제, 국제사회의 다원화·다극화와 경쟁의 세계화가 심화되는 과정에서 생겨날 수 있는 마찰과 무역적자의 문제가 심각해질 수 있다.

2) 사회적 환경

(1) 사회적 다원화　　사회적 다원화가 심화될 것이다. 사회의 구성요소들은 계속적으로 분화될 것이다. 분화된 요소들 사이의 상호의존도가 높아지고 그만큼 각 요소들의 자족성은 감소될 것이다. 사회계층의 구조는 다원화되고 복잡해져 갈 것이다. 전통적인 가치관이 약화되는 가운데 가치관의 다원화는 촉진될 것이다. 사람들의 욕구가 고급화되어 간다는 일반적인 추세 속에서 욕구의 다원화 또한 촉진될 것이다. 사람들은 선호표출·이익표출에서 개체주의적 성향을 더 많이 노출해 갈 것이다.

(2) 사회적 유동성의 증대　　사회적 유동이 활발해질 것이다. 사회적 유동에 대한 요청이 커지고 유동 또한 용이해져서 유동률이 현저히 높아질 것이다. 사람들은 그러한 유동에 적응해야 하는 부담을 안게 될 것이다. 정보화사회의 진전에 따라 정보기술·지식과 아이디어가 계층형성의 기초로 더욱 중요해질 것이다. 귀속적 계층개념은 흐려지고 실적중심의 계층개념이 더 중요해지는 사회가 될 것이다. 이러한 사회에서는 사람들이 개인적 능력과 노력에 따라 개방적인 계층들로 이동해 다닐 수 있다.

(3) 교통·전기통신의 발달　　교통·통신의 발달은 인간의 교호작용을 어렵게 하는 공간적 및 시간적 장애를 급속하게 제거해 줄 것이다. 정보통신과 교

통의 발달은 사람들의 교호작용을 원활화하고, 개혁의 전파를 빠르게 하고, 생활정보·문화정보의 보급을 빠르게 할 것이다. 미래의 정보통신발달은 인구의 공간적 분산을 촉진하면서도 사회적 거리는 가깝게 하는 생활변모를 초래할 것이다. 인구와 산업의 과도한 밀집을 완화시켜 줄 것이며, 국토의 균형발전에 기여할 것이다. 재택근무와 같은 근무방식이 늘어 주거와 사무실의 구별을 흐리게 하는 등의 여러 가지 변화를 야기할 것이다. 교통·통신의 발전은 세계화 가속의 도구를 제공할 것이다.

(4) 고령화·고학력화·여성 사회참여 확대　　고령화·고학력화가 가속되고 여성의 사회진출이 늘어날 것이다.

인구의 고령화가 빠르게 진행되고 있다. 고령화사회(aging society)를 지나 고령사회(aged society)로 이미 진입했으며, 인구의 고령화는 계속될 전망이다. 고령사회가 되면 생산활동연령을 높이는 문제, 노인들에게 보람 있는 일거리를 제공하는 문제, 노후의 안락한 생활을 보장하는 문제, 생산활동인구비율과 납세인구비율의 감소 문제 등이 매우 심각해질 것이다. 특히 사회보장제도에 커다란 부담을 주게 될 것이다.

우리의 전래적인 교육열은 좀처럼 식지 않을 것이다. 그리고 생산활동의 질적 고도화와 급속한 기술변동은 교육훈련의 수요를 증대시킬 것이며 다양화시킬 것이고 교육훈련의 기회는 확대될 것이다. 따라서 인구의 고학력화가 촉진될 것이고 많은 직업영역에서 인적 전문화는 더욱 고도화될 것이다. 평생학습의 부담이 커지고 과잉학력화의 문제와 고학력자 실업문제가 악화될 수도 있다.

여성이 할 수 있는 사회활동의 범위는 이미 현저히 넓어졌으며 앞으로도 넓어져갈 것이다. 여성의 사회참여가 늘어나면 가족관계를 포함한 여러 영역에서 문화변동이 초래될 것이다. 남녀의 사회적 위치와 선호에 따라 가족구성의 양태는 다양해질 것이며 유아양육과 노인부양에 관한 가족의 기능은 현저히 위축될 것이다.

(5) 지적 창조생활의 기회확대　　정보과학·정보산업의 발달로 정보통신이 원활해지고 정보개방화가 촉진될 것이다. 사람들은 정확한 정보를 더 많이 얻어 풍요로운 지적 생활을 영위할 수 있을 것이다. 여러 가지 새로운 매체의

발달은 문화·예술활동을 촉진하고 다양화하게 될 것이다.

(6) 조직사회의 변모   위에서 본 정보화의 추세와 여러 가지 환경적 변화는 조직사회(조직들로 구성된 사회영역)에 투사될 것이며, 조직사회의 변모는 또한 환경에 영향을 미칠 것이다. 앞으로도 대규모의 조직이 늘어나는 조직사회화(組織社會化)는 계속될 것이지만 그 양상은 과거보다 훨씬 복잡할 것이다. 조직의 정보화 촉진은 가장 큰 특징이 될 것이다.

한편으로는 고도산업화의 연장선상에서 대규모의 조직들이 구조와 운영방식을 바꾸어 가면서 발전해 갈 것이다. 경제활동의 세계화 촉진은 네트워크로 느슨하게 결합된 초거대 기업들을 늘려갈 것이다. 다른 한편으로는 분산화·소규모화의 요청, 잠정적·적응적 구조설계의 요청, 가상조직화의 요청, 네트워크화의 요청, 그리고 상황적 조건에 따라 조직설계를 다양화해야 한다는 다원조직화의 요청이 점점 더 커질 것이다.a) 관료화의 폐단으로부터 벗어나 조직을 인간화해야 한다는 목소리도 더욱 커질 것이다.b)

기술적 격동성과 환경의 다양화로 말미암아 조직이 유지해야 하는 관계들이 복잡해지고 조직의 사업이 또한 복잡해지고 예측가능성은 줄어들 것이다. 조직이 해결해야 할 문제의 복잡성과 응급성이 높아짐에 따라 민첩하고 분권화·협동화된 문제중심의 조직운영에 대한 요청이 더욱 커질 것이다.

(7) 부작용과 부적응   정보화사회의 진행과정에서 정보창출·활용의 완전한 평준화는 기대하기 어렵다. 정보유통의 기술발전에도 불구하고 사람들의 의지에 따라서는 정보개방이 제약될 수 있다. 사회 내에서 정보부유층과 정보빈곤층이 생기고, 정보선진국에서 후진국으로 정보가 흐르는 과정에서 계층화·종속화의 문제가 생길 수 있다. 정보공개·정보통제의 기술발전은 개인의 프라이버시 침해, 정보의 오용·남용으로 인한 인권침해, 낭비·범죄 등의 위험도 크게 할 것이다.

기술변동이 이끄는 급속한 사회변동은 문화적 혼합의 장기화 그리고 가

---

a) 구체적인 상황적 요청에 따라 조직의 구성원리를 달리 할 수 있게 하는 다원조직체제 (multi-organizational system)가 발전되어야 할 것이다.
b) '인간화'라는 말은 생애의 보람을 찾고 자기실현을 추구하려는 고급의 인성이 발휘되고 보호·육성될 수 있는 조건의 조성을 뜻한다.

치혼란을 야기할 수 있다. 도시화촉진, 사회적 분화와 유동성 증대, 빈번한 사회적 전위(轉位 : dislocation), 문화지체, 컴퓨터지배 등은 비인간화, 공동체의식의 상실과 같은 폐단을 빚을 수 있다.c) 정보스트레스·컴퓨터범죄의 증가도 우려된다. 물질생활의 풍요를 거쳐 보다 고차원의 창조적 생활과 보람 있는 일을 추구하는 방향으로 욕구전환을 하지 못한 사람들은 맹목적에 가까운 타락생활에 빠질 수도 있다. 급속한 기술진보에 법제(法制) 등 사회제도와 사람들의 행태적 준비가 뒤처지면 그간에 마찰이 심화될 것이다. 이러한 여러 가지 위험은 행정체제를 포함한 사회적 통합장치에 많은 부담을 줄 것이다.

3) 정치적 환경과 행정에 대한 기대

(1) **참여정치의 발전**　　국민의 정치의식계발은 참여정치에 대한 요구와 필요를 증폭시킬 것이며 국민의 참여능력도 향상될 것이다. 따라서 정치구조의 개방화·분권화·지방화 그리고 정치·행정의 참여적·자율적 국면 확대는 불가피할 것이다. 소득향상과 탈물질화경향의 대두, 고학력화, 수평적 사회관계의 발전, 국민의 다양한 욕구표출증대와 이익집단의 발달, 정치의식수준의 향상 등은 모두 국민의 정치적 자율성과 참여정치의 확장을 유도하는 데 기여하게 될 것이다. 그리고 정치·행정문제의 복잡성증대와 미래의 불확실성증대는 정치적·행정적 의사결정에 보다 많은 사람이 참여하고 조력하여야 할 실천적 필요성을 증대시킬 것이다.

(2) **정보화기술의 발달과 정치생활**　　컴퓨터, 정보관리기술, 뉴미디어의 발달은 민주적 정치사회화와 참여정치를 촉진하는 매우 중요한 힘이 될 것이다. 신속한 문화적·정치적 정보전달은 국민의 정치의식을 고취시키고 참여의욕을 자극하는 데 크게 이바지할 수 있다. 국민들은 정치·행정에 관한 많은 정보를 쉽게 획득하여 사용함으로써 정부의 정책결정에 보다 적극적으로 참여할 수 있는 능력을 키울 수 있다.

정보매체와 기기의 발달, 인터넷활용의 증대는 대의민주정치의 영역을

---

c) 문화지체란 문화변동에 부응하지 못하는 현상이다. 이것은 문화구성요소들 사이의 괴리가 빚어지는 현상을 포함한다.

상당부분 직접참여민주정치의 영역으로 전환시킬 것이다. 즉 '정보데모크라시'(사이버 데모크라시)의 영역이 확대될 것이다.[d] 언론의 다매체화는 촉진될 것이다. 오프라인 매체의 전통적 위력은 상대적으로 위축될 것이다. 이러한 변화는 정치적 의사결정과정에 많은 영향을 미칠 것이다.

정보기술의 고도한 발달은 정치부문에서 저지를 실책(조작·왜곡·남용 등)의 가능성을 높일 수 있다. 정치지도자와 정보관리자의 윤리적 책임성이 더욱 확고해야 한다는 것, 정치정보의 정확한 공개가 이루어져야 한다는 것, 모든 국민이 정치과정에 적극적으로 참여하고 그 과정을 감시해야 한다는 것 등 여러 가지 조건이 갖추어져야 정치정보오용을 막을 수 있을 것이다.

(3) 대외관계의 변화   대외적으로는 남북 간의 전쟁억제와 통일성취가 가장 큰 현안이 될 것이다. 남북관계와 통일문제는 시시각각의 변화를 겪게 될 것이다. 세계화가 촉진되면 국가 간에 정치적·행정적 제도와 행태의 상호모방은 점점 더 확대될 것이다. 그 과정에서 선진국들의 영향이 클 것이다. 국가이익을 위한 국제적 협력과 경쟁의 이합집산은 더욱 활발해질 것이며 우리의 국제협력관계는 한층 더 다변화될 것이다.

(4) 행정의 역할기대 변화   고도산업화·정보화가 진행되는 과정에서 행정체제에 기대되는 역할은 많이 변할 것이다. 민간부문의 확대, 경제발전의 민간주도화가 촉진되고 작은 정부실현에 대한 압력이 커질 것이지만 행정의 중요성은 결코 위축되지 않을 것이다. 오히려 행정서비스의 질적 고도화에 대한 기대는 한층 더 높아질 것이다.

국민의 개별적 선택과 선호에 따른 주장이 커지고 행정수요의 분화가 촉진되는 데 따라 다원주의적 행정서비스에 대한 요청도 커질 것이다.[e] 행정체제가 추구하는 수단적 가치기준은 다원화될 것이며 행정기능의 분화는 촉진될 것이다. 분화된 가치기준과 기능을 통합조정하는 과제가 더욱 무거워질 것이다. 격동하는 환경에 처하여 행정체제의 적응성 제고에 대한 요청은 더

....

d) 정보데모크라시란 컴퓨터 단말기의 보급을 통해 국민들의 의견을 직접 들어 정치적 결정을 해 나가는 직접민주정치의 양태이다.

e) 근래 우리 정부에서 강조하고 있는 '맞춤형 서비스'는 다원화되어가는 행정수요에 대응한 행정서비스의 다원화에 해당한다.

욱 커질 것이다. 정부는 급속한 기술변화와 기타의 환경적 변화에 대응하여 행정체제의 유연성과 적시성을 높여야 한다는 필요에 쫓기게 될 것이다.

(5) 관리작용의 과제 변화 　　　행정체제 내에서도 의미있는 일의 창출, 직무 재설계, 일과 사람의 적응성 제고에 대한 필요가 커질 것이다. 그리고 고도로 훈련된 전문적 인력의 수요가 상대적으로 커져갈 것이다. 경제성장이 지속되면 공무원들이 누릴 물질생활면의 복지는 계속 개선될 수 있을 것이다. 그에 따른 탈물질화경향의 대두, 인적 전문화의 촉진, 직업생활에 관련된 가치관의 변화 등은 공무원들의 다양한 고급욕구를 관리해야 하는 과제를 부각시킬 것이다. 따라서 전통적 인간관리방식은 점점 더 큰 한계에 봉착하게 될 것이다.

정보화가 진행되면 종래의 기능분립적 행정구조, 통제과정, 공무원의 관료적 사고방식에 대한 변동압력이 가중될 것이다. 국제교류의 확대는 선진관리체제의 전시효과를 크게 할 것이다. 산업화·정보화에 수반되는 여러 가지 사회적 병리가 행정체제에도 반영될 것이다. 이에 대처해야 하는 관리작용의 부담이 늘어날 것이다.

3. 우리나라 행정체제의 병폐

근본적인 행정개혁을 요구하는 환경적 투입은 아주 큰 반면 행정현실은 낙후되어 있기 때문에 개혁의 필요는 더욱 증폭되고 있다. 결코 짧지 않은 세월에 걸쳐 우리나라의 행정체제는 변화·발전되어 왔다. 그동안 쌓여 온 행정개혁의 성과를 결코 간과해서는 안 될 것이다. 그러나 현실의 문제에 대응하지 못하고 미래의 요청에 대비하지 못하는 행정체제의 능력결함과 폐단은 아직도 크다.

행정이 변하듯이 행정의 능력결함과 병폐도 변한다. 역대 정권이 행정의 병폐를 인지하고 그에 대응하는 개혁을 하느라 애써 왔다. 다음에 오래 지적되어 온 행정의 흠절이 무엇인지 그 대강을 범주화하여 설명할 터인데, 독자들은 흠절의 구체적인 수준과 양상은 끊임없이 변하고 있다는 점을 유념해 주기 바란다. 그간의 노력으로 많이 엷어진 흠절도 있고 여전히 짙게 남은 흠절도 있다.

(1) **행정의 과잉팽창**　산업화·행정국가화의 과정을 거치면서 우리 행정의 간여범위는 엄청나게 확대되었고 사회 전반에 걸친 '행정부문압도'의 전통이 세워졌다. 거대정부의 재정비는 근래 끈질긴 국가적 개혁현안이었다.

정부팽창의 원인은 절대관료제의 역사적 유산과 발전행정에서 찾아볼 수 있다. 조선왕조와 일제식민체제의 절대관료제 또는 착취형 관료제는 그 기능의 소극성에도 불구하고 사회의 모든 영역에서 군림하였다. 그러한 역사적 유산은 행정영역확대에 대한 국민규제라는 장치의 성숙을 방해하였다. 그런 가운데서 정부주도로 경제발전을 추진하는 발전행정이 전개되자 행정간여영역은 거침 없고 제약 없이 팽창하였다. 그런가 하면 행정영역의 양적 확대에 상응하는 행정의 질적 발전은 부진했기 때문에 많은 문제를 야기하였다.

'얇고 넓게 퍼진' 행정의 한계가 노정되었다. 행정은 어디에나 퍼져 있는 듯 팽창되었지만 과부하에 걸려 어디서도 힘을 제대로 쓰지 못하는 행정능력 부족 현상을 연출하게 되었다. 개발연대에 필요해서 만들고 팽창시켰던 정부영역을 행정수요의 현저한 변화에도 불구하고 제대로 정비하지 못했다. 그 위에서 새로운 행정수요에 대응한 정부영역 확장이 진행되기 때문에 지금도 정부팽창의 문제가 있다고 말하는 것이다.

작은 정부 구현은 1980년대로부터 중요한 행정개혁의제로 부각되었다. 그러나 정부감축사업은 침체와 후퇴의 우여곡절을 겪어 왔다. 정권출범 초에 기도된 작은 정부 구현은 되풀이하여 관료적 환원의 대상이 되어 왔다. 정부감축과 재팽창의 반복을 막는 것은 앞으로 계속적인 과제로 남을 것이다.

(2) **공직의 부패**　우리는 오랫동안 체제적·제도적 부패 속에서 살아 왔다. 이러한 부패체제의 중심에 있는 것이 정치적·행정적 부패이다. 근래 부패통제를 위한 여러 가지 급진적 제도들이 도입되었고 과거에 비해 부패통제 노력이 강화된 것은 사실이다. 그러나 부패통제는 아직도 막중한 행정개혁현안이다.

(3) **전통관료제적 구조의 폐단**　우리 행정체제의 구조는 전통관료제의 구조적 특성을 지니고 있다. 전통관료제의 구조란 집권화된 고층의 계서적 구조를 말한다. 과거 행정팽창의 과정에서 계서제의 고층구조화 그리고 관리계층 비대화가 진행되었다. 기구팽창의 과정에서 장기계획에 따른 조직관리를 제

대로 하지 못했기 때문에 무질서한 기구증설, 임무를 끝냈거나 이름만 있는
것 같은 기구와 사업의 존속, 참모조직의 계선화와 같은 구조적 왜곡 등의 문
제 또는 그 후유증을 남겨 놓게 되었다.

계속적인 분권화정책의 추진에도 불구하고 과잉집권화의 문제는 남아 있
다. 구조설계상의 기능분립주의와 부처이기주의적 행태는 행정체제의 협동능
력 · 조정능력을 약화시켜 왔다. 구조의 경직성은 오래 지적되어 온 폐단이지
만 환경적 격동성이 높아질수록 그 폐단은 더욱 크게 부각되고 있다.

수직적이고 기능중심적인 행정체제는 세계화 · 지방화로 인한 행정문제의
수평화에 대응하기 어렵게 되어 있다. 행정구조개혁은 되풀이되어 왔으나 정
착실패, 일관성 결여 등의 실책은 혼란과 낭비를 빚기도 했다. 한편으로는 팀
제를 실시하고 고위공무원의 계급을 철폐하면서 다른 한편으로는 권위주의적
인 행정문화에 영합해 정부의 두상구조를 확대하기도 했다. 이것은 비일관
적 · 자가당착적 구조개혁의 단적인 예이다.

(4) 비통합적 · 권위주의적 관리작용   우리 행정의 관리체제는 근본적으로
권위주의적 · 교환적이며 비통합적이다. 그리고 임무중심적이기보다는 지위중
심적 · 권한중심적 성향이 짙게 남아 있다. 임무중심적 성과관리와 협동관리
를 지향하는 개혁들이 뿌리를 내리고 광범한 영향을 미치게 되려면 오랜 시
간이 걸릴 것이다. 그러한 개혁이 오히려 역추진될 위험조차 있다.

비통합형의 관리 · 권위주의적 문화는 조직구성원의 피동적 · 미성숙적 행
태, 형식주의적 행태 그리고 목표대치를 조장한다. 행정체제 내의 집권적 · 권
위주의적 분위기는 대국민관계(對國民關係)에 투사되어 왔다. 계속적인 규제개
혁에도 불구하고 국민생활에 대한 일방통행적 직접간여와 통제가 아직도 지
나치다. 국민에게 책임을 전가하는 일이 많고 고객의 요청에 둔감하다는 것도
끈질긴 문제이다.

(5) 행정과정의 결함   행정활동의 과정은 번문욕례와 형식주의 때문에 적
시성 · 상황적응성의 요청에 부응하지 못하는 경우가 많다. 행정절차에는 공
급자중심적인 요소가 많이 남아 있으며 정당한 절차의 이행이 잘 안 되고 있
다. 특히 권리 · 의무관계의 확인절차에서 국민이 부담하는 입증책임이 과중
하다. 행정절차상의 과도한 비밀주의와 폐쇄주의는 오래된 병폐이다. 환류작

용도 부실하다.

(6) 정책기능의 결함   정치·행정일원론의 처방에 걸맞은 정책기능의 발전이 부진하다. 정부관료제의 정책적·국민대표적 역량이 모자라기 때문에 정책산출을 그르칠 때가 많다. 특히 정책의 통합성·일관성 결여가 많은 비판을 받고 있다.

정책은 다른 어떤 행정국면과 마찬가지로 상황변화에 적응하는 융통성을 지녀야 한다. 그러나 적응과정에서 내적·외적 일관성을 잃어 혼란을 조성하면 안 된다. 정책의 일관성 결여와 활동목표의 정당화되기 어려운 빈번한 변동은 우리 행정의 오래된 병폐이다. 행정활동의 목표변동이 너무 빈번하게 일어나는 까닭은 참여배제, 졸속결정 등 목표설정과정 자체의 결함에서 비롯되는 경우가 많다. 행정체제외부에서 '내정한' 활동목표에 사후적으로 정책결정과정을 가져다 맞추는 것과 같은 양상도 흔히 본다.

(7) 취약한 변동대응성   위에서 본 여러 가지 전통관료제적 속성과 폐단은 급속한 여건변화에 대응하는 행정체제의 능력을 약화시키고 있다. 구조적 경직성, 행정절차상의 번문욕례, 비통합적·집권적 관리작용, 공무원들의 피동적·변동저항적 행태 등은 대응성약화를 가져오는 중요 변수들이다. 변동대응성이 취약한 행정체제에서는 개혁의 신속하고 지속적인 추진이 어렵다.

(8) 부정적 관료행태   공무원들의 가치혼란 그리고 낮은 직무수행동기가 문제이다. 급속한 변동의 상황 그리고 감축관리의 상황에서는 이 문제가 더욱 악화된다.

공무원들은 가치혼란을 겪고 있다. 전통적 행정문화가 잔존하는 가운데 급속한 변동을 겪고 있는 공무원들은 다소간의 부적응·문화지체·스트레스·가치혼란을 경험하고 있다. 행정문화 변동이 있을 때 바람직하지 못한 것들은 남고 바람직한 것들은 오히려 사라지기도 한다. 공무원들의 사기저하로 인한 이른바 '복지부동'은 아주 큰 폐단으로 지적되어 왔다. 그런데 공무원들의 동기유발전략은 주로 전통관료제적 접근방법에 의존하고 있다.

4. 관련개념의 해설

우리나라 행정의 환경과 행정의 병폐를 설명할 때 사용한 주요 개념들의 의미를 밝혀둘 필요가 있다. 여기서 해설하려고 하는 개념들은 발전행정, 행정국가, 산업화사회, 그리고 정보화사회이다.

우리나라는 1960년대로부터 발전행정(개발행정)을 시작하여 산업화의 길을 걸었다. 그리고 이제는 정보화시대에 진입해 있다. 산업화의 과정에서 거대정부가 형성되고 행정국가화가 진행되었다. 이른바 개발연대의 발전행정, 거대정부와 행정국가에 결부된 여러 문제들은 오늘날 중요하고 힘든 개혁과제로 되어 있다.

1) 발전행정

제 6 장에서 사용한 발전행정개념은 발전행정학에서 정의한 것이다. 발전행정학은 발전도상국의 국가발전을 위한 국가적·행정적 관리체제를 연구해온 행정학의 한 분야이다. 다음에 발전행정의 의미를 정의하고 발전행정을 연구대상으로 하는 발전행정학의 특성 또는 연구경향을 설명하려 한다. 발전행정학의 특성을 거론하는 까닭은 발전행정에 대한 처방의 성향을 알아보기 위해서이다.

미국의 행정학계가 주도적으로 출범·성장시킨 발전행정학의 활동은 1960년대에 가장 활발하였다. 이 시기에 발전행정학의 패러다임도 형성되었으며, 그에 바탕을 둔 발전관리의 모형과 전략들은 후진국에 많은 영향을 미쳤다. 그러나 그 뒤에 발전행정이론은 많은 비판의 대상이 되기도 했으며, 시간의 흐름에 따라 발전도상국의 상황변화, 그리고 국가발전관념의 변화 등으로 말미암아 발전행정연구의 시야도 많이 넓어져 왔다. 이러한 까닭으로 오늘날 발전행정학의 정체성은 점점 엷어지고 현대행정학의 일반적인 연구조류에 흡수되어 가는 경향을 보이고 있다.

그러므로 현시점을 기준으로 해서는 발전행정학의 특질을 배타적으로 간명하게 설명하기 어렵다는 애로가 있다. 다음에 논의할 발전행정·발전행정학의 의미와 특성은 1960년대에 설정된 '정통적'인 것이다.

(1) 발전행정의 정의　　　발전행정(發展行政 : development administration)은 발전도상국에서 행정체제가 국가발전을 선도·관리하고, 그러한 일을 하기 위해 행정체제 스스로의 발전도 추구하는 활동이라고 정의할 수 있다. 이러한 정의에 함축된 발전행정의 개념적 속성은 크게 세 가지로 나누어 볼 수 있다. 세 가지의 속성이란 i) 발전도상국의 일이라는 것, ii) 발전관리에 관한 일이라는 것, 그리고 iii) 행정개혁을 포함한다는 것을 말한다.[1]

① **발전도상국의 현상**　　　어느 나라에서나 행정은 국가발전을 위해 노력하고 있으므로 발전을 위한 행정과 행정의 발전은 발전도상국에만 있는 현상이 아니라는 것은 자명한 이치이다. 그러나 발전행정학은 원칙적으로 발전도상국의 국가발전과 행정문제에 관심을 집중하였다. 행정학의 한 분야로서 발전행정학이 독자적인 위상을 설정할 수 있었던 이유 가운데 하나는 그것이 발전도상국의 문제를 연구의 대상으로 삼는다는 점이었다. 따라서 발전행정학에서 정의하는 발전행정의 개념에는 그것이 발전도상국의 현상이라는 의미가 함축되어 있다.

② **국가발전관리의 행정**　　　발전행정의 두 번째 특징은 그것이 발전관리에 직결되는 행정이라는 점이다. 발전행정은 행정 또는 공공문제의 모든 국면을 포괄하는 개념이 아니다. 발전행정은 국가발전을 촉진하는 행정이며, 그 주된 관심은 현상의 유지가 아니라 변화와 쇄신에 있다. 발전행정은 국가발전목표의 성취를 지향하는 것이다. 법과 질서의 유지 기타 전통적 정부기능은 발전행정의 전제이며 여건이지만, 발전행정의 테두리 안에는 포함시키지 않는 것이 발전행정학의 대체적인 경향이었다. 행정체제 내의 모든 연관성과 교호작용을 발전행정의 개념에 포괄시킨다면, '행정'과 '발전행정'의 개념적 차이가 없어질 뿐만 아니라 너무 광범하여 한정적인 논의가 어려워진다. 발전행정학은 '발전'이라는 명제를 기준으로 하여 발전행정의 범위를 한정하였다.

③ **행정발전을 포괄하는 발전행정**　　　발전행정의 세 번째 특징은 발전관리를 위한 행정능력의 개선노력을 포함한다는 것이다. 발전도상국의 특이한 행정발전 문제들은 발전행정개념의 울타리 안에 포함되는 것으로 본다. 여기서 행정발전이란 행정개혁과 같은 의미의 '발전행정적' 개념이다.

엄격하게 개념구분을 한다면 발전행정(development administration)과 그것을 위한 행정발전(administrative development)은 서로 다른 말이며, 양자는 대등한 차원에서 논의될 수도 있을 것이다. 실제로 발전행정을 정의하는 학자들 가운데는 행정발전을 제외하거나 그것을 간과하여 발전행정을 좁은 의미로 파악하는 사람들도 없지 않다.

그러나 발전행정연구문헌에 나타난 지배적인 경향은 행정발전의 개념을 발전행정개념에 포함시키는 것이다. 발전행정학은 정부가 국가발전목표를 달성하기 위해 추진하는 정책과 사업의 시행방법 그리고 행정능력의 강화방안을 함께 연구대상으로 삼아 왔다. 부적절한 행정능력이 발전행정을 저해하는 결정적인 요인이라고 보았기 때문에 발전행정연구인들은 행정발전을 효과적인 발전행정의 필요조건으로 꼽았다. 발전행정학의 범위에 행정발전의 문제가 포함되기 때문에 개념적으로는 다소 어색하지만 발전행정학의 대상인 발전행정을 정의할 때에는 행정발전을 포함시켜 온 것으로 생각된다.

(2) 발전행정학의 특성　　1960년대의 '정통적' 발전행정학에서 발견할 수 있는 특징적 연구경향(관점 · 전제 등)은 다음과 같다.

① **경제이론과 고전적 행정이론의 결합**　　발전행정학은 국가발전의 목표상태 가운데서 경제적 국면에 초점을 맞추고, 국가발전목표를 추구하는 데 필요한 조직으로는 고전이론에 입각한 합리적 관료제를 처방했기 때문에 경제이론과 고전적 행정이론의 관점을 결합했다고 보는 것이다.

경제성장을 국가발전목표의 기본으로 보았기 때문에 국가발전의 지표로 국민총생산 또는 국민소득을 제시하는 것이 보통이었다. 사회적 · 정치적 문제들은 고작해야 경제성장에 연관된 조건이라는 정도의 수준에서 검토하였다.

후진국의 상황적 조건이 특이함을 강조하고 생태적 접근을 주장한 사람들이 많았음에도 불구하고 행정발전에 관해서는 서구적 편견(Western vias) 특히 미국식 편견에 따라 합리적 관료제를 처방하였다. 전문적이고 중립적인 관료, 합리적인 행정구조와 기술 등이 행정발전처방에서 중요시되었다. 발전행정을 위한 행정발전의 처방에서는 구조주의적이고 기술주의적인 접근방법을 따랐다. 그리하여 고전적 원리에 입각한 조직구조의 설계, 인사 · 예산 · 기획 · 기록관리 등의 합리화, 업무간소화 기타 기술적 요인에 대한 개혁의 처방에 주력하였다. 이러한 접근방법의 바탕에는 문화권들을 가로지르는 행정기술 이전의 가능성에 대한 전제가 깔려 있다.

발전행정에 대한 비판과 반성의 움직임이 일면서 경제성장 이외에 부의 균형분배와 사회개발 등에도 관심을 갖기 시작하였으며, 상황적 조건에 조화되는 행정개혁의 중요성도 강조하였다. 그러나 이러한 경향이 정통적 발전행정학의 주류를 이룬 것은 아니었다.

② **선량주의적(엘리트주의적) 관점**   발전행정은 선량주의지향(選良主義志向 : elitist orientation)의 전제에 입각해 있다. 선량주의의 전제는 유도된 변동(guided change)이라는 관념 속에서 찾을 수 있다.

발전행정학에서는 국가발전을 인위적으로 유도되는 변동이라고 파악한다. 국가발전이나 행정발전은 인위적으로 관리할 수 있고 또 관리해야 한다고 믿는다. 이러한 관점은 바람직한 변동의 추진자가 있다는 논리에 연결된다. 소극적·현상유지적이기보다는 능동적·변동지향적인 이념과 능력을 가진 변동추진집단이 변동을 인도해 가야 한다는 논리의 바탕은 선량주의적 사고이다. 그것은 계명적인 생각과 능력을 가진 사람이 낙후된 인구를 발전으로 이끌어 가야 한다는 사고방식이다. 그러나 여기서 선량주의란 변동을 선도·관리하는 행동주체가 있어야 한다는 처방에 더 역점을 둔 연구경향이라는 사실에 유념해야 한다. 선량이 최고선(最高善)을 체현하는 문자 그대로의 '선량'이라거나 완벽한 현자(賢者)여야 한다는 주장이 있는 것은 아니다.

③ **국가주도적 관점**   발전행정학은 국가주도지향(國家主導志向 : statist orientation)이라는 특성을 지니고 있었다. 위에서 말한 발전관리의 엘리트 또는 추진자는 국가와 행정체제에서 찾아야 한다고 본다. 즉 국가 또는 행정체제가 국가발전을 위해 주도적인 역할을 해야 한다는 전제인 것이다. 발전행정학은 근대국가의 발전이 합리적 정부관료제의 발달과 함께 이루어졌다고 믿으며, 따라서 국가의 행정체제가 발전도상국의 발전에 결정적인 역할을 해야 한다고 주장하였다. 국가조직 가운데서 행정체제의 중요성을 특히 강조하였다. 대다수의 발전행정론자들은 통치지도자(governing elite)와 국가의 관료인 행정가들이 의식적으로 노력하여 국가발전을 유도할 수 있다고 전제하였다.

발전행정이론들은 국가주도의 발전추진방법과 내용에 관한 처방을 할 때에 흔히 선진국을 모형으로 삼았다. 원칙적인 전제는 국가주도지향이었지만 그에 기초한 실천적 처방의 내용은 외래적이었기 때문에 종속적인 요소의 개입이 있었다는 사실을 외면할 수 없다. 그러므로 발전행정학의 국가주도적 편향에는 단서가 붙어야 한다고 말할 수 있다.

④ **경제성장주의적 관점**   발전행정학은 성장주의지향(growth orientation)을 내포하고 있다. 국가발전이 경제성장만을 지칭하는 것은 아니라는 사실, 그리고 경제·사회·정치적 조건들은 교호작용한다는 사실을 인정하면서도 성장 즉 경제성장이 후진국의 어려움을 극복하는 핵심이며 첩경의 해결방안이라고 믿는 것이 정통적 발전행정학의 입장이었다. 쉽게 말하면 후진국을 가난과 배고픔에서 구제해 주는 것이 가장 긴급한 일이라고 생각하였다. 따라서 정통적 발전행정학은 사회체제의 통합보다는 성장을 위주로 하는 발전전략과 제도들을 연구하였고 국민소득과 같은 경제적 지표를 국가발전의 주된 척도로 삼았다.

(3) **발전행정학에 대한 비판**   발전행정학의 발달은 그에 대한 비판도 키웠다. 특히 1970년대에 접어들면서 발전행정학의 정통이론은 강한 비판과 도전의 대상이 되었다.

접근방법의 편파성과 서구적 편견의 개입, 지나치게 광범하고 추상적인 이론, 현실에 맞지 않는 처방 등이 방법론적 내지 이론적 차원에서 비판받았다. 그뿐 아니라 발전행정학이 처방한 발전행정이 발전도상국에서 초래한, 그리고 초래할 수 있는 '반발전'의 결과와 위험에 대한 비판도 많았다. 발전행정모형의 적용에서 초래될 수 있는 부정적 영향은 여러 가지로 지적되고 있으나 그 요점은 i) 권력집중과 독재의 조장, ii) 행정간여의 팽창과 관료의 탈선, iii) 인간적 발전과 자유의 억압, iv) 부의 집중으로 인한 부익부 빈익빈의 조장 등이라고 할 수 있다.[2]

발전행정의 엘리티즘과 국가주도주의는 국가권력 특히 행정권력을 비대화시켰다. 개발형 행정국가를 만들고 개발독재를 초래하였다. 집중된 권력은 발전행정을 빙자하여 인권을 유린하는 일이 많았다. 발전행정적 사고는 군사독재정권을 발전의 관리자로 규정하여 지지하는 데까지 연결되기도 했다.

행정력의 강화에 치중하고 그에 대한 통제는 소홀히 다루었기 때문에 행정자체가 목표인 것처럼 왜곡되기도 했으며, 행정이 소수특권층의 이익을 옹호하고 국민을 억압하는 도구로 전락하기도 했다. 행정가들은 스스로 영도자라고 생각하는 오만에 빠져 '개조대상'으로 간주된 국민들의 의견과 선호를 수렴하려 하지 않았다. 발전행정은 점차 국가통제와 인간조종의 증대를 의미하는 것으로 되어 갔다.

　　경제영역에 대한 정부의 지나친 간여는 민간부문에서 활용하여야 할 자원을 정부가 독점하여 부적절하게 사용하는 폐단을 빚었으며 민간부문의 창의적·자율적 성장을 저해하였다. 행정권의 경제간여가 깊은 가운데 경제성장이 촉진됨에 따라 정치적·행정적 부패가 심각해졌다. 권위주의적인 정권과 행정체제가 경제성장을 촉진하기도 했지만 농촌과 도시빈민 등 소외계층의 복지를 희생시키고 인간적 존엄성을 해쳤다. 소득배분의 심한 형평상실과 부의 편재는 사회적 갈등을 야기하였다.

> 　　거센 비판과 시장주의적 행정관리연구에 밀려 1980년대 이후 발전행정론은 행정연구의 무대에서 자취를 감추는 것이 아닌가 하는 의심도 들었다. 그러나 발전도상국은 아직도 남아있고 발전도상국의 국가발전을 관리하는 행정의 필요 또한 여전하기 때문에 발전행정론에 대한 논의의 명맥은 이어져 왔다. 시장주의적 연구경향을 접목시켜 이른바 신발전행정론을 개척한 사람들도 있었다. 작은 정부론과 정부실패론을 수용한 신발전행정론은 발전도상국의 형편에 적합하지 않다고 비판하면서 정통적인 발전행정론이 발전도상국에는 변함없이 적합하다는 반론을 제기한 사람들도 있었다. 정통적 발전행정론과 신발전행정론의 조화와 통합을 도모하는 '신발전거버넌스'를 제안한 사람도 있다. 신발전거버넌스(new development governance)는 "발전성취를 위해 정부의 중심성을 중시하면서도, 정부독점이 아닌 민간과의 협력(거버넌스)을 근간으로 하는 행정패러다임"이라고 한다.3)

　　(4) 우리나라에서의 발전행정　　우리나라에서 정부주도적 경제성장관리의 형태로 발전행정(개발행정)이 본격화되기 시작한 것은 1960년대부터이다. 1960년대에서 1980년대에 이르기까지 우리나라에는 발전행정적 상황의 특성이 아주 뚜렷하게 부각되어 있었다. 여기서 발전행정적 상황의 특성이란 i) 정부주도의 경제성장추진, ii) 경제·사회활동에 대한 행정의 집권적 개입, iii) 군사통치와 같은 개발독재, iv) 경제의 고도성장과 부의 불균형배분, v) 행정

팽창 등을 말한다.^{f)}

2) 행정국가

행정국가(行政國家 : administrative state)는 광범한 역할을 수행하는 행정체제(정부관료제)가 공공부문의 운영에서 주도적인 역할을 수행하는 국가이다. 행정국가에서는 거대한 정부관료제가 국정(통치)을 주도하며 국민생활에 심대한 영향을 미친다. 행정국가적 상황의 요점은 행정부문의 기능확대, 그리고 행정부문이 차지하는 국정상의 지배적 위치이다.[4]

행정국가는 산업화과정의 산물로서 조직사회화 그리고 거대정부(big government)의 등장에 동반된 현상이다. 산업화과정에서 시장실패를 시정하고 민간기업을 규제하기 위해, 경제성장의 견인을 위해, 국민복지의 증진을 위해 등의 정당화 근거를 내세운 행정국가화가 거침없이 진행되었다. 행정의 기술발전과 전문화, 행정권 우위를 지지하는 헌법제도, 행정부에 대한 국회의 재량권 위임 확대, 세력팽창을 추구하는 정부관료제의 관성 등도 행정국가화의 원인으로 꼽을 수 있다.

그러나 산업화 후기단계에 접어들고 정보화사회의 도래를 맞으면서부터는 행정국가의 폐단과 정부실패를 비판하고 행정국가화의 경향을 수정하거나 이를 역추진하려는 움직임이 활발해졌다.

(1) 행정국가의 특성　　행정국가의 주요 특성은 다음과 같다.

① **행정체제의 주도적 역할**　　행정체제가 공공부문의 운영을 주도한다. 입법·사법부문은 행정부문의 성장을 따르지 못하며, 따라서 그 역할은 상대적으로 위축된다. 행정의 핵심적 역할은 정치적으로 용인된다.

② **행정기능과 행정간여의 확대**　　행정의 기능은 확대되고 국민생활에 대한 행정간여가 확대된다. 법과 질서를 유지하는 행정기능이 있고 공공재(公共財)의 성격상 불가피하게 정부가 맡지 않을 수 없는 최소한의 행정기능이 있

---

f) 정부의 한 간행물은 제3공화국에서 제6공화국 노태우정부까지의 기간(1961~1992)을 군부통치·분단심화·고도성장·분배왜곡으로 특징짓고 있다. 발전행정적 상황의 특성에 대한 우리의 이해와 부합되는 것으로 보아야 한다. 공보처, 신한국으로 가는 청사진(1994), 10쪽.

다고 해서 행정국가가 성립되는 것은 아니다. 거기에 추가하여 행정의 적극적 기능이 팽창되어야 행정국가가 성립되는 것이다.

③ **국민의 높은 행정의존도**   행정과 국민의 교호작용이 확대되며 국민의 행정의존도가 높아진다.

④ **행정체제의 기구 · 인적자원 · 권력 팽창**   행정체제의 기구와 인적자원이 팽창되며 행정체제는 그만큼 많은 자원을 사용한다. 행정체제는 많은 권력을 행사하며 정치적으로 강력한 세력이 된다. 정치체제 내에서 행정체제는 핵심적인 권력중추가 된다.

⑤ **산업화과정의 산물**   행정국가는 산업화과정의 산물이다. 산업화는 조직이 증가 · 확대되는 조직사회화를 촉진한다. 조직사회화의 추세에 따라 행정국가화도 진행된다.

(2) 행정국가에 대한 비판   행정국가에는 본래적인 약점이 있다. 그리고 시대의 변천에 따라 행정국가화의 여러 폐단이 더욱 노출되었다. 사람들이 행정국가모형을 불신하게 되면서 행정국가화는 불가피하지도 않으며 이익될 것도 없다는 비판이 쏟아지게 되었다.

① **자유와 창의의 억압**   지나친 행정간여는 민주주의의 기반인 국민의 자유를 침해하며 민간활동의 창의성을 억압하고 효율성을 저하시킨다. 행정에 대한 국민의 과잉의존을 조장하고 자립정신을 약화시킨다.

② **무책임한 행정**   행정이 통제불가능해질 정도로 비대화되면 그 책임성을 확보할 수가 없다. 책임성을 확보하기 어렵게 되면 행정의 독주, 권력남용과 부패의 위험이 커진다. 경직화로 인한 대응성 결여 등 관료적 병폐가 커질 수 있다. 시장실패에서 지적된 분배적 불평등이 정부실패 때문에 나타날 가능성이 커진다.

③ **행정의 과부하**   행정의 역할 비대화는 과부하(過負荷)를 초래한다. 너무 일을 많이 맡아 제대로 처리하지 못하거나 처리의 효율성이 떨어진다. 행정이 과잉확장되고 관료화된 가운데 과부하가 일어나면 문제해결의 실패, 업무수행의 질 저하, 업무처리 지연 등의 폐단이 커진다.

④ **비용증가**   행정의 관료화로 인한 제국건설의 경향, 행정의 자기보호적 행동, 정당화하기 어려운 모험 등은 행정의 비용을 늘려 국민의 부담을 과

중하게 한다. 행정산출에 대한 소요자원을 제공하는 측과 산출을 공급받는 측이 직접 연결되지 않는 이른바 '비용과 산출이 유리되는 현상,' 그리고 정부업무 평가기준의 모호성은 낭비를 부추기거나 간과하게 하는 요인들이다. 행정의 비대화는 입법·사법기구의 확대까지 유도해 국민의 부담을 더욱 가중시킨다.

3) 산업화사회

산업사회 또는 산업화사회(産業化社會 : industrial society)는 공업화를 통해 경제성장이 촉진되는 사회이다. 산업화는 자본과 노동자원이 농업활동으로부터 공업, 특히 제조업으로 이전되어 가는 경제발전의 한 단계 또는 과정이다. 산업화는 GNP에서 차지하는 공업의 기여비중이 증가하는 과정이기도 하다. 요컨대 산업화사회는 공업이 산업구조의 중심을 이루게 된 사회이다.

(1) 산업화사회의 특성   공업을 중심으로 경제성장이 촉진되는 산업화의 과정에는 사람들의 태도와 제도 등 여러 분야의 변동이 따른다. 산업화사회의 주요 특성을 보면 다음과 같다.[5]

① **공업화와 대량생산**   공업화는 대량생산(소품종 대량생산)과 대량유통, 대량소비를 가능하게 한다. 그에 따라 물질생활이 풍요로워진다.

② **자본의 핵심적 위치**   산업사회를 움직이는 핵심적인 힘은 자본이다. 거대자본이 합리적·경제적 존재로 파악되는 노동력을 대량으로 동원하여 대량생산체제를 구축한다. 재화, 특히 공산품의 생산과 소비를 중심으로 한 경제체제가 구축되며, 물질적 가치는 사회생활에서 가장 중요한 역할을 한다.

③ **조직혁명**   생산활동이 집약화됨에 따라 조직사회화가 급격히 진행되는 조직혁명이 일어나고 도시화가 촉진된다. 공장, 기업 등 조직들이 증가하고 대규모화되면서 정부조직도 거대해진다. 공장식 조직원리가 널리 전파되고 전통적 의미의 관료화가 진행된다.

④ **분화의 촉진**   직업구조의 종적·횡적 분화가 촉진되며 기술인력의 수요는 늘어나고 노동력의 유동성은 높아진다. 핵가족제도가 발달한다.

⑤ **산업화의 규범**   생산활동과 관리작용뿐만 아니라 산업화사회 전반을 이끌어가는 문화적 원리 또는 규범은 표준화, 전문화, 동시화, 집중화, 극

대화, 집권화 등이다.8)

(2) 산업화사회의 혜택과 병폐   산업화는 기술문명의 발전에 기여하고 물질생활을 풍요화한다.

그러나 산업화의 특성들 그리고 수단 때문에 생기는 폐단이 크다. 산업화의 목표가 어느 정도 달성되면 그러한 폐단은 더욱 크게 드러난다. 경제의 양적 성장과 물질소비의 증가는 인간생활의 질적 황폐화를 초래한다. 경제적 갈등, 사회적 불평등과 모순, 인간의 심리적 소외를 증폭시킨다. 생산구조의 과도한 규격화·거대화·관료화는 당초의 목표였던 능률화에 오히려 역행하는 결과를 초래한다.

4) 정보화사회

정보사회 또는 정보화사회(情報化社會 : information society)는 정보의 생산과 이용을 중심으로 살아가는 사회이다. 정보가 어떤 물질이나 에너지 이상으로 유력한 자원이 되며, 정보가치의 생산을 중심으로 해서 경제·사회가 발전해 가는 사회를 공업사회에 대조시켜서 정보사회라 한다. 정보화사회는 정보의 처리와 교환을 중심으로 생활이 이루어지는 사회 또는 다종다양한 정보가 경제적 가치를 지니고 대량으로 유통되는 사회라고 규정되기도 한다.6)

(1) 정보화사회의 특성   정보화사회의 주요 특성은 다음과 같다.7)

① **정보혁명**   정보과학·정보기술이 급속히 발달하여 인간생활에 커다란 영향을 미치게 된다. 이른바 정보혁명을 겪게 되는 것이다. 특히 컴퓨터를 중심으로 한 정보혁명은 인간의 노동을 한편에서는 대체하고 다른 한편에서는 향상시킨다. 새로운 정보기술은 사람이 하던 지적 활동이나 육체적 활동을 대신해 주기도 하고, 사람이 할 수 없었던 일을 할 수 있게도 한다. 복잡한 문제를 해결하거나 새로운 체제 또는 제도를 창조하는 데 이바지한다. 정보과학뿐만 아니라 생명공학 등 다른 첨단과학들도 급속히 발전한다.

g) 여기서 동시화란 사람들이 같은 시간대에 함께 일해야 하는 현상을 지칭한다. 동시화가 확산되면 모든 사람들의 생활이 획일화된 시간체계에 묶이게 된다. 집중화는 에너지, 인구, 자본, 경제조직 등이 어디에 집중되거나 집약화되는 현상을 지칭한다. 극대화는 규모 확대·거대화를 지칭한다.

② **정보폭증**　　　정보폭증(information expolsion)이 일어난다. 과거와는 질적으로 다른 정보기술·정보수단이 급속히 발달함에 따라 유통되는 정보의 양이 폭발적으로 증가하고 그것이 엄청난 힘으로 사회에 파급된다.

③ **정보산업의 지배적 위치**　　　정보산업이 산업구조에서 지배적인 위치를 차지하게 되며 경제의 연성화가 촉진된다. 정보산업에 종사하는 인구, 정보산업의 재정적 투입과 산출, 정보산업의 조직 등이 다른 산업의 경우보다 지배적인 위치에 있게 되어야 정보화사회가 성립되는 것으로 본다. 경제의 연성화란 서비스화, 제품의 경박단소화(輕薄短小化), 다품종소량생산 등 일련의 변화를 지칭하는 것이다.

④ **탈산업화의 규범**　　　정보화사회에서 요구되고 또 바람직한 적응양태라고 할 수 있는 생산 및 관리의 특성으로는 탈규격화(脫規格化) 또는 다양화, 탈동시화, 탈집중화, 분권화 등이다.

⑤ **자동화의 촉진**　　　경제적 생산활동에서 고도의 정보통신기술이 활용되고 공장자동화·사무자동화 등 자동화가 촉진되어 전통적인 공장의 개념, 사무실의 개념, 유통·판매망의 개념이 달라진다. 노동의 개념도 달라진다. 물질적 생활향상을 위해 소득을 얻으려는 노동의 시간은 줄어들고 자유시간이 늘어나 이의 창조적 활용이 중요한 문제로 부각된다. 수입을 얻기 위한 노동 이외에 삶의 보람을 위해 사회적 역할의 일익을 담당하려는 '자주적 노동'이 증가하는 추세를 보인다.

⑥ **고급욕구의 부각**　　　인간의 욕구가 다양화되는 가운데 고급화가 촉진된다. 지적·창조적 활동을 통해 자기실현을 하려는 욕구 등 고급의 욕구들이 부각된다. 자유인으로서 그 존엄성을 보장받으려는 인간의 욕망은 커진다. 인간의 자주화가 갈망되고 인간욕구가 다양화되면서 늘어나는 정보수요도 다양해진다. 획일적인 정보수요보다는 개별적이고 선택적인 정보수요가 늘어난다.

⑦ **조직의 변모**　　　조직의 탈관료화에 대한 요구가 커진다. 조직구조의 다양화·유동화가 촉진된다. 소규모조직, 네트워크 조직의 중요성이 커진다.

(2) **정보화사회의 혜택과 병폐**　　　고도산업화 이후에 진행되는 인간의식과 생활조건의 변화, 창조적 지식과 정보의 중요성 증대, 정보수요와 정보창출의 증대, 과학기술의 고도한 발달 등 여러 가지 복합적 동인이 만들어내는 정보화사

회는 인류의 보다 나은 삶을 약속하는 조건들을 구현해 줄 가능성이 크다.

통신의 발달은 생활의 능률과 편의를 높여 줄 수 있다. 각종 자동화는 사람들을 잡노동(雜勞動)에서 해방시켜 보다 고차원적인 지적 활동을 할 수 있게 해 준다. 인간의 문제해결능력을 향상시키고 인간에게 보다 많은 기회를 제공할 수 있다. 정보과학의 발달은 정보산업뿐만 아니라 다른 산업의 발전에도 기여할 수 있다. 의료와 교육을 획기적으로 발전시킬 수 있다. 정치적 분권화와 직접민주주의의 가능성을 높여 준다. 정보기술의 인간주의적 활용으로 창조적·지적 생활의 수준을 향상시키고 인간의 자율성을 높일 수 있다. 정보의 원활한 흐름은 계층 간의 격차를 해소시킬 수 있다. 사람들이 사회참여를 통해 자기실현의 보람을 찾고 개성을 발휘할 기회를 넓혀 줄 수 있다. 사람의 경험을 한정하는 시공(時空)의 제약을 크게 완화하며 보다 풍부한 문화적 경험을 할 수 있게 해 준다.

그러나 정보화사회에 내재되거나 운행의 잘못으로 빚어질 수 있는 악조건 또는 위험도 여러 가지이다. 인간성의 상실, 소외감, 가치혼란 등이 우려된다. 국가 간 또는 사회계층 간의 불평등이 심화되고 문화지체로 인한 부적응과 갈등이 커질 수 있다. 정보과다·정보공해도 염려된다. 정보스트레스가 어려움을 줄 수 있다. 정보의 오용으로 인한 사고와 컴퓨터범죄가 증가할 수 있다. 프라이버시의 침해로 사람들은 고통을 받을 수 있다. 급속한 기술변동으로 인한 대량실업의 위험도 있다. 기술적 정보화와 법제도 등 사회제도 사이의 괴리를 넓힐 수 있다. 정보의 집중관리에 따른 집권화와 정보독재의 위험성을 예고하는 사람들도 있다. 국제 간에 정보유통분쟁이 잦아질 수 있다.

산업화사회 이후에 나타나는 사회양상을 사람에 따라 산업화이후사회(post-industrial society), 초산업사회(超産業社會: super-industrial society), 지식사회(knowledge society), 지식기반사회(knowledge-based society), 제3의 물결(third wave) 등으로 부르기도 하는데, 그 내용은 우리가 말하는 정보화사회의 특성과 비슷한 것이다.

산업혁명 이후의 사회발전단계를 산업화사회와 정보화사회로 양분하지 않고 기술진보의 단계를 1차 산업혁명, 2차 산업혁명, 3차 산업혁명, 4차 산업혁명 등으로 구분하고 그에 따라 사회를 분류하기도 한다. 이 분류틀이 근래 널리 쓰이고 있다.

1차 산업혁명은 증기기관에 의한 동력공급과 기계화가 촉진되는 단계이다. 2차 산업혁명은 전기에 의한 동력공급과 자동화가 촉진되고 대량생산이 가능해지는 단계이다. 3차 산업혁명은 컴퓨터와 인터넷 활용이 확산되고 정보기술과 산업의 결합이 원활해지는 단계이다.

4차 산업혁명은 인공지능 등 첨단정보통신기술을 활용하여 실생활의 사물들을 긴밀히 연결하고 지능화한 시스템을 구축하는 단계이다. 초지능성(hyper-intelligence)과 초연결성(hyper-connection)은 이 단계의 핵심적 특징이다. 이 단계에서는 고도로 발전된 여러 기술들을 네트워크로 연결하여 스스로 판단하고 자율적으로 작동하는 시스템을 구축할 수 있다. 이 단계의 주요 기술은 인공지능, 로봇, 사물인터넷(internet of things), 클라우드 컴퓨팅, 빅데이터, 3D 프린팅, 생명공학 등이다.[8]

II. 행정개혁의 원리와 전략

1. 행정개혁의 원리

행정개혁의 원리는 행정체제의 목표상태를 처방하는 기준이며 가치이다. 개혁원리의 인도가 있어야 바람직한 변동의 추구가 가능하다. 앞으로 우리나라의 행정개혁활동 전반에 걸쳐 받아들여져야 할 개혁의 기본적 원리는 다음과 같다.

(1) 민주화 촉진 　　행정민주화를 촉진해야 한다. 행정체제가 스스로 민주적 역량을 키우고 국민생활의 민주화에 기여할 수 있도록 개혁해야 한다. 행정체제가 민주적 방법으로 역량을 강화해야 국민중심주의적 행정서비스를 충실화할 수 있다. 다원화되어가는 공·사부문의 권력중추들과 행정체제의 파트너십 발전도 민주화의 과정을 통해야 한다.

민주행정은 국민의 자유·평등과 존엄성 보호, 국민의사 존중, 공익추구, 국민에 대한 책임, 민주적 절차의 존중, 그리고 민주적 내부운영이라는 요건을 갖춘 행정이다. 민주행정은 국민의 자유·평등 그리고 존엄성과 잠재력을 존중하고 이를 신장하는 데 헌신해야 한다. 공익을 추구해야 한다. 국민 전체의 이익과 많은 국민이 선호하는 선(善)을 추구해야 한다. 개별적인 특수이익은 민주적인 방법으로 조정해야 한다. 모든 국민에게 평등한 봉사를 해야 한다. 의사결정의 방법과 목표추구의 방법은 민주적이라야 한다. 국민의 권리와 자유를 보장하기 위해 설정한 민주적 절차와 상징을 존중하여야 한다. 행정체제의 대내적 관리가 위의 가치추구와 일관성을 유지해야 한다.[h]

현대의 민주주의는 인간주의이다. 행정을 민주화한다는 것은 인간화한다는 뜻도 된다. 행정체제는 개인의 존엄성을 옹호하고 창의성을 개발하는 역할을 맡아야 하며, 개인의 가치와 창의력을 행정발전의 원동력으로 삼아야 한다.

국민과의 관계에서 행정민주화의 제1원리는 국민중심주의이다. 국민중심주의는 국민결정주의, 위민봉사주의, 국민편의주의, 고객중심주의 등 여러 국면을 내포한다. 국민중심주의적 원리를 추구해 나가려면 행정체제의 행정수요에 대한 대응성을 높이고 국민의 선택과 선호를 존중하도록 해야 한다. 이를 위해서는 국민에 대한 의존도를 높이는 방안, 행정봉사에 시장논리를 도입하고 경쟁을 촉진하는 방안, 국민위주봉사를 직접적으로 촉진할 유인을 도입하는 방안, 국민입증책임주의를 행정기관입증책임주의로 전환하는 방안, 약자의 편에 서서 책임지고 능동적으로 임무를 수행할 수 있게 하는 방안 등을 발전시켜 나가야 할 것이다. 그러나 이런 개별적 개혁처방의 채택만으로는 부족하다. 행정문화 전반을 국민위주적인 것으로 개조해 나가야 할 것이다.

국민중심주의적 행정을 구현하기 위한 개혁의 영역은 행정체제 전체를 포괄한다. 그러나 행정의 국민중심주의를 체현 또는 현실화할 위치에 있는 것은 행정의 일선부문(하급계층 ; 길바닥 수준의 행정)이다. 그럼에도 불구하고 일선부문은 행정의 다른 부문에 비해 개혁투자에서 뒤로 밀려 왔다. 앞으로 국

---

h) 행정체제 자체의 구성과 운영도 민주주의적 요청에 일관되게 개혁해야 한다. 그러나 대내적 민주화를 구현하는 전략이나 도구는 정치적 민주주의의 방법과는 구별되지 않을 수 없다. 그것이 현실이다. 개혁추진자들은 민주적 원리와 행정적 계서주의의 관계를 어찌 이해할 것이며 양자를 어찌 조화시킬 것인지에 대한 해답을 제시해야 한다.

오늘날 행정의 현실에서 완전한 자유 · 평등이 보장된 구조를 당장 실현할 수는 없다. 절충주의적 민주화를 추진할 수 있을 따름이다. 계서제의 기본골격하에서 공개와 참여, 협동적 노력, 파트너십, 분권화, 민주적 리더십, 시민통제 등등 새 시대에 개발되고 있는 민주화의 도구들을 상황적응적으로 활용해야 한다. 행정의 구조와 과정에 도입되는 민주적 요소는 행정의 기본체질이 감당할 수 있는 수준의 것이라야 한다.

민과 밀착해 있는 행정전달체계의 일선부문을 개혁하는 데 보다 높은 국책적 우선순위를 부여해야 한다.

민주주의의 원칙들은 서로 갈등을 빚을 수도 있다. 그 대표적인 예가 자유와 평등의 갈등이다. 개혁추진자들은 자유와 평등을 각각 신장하려는 개혁정책들의 바람직한 절충점 또는 조화점을 찾는 데 성공해야 한다. 그러한 조화점의 결정은 국민의 갈망과 상황적 조건에 부응해야 한다.

(2) **통합성 향상**   행정체제의 통합성을 향상시켜야 한다. 통합화는 행정조직의 모든 활동이 궁극적으로 조직의 목표와 국가의 목표에 귀일되게 하는 것을 말한다. 행정체제의 통합성을 높여 국민에게 이음매 없는 서비스를 효율적으로 제공해야 한다.

통합은 분화를 전제하는 개념이다. 분화와 통합은 조직설계의 두 가지 축이다. 분화가 있으니 통합이 필요한 것이다. 통합이 없는 분화는 체제의 붕궤를 의미한다. 그러므로 어떤 행정체제에서나 분화와 통합은 찾아 볼 수 있다. 다만 때와 장소에 따라 어느 한 쪽으로의 치우침, 그리고 치우침의 필요성은 달라질 수 있다.

전통적인 의미의 관료화와 산업화는 강한 분화지향성을 지녔다. 통합보다는 분화를 강조하였다. 오늘날 사회적 복잡성이 높아지고 자유화의 물결 또한 높아지고 있기 때문에 분화의 추세는 더욱 강화되고 있다. 사회와 행정의 분화·분립화가 심화되어가는 추세에 대응하여 통합화의 노력을 배가하여야 한다.

통합성 제고의 노력은 조직 내의 인간관리에서부터 시작해야 한다. 통합형 관리의 핵심은 조직의 목표와 개인의 목표를 접근시키고 융화시키는 데 있다. 이러한 관리모형을 추구해 나가려면 인간의 자기실현적·성장지향적 측면을 중요시하고 인간의 내재적·능동적 동기유발요인을 개발해야 한다. 그러한 동기유발요인을 지지·강화하여 공무원 개개인의 직무몰입도·조직몰입도를 높여야 한다.

개별적인 직무의 설계에서는 직무의 완결도를 높이고 다기술화(多技術化)를 촉진해야 한다. 조직단위 간 또는 부처 간의 업무분화에서는 일의 흐름을 중시해야 한다. 조직 내의 그리고 조직 간의 협력과정을 통해 통합조정능력을 향상시키고 구조적·행태적 경계(칸막이) 때문에 일의 흐름이 방해받지 않도록 해야 한다. 그렇게 해야 할거주의·기능분립주의의 해독을 막고 국민에게 이음매 없는 서비스를 할 수 있다. 협동적 조정체제의 발전은 계급과 명령권을 강조하는 계서주의가 아니라 일을 중심으로 생각하는 임무중심주의의 뒷받침을 받아야 한다.

행정체제와 국민 사이에 높아진 경계의식을 타파하여 통합을 이루는 과제가 사실은 가장 중요하다. 행정체제는 경제성장을 관리하는 능력뿐만 아니라 국민의 통합을 지원·촉진할 수 있는 관리능력도 획기적으로 강화해야 한다.

통합형 관리의 발전에서 중요한 역할을 하는 것은 리더십과 집단적 노력이다. 격동하는 행정환경에서 리더십의 역할은 더욱 중요해질 수 있다. 행정환경의 격동성이 높아지고, 행정문제가 복잡해지고, 정보화·분권화가 촉진될수록 행정과정에서의 집단적 노력이 또한 중요해진다.

탈관료화의 개혁물결 속에서 리더십과 집단적 협동체제가 무력화되지 않도록 하는 묘수를 찾아야 한다.

(3) 성과주의의 발전   성과주의적 제도와 행동을 발전시키는 것은 우리 시대 행정개혁의 움직일 수 없는 과제이다. 행정개혁에서 구현해야 할 성과주의는 건전한 것이라야 한다. 건전한 또는 바람직한 성과주의는 다른 개혁원리들과 조화를 이루고 실천상의 실책과 폐해를 최소화한 성과주의이다. 건전한 성과주의를 실질적으로 구현하려면 선언보다는 실천, 절차나 수단보다는 목표를 중요시하고 형식주의를 배격해야 한다. 그리고 번문욕례, 과잉측정, 목표왜곡, 수량화에 따르는 오류, 측정피로 등 서투른 성과관리의 폐해를 막아야 한다.

성과주의는 오늘날 형평성 구현의 궁극적 기준을 제시한다. 지금 대다수의 사람들이 성과주의를 신봉하고 지지한다. 행정의 각 분야에서 이를 실현하려는 노력에도 가속도가 붙고 있다. 행정개혁에서는 앞으로도 행정활동의 산출과 성과를 중요시하는 성과관리를 지속적으로 발전시켜야 한다. 행정조직이나 사업의 건강도 또는 성공도를 평가하는 데는 투입보다 산출과 성과의 기준을 적용해야 한다. 업무수행 촉진을 위한 유인구조의 설계에서도 성과기준·실적기준의 적용을 늘려야 한다. 행정체제 내에서 직접적으로 생산적인 활동에 종사하는 하위체제와 국민에게 행정산출을 직접 전달하는 하위체제의 개선에 보다 많은 주의를 기울여야 한다. 행정활동의 성과를 실현하는 데 필요한 제도와 자원의 뒷받침이 적절하도록 하는 힘 실어주기의 개혁도 꾸준히 추진해야 한다.

개혁추진자들은 지금 압도적인 세력을 떨치고 있는 성과주의가 그 실천의 현장에서 여러 실책 때문에 복음(福音)이기만 한 것은 아니라는 사실을 직시해야 한다. 성과주의에 대한 무지가 문제로 될 수 있다. 성과주의 추구의 방법을 그르쳐 여러 폐단을 빚기도 한다. 성과주의는 사람들을 불안하고 힘들게 할 수 있다. 관료적 저항 때문에 성과주의를 지향하는 개혁이 좌절되기도 하고 왜곡되기도 한다. 이런 문제들과 위에서 지적한 폐해(실책) 때문에 성과주의는 허망한 미신으로 변질될 수 있다.

성과주의가 허망한 미신으로 변질되지 않게 하려면 여러 실책과 폐단을 방지하거나 줄일 수 있는 장치들을 발전시켜야 한다. '성과제일주의'가 극단에 이르거나 무분별하게 적용되는 것도 막아야 한다. 성과주의는 여러 경쟁적 가치들과 조화를 이루어야 한다. 성과주의적 개혁은 우리나라 행정문화의 근원적 전제에 필요한 만큼 적응하는 융통성도 지녀야 한다. 소극적·외재적 유인에 의존하는 객관적·외재적 성과통제의 강화는 사람들을 피동화하는 경향이 있다. 그런 성과관리는 장기적으로 조직구성원들을 피로하게 만들고 조직의 효율성을 떨어뜨릴 수 있다. 승진, 보수, 퇴출과 같은 적극적·소극적 유인들이 지니는 한계와 공무원들의 책임 있는 능동성 발휘에 미치는 악영향에 대해서도 깊이 반성해야 한다.

성과주의적 개혁은 행정의 어느 한 부분에서만 고립적으로 성공할 수 있는 것이 아니다. 여러 하위체제들의 포괄적 협동이 필요하다는 사실 또한 명심해야 한다.

(4) 정보화 촉진   행정개혁은 정보화를 촉진하는 개혁이라야 한다. 행정은 스스로 그리고 국민이 정보기술발전의 혜택을 누릴 수 있도록 정보화에 앞장서야 한다. 행정개혁에서 추구하는 정보화는 인간의 필요에 종속하는 인간적 정보화라야 한다.

행정체제는 제 4 차 산업혁명을 품은 정보화사회의 도래에 적응해야 한

다. 그리고 정보화를 촉진하고 이를 바람직한 방향으로 유도해야 한다. 내부
관리의 효율성과 국민에 대한 봉사의 효율성을 높이기 위해 행정체제의 정보
화를 촉진하고 그에 따를 수 있는 위험과 폐단을 통제해야 한다. 행정체제는
또한 국민의 복지와 지적 창조생활의 향상을 위해 사회 전체의 정보화를 도
와야 한다. 정부는 정보산업의 발전을 지원하고 정보의 유통과 활용을 촉진하
는 역할을 수행해야 한다. 그리고 사회생활의 정보화가 올바른 방향으로 나아
갈 수 있도록 조력해야 한다.

정보화의 밝은 면을 확장하고 어두운 그늘·위험·폐단을 줄이기 위해
노력해야 한다. 특히 인간적 정보화를 위해 노력해야 한다. 정보화는 기술적
측면뿐만 아니라 사회적·인간적 측면을 내포하는데, 행정개혁에서 가장 중
요시해야 할 것은 인간적 측면이다. 정보화는 인간의 가치와 필요에 부응하고
직업생활의 질을 향상시키는 인간적 정보화가 되도록 해야 한다.

(5) 반부패주의의 강화   부패 없는 행정을 실현하는 것은 행정의 정당성
과 신뢰성을 확립하고 행정발전을 추구하는 데 가장 기초적인 필요조건이다.
이 조건을 갖추지 않고 다른 개혁기준들을 왜곡 없이 실현하는 것은 불가능
하다. 광범한 반부패운동을 지속적으로 전개해 나가야 한다. 반부패사업과 더
불어 부정적 관료행태의 전반적 개혁을 겨냥한 행정문화 개혁사업을 추진해
야 한다.

부패추방을 위한 행정개혁은 장기적인 과제이며 어려운 과제이다. 우리
는 정치·행정과 국민생활에 체제화되었던 부패를 유산으로 물려받았기 때문
이다. 단기적이고 대증적(對症的)인 부패적결조치들도 필요하지만 그것만으로
부패체제를 무너뜨릴 수는 없다. 정권변동에 구애받지 않는 장기적이고 지속
적인 반부패운동을 전개해야 한다. 거기에는 많은 투자가 필요하다.

공직종사자들의 윤리에 대해서는 이중적 기준, 즉 보다 엄격한 기준이 적
용된다. 그들이 반부패조치로 인한 부담과 희생을 일반시민의 경우보다 더 많
이 감내하게 할 수 있다. 그러나 그것이 지나친 수준에 이르러서는 안 된다.
반부패조치로 인한 희생의 요구와 공무원 인권보호의 요청은 적정한 조화점
을 찾아야 한다. 그리고 과격한 대증적 반부패행동에 수반될 수 있는 부작용,
후유증 등 폐해에 대한 경각심을 가져야 한다.

투명성·개방성이라는 덕목이 개혁의 장에서 압도적인 위력을 떨치고 있기 때문에 공무원 생활을 공개하는 제도들은 거침없이 채택되어 왔다. 그러나 공개제도들에 사전적 처벌 또는 의심에 의한 불이익처분이라는 측면이 있다는 사실, 제도운영의 형식화는 불신을 조장한다는 사실에 대해서도 균형 있는 검토를 할 필요가 있다.

(6) 행정체제의 연성화   우리 사회의 격동성이 높아지고 행정수요의 유동성이 높아짐에 따라 적시성 있는 행정개혁의 필요는 지속적으로 커질 것이다. 이러한 여건에 대응할 수 있게 하려면 행정체제의 연성화를 촉진해야 한다. 행정의 연성체제는 적응성·대응성이 높은 체제이며 변동에 능한 창의적 체제이다.

행정체제의 유연성을 높이려면 번문욕례, 지나친 규제, 계서적 구조의 획일화·기계화, 공무원들의 변동저항적 행태를 극복하여야 한다. 행정구조설계의 다원화, 복수기준에 따라 설계되는 복합구조의 운영, 경계관리구조의 민감성 제고, 행정조직에 내장된 개혁추진장치의 강화 등 일련의 방책들을 강구해야 한다.

우리가 처한 시대적 상황은 안정보다 변동 쪽에 더 큰 비중을 두도록 요구하므로 행정은 변동에 능해야 한다. 그러나 절제 없는 변동제일주의는 경계해야 한다. 유연성 제고가 혼란조성으로 이어져서는 안 된다. 적응적 구조에 내장된 유기적 조정장치를 활용하지 않고 경성조직(硬性組織)을 경성조직으로 개편하는 외재적 수술을 빈번하게 하면 효과보다 비용을 크게 하고 혼란을 야기할 수 있다.

(7) 작은 정부 구현   작은 정부 구현을 위한 노력을 계속해야 한다. 여기서 처방하는 작은 정부란 개발연대의 행정국가적 거대정부보다 작은 정부이며, 해야 할 일은 효율적으로 잘 하고 불필요한 일은 하지 않는 정부이다. 낭비와 비효율을 배제한 정부이다. 이러한 의미의 작은 정부 구현을 반대하는 논리는 시대상황에 맞지 않는다. 개혁추진자들은 작고 유능한 소수 정예적 행정의 구현에 주력하여야 한다. 작은 기구와 적은 인적자원을 가지고 예산을 절감하면서 변전(變轉)하고 고급화되어 가는 행정수요에 효율적으로 대응할 수 있게 하는 개혁을 해 나가야 한다.

　　행정의 과잉팽창, 국민생활에 대한 과잉규제, 얇고 넓게 퍼진 행정력으로 인한 집중력 결여, 공무원의 과부하와 같은 폐단을 시정하기 위해 행정의 범위를 축소·조정해야 한다. 절약이 가능한 인적·물적 자원을 감축해 나가야 한다. 임무를 다한 기구, 낭비적인 기구, 관료적 제국건설 때문에 비만해진 기구의 폐지 또는 감축을 과감하게 추진해야 한다.

　　기구감축에서는 조직의 폭뿐만 아니라 높이(계층 수)도 함께 줄여 저층구조화하도록 노력해야 한다. 높이를 그대로 두고 폭만 줄이면 조만간 폭을 다시 늘려 놓고 마는 것이 관료제의 본성이다. 조직의 고층구조화를 억제한다는 것은 관료적 관성에 대한 끈질긴 투쟁을 의미한다. 기관 간의 고정적 서열관계, 업무관계의 지위중심주의 등을 완화하기 위한 방책들을 강구하고 임무중심적인 조직문화를 발전시켜 고층구조화의 관성에 대항해야 한다.

　　행정의 감축지향적 경계조정은 여러 영역에 걸쳐 추진해야 한다. 그 중 크고 중요한 영역은 민간화의 영역이다. 민간부문에 맡겨도 무방한 행정업무는 민간에 넘겨 주고 국민생활에 대한 행정간여를 축소해 민간의 자율영역을 넓혀 나가야 한다.

　　민간화를 통해 행정영역을 감축해 나갈 뿐만 아니라 민간의 경영원리와 방법에서 배울 만한 것은 배워야 한다. 행정의 공공성 그리고 민간의 경영과 구별되는 행정의 특성은 앞으로도 소멸될 수 없을 것이다. 그러나 민간의 원리와 방법을 배워 행정의 발전을 도모할 수 있는 여지는 많다. 특히 일하는 수단과 방법에서 배울 점이 많다. 민간의 능률향상기법이나 고객중심주의적 운영방식의 도입을 통해 행정은 자기발전을 도모할 수 있다.

　　작은 정부 구현을 위한 정부감축을 성공적으로 이끌려면 감축정책결정상의 오류·부실한 후속조치·시행과정의 부적절한 리더십·작은 정부에 대한 개념적 혼란 등 개혁추진 접근방법상의 문제, 행정관리체제 전반의 투입지향적·점증주의적 성향, 정부관료제의 현상유지적 성향과 확장지향성, 고객집단 기타 이익집단의 저항 등의 장애를 예방하거나 극복하도록 노력해야 한다. 그리고 작은 정부 추진정책을 정착시키는 국면에 보다 많은 관심을 가져야 한다. 새로운 행정수요에 대응하기 위해 정부기능의 확대가 필요하게 된 경우에도 낭비배제, 생산성 향상 등 작은 정부 추진원리는 지켜야 한다.

(8) **정치친화적 행정의 발전**　　정치의 중요성 확대와 거버넌스의 발전에 발맞추어 정치친화적 행정을 발전시켜야 한다. 주권재민의 원리를 실현하는 주된 통로는 정치이다. 따라서 민주화의 촉진은 정치화의 촉진이라고 할 수 있다. 여기서 말하는 정치화란 정치의 역할이 커지고 발전하는 현상을 지칭한다. 정치화의 시대를 열어가면서 행정개혁과 맞물려 있는 정치개혁에도 많은 투자를 해야 한다. 정치의 방종을 막고 정치체제의 능력을 향상시켜 정치가 행정적 독단을 제어하고 행정국가화의 폐단을 시정할 수 있게 해야 한다.

정치친화적 행정이란 확대된 정치의 역할에 적응하고, 스스로의 정치적 역량 또한 발전시키고, 정치와의 적정한 협력관계를 이룩한 행정을 지칭한다. 정치친화적 행정의 발전을 위해서는 정부 내외에서 정치와 행정이 일탈했던 시대, 정치 · 행정 냉전시대의 정치혐오감을 청산해야 한다. 행정국가시대에 행정이 점령했던 정치적 결정권 가운데서 정치영역에 속해야 마땅한 결정권은 정치에 넘겨 주어야 한다. 정치와 행정의 협력체제를 강화해야 한다. 거버넌스의 한 축으로서 행정부가 정당하게 맡아야 할 정치적 역할을 발전시켜야 한다. 행정은 정치로부터 정책기능과 국민대표기능 수행의 다이내믹스를 배워 민주행정의 역량을 향상시켜야 할 것이다.

정치와 행정의 협력 강화를 처방하고 행정이 정당하게 수행해야 할 정치적 역할을 처방할 때의 정치는 정책적 · 국민대표적 기능을 수행하는 정치이다. 당파적 정치 · 병폐로서의 정치를 의미하는 것이 아니다.

(9) **지방화 촉진**　　정치 · 행정의 보다 많은 지방화를 요구하는 추세가 계속되고 있다. 지방화에 대한 시대적 요청을 전제하고 행정개혁을 구상해야 한다.

지방화시대를 열어가면서 전통적으로 국가행정이 차지했던 많은 부분을 지방에 내 주어야 하며 행정의 지방부문에 힘을 실어주어야 한다. 그리고 지방자치행정의 원리로부터 중앙행정은 여러 가지를 배워야 한다. 행정의 인간화, 현지화, 시민결정주의 등이 지방자치로부터 배울 만한 주요 덕목이다. 행정의 지방화 촉진이 행정체제의 분열을 조장해서는 안 된다. 행정의 지방부문이 확대 · 강화되면 중앙 · 지방의 파트너십은 더욱 강화해야 한다. 지방부문의 일탈행동을 감시하는 체제도 강화해야 한다.

(10) **세계화 대응능력의 향상**　　날로 심화되는 세계화 추세에 따라 행정체제

의 세계화 대응능력을 증진시켜야 한다. 세계화는 국제적인 교호작용이 보다 빈번해지고 심화되는 현상을 지칭한다. 세계화가 촉진되면 국가들 사이의 상호 영향관계가 많아지고 상호의존도가 높아진다. 국가의 전통적인 경계는 느슨해지고 국가의 대국민장악력은 상대적으로 약화된다.

행정의 세계화 대응능력을 키우려면 국제적인 협력관계를 넓히고 국익을 보호하며 국민적 경쟁력의 강화를 지원하는 행정능력을 발전시켜 나가야 한다. 행정관리의 안목을 세계화해야 하며, 행정체제의 국제적 연계부문을 강화하고, 선진행정의 문물을 신속히 응용할 수 있는 적응력을 향상시켜야 한다. 선진행정으로부터의 학습을 게을리하지 말아야 한다. 그러나 선진문물 도입은 물론 우리의 여건에 적합해야 한다. 외국으로부터의 개혁이전(改革移轉)은 토착화의 가능성이 전제되어야 한다. 개혁이전만큼이나 내생적 개혁창출도 중요하다는 사실을 잊지 말아야 한다.

세계화가 촉진되면 국가행정이 세계를 향해 내 놓아야 할 것도 늘어날 것이다. 외국정부의 결정, 국가 간의 결정, 국제기구의 결정을 받아들여야 할 영역이 늘어난다는 것은 개별국가의 독자적인 결정영역이 줄어든다는 것을 뜻하기 때문이다. 개별국가의 자율영역 축소라는 변화에도 효율적으로 대응해 나가야 한다.

2. 행정개혁의 추진전략

과거의 타성에 젖은 개혁행동방식으로는 오늘날의 그리고 장래의 개혁문제와 개혁상황에 대처하기 어려울 것이다. 행정개혁의 추진전략(행동지침)도 새로운 요청에 맞게 개혁해야 한다.

지금까지 행정개혁의 접근방법과 추진전략에는 많은 문제들이 있었다. 그동안 문제로 지적되어 온 것들은 i) 개념적 명료성결여, ii) 좁은 시야와 예견력부족, iii) 비민주적·비밀주의적 개혁 추진, iv) 지속성·일관성의 결여, v) 실책의 반복, vi) 접근방법 간의 부조화, vii) 저항에 대한 부적절한 대응, viii) 개혁의 형식주의와 낭비, ix) 취약한 행동지향성(정착화의 실패), x) 개혁추진주체의 역량부족과 낮은 신망, xi) 개혁추진체제의 과부하와 비협동성 등이다.

행정개혁추진의 전략을 재정립할 때에는 다음과 같은 요건을 고려해야 한다.

(1) **개념적 명료화**　개념적 혼란은 의사전달을 어렵게 하고 개혁의 목표와 추진전략을 혼란에 빠뜨릴 수 있다. 개혁행동자들은 개념적 모호성을 최소화하도록 노력해야 한다. 개혁의 목표상태나 추진방법에 관한 개념사용의 정확을 기하고 분명한 의사전달을 할 수 있어야 한다. 특히 중요한 것은 행정개혁의 목표체계와 그에 기초한 목표상태의 처방에서 개념적 모호성을 제거하는 일이다.

(2) **접근방법 간의 조화**　접근방법 간의 조화를 중시해야 한다. 행정개혁은 조화의 예술이라 할 수 있다. 개혁문제를 둘러싼 요인들의 포괄적 연관성을 항상 생각하고 각축하는 접근방법들의 배합에서 균형감각을 잃지 말아야 한다. 가치기준과 접근방법의 지나친 편향을 경계해야 한다. 어느 시대의 개혁이나 그 시대의 요청에 따른 편향을 지니는 것이 예사이다. 그러한 편향(선호와 우선순위)은 상황부합적일 수 있다. 그러나 편향이 지나치면 실패를 자초한다. 적절한 균형감각을 가지고 체제의 기본적인 항상성을 보호해야 한다.

오늘날 행정은 정치와 가까워지고 정치로부터 많은 것을 배워야 한다. 민간경제나 경영과도 상호수렴의 관계를 발전시켜야 한다. 그러나 정치와 경제만 있고 행정은 없어져야 하는 것이 아니다. 행정은 정치화의 요청과 경제화(경영화)의 요청을 잘 조정하면서 스스로의 위상을 발전시켜 나가야 한다. 다른 분야, 다른 요청들에 관해서도 행정개혁은 언제나 필요한 균형감각을 유지해야 한다.

행정의 개혁은 사기업체의 개혁과 달리 공적 상황 또는 정치적 상황에서 진행된다. 따라서 합리적 기준이나 시장적 기준보다 정치적 · 행정적 요청의 영향을 더 많이 받을 수 있다. 그렇다고 해서 개혁을 정치적 요청에만 영합시킬 수는 없다. 정치적 요청과 합리주의적 요청을 조정하는 슬기를 발휘해야 한다. 급진주의적 개혁과 점진주의적 개혁의 적정한 절충도 중요하다. 이상주의적 개혁의 점진적 실천이 바람직할 때도 많다.

(3) 포괄적·장기적 안목   행정개혁은 총체적인 마스터플랜의 목표체계에 일관되게 추진해야 한다. 개혁은 개방체제적 현상이므로 행정개혁의 마스터플랜은 거버넌스의 시야에서 입안해야 한다. 마스터플랜의 시야는 또한 장기적이라야 한다.

(4) 변동남발의 방지   비개혁적 변동과 형식주의적 변동으로 인한 낭비를 막고 개혁의 무결점주의를 지향해야 한다.

우리가 처한 상황은 작은 정부 구현이 요구되는 상황이며 복잡성이 고도화된 상황이기 때문에 무결점주의적 개혁추진이 절실해졌다. 여건이 비교적 단순하던 시대 그리고 모든 분야가 성장·확장되던 시대에 용납될 수 있었던 개혁의 실책과 낭비는 이제 커다란 재앙이 될 수 있다. 성공가능성에 확신이 없으면서 우선 저질러 놓고 보는 개혁의 시대는 지났다.

체제의 역량을 초과하는 과시주의적 개혁, 개혁하는 것처럼 보이기 위한 개혁, 국면전환용 개혁, 비일관적·자가당착적 개혁, 조령모개적 개혁, 실책을 되풀이 하는 개혁, 폐지와 복원을 반복하는 회전문식 개혁, 더 큰 문제를 야기하는 개혁 등등은 방지하고 중단해야 한다.

무결점주의를 지향하려면 미래의 불확실성에 대한 인식을 분명히 하고 예견력향상을 위해 힘써야 한다. 그리고 환류를 통한 시정행동을 강화해야 한다. 예견력을 향상시키고 미래통제방법을 발전시킨다 해도 미래의 불확실성을 완전히 제거할 수는 없다. 그러므로 개혁행동과정은 대개 순환적인 것으로 될 수밖에 없다. 개혁정책의 일관성과 계속성을 유지하는 것은 개혁성공의 중요한 조건이다. 그와 대등한 중요성을 지니는 성공조건은 개혁정책의 타당한 적응성이다.

(5) 지속적 추진   행정개혁은 지속적으로 추진해야 한다. 장기적이고 전반적인 행정개혁사업은 누진적으로 추진하는 것이 원칙이다. 점진적인 개혁뿐만 아니라 급진적인 개혁도 지속적으로 추진해야 성공할 수 있다. 일시적인 충격요법적 개혁사업의 효용이 없는 것은 아니다. 그러나 평소에는 개혁노력을 방치하다가 누적된 행정악(行政惡)을 한꺼번에 척결하는 방법에는 좋지 않은 후유증이 따를 수 있다. 충격요법만 되풀이하면 행정체제의 능력에 손상이 가고 공무원들은 단체정신을 잃게 된다.

(6) **저항의 현명한 극복**　행정개혁에 지장을 주는 저항에 진솔하게 직면해야 한다. 회피적 행동만 일삼는다든지, 속임수로 어려움을 모면하려 한다든지, 억압으로 일관한다든지 해서는 안 된다.

행정개혁에 대한 저항을 예방하고 극복하는 노력은 여러 방면에 걸친 다양한 것이라야 한다. 특히 중요한 대책은 공개와 참여, 개혁동기의 진정성, 비용·이익 배분의 적정성이다.

개혁은 될 수 있는 대로 공개적으로 논의해야 한다. 개혁의 비밀추진은 의혹과 불신을 낳고 저항을 악화시킨다. 오늘날 우리가 직면한 개혁문제들은 너무 복잡하고 어렵기 때문에 지혜를 모으기 위해서도 공개와 참여를 촉진해야 한다. 저항극복의 가장 바람직한 방법은 진실의 공개와 설득이다. 인기 없고 시류를 거스르는 일이더라도 국민에게 솔직히 말하는 용기를 가져야 한다. 개혁동기의 진정성이 개혁대상집단과 이해관계자들에게 전달되어야 한다. 진실을 은폐해서 저항을 회피하나 강압으로 저항을 통제하면 부작용이 따른다. 개혁에 대한 저항을 슬기롭게 극복하려면 개혁에 따르는 비용·이익 배분의 정치에도 보다 많은 관심을 가져야 한다.

(7) **사후관리와 정착의 강조**　행정개혁은 행동지향적·성과지향적이라야 한다. 개혁의 입안단계에서부터 개혁을 지지해 줄 개혁 인프라의 구축에 각별한 주의를 기울여야 한다. 그리고 개혁의 정착에 필요한 후속조치와 사후관리를 확실하게 해야 된다.

모방적 개혁에서는 개혁의 정착가능성을 확실하게 분석해야 한다. 세계화의 시대라지만 나라마다 특유한 행정문화가 완전히 사라진 것은 아니다. 외국의 개혁정책이나 제도는 그것이 처한 상황과 함께 이해하고 이를 모방할 때에는 우리의 상황을 고려해야 한다. 외국의 제도를 도입하면서 그 내용을 오해하거나 우리 행정문화와의 접목가능성을 오판하여 저지르는 실책을 경계해야 한다.

(8) **개혁추진체제의 역량 강화**　개혁을 이끌어갈 추진체제의 역량이 탁월해야 개혁을 성공시킬 수 있다.

개혁추진체제는 훌륭한 정치적·행정적 리더십의 지속적인 관심과 지지를 받아야 한다. 개혁추진체제는 또한 지지세력이나 동조세력을 확보해야 한다. 지지세력을 결집하는 데는 정치적 역량이 필요하다. 개혁추진자들은 개혁과제에 관한 전문지식을 갖추어야 할 뿐만 아니라 높은 신망을 누려야 한다. 그들은 능력과 성실성에 대한 신뢰를 받을 수 있어야 한다. 개혁추진체제의 협동성을 획기적으로 증진시켜야 한다. 행정과 주변조건이 단순하던 시대에는 계서적·하향적 통제만으로 행정과 행정개혁이 가능했다. 그러나 지금은 사정이 아주 다르다. 많은 개혁중추들의 협동적 노력이 절실하다.

개혁추진자들의 과부하를 덜어 주어야 한다. 우리는 행정의 병리적 과부하현상을 개혁해야 한다. 이를 위해서는 개혁중추들의 과부하부터 해결해 주어야 한다. 능력에 맞는 임무만 주어야 한다. '비개혁적 간섭'의 망으로부터 풀어 주고, 개혁임무수행을 교란하지 않도록 업무지시와 일정관리를 개선해야 한다.

후주

제1장

1) 오석홍, "행정개혁론," 행정논총(24권 2호, 1988), 88~111쪽; Gerald E. Caiden, *Administrative Reform*(Aldine Publishing Co., 1969), pp. 65~70; Saul M. Katz, *Striving for the Heavenly Society : The Tactics of Development*(University of Pittsburgh, 1975); Heinrich Siedentopf, "Introduction : Government Performance and Administrative Reform," in Gerald E. Caiden and Siedentopf, eds., *Strategies for Administrative Reform*(D.C. Heath and Co., 1982), pp. ix~xv; Gareth R. Jones, *Organizational Theory, Design, and Ghange*, 7th ed.(Pearson, 2013), p. 295.

2) Montgomery, *Sources of Administrative Reform : Problems of Power, Purpose and Politics*(CAG, 1967), p. 2.

3) UN, Department of Economic and Social Affairs, *International Seminar on Major Administrative Reforms in Developing Countries*(New York, 1973), p. 2.

4) Caiden, *Administrative Reform, op. cit.*, p. 8 and p. 65.

5) Caiden and Siedentopf, eds., *op. cit.*, "Introduction," p. ix.

6) Chapman, "Strategies for Reducing Government Activities," *ibid.*, p. 59.

7) Lane, *The Public Sector : Concepts, Models and Approaches.*, 3rd ed.(Sage, 2000), p. 43.

8) Jerald Hage and Michael Aiken, *Social Change in Complex Organizations*(Random House, 1970), pp. 92~106; Gerald Zaltman *et al., Innovations & Organizations*(John Wiley & Sons, 1973), pp. 52~69; Arthur G. Bedeian, *Organizations : Theory and Analysis*(Dryden Press, 1980), p. 307; Caiden, *op. cit.*, pp. 127~129; Richard Daft and Richard Steers, *Organizations : A Micro/Macro Approach*(Scott, Foresman, 1986), p. 569; Colin Clark and David Corbett, eds., *Reforming the Public Sector : Problems and Solutions*(Allen & Unwin, 1999), p. 5; Michael Colenso, *Kaizen Strategies for Successful Organizational Change : Enabling Evolution and Revolution within the Organization*(Pearson Education, 2000), pp. 89~98.

9) Joseph Hollis and Frank Krause, "Effective Development of Change," in Robert Zawacki and D. D. Warrick, eds., *Organization Development : Managing Change in the Public Sector*(International Personnel Management Association, 1976), pp. 240~241.

10) Stephen P. Robbins and Timothy A. Judge, *Organizational Behavior*, 17th ed.(Pearson, 2017), pp. 605~606; Nicholas Henry, *Public Administration and Public Affairs*, 13th ed. (Routledge, 2018), pp. 93~95; Scott E, Robinson, "The President as Reformer : When Do Presidents Initiate Administrative Reform through Legislation?," *Presidenial Studies Quaterly*(Vol. 34, Iss. 4, Dec. 2004), pp. 793~804.

11) Hage and Aiken, *op. cit.*, pp. 36~61; Zaltman *et al., op. cit.*, pp. 134~148; Spencer Zifcak, *New Managerialism:Administrative Reform in Whitehall and Canberra*(Open University Press, 1994), pp. 145~152.

12) Zaltman *et al., ibid.*, pp. 32~45.

13) Johns, *The Sociology of Organizational Change*(Pergamon Press, 1973), p. 81.

14) Barnett, *Innovation : The Basis of Cultural Change*(McGraw-Hill, 1953), pp. 380~404.

15) Jennings, *An Anatomy of Leadership*(Harper, 1960).

16) Zawacki and Warrick, *op. cit.*, pp. 202~204.

17) Irwin and Langham, Jr., "Change Seekers," *Harvard Business Review*(Jan.-Feb. 1966), pp. 82~91.

18) Fiorelli and Margolis, "Managing and Understanding Large Systems Change : Guidelines for Executives and Change Agents," *Organization Development Journal*(Vol. 11, No. 3, Fall 1993), pp. 1~13.

19) Newstrom, *Organizational Behavior : Human Behavior at Work*(McGraw-Hill, 2011), pp. 369~370.

20) Lippitt and Westley, *The Dynamics of Planned Change*(Harcourt Brace and Jovanovich, 1958), pp. 91~123.

21) Argyris, *Intervention Theory and Method*(Addison-Wesley, 1970), pp. 16~20.

22) Cummings and Worley, *Organization Development and Change,* 9th ed.(South-Western, 2009), pp. 50~51; Julia Balogun and Gerry Johnson, "Organizational Restructuring and Middle Manager Sense Making," *Academy of Management Journal*(Vol. 47, No. 4, August 2004), pp. 523~549.

23) G. E. Caiden, "Reform or Revitalization?" in Caiden and Siedentopf, eds., *op. cit.*, pp. 85~89; Debra L. Nelson and James C. Quick, *Understanding Organizational Behavior*, 3rd ed.(Thomson South-Western, 2008), pp. 417~418.

24) Donald Klein "Some Notes on the Dynamics of Resistance to Change : The Defender Role," in Alton C. Bartlett and Thomas A. Kayser, eds., *Changing Organizational Behavior*(Prentice-Hall, 1973), pp. 425~433; Newstrom, *op. cit.*, p. 368.

25) Johns, *op. cit.*, pp. 33~61; Zaltman *et al., op. cit.*, pp. 85~104; Herbert Kaufman, *The Limits of Organizational Change*(University of Alabama Press, 1971), pp. 5~67; Zander, *op. cit.*, pp. 405~433; G. R. Jones, *op. cit.*, pp. 300~302; Don Hellriegel, John W. Slocum, Jr., and Richard W. Woodman, *Organizational Behavior*, 9th ed.(South-Western College Publishing, 2001), pp. 556~557; John W. Slocum, Jr. and Don Hellriegel, *Principles of Organizational Behavior*, 12th ed.(South-Western, 2009), pp. 501~507; Alice H. Y. Hon, Matt Bloom, and J. Michael Grant, "Overcoming Resistance to Change and Enhancing Creative Performance," *Journal of Management*(Vol. 40, No. 3, Mar, 2014), pp. 919~941.

26) Daft, *Understanding the Theory and Design of Organizations*, 10th ed. (South-Western, 2010), p. 393.

27) Newstrom, *op.cit.*, pp. 366~367.

28) G. R. Jones, *op.cit.*, pp. 300~302

29) G. N. Jones, "Strategies and Tactics of Planned Organizational Change," *Philippine Journal of Public Administration*(Vol. 10, No. 4, 1966), pp. 320~342.

30) Kotter and Schlesinger, "Choosing Strategies for Change," *Harvard Business Review* (March-April 1979), pp. 106~113.

31) Nutt, "Tactics of Implementation," *Academy of Management Journal*(Vol. 29, No. 2, June 1986), pp. 255~257.

32) Zifcak, *op. cit.*, pp. 143~144.

33) Ivancevich, Konopaske, and Matteson, *Organizational Behavior and Management* (McGraw-Hill, 2008), pp. 481~483.

34) Pervaiz K. Ahmed and Charles D. Shepherd, *Innovation Management: Context, Strategies, Systems and Processes* (Pearson, 2010), pp. 43~48; Michael D. Mumford, Kimberly S.

Hester, and Issac C. Robledo, "Creativity in Organizations: Importance and Approaches," Michael D. Mumford (ed), *Handbook of Organizational Creativity* (Elsevier, 2012), pp. 4~6.

35) Wallas, *The Art of Thought* (Harcourt Brace, 1926).

36) Schermerhorn, Jr., J. G. Hunt, R. N. Osborn and M. Uhl-Bien, *Organizational Behavior,* 11th ed. (John Wiley & Sons, 2011), pp. 222~223.

37) Parnes, R. B. Noller, and A. M. Biondi, *Guide to Creative Action* (Scibner's Sons, 1977).

38) Amabile, "A Model of Creativity and Innovation in Organizations," in B. M. Staw and L. L. Cummings(eds.), *Research in Organizational Behavior* (vol. 10, JAI Press, 1988).

39) Ahmed and Shepherd, *op. cit.,* pp. 48~49.

40) Mumford, M. I. Mobley, C. E. Uhlman, R. Reiter-Palmon, and L. Doares, "Process Analytic Models of Creative Capacities," *Creativity Research Journal,* (vol. 4, 1991), pp. 91~122.

41) Michael D. Mumford, Kimberly Hester, and Issac Robledo, "Methods in Creativity Research: Multiple Approaches, Multiple Levels," Mumford(ed.), *op. cit.,* pp. 39~65; Selcuk Acar and Mark A. Runco, "Creative Abilities: Divergent Thinking," Mumford(ed), *op. cit.,* pp. 115~136.

42) Ahmed and Shepherd, *op. cit.,* pp. 50~64.

43) Amabile, "Motivating Creativity in Organizations: On Doing What You Love and Loving What You Do," *California Management Review* (vol. 40, no. 1, Fall 1997), pp. 39~58.

44) Sternberg, *Wisdom, Intelligence and Creativity Synthesized* (Cambridge University Press, 2003).

45) Csikszentmiha'lyi, "Implications of a Systems View of Creativity," R. J. Sternberg(ed.), *Handbook of Creativity* (Cambridge University Press, 1999), pp. 313~335.

46) Ahmed and Shepherd, *op. cit.,* pp. 63~64; R. W. Woodman, J. E. Sawyer, and R. W. Griffin, "Toward a Theory of Organizational Creativity," *Academy of Management Review* (vol. 18, 1993), pp. 293~321.

47) Jerald Greenberg and Robert A. Baron, *Behavior in Organizations,* 8th ed. (Prentice-Hall, 2003), p. 533; John W. Slocum and Don Hellriegel, *Principles of Organizational Behavior,* 12th ed. (South-Western, 2009), pp. 413~416; Ahmed and Shepherd, *ibid.,* pp. 64~73.

제 2 장

1) Caiden, *Administrative Reform*(Aldine Pub. Co., 1969), pp. 145~156.

2) Caiden, "Administrative Reform : A Prospectus," *International Review of Administrative Sciences*(No. 1~2, 1978), pp. 110~111.

3) Siedentopf, "Introduction," in G. E. Caiden and Siedentopf, eds., *Strategies for Administrative Reform*(D.C. Heath, 1982), pp. X~XV.

4) Robbins, *Organizational Behavior*, 9th ed.(Prentice-Hall, 2001), pp. 543~544.

5) Huse and Bowditch, *Behavior in Organizations : A Systems Approach to Managing*, 2nd ed.(Addison-Wesley, 1977), pp. 283~486.

6) Cooper *et al., Public Administration for the Twenty-First Century*(Harcourt Brace, 1998).

7) Daft, *Understanding the Theory and Design of Organizations,* 10th ed.(South-Western, 2010), pp. 371~373.

8) Jones, *Organizational Theory, Design, and Change*, 7th ed.(Pearson, 2013), p. 303.

9) Zifcak, *New Managerialism : Administrative Reform in Whitehall and Canberra*(Open University Press, 1994), pp. 177~184.

10) Wendell L. French and Cecil H. Bell, Jr., *Organization Development*(Prentice-Hall, 1973), p. 2lff; Edgar H. Schein, *Organizational Psycholodgy*, 3rd ed.(Prentice-Hall, 1980), pp. 239~240; James L. Bowditch and Anthony F. Buono, *A Primer on Organizational Behavior*(John Wiley & Sons, 1985), P. 177; Wendell L. French and Cecil H. Bell, Jr., "A History of Organization Development," in Wendell L. French, C. H. Bell, Jr., and R. A. Zawacki, eds., *Organization Development and Transformation : Managing Effective Change*(McGraw-Hill, 2000), pp. 20~42.

11) French and Bell, Jr., *Organization Development*, pp. 65~73 : Edgar F. Huse and James L. Bowditch, *Behavior in Organizations*(Addison-Wesley, 1973), pp. 285~286; Edgar F. Huse, Organizational Development and Change, 2nd ed.(West Publishing Co., 1980), pp. 29~30; John W. Newstrom, *Organizational Behavior*, 13th ed.(McGraw-Hill, 2011), pp. 376~377; David H. Rosenbloom, Robert S. Kravchuk, and Richard M. Clerkin, *Public Administration : Understanding Management, Politics, and Law in the Public Sector*, 8th ed.(McGraw-Hill, 2015), p. 185.

12) Bennis, "Theory and Method in Applying Behavioral Science to Planned Organizational Change," *Journal of Applied Behavioral Science*(Oct.-Nov.-Dec. 1965), p. 346.

13) Beckhard, *Organization Development : Strategies and Models*(Addison-Westley, 1969), p. 9.

14) Schmuck and Miles, *Organization Development in Schools*(National Press, 1971), p. 92.

15) Burke and Schmidt, "Management and Organization Development : What Is the Target of Change?" *Personnel Administration*(Mar.-Apr. 1971), pp. 44~56.

16) French and Bell, Jr., *Organization Development, op. cit.*, pp. 15~20.

17) Newstrom, *op. cit.*, p. 375.

18) French, Bell, and Zawacki, eds., *op. cit.*, pp. 11~12; Thomas G. Cummings and Christopher G. Worley, *Organization Development and Change,* 9th ed.(South-Western, 2009), pp. 505~509.

19) French and Bell, Jr., *Organization Development*, p. 87; Stephen M. Corey, *Action Research to Improve School Practices*(Columbia University, 1953), p. 6; Newton Margulies and John Wallace, *Organizational Change : Techinques and Applications*(Scott, Foresman and Co., 1973), pp. 25~26.

20) Clark, *Action Research and Organizational Change*(Harper & Row, 1972), Ch. 2.

21) Wendell French, "Organization Development : Objectives, Assumptions, and Strategies," *California Management Review*(Vol. 2, No. 2, 1969), p. 26.

22) Lewin, "Action Research and Minority Problems," *Journal of Social Issues*(Vol. 2, No. 4, 1946), pp. 34~46.

23) Lippitt, Watson, and Westley, *The Dynamics of Planned Change*(Harcourt, Brace, and World, 1958).

24) Argyris, *Intervention Theory and Method : A Behavioral Science View*(Addison-Wesley, 1973), pp. 151~154.

25) French and Bell, Jr., *Organization Development*, p. 99.

26) *Ibid.*, p. 97ff.

27) *Ibid.*

28) *Ibid.*; Margulies and Wallace, *op. cit.*, p. 65ff.; Huse and Bowditch, *op. cit.*, p. 290ff.; Edgar H. Schein, *Process Consultation : It's Role in Organizaiton Development* (Addison-Wesley, 1969); David A. Kolb and Alan L. Frohman, "An Organization

Development Approach to Consulting," *Sloan Management Review*(Vol.12, No.1, Fall 1970), pp. 51~66; Andrzej Huczynski, *Encyclopedia of Organizational Change Methods*(Gower Publishing Co., 1987); Cummings and Worley, *op. cit.*, pp. 252~487; Stephen P. Robbins and Timothy A. Judge, *Organizational Behavior*, 17th ed.(Pearson, 2017), pp. 613~616.

29) Floyd C. Mann, "Studying and Creating Change," in W. G. Bennis, K. D. Benne, and R. Chin, *The Planning of Change*(Holt, Rinehart & Winston, 1961), pp. 605~613.

30) Blake and Mouton, *Building a Dynamic Corporation through Grid Organization Development* (Holt, Rinehart & Winston, 1961), pp. 605~613.

31) Hugh J. Arnold and Daniel C. Feldman, *Organizational Behavior*(McGraw-Hill, 1986), pp. 458~478; Newstrom, *op. cit.*, pp. 389~401; Cummings and Worley, *op. cit.*, pp. 479~487; Philip G. Zimbardo, A. L. Weber and R. L. Johnson, *Psychology*, 3rd ed.(Allyn and Bacon, 2000), pp. 339~380; John M. Ivancevich, Robert Konopaske, and Michael T. Matteson, *Organizational Behavior and Management*(McGraw-Hill, 2008), pp. 224~246.

32) A. E. Kazdin, *History of Behavior Modification*(University Park Press, 1978), p. ix; F. Luthans and R. Kreitner, *Organizational Behavior Modification*(Scott, Foresman and Co., 1975).

33) David McClelland, *The Achieving Society*(Van Nostrand, 1961); Huczynski, *op. cit.*, pp. 19~20.

34) Huczynski, *ibid.*, pp. 211~212.

35) *Ibid.*, pp. 60~62; Richard Beckhard, "Confrontation Meeting," *Harvard Business Review*(Vol. 45, No. 2, March-April 1967), pp. 149~155.

36) Edgar H. Schein, *Organizational Culture and Leadership*(Jossey-Bass, 1985), pp. 1-22; G. Hofstede, *Cultures and Organizations : Software of the Mind*(London : McGraw-Hill, 1991); 차재호·나운영 역, 세계의 문화와 조직(학지사, 1995), 29~32쪽; Robert G. Isaac, "Organizational Culture : Some New Perspective," in R. T. Golembiewski, ed., *Handbook of Organizational Behavior*(Dekker, 1993), pp. 93~94.

37) Elbert Stewart and James Glynn, *Introduction to Sociology*(McGraw-Hill, 1985), p. 75; 김경동, 현대의 사회학(박영사, 1997), 35~36쪽; 이광규, 문화인류학개론(일조각, 1985), 35~36쪽.

38) Robbins and Judge, *op. cit.,* p. 524.

39) Peter F. Drucker, *Managing for the Future : The 1990's and Beyond*(Truman Talley, 1992), p. 194.

40) Ceilia V. Harquail and Taylor Cox, Jr., "Organizational Culture and Acculturation," in Cox, Jr., ed., *Cultural Diversity in Organizations*(Berret Koehler, 1994), pp. 242~261; Cummings and Worley, *op. cit.*, pp. 519~528; Daft, *op. cit.*, pp. 387~391.

제 3 장

1) Edgar H. Schein, *Organizational Psychology*, 3rd ed.(Prentice-Hall, 1980), pp. 50~72.

2) Fritz Morstein Marx, *The Administrative State*(University of Chicago Press, 1957), pp. 17~33.

3) Max Weber가 "관료제에 관한 논문"을 발표한 것은 1911년이라고 한다. 저자는 Weber의 논문들을 영역한 책들에서 그 내용을 알아보고 있다. cf., H. H. Gerth and C. Wright Mills, eds. and trans., *From Max Weber : Essays in Sociology*(Oxford University Press,

1946); A. M. Henderson and T. Parsons, eds. and trans., *The Theory of Social and Economic Organization by Max Weber*(Macmillan Company, 1947).

4) Victor A. Thompson, *Modern Organizations*(Alfred A. Knopf, 1961), Ch. 8; Warren G. Bennis, "Organizational Development and the Fate of Bureaucracy," *Industrial Management Review*(vol. 7, 1966), pp. 41~55; Howard E. McCurdy, *Public Administration : A Synthesis*(Cummings Publishing Company, 1977), pp. 85~90; Jack H. Knott and Gary J. Miller, *Reforming Bureaucracy : The Politics of Institutional Choice*(Prentice-Hall, 1987), Ch. 9.

5) Frederick W. Taylor, *Scientific Management*(Harper & Row, 1947); W. Richard Scott, *Organizations : Rational, Natural and Open Systems*(Prentice-Hall, 1981), pp. 62~64.

6) Amitai Etzioni, *Modern Organizations*(Prentice-Hall, 1964), p. 32; Elton Mayo, *The Human Problems of an Industrial Civilization*(Macmillan, 1933), *The Social Problems of an Industrial Civilization*(Routledge & Kegan Paul, 1949); Fritz J. Roethlisberger and William J. Dickson, *Management and the Worker*(Harvard University Press, 1939); McCurdy, *op. cit.*, pp. 32~33.

7) Bennis, *op. cit.*, Bennis and Philip E. Slater, *The Temporary Society*(Harper & Row, 1968).

8) Kirkhart, "Toward a Theory of Public Administration," Frank Marini, ed., *Toward a New Public Administration : The Minnobrook Perspective*(Chandler, 1971), pp. 158~164.

9) Thayer, *An End to Hierarchy and Competition : Administration in the Post-Affluent World*, 2nd ed.(New Viewpoint, 1981). 이 책의 초판은 *An End to Hierarchy! An End to Competition!*이라는 제목으로 1973년에 간행되었다.

10) White, Jr., "Organization and Administration for New Technological and Social Imperatives," Dwight Waldo, *Public Administration in a Time of Turbulence*(Chandler, 1971), pp. 151~168.

11) Senge. *The Fifth Discipline : The Art and Practice of the Learning Organization*(Doubleday, 1994); 피터 셍게 외 저, 박광량·손태원 역, 학습조직의 5가지 수련(21세기 북스, 1996); 손태원, "Peter M. Senge의 학습조직 – 제5의 수련," 오석홍 외, 조직학의 주요이론, 제3판(법문사, 2008), 401~411쪽.

12) David K. Carr and D. Littman, *Excellence in Government : Total Quality Management in the 1990s*, 2nd ed.(Cooper & Lybrand, 1993), p. 3; A. B. (Rami) Shani and James B. Lau, *Behavior in Organizations : An Experiential Approach*, 8th ed.(McGraw-Hill, 2005), pp. 432~435.

13) Warren H. Schmidt and Jerome P. Finnigan, *TQ Manager*(Jossey-Bass, 1993), pp. 3~9.

14) Steven Cohen and Ronald Brand, *Total Quality Management in Government*(Jossey-Bass, 1993), p. 6 and pp. 76~106.

15) George Odiorne, *Management by Objectives*(Pitman, 1964).

16) Jay M. Shafritz, E. W. Russell and Christopher P. Borick, *Introducing Public Administration*, 7th ed.(Longman, 2011), pp. 339~350; James L. Mercer, *Public Management in Lean Years*(Quorum Books, 1992), pp. 140~143.

17) 신유근, 현대경영학(다산출판사, 1997), 303~311쪽.

18) Shafritz, Russell and Borick *op. cit.*, pp. 312~314.

19) Henry Mintzberg, "Managing Government," *Harvard Business Review*(May/June 1996), p. 81.

제 4 장 ——————————————————————————————————

1) 총무처 직무분석기획단, 신정부혁신론(동명사, 1997), 265~653쪽; Donald F. Kettl, *The Global Public Management Revolution*, 2nd ed.(Brookings Institution, 2005), pp. 8~18; Spencer Zifcak, *New Managerialism : Administrative Reform in Whitehall and Canberra*(Open University Press, 1994), pp. 17~45.

2) June Pallot, *Central State Government Reforms*(Berlin, 1999).

3) Kettl, *op. cit.*, pp. 6~7; Swan Ferlie and Louis Fitzgerald, "The Sustainability of the New Public Management in the UK," in Kate McLaughlin *et al.* eds., *New Public Management: Current Trends and Future Prospects*(Routledge, 2002), pp. 343~344.

4) Kettl, *ibid.*, pp. 1~3 and pp. 13~14; Tom Christensen, "Administrative Reform: Changing Leadership Roles?" *Governance*(Vol. 14. No. 4, October 2001), pp. 457~460; C. Hood, "A New Public Management for All Seasons?" *Public Administration*(Vol. 69, No. 1, 1991), pp. 3~19; Jonathan Boston. "Purchasing Policy Advice : The Limits of Contracting Out," *Governance*(Vol. 7, 1994), pp. 1~30; Steve Martin, "New Public Management or New Direction," Kuno Schedler and Isabella Proeller, "The New Public Management," in McLaughlin, *et al.*, eds, *ibid.*, pp. 129~140 and pp. 163~180; Richard M. Walker *et al.*, "Market Orientation and Public Service Performance: New Public Management Gone Mad?" *Public Administration Review*(Vol. 71 No. 5, Sep./Oct. 2011), pp. 707~717.

5) 총무처 직무분석기획단, 앞의 책, 273~276쪽; 박중훈 편, 영국·일본의 행정개혁사례(한국행정연구원, 1997), 57~62쪽; Zifcak, *op. cit.*, pp. 73~75; David Osborne and Peter Plastrik, *Banishing Bureaucracy : The Five Strategies for Reinventing Government*(Addison Wesley, 1997), pp. 23~25.

6) 총무처 직무분석기획단, 정부혁신 2010(1998. 2), 41~42쪽; 주재현, 행정서비스 헌장제의 효과적 운영 및 조기정착방안(한국행정연구원, 2000).

7) 총무처 직무분석기획단, 신정부혁신론, 300~304쪽.

8) Denhardt and Denhardt, "The New Public Service : Serving Rather Than Steering," *Public Administration Review*(Vol. 60, No. 6, Nov./Dec. 2000), pp. 549~559.

9) J. Denhardt and R. Denhardt, "The New Public Service Revisited," *Public Administration Review*(vol. 75, Iss. 5, Sep./Oct. 2015), pp. 664~672, *The New Public Service: Serving, Not Steering*, 4th ed. (Routledge, 2015), pp. 202~216.

10) Bryson, Barbara C. Crosby, and Laura Bloomberg, "Public Value Governance: Moving Beyond Traditional Public Administration and the New Public Management," *Public Administration Review*(Vol. 74, Iss. 4, Jul./Aug. 2014).

11) Barry Bozeman, *Public Values and Public Interest Counterbalancing Economic Individualism* (Georgetown University Press, 2007), p. 17; Mark H. Moore, "Public Value Accounting: Establishing the Philosophical Basis," *PAR*, Vol. 74, Iss. 4, pp. 465~477; John Benington, "From Private Choice to Public Value?" in John Benington and Mark H. Moore (ed), *Public Value: Theory and Practice*(Palgrave Macmillan, 2011), pp. 31~51.

12) Osborne, "Reinventing Government : Creating an Entrepreneurial Federal Establishment," Will Marshall and Martin Schram, eds., *Mandate for Change*(Berkley Books, 1993), pp. 263~287; Osborne and Gaebler, *Reinventing Government : How the Entrepreneurial Spirit Is Transforming the Public Sector*(Addison Wesley, 1992).

13) Osborne and Plastrik, *op. cit.*

14) International City Management Association, *Excellence in Local Government Management*(Washington, D.C., 1984); Bryan T. Downs, "Pursuing Excellence in Public Adminis-

tration : Toward Revitalization of the Public Service," in Robert B. Denhardt and Edward T. Jennings, Jr., eds., *The Revitalization of Public Service*(University of Missouri, 1987), pp. 199~220.

15) Peters and Waterman, Jr., *In Search of Excellence : Lessons from America's Best Run Companies*(Harper & Row, 1982).

16) Al Gore, *Creating a Government That Works Better & Costs Less*(The Report of the National Performance Review, Penguin, 1993); Kettl, *op. cit.*, pp. 19~27.

17) 김만기 편, 2000년대에 대비한 정부조직의 혁신(대영문화사, 1998).

18) 총무처 직무분석기획단, 정부혁신 2010, 앞의 책.

19) Kettl, *op. cit.*, pp. 27~37; Linda deLeon and Robert B. Denhardt, "The Political Theory of Reinvention," *Public Administration Review*(Mar./Apr. 2000, Vol. 60, No. 2), pp. 89~97; James R. Thompson, "Reinvention as Reform : Assessing the National Performance Review," *Public Administration Review*(Nov./Dec. 2000, Vol. 60, No. 6), pp. 508~520; Ronald C. Moe, "The Reinventing Government Exercise : Misinterpreting the Problem, Misguiding the Consequences," *Public Administration Review*(Vol. 54, No. 2, Mar./Apr. 1994) pp. 111~122; Donald F. Kettl and John J. Dilulio, Jr., eds., *Inside the Reinvention Machine : Appraising Government Reform*(Brookings Ins., 1995).

20) Linden, *Seamless Government*(Jossey-Bass, 1994).

21) Welch, *Work in America*(General Electric, 1990); Orion White, Jr., "Organization and Administration for New Technological and Social Imperatives," Dwight Waldo, *Public Administration in a Time of Turbulence*(Chandler, 1971), pp. 151~168.

22) Goldsmith and Eggers, *Governing by Netwouk : The New Shape of the Public Sector* (Brookings Institution, 2004).

23) Perri 6, Leat, Seltzer and Stoker, *Towards Holistic Governance : The New Reform Agenda* (Palgrave, 2002).

24) 권기헌, 전자정부와 행정개혁(커뮤니케이션 북스, 1999), 169~171쪽; 문신용, 행정정보화와 조직운영의 혁신방안(한국행정연구원, 2000), 109~114쪽; Alan P. Balutis, "Monitoring the E-Government Revolution," *The Public Manager*(Vol. 29, No. 4, Winter 2000-2001) pp. 34~35; A. C. Hyde, "Management Fad of the Year 2000 : 'E-Gov,'" *The Public Manager*(Vol. 30, No. 1, Spring 2001), pp.29~30; Harold C. Relyea, "E-Gov : Introduction and Overview," *Government Information Quarterly*(No. 19, 2002), pp. 9~35; Robert B. Denhardt and Janet V. Denhardt, *Public Administration : An Action Orientation*, 6th ed.(Thomson Wadsworth, 2009), pp. 378~380; Nicholas Henry, *Public Administration and Public Affairs*, 13th ed.(Routledge, 2018), pp. 174~176.

25) Costis Toregas, "The Politics of E-Gov : The Upcoming Struggle for Redefining Civic Engagement," *National Civic Review*(Vol. 90, No. 3, Fall 2001), pp. 235~240.

26) 남궁근 외 공저, 전자정부를 통한 부패통제(경상대학교 사회과학연구소, 2002), 34쪽; 권기헌, 위의 책; Se-Jung Park, "New Organization Paradigm in an Age of Electronic Government," *Knowledge-and-Information-Based Electionic Government for the Third Millenium*(KAPA, 1999), pp. 56~58; John Hudson and Stuart Lowe, *Understanding the Policy Process*(Policy Press, 2004), pp. 71~88.

27) 오석홍, 행정학(박영사, 2016), 933~934쪽; 권기헌, 앞의 책; Se-Jung Park, *ibid.*; David H. Rosenbloom, Robert S. Kravchuk, and Richard M. Clerkin, *Public Administration : Understanding Management, Politics, and Law in the Public Sector*, 8th ed.(McGraw-Hill, 2015), pp. 483~484; Tahir M. Nisar, "E-Learning in Public Organization," *Public Personnel Management*(Vol. 33, No. 1, Spring 2004), pp. 83~87.

28) Hee Joon Song, "E-Government in Korea : Present Status and Future Prospects," MPB and KDI, *International Forum on Public Sector Reform*(2002), pp. 3~14; Alan P. Balutis, "E-Government 2001, Part Ⅰ : Understanding the Challenge and Evolving Strategies," *The Public Manager*(Vol. 30, No. 1, Spring 2001), pp. 33~37; Toregas, *op. cit.*

29) Michele Micheletti, "End of Big Government : Is It Happening in the Nordic Countries?" *Governance*(Vol. 13, No. 2, April 2000), pp. 265~278.

30) Graham Wilson, "In a State," *Governance, ibid.*, pp. 235~241.

31) *Ibid.*; Paul C. Light, *Thickening Government*(Brookings Institute, 1995), pp. 61~128.

32) James L. Mercer, *Public Management in Lean Years : Operating in Cutback Management Environment*(Quorum Books, 1992), pp. 17~32; 행정자치부, 행정자치백서(2002), 107~148쪽.

33) Charles H. Levine, "More on Cutback Management : Hard Questions for Hard Times," *Public Administration Review*(Vol .39, No. 2, March/April 1979), p. 180; Robert D. Behn, "The Fundamentals of Cutback Management," in Richard J. Zeckhauser and Derek Leebaert, eds., *What Role for Government?*(Duke University Press, 1983), p. 311.

34) Behn, *ibid.*, pp. 312~314; Irene S. Rubin, "Managing Cycles of Growth and Decline," James L. Perry, ed., *Handbook of Public Administration*(Jossey-Bass, 1989), pp. 564~569.

35) Caplow, *How to Run Any Organization : A Manual of Practical Sociology*(Dryden Press, 1976), pp. 184~185.

36) Chapman, "Strategies for Reducing Government Activities," Gerald E. Caiden and Heinrich Siedentopf, eds., *Strategies for Administrative Reform*(Lexington Books, 1982), pp. 63~67.

37) Henry, *op. cit.,* pp. 265~266.

38) 행정안전부, 정부조직개편의 성공을 위한 조직융합관리 매뉴얼: 물리적 결합에서 화학적 융합으로(2008).

39) Osborne and Gaebler, *op. cit.*, pp. 45~47; Paul Starr, "The Meaning of Privatization," in S. B. Kamerman and A. J. Kahn, eds., *Privatization and Welfare State*(Princeton University Press, 1989), pp. 21~26; Jonathan P. Doh, "Entrepreneurial Privatization Strategies : Order of Entry and Local Partner Collaboration as Sources of Competitive Advantage," *Academy of Mamagement Review*(Vol. 25, No. 3, 2000) pp. 551~571.

40) 김석태, "Emanuel S. Savas의 민간화이론," 오석홍 편, 행정학의 주요이론(법문사, 2019), 227쪽.

41) R. Denhardt and J. Denhardt, *Public Administration, op. cit.*, p. 111; Savas, *Privatizing the Public Sector : How to Shrink Government*(Chatham House, 1982); 김석태, 위의 글; Wiltshire, "The Australian Flirtation with Privatization," in Martin Laffin, ed., *Issues in Public Sector Management*(University of Sydney, 1993), pp. 69~79.

42) Kolderie, "The Two Different Concepts of Privatization," *Public Administration Review*(Vol. 46, No .4, Jul./Aug. 1986), pp. 285~291.

43) Osborne and Gaebler, *op. cit.*

44) 김석태, 앞의 글, 229~233쪽; R. Denhardt and J. Denhardt, *op. cit.*, pp. 110~115; Wiltshire, *op. cit*; Shaker A. Zahra et al., "Privatization and Entrepreneurial Transformation : Emerging Issues and a Future Research Agenda," *Academy of Management Review*(Vol. 25, No. 3, 2000), pp. 511~513.

45) Jay M. Shafritz, E. W. Russell and Christopher P. Borick, *Introducing Public Administration,* 7th ed.(Longman, 2011), pp. 113~116; Zahra *et al., ibid.*, pp. 515~518; Gilbert B. Siegel, "Outsourcing Personnel Functions," *Public Personnel Management*(Vol. 29, No. 2, Summer 2000), pp. 225~235; Henry, *op. cit.*, p. 357 ff; Daniel Guttman and Barry Willner, *The*

Shadow Government(Pantheon, 1976).

46) 김태일, "작은 정부론 딴지 걸기"(2008년도 서울행정학회 동계학술대회 발표논문집), 479쪽.

47) Bruce A. Wallin, "The Need for a Privatization Process : Lessons from Development and Implementation," *Public Administration Review*(Vol. 57, No. 1, Jan./Feb. 1997), pp. 11~20.

48) Perry *et al.*, "Returning to Our Roots: 'Good Government' Evolves to 'Good Governance,'" *PAR* (Vol. 74, Iss. 1, Jan/Feb. 2014), pp. 27~28.

49) Fabbrini, "Presidents, Parliaments, & Good Government," *Journal of Democracy* (Vol. 6, No. 3, 1995), pp. 128~138.

50) 이현우, "정책조응성에 기초한 좋은 정부의 연구의도 및 설계," 이현우 외, 좋은 정부와 정책조응성(오름, 2013), 175쪽.

51) 배정현, "삶의 질과 정부의 질," 행정논총(제52권 제1호, 2014. 3), 253쪽.

52) Henry, *op. cit.*, pp. 6~7.

53) Besley, *Principled Agents? : The Political Economy of Good Government* (Oxford University Press, June 2006), p. 4*ff.*

54) 이현국, "좋은 정부란 무엇인가?" 한국행정포럼(151호, 2015 겨울), 18~23쪽.

55) Light, "Federalist No. 1: How Would Publius Define Good Government Today?" *PAR* (Special Issue, Dec. 2011), pp. S7~S14.

56) 박희봉, 좋은 정부, 나쁜 정부(책세상, 2013).

57) 임의영, "거번먼트의 질: 개념적 성찰," 정부학연구(제18권 제2호, 2012), 19~22쪽.

58) Graaf and Paanakker, "Good Governance: Performance Values and Procedural Values in Conflict," *American Review of Public Administration*(Vol. 45, No. 6, Nov. 2015), pp. 635~652.

제 5 장

1) 김운태·오석홍, 한국행정사(서울대 출판부, 1985), 302쪽.

2) 서울대 행정대학원, 행정개혁에 관한 전반적 평가(1967), 25쪽; 총무처, 대한민국 정부조직변천사(1980), 105~112쪽.

3) 한국행정문제연구소, 한국행정의 역사적 분석(1948~1967)(1969), 431~434쪽; 대한민국사편찬위원회, 대한민국사(탐구당, 1988), 71~72쪽.

4) 내무부 지방행정연구원, 한국지방행정사(1948~1986), 하권 (1987), 2183~2199쪽.

5) 조영재, 한국의 서정쇄신론(율성사, 1980), 72~85쪽.

6) 한국행정문제연구소, 앞의 책, 423~426쪽; 공보처, 광복이십년(1965), 10쪽; 이석제, "우리나라 행정개혁," 행정관리(총무처, 6권 1호, 1967), 10쪽; 송영언, "한국행정 20년의 회고와 전망: 총무행정," 행정관리(총무처, 8권 1호, 1969), 44쪽; 동홍욱, "한국행정 20년의 자성," 행정관리(총무처, 7권 1호, 1968), 5~6쪽; 총무처, 대한민국 정부조직변천사(1980), 113쪽.

7) 세문사 편, 해방 20년 : 목격·내막·증언 : 기록편(1965), 98~99면; 내무부 지방행정연구원, 앞의 책, 2199~2201쪽.

8) 김운태·오석홍, 앞의 책, 303~307쪽.

9) 내각사무처, "1962년도 행정관리의 발전과 전망," 행정관리(1권 3호, 1962), 29~30쪽.

10) 한국행정문제연구소, 앞의 책, 455~456쪽.

11) 오석홍, "대한민국정치약사," 행정논총(23권 1호, 1985), 82쪽.

12) 총무처, "64년 행정관리 업적과 전망," 행정관리(3권 4호, 1964), 32~36쪽; "1966년도 행정관리 업적과 전망," 행정관리(6권 1호, 1967), 36~46쪽.

13) 권오상, "우리나라의 행정개혁사업개요," 행정관리(총무처, 5권 2호, 1966), 70~71쪽.

14) 문화공보부, 10월유신의 의의와 전망(홍보자료 No. 72-28), 구국·통일을 위한 영단: 10·17특별선언의 불가피성(홍보자료 No. 72-27); 오석홍, "대한민국 정치약사," 84~85쪽.

15) 오석홍, "한국정부의 서정쇄신에 관한 연구," 행정논총(15권 1호, 1977), 110~114쪽; 국무총리 행정조정실, 서정쇄신추진상황보고(1976, 1977, 1978, 1979).

16) 총무처, 행정조직정비결과보고(1981); 총무처, 행정개혁사: 10.15 행정개혁을 중심으로(1982).

17) 총무처, 총무처연보(5호, 1982), 37~45쪽.

18) 현대사회연구소 편, 사회정화운동의 이념과 방향(1981), 사회정화운동과 국민의식(1982); 심윤수, 사회정화운동전개방안에 관한 연구(서울대 행정대학원 석사학위논문, 1981).

19) 총무처, 총무처연보(1989, 1990, 1991, 1992, 1993); 동아일보사, 동아연보(정치편)(1989, 1990, 1991, 1992, 1993).

20) 행정개혁위원회, 행정개혁에 관한 건의(1989. 7).

21) 한국사회운동연구소, 새 질서·새 생활 국민운동에 관한 연구(1991); 공보처, 이렇게 달라지고 있다(1991); 국무총리 행정조정실, 10.13특별선언후속조치종합계획(1990. 10), 새 질서·새 생활 실천 생활화대책(1991. 3), 새 질서·새 생활 실천 1주년 종합평가 및 향후방향(1991. 10), 새 질서·새 생활운동 '92추진과제별 세부관리계획(1992. 3); 유구현, "공직자 새 정신운동의 과제와 방향," 감사(감사원, 통권 22호, 1990. 6), 14~19쪽.

22) 공보처, 국정신문(1993. 6. 3), 2쪽.

23) 공보처, 국정신문(1997. 7. 28), 4~5쪽; 총무처, 총무처연보(1997), 309~315쪽.

24) 행정쇄신위원회, 행정쇄신백서(1993.4~1994.4), 행정쇄신 이렇게 하고 있습니다(1993. 10. 20).

25) 민주자유당, 신한국창조의 길(1993), 47~86쪽.

26) 문화관광부, 국정신문(1998. 2. 26), 2쪽.

27) 문화관광부, 국정신문(1998. 8. 24), 1~5쪽.

28) 기획예산위원회 정부개혁실, 경영진단조정위원회 1차 회의자료(1998. 11. 27); 오석홍, "「국민의 정부」제2차 정부조직개혁," 행정논총(37권 1호, 1999), 73~92쪽.

29) 기획예산처, 국민의 정부 공공개혁백서(2002); 남궁근, "국민의 정부 개혁성과에 대한 평가," 새정부 공공개혁의 비전과 과제(한국행정학회, 2002), 5~31쪽; 한국행정연구(1999, 겨울호) "현정부 개혁의 평가와 과제"에 관한 특집논문, 5~98쪽; 국정홍보처, IMF 2년 무엇이 달라졌나?(1999. 11).

30) 국무조정실, 국민의 정부 첫해 규제개혁의 성과(1998. 11. 21).

31) 정부혁신추진위원회, 정부혁신추진위원회 활동보고서(2002).

32) 청와대 홈페이지 자료; 성경륭, 참여, 그리고 평화와 번영(국정홍보처, 2003); 정부혁신지방분권위원회, 참여정부의 행정개혁(2008), 25~28쪽.

33) 이창길, "국정운영조직의 시대적 변천과 미래발전방향," 한국조직학회보(4권 2호, 2007), 120~122쪽.

34) 정부혁신지방분권위원회, 참여정부의 행정개혁(2005), 12~13쪽.

35) 정부혁신지방분권위원회, 참여정부의 재정세제개혁(2008), 32쪽.

36) 「정부혁신지방분권위원회규정」(대통령령 18284호); 정부혁신지방분권위원회, 참여정부의 혁신과 분권(2008), 36~133쪽.

37) 윤성식, "정부혁신의 논리와 과제," 정부혁신과 정책지향(한국행정학회, 2005), 14~15쪽; 정부혁신지방분권위원회, 21세기 혁신국가(2005).

38) 윤성식, 위의 글, 10쪽.

39) 대한민국 정책포털, 자료.

40) 대한민국 정부, 이명박정부 국정백서(2008.2~2013.2) 제11권 제도개혁: 선진화개혁; 행정 안전부, 2011년도 정부조직관리지침(2011. 1); "유동정원제, 각 부처 긴급현안 대응과 인 력절감에 큰 효과 거둬"(2011. 5. 18, 보도자료); "공직사회 유연근무제, 전 중앙·지방 본격 실시"(2010. 7. 26, 보도자료); 2011년도 민원행정 및 제도개선 추진지침(2011. 2); 기타 뉴스레터와 보도자료 참조.

41) 『정부 3.0』 추진 기본계획 (2013); 정보의 개방·공유로 일자리를 만드는 맞춤형 정부가 됩니다 (관계부처 합동, 2013); 정국환, 정부 3.0 완성을 위한 정보화의 방향 (서울대학 교 행정대학원 제690회 정책 & 지식 포럼, 2013. 9. 30); 김준기, 정부 3.0 추진방향에 대 한 소고(서울대학교 행정대학원 제698회 정책 & 지식 포럼, 2013. 10. 28); 「정부 3.0 추진위원회의 설치 및 운영에 관한 규정」(대통령령 제25416호).

42) 『정부 3.0』추진 기본계획, 3쪽.

43) 『정부 3.0』추진 기본계획; 정보의 개방·공유로 일자리를 만드는 맞춤형 정부가 됩니다.

44) 규제개혁위원회, 2013 규제개혁백서, 20~22쪽; 이병진, 정부의 규제개혁 추진방향과 향 후과제(서울대학교 행정대학원 공공성과관리포럼, 2014. 5. 14).

45) 2013 규제개혁백서, 31~33쪽; 「민관합동규제개선추진단의 설치 및 운영에 관한 규정」 (국무총리훈령 제615호).

46) 『경제혁신 3개년 계획』 담화문 참고자료(관계부처 합동, 2014. 2. 25)

47) 국무총리비서실 국무조정실, 「부패방지 4대 백신 프로젝트」 주요내용(2016. 1. 13), 「부 패방지 4대 백신 프로젝트」로 정부3.0 공공개혁 추진(2016. 1. 12).

48) 「부정청탁 및 금품 등 수수의 금지에 관한 법률」「부정청탁 및 금품 등 수수의 금지에 관한 법률 시행령」

49) 국정기획자문위원회, 문재인정부 국정운영 5개년 계획(2017. 7.)

50) 행정안전부, '국민이 주인인 정부'를 실현하는 정부혁신 종합추진계획 (2018), 문재인정 부 정부혁신 종합추진계획 발표(2018).

51) 한국행정연구원, 행정포커스(No.141, 2019, 9+10), 26~45쪽.

52) 윤재웅, 적극행정을 위한 법제 (한국행정연구원 제3차 적극행정 리더십 포럼, 2019).

53) 「정부조직법」; 행정자치부, 새 정부, 8개 부처 조직개편 완료(2017. 7. 25.)

54) 제20대 대통령직인수위원회 백서

55) 위 백서, 62~66쪽.

56) 제20대 대통령직인수위원회 백서; "디지털플랫폼정부와 지역혁신", 지방행정연구원, 카 드뉴스 5월호(2022.6.2.); 유란희, "디지털 플랫폼정부와 지방자치단체의 활용방안", 한 국지방행정연구원, 지방자치 정책 Brief, 2022.7; "디지털플랫폼정부는 윤석열정부의 주 요정책이다", 나무위키, 2022.6.16; Soonhee kim et al., "Platform Government in the Era of Smart Technology", *PAR, Vol.82 Iss. 2* (Mar./Apr. 2022), pp. 362~368.

제 6 장

1) William Siffin, "Development Administration as Strategic Perspective," UN, *International Seminar on Major Administrative Reforms in Developing Countries*(1975, Vol. Ⅲ), pp. 152~160; George F. Gant, *Development Administration : Concepts, Goals, Methods*(University of Wisconisn Press, 1979), pp. 20~23; Paul Meadows, "Motivation for Change and Development Administration," in Irving Swerdlow, ed., *Development Administration : Concepts and Problems*(Syracuse University Press, 1963), p. 86; John D. Montgomery, "A Royal Invitation : Variations on Three Classic Themes," in Montgomery and William

Siffin, eds., *Approaches to Development : Politics, Administration and Change*(McGraw-Hill, 1966), p. 259; Fred W. Riggs, "The Context of Development Administration," in Riggs, ed., *Frontiers of Development Administration*(Duke University Press, 1971), pp. 73~75.

2) "A Symposium on Comparative and Development Administration : Retrospect and Prospect," *Public Administration Review*(Vol. 36, No. 6, Nov./Dec. 1976), pp. 615~654; Everett E. Hagen, "Public Administration and the Private Sector in Economic Development," in Swerdlow, ed., *ibid.*, p. 129ff; Howard E. McCurdy, *Public Administration : A Synthesis*(Cummings Publishing Co., 1977), p. 203.

3) 이승종, "발전행정의 새로운 지향, 신발전거버넌스", 행정논총(58권 3호, 2020.9), 1~30쪽.

4) Dwight Waldo, *The Administrative State : A Study of the Political Theory of American Public Administration*(Homes & Meier, 1948 and 1984); Fritz Morstein Marx, *The Administrative State : An Introduction to Bureaucracy*(University of Chicago Press, 1961); David H. Rosenbloom, Robert S. Kravchuk, and Richard M. Clerkin, *Public Administration : Understanding Management, Politics, and Law in the Public Sector*, 8th ed.(McGraw-Hill, 2015), pp. 44~56.

5) Alvin Toffler, *The Third Wave*(William Morrow, 1980), *Powershift*(Bantam Books, 1990); A. Kuper and J. Kuper, eds., *The Social Science Encyclopedia*(Routledge & Kegan Paul, 1985), pp. 386~387; Wilbert E. Moore, *Social Change*(Prentice-Hall, 1963), p. 91.

6) 한국전자통신연구소, 전기통신용어사전(1985), 616쪽; 김원식, "정보사회 종합대책방향," 행정과 전산(Vol. 12, No. 2, 1990. 6), 17쪽.

7) 서정우, "정보화시대의 매스컴," 그리고 竹內啓, "정보화사회의 가능성과 문제점," 현대사회(1984, 가을호, 현대사회연구소), 41~51쪽과 63~77쪽; 정범모, "정보사회와 인간생활," 미래사회와 정보통신의 역할(통신정책연구소: 미래학회 1987), 3~19쪽; 賴實正弘·丹場正富, 정보화시대에 살다(통신정책연구소 역, 1986), 36~38쪽; 위의 전기통신용어사전, 616~617쪽; 김지수, 정보문화사회의 추진을 위한 정보화개념의 정립(서울대 석사학위논문, 1986); 강태영, 2000년대 정보사회의 전개와 국가발전(공보처, 1994. 5); 권기헌, 정보사회의 논리(나남출판, 1997).

8) 한경경제용어사전; 위키백과; 신용선, "제 4 차 산업혁명시대 그 새로운 무대, 도로교통공단이 주인공이 되다!" 한국행정포럼(156호, 2017 봄), 8~12쪽.

찾아보기

저자약력

법학사, 서울대학교 법과대학
행정학 석사, 서울대학교 행정대학원
행정학 박사, 미국 University of Pittsburgh
서울대학교 행정대학원 교수
서울대학교 행정대학원 원장
서울대학교 교수윤리위원회 위원
한국행정학회 회장·고문
한국인사행정학회 고문
조직학연구회 고문
한국조직학회 고문
한국거버넌스학회 고문
현재: 서울대학교 행정대학원 명예교수

저서

조직이론, 행정학, 한국의 행정, 인사행정론, 전환시대의 한국행정, 통치하기 어려운 나라,
행정개혁실천론(편저), 행정학의 주요이론(편저), 조직학의 주요이론(편저), 정책학의 주요이론(편저),
발전행정론(공저), 국가발전론(공저), 한국행정사(공저), 조직행태론(공저) 등

제11판
행정개혁론

제11판발행	2023년 2월 10일
지은이	오석홍
펴낸이	안종만·안상준
편 집	전채린
기획/마케팅	손준호
표지디자인	Ben Story
제 작	고철민·조영환

펴낸곳	(주) **박영사**
	서울특별시 금천구 가산디지털2로 53, 210호(가산동, 한라시...)
	등록 1959. 3. 11. 제300-1959-1호(倫)
전 화	02)733-6771
f a x	02)736-4818
e-mail	pys@pybook.co.kr
homepage	www.pybook.co.kr
ISBN	979-11-303-1690-1 93350

copyright©오석홍, 2023, Printed in Korea

정 가   32,000원